Aline Masé • Naum Reichesberg (1867–1928)

Aline Masé

Naum Reichesberg (1867–1928)

Sozialwissenschaftler im Dienst der Arbeiterklasse

CHRONOS

Die Druckvorstufe dieser Publikation wurde vom Schweizerischen Nationalfonds zur Förderung der wissenschaftlichen Forschung unterstützt.

Weitere Informationen zum Verlagsprogramm:
www.chronos-verlag.ch

Umschlagbild: Vgl. Abb. S. 229.
Frontispiz: Jardenah Masé-Goldberg: Porträt Naum Reichesberg, Kohlenskizze auf Papier, 2019.

Print: ISBN 978-3-0340-1544-8
E-Book (PDF): DOI 10.33057/chronos.1544

Inhaltsverzeichnis

Vorwort 9

1 Eine biografische Annäherung an Naum Reichesberg 11
1.1 Bruchstücke eines Lebens zwischen Klassen, Welten und Zeiten 11
1.2 Methodische Überlegungen, konzeptionelle Zugänge und begriffliche Erläuterungen 16
Migration und ihre Erscheinungsformen 16
Biografie und biografische Annäherung 21
Lebenswelt 23
Sozialist, Russe, Jude 25
1.3 Forschungsstand und Quellenlage 29
Forschungsstand 29
Quellen 34
Zum Umgang mit Verwaltungsakten 36
Hinweise zur Wiedergabe von fremdsprachigen Begriffen und Daten sowie zum Umgang mit geschlechtergerechter Sprache 39

2 Vom Zarenreich nach Bern 41
2.1 Im Zarenreich: Kindheit und Jugend 41
Die Situation der jüdischen Bevölkerung im Zarenreich 42
Kindheit und Elternhaus Naum Reichesbergs 47
2.2 In Bern: Lebensverhältnisse in der Wahlheimat 52
Bildungsmigration und politische Emigration aus dem Zarenreich nach Bern 52
Die russisch-jüdische Kolonie in Bern 57
Wohnsituation Naum Reichesbergs in Bern und ökonomische Verhältnisse 63
Erste und zweite Ehe 66
Jovel (Julian) Reichesberg 71
Reisen im In- und Ausland 75
Kein Bedürfnis nach einem jüdischen Begräbnis 77

3 Migrationspolitische Rahmenbedingungen und Aufenthaltsstatus 81
3.1 Aufenthaltsstatus 81
Vom Umgang mit Migration im Schweizerischen Bundesstaat 83
Die Anmeldung Naum Reichesbergs in Bern 87
Aufenthalt, Niederlassung, Toleranz: Versuch einer begrifflichen Abgrenzung 91
Niederlassungsbewilligung für Naum Reichesberg 95
Die Rechtsstellung der Ausländer in der Schweiz 97

3.2 Reisepässe 101
Der russische Auslandspass 101
Staatenlos 105
3.3 Bürgerrechtsbegehren 113
Das Gesuch um die bundesrätliche Bewilligung zur Einbürgerung 114
Das Einbürgerungsdossier von Naum Reichesberg 117
Die Positionen von Bund, Kanton und Stadt 122
Der «südrussische Jude» wird «niemals ein richtiger Schweizer» 126
Die Macht der Beamten 128

4 Akademisches Wirken und wissenschaftliche Lehre 131
4.1 Tätigkeit an der Universität Bern 131
Die «slawische Mädchenschule» 132
Werdegang Naum Reichesbergs und Anstellungsbedingungen an der Universität Bern 140
Eine Universität für alle 147
4.2 Die soziale Frage als Kern der Lehrtätigkeit Naum Reichesbergs 152
Entwicklung der Sozialwissenschaften in der Schweiz, soziale Frage und Kathedersozialismus 153
Sozialwissenschaften und Modernisierung der Hochschulen 159
Die Aufteilung der Lehrfächer zwischen Naum Reichesberg und August Oncken 161
Die Statistik als Grundlage der Gesellschaftswissenschaften 166
Wissenschaft im Dienst der aktuellen politischen Herausforderungen 167

5 Publikationen, Herausgeberschaften, Vorträge 171
5.1 Publikationen, Vorträge und Engagement in Fachgesellschaften 171
Publikationen, Vorträge und Wissenschaftspopularisierung 171
«Schweizerische Zeitschrift für Volkswirtschaft und Sozialpolitik» 174
Engagement in Fachgesellschaften und Vereinen 178
5.2 «Handwörterbuch der Schweizerischen Volkswirtschaft, Sozialpolitik und Verwaltung» 180
Subventionsgesuch an den Bundesrat und Auseinandersetzung um Verlagsrechte 182
Missachtung der bundesrätlichen Empfehlungen? 186
Aller guten Dinge sind drei: Der Bundesrat unterstützt das «Handwörterbuch» doch 191
Bedeutung des «Handwörterbuches» 195

6 Engagement für den Arbeiterschutz 197
6.1 Arbeiterschutz und Sozialpolitik in der Schweiz 197
Das eidgenössische Fabrikgesetz als Pionierleistung für den Arbeiterschutz 198
Die Forderung nach einer amtlichen Sozialstatistik 202
Der erste gesamtschweizerische Lebenskostenindex 206
6.2 Die Vereinigung für gesetzlichen Arbeiterschutz 207

Die Internationale Vereinigung für gesetzlichen Arbeiterschutz 210
Die Schweizerische Vereinigung zur Förderung des internationalen Arbeiterschutzes 216
Die Bedeutung der Schweizerischen Vereinigung und die Rolle Reichesbergs 224
Der Sozialist Reichesberg als pragmatischer Reformer? 228

7 Politik: Sozialdemokratie und russische Emigration 231
7.1 Die Akten der Politischen Polizei aus den Jahren 1894/95 und 1905 231
Die Politische Polizei des Bundes und die Überwachung von Ausländern 232
Beobachtung durch ausländische Geheimdienste 235
Die revolutionären Kreise um Naum Reichesberg in der Berner Kolonie 238
Nikolaus Wassilieff und die «Freie Schule» 242
Erhöhte Wachsamkeit der Politischen Polizei im Jahr 1905 246
Politisches Engagement mit Bedacht 250
7.2 Rund um die Russischen Revolutionen von 1917 251
Die Untersuchungen betreffend die Rückreise Lenins und die Position Reichesbergs 256
Bolschewismus-Vorwürfe 261
7.3 Gefährlicher sozialistischer Agitator oder harmloser Sozialdemokrat? 267
Ein sozialistisch-demokratischer Mittelweg 270

8 «... was dein proletarisches Herz dir befahl!» – Schlussbetrachtungen 277
Als Lehrer geliebt, als Wissenschaftler geachtet, als Schweizer unerwünscht 278
Jüdische Identität zwischen Fremdbestimmung und Selbstwahrnehmung 287

Abkürzungsverzeichnis 295

Verzeichnis der Schriften und Vorträge Naum Reichesbergs
Publikationen 297
Veröffentlichungen der Schweizerischen Vereinigung zur Förderung des internationalen Arbeiterschutzes 298
Nicht publizierte Vorträge 299

Quellen- und Literaturverzeichnis
Archive, Institute 301
Gedruckte Quellen 306
Zeitungen und Zeitschriften 309
Nachschlagewerke und Dokumentationen 310
Literatur 311

Anhang: Vorlesungen von Naum Reichesberg an der Universität Bern 325

Vorwort

Obwohl Naum Reichesberg zu den bedeutenden Sozialwissenschaftlern und Statistikern der Schweiz zählt, ist er heute nur noch einem kleinen Kreis von Fachleuten bekannt – völlig zu Unrecht. Zwischen 1893 und seinem frühen Tod 1928 lehrte der ursprünglich aus Russland in die Schweiz emigrierte Reichesberg als Privatdozent, als ausserordentlicher und seit 1906 als ordentlicher Professor an der Universität Bern. Während dieser Zeit trat er nicht nur als geschätzter Hochschullehrer in Erscheinung, sondern auch als Mitinitiator und langjähriger Redaktor der «Schweizerischen Zeitschrift für Volkswirtschaft und Sozialpolitik» sowie als Herausgeber des «Handwörterbuchs der Schweizerischen Volkswirtschaft, Sozialpolitik und Verwaltung». Mit ihren rund 500 Artikeln und 4000 Seiten stellt diese Arbeit bis heute ein unverzichtbares Nachschlagewerk für alle dar, die sich mit der Schweizer Sozial-, Politik-, Verwaltungs- und Wirtschaftsgeschichte beschäftigen. Zugleich engagierte sich Reichesberg sowohl auf nationaler wie internationaler Ebene für den Arbeiterschutz und vertrat pragmatische sozialistische Positionen, obwohl er von der Notwendigkeit grundlegender gesellschaftlicher und politischer Transformationen überzeugt war. In Bern und der Schweiz war er darüber hinaus ein wichtiger Ansprechpartner für russisch-jüdische Studierende. Trotz all dieser Facetten war bisher nur wenig über Naum Reichesberg bekannt. Denn bis heute ist kein Nachlass von ihm gefunden worden und es fehlen auch andere Ego-Dokumente und Selbstzeugnisse.

Es ist das grosse Verdienst von Aline Masé, dass sie sich trotz der schwierigen Quellenlage Naum Reichesberg angenommen hat und sein Leben und Wirken mit Rückgriff auf Polizei- und Verwaltungsakten sowie mittels Privatarchiven von Parteien und Vereinen zu rekonstruieren sucht. Wohl wissend, dass die überlieferten Fremdzuschreibungen der vorhandenen Quellen nur einen Teil von Naum Reichesberg wiedergeben, nennt Aline Masé ihr Buch eine «biografische Annäherung». Eine «Annäherung» notabene, die sich durch eine ebenso akribische wie konsequente Kontextualisierung auszeichnet. Ausgehend von Etappen aus Reichesbergs Leben erzählt Aline Masé gekonnt und elegant herausragende Aspekte der europäischen und der Schweizer Geschichte des späten 19. und beginnenden 20. Jahrhunderts: die (Bildungs-)Migration von Jüdinnen und Juden aus dem Zarenreich; die russisch-jüdische Lebenswelt im Berner Exil, die losgelöst von der jüdischen Gemeinde funktionierte; die Etablierung von Sozialwissenschaften und Statistik an den Universitäten sowie die Herausbildung des Expertentums; die internationalen Bestrebungen zum Schutz der Arbeiterinnen und Arbeiter; der Wandel der Migrationsregime in Europa und der zunehmende Antisemitismus nach dem Ersten Weltkrieg, der schliesslich dazu führte, dass Naum Reichesberg und seine Frau, trotz all seiner Verdienste für seine Wahlheimat, in der Schweiz nicht eingebürgert wurden. Aline Masé hat nicht nur ein Standardwerk zum Leben und Werk dieses bedeutenden Sozialwissenschaftlers vorgelegt, sondern hat es verstanden, migrationshistorische, wissenschaftsgeschichtliche und regionalhistorische Aspekte miteinander zu verknüpfen und in der Lebensgeschichte von Naum Reichesberg im besten Sinn zu veranschaulichen. Die vorliegende «biografische Annäherung» verdient breite Beachtung.

Patrick Kury, im März 2019

1 Eine biografische Annäherung an Naum Reichesberg

1.1 Bruchstücke eines Lebens zwischen Klassen, Welten und Zeiten

«[...] Die Hochschule hat einen glänzenden Lehrer verloren, die Schüler verloren den Meister, von dem sie das grosse, jetzt unvollendete Werk der Geschichte der Nationalökonomie auf den nächsten Weihnachtstisch erhofften. Die Partei verlor einen Wegweiser im schweren Gelände der Wissenschaft. [...] Nicht zufrieden mit allen Erscheinungen seiner alten Heimat, freute sich Professor Reichesberg um so mehr der Entwicklung der neuen. Der Same seiner Lehre ist nicht auf den Weg gefallen und nicht in die Dornen. Er wird, auch wenn du nicht mehr bist, verehrter Freund, Aehren tragen und Früchte hundertfach. Wir alle, die bei dir lernen durften, und die anderen mit uns, werden versuchen, dein proletarisches Erbe nicht zu vertun. – Woker und Reichesberg,[1] Fremdlinge ursprünglich und internationalen Denkens gewohnt, sie bauten auf die Kraft und Ursprünglichkeit bernischer Erde. Sie bauten auf die Arbeiterschaft, die sich mit ihr und auf ihr bewegt. [...] Genosse, du tatest stets, was dein proletarisches Herz dir befahl!»

Mit diesen Worten beschrieb Fritz Marbach in seinem Nachruf, erschienen am Montag, den 9. Januar 1928, in der sozialdemokratischen Tageszeitung «Berner Tagwacht», seinen in der Nacht von Freitag auf Samstag verstorbenen Lehrer Naum Reichesberg, dessen Nachfolge er an der Universität Bern kurze Zeit später antreten sollte.[2]

Nachmann (Naum) Moische Oiwidow Reichesberg wurde am 12. März 1867 in der Kleinstadt Kremenez im Südwesten des Russischen Reiches geboren. Die Stadt Kremenez, die heute zur Ukraine gehört, lag damals im sogenannten Ansiedlungsrayon. Seit 1804 durften Juden nur noch in diesem Streifen im Westen des Reiches wohnen und arbeiten, der ihren historischen Siedlungsgebieten entsprach.[3] Nach Abschluss des Gymnasiums in Kiew zog Reichesberg 20-jährig in den Westen, nach Wien, um ein Studium der Staatswissenschaften aufzunehmen. Damit tat er es vielen anderen gleich: In den späten 1880er-Jahren wurden

---

1 Philipp Woker (1848–1924) wurde 1888 Professor für allgemeine Geschichte an der Universität Bern. Vgl. «Woker, Philipp», HLS, www.hls-dhs-dss.ch/textes/d/D27127.php.

2 Fritz Marbach (1892–1974), der für die Sozialdemokratische Partei im Berner Grossen Rat (1925–1931) und im Nationalrat (1931–1933) sass, erhielt 1928 die Venia Legendi für Nationalökonomie und wurde 1931 zum Extraordinarius für praktische Nationalökonomie (mit besonderer Berücksichtigung der Geschichte der sozialen Bewegungen) befördert. Kurze Zeit später wurde Fritz Marbach auf den Lehrstuhl für praktische Nationalökonomie berufen. Vgl. «Marbach, Fritz», HLS, www.hls-dhs-dss.ch/textes/d/D6495.php und «Marbach, Fritz», NDB, www.deutsche-biographie.de/gnd118730797.html?language=en. Siehe auch Kapitel 4.2.

3 Vgl. Haumann, Geschichte der Ostjuden, 80–82, 85, 87, und Klier, Pale of Settlement, www.yivoencyclopedia.org/article.aspx/Pale_of_Settlement [2. 7. 2016]. Zu Kremenez und der Welt von Reichesbergs Kindheit siehe Kapitel 2.1.

die Bildungsmöglichkeiten von Jüdinnen und Juden in Russland deutlich eingeschränkt. Waren bereits vorher bildungshungrige Frauen und vereinzelt auch Männer als Bildungsmigrantinnen und -migranten nach Mittel- und Westeuropa gekommen, so strömten seit den 1880er-Jahren und bis zum Ersten Weltkrieg namentlich jüdische Frauen und Männer aus dem Zarenreich zu Tausenden an die Universitäten in der Schweiz und (in geringerem Ausmass) in Deutschland, Frankreich und Belgien.

Naum Reichesberg hatte möglicherweise bereits als Gymnasiast in Kiew, spätestens aber als Student in Wien begonnen, sich mit marxistischer Ökonomie zu beschäftigen. Im Frühling 1890 übersiedelte er nach Bern und legte ein gutes Jahr später an der Juristischen Fakultät der Universität Bern die Doktorprüfung mit dem Hauptfach Nationalökonomie ab. Nach einem kurzen Abstecher nach Berlin, wo er sich der Statistik und der Nationalökonomie widmete, kehrte Reichesberg 1892 mit seiner Ehefrau Ida geb. Tartakowsky nach Bern zurück und bewarb sich erfolgreich um die Venia Docendi für Nationalökonomie und Statistik. Damit begann seine über 35-jährige Karriere an der Universität Bern. 1898 wurde Reichesberg zum ausserordentlichen Professor befördert, 1906 schliesslich zum ordentlichen Professor für Statistik und Nationalökonomie. Ein bekennender Sozialist als Dozent an der Juristischen Fakultät, das war in den 1890er-Jahren alles andere als selbstverständlich. An der Universität Bern lehrten damals vor allem Liberale und wenige Konservative.[4] Die Jahrhundertwende war aber auch die Zeit der radikal-liberalen Modernisierer um Erziehungsdirektor Albert Gobat, welche die Öffnung der Hochschule für ausländische Studierende und für neue Disziplinen vorantrieben. Mit seinem sozialwissenschaftlichen Ansatz und seinem Fokus auf die Statistik traf Reichesberg den Nerv dieser Modernisierungspolitik. So kamen in den vier Jahrzehnten seiner Lehrtätigkeit ein Grossteil der Studierenden der Jurisprudenz und der Staatswissenschaften, aber auch viele Studentinnen und Studenten der Philosophischen Fakultät mit der marxistisch geprägten Lehre Naum Reichesbergs in Berührung. Seine Seminare und vorwiegend öffentlichen Vorlesungen behandelten die verschiedensten Gebiete der Nationalökonomie, der Statistik und der Sozialpolitik, aber auch die Geschichte der sozialen Bewegungen und der sozialistischen und kommunistischen Theorien. Sie waren stets gut besucht.

4 An der Universität Bern lehrten zu dieser Zeit bereits zwei andere Professoren mit eindeutig sozialdemokratischen Überzeugungen: Alexander Reichel (Recht, 1891–1899), Mitbegründer der Sozialdemokratischen Partei der Schweiz, und Adolf Vogt (Medizin, 1877–1893), der von 1882 bis 1899 als Arbeitervertreter im Berner Stadtrat sass. Philipp Woker sympathisierte wohl auch mit der Sozialdemokratie beziehungsweise mit der Arbeiterbewegung, wie die eingangs zitierte Passage aus dem Nachruf von Fritz Marbach vermuten lässt. Vgl. «Reichel, Alexander», HLS, www.hls-dhs-dss.ch/textes/d/D23059.php; «Vogt, Adolf», HLS, www.hls-dhs-dss.ch/textes/d/D48320.php, und Gruner, Arbeiterschaft und Wirtschaft in der Schweiz, Bd. 3, 115. Reichel, Vogt und Woker tauchen in dieser Arbeit im Zusammenhang mit der University Extension der Universität Bern (Kapitel 4.1) und mit der Schweizerischen Vereinigung zur Förderung des internationalen Arbeiterschutzes (Kapitel 6.1) auf.

Naum Reichesberg war durch und durch Wissenschaftler – «die Sozialwissenschaften waren seine Religion; daran hing er mit seinem ganzen Denken und Fühlen».[5] Dabei ging es ihm nicht in erster Linie um die akademische Auseinandersetzung oder um das Arbeitsergebnis in Form von Publikationen. Er teilte seine Überlegungen gerne mit seinen Studierenden und erfreute sich besonders an den mitdenkenden, kritischen unter ihnen.[6] Vor allem aber stellte er sein Wissen «unermüdlich in den Dienst der Arbeiterklasse».[7] Die Sozialwissenschaften waren für ihn kein theoretisches Wirkungsfeld. Die wissenschaftliche Untersuchung der gesellschaftlichen Verhältnisse sollte in erster Linie dazu dienen, wirksame Massnahmen zu formulieren, um die Lage der Arbeiterschaft zu verbessern. Dieses Ziel verfolgte Reichesberg namentlich in der Schweizerischen Vereinigung zur Förderung des internationalen Arbeiterschutzes, deren Gründung im Jahr 1900 auf seine Initiative zurückgeht. Als Sekretär der Vereinigung brachte er sich während fast 30 Jahren an (internationalen) Konferenzen ein und warb mit Eingaben an den Bundesrat und mit wissenschaftlichen Beiträgen für gesetzliche Massnahmen zum Schutz der Arbeiterinnen und Arbeiter. Gleichzeitig war es Reichesberg ein Anliegen, sein Wissen auch mit jenen zu teilen, die keine Möglichkeit hatten, eine weiterführende Schule zu besuchen, geschweige denn ein Studium aufzunehmen. Er regte an der Universität Bern für benachteiligte Bevölkerungsschichten zugängliche Vortragszyklen ausserhalb der Hochschule an und hielt regelmässig Vorträge in Arbeitervereinen. Auch Reichesbergs wichtigstes Werk, das dreibändige «Handwörterbuch der schweizerischen Volkswirtschaft, Sozialpolitik und Verwaltung», war nicht zuletzt durch den Anspruch motiviert, die wissenschaftlichen Erkenntnisse möglichst der ganzen Bevölkerung zugänglich zu machen.

Auch wenn Naum Reichesberg sich als Wissenschaftler für die Anliegen der Arbeiterschaft einsetzte und nicht – wie andere russische Emigrantinnen und Emigranten – «aufging in Propaganda und Kampf»,[8] so war sein öffentliches Engagement doch subversiv genug, um die Aufmerksamkeit der Behörden zu erregen. Für die politische Polizei des Bundes war Reichesberg kein Unbekannter. Das erstaunt nicht, zumal er seine sozialistischen Überzeugungen nicht verbarg und sowohl mit Schweizer Sozialdemokraten wie auch mit Vertreterinnen und Vertretern der verschiedenen Parteien der russischen Emigration verkehrte. Reichesbergs politische Aktivitäten an sich waren für die Politische Polizei aber nicht besorgniserregend. Im Gegensatz zu den zaristischen Behörden schätzte sie ihn nicht als gefährlich ein. Seine Position, sein Ausländerstatus und seine Herkunft erlegten Naum Reichesberg zweifellos eine gewisse Zurückhaltung in

---

5 Nachruf von Jakob Steiger in den Basler Nachrichten, Nr. 17, 17. 1. 1928.

6 Vgl. ebd.

7 Todesanzeige in der Berner Tagwacht, Nr. 6, Montagabend, 9. 1. 1928.

8 Rede von Fritz Marbach anlässlich der Totenfeier im Unionssaal, abgedruckt in der Beilage der Berner Tagwacht, Nr. 12, 16. 1. 1928. Gemeint ist hier der politische Kampf der russischen Emigrantinnen und Emigranten gegen das zaristische Regime in Russland.

seinen öffentlichen Äusserungen auf. Dies gilt insbesondere für die Zeit nach dem Ersten Weltkrieg, als die Furcht vor einem bolschewistischen Umsturz in der Schweiz um sich griff und Reichesberg als Staatenloser stärker auf die Toleranz der Schweizer Behörden angewiesen war. Die migrationspolitische Zäsur des Ersten Weltkrieges bekam er schliesslich ganz direkt zu spüren, als er im Jahre 1922 das Schweizer Bürgerrecht erwerben wollte.

Mit dieser Einführung dürfte der Leserin und dem Leser bereits klar geworden sein, weshalb es sich lohnt, Naum Reichesberg eine ganze Arbeit zu widmen. Seine Biografie berührt verschiedene, teilweise vergessene Aspekte der Geschichte der modernen Schweiz, die durch seine Person lebendiger und zugänglicher werden. Die zahlenmässig eindrucksvolle Bildungsmigration von (jüdischen) Frauen und Männern aus dem Zarenreich an Schweizer Universitäten, die Aktivitäten der russischen politischen Emigrantinnen und Emigranten im Schweizer Exil und die Tatsache, dass ein Sozialist mit dem Segen des Regierungsrates an der Universität Bern lehren durfte, demonstrieren auf eindrückliche Art und Weise die internationale Verflechtung der Schweiz im späten 19. und frühen 20. Jahrhundert und den Pragmatismus der (kantonalen) Behörden. Da Reichesberg sich entschloss, nach dem Ersten Weltkrieg in Bern zu bleiben, als der Grossteil der Bildungsmigrantinnen und der politischen Emigranten die Schweiz bereits verlassen hatte, lässt sich an seinem Beispiel auch aufzeigen, was die Abschottungs- und Abwehrpolitik der Zwischenkriegszeit für einen Ausländer, Juden und Sozialisten bedeutete.[9] Die Auseinandersetzung mit dem Wirken Reichesbergs in Bern erlaubt ebenso den Blick auf die Internationalität der Universität Bern um die Jahrhundertwende und deren Öffnung für neue wissenschaftliche Disziplinen, auf den Umgang mit der sozialen Frage und auf den politischen Kampf der Arbeiterschaft. Umgekehrt ermöglicht die Kontextualisierung der Biografie Reichesbergs, das heisst die Betrachtung seines Lebens und Wirkens vor dem Hintergrund des Zeitgeschehens und der damals geltenden gesellschaftlichen Rahmenbedingungen eine Annäherung an eine Person, von der wir aus den Quellen nur wenig erfahren können.

Damit ist auch bereits angesprochen, welche Schwierigkeiten sich in der Auseinandersetzung mit Naum Reichesberg ergeben. Die Quellenlage ist bescheiden. In das Alltagsleben Reichesbergs, seine persönlichen Beziehungen und seine Gedankenwelt geben die Quellen kaum Einblick. Naum Reichesberg ist in erster Linie über die Akten der Behörden, über sein Wirken an der Universität, seine Publikationen, seine sichtbaren politischen Aktivitäten und sein Engagement für den Arbeiterschutz, sprich über sein öffentliches Werk und Wirken, fassbar. Der Fokus und die Struktur der vorliegenden Arbeit sind in dem Sinne

9 Hier sind auch Bildungsmigranten und politische Emigrantinnen mitgemeint. Damit die Lesbarkeit nicht leidet, wird an einzelnen Stellen in dieser Arbeit, stellvertretend für beide Geschlechter, einmal die weibliche und einmal die männliche Form verwendet. Zum Umgang der Autorin mit geschlechtergerechter Sprache siehe auch die Erläuterungen am Ende des ersten Kapitels.

massgeblich durch die Quellenlage vorgegeben, als jene Tätigkeitsfelder, Lebenswelten und Rahmenbedingungen ausführlicher behandelt werden, zu denen mehr Informationen vorhanden sind, während andere Tätigkeiten und Momente in Reichesbergs Leben nur bruchstückhaft präsentiert werden können.

Die Autorin versteht die vorliegende Arbeit als eine biografische Annäherung an Naum Reichesberg, die Individual- und Sozialgeschichte verbindet. Sie hat zum Ziel, ein möglichst umfassendes Bild des Lebens und Wirkens Reichesbergs in Bern zu zeichnen und damit einen Eindruck zu vermitteln, wer Naum Reichesberg war, in welchem Umfeld er sich bewegte und wo er sich aus welchen Motiven engagierte. Dabei beleuchtet jedes Kapitel einen anderen Aspekt von Reichesbergs faszinierender Lebensgeschichte. Es wird aber nicht der Anspruch erhoben, die berührten Themen umfassend zu behandeln. So wird namentlich auf eine detaillierte wissenschaftsgeschichtliche Einordung Reichesbergs beziehungsweise eine ausführliche Analyse seines akademischen Werkes verzichtet, zumal diese zumindest in Teilen bereits geleistet wurde und die Schriften Reichesbergs öffentlich zugänglich sind.[10] Auch könnten Reichesbergs Engagement für den gesetzlichen Arbeiterschutz, seine Mitwirkung in verschiedenen Arbeitsgruppen und an Konferenzen sowie seine Beziehung zu einzelnen Personen, namentlich zu Persönlichkeiten der Schweizerischen und Russischen Sozialdemokratie, noch eingehender betrachtet werden.

Die einzelnen Kapitel seien hier kurz umrissen. In Kapitel 1 werden in der Folge einige methodische Vorbemerkungen gemacht sowie Quellenlage und Forschungsstand skizziert. Kapitel 2 zeichnet den Weg Naum Reichesbergs vom Zarenreich nach Bern nach. Es dokumentiert die Situation der jüdischen Bevölkerung im Zarenreich und hilft zu verstehen, weshalb Naum Reichesberg als junger Erwachsener seine Heimat im Ansiedlungsrayon verliess. Anschliessend beleuchtet es die neue Heimat Reichesbergs in Bern und seine hiesige Lebenssituation. Dabei wird auch versucht, sich dem familiären Umfeld Reichesbergs zu nähern. In Kapitel 3 werden die migrationspolitischen Rahmenbedingungen in der damaligen Schweiz und der Aufenthaltsstatus Naum Reichesbergs erläutert, der sich über die Jahrzehnte veränderte. Besondere Aufmerksamkeit gilt seinem Bürgerrechtsbegehren aus dem Jahr 1922. Kapitel 4 geht auf die akademische Karriere Reichesbergs und sein Wirken an der Universität Bern ein und nimmt eine Einordnung seiner wissenschaftlichen Lehre vor. Die Publikationen, Schriften und Vortragstätigkeiten von Naum Reichesberg, kurz seine öffentlich wahrnehmbare akademische Tätigkeit, wird in Kapitel 5 betrachtet, wobei sein «Handwörterbuch» im Fokus steht. Kapitel 6 widmet sich dem Engagement Reichesbergs für die Arbeiterschaft im Sinne von konkreten Massnahmen, mit besonderer Berücksichtigung seines Einsatzes für den gesetzlichen Arbeiterschutz. Schliesslich werden in Kapitel 7 die politischen Aktivitäten Naum Reichesbergs

10 Vgl. Beuret, Naum Reichesberg; Jost, Sozialwissenschaften und Staat, 43–80; Jurt, Nationalökonomie bis 1945, 187–210, und Zürcher, Unterbrochene Tradition.

und seine Position innerhalb der russischen und der schweizerischen Sozialdemokratie veranschaulicht. In den Schlussbetrachtungen in Kapitel 8 wird versucht, die Mosaiksteine, die in den verschiedenen Kapiteln gesammelt wurden, zu einem Bild zusammenzufügen.

1.2 Methodische Überlegungen, konzeptionelle Zugänge und begriffliche Erläuterungen

Die vorliegende Auseinandersetzung mit dem Werk und Wirken Naum Reichesbergs ist von konzeptionellen Betrachtungen aus der historischen Migrationsforschung, von Überlegungen zum Begriff der Biografie und vom Lebenswelt-Konzept inspiriert.

Migration und ihre Erscheinungsformen

Jochen Oltmer definiert Migration als «die auf einen längerfristigen Aufenthalt angelegte räumliche Verlagerung des Lebensmittelpunktes von Individuen, Familien, Gruppen oder auch ganzen Bevölkerungen».[11] Die zeitliche Dauer und die geografische Distanz sind in dieser Definition bewusst nicht klar bestimmt, denn die Wanderungen der Menschheit auf und zwischen den Kontinenten haben in der Geschichte ganz unterschiedliche Formen angenommen. Dabei lassen sich grob zwei Erscheinungsformen unterscheiden: die sogenannte Verbesserungsmigration und die Zwangswanderung.[12]

Die Arbeits-, Bildungs- oder Heiratswanderungen gehören zur «Verbesserungsmigration». Menschen strebten und streben danach, durch geografische und soziale Mobilität ihre Chancen zu verbessern oder sich neue zu erschliessen. Auch wenn sich die Forschung bevorzugt mit (transatlantischen) Fernwanderungen beschäftigt, waren die Wanderungen zur Verbesserung wirtschaftlicher und sozialer Chancen während des «langen 19. Jahrhunderts» doch grösstenteils kleinräumig und überschritten nur zu einem kleinen Teil staatliche Grenzen. Als Beispiel sei hier die Land-Stadt-Migration genannt. Zwangsmigration kann

11 Oltmer, Migration im 19. und 20. Jahrhundert, 1. Jochen Oltmer ist Vorstandsmitglied des Instituts für Migrationsforschung und interkulturelle Studien (IMIS) an der Universität Osnabrück. Das IMIS wurde 1991 gegründet und hat entscheidend zur Etablierung der historischen Migrationsforschung in Deutschland beigetragen.

12 Der im Deutschen häufig verwendete Begriff «Armutsmigration» ist aus Sicht der Autorin unglücklich gewählt, weil er die beschriebenen Wanderungsbewegungen vor allem auf ein einziges Auswanderungsmotiv reduziert und die oft vielfältigen Gründe übergeht. Der englische Ausdruck «betterment migration» hingegen beschreibt gut, dass das Ziel dieser Wanderungsformen vor allem die (ökonomische oder soziale) Verbesserung der eigenen Situation ist. Dirk Hoerder, Jan Lucassen und Leo Lucassen haben den englischen Begriff als «Verbesserungsmigration» auch in die deutsche Sprache eingeführt. Vgl. Hoerder, Lucassen und Lucassen: Terminologien und Konzepte in der Migrationsforschung, 28–53.

Flucht vor Gewalt sein, wobei die Gewalt oft aus politischen, religiös-konfessionellen oder rassistischen Gründen verübt wird, sie kann aber auch gewaltsame Vertreibung oder Umsiedlung bedeuten.[13] Eine der wichtigsten Ursachen für Zwangswanderungen bildete und bildet staatliches Handeln. Im 20. Jahrhundert waren insbesondere die beiden Weltkriege Katalysatoren für Zwangswanderungen.[14] Es sei hier ausdrücklich darauf hingewiesen, dass auch die «Verbesserungsmigration» nicht unbedingt eine freiwillige Wanderungsform darstellt. Wie Dirk Hoerder, Jan Lucassen und Leo Lucassen zu Recht bemerken, ist die Unterscheidung in «freie» und «unfreie» beziehungsweise «erzwungene» Migration grundsätzlich problematisch. Die schwierigen wirtschaftlichen Bedingungen in den Ausgangsräumen zwangen (und zwingen) oft Individuen, Familien oder ganze Dörfer dazu, an einem neuen Ort eine Existenzgrundlage zu suchen. Die Entscheidung zur Migration war und ist also nur insofern «frei», als die Familie oder das Individuum selbst entscheiden kann, ob eine Abwanderung nötig ist und wer gehen soll.[15]

Bei den «Verbesserungsmigrationen» ist die Entscheidung zur Abwanderung aus einem Ausgangsraum beziehungsweise zur Zuwanderung in eine Zielregion gewöhnlich durch mehrere Motive bestimmt, wobei wirtschaftliche, soziale, politische, religiöse und persönliche Gründe häufig zusammenspielen.[16] Das klassische Modell, das die Migrationsforschung im 20. Jahrhundert geprägt hat und Wanderungsentscheidungen durch Kategorisierung in «Push-Faktoren» (einschränkende Rahmenbedingungen wie Wirtschaftskrisen, politische Konflikte oder Naturkatastrophen am Ausgangsort) und «Pull-Faktoren» (als besser vermutete Lebensbedingungen am Zielort) zu erklären versucht, wird heute als reduktionistisch empfunden. Den Vertreterinnen und Vertretern der «Push and Pull»-Theorie wird häufig vorgeworfen, zu stark auf wirtschaftliche Aspekte zu fokussieren. Stärker ins Gewicht fällt, dass das Modell die meist komplexen persönlichen und familiären Entscheidungsprozesse nicht abbilden kann, die von gesellschaftlichen und sozialen Strukturen und Normen, von politischen Rahmenbedingungen und wirtschaftlichen Interessen, von bereits etablierten Verbindungen zu einem Zielort und von verfügbaren Informationen überlagert werden.[17] Für eine schematische Darstellung der Migrationsmotive kann das Modell dennoch nützlich sein. Mit der bildlichen Unterscheidung in Push- und Pull-Faktoren kann verständlich gemacht werden, welche Umstände in der Heimat die Entscheidung zur Auswanderung beeinflussten, also «abstossend» wirk-

13 Vgl. Oltmer, Migration im 19. und 20. Jahrhundert, 5.

14 Vgl. ebd., 6.

15 Vgl. Hoerder, Lucassen und Lucassen, Terminologien und Konzepte in der Migrationsforschung, 31 f.

16 Vgl. Oltmer, Migration im 19. und 20. Jahrhundert, 1–5.

17 Vgl. Hahn, Historische Migrationsforschung, 30 f.; Oltmer, Migration im 19. und 20. Jahrhundert, 62 f.; Harzig and Hoerder, What is Migration History, 4 f., 62–64; Hoerder, Lucassen und Lucassen, Terminologien und Konzepte in der Migrationsforschung, 32–39, und Kleinschmidt, Menschen in Bewegung, 17 f.

ten, und welche Faktoren in einem Ankunftsland die wandernde Person dazu veranlassten, gerade dorthin zu ziehen, sprich «anziehend» wirkten. So können auch die Motive Naum Reichesbergs anschaulich in Push- und Pull-Faktoren unterteilt werden: Zu ersteren zählen die generelle Diskriminierung der jüdischen Bevölkerung im Zarenreich, der erschwerte Zugang zur Hochschulbildung für Jüdinnen und Juden sowie die Tatsache, dass politisch oppositionelle Aktivitäten kaum möglich waren. Auf der anderen Seite wirkten die Möglichkeit eines Universitätsstudiums und freier politischer Äusserung in West- und Mitteleuropa anziehend, wobei die Schweiz wegen ihres politischen Systems und der Meinungs- und Pressefreiheit und die Universität Bern aufgrund ihrer Offenheit für ausländische Studierende, liberale Denker und neue Disziplinen besonders einladend waren.

Ein neuerer Versuch, Migration zu systematisieren, ist die von Hoerder, Lucassen und Lucassen entwickelte Typologie der Migrationen. Sie kategorisiert die Migrationsformen nach Motiv (zum Beispiel Vertreibung, kulturell), Entfernung (kürzere, mittlere, grössere Entfernung), Richtung (Hinwanderung, zirkulär oder Rückwanderung), Dauer des Aufenthaltes (saisonal, mehrjährig, auf Lebenszeit), «Migrationsmilieus» (zum Beispiel ländlich-ländliche Wanderung, ländlich-städtische Wanderung) sowie nach wirtschaftlichem Sektor (zum Beispiel Pflegepersonal im Dienstleistungssektor).[18] Mithilfe dieser Typologie lassen sich auch die verschiedenen Emigrationsbewegungen aus dem Zarenreich in die Schweiz charakterisieren. Die Emigration von Ostjuden kann als «Verbesserungsmigration» bezeichnet werden, die namentlich von der schlechten wirtschaftlichen Lage und den rechtlichen Diskriminierungen angetrieben war und folglich zum Zweck der Existenzsicherung erfolgte.[19] Es handelte sich um eine Hinwanderung über eine grössere Distanz (international oder sogar transatlantisch), wobei die meisten ostjüdischen Migrantinnen und Migranten mit der ganzen Familie wanderten und nie mehr in ihre Heimat zurückkehrten. Sie kamen als *Immigranten* in eine neue Heimat, wo sie sich meist auf Lebenszeit niederliessen und sich sozial und ökonomisch zu integrieren versuchten. Der Grossteil der Ostjuden kam aus Kleinstädten und liess sich in der neuen Heimat in urbanen Gebieten nieder, wo sie als Marktfahrer, Händler oder Fabrikarbeiter ihren Lebensunterhalt verdienten.[20]

---

18 Vgl. Hoerder, Lucassen und Lucassen, Terminologien und Konzepte in der Migrationsforschung, 36–39.

19 Der Begriff «Ostjude» wird hier wertfrei verwendet. Eine Auseinandersetzung mit der Problematik des Begriffs findet sich weiter unten in diesem Kapitel.

20 Hier wird jeweils die männliche Form für dem Ostjudentum zugehörige Frauen und Männer verwendet. Die Bezeichnung Ostjude meint eine bestimmte Lebensform, wie weiter unten im Text erläutert wird. Zu Ostjuden in Bern siehe Bhend, Verbürgerlichung und Konfessionalisierung. Zur Migration von Ostjuden (in die Schweiz) siehe unter anderem Huser, Shtetl an der Sihl; Kury, Ostjudenmigration nach Basel; Lewinsky and Mayoraz, East European Jews in Switzerland; Dohrn und Pickhan, Transit und Transformation, sowie Guesnet, Juden aus dem östlichen Europa in Mittel- und Westeuropa.

Die Bildungsmigration und die politische Emigration aus dem Zarenreich waren Wanderungsbewegungen von mehrheitlich jungen Menschen, die die Entscheidung zur Migration meist allein trafen. Die politischen Emigrantinnen und Emigranten verliessen das Zarenreich primär deshalb, weil ihre politischen Ansichten oder Aktivitäten dort nicht geduldet wurden. Sie flohen nicht selten vor Verfolgung beziehungsweise entgingen mit der Auswanderung in ein anderes Land einer Verhaftung oder wollten ihre politischen Aktivitäten weiterführen können. Die politische Emigration aus dem Zarenreich war meist als temporärer Aufenthalt und mit der Perspektive einer Rückwanderung angedacht. Die politischen Emigrantinnen und Emigranten wollten sich nicht permanent in der Schweiz (oder anderen Ländern) niederlassen, sondern nach Russland zurückkehren. Deshalb blieb die Beziehung zur Heimat bestimmend, auch wenn eine Rückkehr für einige nie möglich werden sollte.[21] Die Bildungsmigration aus dem Zarenreich war geprägt von Frauen sowie von Angehörigen nationaler Minderheiten, vor allem Juden. Der Zugang dieser Bevölkerungsgruppen zu einer universitären Bildung war in Russland eingeschränkt, weshalb viele ihren akademischen Titel im Ausland zu erwerben suchten. Bei der Bildungsmigration handelte es sich eindeutig um eine Rückwanderung. Der Grossteil der Studierenden kehrte nach wenigen Jahren mit dem Studienabschluss nach Russland zurück. Wie die politischen Emigranten liessen sich auch die Bildungsmigrantinnen kaum je wirklich in der Schweiz nieder. Sie verstanden die Alpenrepublik als temporären und zweckbestimmten Aufenthaltsort. Eine Beziehung zur Umgebung bauten sie in der Regel kaum auf.[22]

Die Bildungsmigration und die politische Emigration aus dem Zarenreich können als zwei separate, aber zusammenhängende Wanderungssysteme begriffen werden. Ein Wanderungssystem zeichnet sich aus «durch empirisch verifizierbare Abwanderungen vieler Individuen aus einer nach geographischen und wirtschaftlichen Kriterien definierten Region, die über einen längeren Zeitraum hinweg in einen durch steten Informationsfluss bekannten Zielraum führen».[23] Sowohl die Bildungsmigration wie auch die politische Emigration aus dem Zarenreich begannen (sanft) in den 1860er-Jahren und hielten bis zum Ersten Weltkrieg an, wobei die politische Emigration während der Kriegsjahre fortdauerte, während die Bildungsmigration versiegte. Beide Wanderungen waren durch spezifische, oben genannte Migrationsmotive geprägt. Und besonders die Bildungsmigration war seit der Jahrhundertwende zahlenmässig beindruckend. Die russischen Kolonien in den Schweizer Universitätsstädten waren im Herkunftsland durch regelmässige Berichte der bereits hier lebenden Männer und Frauen gut bekannt und veranlassten weitere studierwillige und politisch aktive junge Menschen aus dem Zarenreich, in die Schweiz zu reisen. Wie das Beispiel Naum

21 Vgl. Miller, Russian Revolutionary Emigres, 6–8.
22 Zur Lebenswelt der Bildungsmigrant(inn)en aus dem Zarenreich in Bern siehe Kapitel 2.2.
23 Hoerder, Lucassen und Lucassen, Terminologien und Konzepte in der Migrationsforschung, 45.

Reichesbergs zeigt, lassen sich die Bildungsmigration und die politische Emigration aus dem Zarenreich nicht immer eindeutig unterscheiden.[24]

Im Zusammenhang mit der politischen Emigration aus dem Zarenreich in die Schweiz tauchen auch die Begriffe Flüchtling, Asyl und Exil auf, wobei die Unterscheidung generell schwammig ist. Der Flüchtlingsbegriff wird gewöhnlich mit Zwangsmigration verbunden und meint (heute) einen bestimmten rechtlichen Status. Dasselbe gilt für den Asylbegriff, wobei Flüchtling und Asyl im Schweizerischen Bundesstaat bis in die Mitte des 20. Jahrhunderts keine gesetzlich definierten Begriffe waren. Politisch verfolgte Personen unterstanden dem allgemeinen Ausländerrecht und erhielten bis in die Zwischenkriegszeit in der Regel (auch ohne Ausweisdokumente) eine Aufenthaltsbewilligung, wenn sie ihren Lebensunterhalt finanzieren konnten und nicht straffällig geworden waren.[25] Der Exilbegriff ist im deutschsprachigen Raum eng mit der Zeit des Nationalsozialismus, das heisst mit dem deutschsprachigen intellektuellen Exil zwischen 1933 und 1945 verknüpft.[26] Begreift man die Erfahrung des Exils mit Kristina Schulz viel allgemeiner als eine Form von Migration, der Menschen aufgrund von Verfolgung aus politischen, ethno-nationalen, rassistischen oder religiösen Gründen in unterschiedlichen historischen Konstellationen ausgesetzt waren und sind,[27] dann bedeutet Exil ein «durch Intoleranz und Gewalt erzwungener [alternativloser] Zustand der Abwesenheit von dem Ort [...], an dem eine Person beheimatet ist, ein Zustand, auf dessen bestimmende Faktoren (Zeitpunkt, Dauer, Distanz) die betroffenen Frauen und Männer keinen Einfluss haben».[28] Der Begriff «Emigration» im Sinne der Gesamtheit – man könnte auch sagen Gemeinschaft – der politischen Emigrantinnen und Emigranten aus dem Zarenreich in der Schweiz, wie er in dieser Arbeit verwendet wird, ist mit Martin A. Miller als spezifische Unterkategorie des Exils zu verstehen, die das ideologische Motiv

24 Siehe dazu insbesondere Kapitel 2.2.

25 Siehe dazu Kapitel 3.1 und 3.2.

26 Auch die Exilforschung, die sich in Deutschland vor allem in den 1960er- und 1970er-Jahren formierte, beschäftigte sich primär mit den Opfern von politischer Repression und rassischer Verfolgung durch die Nationalsozialisten. Die Exilforschung entfernte sich bereits in ihren Anfangsjahren auch methodisch von der Migrationsforschung. Während diese lange auf die statistische Erfassung von Wanderungsbewegungen und auf die Aufnahmegesellschaften fokussierte, befasste sich die Exilforschung mit der Rekonstruktion individueller Lebenswege und mit subjektiven Erfahrungen. Aus Sicht von Kristina Schulz könnte die historische Migrationsforschung in der Schweiz, deren Erkenntnisinteresse bisher vor allem den rechtlichen und institutionellen Rahmenbedingungen, der zahlenmässigen Bedeutung und Zusammensetzung von Migrationen sowie dem «Überfremdungsdiskurs» galt, von den Erkenntnissen der Exilforschung profitieren und vermehrt die Migrantinnen und Migranten als Akteure, ihre individuellen Migrationserfahrungen und Handlungsstrategien in den Fokus zu rücken. Vgl. Schulz, Exilforschung und Migrationsgeschichte, 23, 26–29.

27 Vgl. Schulz, Exilforschung und Migrationsgeschichte, 40–46.

28 Ebd., 42. Im Gegensatz zu einem Exilanten, der faktisch gezwungen wurde, seine Heimat zu verlassen, und nicht zurückkehren kann, auch wenn er das wollte, lässt sich der «Expatriate» aus freien Stücken im Ausland nieder und könnte jederzeit in seine Heimat zurückkehren. Siehe dazu auch Miller, Russian Revolutionary Emigrés, 6 f.

besonders betont.[29] Wenn in den folgenden Kapiteln explizit von den *politischen* Emigrantinnen und Emigranten aus dem Zarenreich die Rede ist und das dominierende Migrationsmotiv hervorgehoben wird, dann dient dies zum besseren Verständnis, auch wenn es sich im Grunde um einen Pleonasmus handelt.

Biografie und biografische Annäherung

«Biografie» wird im Deutschen mit «Lebensbeschreibung» übersetzt. Es handelt sich um ein jahrhundertealtes Genre. Und trotzdem lässt sich die Biografie nur schwer definieren. Das biografische Erzählen unterscheidet sich in verschiedenen Epochen deutlich, es gibt unterschiedliche kulturelle Traditionen und diverse Zugänge über die wissenschaftlichen Disziplinen hinweg.[30] In der Geschichtswissenschaft galten Biografien lange als überholt. Das unreflektierte Aneinanderreihen von «Fakten» über eine Person, die chronologisch-teleologische Darstellung eines Lebens wurde als unwissenschaftlich bewertet. Seit einigen Jahrzehnten erlebt das biografische Schreiben unter Historikerinnen und Historikern eine Renaissance.[31] Diese «geschichtswissenschaftliche Rehabilitierung der Biographik» ist unter anderem auf das wachsende Interesse an der Alltagsgeschichte und den stärkeren interdisziplinären Blick zurückzuführen.[32] Gerade in der (transnationalen) Migrationsforschung hat der biografische Ansatz in den vergangenen Jahren an Bedeutung gewonnen, weil er sowohl Herkunfts- wie Ankunftskontext mit einbezieht und die Perspektive der Migrantinnen und Migranten berücksichtigt.[33] Die theoretische und methodische Auseinandersetzung mit der wissenschaftlichen Biografik steht hingegen noch am Anfang.[34]

Die Biografie wird gemeinhin als textuelle Repräsentation verstanden, in deren Zentrum eine reale Person oder eine Gruppe von Personen steht, wobei

---

29 Vgl. Miller, Russian Revolutionary Emigrés, 7–10. Die Bezeichnung «Emigrant» (im Englischen meist «émigré») wird in der Literatur – neben den Royalisten, die während der Französischen Revolution aus Frankreich flohen – insbesondere für russische Bürger(innen) verwendet, die (vor 1917) aufgrund ihrer Opposition gegen den Zaren im Ausland lebten oder (nach 1917) für verschiedene antibolschewistische Gruppen, von Monarchisten bis Sozialisten, welche die Sowjetunion verlassen hatten.

30 Vgl. Etzemüller Biographien, 7 f.

31 Vgl. ebd., 11, 14 f., und Runge, Wissenschaftliche Biographik, 113 f.

32 Runge, Wissenschaftliche Biographik, 114.

33 Vgl. Siouti, Transnationale Biographien, 35–54. Im Fall Naum Reichesbergs ist der Herkunftskontext prägend für seine politische Sozialisierung. Er integrierte sich in der neuen Heimat beruflich, gesellschaftlich, politisch und ideell, pflegte aber gleichzeitig enge Beziehungen zur Schicksalsgemeinschaft der russisch(-jüdischen) Emigrantinnen und Emigranten und richtete einen Teil seiner politischen Aktivitäten auf den Herkunftskontext aus.

34 Gemäss Anita Runge zeichnet sich wissenschaftliches biografisches Schreiben nicht in erster Linie durch einen grösseren Wahrheitsanspruch aus – dieser wird quasi vorausgesetzt, – sondern vor allem durch die Orientierung an Konventionen, welche die formale Gestaltung betreffen. Entscheidend ist für die wissenschaftliche Arbeit nicht zuletzt das Bewusstsein für den Konstruktionscharakter der Biografie. Vgl. Runge, Wissenschaftliche Biographik, 115–119.

Ereignisse und Handlungen aus deren Leben als zusammenhängende Einheit dargestellt werden.[35] Diese Definition basiert auf der Vorstellung des Individuums als eindeutig identifizierbare Einheit. Diese Einheit oder das über die Zeit hinweg konstante Subjekt wird heute allerdings grundsätzlich infrage gestellt.[36] Pierre Bourdieu hatte die Idee, dass «das Leben» als eine «kohärente und gerichtete Gesamtheit» – als (Lebens-)Geschichte – erzählt werden kann, in einem vielbeachteten Essay bereits 1986 als Illusion bezeichnet.[37] Anlass für diese Illusion ist gemäss Bourdieu der Eigenname, mit dem «eine gleichbleibende und dauerhafte soziale Identität [...] des biologischen Individuums» in allen möglichen Kontexten suggeriert werde.[38] Der Eigenname und die biologische Individualität garantieren also quasi dafür, dass die verschiedenen Erscheinungsformen beziehungsweise sozialen «Akteure» dieser Individualität (etwa als Politikerin, Mutter und Hausbesitzerin) über die Zeit und die sozialen Räume hinweg eine Konstanz und Einheit aufweisen. Dabei ist der Eigenname eine höchst willkürliche Bezeichnung. Bourdieu plädiert dafür, die Idee einer kohärenten Erzählung der Biografie durch die Rekonstruktion der verschiedenen «Positionen» zu ersetzen, die ein Akteur über die Zeit hinweg in verschiedenen «Feldern» und in Relation zu anderen Akteuren einnimmt, das Subjekt also in seinem sozialen Umfeld und den gesellschaftlichen Strukturen zu betrachten.[39]

Die vorliegende Arbeit nimmt diesen Gedanken auf und versucht, Naum Reichesbergs Positionen sinnvoll zu gruppieren und in den einzelnen Kapiteln in einem bestimmten zeitlichen, räumlichen und thematischen Kontext zu verorten. Im Fall von Naum Reichesberg ist der Zugang zum Biografischen über den soziohistorischen Kontext gewissermassen vorgegeben. Reichesberg hat zwar deutlich mehr Spuren hinterlassen als der einfache Holzarbeiter Louis-François Pinagot in Alain Corbins «Auf den Spuren eines Unbekannten».[40] Da keine persönlichen Aufzeichnungen («Ego-Dokumente») überliefert sind, muss sich die Autorin aber wie Corbin vor allem auf institutionelle Quellen stützen und versuchen, das Leben und Wirken Naum Reichesbergs über sein Umfeld fassbar zu machen. Sie nähert sich seiner Person über die verschiedenen Verortungen, von der Kindheit im Zarenreich bis zu den verschiedenen Positionen in seiner Wahlheimat Bern, und versucht nach und nach, aus dem «biografischen Rohmaterial» ein Porträt zu

35 Vgl. auch Etzemüller, Biographien, 16–19, und Klein, Handbuch Biographie, 199.

36 Thomas Etzemüller weist zu Recht darauf hin, dass im 21. Jahrhundert Personen auch nicht mehr «ohne Weiteres über einen Körper definiert» werden können. Vgl. Etzemüller, Biographien, 20.

37 Bourdieu, Biographische Illusion, 304.

38 Ebd., 306.

39 Ebd., 309 f.

40 Corbin rekonstruierte die Lebenswelt seiner Hauptfigur, die im 19. Jahrhundert im Nordwesten Frankreichs lebte und von der nur Einträge im Bevölkerungsregister überliefert waren, indem er seinen räumlichen und zeitlichen Horizont, die natürliche Umgebung, seine familiären Strukturen sowie die Glaubens- und Wertvorstellungen der Gesellschaft nachzeichnete, die Arbeit und Lebensweise Pinagots prägten. Vgl. Corbin, Auf den Spuren eines Unbekannten.

konstruieren.[41] Das Bild von Naum Reichesberg bleibt aber in vielerlei Hinsicht verschwommen. Es zeigt in erster Linie die öffentliche Person. Die persönlichen Gedanken, Gefühlslagen und seine Freundschaften sind kaum greifbar. Die Autorin versteht die vorliegende Arbeit deshalb als biografische Annäherung an Naum Reichesberg.[42]

Lebenswelt

Nach Bourdieu verortet die biografische Betrachtung den Akteur in seinem Kontext, bezieht also sowohl Individuum wie auch Strukturen mit ein. Eigentlich ist das Individuum in diesem Verständnis gar nicht von seinem sozio-historischen Umfeld zu trennen, mit dem es konstant interagiert.[43] Die Kontextualisierung des Individuums ist auch die Grundidee des Lebenswelt-Konzeptes, wie es in der Geschichtswissenschaft verwendet wird.[44]

Die Verwendung des Begriffs der «Lebenswelt» in der Geschichtswissenschaft geht namentlich auf Rudolf Vierhaus und Heiko Haumann zurück. Für Haumann bedeutet die lebensweltliche Betrachtung, «die Geschichte von einzelnen Menschen und ihrer Lebenswelt aus zu erschliessen».[45] Der Mensch lebt nicht isoliert, er lebt in einem ganz bestimmten historischen Kontext. Das Lebenswelt-Konzept rückt die historische Person als Subjekt ins Zentrum und versucht über den einzelnen Menschen und sein Verhalten die gesellschaftlichen Strukturen und das soziale und kulturelle Umfeld zugänglich zu machen. Der einzelne Mensch ist der «entscheidende Schnittpunkt»: Das Individuum wird von

41 Borchard, Lücken schreiben, 237.

42 Eine alternative Erzählung der Lebensgeschichte Naum Reichesbergs ist durchaus möglich, wenn seine Positionen anders geordnet und interpretiert werden.

43 Vgl. Bourdieu, Biographische Illusion, 303–310. Siehe auch Etzemüller, Biographien, 12 f., und Pyta, Geschichtswissenschaft, 333.

44 Der Begriff «Lebenswelt» tauchte bereits im 19. Jahrhundert auf, erfuhr aber erst durch Edmund Husserls Phänomenologie eine grössere Verbreitung und wurde zu einem Schlüsselbegriff der zeitgenössischen Philosophie. Die Verwendung des Begriffs der «Lebenswelt» ist bei Husserl allerdings nicht klar umrissen. Einerseits meint er die subjektiven Erfahrungen und Wahrnehmungen der Welt durch den Menschen, andererseits bezeichnet er die konkrete, anschauliche Lebenswelt. Später wurde das Konzept von Alfred Schütz und Thomas Luckmann in die Soziologie eingeführt. Für sie ist die «Lebenswelt des Alltags» oder die «alltägliche Lebenswelt» die «vornehmliche und ausgezeichnete Wirklichkeit des Menschen», die von diesem als natürlich und gegeben wahrgenommen wird. Die Lebenswelt ist hier eine soziale Welt, eine intersubjektive Welt, und der Verständigung beziehungsweise dem kommunikativen Handeln kommt eine zentrale Rolle zu. Jürgen Habermas griff diesen Ansatz in seiner «Theorie des kommunikativen Handelns» auf, wobei er einen Perspektivenwechsel auf den Akteur vollzog. Diese Weiterentwicklung des Begriffs und die Betonung der «Dialektik des Prozesses zwischen Akteur, Binnenperspektive und Einflüssen von aussen» hat auch die Geschichtswissenschaft geprägt. Vgl. Haumann, Lebenswelten und Geschichte, 75–77; Schütz und Luckmann, Strukturen der Lebenswelt, 29, 659–672, und Vierhaus, Rekonstruktion historischer Lebenswelten, 11.

45 Haumann, Lebenswelten und Geschichte, 7.

den Strukturen, in denen es sich bewegt – von den politisch-gesellschaftlichen Verhältnissen, den materiellen Bedingungen, dem sozialen Umfeld und vom prägenden Wertesystem –, beeinflusst und in seinen Denk- und Handlungsspielräumen begrenzt, es prägt dieselben Strukturen aber gleichzeitig auch mit seinem Verhalten.[46] Der Mensch macht Prozesse und Strukturen lebendig, er macht sie zugänglich und verständlich. Der lebensweltliche Ansatz kennt keinen Gegensatz zwischen Mikro- und Makrogeschichte, zwischen Strukturen und individueller Erfahrung. Im Gegenteil: Er betont die Wechselbeziehungen zwischen Strukturen und individuellem Denken und Handeln und verbindet verschiedene Untersuchungsebenen wie die gesellschaftlichen Rahmenbedingungen und das soziale Verhalten des Individuums.[47]

Die Lebenswelt ist nicht statisch. Sie verändert sich laufend unter dem Einfluss äusserer Einwirkungen und innerer Entwicklungen. Der Mensch kann sie verlassen und in andere Lebenswelten eintreten. Er lebt meist in mehreren Lebenswelten gleichzeitig. Ein Mensch mit Migrationsbiografie verliert in der Regel auch den Bezug zu früheren Lebenswelten nicht. Um das Beispiel Naum Reichesbergs aufzunehmen: Er kann zugleich in der Welt der ethnisch-kulturellen Herkunft, in der Welt der Sozialdemokratie, in der Welt der Wissenschaft und an einem geografischen Ort leben, der durch bestimmte politische Strukturen geprägt ist. Alle diese Lebenswelten «konditionieren in unterschiedlicher Weise [die Erfahrungen des Menschen], bestimmen sein Verhalten, sein Denken, konstituieren seine Biographie».[48] Oder wie Haumann betont: «Im Biographischen [...] dokumentiert sich auch das Gesellschaftliche».[49] In diesem Sinne ist auch die Auseinandersetzung mit der Person Naum Reichesbergs zu verstehen: Im Zentrum steht Reichesberg als Akteur, der sich in verschiedenen Lebenswelten bewegt. Sein Handeln und Wirken in diesen Lebenswelten erlaubt es, die damaligen gesellschaftlichen Verhältnisse, die politischen Rahmenbedingungen, die akademische Welt und sein soziales und politisches Umfeld zu erschliessen und einfacher zu vermitteln. Der Darstellung des sozio-historischen Kontextes wird in der vorliegenden Arbeit teilweise viel Raum gegeben. Damit wird versucht, der Leserin und dem Leser möglichst greifbar zu illustrieren, in welchem Umfeld sich Naum Reichesberg bewegte. Wenn seine Lebenswelten zugänglich werden, dann wird auch die Person und ihr Handeln lebendig.

Die Lebenswelt der russischen Emigration beziehungsweise der russischen Kolonie in Bern, in der sich Reichesberg bewegte, kann durchaus auch als Milieu oder Subgesellschaft im Sinne Urs Altermatts bezeichnet werden. Eine solche Subgesellschaft ist nach Altermatt durch zwei bestimmende Elemente geprägt: Ihre Mitglieder sind durch eine gemeinsame *Subkultur*, das heisst durch gemeinsame Wertvorstellungen, Normen und Verhaltensweisen verbunden. Und

46 Ebd., 43 f., 65–68 und 80 f.

47 Ebd., 36, 39, 54.

48 Vierhaus, Rekonstruktion historischer Lebenswelten, 14.

49 Haumann, Lebenswelten und Geschichte, 68.

sie verfügen über eine gemeinsame *Substruktur*, über spezifische Interaktionsstrukturen und Organisationsformen, die zur Durchsetzung der Milieuinteressen dienen. Die sozialen Beziehungen der Mitglieder der Subgesellschaft werden durch das engmaschige Netz an (sozialen) Organisationen stark auf die eigene Gruppe von Gleichgesinnten konzentriert, was häufig zu einer Abgrenzung vom gesellschaftlichen Umfeld führt.[50] Die politische Emigration wie auch die Bildungsmigration aus dem Zarenreich erfüllen diese Kriterien. Dass die Begriffe Milieu und Subgesellschaft in dieser Arbeit trotzdem nicht verwendet werden, hat zwei Gründe: Erstens lebte Naum Reichesberg zwar in der Lebenswelt der russischen Kolonie in Bern. Er hatte aber immer eine vermittelnde Funktion zwischen dieser und dem schweizerischen Umfeld inne. Seine Zugehörigkeit zur Subgesellschaft der russischen Kolonie bedeutete also nicht, dass er sich von der Umwelt abgrenzte. Die Verwendung des Begriffs der Subgesellschaft würde im Fall Reichesbergs ein falsches Bild transportieren. Und zweitens hat sich das Subgesellschafts- oder Milieumodell in der Schweiz vor allem in der Katholizismusforschung durchgesetzt.[51] Im Zusammenhang mit der russischen Emigration in der Schweiz wurden diese Begrifflichkeiten nie eingeführt. Hier soll keine neue begriffliche Debatte lanciert werden.

Sozialist, Russe, Jude

Naum Reichesberg wurde von den Behörden, aber auch von Freunden wahlweise als Sozialist, Russe oder Jude etikettiert. Diese Kennzeichnungen sind nicht falsch. Sie sind aber weder eindeutig noch selbstverständlich und bedürfen aus Sicht der Autorin einer Erläuterung oder Präzisierung.

Der Begriff Sozialismus taucht zum ersten Mal im frühen 19. Jahrhundert auf und bezeichnet ursprünglich ein breites Spektrum von Ideen(systemen) und sozialen Bewegungen, die durch ein Streben nach sozialer Gerechtigkeit und durch eine prinzipielle Ablehnung der herrschenden Wirtschafts- und Gesellschaftsordnung gekennzeichnet waren.[52] Gegen Ende des 19. Jahrhunderts bildete sich eine in Parteien und Gewerkschaften organisierte Arbeiterbewegung heraus, aus der sich verschiedene sozialistische Strömungen entwickelten, zu denen auch der Anarchismus und der Kommunismus gehörten. In der 1889 gegründeten Zweiten Internationale (auch Sozialistische Internationale genannt) – also der internationalen Vereinigung der Arbeiterbewegung beziehungsweise der sozialistischen und kommunistischen Parteien und Gewerkschaften – war der

50 Vgl. Altermatt, Katholizismus und Moderne, 104 f., und Moser, Frauen zwischen Gehorsam und Emanzipation, 100 f.

51 Vgl. Altermatt und Metzger, Milieu, Teilmilieus und Netzwerke, 15.

52 Die Ausführungen zu den Begriffen Sozialismus und Sozialdemokratie basieren, falls nicht anders vermerkt, auf folgenden Beiträgen: Pelinka, Sozialdemokratie; Lauterbach, Sozialismus und Sozialdemokratie, sowie Müller, Sozialismus.

Marxismus die prägende Richtung. Die Begriffe Marxismus, Sozialismus und Sozialdemokratie wurden dementsprechend meist synonym verwendet, wobei Sozialdemokratie tendenziell den politischen Arm der Arbeiterbewegung bezeichnete. Erst im 20. Jahrhundert erfolgte allmählich eine Differenzierung der Bezeichnungen. Insbesondere der Erste Weltkrieg und die Oktoberrevolution von 1917 in Russland führten zur Spaltung der sozialistischen Bewegung und zu einer klareren begrifflichen Unterscheidung: Sozialdemokratie wurde nun zum Synonym der Ablehnung des russischen Wegs (des Kommunismus) und stand für «die sozialistische Bewegung, die ihre Ziele unter Einhaltung der Spielregeln des Mehrparteiensystems im Rahmen westlicher Demokratie erreichen will».[53] Wobei sich nach wie vor beide Strömungen auf Karl Marx beriefen. Die Unterscheidung der Begriffe und der Parteien ist bis heute unscharf, was sich unter anderem darin zeigt, dass alle Richtungen des Kommunismus und der Sozialdemokratie den Begriff des Sozialismus für sich beanspruchen.[54] Sozialdemokratie wird aber prinzipiell eher mit einem gewissen Pragmatismus, mit Regierungsverantwortung und mit einer Entfernung von den theoretischen Grundlagen des Marxismus verbunden.[55] Im Zusammenhang mit Naum Reichesberg werden die Bezeichnungen «sozialistisch» und «sozialdemokratisch» und die dazugehörigen Nomen synonym verwendet. Die Zeitgenossen unterschieden kaum zwischen den beiden Begriffen und in den Quellen werden sie austauschbar gebraucht.

Nicht ganz einfach ist der Umgang mit den russischen Konzepten *rossijskij* (das Adjektiv zum Substantiv *Rossija*) und *russkij* in der deutschen Sprache. Für *rossijskij* wird in wissenschaftlichen Publikationen teilweise der Begriff «russländisch» statt «russisch» verwendet. Die Übersetzung mit «russisch» ist ungenau, weil sich das Adjektiv eben nicht auf die russische Ethnie oder auf die russische Sprache bezieht (das würde dem russischen *russkij* entsprechen), sondern auf die Territorialität des Zarenreiches oder des russischen Staates und auf seine Staatsbürger. Die Unterscheidung ist vor allem dann relevant, wenn es um nationale Minderheiten im Russischen Reich geht. Juden, Polen oder Armenier waren Staatsbürger des Zarenreiches. Das Adjektiv *rossijskij* kann ohne Weiteres für sie verwendet werden. Hingegen meint das Adjektiv *russkij* nur ethnische Russen.[56] Naum Reichesberg war also streng genommen ein Russländer und kein Russe. Da sich das Konzept «russländisch» in der deutschsprachigen Literatur nicht

---

53 Pelinka, Sozialdemokratie, 13.

54 Im deutschen Sprachraum und in Nordeuropa nennen sich die sozialistischen Parteien heute «sozialdemokratisch» (zum Beispiel die Sozialdemokratische Partei Deutschlands), im lateinischen Sprachraum meist «sozialistisch» (zum Beispiel der französische Parti socialiste oder der spanische Partido Socialista Obrero Español, PSOE). Die Sozialdemokratische Partei der Schweiz (SPS) proklamierte 1904 die sozialistische Gesellschaft als Ziel, seit 1982 gilt die Formel des «demokratischen Sozialismus». Vgl. Sozialdemokratische Partei der Schweiz, Einig aber nicht einheitlich, 463.

55 Vgl. Pelinka, Sozialdemokratie, 12–18; Lauterbach, Sozialismus und Sozialdemokratie, 193–199, und Müller, Sozialismus.

56 Vgl. «Russländische Emigranten in Europa seit 1917», EME, 914.

durchgesetzt hat, wird in dieser Arbeit aus Gründen der Verständlichkeit auf die Unterscheidung verzichtet. Sofern nicht anders vermerkt, meint «russisch» in der vorliegenden Arbeit also grundsätzlich «russländisch» und bezieht sich immer auf alle Staatsbürgerinnen und Staatsbürger des Zarenreiches, alle verschiedenen Ethnien inklusive.

Juden wurden im späten Zarenreich als nationale Minderheit behandelt. Die zaristischen Herrscher versuchten die jüdische Bevölkerung – ebenso wie die Polen, die Finnen, die baltischen Völker und alle anderen nichtrussischen Ethnien im Russischen Reich – zu «russifizieren», das heisst deren eigene Sprache und Kultur zugunsten der russischen zu verdrängen. Andererseits wurden Juden auch als Stadtleute in das traditionelle Ständesystem eingeordnet, das ihnen namentlich eine bestimmte Stellung im Wirtschaftsleben zuschrieb. Juden waren im Verständnis der zaristischen Herrscher also eine Nationalität und nicht nur eine Religionsgruppe.[57] Auch für die Anhänger der jüdisch-nationalen Bewegungen, die sich gegen Ende des 19. Jahrhunderts formierten, waren die Juden eine eigenständige Nation.[58] Die Frage, was das Judentum ist, wurde in der Geschichte immer wieder von aussen an die jüdische Bevölkerung herangetragen, aber auch von Jüdinnen und Juden selber gestellt und je nach Kontext unterschiedlich beantwortet. Die Antworten reichen von Religion beziehungsweise Konfession, Volk, Ethnie oder Nation über Rasse und Klasse bis hin zur Schicksalsgemeinschaft oder kulturellen Zugehörigkeit. Seit der Gründung des Staates Israel im Jahr 1948 kam auch die Staatsbürgerschaft als Element hinzu.[59] In dieser Arbeit werden am Rande auch die Stellung der Juden und Jüdinnen in der Gesellschaft oder Zuschreibungen von jüdischen Eigenschaften in unterschiedlichen Kontexten thematisiert. Die theoretische Diskussion über das Wesen des Judentums spielt hier aber keine entscheidende Rolle. Im Übrigen werden für den vorliegenden Zweck Personen als jüdisch bezeichnet, die mütterlicherseits oder väterlicherseits jüdische Abstammung hatten und aufgrund dieser Abstammung in irgendeiner Form diskriminiert oder stigmatisiert wurden.[60] Die Selbstwahrnehmung der betroffenen Personen muss nicht mit dieser Bezeichnung übereinstimmen.

57 Vgl. «Russländische Revolutionäre in West- und Mitteleuropa», EME, 923; «Russia», EJ, 531–542, und Stanislawski, Russian Empire, www.yivoencyclopedia.org/article.aspx/Russia/Russian_Empire.

58 Siehe Kapitel 2.1.

59 Einen guten Überblick über jüdisches Leben über die Jahrtausende und – implizit und explizit durch alle Kapitel hindurch – über die Auseinandersetzung mit der Frage, was jüdische Identität bedeutet und was das Judentum ausmacht, liefert Michael Brenner in seiner kleinen jüdischen Geschichte. Vgl. Brenner, Kleine jüdische Geschichte.

60 Nach dem jüdischen Religionsgesetz, der *Halacha*, ist Jude oder Jüdin, wer eine jüdische Mutter hat. Diese Definition wird absichtlich nicht übernommen. Für das nichtjüdische Umfeld spielte die halachische Definition keine Rolle. «Vaterjuden» wurden genauso als Juden fremdbezeichnet wie Kinder einer jüdischen Mutter. So stützten sich auch die Schweizer Behörden nicht auf die matrilineare jüdische Abstammung, wenn sie jemanden als jüdisch kennzeichneten.

Die Person und Lebensgeschichte von Naum Reichesberg zeigt exemplarisch, wie schwierig der Umgang mit der Zuschreibung «Jude» oder «jüdisch» ist. Es gibt keinen Hinweis darauf, dass Reichesberg sich im religiösen Sinne als Jude identifizierte. Er war weder Mitglied einer jüdischen Gemeinde noch hing er an religiösen Ritualen und Traditionen. Die jüdische Religion spielte für ihn im Alltag keine Rolle. Gleichzeitig war sein Lebensweg stark geprägt von seiner jüdischen Herkunft. In verschiedenen Situationen wurde ihm eine Eigenschaft zugeschrieben oder eine Möglichkeit verweigert, weil er als Jude wahrgenommen wurde. Vermutlich waren auch seine sozialistischen Überzeugungen und sein Interesse an den Sozialwissenschaften zu einem gewissen Grad von Diskriminierungserfahrungen aufgrund seiner Religionszugehörigkeit beeinflusst. Schliesslich bewegte sich Reichesberg auch in Bern in einer russisch-jüdischen oder jiddischen Lebenswelt, die seine Kindheit geprägt hatte. Die jüdische Herkunft Reichesbergs und damit zusammenhängende Erfahrungen und Zuschreibungen ziehen sich – mehr oder weniger explizit – wie ein roter Faden durch die verschiedenen Kapitel dieser Arbeit. So, wie das Jüdischsein während seines ganzen Lebens zentral war, ohne dass es für ihn eine erkennbare Bedeutung hatte.

Naum Reichesberg kann, wohlgemerkt, nicht als Ostjude bezeichnet werden, wie das die Schweizer Behörden teilweise taten, auch wenn er seine Kindheit in einer ostjüdischen Lebenswelt verbrachte. Der Begriff Ostjude wurde vermutlich im 19. Jahrhundert geprägt und hat sich im 20. Jahrhundert weitgehend durchgesetzt, auch wenn er teilweise mit antisemitischen Stereotypen verbunden und in der Verwendung häufig negativ konnotiert war. Ostjude «bezeichnet [...] mehr als eine geographische Zuordnung».[61] Die Unterscheidung von «Ostjuden» und «Westjuden» basiert auf unterschiedlichen Lebenswelten und Sozialstrukturen, die sich im 18. und 19. Jahrhundert in den jeweiligen Lebensräumen herausgebildet hatten. Der Ostjude wird charakterisiert durch eine den Alltag prägende Religiosität mit eigenen Riten und durch die jiddische Sprache. In der Schweiz wurden die Ostjuden insbesondere in der Zwischenkriegszeit als Inbegriff der Andersartigkeit und des Fremden betrachtet. Ihre Religiosität, ihre verbreitete wirtschaftliche Rückständigkeit und die traditionelle Kleidung bekräftigten antisemitische Stereotype. Wie Heiko Haumann zu Recht bemerkt, sollte die Tatsache, dass «der Ostjude als Klischee in der antisemitischen Agitation eine wichtige Rolle spielte, [...] nicht dazu führen, auf die Bezeichnung zu verzichten». Zumal der Begriff «aus dem innerjüdischen Sprachgebrauch heraus entstanden ist» und anfänglich einfach als neutrale Beschreibung für die in der Lebenswelt des osteuropäischen Schtetl verwurzelten Jüdinnen und Juden und ihre spezifische Kultur diente.[62] Wenn in dieser Arbeit von Ostjuden die Rede ist, dann ist der Begriff weder negativ noch positiv konnotiert, sondern meint schlicht und einfach die

61 Haumann, Geschichte der Ostjuden, 58.

62 Ebd., 58, Anmerkung 21. «Schtetl» (Deutsch «Städtlein») ist die Bezeichnung für meist kleinstädtische Siedlungen mit einem hohen jüdischen Bevölkerungsanteil in den Siedlungsgebieten der Juden in Osteuropa. Mit dem Zweiten Weltkrieg wurde diese Lebenswelt weitgehend zerstört.

traditionelle, von Religiosität geprägte Lebenswelt der Jüdinnen und Juden aus Osteuropa, die sich in vielerlei Hinsicht von derjenigen der jüdischen Bevölkerung in Westeuropa unterschied.[63] Selbstverständlich identifizierten sich – wie das Beispiel Reichesbergs zeigt – nicht alle Jüdinnen und Juden osteuropäischer Herkunft mit der ostjüdischen Lebenswelt, der Begriff Ostjude ist also kein Synonym für eine Herkunft aus Osteuropa.

1.3 Forschungsstand und Quellenlage

Die Entscheidung, eine Dissertation über Naum Reichesberg zu verfassen, ist nicht zuletzt dadurch motiviert, dass es kaum Literatur zu seinem Leben und Wirken gibt.

Forschungsstand

Die bisher einzige Studie, die sich explizit und ausschliesslich Naum Reichesberg widmet, ist die an der Universität Lausanne eingereichte (unveröffentlichte) Lizenziatsarbeit von Michel Beuret aus dem Jahr 1998.[64] Beuret fokussiert auf die Entwicklung von Reichesbergs Denken und namentlich auf seine wissenschaftlichen Beiträge zum Thema Sozialstatistik. Seinen Fokus auf die «intellektuelle Biographie» von Naum Reichesberg begründet Beuret damit, dass die Schriften Reichesbergs gut zugänglich sind und kaum andere Quellen existieren. Dies dürfte mit ein Grund sein, weshalb sich bis heute niemand an eine umfassende Auseinandersetzung mit der Person Reichesbergs und seinem Wirken gewagt hat.

Mit dem wissenschaftlichen Werk Reichesbergs setzen sich auch verschiedene Studien zur Entwicklung der Sozialwissenschaften und der Statistik in der Schweiz auseinander. Hans-Ulrich Jost, der die Lizenziatsarbeit von Michel Beuret betreut hatte, thematisiert an verschiedenen Stellen den Beitrag Reichesbergs zur Etablierung der Sozialwissenschaften und zur Entwicklung einer amtlichen Statistik.[65] Sehr wertvoll für die Einordnung von Reichesbergs Denken und seines akademischen Wirkens in einen gesellschaftlichen Gesamtkontext ist die Dissertation von Markus Zürcher über die Anfänge der Soziologie in der Schweiz (1995). Zürcher beleuchtet insbesondere auch den Statistiker Reichesberg und ordnet seine Beiträge in die damaligen Debatten ein.[66] Genannt sei ferner Erich

63 Zur Lebenswelt der Ostjuden und der Begriffsgeschichte, siehe Haumann, Geschichte der Ostjuden, 58–60; Kury, Die Spielverderber, 423 f., und Saß, Berliner Luftmenschen, 38 f.

64 Vgl. Beuret, Naum Reichesberg.

65 Vgl. unter anderem Jost, Von Zahlen, Politik und Macht, sowie Jost, Sozialwissenschaften und Staat.

66 Vgl. Zürcher, Unterbrochene Tradition. Zu Reichesberg und Statistik siehe auch Tanner, Der Tatsachenblick auf die «reale Wirklichkeit».

Gruners vierbändiges Referenzwerk über die Arbeiterschaft und Wirtschaft in der Schweiz vor dem Ersten Weltkrieg, wo Reichesberg an verschiedenen Stellen auftaucht.[67] Schliesslich wird Naum Reichesberg auch in Arbeiten zur russischen Emigration und zu den russischen Studierenden in der Schweiz mindestens am Rande erwähnt.[68]

Naum Reichesberg hat sich über lange Jahre für den Internationalen Arbeiterschutz engagiert. Er war von 1900 bis zu seinem Tod ein aktives Mitglied der Internationalen Vereinigung für gesetzlichen Arbeiterschutz (IVgA) beziehungsweise ihrer Nachfolgeorganisation, der Vereinigung für sozialen Fortschritt, sowie Vorstandsmitglied und Sekretär der Schweizer Sektionen.[69] Die Geschichte der IVgA haben Judit Garamvölgyi (1982) und Madeleine Herren-Oesch (1993) aufgearbeitet.[70] Der Internationale Arbeiterschutz und die Rolle der Schweiz werden zudem in Publikationen zum Arbeitsrecht in der Schweiz besprochen.[71] Für die Arbeitsbedingungen in der Schweiz bis zum Ersten Weltkrieg ist die bereits oben genannte umfangreiche, von Erich Gruner herausgegebene Studie aufschlussreich, die im Übrigen auch für die Geschichte der Arbeiterbewegung bis zum Landesstreik massgebend ist. Für die Geschichte der Arbeiterbewegung und der Sozialdemokratie im Schweizer Kontext sei ausserdem auf die Arbeiten von Bernard Degen verwiesen.[72]

Für die Kontextualisierung der Biografie Reichesbergs sind die Geschichte der politischen Emigration und der Bildungsmigration aus dem Zarenreich – Letztere namentlich an die Universität Bern – und die Geschichte der Schweizerischen Migrationspolitik besonders relevant. Bereits 1955 hat Jan Marinus Meijer auf die Bedeutung der ersten russischen Kolonie in Zürich (1870–1873) als Ideenschmiede für die revolutionäre Bewegung im Zarenreich aufmerksam gemacht.[73] In den 1970er- und 1980er-Jahren wuchs das Interesse an der russi-

67 Vgl. Gruner, Arbeiterschaft und Wirtschaft in der Schweiz.

68 Hier sei namentlich auf die weiter unten erwähnten Untersuchungen von Alfred E. Senn (für die russische Emigration in der Schweiz) und Daniela Neumann (zu den Studentinnen aus dem Russischen Reich) verwiesen.

69 Die Literatur zur 1919 gegründeten Internationalen Arbeitsorganisation (ILO) ist recht umfangreich und berührt das Umfeld, in dem Reichesberg aktiv war. Reichesberg hatte allerdings mit der ILO direkt keine Verbindung. Für diese sei deshalb auf den Überblick über den Forschungsstand verwiesen, den Jasmien Van Daele zum Anlass des 90-jährigen Bestehens der Organisation im Jahr 2009 aufgearbeitet hat. Vgl. Van Daele, Writing ILO Histories.

70 Garamvölgyi, Internationale Vereinigung für gesetzlichen Arbeiterschutz, und Herren, Internationale Sozialpolitik vor dem Ersten Weltkrieg. Zur Bedeutung der IVgA für die Gründung der ILO siehe Van Daele, Engineering Social Peace.

71 Hier sei stellvertretend für einige Arbeiten, die seit den 1960er-Jahren erschienen sind, auf die Geschichte des Schweizerischen Arbeitsrechts von Hans Peter Tschudi verwiesen (1987). Vgl. Tschudi, Geschichte des schweizerischen Arbeitsrechts.

72 Vgl. unter anderem Degen, Schäppi und Zimmermann, Robert Grimm; Degen, Sozialdemokratie; Sozialdemokratische Partei der Schweiz, Einig aber nicht einheitlich. Siehe auch Degen und Richers, Zimmerwald und Kiental, für die Beziehungen zwischen der Schweizer Sozialdemokratie und der Sozialistischen Internationale wie auch der russischen Emigration.

73 Vgl. Meijer, Knowledge and Revolution.

schen Emigration im 19. und frühen 20. Jahrhundert, wobei insbesondere die Frage im Zentrum stand, wie viel die politischen Emigrantinnen und Emigranten zum Umsturz in Russland im Jahr 1917 beigetragen hatten. Hier sei auf die wegweisende Arbeit von Alfred E. Senn (1971) verwiesen.[74] In der Schweiz war – verständlicherweise – vor allem das Interesse an der Person Lenins und an seinem Aufenthalt hierzulande gross.[75] Zwei Publikationen aus dem Jahr 1994 richten das Augenmerk stärker auf die Schweiz als Zufluchtsort von russischen Revolutionären: Der von Monika Bankowski et al. herausgegebene Band illustriert die ganz unterschiedlichen Flüchtlinge aus dem slawischen Kulturraum, welche die Schweiz im 19. und 20. Jahrhundert beherbergt hat. Die Beiträge in der Publikation von Goehrke und Zimmermann fokussieren auf die Schweiz als Asylland.[76] Ein wichtiges Referenzwerk ist schliesslich die umfangreiche Arbeit von Peter Collmer (2004) über die Beziehungen zwischen der Schweiz und dem Russischen Reich, die auch die politische Emigration aus dem Zarenreich in die Schweiz behandelt.[77] Einen kleinen Einblick in den Kosmos der verschiedenen politischen Fraktionen der russischen Sozialdemokratie im Schweizer Exil, die entlang ethno-nationaler, aber auch politischer Linien gespalten war, gewährt der zum 100-Jahr-Jubiläum publizierte Band über die Konferenzen von Zimmerwald und Kiental im Jahr 1915.[78]

Obwohl der Andrang von Studentinnen und Studenten aus dem Zarenreich bereits von Zeitgenossen thematisiert wurde und in den Gesamtdarstellungen zur Geschichte der Universität Bern angesprochen wird, ist die Bildungsmigration aus dem Zarenreich in die Schweiz nur teilweise erforscht.[79] Das Interesse galt bisher hauptsächlich den russischen Student*innen* und in der jüngeren Vergangenheit auch den jüdischen Studierenden aus dem Russischen Reich. Mit der Bildungsmigration von Frauen aus dem Zarenreich und mit der Pionierrolle der Russinnen für das Frauenstudium in der Schweiz haben sich namentlich Daniela Neumann (1987) und Franziska Rogger (2002, 2010) befasst.[80] Den von verschiedener Seite vermuteten besonders hohen Anteil von Jüdinnen und Juden unter

74 Vgl. Senn, Russian Revolution in Switzerland.

75 Rund um den 100. Geburtstag von Lenin im Jahr 1970 entstanden verschiedene Ausstellungen und Schriften. Eine der detaillierteren Auseinandersetzungen mit Lenin und seiner Zeit in der Schweiz ist diejenige von Willi Gautschi aus dem Jahr 1973. Vgl. Gautschi, Lenin als Emigrant in der Schweiz.

76 Vgl. Bankowski et al., Asyl und Aufenthalt, sowie Goehrke und Zimmermann, Zuflucht Schweiz. Die Schweiz als Zufluchtsort für russische Soldaten im Ersten Weltkrieg wird in diesen beiden Studien kaum berührt. Thomas Bürgisser hat sich in seiner Lizenziatsarbeit dieser Thematik angenommen und dabei auch die Tätigkeiten der Russischen Rote-Kreuz-Gesellschaft und (ab 1918) des sowjetischen Roten Kreuzes in der Schweiz beleuchtet. Vgl. Bürgisser, Unerwünschte Gäste.

77 Vgl. Collmer, Die Schweiz und das Russische Reich.

78 Vgl. Degen und Richers, Zimmerwald und Kiental.

79 Vgl. insbesondere Feller, Universität Bern und Regierungsrat des Kantons Bern, Hochschulgeschichte Berns.

80 Vgl. Neumann, Studentinnen aus dem Russischen Reich; Rogger, Doktorhut im Besenschrank, sowie Rogger, und Bankowski, Ganz Europa blickt auf uns. Eine Ausnahme bildet folgender

den Studierenden aus dem Zarenreich an den Universitäten Bern und Zürich konnte die Verfasserin in ihrer Masterarbeit nachweisen.[81]

Das Interesse der Geschichtswissenschaft an der Migrationsgeschichte der Schweiz war bis in die 1990er-Jahre eher bescheiden. Seither erkennt Silvia Arlettaz eine gesteigerte Forschungstätigkeit im Bereich der Geschichte der Immigration und Ausländerpolitik der Schweiz.[82] Sie hat 2011 einen detaillierten Forschungsüberblick über die seit den 1990er-Jahren entstandenen Studien geliefert, auf den hier verwiesen wird.[83] Seit den 1990er-Jahren haben Gérald und Silvia Arlettaz in verschiedenen Artikeln und Studien die Institutionalisierung einer eigentlichen schweizerischen Migrationspolitik vom ausgehenden 19. Jahrhundert bis in die Zwischenkriegszeit nachgezeichnet, wobei sie diese in einen direkten Zusammenhang mit innenpolitischen Debatten («Ausländerfrage» und «Überfremdungsdiskurs»), mit der sozialen Integration der Schweiz und der sich herausbildenden nationalen Identität stellen. Hier sei insbesondere auf das Überblickswerk aus dem Jahr 2004 verwiesen, das 2010 neu aufgelegt wurde.[84] Die Basis für das protektionistische Migrationsregime der Schweiz nach dem Ersten Weltkrieg wurde mit der Schaffung der eidgenössischen Zentralstelle für Frem-

---

Beitrag aus dem Jahr 1975, der die männlichen und weiblichen Studierenden aus Osteuropa an der Universität Genf beleuchtet: Mysyrowicz, Université et révolution.

81 Der hohe Anteil Angehöriger nationaler Minderheiten, speziell von Jüdinnen und Juden unter den Studierenden aus dem Zarenreich wurde von Daniela Neumann zwar thematisiert und begründet. Da die Schweizer Universitäten (im Gegensatz zu den deutschen Hochschulen) bei der Immatrikulation nicht nach der Konfession gefragt haben, konnte sie ihre Aussagen aber nicht verifizieren. In meiner Masterarbeit habe ich versucht, auf Basis der Analyse von Namen und Herkunftsorten den prozentualen Anteil der russisch-jüdischen Studierenden an der Bildungsmigration aus dem Zarenreich zu bestimmen. Dieser lag gemäss meinen Schlussfolgerungen an den Universitäten Bern und Zürich zwischen 50 Prozent (1880) und rund 85 Prozent (kurz vor dem Ersten Weltkrieg). Vgl. Masé, Student Migration of Jews from Tsarist Russia (2012). Eine Kurzversion der Masterarbeit ist 2013 erschienen in Lewinsky und Mayoraz, East European Jews in Switzerland, 99–121.

82 Als Ausdruck dieses verstärkten Interesses an Migrationsgeschichte im Kontext der Schweiz ist wohl auch die 2018 erschienene, erste Gesamtdarstellung zu verstehen, welche die Schweizer Geschichte seit der alten Eidgenossenschaft bis zur Gegenwart als Geschichte der Wanderungsbewegungen erzählt. Vgl. Holenstein, Kury und Schulz, Schweizer Migrationsgeschichte.

83 Vgl. Arlettaz, Immigration et présence étrangère en Suisse. Der Themenkomplex Zuflucht, Asyl und Internierung ist laut Arlettaz für die zweite Hälfte des 19. Jahrhunderts und für die Jahre 1918 bis 1945 gut untersucht. Hingegen macht sie für die Zeit des Ersten Weltkrieges und für die Jahre nach 1945 eine Lücke aus – mit Ausnahme der gut dokumentierten Flüchtlingswellen aus Ungarn, der Tschechoslowakei und Tibet. Der Migrationspolitik der Schweiz, insbesondere den rechtlichen und institutionellen Rahmenbedingungen und dem Wandel des Migrationsregimes, hat die Forschung ebenfalls ein grosses Interesse gewidmet, wobei nicht alle Perioden dieselbe Aufmerksamkeit erhalten haben. Auch hier ist die Zeit nach dem Zweiten Weltkrieg abgesehen von der italienischen Arbeitsmigration besonders schlecht abgedeckt. Seit den 1990er-Jahren sind vor allem neue Perspektiven und Fragestellungen hinzugekommen, wobei – im Einklang mit internationalen Entwicklungen – unter anderem ein stärkerer Fokus auf den Akteur und kulturwissenschaftliche Einflüsse festzustellen ist. Vgl. auch Hahn, Historische Migrationsforschung, 51–56, 59–62, und Schulz, Exilforschung und Migrationsgeschichte, 24–29.

84 Vgl. Arlettaz und Arlettaz, La Suisse et les étrangers.

denpolizei im Jahr 1917 gelegt. Die Entstehung und Entwicklung der Fremdenpolizei und die schrittweise Neugestaltung der Schweizerischen Ausländerpolitik nach dem Krieg hat Uriel Gast in seiner wegweisenden Dissertation von 1997 aufgearbeitet.[85]

Eine nicht zu vernachlässigende Anzahl Studien widmet sich spezifisch dem sogenannten Überfremdungsdiskurs, der sich im Laufe des Ersten Weltkrieges herausbildete und die Abwehrhaltung der Schweiz bis nach dem Zweiten Weltkrieg massgeblich prägte. So zeigt beispielsweise Patrick Kury (2003) auf, wie der Überfremdungsdiskurs sich rasch in der Amtssprache niederschlug und die behördliche Praxis bestimmte.[86] Der Kampf gegen die «Überfremdung» war, wie die Ausländerpolitik in der Schweiz bis nach dem Zweiten Weltkrieg generell, besonders auch gegen (Ost-)Juden gerichtet, wie das von Aram Mattioli (2008) herausgegebene Referenzwerk über Antisemitismus in der Schweiz nachweist.[87] Die besonders energische Abwehrhaltung gegenüber Ostjuden manifestierte sich nicht zuletzt in der Einbürgerungspolitik.[88] Die Grundlagen des Schweizerischen Bürgerrechts und die Entwicklung der Einbürgerungspolitik sind insgesamt gut erforscht und wurden in verschiedenen Studien auch in einen diskursiven Kontext gesetzt, so beispielsweise von Georg Kreis und Patrick Kury.[89] Die 2008 erschienene Gesamtdarstellung über die Entwicklung des Schweizerischen Bürgerrechts von Brigitte Studer, Gérald Arlettaz und Regula Argast zeichnet nicht nur die Geschichte des Schweizer Bürgerrechts nach, sondern verortet diese überzeugend vor dem Hintergrund der Nationenbildung und setzt sie in einen theoretischen Rahmen.[90]

---

85 Vgl. Gast, Von der Kontrolle zur Abwehr. Stefan Mächler (2008) hat ergänzend die Bedeutung der Fremdenpolizei als Instrument einer antisemitischen Bevölkerungspolitik hervorgehoben. Vgl. Mächler, Kampf gegen das Chaos.

86 Vgl. Kury, Über Fremde reden.

87 Vgl. Mattioli, Antisemitismus in der Schweiz. Mit den Eigenarten des Antisemitismus in der Schweiz haben sich auch andere Untersuchungen befasst, so für die hier relevante Periode unter anderem Aaron Kamis-Müller und – mit einem spezifischen Fokus auf die Abwehr von Ostjuden – Patrick Kury. Vgl. Kamis-Müller, Antisemitismus in der Schweiz; Kury, Die Spielverderber, 423–443, und Kury, Gründung des Grenzsanitätsdienstes.

88 Die Ostjuden galten spätestens seit Ende des Ersten Weltkrieges aufgrund ihrer ethnischen und geografischen Herkunft als nicht assimilierbar. Während des Zweiten Weltkrieges führte die eidgenössische Fremdenpolizei *de facto* einen Numerus clausus für Bürgerrechtsbegehren von Personen jüdischer Konfession ein, wie Patrick Kury und Stefan Mächler aufzeigen konnten. Vgl. Kury, Die Spielverderber, 423–443, und Mächler, Kampf gegen das Chaos, 357–421. Die Stadt Zürich hatte bereits 1912 die Einbürgerung von Juden aus Osteuropa massiv erschwert. Vgl. Huser, Shtetl an der Sihl, 99–103.

89 Vgl. Kreis und Kury, Einbürgerungsnormen im Wandel der Zeiten.

90 Vgl. Studer, Arlettaz und Argast, Das Schweizer Bürgerrecht.

Quellen

Der Ansatz der vorliegenden Arbeit und ihre Struktur sind massgeblich beeinflusst von der Quellenlage, wie bereits einleitend festgestellt wurde. Die verfügbaren Informationen und Akten bestimmen zu einem gewissen Grad, welche Situationen im Leben von Naum Reichesberg und welches Engagement ausführlich betrachtet werden. Besonders hervorgehoben sei die Tatsache, dass diese Arbeit in entscheidendem Masse auf Quellen aufbaut, die eine Aussensicht auf Naum Reichesberg reflektieren. Wir nehmen ihn vor allem im Kontakt mit den Behörden und durch deren Augen wahr. Zur Herkunft Naum Reichesbergs, zu seinem Privatleben, seinem Eheleben und seinen Beziehungen zu anderen Personen geben die Quellen kaum etwas preis. Seine Gedanken über sein Umfeld und sein eigenes Schicksal oder seine Überlegungen zu Vorgängen der Zeitgeschichte bleiben uns verschlossen, sofern sie nicht in seinen akademischen Schriften behandelt werden. Selbstzeugnisse aus der Feder von Naum Reichesberg sind keine überliefert.[91] Im Übrigen konzentriert sich diese Arbeit auf das Wirken Reichesbergs in Bern. Seine Kindheit sowie seine Aufenthalte und Aktivitäten im Ausland wurden nur am Rande berücksichtigt. Archive im Ausland wurden deshalb bewusst nur beschränkt in die Recherche miteinbezogen.

Die Suche nach einem Nachlass und einem persönlichen Briefwechsel blieb erfolglos. Dabei wurde in allen möglichen Archiven in der Schweiz gesucht und sogar eine Online-Recherche russischer Archive durchgeführt.[92] Weder im Schweizerischen Sozialarchiv, das auch die Akten der Schweizerischen Vereinigung zur Förderung des internationalen Arbeiterschutzes aufbewahrt, noch im Wirtschaftsarchiv oder im International Institute of Social History (IISH) in Amsterdam (NL) ist, obwohl naheliegend, ein Nachlass vorhanden. Die Internationale Arbeitsorganisation (International Labour Organization, ILO) in Genf verfügte offenbar über einzelne Briefe und Dokumente von Naum Reichesberg. Nachforschungen haben ergeben, dass die Dokumente nicht mehr vorhanden

91 Wenn der Begriff des Selbstzeugnisses grosszügig interpretiert wird, könnte die kurze, akademische Lebensbeschreibung zuhanden der Universität Bern aus dem Jahr 1892 als solches bezeichnet werden. Reichesberg legte diese Lebensbeschreibung seinem Habilitationsgesuch bei. Sie ist sehr knapp gehalten und fokussiert auf den akademischen Lebensweg. StAB BB III b 541: Juristische Fakultät, Professoren und Dozenten P – Snell (1835–1931), Lebensbeschreibung von N. Reichesberg (1892).

92 In der Schweiz wurden folgende Archive durchsucht: Staatsarchiv des Kantons Bern inklusive Universitätsarchiv, Staatsarchiv des Kantons Genf, Schweizerisches Sozialarchiv, Schweizerisches Wirtschaftsarchiv (inklusive Archiv der Schweizerischen Gesellschaft für Statistik und Volkswirtschaft), Archive der Sozialdemokratischen Partei der Schweiz und des Kantons Bern, Archiv der Internationalen Arbeitsorganisation in Genf, Archiv des Schweizerischen Gewerkschaftsbundes, Archiv der Volkswirtschaftlichen Gesellschaft des Kantons Bern, Archiv der Jüdischen Gemeinde Bern. Für die Suche in russischen Archiven, sofern sie über ein Online-Inventar verfügen, danke ich Carla Cordin. Gemäss Auskunft von Hans Ulrich Jost, der die Lizenziatsarbeit von Michel Beuret aus dem Jahr 1998 betreute, hatte auch dieser ohne Erfolg bei verschiedenen Archiven nach weiteren Akten zu Naum Reichesberg angefragt.

sind und dass man bei der ILO nicht weiss, wo sie heute liegen.[93] In den Akten der Erziehungsdirektion des Kantons Bern und im Universitätsarchiv (beide im Staatsarchiv des Kantons Bern) werden Unterlagen zu den Anstellungsbedingungen Naum Reichesbergs und zu seinem akademischen Wirken aufbewahrt. Ein persönlicher Nachlass ist auch dort nicht auffindbar. Und bei der Jüdischen Gemeinde Bern existieren keine Akten über Naum Reichesberg, weil er kaum mit ihr in Berührung kam. Schliesslich wurde beim Staatsarchiv des Kantons Genf nach einem Nachlass nachgefragt. Immerhin war die Witwe Reichesbergs, Anna Reichesberg-Zukier, nach seinem Tod 1928 nach Genf gezogen. Auch diese Anfrage blieb ergebnislos.[94] Gut möglich, dass Anna Reichesberg-Zukier persönliche Unterlagen ihres verstorbenen Ehemannes mit nach Berlin nahm, als sie um 1930 die Schweiz verliess. In diesem Fall wäre das Schicksal des Nachlasses von Naum Reichesberg ebenso ungewiss wie jenes seiner Witwe.[95]

Diese Arbeit baut folglich vor allem auf Quellen staatlicher Provenienz auf. Es handelt sich um offizielle beziehungsweise amtliche Dokumente aller drei Staatsebenen, also von Bund, Kanton Bern und Stadt Bern, sowie um Akten der Universität Bern. Im Bundesarchiv (BAR) wurden namentlich die Archivbestände der Politischen Polizei, das Bürgerrechtsbegehren Naum Reichesbergs, die Bestände der Personenregistratur (Ausweisschriften für Ausländer) und das Dossier zum Gesuch Reichesbergs um Unterstützung des «Handwörterbuches der schweizerischen Volkswirtschaft, Sozialpolitik und Verwaltung» konsultiert. Das Einbürgerungsgesuch (ausgewertet in Kapitel 3) und die Berichte der Polizeibeamten verraten viel über den Umgang mit Fremden in der Zwischenkriegszeit und über das Denken der Behörden, sie enthalten aber auch wertvolle Informationen über das Leben Reichesbergs in Bern. Ebenfalls von grossem Informationswert sind die Archivbestände der Politischen Polizei, die insbesondere in Kapitel 7 ausgewertet werden. Sie umfassen sowohl Personendossiers wie auch thematische Dossiers wie beispielsweise zu den «Russen in der Schweiz». Beide – Personaldossiers und thematische Dossiers – bestehen zu einem grossen Teil aus Korrespondenz zwischen der Bundesanwaltschaft auf der einen Seite und kantonalen Polizeibehörden, Bundesämtern sowie ausländischen Behörden auf der anderen. Zahlreich abgelegt wurden auch (kommentierte) Zeitungsartikel. Weniger häufig sind Syntheseberichte der Bundesanwaltschaft, die in den meisten Fällen auf Verlangen des EJPD-Vorstehers zuhanden des Bundesrates verfasst wurden.[96] Schliesslich hat sich auch das Dossier zum Gesuch Reichesbergs um bundesrätliche Unterstützung seines «Handwörterbuches» als

93 Gemäss schriftlicher Auskunft des International Labour Office (ILO), Historical Archives.

94 Gemäss schriftlicher Auskunft des Staatsarchivs Genf. Das Staatsarchiv Genf hat unter anderem darauf hingewiesen, dass das Archiv der Fremdenpolizei und der Einwohnerkontrolle voraussichtlich bis weit ins Jahr 2017 hinein nicht zugänglich sei. Diese Akten wurden deshalb nicht berücksichtigt.

95 Zum Schicksal von Anna Reichesberg-Zukier siehe Kapitel 2.2.

96 Vgl. auch Vuilleumier, La police politique en Suisse, 32.

informative Quelle erwiesen. Auf dieser Basis kann die Entstehungsgeschichte dieses monumentalen Werkes ungefähr nachvollzogen werden (siehe Kapitel 5). Im Staatsarchiv des Kantons Bern wurden unter anderem die Akten der Polizeidirektion, der Erziehungsdirektion und der Juristischen Fakultät der Universität Bern eingesehen. Relevant für die Betrachtung des Wirkens von Naum Reichesberg an der Universität Bern ist insbesondere das Dossier zu seiner Person in der Aktenserie zu den Professoren der Juristischen Fakultät. Kapitel 4 basiert massgeblich auf diesen Unterlagen. Die Akten der Polizeidirektion beleuchten die Vorgänge rund um die Erteilung der Niederlassungsbewilligung an Naum Reichesberg und seine Ehefrau in den späten 1890er-Jahren (vgl. dazu Kapitel 3). Auskunft über den Aufenthaltsstatus Reichesbergs und seine Ausweisschriften geben auch das Fremden Einwohnerregister und die Schriftenkontrollen der Landesfremden Aufenthalter im Stadtarchiv Bern.

Neben den beschriebenen Verwaltungsakten sind für die vorliegende Arbeit schliesslich auch die Akten der Schweizerischen Vereinigung zur Förderung des internationalen Arbeiterschutzes im Schweizerischen Sozialarchiv eine wichtige Quelle. Sie erlauben es, den Einsatz Naum Reichesbergs für den Arbeiterschutz nachzuzeichnen. Andere Engagements für die Arbeiterschaft bleiben weniger greifbar. Im Archiv des Schweizerischen Gewerkschaftsbundes finden sich einzelne Protokolle und Unterlagen zu Konferenzen und Sitzungen, an denen Naum Reichesberg teilnahm. Das Archiv der Sozialdemokratischen Partei (SP) des Kantons Bern wurde erst im Jahr 2015 dem Staatsarchiv des Kantons Bern (StAB) übergeben. Zum Zeitpunkt der Recherchen für diese Arbeit war der Bestand noch nicht erschlossen und geordnet.[97] Hinweise auf Aktivitäten Reichesbergs wurden in den Akten der SP Bern keine gefunden. Dies gilt auch für die Archivbestände der SP Sektionen Länggasse-Felsenau, Bern Nord und Bern-Stadt aus den frühen Jahren bis 1928 im Stadtarchiv Bern.[98]

Zum Umgang mit Verwaltungsakten

Akten, so schreibt Walter Leimgruber, seien «so etwas wie das Fundament der Moderne».[99] Tatsächlich war die Möglichkeit, Daten im grossen Stil zu sammeln und zweckmässig einzusetzen bzw. auszuwerten, also Akten im Sinne von «prozessgenerierten Dokumentenkollektiven» anzulegen,[100] eine zentrale Voraussetzung für die «Rationalisierung und Professionalisierung administrati-

---

97 Ich danke Vinzenz Bartlome vom Staatsarchiv des Kantons Bern für seine Bemühungen, sich einen Überblick über die Bestände der Sozialdemokratischen Partei des Kantons Bern zu verschaffen und mir Zugang zu gewähren.

98 Alle hier erwähnten Archivbestände werden in den betreffenden Kapiteln nachgewiesen und sind im Verzeichnis am Ende der Arbeit aufgeführt.

99 Leimgruber, Akten, 8.

100 Vgl. Kellerhals, Akte/n im Archiv, 30.

ven Handelns» und damit für den im 19. Jahrhundert entstehenden modernen Verwaltungsstaat.[101] Die Erfüllung der sich ausdifferenzierenden staatlichen Aufgaben basierte immer mehr auf Akten und den dort abgelegten Informationen, Prozessen und Regeln. Je stärker der Staat regulierend in verschiedene Lebensbereiche einzugreifen begann – namentlich mit den Interventionsmassnahmen des Sozialstaates – desto grösser wurde sein Interesse an detailliertem und konsolidiertem Wissen über Einzelpersonen. Der moderne Staat stützte das politische und administrative Handeln darauf ab, die Menschen auf seinem Territorium individuell zu «kennen». Brigitte Studer spricht von «biographischer Erfassungslogik».[102] Auch die Regulierung von Migration auf dem europäischen Kontinent, die im 19. Jahrhundert einsetzte, muss im Zusammenhang mit der Entwicklung der modernen Bürokratie und der Interventions- und Erfassungslogik verstanden werden.[103]

Akten bilden Vorgänge ab, die zu bestimmten Entscheiden führen. Sie legen einen Geschäftsablauf fest und dokumentieren diesen später.[104] In Personenakten oder Falldossiers, die mehrere Personen umfassen, werden Informationen über Individuen gesammelt, geordnet und verfügbar gemacht. Wobei jedes Amt, jede Institution ganz bestimmte Informationen sammelt: Die Steuerbehörde sammelt Personendaten aus einem anderen Blickwinkel als das Sozialamt. Das heisst, jede Personenakte kann eine Person, eine Biografie nur fragmentär abbilden. Zudem entstehen Akten in einem bestimmten Kontext. Dieser Entstehungskontext, das Wissen der Beteiligten und die begleitende mündliche Kommunikation lösen sich mit der Zeit von der Akte. Überliefert wird eine schriftliche Beschreibung ohne weiteren Kontext. Für die Historikerin stellt es eine Herausforderung dar, die Akte im Handlungskontext zu begreifen und die Realität zu entschlüsseln, die mit der Verschriftlichung und der Formalisierung in Akten konstruiert wird.[105]

Bürokratische Akten haben auch eine performative Kraft: Indem die Verwaltung Personendaten in Kategorien ordnet und nach eigenen Vorgaben deutet, schafft sie eine (soziale) «Wirklichkeit». Behörden schreiben einer Person über ihre eigene Interpretation der Daten quasi eine «Identität» zu. Weil diese von der Verwaltung angelegten Akten auch als Entscheidgrundlagen verwendet werden, dokumentieren sie nicht nur Zustände und Vorgänge, sondern beeinflussen gleichzeitig auch, wie die Informationen (weiter) verwendet werden.[106] Welche Folgen das für die betroffenen Personen hat, lässt sich sehr gut am Beispiel von Bürgerrechtsakten aufzeigen. Einbürgerungsdossiers bestehen aus Akten unterschiedlicher Herkunft, die im Laufe des Verfahrens auf Gemeinde-, Kantons-

101 Studer, Biographische Erfassungslogiken, 140.
102 Vgl. Studer, Biographische Erfassungslogiken, 139–141.
103 Siehe dazu Kapitel 3.1.
104 Vgl. Kellerhals, Akte/n im Archiv, 30, und Meier, Aktenführung und Stigmatisierung, 50.
105 Vgl. Studer, Biographische Erfassungslogiken, 141; Leimgruber, Akten, 10; Kellerhals, Akte/n im Archiv, 30 f., und Meier, Aktenführung und Stigmatisierung, 51.
106 Vgl. Studer, Biographische Erfassungslogiken, 141 f.

und Bundesebene produziert und gesammelt werden. So finden sich in einem Dossier neben Formularen zur Person auch Arztzeugnisse, Steuerrechnungen und Berichte von Polizeibeamten. Namentlich Letztere waren im 20. Jahrhundert für die politischen Instanzen wichtige Entscheidungsgrundlagen. Den zuständigen Beamten kam bei der Darstellung der Lebensumstände der Bürgerrechtsbewerberinnen und -bewerber eine zentrale Rolle zu. Sie wählten aus, welche Informationen sie weitergeben wollten, und gewichteten sie. Die Informationsquellen liessen sich selten nachvollziehen. Hingegen flossen herrschende Normvorstellungen und Konzeptionen von «schweizerisch» und «fremd» stark in die subjektiven Bewertungen der Beamten ein. So werden auch in den Berichten der Einbürgerungsakten von Naum Reichesberg und seiner Ehefrau ostjudenfeindliche Stereotype und stigmatisierende Wertungen transportiert. Indem diese Zuschreibungen von Akte zu Akte übertragen, sprich fortgeschrieben wurden, verfestigten sich die Bilder und wurden für den Staat zur «Wirklichkeit».[107]

Akten geben in der Regel die Wahrnehmungen und Intentionen der aktenführenden Institution wieder. Sie erzählen aber auch die Geschichte des Verhältnisses zwischen den involvierten Beamten und der betroffenen Person. In einem administrativen Prozess stehen sich Akteure gegenüber, die den Ausgang des Verfahrens jeweils mit ihrem Verhalten und ihren Argumentationen beeinflussen. Die Beamten beeinflussen die Entstehung der Akte mit ihren Normen. Und die Betroffenen versuchen sich ihre eigenen Handlungsstrategien zurechtzulegen.[108] Wobei sich diese Handlungsstrategien nach den Regeln der administrativen Logik richten und die (mündlichen) Aussagen der Betroffenen in der sprachlichen Konvention der Verwaltungsakte formalisiert werden, wie Brigitte Studer zu bedenken gibt.[109] Das Individuum kann freilich auch als Objekt von Verwaltungsakten und standardisierten Formularen als handelndes Subjekt erkannt werden. So strich Naum Reichesberg im Gesuch für die bundesrätliche Bewilligung zur Erwerbung eines Gemeinde- und Kantonsbürgerrechts vor allem seine (wissenschaftlichen) Verdienste für die Schweiz heraus. Er tat dies, weil er wusste, dass die Behörden diesem Aspekt grosses Gewicht beimessen würden. Dass er seine wissenschaftlichen Leistungen hervorhob und nicht versuchte, seinen Lebensstil als besonders angepasst und «schweizerisch» zu verkaufen, zeigt, dass er sich sehr wohl strategisch zurechtlegte, mit welchen Argumenten er seine Erfolgschancen maximierte. Er passte sich der Verfahrenslogik an, soweit es nötig war, und nutzte die Regeln so, wie sie ihm am meisten dienten.[110]

107 Vgl. Argast et al., Wer gehört dazu, 104–113, und Meier, Aktenführung und Stigmatisierung, 51, 60–63. Vgl. Kapitel 3.3 zum Einbürgerungsgesuch von Naum Reichesberg.
108 Vgl. Leimgruber, Akten, 12, und Studer, Biographische Erfassungslogiken, 144–146.
109 Vgl. Studer, Biographische Erfassungslogiken, 146.
110 Zum Bürgerrechtsbegehren Naum Reichesbergs siehe Kapitel 3.3.

Hinweise zur Wiedergabe von fremdsprachigen Begriffen und Daten sowie zum Umgang mit geschlechtergerechter Sprache

In dieser Arbeit werden einige fremdsprachige Begriffe verwendet. Es wird vorausgesetzt, dass die Leserin und der Leser Französisch und Englisch passiv gut beherrschen und Ausdrücke in diesen Sprachen nicht übersetzt werden müssen. Hingegen werden Wörter aus dem Russischen, dem Jiddischen oder dem Hebräischen in der Regel übersetzt, es sei denn, es handelt sich um Konzepte, die Eingang in die deutsche Sprache gefunden haben und nicht mehr als Fremdwörter betrachtet werden. Dies trifft zum Beispiel auf «Bolschewismus» zu. Fremdsprachige Begriffe, die einer Erklärung bedürfen, werden im Text kursiv gesetzt.[111] Die Transliteration des kyrillischen Alphabets in lateinische Schrift folgt den im deutschen Sprachraum üblichen wissenschaftlichen Transliterationsregeln,[112] es sei denn, eine andere deutsche Schreibweise hätte sich allgemein eingebürgert (zum Beispiel Zar). Die Umschrift jiddischer Wörter orientiert sich am Standard des YIVO Institute for Jewish Research. Auch hier gilt, dass Namen und Begriffe, die sich im Deutschen in abweichender Schreibweise eingebürgert haben, in der bekannteren Form transkribiert werden. Die Umschrift des Hebräischen erfolgt ausspracheorientiert, die Darstellung in lateinischen Buchstaben orientiert sich also an der in Israel gängigen Aussprache und überträgt diese in eine für Deutschsprachige verständliche Schreibweise.

Die Datierung richtet sich grundsätzlich nach dem jeweils gültigen Kalender. Daten der russischen Geschichte bis 1918 werden also in der Regel gemäss Julianischem Kalender wiedergegeben. Abweichungen werden kenntlich gemacht. Im 19. Jahrhundert bestand zwischen dem Julianischen Kalender und dem im Westen üblichen, gegenüber ersterem vorgehenden Gregorianischen Kalender eine Differenz von 12 Tagen, seit 1900 (bis 2099) beträgt sie 13 Tage. Nach dem Zerfall des Zarenreiches wurde in Russland ebenfalls der Gregorianische Kalender eingeführt.

Zum Schluss noch ein paar Worte zum Umgang mit männlicher und weiblicher Form in dieser Arbeit: Grundsätzlich wird versucht, immer beide Geschlechter zu nennen, wenn beide gemeint sind. Wenn nur die weibliche Form verwendet wird – so beispielsweise, wenn es um die russischen Studentinnen als Pionierinnen des Frauenstudiums an der Universität Bern geht –, dann sind in der Regel auch nur Frauen gemeint. Umgekehrt sind, dem Zeitkontext geschuldet, häufig nur Männer betroffen. Dann rechtfertigt sich die ausschliessliche Verwendung der männlichen Form. Es gibt aber auch Ausnahmen. Wenn Bildungsmigrantinnen und politische Emigranten in einem Satz genannt werden, dann würde ein Satzungetüm kreiert, wenn für beide Gruppen sowohl die männliche wie auch die weibliche Form ausgeschrieben würde. In solchen Fällen wird für

111 Die kursive Formatierung wird teilweise auch verwendet, um ein Wort (zur Betonung) hervorzuheben.

112 Vgl. www.hist.uzh.ch/de/fachbereiche/oeg/links/transliteration.html.

beide Gruppen die Form des häufiger vertretenen Geschlechts genannt, wobei das andere Geschlecht jeweils mitgemeint ist. Im Kontext (oder falls nötig dank einer erklärenden Anmerkung) sollte aber immer klar sein, ob nun tatsächlich beide oder nur das jeweils genannte Geschlecht gemeint sind.

2 Vom Zarenreich nach Bern

«Als Sohn des Journalisten Moissej Reichesberg zu Kremenetz (Wolynien) im Jahre 1867 geboren, genoss ich meine erste Schulbildung in meiner Heimatstadt. Im Herbst 1880 bezog ich das Gymnasium zu Kieff, woselbst ich bis Frühjahr 1886 verblieb. Nachdem ich das Gymnasium absolviert hatte, ging ich im Frühjahr des nächsten Jahres nach Wien, um an der juridischen Fakultät der dortigen Universität juristische und staatswissenschaftliche Fächer zu studieren. Im Frühjahr des Jahres 1890 übersiedelte ich nach Bern, woselbst ich am 2. Juni 1891 das Doctor-Examen in der III. Gruppe der Fächer der juristischen Fakultät bestanden habe. Nach dem Examen zog ich nach Berlin, um mich dort speziell mit Statistik und Nationalökonomie zu beschäftigen. [...].»[1]

Diese «Lebensbeschreibung» legte Naum Reichesberg seinem Habilitationsgesuch vom 5. Juli 1892 zuhanden der Erziehungsdirektion des Kantons Bern bei. Es handelt sich um die einzige Darstellung seiner Herkunft und seines Werdeganges aus seiner Feder. Die Quellen geben allgemein wenig preis über die Kindheit Reichesbergs im Zarenreich, sein familiäres Umfeld und seine persönlichen Beziehungen oder über sein Alltagsleben in Bern. Dieses Kapitel ist ein Versuch, Naum Reichesberg in seinem Umfeld zu verorten und durch eine ausführlichere Darstellung der Lebenswelten im Zarenreich und in der Schweiz in gewissem Masse diesem Mangel an Informationen entgegenzuwirken. Im ersten Teil wird versucht, die Welt seiner Kindheit und Jugend abzubilden. Der zweite Teil ist den Lebensverhältnissen in seiner neuen Heimat gewidmet, wobei auch sein familiäres Umfeld beleuchtet wird.

2.1 Im Zarenreich: Kindheit und Jugend

Nach eigener Darstellung wurde Naum Reichesberg in Kremenez geboren und besuchte im rund 400 Kilometer entfernten Kiew das Gymnasium. Kremenez liegt heute in der westlichen Ukraine. Zwischen 1795 und 1914 – also auch in Naum Reichesbergs Kindheit und Jugend – war die Stadt Teil des im Russischen Reich gelegenen Gouvernement Wolhynien.[2] Kremenez lag im sogenannten Ansiedlungsrayon und hatte damals eine grosse jüdische Gemeinde, deren Wurzeln

1 StAB BB III b 541: Juristische Fakultät, Professoren und Dozenten P – Snell (1835–1931), Lebensbeschreibung von Naum Reichesberg (1892). Bei der nicht zitierten Stelle handelt es sich um eine Aufzählung aller Professoren, bei denen Naum Reichesberg Vorlesungen besucht hatte.

2 Nach dem Zusammenbruch des russischen Zarenreiches wurde Kremenez für wenige Jahre Teil der Ukrainischen Volksrepublik. Mit dem Frieden von Riga wurde die Stadt 1921 an Polen zurückgegeben (Zweite Polnische Republik), zu dem sie bereits ab Mitte des 16. Jahrhunderts bis zur Annexion durch das Russische Reich gehört hatte (Königreich Polen). Nach dem Zweiten

bis ins 15. Jahrhundert zurückverfolgt werden können. Viele Juden waren in der Papierherstellung, als Handwerker und Schuster tätig und spielten eine bedeutende Rolle in der lokalen Wirtschaft.[3]

Die Situation der jüdischen Bevölkerung im Zarenreich

Das Russische Reich wurde durch Territorialgewinne im 17., 18. und 19. Jahrhundert zu einem Vielvölkerstaat. Nach den drei Teilungen Polens in den Jahren 1772 bis 1815 zwischen dem Königreich Preussen, dem Habsburgerreich und dem Russischen Zarenreich wurde erstmals eine bedeutende Anzahl Juden zu Untertanen des Russischen Reiches.[4] Der Grossteil der jüdischen Bevölkerung lebte auch nach der Integration ihrer Siedlungsgebiete ins Zarenreich weiterhin in den annektierten Provinzen Litauen, Weissrussland und der Ukraine sowie in «Kongresspolen», welches bis 1832 formell unabhängig war, aber vom Zarenreich *de facto* kontrolliert wurde.[5] Die Politik der zaristischen Herrscher gegenüber der jüdischen Minderheit war von Anfang an und bis zum Niedergang des Zarenreiches von vielen Widersprüchen geprägt. Sie bewegte sich zwischen erzwungener Integration und Segregation. Dies wurde bereits unter Katharina II. (1762–1796) deutlich. Einerseits wurden die Juden unter ihrer Herrschaft aufgrund ihrer dominierenden wirtschaftlichen Tätigkeiten als «Stadtbürger» oder «Kleinbürger» in die traditionelle ständische Hierarchie eingeordnet. Andererseits wurde die Autonomie der traditionellen jüdischen Gemeinde (*Kahal*) bestätigt und damit eine Sonderstellung der Juden zementiert.[6] 1791 wurde Juden zudem untersagt, in Innerrussland, also im russischen Kernland, zu siedeln.[7] Zar Alexander I. (1801–1825) besiegelte diese Niederlassungsbeschränkung 1804 im «Statut für die Juden». Juden durften nur noch in einem Streifen im Westen des Reiches, dem sogenannten Ansiedlungsrayon, siedeln, der ihren histo-

---

Weltkrieg fiel Kremenez wieder an die Ukraine beziehungsweise an die Sowjetunion (Wiedererlangung der Staatlichkeit der Ukraine 1991). Vgl. «Kremenets», EJ, 352.

3 Vgl. EJ, 352. Kremenez lag weniger als 50 Werst (ca. 53 km) von der Aussengrenze des Russischen Reiches entfernt. Dort war Juden die Ansiedlung prinzipiell verboten. Für die Kleinstadt Kremenez galt das Verbot aber offenbar nicht.

4 In den Erläuterungen zur Situation der Juden im Zarenreich wird grundsätzlich von Juden in der männlichen Form gesprochen. Frauen und Kinder gehörten damals dem Haushalt des Ehemannes und Vaters an und hatten selbst keine Rechte.

5 Vgl. Haumann, Geschichte Russlands, 286; Bartal, The Jews of Eastern Europe, 1 f., 23–37, und Stanislawski, Russian Empire, www.yivoencyclopedia.org/article.aspx/Russia/Russian_Empire [2. 7. 2016].

6 Vgl. Stanislawski, Russian Empire, www.yivoencyclopedia.org/article.aspx/Russia/Russian_Empire, und Haumann, Geschichte Russlands, 283–287.

7 Heiko Haumann interpretiert diese Einschränkung nicht primär als judenfeindliche Politik, sondern eher als Massnahme zum Schutz der Moskauer Kaufleute, die sich über die zunehmende Konkurrenz von jüdischen Kaufleuten beschwert hatten. Jüdische Kaufleute wurden in diesem Sinne nicht als Juden von Moskau ferngehalten, sondern als unerwünschte Konkurrenten. Vgl. Haumann, Geschichte der Ostjuden, 80–82.

rischen Siedlungsgebieten entsprach. Der Ansiedlungsrayon blieb im Grundsatz bis 1917 bestehen. Ab 1859 wurden bestimmten Gruppen Ausnahmen gewährt: Wohlhabende Kaufleute, Zunfthandwerker und all jene, die einen akademischen Titel besassen, durften den Ansiedlungsrayon verlassen.[8]

Die Lebensbedingungen im Ansiedlungsrayon verschlechterten sich im Laufe des 19. Jahrhunderts zunehmend. Die beginnende Industrialisierung und kapitalistische Produktionsweise sowie die Aufhebung der Leibeigenschaft veränderten auch die Lebensumstände der jüdischen Minderheit im Zarenreich. Die traditionelle Mittlerfunktion der Juden zwischen Stadt und Land, ihre zentrale Rolle im Kredit- und Tauschwesen war an eine einfache Warenproduktion gebunden und verlor an Bedeutung. Die jüdische Bevölkerung wurde zunehmend in wenige Berufsfelder wie das Kleingewerbe und einfache Handwerksarbeiten wie die Schneiderei abgedrängt, die wirtschaftlich wenig einträglich waren.[9] Und nicht zuletzt wuchs die Bevölkerung im Ansiedlungsrayon zwischen 1800 und 1900 fast explosionsartig: Während Schätzungen von rund 1 Million Juden zur Zeit der Teilungen Polens ausgehen, lebten 1881 bereits 4 Millionen Juden im Ansiedlungsrayon. Die erste Volkszählung von 1897 wies knapp 5,2 Millionen jüdische Untertanen aus, was ungefähr 4 Prozent der damaligen Bevölkerung des Zarenreichs entsprach.[10] All diese Faktoren führten ab der Mitte des 19. Jahrhunderts zu einer Proletarisierung und Verarmung der jüdischen Massen, die kaum Chancen hatten, den beengenden Bedingungen im Ansiedlungsrayon zu entfliehen.

Die Politik von Zar Nikolaus I. (1825–1855) gegenüber der jüdischen Bevölkerung war von diskriminierenden Massnahmen geprägt. So mussten Juden ab 1835 Militärdienst leisten, wobei auch Knaben zu einer vormilitärischen Ausbildung eingezogen wurden.[11] Zudem wurde die Autonomie des *Kahal* 1844 aufgehoben. Das «Reformzeitalter» unter Alexander II. (1855–1881) verhiess für die jüdische Bevölkerung eine Wende zum Besseren. Der «Zar-Befreier» schien eine liberale Integrationspolitik zu verfolgen. Er erlaubte bestimmten Gruppen,

---

8 Vgl. ebd., 80–82, 85, 87, und Klier, Pale of Settlement, www.yivoencyclopedia.org/article.aspx/Pale_of_Settlement.

9 Vgl. Klier, Pale of Settlement, www.yivoencyclopedia.org/article.aspx/Pale_of_Settlement; Haumann, Geschichte der Ostjuden, 95–101, und Masé, Student Migration of Jews from Tsarist Russia (2012).

10 Die jüdische Gemeinde im Zarenreich war damals weltweit die grösste. Vgl. Polonsky, Jews in Poland and Russia, 3, 11, und Stanislawski, Russian Empire, www.yivoencyclopedia.org/article.aspx/Russia/Russian_Empire.

11 Diese Massnahme wurde von der jüdischen Bevölkerung in zweierlei Hinsicht als besonders traumatisch wahrgenommen. Einerseits war der Militärdienst kaum mit den Religionsgesetzen vereinbar. Die Schabbatruhe und die Speisegesetze konnten nicht eingehalten werden. Andererseits wurden die Gemeindeautoritäten aufgefordert, junge Männer und Knaben in ihrer Gemeinde für den Militärdienst auszuwählen. Die Vorsteher der Gemeinden standen häufig im Verdacht, ihre eigenen Söhne zu schützen und die Söhne der ärmeren Bevölkerungsschichten in die Armee zu schicken. Dies führte zu Zerrüttung innerhalb der Gemeinden und untergrub längerfristig das Vertrauen in die traditionellen Strukturen. Vgl. Haumann, Geschichte Russlands, 286 f., und Stanislawski, Russian Empire, www.yivoencyclopedia.org/article.aspx/Russia/Russian_Empire.

den Ansiedlungsrayon zu verlassen, er öffnete die höheren Bildungseinrichtungen mindestens theoretisch für alle Nationalitäten und sozialen Schichten, und mit der Justizreform von 1864 wurden diskriminierende Bestimmungen teilweise beseitigt. In die Regierungszeit Alexanders II fallen aber auch die brutale Niederschlagung des polnischen Aufstandes 1863 und das Erstarken verschiedener revolutionärer Bewegungen.[12]

Die Ermordung von Alexander II. im März 1881 setzte allen Hoffnungen in der jüdischen Bevölkerung auf eine Verbesserung ihrer Lage ein jähes Ende. Innerhalb weniger Wochen flutete eine Welle von antijüdischen Pogromen die Städte und Dörfer in den südlichen Provinzen des Russischen Reiches. Jüdische Einwohnerinnen und Einwohner wurden brutal ermordet und ihre Häuser zerstört.[13] Als Reaktion auf die Pogrome begann Zar Alexander III. (1881–1894), der seinem ermordeten Vater auf den Thron folgte, die Rechte der jüdischen Bevölkerung wieder stark einzuschränken. Mit den sogenannten Maigesetzen von 1882 wurden den Juden neue Niederlassungen und Pachtverträge auf dem Land untersagt und ihre beruflichen Möglichkeiten wurden weiter beschränkt. Im Jahr 1891 wurden die jüdischen Soldaten, Handwerker und Kaufleute bis auf wenige Ausnahmen aus dem Gouvernement und der Stadt Moskau vertrieben. Nicht zuletzt wurden auch die Bildungsmöglichkeiten für Juden stark eingeschränkt: 1887 wurde für die staatlichen Universitäten, Hochschulen und Mittelschulen ein Numerus clausus für jüdische Schüler, Studenten und jüdische Besucherinnen der höheren Frauenkurse (sogenannte Kursistinnen) eingeführt. In den Bildungseinrichtungen im Ansiedlungsrayon durften die Juden nicht mehr als 10 Prozent der Studierenden stellen, in den übrigen Gebieten 5 Prozent und in Moskau und St. Petersburg nur 3 Prozent. Manche Ausbildungsstätten wurden für Personen jüdischen Glaubens ganz gesperrt. Ausserdem galten für sie in einigen akademischen Berufen ebenfalls Prozentnormen.[14] Als Lehrkräfte an Mittel- und Hochschulen waren Jüdinnen und Juden nur in Ausnahmefällen zugelassen und der Beruf des Rechtsanwaltes war ihnen ab 1889 praktisch auch verwehrt.[15] Die Bedeutung dieser Quoten ist nicht zu unterschätzen, denn sie

12 Vgl. Haumann, Geschichte Russlands, 286 f.

13 Vgl. ebd., 287, und Haumann, Geschichte der Ostjuden, 84–86. Simon Dubnow und andere frühe Historiker des Judentums hatten die Ansicht vertreten, die Pogrome seien von der Regierung inszeniert oder zumindest gebilligt worden, um aufständische Kräfte gegen ein bekanntes Ziel umzulenken. Neuere Untersuchungen widersprechen dieser These. Gemäss Anthony Polonsky und Michael Stanislawski handelte es sich bei den Ausschreitungen um spontane Ausbrüche von Gewalt, die vor allem als Reaktion auf die sozialen und wirtschaftlichen Spannungen in den ländlichen Gebieten zu werten sind, für welche die «ausbeuterischen» Juden verantwortlich gemacht wurden. Viele Bauern und Kleinbürger waren überzeugt, dass die Juden die grossen Profiteure der Aufhebung der Leibeigenschaft und der Modernisierung des Reiches waren. Die Regierung duldete die Gewalt und widersprach der gängigen Interpretation nicht, dass die Juden selber schuld waren an ihrer Notlage. Vgl. Polonsky, Jews in Poland and Russia, 5 f., und Stanislawski, Russian Empire, www.yivoencyclopedia.org/article.aspx/Russia/Russian_Empire.

14 Vgl. Hausmann, Numerus clausus für jüdische Studenten im Zarenreich, 519–520.

15 Die Zulassung von Nichtchristen zur Rechtsanwaltschaft wurde mit Dekret vom 8. November

beschnitten die soziale und die räumliche Mobilität der jüdischen Bevölkerung in erheblichem Masse. Der Universitätsabschluss war für sie praktisch die einzige Möglichkeit, den Ansiedlungsrayon zu verlassen.[16] Die meisten dieser diskriminierenden Bestimmungen blieben im Grundsatz bis 1917 bestehen und wurden in den 1890er-Jahren teilweise noch verstärkt. Dies nicht zuletzt als Reaktion auf Studentenunruhen, die namentlich jüdischen Revolutionärinnen und Revolutionären zugeschrieben wurden.[17]

Die Pogrome, die neuen diskriminierenden Bestimmungen der Maigesetze und die «antijüdische Psychose»[18] der bäuerlichen Gesellschaft und des regierenden Adels zerstörten die Illusion vieler weltlich gebildeter Jüdinnen und Juden, dass Bildung in Staatsschulen und Akkulturation automatisch zur Integration der Juden in die russische Gesellschaft führen würde.[19] Die jüdische Bevölkerung im Zarenreich reagierte mit unterschiedlichen Strategien auf das Scheitern der Integrationsbemühungen und auf die Gewaltausbrüche. Bereits seit den 1860er-Jahren hatten sich Juden der revolutionären Bewegung im Zarenreich angeschlossen. Ihre Zahl stieg nun deutlich an, und bereits zur Jahrhundertwende waren jüdische Russinnen und Russen unter den Revolutionären überproportional vertreten.[20] Andere schlossen sich den neu entstehenden jüdisch-nationalen Bewegungen an, die nach 1905 zu Massenbewegungen mit grosser Anhängerschaft anwuchsen.[21] Leon Pinsker hatte die russischen Juden mit seinem 1882 publizierten Essay «Autoemanzipation» dazu aufgerufen, nicht auf eine Verbesserung ihrer Lage durch die Regierung zu warten, sondern sich selber aus ihrer elenden Lage zu befreien und für die nationale Selbstbestimmung zu kämpfen.[22] Das jüdische «Erwachen» nahm verschiedene Formen an. Gemeinsam war den vielen Bewegungen, dass das Judentum als eigenständige Nation verstanden wurde. Die wohl bekannteste dieser entstehenden Bewegungen ist der politische Zionismus, der für eine neue nationale Heimstätte des jüdischen Volkes im historischen Land Israel eintrat.[23] Zeitgleich mit dem Zionistischen Weltkongress wurde 1897 auch

---

1889 an eine Erlaubnis des Justizministers gebunden. Diese wurde Juden bis zur ersten Revolution von 1905 kaum gewährt. Allerdings wurden Juden nach wie vor zum Stand der sogenannten Gehilfen (Auszubildenden) zugelassen, was zu einem grossen Anstieg der Anzahl jüdischer Gehilfen führte. Um die Jahrhundertwende wurden auch Quoten für die Zulassung von Juden zum Gehilfenstatus angewandt. Zwischen 1905 und 1912 beurteilte das Justizministerium zahlreiche Aufnahmeanträge von jüdischen Juristen zur Rechtsanwaltschaft positiv. Danach wurde die Zulassung wieder erschwert. Vgl. Baberowski, Rechtsanwälte in Russland, 54–57, und Hausmann, Numerus clausus für jüdische Studenten im Zarenreich, 520.

16 Vgl. Hausmann, Numerus clausus für jüdische Studenten im Zarenreich, 509, 529–531.

17 Vgl. ebd., 518–521.

18 Polonsky, Jews in Poland and Russia, 3.

19 Vgl. ebd., 3 f., 17 f.

20 Vgl. Levin, Jewish Political Emigration from Imperial Russia, 36.

21 Vgl. Polonsky, Jews in Poland and Russia, 40 f.

22 Der Titel des anonymen Werkes lautet im Original «Autoemancipation! Mahnruf an seine Stammesgenossen von einem russischen Juden». Der Essay wurde erstmals 1882 in deutscher Sprache in Berlin veröffentlicht.

23 Theodor Herzl schlug als mögliches Territorium für die Gründung eines souveränen Staates für

der «Allgemeine jüdische Arbeiterbund von Litauen, Polen und Russland», kurz «Bund», gegründet. Der Bund war die sozialistische Antwort auf die «Judenfrage». Er sah sich als Vertreter aller jüdischen Arbeiter im Zarenreich und strebte nach einer sozialistischen russischen Föderation mit Autonomierechten für die verschiedenen Nationalitäten.[24] Der Bund verstand sich als Teil der sozialistischen Internationale und war bis 1903 eine autonome Körperschaft innerhalb der Sozialdemokratischen Arbeiterpartei Russlands (SDAPR). Die Bundisten hatten allerdings immer wieder Mühe, das Gleichgewicht zwischen ihren allgemeinen sozialistischen Grundsätzen und den spezifisch jüdischen Zielen zu finden. Für die «Poale Zion» war dies einfacher; diese jüdische Arbeiterbewegung kombinierte den Sozialismus mit einer zionistischen Position. Gemäss dieser Position musste sich das jüdische Volk zuerst von der nationalen Unterdrückung befreien und in einem zweiten Schritt sollte in Palästina eine sozialistische Gesellschaft aufgebaut werden. Daneben existierten auch Vorstellungen von einer autonomen jüdischen Nation als historische, kulturelle und sprachliche Gemeinschaft in einem russischen Vielvölkerstaat. Während Simon Dubnows «nationale Autonomie» dem Zionismus nahestand, aber den Fokus auf Palästina ablehnte, basierte Chaim Žitlovskijs «Diasporanationalismus» auf dem sozialistischen Gesellschaftsideal.[25]

Schliesslich wählte ein grosser Teil der jüdischen Bevölkerung des Zarenreichs einen dritten Weg, die massenhafte Flucht beziehungsweise Emigration in den Westen. Erste Auswanderungsbewegungen von Jüdinnen und Juden aus dem Zarenreich waren bereits in den 1870er-Jahren zu beobachten, als Armut und Hungersnot die Menschen aus dem Ansiedlungsrayon vertrieben. Allerdings war jede Auswanderung aus dem Russischen Reich genehmigungspflichtig und wurde zu dieser Zeit gerade Juden selten erlaubt. Wer das Zarenreich verlassen wollte, tat dies häufig «illegal» und ohne Identitätspapiere. Seit den 1880er-Jahren entwickelte sich die Emigrationsbewegung zu einem Massenphänomen. Anthony Polonsky hat ausgerechnet, dass zwischen 1880 und 1930 rund 2 285 000 russische Juden ihre Heimat verliessen. Der Grossteil davon emigrierte in die Vereinigten Staaten von Amerika. Daneben gab es eine kleinere Auswanderung nach Lateinamerika, nach Palästina und in europäische Staaten wie Deutschland, Frank-

die Juden Argentinien oder Palästina vor, weil dort bereits jüdische Kolonien existierten. Vgl. Herzl, Der Judenstaat. Es standen auch andere Orte zur Diskussion. Am ersten Zionistenkongress von 1897 in Basel setzten sich allerdings die osteuropäischen Vertreter durch, die an die jahrhundertealte religiöse Sehnsucht nach Zion und nach einer Rückkehr ins biblische Land Israel anknüpften. Das «Baseler Programm» verhiess die «Schaffung einer öffentlich-rechtlichen Heimstätte» für das jüdische Volk in Palästina.

24 Ab 1905 forderte der Bund explizit eine «kulturelle Autonomie» für die jüdische Nation in Russland, dessen zentrales Element die jiddische Sprache war. Dies im Gegensatz zum Zionismus, dessen Kernprojekt die Wiederbelegung des Hebräischen als Nationalsprache war.

25 Vgl. Polonsky, Jews in Poland and Russia, 21–39; Haumann, Geschichte der Ostjuden, 152–162; Weinberg, Between Tradition and Modernity, 1–28, und Mendelsohn, On Modern Jewish Politics, 3–36, 93–114. Chaim Žitlovskij taucht in dieser Arbeit an verschiedenen Stellen auf, so insbesondere in den Kapiteln 5.2 und 7.1.

reich oder die Schweiz – wobei Europa eher als Zwischenstation gedacht war. Die Massenemigration wurde begünstigt durch die Verbesserungen in der transatlantischen Kommunikation und in der Transportinfrastruktur. Die Entwicklung des Dampfschiffs und die sinkenden Reisekosten führten insbesondere zu einer starken Zunahme der transatlantischen Wanderungsbewegungen. Gleichzeitig wurde die Auswanderung von der zaristischen Regierung auch eher geduldet.[26]

Die revolutionären Unruhen von 1905 führten mittelfristig kaum zu Reformen und hatten für die jüdische Bevölkerung im Zarenreich zweischneidige Folgen.[27] Einerseits erhielten die Juden das Wahlrecht für das erstmals gewählte – aber kaum mit Entscheidbefugnissen ausgestattete – Parlament, die Reichs-Duma, und es wurden einzelne gesetzliche Erleichterungen gewährt. Andererseits fegten nach Erlassen des «Oktobermanifests» durch Zar Nikolaus II. neue Pogromwellen über das Land. Die Gewaltausbrüche dauerten bis 1907 und sollten die blutigsten in der Geschichte des Russischen Reiches werden. Über 3000 jüdische Männer, Frauen und Kinder verloren ihr Leben. Erst die Revolution im Februar 1917 beendete die lange Geschichte der rechtlichen Diskriminierung. Jüdinnen und Juden wurden gleichberechtigte Bürgerinnen und Bürger Russlands.[28]

Kindheit und Elternhaus Naum Reichesbergs

Nachmann (Naum) Moische Oiwidow Reichesberg wurde am 12. März 1867 in einer idealtypischen Stadt im «Ansiedlungsrayon» mit einer grösseren jüdischen Bevölkerung geboren. Einzelne Autoren geben Kiew statt Kremenez als Geburtsort Reichesbergs an, so beispielsweise Hans Freudiger in seinem Nachruf in der «Schweizerischen Zeitschrift für Volkswirtschaft, Betriebswirtschaft und Sozialpolitik».[29] Hier handelt es sich womöglich nicht einfach um eine Ungenauigkeit der Autoren, wie zuerst vermutet wurde. Vielmehr waren die Angaben Naum Reichesbergs gegenüber den Behörden verwirrend. In seinem Gesuch um die bundesrätliche Einbürgerungsbewilligung vom 6. April 1922 trug Reichesberg als Geburtsort Kremenez ein, gab aber gleichzeitig an, in Kiew «heimatberechtigt» zu sein.[30] Die Berner Polizeibehörden beschrieben den Gesuchsteller

26 Vgl. Polonsky, Jews in Poland and Russia, 18–21, und Haumann, Geschichte der Ostjuden, 162 f.

27 Siehe auch Kapitel 7.1, Abschnitt über die Ereignisse im Jahr 1905.

28 Vgl. Polonsky, Jews in Poland and Russia, 13–17, 40–86; Haumann, Geschichte der Ostjuden, 86 f., und Stanislawski, Russian Empire, www.yivoencyclopedia.org/article.aspx/Russia/Russian_Empire.

29 Nachruf von H. Freudiger in der Schweizerischen Zeitschrift für Volkswirtschaft, Betriebswirtschaft und Sozialpolitik, Jg. 34, 1928, Bd. 1. Vgl. auch Weber, Pioniere der Freiheit, 152 f.

30 Die entsprechende Frage im Formular lautete: «Staatsangehörigkeit des Bewerbers (womöglich mit Beifügung des Heimatortes)». Naum Reichesberg trug ein: «Russland, heimatberechtigt in Kieff». BAR E21#1000/131#23561-334*: Naturalisationen 1921–1929, Reich K. – Reichr, Dossier Nr. 980 (1922): Reichesberg, Naum (Nachmann), Gesuch um Erteilung der Bewilligung zur Erwerbung eines Gemeinde- und Kantonsbürgerrechts, 6. April 1922.

deshalb konsequent als «Reichesberg, Naum, von Kiew», während das Eidgenössische Politische Departement als Geburtsort Kremenez dokumentierte.[31] Im Fremden Einwohnerregister der Stadt Bern wurde ebenfalls Kiew als Heimat von Naum Reichesberg verzeichnet. Beim Eintrag seines Bruders Jovel oder Julian, wie er sich später in der Schweiz zu nennen pflegte, ist hingegen Kremenez aufgeführt.[32] In den Studierendenverzeichnissen der Universität Bern wiederum wurde als Heimat sowohl bei Jovel wie auch bei Naum Reichesberg Kremenez eingetragen.[33]

Da Naum Reichesberg selbst Kremenez als seinen Geburtsort bezeichnete und für seinen Bruder Jovel durchgehend Kremenez als Herkunft oder Geburtsort registriert wurde, scheint es gerechtfertigt, davon auszugehen, dass die Brüder Reichesberg in Kremenez geboren wurden. Weshalb Naum Reichesberg zu Beginn der 1920er-Jahre anführte, er sei in Kiew «heimatberechtigt» beziehungsweise was er damit ausdrücken wollte, konnte nicht abschliessend geklärt werden. Im Zarenreich gab es kein Konzept, das demjenigen des schweizerischen Heimatortes entsprechen würde. Da Kiew im Ansiedlungsrayon lag, brauchte Reichesberg als Jude auch keine Ausnahmebewilligung, um sich dort niederzulassen. Innerhalb des Ansiedlungsrayons waren Wohnortswechsel für jüdische Familien durchaus möglich.[34] Es ist aber nicht ganz auszuschliessen, dass Reichesberg eine Art Niederlassungsbewilligung für die Stadt Kiew beantragen musste, die ihn dazu veranlasst haben könnte, sich als dazu «berechtigt» zu bezeichnen, dort zu leben. Im Zarenreich des 19. Jahrhunderts überlagerten sich traditionelle ständische Hierarchien und neuere ethnische Unterscheidungen, was zu vielgestaltigen rechtlichen Abstufungen und Sonderregelungen führte, die schwer zu durchschauen sind.[35] Einzelne ständische Gruppen wie die Bauern oder Kleinbürger waren durch einen Passzwang theoretisch in ihrer Bewegungsfreiheit eingeschränkt.[36] Die Juden waren teils den Stadtbürgern, teils den Klein-

---

31 BAR E21#1000/131#23561-334*: Naturalisationen 1921–1929, Reich K. – Reichr, Dossier Nr. 980 (1922): Reichesberg, Naum (Nachmann), verschiedene Dokumente.

32 SAB_1278_1_5: Fremden Einwohnerregister, Niedergelassene (1894) und SAB_1278_2_6: Schriftenkontrolle Landesfremde Aufenthalter (1891–1895). Auch als Jovel Reichesberg einen Nansenausweis beantragte, gab er Kremenez als Geburtsort an. Siehe BAR E4264#1988/2#1487*: REICHESBERG, JULIAN, 13. 9. 1863. Bei Jovel und Julian Reichesberg handelt es sich um dieselbe Person.

33 Vgl. Verzeichnis der Behörden, Lehrer, Studienanstalten und Studierenden der Universität Bern, Sommersemester 1890 und Wintersemester 1892/93. 1892 wurde im Fremdenregister der Stadt Bern als Heimatort Reichesbergs Odessa eingetragen. Dies vermutlich deshalb, weil der russische Auslandspass Reichesbergs in Odessa ausgestellt worden war. BB 4.1.572: Missiven der Polizeidirektion, Band 1894 / III. Quartal und BB XIIIa 34 Band IV (1877–1900): Register über die Toleranzscheine, S. 71.

34 Diesen Hinweis verdanke ich Heiko Haumann.

35 Dieter Gosewinkel weist darauf hin, dass im Zarenreich des ausgehenden 19. Jahrhunderts viele Regelungen, namentlich in Bezug auf eine diskriminierende Nationalitätenpolitik, nur «teilweise rechtlich formalisiert [und] vielfach geheim gehalten» wurden. Vgl. Gosewinkel, Schutz und Freiheit, 78.

36 Der «Inlandspass» oder «innere Pass» bestimmte den dem Stand entsprechenden Wohnsitz be-

bürgern zugeordnet.[37] Aufgrund des Berufs des Vaters Moissej Reichesberg – laut Naum Reichesberg war er Journalist – wäre die Familie eher den Stadtbürgern zuzuordnen. Vor diesem Hintergrund scheint es unwahrscheinlich, dass Naum Reichesberg eine Sondergenehmigung zur Niederlassung in Kiew benötigte. Viel eher ist davon auszugehen, dass Reichesberg «heimatberechtigt» einfach als «wohnberechtigt» verstand und gegenüber den Schweizer Behörden bekunden wollte, dass es sich beim letzten Ort, an dem er im Russischen Reich angemeldet, sprich legal wohnhaft war, um Kiew handelte.

Wenn wir davon ausgehen, dass Naum Reichesberg in Kremenez geboren wurde und dass er die Jahreszahlen in der eigenen Lebensbeschreibung nicht durcheinanderbrachte, dann zog er im Alter von 13 Jahren von Kremenez nach Kiew, um das dortige Gymnasium zu besuchen. Ob er allein oder mit seinen Eltern nach Kiew zog, ist nicht überliefert. In der jüdischen Tradition ist ein junger Mann mit Vollendung des 13. Lebensjahres *bar mizwa*, also religiös mündig und damit ein erwachsenes Mitglied der jüdischen Gemeinschaft. Welche Vorbildung Naum und Jovel – der am 13. August 1863 geboren und damit fast vier Jahre älter war als Naum – in Kremenez genossen hatten, kann ebenfalls nicht mehr rekonstruiert werden.[38] Wahrscheinlich hatten sie wie praktisch alle jüdischen Buben in einer jüdischen Primarschule (*Cheder*) gelernt. In Kiew hingegen besuchten sie wohl ein staatliches Gymnasium und keine *Jeschiwa*, also keine jüdische Hochschule. Die traditionelle, religiöse Schullaufbahn war um 1880 für jüdische Buben bereits nicht mehr klar vorgegeben. Seit den 1860er-Jahren besuchten immer mehr Juden die staatlichen Gymnasien. 1881 stellten die jüdischen Schüler bereits über 12 Prozent aller Gymnasiasten im Russischen Reich. Diese starke Zunahme hing einerseits mit innerjüdischen Entwicklungen wie der Schwächung der rabbinischen Autoritäten und dem Einfluss der Haskalah, der jüdischen Aufklärung, zusammen.[39] Andererseits sorgte auch die zaristische Privilegienpolitik

ziehungsweise die Bewilligung, sich an einem bestimmten Ort niederzulassen. Vgl. Gosewinkel, Schutz und Freiheit, 78–82. Vgl. auch die Ausführungen zum Passwesen und den verschiedenen Formen des Wohnsitzes in: Ėnciklopedičeskij slovar' Brokgauza i Efrona [Enzyklopädie Brockhaus-Efron], St. Petersburg 1890–1907, Band 20/39, S. 335 f. (Mestožitel'stvo) sowie Band 22A/44, S. 923–925 (Pasport). Ich danke Carla Cordin für den Einblick in die russische Enzyklopädie. Trotz Passzwang und anderer Hindernisse zog es mit der zunehmenden Industrialisierung gegen Ende des 19. Jahrhunderts eine grosse Zahl von Dorfbewohnern in die Städte. Deren Einwohnerzahl wuchs zwischen 1867 und 1916 von 6,7 auf 25,8 Millionen. Zu den Grossstädten im europäischen Teil des Zarenreiches, die durch das enorme Bevölkerungswachstum vor grosse Herausforderungen gestellt wurden, gehörte auch Kiew, das vor dem Ersten Weltkrieg eine halbe Million Einwohner zählte. Vgl. Hildermeier, Geschichte der Sowjetunion, 38 f.

37 Vgl. Haumann, Geschichte der Ostjuden, 79 f.

38 Einzelne Autoren bezeichnen Jovel fälschlicherweise als Zwillingsbruder von Naum. Vgl. McCarthy, Robert Grimm, 64, und Senn, New Documents on Lenin's Departure from Switzerland, 246, Anmerkung 3.

39 Die als «jüdische Aufklärung» bezeichnete Bewegung der Haskalah entstand in den 1770er-Jahren in Preussen (wichtige Vertreter waren unter anderen Moses Mendelssohn und David Friedländer). Ihre Ideen erreichten etwas später auch Osteuropa. Die Ideen der Berliner Has-

gegenüber Angehörigen von nationalen Minderheiten mit einem akademischen Titel dafür, dass viele jüdische Studierende an die Gymnasien und Universitäten strömten. Die hohen Zahlen jüdischer Schüler und Studenten an Gymnasien und Universitäten wurden von den Behörden bald kritisch beäugt und führten schliesslich im Jahr 1887 zum bereits erwähnten Numerus clausus.[40]

Dass sich Jovel und Naum Reichesberg am staatlichen Gymnasium einschrieben, deutet darauf hin, dass sie entweder in einem nicht besonders religiösen Elternhaus aufwuchsen oder dass sie sich selber – wie so viele junge Juden und Jüdinnen seit den 1860er-Jahren – für eine weltliche Bildung entschieden. Für ein nicht besonders religiöses Elternhaus spricht der Beruf des Vaters Moissej Reichesberg. Als Journalist dürfte Moissej Reichesberg zu einer weltlich gebildeten Schicht innerhalb der jüdischen Bevölkerung gehört haben, wenn er auch kaum zum gut situierten jüdischen Bürgertum zählte, das vor allem von Kaufleuten gebildet wurde. Tatsächlich wurden seit der Mitte des 19. Jahrhunderts im Zusammenhang mit der Haskalah sowohl hebräische wie auch russischsprachige jüdische Zeitschriften gegründet. Etwas später folgten jiddische Zeitungen. Es ist gut möglich, dass Moissej Reichesberg für eine solche Zeitschrift tätig war.[41] Welche Sprache im Hause Reichesberg gesprochen wurde, ist nicht überliefert. Die Lebenswelt, in der die Gebrüder Reichesberg aufwuchsen, sowie die Tatsache, dass Naum und Jovel in eine deutschsprachige Universitätslandschaft zogen und sich ohne Mühe auf Deutsch artikulierten, deuten aber auf die jiddische Muttersprache hin.

Über die Mutter von Jovel und Naum beziehungsweise die Ehefrau des Moissej ist nichts weiter bekannt als ihr Name – wobei nicht einmal dieser ganz eindeutig überliefert ist: Während Julian in seinem Gesuch für die Ausstellung eines Nansenausweises im September 1924 den Namen der Mutter als Lïa geb. Barback wiedergab, hiess sie gemäss Bürgerrechtsbegehren von Naum Reichesberg im Jahre 1922 Fanny Barbaque.[42] Die unterschiedliche Schreibweise des ledigen Namens ist wohl der Transkription aus dem Russischen geschuldet. Die Schweizer Behörden erfanden ihrerseits noch einmal andere Buchstabenkombi-

kalah fielen dort allerdings erst im Laufe des 19. Jahrhunderts auf fruchtbaren Boden, als die russischen *Maskilim* (Vertreter der Haskalah) begannen, ihre Schriften auf Jiddisch zu verfassen, und diese damit einem grösseren Publikum zugänglich machten. Hebräisch lasen damals nur gebildete Juden. Vgl. Haumann, Geschichte der Ostjuden, 111–113.

40 Vgl. Hausmann, Numerus clausus für jüdische Studenten im Zarenreich, 511–515.

41 In Kremenez hatte die Haskalah einen relativ grossen Einfluss auf das kulturelle Leben. Isaac Baer Levinsohn, einer der Pioniere der Haskalah in Osteuropa, auch «russischer Mendelssohn» genannt, wurde in Kremenez geboren und wirkte bis zu seinem Tod am selben Ort. Vgl. «Kremenets», EJ, 352.

42 BAR E4264#1988/2#1487*: REICHESBERG, JULIAN, 13. 9. 1863: Nansen-Ausweis Julian Reichesberg von 1924 und BAR E21#1000/131#23561-334*: Naturalisationen, Reich K. – Reichr, Dossier 980 (1922): Reichesberg, Naum (Nachmann). Der Nansenausweis oder Nansenpass war ein Reisedokument für russische Flüchtlinge, die nach dem Ersten Weltkrieg staatenlos geworden waren oder keine Papiere mehr hatten. Dieser provisorische Ersatzausweis wurde vom Völkerbund ausgesellt. Siehe auch Kapitel 3.2.

nationen wie Bartaque oder Barbarck. Es ist also davon auszugehen, dass die Brüder von derselben Mutter stammten. Für die zwei Vornamen der Mutter muss es einen anderen Grund geben. Möglicherweise hatte sie tatsächlich zwei Namen, wobei Jovel und Naum sie bei einem anderen Namen nannten. Zwei Vornamen sind aber eher typisch für jüdische Männer im späten Zarenreich, die häufig einen (russischen) Rufnamen und einen hebräischen Vornamen hatten. Für jüdische Frauen im Russischen Reich entsprach dies nicht der Norm. Wechselte Lïa-Fanny ihren Rufnamen, weil der Name Lïa – die griechisch-lateinische Form des hebräischen Vornamens Le'ah – in ihrer Wahrnehmung zu klar auf ihre Religionszugehörigkeit schliessen liess? Diese Erklärung ist ebenfalls nicht zufriedenstellend. In diesem Fall hätte sie eher den Nachnamen ihres Ehemannes ablehnen müssen, der klar als jüdisch erkennbar war.

Naum Reichesberg zog nach eigenen Angaben im Frühjahr 1887 nach Wien, nachdem er ein Jahr zuvor das Gymnasium in Kiew abgeschlossen hatte. Über die Motive für dieses «Zwischenjahr» und seine damaligen Aktivitäten verliert Reichesberg kein Wort. Ebenso wenig wissen wir über die Gründe dafür, dass er das Russische Reich 1887 schliesslich in Richtung Wien verliess. Im Zarenreich wurde 1887, wie bereits erläutert, ein Numerus clausus für jüdische Studierende eingeführt. Naum Reichesberg hatte also nur eine geringe Chance, im Russischen Reich zu studieren. Es ist gut möglich, dass ihn diese Diskriminierung wie viele andere dazu brachte, ein Studium im Westen in Angriff zu nehmen. Andererseits war sein älterer Bruder schon vor ihm nach Wien gezogen, sodass es für ihn die logische Option war, Jovel zu folgen. Eine dritte Erklärung wurde von Zeitgenossen geliefert. Naum und sein Bruder sollen bereits während ihrer Zeit in Kiew in einem sozialistischen Zirkel aktiv gewesen sein.[43] Ob dies zutrifft, kann nicht beurteilt werden, da Belege fehlen und von Naum Reichesberg selbst keine entsprechenden Äusserungen überliefert sind. Die Aufmerksamkeit der zaristischen Behörden hatte er damals jedenfalls noch nicht erregt. Sonst hätte er kaum einen russischen Auslandspass erhalten, der ihm die Ausreise erlaubte.[44] Es ist aber durchaus vorstellbar, dass Reichesberg bereits als Gymnasiast Karl Marx las, sich mit sozialistischen Theorien beschäftigte und sich mit Gleichgesinnten zusammentat. Er hätte in diesem Fall befürchten müssen, dass er aufgrund seiner Interessen spätestens als Student mit dem herrschenden Regime in Konflikt kommen würde. Seit Mitte der 1880er-Jahre wurden die Hochschulen im Russischen Reich polizeilich überwacht, die Studierenden konnten sich der staatlichen Überwachung kaum entziehen.[45]

---

43 Vgl. Todesanzeigen und Nachrufe auf Naum Reichesberg in Der Bund, Nr. 12, 9. 1. 1928, und Nr. 17, 11. 1. 1928, sowie Beilage der Berner Tagwacht, Nr. 12, 16. 1. 1928, und Nachruf auf Julian Reichesberg in La Sentinelle, Nr. 69, 25. 3. 1941.

44 Zur Bedeutung des russischen Auslandspasses siehe Kapitel 3.3.

45 Vgl. Heidborn, Russländische Studierende an der Berliner Friedrich-Wilhelms-Universität und der Technischen Hochschule Berlin, 29 f.

2.2 In Bern: Lebensverhältnisse in der Wahlheimat

Naum Reichesberg verliess das Zarenreich im Jahr 1887, um in Westeuropa zu studieren. Damit war er Teil eines bemerkenswerten Wanderungssystems, einer jahrzehntelang andauernden Migrationsbeziehung zwischen dem Zarenreich und den Universitätsstädten Westeuropas:[46] Seit der zweiten Hälfte des 19. Jahrhunderts zogen junge Menschen aus dem Russischen Reich zahlreich an die Universitäten Westeuropas. Während Auslandsreisen zu Bildungszwecken lange ein Privileg adliger junger Männer blieben, waren unter den Tausenden von Studierenden aus dem Zarenreich, die seit den 1860er-Jahren und bis zum Ersten Weltkrieg an die Universitäten Belgiens, Deutschlands, Frankreichs und der Schweiz strömten, junge Menschen aller sozialen Schichten, vor allem Frauen sowie Angehörige nationaler Minderheiten wie Polen, Deutsche oder Armenier und insbesondere Juden. Sie entschlossen sich, eine Hochschulbildung im Ausland zu absolvieren oder ihre Ausbildung dort fortzusetzen, weil sie sich in ihrer Heimat in ihren Bildungsmöglichkeiten eingeschränkt sahen. Dabei überlagerten sich oftmals akademische, soziale und politische Gründe.[47]

Bildungsmigration und politische Emigration aus dem Zarenreich nach Bern

Der Ausbau der Gymnasien und Universitäten in den 1850er- und 1860er-Jahren hatte im Zarenreich eine kleine Schicht von Gebildeten geschaffen, die das autokratische System infrage stellten. Diese neu entstehende Schicht wird als *Intelligenzija* bezeichnet. Im Gegensatz zum Westen war das Bürgertum im Zarenreich schwach entwickelt, sodass nicht Besitz, sondern Bildung zum Kriterium der Zugehörigkeit wurde. Der Intelligenzija schlossen sich Adlige, Publizisten, Professoren, Lehrer, kleine Beamte und andere Menschen an, die nicht in die offizielle Standesgliederung des Zarenreiches passten.[48] Als die Universitäten zu Beginn der 1860er-Jahre für Angehörige von nationalen Minderheiten geöffnet wurden, erhielt die Oppositionsbewegung an den Hochschulen neuen Schwung. Die Unterdrückung durch das Zarenregime und die «Russifizierungspolitik» hatten die junge Bildungselite der nationalen Minderheiten politisiert und radikalisiert.[49]

---

46 Der Begriff des Wanderungssystems wurde in Kapitel 1.2 eingeführt. Er beschreibt eine über einen längeren Zeitraum andauernde, zahlenmässig bedeutende Abwanderung aus einem durch geografische und wirtschaftliche Kriterien bestimmten Herkunftsgebiet in einen bekannten Zielraum. In Kapitel 1.2 wurde auch erläutert, weshalb es sich bei der Bildungsmigration aus dem Zarenreich nach Ansicht der Autorin um ein solches Wanderungssystem handelt.

47 Vgl. Masé, Student Migration of Jews from Tsarist Russia (2012), 26, und «Russländische Studenten an deutschen Hochschulen und Universitäten im späten 19. und frühen 20. Jahrhundert», EME, 925.

48 Vgl. Haumann, Geschichte Russlands, 240, und Nolte, Kleine Geschichte Russlands, 152. Hier sind Frauen grundsätzlich mitgemeint, wobei diese deutlich in der Minderheit waren.

49 Mit «Russifizierung» wird der Versuch der zaristischen Herrscher bezeichnet, die in den 1860er-Jahren aufkommenden nationalen Identitäten und Bewegungen von nationalen Min-

Für die revolutionäre Bewegung war es ein Leichtes, diese jungen Menschen für ihre Ziele zu begeistern. So wurde die Studentenschaft ein starker Unruhefaktor im Zarenreich. Während des «Reformzeitalters» unter Zar Alexander II. und bis zur Revolution von 1905 flammten regelmässig Studentenunruhen auf. Häufig reagierte die zaristische Regierung mit der Verhaftung mutmasslicher Anführer und der vorübergehenden Schliessung der Universitäten. Ein reguläres Studium ohne Unterbruch war in Russland folglich auch für diejenigen kaum möglich, die nicht politisch aktiv waren.[50]

Die «reaktionäre Hochschulpolitik traf [...], gebündelt mit sozialer, nationaler oder religiöser Diskriminierung, einzelne Gruppen der russischen Gesellschaft mit besonderer Härte».[51] Frauen waren in Russland aufgrund ihres Geschlechts bis 1913 grundsätzlich vom Zugang zu Universitäten ausgeschlossen. Für sie wurden sogenannte Höhere Frauenkurse eingerichtet, die aber nicht zu einem akademischen Titel führten.[52] Auch Angehörige nationaler Minderheiten erlebten Diskriminierungen im russischen Bildungssystem, wobei Juden und Jüdinnen besonders betroffen waren. Es erstaunt deshalb nicht, dass unter den russischen Studierenden an Schweizer Universitäten im späten 19. und frühen 20. Jahrhundert hauptsächlich Frauen jeglicher sozialer Schicht und Nationalität sowie Männer und Frauen jüdischer Herkunft waren. Auf sie wirkten die Push-Faktoren in der Heimat besonders stark. In der Literatur wird die zahlenmässig grosse Abwanderung von bildungshungrigen Jüdinnen und Juden aus dem Zarenreich allgemein mit der Einführung des Numerus clausus für jüdische Schüler und Studierende im Jahre 1887 begründet. Jüdinnen waren von diesen Einschränkungen noch stärker betroffen als ihre männlichen Kollegen, weil Höhere Frauenkurse zu diesem Zeitpunkt nur noch in Moskau und St. Petersburg existierten, wo die Quoten besonders restriktiv waren.[53] Unter den russischen Studierenden, die sich seit den 1860er-Jahren an Schweizer Universitäten immatrikulierten, waren Studierende jüdischer Herkunft beider Geschlechter allerdings von Beginn an überproportional vertreten. 1870 waren ungefähr ein Viertel

derheiten zu unterdrücken, die Solidarität innerhalb der Gruppen zu schwächen und sie an die Mehrheitsgesellschaft zu assimilieren. Vgl. Haumann, Geschichte Russlands, 283–285.

50 Vgl. Collmer, Die Schweiz und das Russische Reich, 365; Leutenegger und Sovilj, Der Stellenwert der Schweiz für die revolutionäre Emigration aus dem Zarenreich, 459–504, und Neumann, Studentinnen aus dem Russischen Reich, 32–41, 76 f.

51 «Russländische Studenten an deutschen Hochschulen und Universitäten im späten 19. und frühen 20. Jahrhundert», EME, 925 f.

52 Ab 1907 wurden Absolventinnen der «Höheren Frauenkurse» zu den Abschlussprüfungen an den Universitäten zugelassen und konnten akademische Titel erlangen. 1913 wurde schliesslich auch das Universitätsstudium für Frauen geöffnet. In der Praxis waren sie aber gegenüber männlichen Bewerbern immer noch diskriminiert, weil an den Mädchengymnasien kein Latein gelehrt wurde und sie dieses noch nachholen mussten. Vgl. Neumann, Studentinnen aus dem Russischen Reich, 28, 43–52, und Masé, Student Migration of Jews from Tsarist Russia (2012), 27 f.

53 Wie bereits zu Beginn des Kapitels erläutert, durften Juden nur noch 10 Prozent der Studierenden im Ansiedlungsrayon, 5 Prozent ausserhalb und 3 Prozent in den grossen Städten Moskau und St. Petersburg stellen. 1901 wurden die Quoten sogar auf 7, 3 und 2 Prozent gesenkt.

aller russischen Studierenden in Zürich und Bern jüdisch, um 1880 bereits die Hälfte.[54] In diesem Sinne darf der Numerus clausus von 1887 nicht überbewertet werden. Im Übrigen wurde er auch nicht von allen lokalen Behörden und Schulleitungen strikt angewendet. Erst nach der Auflösung der zweiten Duma 1907 und dem damit verbundenen reaktionären Umschwung wurden die Quoten entschieden umgesetzt.[55] Der Numerus clausus trug aber sicher entscheidend dazu bei, dass der Andrang von jüdischen Studierenden aus dem Zarenreich ab den späten 1880er-Jahren und besonders um die Jahrhundertwende an den Universitäten Bern und Zürich wie auch an anderen europäischen Hochschulen stark zunahm.[56]

Die Schweiz war für Frauen und Männer aus dem Zarenreich aus verschiedenen Gründen ein besonders attraktiver Studienort. Einer der wichtigsten Pull-Faktoren – um noch einmal die Begrifflichkeiten des klassischen Modells der historischen Migrationsforschung aufzunehmen – waren die im europäischen Vergleich sehr liberalen Aufnahmebedingungen der Universitäten Zürich, Bern, Genf und Lausanne.[57] Die Universitäten Bern und Zürich waren um 1865 gar die ersten deutschsprachigen Hochschulen, an denen sich Frauen als reguläre Studierende einschreiben konnten. Die Universitäten Genf und Lausanne folgten kurze Zeit später.[58] An der Universität Zürich erlangte mit der Russin Nadežda Suslova 1867 die erste Frau die medizinische Doktorwürde. Nicht zu unterschätzen ist auch die Bedeutung der Informationsvermittlung. Berichte über Nadežda Suslova hatten bereits in den 1870er-Jahren viele russische Studentinnen animiert, an Schweizer Universitäten zu studieren. Je mehr Studierende aus dem Zarenreich ein Studium im Ausland aufnahmen, desto mehr Bücher und Artikel erschienen, die Auskunft gaben über die Aufnahmebedingungen, die Lebensbedingungen, die Kosten eines Studienaufenthaltes und die russischen Institutionen (Bibliotheken, Speisesäle, Studentenorganisationen) in verschiedenen europäischen Ländern. Diese schriftlichen Informationen und die mündlichen Berichte von

54 Vgl. Masé, Student Migration of Jews from Tsarist Russia (2013), 111–114.

55 Vgl. Hausmann, Numerus clausus für jüdische Studenten im Zarenreich, 520–524, und «Russländische Studenten an deutschen Hochschulen und Universitäten im späten 19. und frühen 20. Jahrhundert», EME, 926.

56 Vgl. Masé, Student Migration of Jews from Tsarist Russia (2012), 29 f., 36–44 und 51–57.

57 Die liberalen Aufnahmebedingungen waren nicht zuletzt eine pragmatische Entscheidung: Die jungen Universitäten waren – aus finanziellen Gründen und weil sie damit eine gewisse Bedeutung erlangen konnten – interessiert daran, möglichst viele Studierende anzuziehen. Dabei waren sie angesichts der geringen Studierendenzahl unter den Einheimischen vor allem auf Ausländerinnen und Ausländer angewiesen. Vgl. «Russländische Studentinnen in der Schweiz im späten 19. und frühen 20. Jahrhundert», EME, 929 f., und Kapitel 4.1.

58 Während die im 19. Jahrhundert von liberalen Regierungen gegründeten Universitäten Zürich, Bern, Genf und Lausanne sehr früh Frauen zum Studium zuliessen, öffnete die traditionelle Universität Basel (gegründet 1460) ihre Tore erst 1890 für Studentinnen. Allerdings nur für solche, die ihre Vorbildung in Basel erworben hatten. Ausländerinnen wurden erst 1937 zugelassen. Auch die katholische Universität in Fribourg schränkte die Immatrikulation von Frauen auf solche mit einem kantonalen Maturitätsausweis ein. Vgl. «Russländische Studentinnen in der Schweiz im späten 19. und frühen 20. Jahrhundert», EME, 930.

russischen Studierenden in der Schweiz, die ihren Weg ins Zarenreich fanden, veranlassten viele weitere junge Menschen dazu, hier ein Studium aufzunehmen.[59]

Die Bildungsmigration aus dem Zarenreich ist nicht immer eindeutig von der politischen Emigration zu trennen. Einerseits wurden viele Bildungsmigrantinnen und -migranten im Zielland rasch politisiert, andererseits immatrikulierten sich gerade in der Schweiz viele politische Emigrantinnen und Emigranten an den Universitäten, weil sie so eher eine Aufenthaltsgenehmigung erhielten.[60] Das Beispiel von Naum Reichesberg zeigt, dass sich bildungstechnische und politische Wanderungsmotive häufig überlagerten. Reichesberg zog vermutlich in erster Linie, aber keineswegs ausschliesslich, aus akademischen Gründen nach Wien und später nach Bern.

Politisch motivierte Emigration aus dem Zarenreich nach Mittel- und Westeuropa prägte das ganze 19. Jahrhundert bis zum Ersten Weltkrieg. Erste russische Oppositionelle flohen bereits nach dem «Dekabristenaufstand» von 1825 und in den 1840er-Jahren in den Westen, wo sie zum Teil auch an den europäischen Revolutionen von 1848/49 beteiligt waren.[61] Die frühen Emigranten kamen meist allein nach Europa und verfolgten individuelle Ziele. Prominente Figuren sind der Publizist Alexander Herzen (1812–1870) und der Anarchist Michail Bakunin (1814–1876). Nach der Niederschlagung des polnischen Aufstands von 1830 kamen zum ersten Mal ganze Gruppen politischer Flüchtlinge in die liberalen Kantone der Eidgenossenschaft.[62] Auf die Erstarkung der revolutionären Bewegung im Russischen Reich seit den 1860er-Jahren reagierte die zaristische Regierung mit Repression im grossen Stil, mit Verhaftungen und Verbannungen nach Sibirien. Viele führende Revolutionäre sahen sich gezwungen, Russland zu verlassen, um ihrer Verhaftung zu entgehen. Es handelte sich nun vor allem um junge Emigrantinnen und Emigranten, viele davon Studierende, die an den Studentenunruhen von 1861 beteiligt gewesen waren und ihr Studium im Ausland fortsetzen wollten. Diese jungen politischen Emigrantinnen und Emigranten, die nun in grosser Zahl nach Europa kamen, waren – im Gegensatz zu den früheren Emigranten – kollektives Handeln gewohnt, gut organisiert und vernetzt. Im Exil versuchten sie, die Strukturen wiederherzustellen, die sie im Zarenreich im Untergrund aufgebaut hatten. Diese zweite Generation von Emigrantinnen und Emigranten unterschied sich auch in ihrer sozialen Herkunft von der ers-

---

59 Vgl. Masé, Student Migration of Jews from Tsarist Russia (2013), 109, und Neumann, Studentinnen aus dem Russischen Reich, 113–116.

60 Siehe dazu auch den Abschnitt über Aufenthalt, Niederlassung und Toleranz in Kapitel 3.1.

61 Im Dezember 1825 verweigerte eine Gruppe westlich gebildeter, adliger Offiziere den Eid auf den neuen Zaren Nikolaus I. Dieser sogenannte Dekabristenaufstand gilt als die erste bewusst gegen die zaristische Autokratie gerichtete oppositionelle Bewegung. Ihr Protest galt vor allem der Leibeigenschaft und der absoluten Macht des Zaren. Vgl. Stadelmann, Befreier ohne Draht zum Volk, 27.

62 Vgl. Collmer, Die Schweiz und das Russische Reich, 293, 349–351; «Russländische Revolutionäre in West- und Mitteleuropa im 19. und frühen 20. Jahrhundert», EME, 922–924, und Leutenegger und Sovilj, Der Stellenwert der Schweiz für die revolutionäre Emigration aus dem Zarenreich, 459–465.

ten Generation. Während die ersten individuellen Emigranten vor allem Adlige waren, waren unter den politischen Emigrantinnen und Emigranten seit den 1860er-Jahren Angehörige aller Bevölkerungsschichten und praktisch aller Nationalitäten des Zarenreiches. Neben ethnischen Russen verliessen vor allem viele Juden, Polen, Ukrainer, Armenier, Georgier und Zugehörige der baltischen Nationen ihre Heimat.[63] Auch die russischen Emigrantinnen und Emigranten in der Schweiz waren mehrheitlich nicht ethnische Russen, sondern Angehörige nationaler Minderheiten. Gemeinsam war diesen die Opposition gegen die zaristische Regierung. Ihre politischen Überzeugungen unterschieden sich aber teilweise stark. Man war sich nicht nur über die Mittel im politischen Kampf uneinig, sondern auch über die Rolle der nationalen Minderheiten im Russischen Reich und die Staatsform, die man nach dem Sieg gegen die zaristische Herrschaft errichten wollte.[64]

In vielen mittel- und westeuropäischen Städten entstanden in der zweiten Hälfte des 19. Jahrhunderts soziale Substrukturen, die den entwurzelten Russinnen und Russen eine Heimat boten. Diese «russischen Kolonien» verfügten über Bibliotheken, die zugleich als Versammlungsort dienten, über Speisesäle und Diskussionsforen. Es wurden Unterstützungsvereine für Bedürftige geschaffen und Druckereien für revolutionäre Publikationen errichtet. In den Schweizer Universitätsstädten wurden diese Einrichtungen in erster Linie von den zahlreichen Studentinnen und Studenten, aber auch von «Berufsrevolutionären» genutzt.[65] Die «Russenkolonien» waren meist auf ein bestimmtes Quartier oder sogar auf wenige Strassen beschränkt. Mit dem Umfeld und der Bevölkerung des Gastlandes bestand wenig Austausch. Zu stark unterschieden sich Sprache und Gepflogenheiten. Zudem hatten sowohl die politischen Emigranten wie auch die russischen Studentinnen kein grosses Interesse an ihrem Gastland. Sie waren mit der Politik ihres Heimatlandes oder mit ihren Studien beschäftigt. Miller spricht deshalb auch von einer «society-in-exile».[66] Hingegen bestand zwischen den verschiedenen Kolonien ein intensiver Austausch, viele politische Aktivisten reisten zwischen den Städten hin- und her.[67]

Wie gross die russischen Kolonien in den Schweizer Städten waren, ist nicht ganz einfach festzustellen. Die Bezeichnung «russische Kolonie» wird in dieser Arbeit für eine gegen ihr lokales Umfeld relativ abgeschlossene Ballung russischer Emigrantinnen und Emigranten – grösstenteils politische Emigranten und Studierende – in (Universitäts-)Städten verwendet, die durch soziale Substrukturen

63 Vgl. Miller, The Russian Revolutionary Emigrés, 111 f. Hier sind jeweils auch weibliche Angehörige der genannten Nationalitäten mitgemeint. In die Schweiz emigrierten besonders viele Frauen, wobei ihr Hauptziel das Studium war.

64 Vgl. Senn, Russian Revolution in Switzerland: xiii, 10 f.; Hildermeier, Geschichte der Sowjetunion, 48–50, und Haumann, Geschichte Russlands, 272–279, 283–285.

65 Vgl. Leutenegger und Sovilj, Der Stellenwert der Schweiz für die revolutionäre Emigration aus dem Zarenreich, 470.

66 Miller, The Russian Revolutionary Emigres, 5.

67 Siehe Kapitel 7.

und eine eigene Infrastruktur gekennzeichnet waren. Die russische Wohnbevölkerung, die in den eidgenössischen Volkszählungen ermittelt wurde, ist nicht unbedingt identisch mit dieser Zahl, wobei sie ihr im Fall der grösseren Städte wohl sehr nahekommt.[68] Die Genfer Kolonie der 1870er-Jahre wird je nach Quelle auf zwischen 20 und 125 Personen geschätzt. Nach der Revolution von 1905 wuchs die Zahl politischer Emigranten in Genf zeitweise auf mehrere Hundert Personen an. Die russische Kolonie in Zürich in den Jahren 1872/73 umfasste rund 300 Personen, die grosse Mehrheit waren Studierende. Für die Berner Kolonie vor der Jahrhundertwende konnten keine Angaben gefunden werden. Einen Anhaltspunkt liefern die Immatrikulationen von Studierenden aus dem Zarenreich: Im Sommersemester 1891 waren bereits über 100 russische Studierende an der Berner Universität eingeschrieben,[69] die Berner Russenkolonie zählte also damals mindestens so viele Personen. Gemäss der eidgenössischen Volkszählung von 1910 zählte die russische Bevölkerung in Bern, die stark studentisch geprägt war, zu diesem Zeitpunkt 720 Personen. In Basel lebten um 1910 545 Russinnen und Russen, in Lausanne 865, in Genf waren es 2107 und in Zürich 2155 Personen.[70] In Bern lag die Grösse der russischen Kolonie vermutlich nicht weit unter der Zahl der russischen Wohnbevölkerung.

Die russisch-jüdische Kolonie in Bern

Die russische Kolonie in Bern entstand Mitte der 1870er-Jahre, als eine Gruppe russischer Studentinnen aus Zürich nach Bern kam, um ihr Studium fortzusetzen. Sie wuchs aber vor allem gegen Ende des 19. Jahrhunderts an. Die Kolonie befand sich hinter der Universität im Länggassquartier. Die russischen Studentinnen und Studenten lebten teilweise auch im Mattenquartier, im Monbijou südwestlich von Universität und Bahnhof oder in den Gassen der Altstadt. Die Wahl dieser Quartiere wurde vermutlich durch die Nähe zur Universität und durch günstigen Wohnraum beeinflusst. Der Speisesaal und die Lesehalle (Bibliothek) an der heutigen Länggassstrasse bildeten das Zentrum des Kolonielebens. In der Lesehalle fanden abends häufig Vorträge statt, die gut besucht waren. Man traf sich aber auch im Speisesaal oder zu Hause für Diskussionen. Daneben existierten auch verschiedene Unterstützungs- und Hilfskassen für bedürftige Russinnen und Russen.[71]

68 Erich Gruner hat die russische Wohnbevölkerung einzelner Kantone für die Jahre 1888 und 1900 auf Basis der eidgenössischen Volkszählung von 1910 zu bestimmen versucht. Die in den Städten lebende russische Bevölkerung war je nach Kanton etwas oder deutlich geringer. Vgl. Gruner, Arbeiterschaft und Wirtschaft in der Schweiz, Bd. 3, 467 f.

69 Vgl. Anhang 7 in Masé, Student Migration of Jews from Tsarist Russia (2012). Die Angaben basieren auf den Studierendenverzeichnissen der Universität Bern.

70 Vgl. Leutenegger und Sovilj, Der Stellenwert der Schweiz für die revolutionäre Emigration aus dem Zarenreich, 467–473.

71 Vgl. Medem, Fun mayn lebn, 278–281; Masé, Student Migration of Jews from Tsarist Russia

Die Studentinnen und Studenten aus dem Zarenreich lebten abgeschieden von ihrem Umfeld. Mit der Berner Bevölkerung kamen sie kaum in Kontakt. Sie empfanden die Schweizerinnen und Schweizer als langweilig und etwas eigenartig. Umgekehrt war der Auftritt der Russen und vor allem der emanzipierten Russinnen für das bürgerliche Bern befremdend. Die jungen Menschen aus dem Zarenreich fielen durch ihre Sprache, durch ihr unkonventionelles Äusseres, durch ihre Armut, aber auch durch ihre lauten und lebhaften Diskussionen auf.[72] Laut Vladimir Medem (1879–1923), dem Theoretiker des Allgemeinen Jüdischen Arbeiterbundes, der sich in den 1890er-Jahren und in den ersten Jahren nach der Jahrhundertwende wiederholt in Bern aufhielt, war alles, was die Russen taten, in den Augen der Schweizer schlicht sonderbar: die absolute Hingabe für ein Universitätsstudium, das unkomplizierte Verhältnis zwischen den Geschlechtern und die endlosen politischen Debatten mitten in der Nacht.[73] So war die Berner Kolonie eine Insel inmitten der Fremde. Aber eine wohlige Insel, wie Medem versichert, denn die Kolonie gab ein Gefühl von Wärme und Geborgenheit.[74]

Zum Wohlbefinden der jungen Frauen und Männer in der Berner Kolonie trug offenbar auch Naum Reichesberg einiges bei. Von Medem wird er als «Oberhaupt der Kolonie» bezeichnet. Als Professor der Universität und als «Berühmtheit der Stadt» habe er die Kolonie unter seine Fittiche genommen.[75] Bei Problemen konnte man sich immer an Reichesberg wenden. Bei den Referaten und Diskussionen in der Kolonie tauchte er Medem zufolge aber kaum auf.[76] Zeitgenössische Zeitungsberichte bestätigen das Bild Reichesbergs als Vater der russischen Kolonie in Bern. So schrieb die Berner Zeitung «Der Bund» anlässlich des 25-Jahr-Jubiläums von Naum Reichesbergs Lehrtätigkeit an der Universität Bern: «Es fehlte [den russischen Studierenden] oft geistige und manchmal auch materielle Stütze, und bei allen ihren Schwierigkeiten kam ihnen Prof. Reichesberg stets zu hilfe. Dank seiner geistigen Autorität vermochte er viel zur Erleichterung des Schicksals der russischen Jugend beizutragen. Er war ihr beständiger Freund, und sie schenkten ihm stets ihre heisse Liebe und hohe Achtung.»[77] Wie stark Reichesberg «materielle Stütze» für die russischen Studierenden war und wie häufig er selber in die Tasche griff, ist mangels konkreter Anhaltspunkte kaum zu eruieren. Es ist aber gut vorstellbar, dass er mittellosen Studierenden über die Runden half. Dies mag mit ein Grund gewesen sein, weshalb er selber

---

(2012), 59, und Richers, Osteuropäische Revolutionärinnen und Revolutionäre im Schweizer Exil, 45.

72 Vgl. auch Bankowski, Russischer Alltag im Plattenquartier, 10–12.

73 Vgl. Medem, Fun mayn lebn, 279.

74 Vgl. ebd., 280.

75 Medem bezeichnet Naum Reichesberg als Professor, korrekt wäre für die damalige Zeit wohl Universitätsdozent. Reichesberg war bis 1898 Privatdozent, danach bis 1906 ausserordentlicher Professor. Für Medem spielte die genaue Funktion aber keine Rolle, er bezog sich auf die soziale Stellung Reichesbergs in Bern.

76 Vgl. Medem, Fun mayn lebn, 281 f.

77 Der Bund, 13. 7. 1917, Seite 2.

über längere Zeit in einer schwierigen finanziellen Situation war.[78] Gemäss Markus Zürcher präsidierte Naum Reichesberg auch den «Verband der Russischen Studentischen Unterstützungskassen der Schweiz».[79] Andere Hinweise auf diese Organisation fehlen. Reichesberg unterstützte die jungen Frauen und Männer aus dem Zarenreich aber nicht nur moralisch und finanziell, sondern verfasste für sie auch Empfehlungsschreiben zuhanden der Universität. So heisst es beispielsweise im Immatrikulationsblatt von Eda Aksel'rod, der jüngeren Schwester der Anführerin der sozialdemokratischen Partei in der Berner Kolonie, Ljubov Aksel'rod, sie sei von PD Dr. Reichesberg empfohlen worden.[80]

Die Berner Kolonie, so schreibt der Dichter Daniel Charney (1888–1959), der sich zwischen 1910 und 1912 in Bern aufhielt, war «ein Gemisch von Menschen, die einem Doktor-Diplom nachjagten und solchen, die die Welt-Revolution antrieben».[81] Der Grossteil der Studentinnen und Studenten kam mit der Absicht nach Bern, ein Studium aufzunehmen oder die Studien fortzuführen. Im hoch politisierten Umfeld der Kolonie dürften sich viele aber rasch auch mit politischen Fragen beschäftigt haben.[82] Es war hier kaum möglich, sich den politischen Debatten zu entziehen, zumal Anhängerinnen und Anhänger aller möglichen revolutionären Strömungen in Bern vertreten waren.[83] Bern wird von Zeitgenossen als Zentrum der Sozialisten und «Bundisten», der Anhänger des Jüdischen Arbeiterbundes, beschrieben.[84] Medem erinnert sich an viele führende Köpfe unterschiedlicher Parteien: Mit Victor Černov (1873–1952),[85] Chaim

78 Hier handelt es sich um eine Vermutung der Autorin, die nicht belegt werden kann. Die finanzielle Situation Reichesbergs wird weiter unten in diesem Kapitel beleuchtet.

79 Die Aussage beziehungsweise die Quelle konnte nicht verifiziert werden. Vgl. Zürcher, Unterbrochene Tradition, 106.

80 StAB BB IIIb 1161 Band V: Album Universitatis Bernensis/Immatrikulationen, SS 1895–WS 1901/02, Axelrod Ida, Matrikel-Nr. 7947, Sommersemester 1896.

81 Vgl. Charney, Berg arojf, 218.

82 Vgl. auch Medem, Fun mayn lebn, 286: «Die Kolonie hat sich sehr wenig mit dem Studium befasst und sehr viel mit Politik».

83 Vgl. G. Medem, A Lebensveg, 130 f.

84 Die Zionisten hatten zumindest um die Jahrhundertwende wenig Rückhalt. Chaim Weizmann (1874–1952), damals bereits ein Wortführer der «demokratischen Fraktion» der Zionisten, erinnert sich an das erste öffentliche Treffen der zionistischen Gruppe in der Berner Kolonie im Jahr 1902, das einen Skandal produzierte. Die Gegenseite mobilisierte ihre Kräfte und das Treffen mutierte zu einem zweitätigen Kongress, während dessen sich Zionisten und Bundisten (unterstützt von anderen sozialistischen Gruppen) mit Worten massen. Am Ende konnten die Zionisten einen kleinen Erfolg verbuchen, indem sie fast 200 russisch-jüdische Studierende für ihre Ideen gewinnen konnten. So zumindest schildert Weizmann den Ausgang. Vladimir Medem berichtet vom selben Ereignis, dass «selbstverständlich» der Grossteil der Studierenden auf der Seite des Bundes standen. Trotz heftiger ideologischer Auseinandersetzungen pflegte man zwischen den verschiedenen Gruppen innerhalb der Berner Kolonie einen freundschaftlichen Umgang. Vgl. Weizmann, Trial and Error, 69–72, und Medem, Fun mayn lebn, 222 f., 332. Zum Jüdischen Arbeiterbund siehe Kapitel 2.1.

85 Victor Černov war einer der Gründer der Partei der Sozialrevolutionäre und zeitweise auch Mitglied der Provisorischen Regierung, die in Russland zwischen Februar und Oktober 1917 die Regierungsgeschäfte führte. Vgl. Schröder und Karuscheit, Das Revolutionsjahr 1917, 110–112.

Žitlovskij (1865–1943)[86] und S. Ansky (Shlomo Zanvl Rappoport, 1863–1920)[87] verkehrten gleich drei prominente Sozialrevolutionäre in der Berner Kolonie. Die «Partei der Sozialrevolutionäre», gegründet 1901, stand in der Tradition des Agrarsozialismus. Ihre Basis waren die Bauernschaft sowie die «mittellose Intelligenzija» (Genossenschaftler, einfache Beamte und Händler), sie öffneten sich aber zunehmend auch der Arbeiterschaft.[88] Medem zufolge hinterliessen alle drei Sozialrevolutionäre einen grossen Eindruck auf die Kolonie, wobei Ansky als rhetorisch brillanter und faszinierender Mensch heraussticht, der von der ganzen Kolonie geliebt wurde. Die Sozialdemokraten wurden von den Aksel'rod-Schwestern Ljubov und Eda angeführt. Ljubov Aksel'rod (1868–1946), die ältere der beiden und treue Anhängerin Georgij Plechanovs,[89] war nach Ansicht Medems die wichtigste weibliche Führungsfigur in der Kolonie. Sie studierte an der Universität Bern Philosophie. Aksel'rod schloss sich nach der Spaltung der Sozialdemokratischen Arbeiterpartei Russlands (SDAPR) im Jahr 1903 den «Menschewisten», den sogenannten Minderheitlern, an (in Abgrenzung zur Mehrheitsfraktion um Lenin, den «Bolschewisten»).[90] Die Bundisten wurden gemäss Medem offiziell von Avram Mutnik (1868–1930), einem der Parteigründer, vertreten.[91] Mutnik, der in den Akten unter dem Namen Abram Mytinkowitsch auftaucht, lebte allerdings nur in den Jahren 1901 und 1902 als Student in Bern. Ab 1904 trat er in Genf wieder in Erscheinung.[92] Selbstverständlich war Vladimir Medem selber auch ein wichtiger Repräsentant des «Bundes» in der Berner Kolonie, was er in seinen Memoiren übergeht. Nach der Spaltung der SDAPR

86 Chaim Žitlovskij war nicht nur ein führender Sozialrevolutionär, sondern auch ein Verfechter der jüdisch-nationalen Idee. Weizmann attestierte ihm durchaus bewundernd, Revolutionär und jüdischer Nationalist in einem zu sein (Weizmann, Trial and Error, 70). Gemäss David Weinberg präsentierte Žitlovskij mit seiner Synthese von jüdischem Nationalismus und revolutionärem Sozialismus bereits Jahre vor der Gründung des Jüdischen Arbeiterbundes eine bedeutende Alternative zum Palestinophilismus. Vgl. Weinberg, Between Tradition and Modernity, 95. Siehe auch Kapitel 7.1.

87 Chaim Weizmann bezeichnet Ansky in seiner Autobiografie als einen seiner Mitstreiter im Kampf gegen die herablassende Haltung vieler russischer Revolutionäre gegenüber dem jüdischen Nationalismus. Offenbar bestanden zwischen den Zionisten und den beiden jüdischen Sozialrevolutionären Ansky und Žitlovskij engere Verbindungen. Vgl. Weizmann, Trial and Error, 70.

88 Die Basis einer freien Gesellschaft lag in den Augen der Sozialrevolutionäre in genossenschaftlich organisierten landwirtschaftlichen Betrieben. Vgl. Schröder und Karuscheit, Das Revolutionsjahr 1917, 111, und Haumann, Geschichte Russlands, 274, 278.

89 Georgij Plechanov (1856–1918) lebte von 1880 bis 1917 im Schweizer Exil. 1883 schloss er sich in Genf mit Pavel Aksel'rod (1850–1928) und anderen zur Gruppe «Befreiung der Arbeit» zusammen. Diese Gruppe wird häufig als wichtigste Vorläuferin der Sozialdemokratischen Arbeiterpartei Russlands bezeichnet. Sie hatte einen massgebenden Einfluss auf die wachsende russische Kolonie von Emigranten und Studentinnen in den Schweizer Universitätsstädten Genf, Zürich und Bern. Vgl. Haumann, Geschichte Russlands, 272–276; Neumann, Studentinnen aus dem Russischen Reich, 34–37, und Richers, Osteuropäische Revolutionärinnen und Revolutionäre im Schweizer Exil, 44.

90 Zum Unterschied zwischen Bolschewisten und Menschewisten siehe Kapitel 7.2.

91 Vgl. Medem, Fun mayn lebn, 281–285.

92 Vgl. Mayoraz, Der jüdische Arbeiterbund in der Schweiz, 40 f.

avancierte zudem Grigorij Šklovskij (1875–1937) zu einem der führenden Köpfe der Bolschewisten in Bern.[93]

In der Erinnerung Medems war die Berner «Russenkolonie» eigentlich ein jiddisches Schtetl. Unter den Hunderten von jungen Männern und Frauen habe man kaum je einen «echten Russen» gesehen.[94] Betrachtet man die Studierendenverzeichnisse der Universität Bern, so täuscht sich Medem nicht: Um die Jahrhundertwende waren bereits über 70 Prozent der Studierenden aus dem Zarenreich jüdisch.[95] Bis zum Ersten Weltkrieg stieg der Anteil der Jüdinnen und Juden unter den «russischen» Studierenden sogar auf rund 85 Prozent. Die «russische» Kolonie in Bern war also eher eine russisch-jüdische respektive jiddische Kolonie.[96] Ob sich die Studentinnen und Studenten jüdischer Herkunft auch als jüdisch identifizierten und sich als separate Gruppe innerhalb der russischen Emigranten- und Studierendenkolonie verstanden, ist schwierig zu beurteilen. Bis in die 1890er-Jahre scheint es in der Berner Kolonie keine spezifisch jüdischen Organisationen gegeben zu haben. Die russisch-jüdischen Studentinnen und Studenten hatten also nicht das Bedürfnis, separate Strukturen innerhalb der russischen Kolonie aufzubauen. Das muss aber nicht bedeuten, dass die jüdische Herkunft keine Rolle spielte. Für viele jüdische Männer und Frauen bestand lange kein Widerspruch zwischen dem allgemeinen Ziel der russischen revolutionären Bewegung und dem Wohlergehen der jüdischen Bevölkerung im Zarenreich. Im Gegenteil: Die Emanzipation der jüdischen Bevölkerung Russlands wurde mit dem Sturz des zaristischen Regimes verknüpft.[97] Andererseits war es vielleicht auch nicht nötig, eine Organisation als «jüdisch» zu etikettieren, weil die «russische» Kolonie ohnehin eine russisch-jüdische Kolonie war. Die Jiddischkeit war selbstverständlich, die jiddische Sprache ebenfalls.[98] Erst nach der Jahrhundertwende – und insbesondere in den Jahren vor dem Ersten Weltkrieg, als die grosse Mehrheit der Studierenden aus dem Zarenreich in Bern jüdischer Herkunft war – entstanden immer mehr spezifisch jüdische Organisationen. In

93 Vgl. Richers, Osteuropäische Revolutionärinnen und Revolutionäre im Schweizer Exil, 45 f. Grigorij Šklovskij war wohl der wichtigste Mitarbeiter der Berner Sowjetdelegation, die sich nach der Oktoberrevolution 1917 als offizielle Vertretung des neuen Russland in Bern installierte und zu Beginn des Landesstreiks von 1918 aus der Schweiz ausgewiesen wurde. Er taucht in Kapitel 7.2 wieder auf.

94 Vgl. Medem, Fun mayn lebn, 278.

95 Hier wird ein «jüdischer» Student oder eine «jüdische» Studentin verstanden als ein Student/ eine Studentin, der/die mütterlicherseits oder väterlicherseits jüdische Abstammung hatte und im Zarenreich als Jude diskriminierenden Bestimmungen ausgesetzt war.

96 Die Bestimmung des jüdischen Hintergrundes auf Basis der Studierendenverzeichnisse ist keine leichte Aufgabe. Schweizer Hochschulen nahmen die Religionszugehörigkeit der Studierenden nicht auf. In meiner Masterarbeit verglich ich deshalb die geografische Herkunft im Zarenreich (Ansiedlungsrayon) mit den Vor- und Nachnamen der Studentinnen und Studenten. So konnte mit hoher Wahrscheinlichkeit der jüdische Hintergrund bestimmt werden. Vgl. Masé, Student Migration of Jews from Tsarist Russia (2012), 12, 54 f.

97 Siehe auch Kapitel 2.1.

98 Vgl. auch Medem, Fun mayn lebn, 280.

diesem Sinne reflektierte der Mikrokosmos der Berner Kolonie die Entwicklungen im Zarenreich.[99]

Sicher ist, dass der Grossteil der jüdischen Studierenden aus dem Zarenreich, die für ein Studium in die Schweiz kamen, keinem traditionell-religiösen Lebensstil anhing.[100] Die Erinnerungen ehemaliger russisch-jüdischer Studierender zeichnen das Bild einer sehr politischen Kolonie, aber auch von sehr disziplinierten Medizinstudentinnen und engagierten Philosophiestudenten. Sie beschreiben keine religiöse Welt. In den Jahren vor dem Ersten Weltkrieg sollen allerdings immer mehr Abgänger von Talmudhochschulen an die Universität Bern gekommen sein.[101] Diese jungen Männer, die eine religiöse Erziehung genossen hatten, kamen bewusst für eine weltliche Bildung nach Bern. Ob sie sich hier ganz von der Religion lossagten oder sich doch noch an Religionsgesetze hielten, bleibt offen. Immerhin gab es in der Berner Kolonie spätestens seit der Jahrhundertwende eine koschere Infrastruktur. Dass dieser Umstand in Zeitschriften explizit als Vorteil für jüdische Studierende hervorgehoben wurde, weist darauf hin, dass mindestens einzelne jüdische Studierende das Bedürfnis hatten, religiöse Vorschriften mehr oder weniger stark einzuhalten.[102] Möglicherweise schlossen sich einige Studenten auch den lokalen Betstuben von ostjüdischen Immigranten an.

Zwischen den bildungshungrigen jüdischen Frauen und Männern aus dem Zarenreich, die sich in einer von kultureller Jiddischkeit geprägten Lebenswelt bewegten, und der bürgerlichen Jüdischen Gemeinde Bern gab es kaum Berührungspunkte. Die moderne jüdische Gemeinde der Stadt Bern geht auf die Einwanderung elsässischer Juden zu Beginn des 19. Jahrhunderts zurück. Im Gegensatz zu den Schweizer Juden war diesen – sie besassen die französische Staatsbürgerschaft – die freie Niederlassung in den Schweizer Städten gestattet.[103]

---

99 Im Umfeld der Universität Bern wurde 1892 der jiddischsprachige «Farayn far vissenshaft un lebn dem yidishn folks» (Verein für Wissenschaft und Leben des jüdischen Volkes) gegründet, eine informelle Gruppe, in der sich vor allem jüdische Sozialisten und Nationalisten trafen. Die im Jahr 1896 von Chaim Žitlovskij gegründete «Gruppe der jüdischen Sozialisten im Ausland» sprach ebenfalls vor allem nationaljüdische sozialistische Studentinnen und Studenten an. Ziel der Gruppe war es, sozialistische Literatur auf Jiddisch zu publizieren. Um die Jahrhundertwende entstanden mehrere zionistische Gruppen, darunter sogar eine schlagende Verbindung, die «Kadimah». Zudem waren praktisch alle jüdisch-nationalen Parteien mit Ortsgruppen in Bern vertreten: Der Bund, Poale Zion, die Zionistisch-Sozialistische Arbeiterpartei, die «Sejmisten» (Jüdisch-Sozialistische Arbeiterpartei, SERP), die allgemeinen Zionisten und die Misrachi (die orthodoxen Zionisten). Sogar der «Sprachenkampf» zwischen den Verfechtern einer Wiederbelebung des Hebräischen als jüdisch-nationaler Sprache und den sogenannten Jiddischisten tobte in Bern, wie Daniel Charney über die Kolonie der 1910er-Jahre schreibt. Vgl. Weinberg, Between Tradition and Modernity, 94; Schweigmann-Greve, Chaim Zhitlowsky, 86; Platzer, Jüdische Verbindungen in der Schweiz, 70–72, 100 (Anmerkung 117); Weizmann, Trial and Error, 71; Medem, Fun mayn lebn, 330–335, und Masé, Student Migration of Jews from Tsarist Russia (2012), 63 f.

100 Vgl. auch Rogger, Jüdisches Universitätsleben in Bern, 145.

101 Vgl. Charney, Berg arojf, 219.

102 Vgl. Neumann, Studentinnen aus dem Russischen Reich, 115.

103 Die liberale Berner Kantonsverfassung von 1846 erlaubte fast 30 Jahre vor der Bundesverfassung erstmals ausdrücklich die Ausübung nichtchristlicher Gottesdienste im Rahmen der Sitt-

Nach der rechtlichen Gleichstellung im Jahr 1866 zogen ab den 1870er-Jahren auch Schweizer Juden aus den Surbtaler «Judendörfern» Endingen und Lengnau zu. Auf die vornehmlich in ärmlichen Verhältnissen lebenden ostjüdischen Einwanderer, die zwischen 1880 und 1910 nach Bern kamen und die jüdische Einwohnerschaft der Stadt um den Faktor drei vergrösserten,[104] reagierten die «eingesessenen» Berner Juden, die sich nach der Emanzipation rasch akkulturiert hatten, wie ihre Glaubensgenossen in anderen Städten reserviert bis ablehnend. Die jiddische Sprache, die orthodoxe Lebensweise und die wirtschaftlichen Tätigkeiten der Ostjuden waren ihnen fremd.[105] So gründeten die Ostjuden in Bern (wie auch in anderen Städten) ihre eigene Gemeinde, kleinere Betlokale, eigene Hilfsvereine und Religionsschulen. Die unterschiedliche religiös-kulturelle Identität wurde von einer sozioökonomischen Kluft zwischen Ost- und Westjuden überlagert, die auch eine topografische Segregation bewirkte. Erst die tragischen Ereignisse des Zweiten Weltkrieges konnten diese Kluft schliessen.[106]

Wohnsituation Naum Reichesbergs in Bern und ökonomische Verhältnisse

Naum Reichesberg und seine erste Ehefrau lebten in den ersten Monaten nach ihrer Ankunft in Bern vermutlich – wie die meisten Bildungsmigrantinnen und Bildungsmigranten aus dem Zarenreich – in Untermiete.[107] Ab 1893 sind die

lichkeit und öffentlichen Ordnung (Art. 80) und legte damit die Basis für die Gründung einer jüdischen Kultusgemeinde im Jahr 1848. 1856 wurde die erste Synagoge eingeweiht und 1871 konnte die Gemeinde in Bern einen eigenen Friedhof eröffnen. Zur rechtlichen Gleichstellung der Juden in der Schweiz und zur Rolle ausländischer Staaten siehe insbesondere Mattioli, Die Schweiz und die jüdische Emanzipation, 63–65.

104 Die jüdische Gemeinde im Kanton Bern war zu Beginn des 20. Jahrhunderts im gesamtschweizerischen Vergleich klein: Im Jahre 1910 lebten hier knapp 2000 Israeliten, was bei einer Gesamtbevölkerung von 645 877 Einwohnern lediglich 0,3 Prozent entspricht. Im Kanton Basel-Stadt waren 1,8 Prozent der Bevölkerung jüdischen Glaubens, im Kanton Genf rund 1,4 Prozent und im Kanton Zürich etwas mehr als 1 Prozent. Auch die Kantone Neuenburg, Waadt, Aargau und St. Gallen wiesen einen grösseren jüdischen Bevölkerungsanteil auf als Bern. Die grösste jüdische Gemeinschaft im Kanton Bern mit über 1000 Personen lebte in der Hauptstadt selber, gefolgt von Biel mit rund 400 Personen und den deutlich kleineren Gemeinschaften Delsberg, Burgdorf, Langenthal, Laufen und Thun. Vgl. «Die Ergebnisse der Eidgenössischen Volkszählung vom 1. Dezember 1910», 1. Band, Statistisches Lexikon der Schweiz, www.bfs.admin.ch/bfs/portal/de/index/infothek/lexikon/lex/2.topic.3.html, und Jüdisches Jahrbuch für die Schweiz, Jg. 2, 1917/18, 219–221.

105 Die Ostjuden übten handwerkliche Berufe aus oder verdienten als Hausierer, Marktfahrer und Fabrikarbeiter ihren Lebensunterhalt. Vgl. Bhend, Verbürgerlichung und Konfessionalisierung, 151–159.

106 Vgl. Huser, Juden unter Vorbehalt, 89–104; Bhend, Verbürgerlichung und Konfessionalisierung, 105–171; Dreifuss, Juden in Bern sowie Israelitische Kultusgemeinde Bern, Festschrift zur Jahrhundertfeier der Israelitischen Kultusgemeinde Bern.

107 Der Eintrag in der Schriftenkontrolle für Landesfremde Aufenthalter legt dies nahe. Zudem gibt es keinen Eintrag im Adressbuch der Stadt Bern. SAB_1278_2_6: Schriftenkontrolle Landesfremde Aufenthalter (1891–1895).

Wohnadressen im Adressbuch der Stadt Bern aufgeführt.[108] Zuerst liess sich das Ehepaar Reichesberg-Tartakowsky im Länggassquartier an der Gesellschaftsstrasse 10 in unmittelbarer Nähe zur Universität und mitten in der russischen Kolonie nieder. Es dauerte nicht lange, bis die Reichesbergs die russische Kolonie mindestens räumlich hinter sich liessen. Bereits 1895 lebte das Ehepaar im Kirchenfeld im Südosten der Stadt Bern. Die Kirchenfeldbrücke, welche die Altstadt mit dem neu erschlossenen Quartier verband, wurde erst 1883 eingeweiht. Das Kirchenfeld war also erst spät bebaut worden und war ein Stadtteil für eher wohlhabende Schichten. Reichesberg lebte im Kirchenfeld die meiste Zeit an der Weststrasse 10. Danach zog er ins Breitenrain-Quartier nördlich der Altstadt. Dieses war um die Jahrhundertwende – zusammen mit dem Länggass-Quartier – das am schnellsten wachsende Quartier. Es galt als Quartier der sozialen Mittelschicht. Im Breitenrain und im angrenzenden Spitalacker blieb Reichesberg bis Mitte der 1920er-Jahre. Er wohnte am Stockerenweg, an der Allmendstrasse, der Beundenfeldstrasse (nun zusammen mit seiner zweiten Ehefrau) und am Viktoriarain. Mindestens seit 1926 lebten Naum und Anna Reichesberg-Zukier wieder im Kirchenfeld an der Tillierstrasse. Dort verstarb Naum Reichesberg 1928. Seine Witwe blieb in derselben Wohnung, bis sie nach Genf zog.[109]

Naum Reichesberg lebte – mit Ausnahme der ersten Jahre in Bern – also nicht in den Quartieren, die stark von Studierenden und Emigranten aus dem Zarenreich frequentiert waren und wo die Bernerinnen und Berner sich über die vielen «Slawen» beklagten, die nachts laut redend durch die Strassen zogen.[110] Seine Wohnsituation steht in Kontrast zu den zeitgenössischen Darstellungen Reichesbergs als Vaterfigur der Russenkolonie. Naum Reichesberg hatte mit seiner Anstellung an der Universität Bern nicht nur den sozialen Aufstieg geschafft, sondern sich parallel dazu auch räumlich von der russischen Kolonie entfernt und der einheimischen sozialen Mittelschicht angenähert. Er betonte damit auch geografisch seine vermittelnde Rolle zwischen der russischen Kolonie in Bern und dem bürgerlich-schweizerischen Umfeld, die in allen Nachrufen stark betont wird.

Aufgrund seiner Wohnadressen in mittelständischen (Breitenrain, Spitalacker) oder gar eher wohlhabenden (Kirchenfeld) Quartieren würde man Reichesbergs finanzielle Lage als durchaus gut einordnen. Verschiedene Quellen deuten jedoch darauf hin, dass seine ökonomischen Verhältnisse nicht ganz so rosig waren. Während seiner ersten Jahre als Privatdozent an der Universität Bern erhielt Reichesberg kein Gehalt. Seine Haupteinkommensquelle waren die

108 Vgl. Adressbücher der Stadt Bern von 1892 bis 1928. Die Adressbücher der Stadt Bern bis 1900 sind online abrufbar unter www.digibern.ch/katalog/adressbuch-der-stadt-bern. Die Adressbücher aus dem 20. Jahrhundert können im Stadtarchiv Bern eingesehen werden.

109 Vgl. Adressbücher der Stadt Bern von 1892 bis 1928. Zur Entwicklung des Kirchenfelds und der Quartiere Breitenrain und Spitalacker siehe Junker, Geschichte des Kantons Bern, Bd. 3, 19 f.

110 Vgl. Masé, Student Migration of Jews from Tsarist Russia (2012), 59 f.

Kolleggelder, welche die Studierenden für die einzelnen Vorlesungen bezahlten. Allerdings dürften seine Einkünfte aus Kolleggeldern nicht höher als 1000 Franken gewesen sein.[111] Ab 1903 wurde Reichesberg ein Honorar von jährlich 2000 Franken zugesprochen. Der durchschnittliche Jahreslohn der bestbezahlten Arbeiter in Bern, der Typografen, war damals fast so hoch, ein höher gestellter Beamter beim Bund oder in einem grösseren Kanton konnte etwa doppelt so viel verdienen.[112] Als Ordinarius erhielt Reichesberg immerhin 4500 Franken pro Jahr (1907–1917), ab 1918 vermutlich 5500 Franken. Reichesbergs Einkommen aus der Lehrtätigkeit war bis zu seiner Beförderung zum Ordinarius also bescheiden. Im Gegensatz zu anderen Professoren, die sich auf eine gut bezahlte, nebenamtliche Berufstätigkeit (zum Beispiel Anwälte) oder auf eine wohlhabende Familie abstützen konnten, war Reichesberg mehr oder weniger auf seine Einkünfte aus der akademischen Tätigkeit angewiesen. Er konnte sein Einkommen sonst nur mit schriftstellerischen Arbeiten aufbessern. Diese dürften geschwankt haben und sind deshalb schwer zu beziffern. Für seine Schrift über Adam Smith, die 1927 publiziert wurde, erhielt Reichesberg ein Honorar von 200 Franken.[113] Zusätzlich stand ihm wohl ein Anteil pro verkauftes Exemplar zu. Wissenschaftliche Schriften wurden aber auch damals nicht in Massen gekauft. Reichesberg selbst wies gegenüber dem Regierungsrat mehrfach darauf hin, dass seine wirtschaftliche Situation nicht sehr gut war.[114] Ob seine Ehefrauen berufstätig waren, konnte nicht ermittelt werden, scheint aber zur damaligen Zeit eher unwahrscheinlich – für die Frau eines Professors und eine Ausländerin gilt dies in doppeltem Masse.

Wie gross die Wohnungen Naum Reichesbergs jeweils waren, konnte nicht in Erfahrung gebracht werden. Dass er sich eine Wohnung in einem mittelständischen oder wohlhabenden Quartier leisten konnte und wollte, ist aufgrund seiner Einkommenssituation zumindest nicht selbstverständlich. Der Jahresmietpreis einer 3-Zimmer-Wohnung in einem Arbeiterquartier der Stadt Bern lag im Jahr 1896 bei etwa 550 Franken, 1914 bei fast 590 Franken.[115] Im Kirchenfeld und im Breitenrain waren die Wohnungen sicher deutlich teurer. Dass die Universität Bern Reichesberg eine Wohnung finanzierte, ist unwahrscheinlich. Die Hoch-

---

111 Siehe Kapitel 4.1 für eine detailliertere Besprechung von Reichesbergs Einkünften aus den Kolleggeldern.

112 Vgl. Gruner, Arbeiterschaft und Wirtschaft in der Schweiz, Bd. 1, 350–357. Der Arbeiter-Jahreslohn für verschiedene Branchen wurde unter Annahme von 300 Vollarbeitstagen berechnet. Gruner weist darauf hin, dass die berechneten Jahreslöhne kaum den tatsächlichen durchschnittlichen Einkommen entsprachen. Die Einnahmeeinbussen infolge Arbeitsausfällen (Krankheit, Militärdienst, Arbeitsmangel) sind nicht eingerechnet. Diese variierten je nach Branche. Bei den Typografen dürften die Arbeitsausfälle geringer gewesen sein als in Branchen, die saisonalen Schwankungen unterstanden. Gruner geht von durchschnittlich 6–14 Tagen aus.

113 StAB FI Francke 126: Archiv Verlag und Buchhandlung Francke AG, Bern, Autorendossier Reichesberg.

114 Siehe Kapitel 4.1 zu den Anstellungsbedingungen an der Universität Bern und einer ausführlicheren Besprechung von Reichesbergs vermuteten Einkünften.

115 Vgl. Gruner, Arbeiterschaft und Wirtschaft in der Schweiz, Bd. 1, 403.

schule scheint bereits in der Mitte des 19. Jahrhunderts von der Praxis abgerückt zu sein, den Professoren eine Dienstwohnung zur Verfügung zu stellen.[116]

Die finanzielle Situation Naum Reichesbergs entsprach nicht seinem sozialen Status. Er bekundete immer wieder Mühe, seinen Lebensunterhalt zu bestreiten. Im Zusammenhang mit seinem Gesuch um finanzielle Unterstützung des «Handwörterbuches der schweizerischen Volkswirtschaft, Sozialpolitik und Verwaltung» wies Naum Reichesberg 1906 gegenüber dem Bundesrat darauf hin, dass seine «eigenen materiellen Ressourcen [...] Defizite nicht leicht ertragen könnten» und dass das Ausbleiben einer bundesrätlichen Subvention für ihn «schwerwiegende Konsequenzen» haben dürfte.[117] Als Reichesberg 1922 das Schweizer Bürgerrecht beantragte, wurde vonseiten der Berner Polizei darauf hingewiesen, dass er «stark verschuldet» sei. Das beigelegte Verzeichnis des Betreibungsamtes Bern wies seit 1. Januar 1921 zehn Betreibungen gegen Reichesberg im Gesamtwert von 3500 Franken aus. Wobei explizit darauf hingewiesen wurde, dass in dieser Aufstellung allfällige Steuerschulden nicht berücksichtigt wurden. Ein handschriftlicher Nachtrag wies für das Jahr 1919 zehn Betreibungen und für 1920 sieben Betreibungen aus.[118] Die Schulden und Betreibungen waren eines der Hauptargumente der kantonalen Berner Polizeidirektion gegen die Einbürgerung Reichesbergs und seiner Ehefrau.[119] Die Behörden mögen die finanziellen Probleme Reichesbergs absichtlich dramatisch dargestellt haben. Es war aber offenbar auch Freunden nicht entgangen, dass Naum Reichesberg Geldprobleme hatte. In seinem Nachruf in den «Basler Nachrichten» schrieb Jakob Steiger, Reichesberg sei «in der Verwaltung der Güter dieser Welt [...] nicht sehr geschickt [gewesen]».[120] Seinen Notgroschen verteilte Reichesberg wohl ohne Zögern an diejenigen, die ihn nötiger hatten. Die Konsequenzen seiner selbstlosen und hilfsbereiten Art zog er dabei kaum in Betracht.

Erste und zweite Ehe

Naum Reichesberg war zweimal verheiratet. Beide Ehen blieben kinderlos. Seine erste Ehefrau, die gleichaltrige Ida Tartakowsky, heiratete er gemäss Angaben in den Fremdenkontrollen der Stadt Bern im Jahr 1891 in Warschau. Im Juni 1892

116 Vgl. Hochschulgeschichte Berns, 370.

117 BAR E81#1000/1134#42*: N. Reichesberg «Handwörterbuch der schweizerischen Volkswirtschaft, Sozialpolitik und Verwaltung», Schreiben von Prof. Reichesberg an den Bundesrat vom 27. 11. 1906. Zur Entstehungsgeschichte des «Handwörterbuches» und Reichesbergs Gesuch um finanzielle Unterstützung siehe Kapitel 5.2.

118 BAR E21#1000/131#23561-334*: Naturalisationen, Reich K. – Reichr, Dossier 980 (1922): Reichesberg, Naum (Nachmann), Polizei-Kommando des Kantons Bern an die Polizeidirektion Bern, 14. August 1922 inklusive Beilage.

119 Siehe Kapitel 3.4 zum Einbürgerungsbegehren Naum Reichesbergs.

120 Nachruf in den Basler Nachrichten, Nr. 17, 17. 1. 1928. Zur Vermutung, dass es sich beim Autor um Jakob Steiger handelte, siehe Kapitel 3.3.

meldete sich das Ehepaar Reichesberg-Tartakowsky bei der Stadt Bern an, im November 1894 erhielten sie die Niederlassungsbewilligung.[121] Wo sich Naum Reichesberg und Ida Tartakowsky kennengelernt hatten, kann nicht mit Sicherheit gesagt werden. Reichesberg war vom Sommersemester 1890 bis zum Sommersemester 1891 an der Universität Bern immatrikuliert und schloss dort im Juni 1891 sein Doktorexamen ab. Danach zog er für ein Jahr nach Berlin. Ida Tartakowsky schrieb sich erstmals für das Wintersemester 1892/93 an der Universität Bern ein.[122] Da sie bei ihrer Immatrikulation ein Diplom der Akademie für Musik zu Warschau vom 10. Juni 1890 vorlegte, ist unwahrscheinlich, dass sie Naum in Wien kennenlernte. Er verliess Wien ungefähr zu dieser Zeit. Entweder die späteren Ehepartner kannten sich bereits aus früheren Zeiten oder – was wahrscheinlicher scheint – sie lernten sich während der zwei Jahre kennen, als sich Naum Reichesberg in Bern und Berlin aufhielt. Möglicherweise begegneten sie sich während einer Reise Reichesbergs in die Heimat oder wurden einander von Bekannten vorgestellt. Auf jeden Fall waren sie bereits verheiratet, als sie 1892 nach Bern zogen. Ida Reichesberg-Tartakowsky verstarb mit nur 28 Jahren am 8. März 1895.[123] Die Todesursache ist nicht bekannt. Am wahrscheinlichsten scheinen gesundheitliche Probleme. So ist gut vorstellbar, dass sie an Tuberkulose starb – einer Krankheit, der in der Schweiz, aber auch in anderen Ländern um die Jahrhundertwende vom 19. zum 20. Jahrhundert viele junge Menschen zum Opfer fielen und die sich wegen mangelnder Hygiene besonders in engen und ärmlichen Verhältnissen rasch verbreitete.

Naum Reichesberg blieb danach fast 20 Jahre alleinstehend. Erst 1913 heiratete er ein zweites Mal. Über seine zweite Ehefrau Anna Zukier wissen wir etwas mehr als über die erste – namentlich dank des Einbürgerungsgesuchs von Naum Reichesberg und des Nansenausweises, den Anna Zukier in den 1920er-Jahren beantragte.[124] Allerdings sind besonders die Beschreibungen ihres Auftretens und ihres Charakters im Einbürgerungsdossier mit Vorsicht zu geniessen, weil sie die persönliche Meinung der schreibenden Polizeibeamten wiedergeben und möglicherweise mehr über diese aussagen als über die beschriebene Person. Mehr oder weniger sicher ist, dass Anna Zukier am 4. November 1886 in Lodz geboren wurde.[125] Lodz lag damals in Kongresspolen, das der zaristischen Herrschaft un-

121 SAB_1278_2_6: Schriftenkontrolle Landesfremde Aufenthalter (1891–1895) und SAB_1278_1_5: Fremden Einwohnerregister, Niedergelassene (1894). Zu den verschiedenen Bewilligungen, die das Ehepaar Reichesberg-Tartakowsky in Bern erhielt und für Ausführungen zum Aufenthaltsstatus allgemein, siehe Kapitel 3.1.

122 StAB BB IIIb 1160 Band IV: Album Universitatis Bernensis/Immatrikulationen, SS 1887–SS 1895, Reichesberg-Tartakowsky Ida, Matrikel-Nr. 6972, Wintersemester 1892/93.

123 Einwohnerdienste, Migration und Fremdenpolizei (EMF) der Stadt Bern, Fremden Kontrollregister (F. K. R.), Karteikarte Naum Reichesberg. Ich danke Hubert Feller für die Einsichtsgewährung.

124 Die Schreibweise des Namens variiert zwischen Zoukker, Zoukkier, Zuckier und Zukier. Ich verwende der Einfachheit halber konstant Zukier. Wenn aus Quellen zitiert wird, dann wird die dortige Schreibweise beibehalten.

125 Die Behörden verzeichnen konsequent 1886 als Geburtsjahr, während in den Verzeichnissen

terstand. Ihr Vater hiess Abraham, der Vorname ihrer Mutter ist nicht bekannt. Aufgrund des Vornamens ihres Vaters, des Familiennamens, der vermutlich auf das jiddische Wort für «Zucker» (*tsuker*) zurückgeht, und aufgrund ihrer geografischen Herkunft kann davon ausgegangen werden, dass Anna Zukier jüdisch war.[126]

Anna Zukier schrieb sich im Wintersemester 1905/06 erstmals an der Universität Bern ein. Sie hatte eine Vorbereitungsprüfung abgelegt, was darauf hindeutet, dass sie über keinen geeigneten Nachweis über eine anerkannte Vorbildung verfügte. Damals waren die Eintrittsbedingungen an der Universität Bern unter dem Eindruck der vielen Studierenden aus dem Russischen Reich bereits verschärft worden. Zwischen 1905 und 1911 schrieb sie sich mehrfach ein und aus.[127] Die Gründe sind nicht bekannt. Immerhin kann davon ausgegangen werden, dass sich Anna Zukier seit 1905 mehr oder weniger durchgehend in Bern aufhielt und dass sie im Umfeld der Berner Kolonie auch Naum Reichesberg begegnete.

In den Berichten der städtischen und kantonalen Polizeibeamten, die zum Einbürgerungsgesuch von Naum Reichesberg eingeholt wurden, kommt seine zweite Ehefrau schlecht weg. Ihr wird einerseits vorgeworfen, dass sie häufig für längere Zeit im Ausland war, wobei sie sich meist in Berlin aufhielt. Dies führte offenbar dazu, dass sie während des Krieges als Spionin verdächtigt wurde.[128] Aufgrund der bekannten Informationen kann davon ausgegangen werden, dass Anna Reichesberg-Zukier in Berlin jeweils Verwandte besuchte. Gemäss der Korrespondenz mit der Polizeiabteilung des EPD, die im Dossier zu ihren Ausweisen abgelegt ist, hielt sich Anna Reichesberg-Zukier ab den 1930er-Jahren mehrheitlich in Berlin auf. Sie versicherte aber immer wieder, dass sie ihr Domizil in der Schweiz beibehalten wolle.[129] Andererseits störten sich die Beamten auch an ihrer Haushaltsführung – sie sei dem Vernehmen nach eine schlechte Köchin und führe einen Haushalt, der zu den hiesigen Anschauungen im Gegensatz stehe – und an ihren angeblich abschätzigen Bemerkungen über die

---

der Universität Bern 1883 angegeben ist. Ich stütze mich auf die Daten der Stadt Bern und der Bundesbehörden.

126 Kongresspolen war Teil des historischen Siedlungsgebietes, in dem Juden sich im Zarenreich niederlassen durften. Nachnamen trugen Juden im Zarenreich erst seit dem 19. Jahrhundert, als der Staat dies anordnete. Die Gemeindeautoritäten, die für die Bildung der Nachnamen verantwortlich waren, griffen auf eine relativ einfache Systematik zurück. Viele Nachnamen basieren auf Elementen aus dem Hebräischen oder dem Jiddischen, aber auch auf Ortsnamen, rabbinischen Namen und Berufsbezeichnungen. Vgl. A Dictionary of Jewish Surnames from the Russian Empire.

127 StAB BB IIIB 1163–1164 Band VII–VIII: Album Universitatis Bernensis/Immatrikulationen, WS 1903/04–SS 1912, Zukier Anna, Matrikel-Nr. 13218, Wintersemester 1905/06, Matrikel-Nr. 14537, Wintersemester 1907/08, sowie Matrikel-Nr. 16049, Wintersemester 1910/11.

128 BAR E21#1000/131#23561-334*: Naturalisationen, Reich K. – Reichr, Dossier 980 (1922): Reichesberg, Naum (Nachmann), Polizei-Kommando des Kantons Bern an die Polizeidirektion Bern, 14. August 1922.

129 BAR E4264#1988/2#1486*: REICHESBERG, ANNA, 18xx, Schreiben der Schweizerischen Gesandtschaft in Deutschland vom 11. November 1931 an die Polizeiabteilung des eidg. Justiz- und Polizeidepartements.

Schweiz. Ferner gehe sie mit Geld verschwenderisch um.[130] Was die Aussagen zum Haushalt betrifft, so ist anzumerken, dass die Vorstellungen über die Rolle einer Ehefrau in der Schweiz der 1920er-Jahre wahrscheinlich nicht der Frauenrolle entsprach, die emanzipierte Frauen aus dem Zarenreich in Bern vorlebten. In diesem Sinne dürfte jede Frau Aufsehen erregt haben, die in ihrem Lebensstil dem vorherrschenden Idealbild einer Schweizer Ehefrau widersprach. Gut möglich, dass Anna Reichesberg-Zukier den Nachbarn negativ auffiel, weil sie mehr Zeit als für eine Frau üblich ausserhalb ihrer Wohnung verbrachte.[131]

Wann und wo Anna Reichesberg-Zukier verstarb, ist nicht bekannt. Kurz nach dem Tod Naums zog sie von Bern nach Genf, wo Julian Reichesberg lebte. Sie blieb aber höchstens zwei Jahre dort. Ein Schreiben der Schweizerischen Gesandtschaft in Deutschland vom 4. November 1930 an die Polizeiabteilung des EPD, mit dem Anna Reichesberg-Zukier um Verlängerung des Nansenpasses bittet, belegt, dass sie sich Ende 1930 bereits in Berlin aufhielt.[132] Offenbar lebte sie dort bei Verwandten. Der Nansenpass wurde jedes Jahr verlängert. Die letzte Verlängerung erfolgte am 31. Dezember 1939.[133] Was danach mit Anna Reichesberg-Zukier geschah, ob sie bald eines natürlichen Todes verstarb, ob sie rechtzeitig vor den Nationalsozialisten fliehen konnte oder ob sie den Tod in einem Konzentrationslager fand, bleibt offen.[134]

Naum Reichesberg und Anna Zukier heirateten gemäss Angaben der Stadtberner Fremdenkontrolle am 3. April 1913 in London.[135] Die Frage, warum die beiden London als Ort der Eheschliessung gewählt hatten, konnte trotz Nachforschungen in verschiedene Richtungen nicht beantwortet werden. Aus juristischen Gründen war eine Heirat im Ausland nicht nötig. Das schweizerische

---

130 BAR E21#1000/131#23561-334*: Naturalisationen, Reich K. – Reichr, Dossier 980 (1922): Reichesberg, Naum (Nachmann), Polizei-Kommando des Kantons Bern an die Polizeidirektion Bern, 14. August 1922 und Police cantonale au poste de police, Berne, le 18 mai 1922.

131 Vgl. Kapitel 3.4 zum Bürgerrechtsbegehren Naum Reichesbergs.

132 BAR E4264#1988/2#1486*: REICHESBERG, ANNA, 18xx, Schreiben der Schweizerischen Gesandtschaft in Deutschland vom 4. November 1930 an die Polizeiabteilung des eidg. Justiz- und Polizeidepartements.

133 BAR E4264#1988/2#1486*: REICHESBERG, ANNA, 18xx, verschiedene Notizen der Polizeiabteilung des eidg. Justiz- und Polizeidepartements betreffend Verlängerung des Nansenpasses von Anna Reichesberg-Zukier. Zum Nansenauspass von Anna Reichesberg-Zukier siehe Kapitel 3.2.

134 Um herauszufinden, ob Anna Reichesberg-Zukier während des Zweiten Weltkrieges in einem Konzentrationslager starb, wurde das Gedenkbuch des deutschen Bundesarchivs für die Opfer der nationalsozialistischen Judenverfolgung in Deutschland (1933–1945) online abgefragt: www.bundesarchiv.de/gedenkbuch/directory.html. Anna Reichesberg-Zukier ist dort nicht verzeichnet. Das bedeutet allerdings noch nicht, dass sie nicht doch Opfer der Nationalsozialisten wurde. Das Gedenkbuch wird nie mit Sicherheit alle ermordeten Personen umfassen, die im Deutschen Reich wohnhaft waren. Im Übrigen hat auch eine Recherche-Anfrage an das Archiv des Centrum Judaicum in Berlin keine Ergebnisse gebracht. Auf dem Jüdischen Friedhof Berlin-Weissensee taucht weder der Name Reichesberg/Raichesberg noch der Name Zukier/Zoukker/Zukker auf, wie mir schriftlich bestätigt wurde.

135 Einwohnerdienste, Migration und Fremdenpolizei (EMF) der Stadt Bern, Fremden Kontrollregister (F. K. R.), Karteikarte Naum Reichesberg.

Eherecht war damals vergleichsweis liberal. Bereits mit der Verfassungsrevision von 1874 war die Feststellung und Beurkundung des Zivilstandes in die Kompetenz des Bundes übertragen und das «Recht der Ehe» dem Schutz des Bundes unterstellt worden (Art. 53 und 54). Das «Bundesgesetz betreffend die Beurkundung des Zivilstandes und der Ehe» vom 24. Dezember 1874 beseitigte alle noch bestehenden konfessionell und ökonomisch motivierten Ehehindernisse auf kantonaler Ebene und entzog den kirchlichen Behörden jegliche Zuständigkeit für Ehesachen. Damit wurde die Zivilehe geschaffen. Allerdings hatte der Bund noch nicht die vollständige Gesetzgebungskompetenz im Bereich des Zivilrechts, sodass es aufgrund der Koexistenz von kantonalem und Bundesrecht zu häufigen Rechtsunsicherheiten kam. In den 1890er-Jahren wurden deshalb neue Bemühungen unternommen, das Privatrecht zu vereinheitlichen. Dieses Ziel wurde 1898 in einer partiellen Verfassungsrevision vom Stimmvolk bestätigt und führte schliesslich zur Ausarbeitung des schweizerischen Zivilgesetzbuches (ZGB), das am 1. Januar 1912 in Kraft trat. Das ZGB regelte in Artikel 99 ff. auch die Ehe und ersetzte alle bisherigen kantonalen Regelungen. Die Ehehindernisse (Art. 105–112 ZGB) umfassten zum Beispiel zu junges Alter, Urteilsunfähigkeit oder nahe Verwandtschaft. Zudem mussten Personen, die bereits einmal verheiratet gewesen waren, den Nachweis erbringen können, dass ihre frühere Ehe durch Tod des Ehegatten oder durch Scheidung aufgelöst oder für ungültig erklärt worden war. Der Ausländerstatus spielte keine Rolle mehr; das neue ZGB stellte alle Ausländerinnen und Ausländer in zivilrechtlichen Belangen explizit den Schweizerinnen und Schweizern gleich (Art. 13 ZGB). Ebenso war die Religion definitiv kein Hindernis mehr für die Schliessung einer zivilrechtlichen Ehe.[136] Naum Reichesberg und Anna Zukier heirateten im April 1913. Ihre Heirat in der Schweiz wäre also nach den Vorschriften des neuen ZGB erfolgt. Da kein Ehehindernis gemäss Gesetz bestand, stand ihrer Eheschliessung in der Schweiz aus zivilrechtlicher Sicht nichts im Wege.

Gab es persönliche Gründe, die für eine Heirat in London sprachen? Persönliche Beziehungen zu London konnten für das Ehepaar Reichesberg-Zukier nicht nachgewiesen werden. Es scheint auch kein bekanntes Phänomen gewesen zu sein, dass Sozialistinnen und Sozialisten in London heirateten, einer für die Arbeiterbewegung wichtigen Stadt.[137] Eine mögliche Erklärung für die Wahl

136 Ich bedanke mich bei Daniel Wyss, wissenschaftlicher Assistent am Institut für Rechtsgeschichte der Universität Bern, für seine Erläuterungen zum damaligen Schweizer Ehe- und Zivilrecht sowie Caroline Arni für ihre Ausführungen zum Eherecht. Zur Geschichte des Eherechts im jungen Schweizer Bundesstaat siehe auch Arni, Entzweiungen, 25–36.

137 Da sich auch Robert Grimm und Rosa Reichesberg-Schlain 1908 in London vermählten, wurde unter anderem versucht, über die Geschichte dieses Paares Anhaltspunkte zu finden. Allerdings konnten weder Caroline Arni, die die Scheidungsakte von Robert und Rosa Grimm untersucht hatte, noch Bernard Degen, der sich in seiner langen Forschungstätigkeit intensiv mit der Geschichte der Arbeiterbewegung und der Sozialdemokratie in der Schweiz und auch mit der Person Robert Grimms beschäftigte, eine Erklärung für die Heirat der Grimms in London finden. Vgl. auch Arni, Der Sozi-Mann, 40. Zur Heirat von Robert und Rosa Grimm siehe den Abschnitt über Jovel (Julian) Reichesberg weiter unten.

Londons könnte sein, dass Naum Reichesberg und seine künftige Ehefrau eine religiöse Trauung wünschten. Naum Reichesberg war nicht Mitglied der Jüdischen Gemeinde Bern und hätte vielleicht einen Rabbiner bevorzugt, der nicht wissen wollte oder kontrollieren konnte, ob er sich in seinem Alltag für religiöse Vorschriften interessierte. Allerdings ist eine jüdische Heirat eher unwahrscheinlich. Naum Reichesberg scheint keine Verbindung zu religiösen Institutionen und Bräuchen gehabt zu haben.[138]

Jovel (Julian) Reichesberg

Der einzige Blutsverwandte, zu dem Naum Reichesberg lebenslang in Verbindung bleiben konnte, nachdem er sein Elternhaus früh verlassen hatte, war sein älterer Bruder Jovel beziehungsweise Julian. Über die persönliche Beziehung zwischen den Brüdern ist wenig bekannt. Ihre Lebenswege verliefen aber grundsätzlich parallel. Es ist davon auszugehen, dass sie zeitlebens einen engen Kontakt pflegten.

Jovel Reichesberg schrieb sich für das Wintersemester 1892/93 erstmals an der Universität Bern ein.[139] Damit folgte er dieses Mal seinem jüngeren Bruder nach, der sich bereits im Sommer 1890 in Bern niedergelassen hatte. Interessant ist, dass Jovel Reichesberg erst zwei Jahre später, im Januar 1894, gemeinsam mit seiner Ehefrau Rosa geb. Schlain in der Schriftenkontrolle für Landesfremde Aufenthalter der Stadt Bern auftaucht. Ob er sich nicht früher angemeldet hatte oder ob er sich nur kurz in Bern aufhielt und nach Wien zurückkehrte, bleibt unklar. Auf jeden Fall liess er sich Anfang 1894 zusammen mit seiner Ehefrau in Bern nieder. Die Einträge in der Schriftenkontrolle sind aufgrund der vielen Abkürzungen und mehrmals überschriebenen Einträge schwierig zu entziffern. Es scheint jedoch, dass das Ehepaar Jovel und Rosa Reichesberg-Schlain zuerst eine reguläre Aufenthaltsbewilligung hatte, irgendwann nach der Jahrhundertwende aber nur noch eine Toleranzbewilligung ausgestellt erhielt.[140]

Rosa Schlain, geboren am 27. Januar 1875 in Odessa, kam bereits als 16-Jährige nach Bern und schrieb sich an der hiesigen Universität ein. Sie meldete sich im Januar 1891 auch bei der Stadt Bern an.[141] Im Mai 1892 verliess sie Bern in Richtung Wien. Sie taucht erst 1894 zusammen mit ihrem Ehemann wieder in der Schriftenkontrolle auf. Brigitte Studer zufolge besuchte Rosa Schlain in Wien die Schauspielschule, schloss diese jedoch nicht ab.[142] Studer rätselt, ob sich Jovel

138 Siehe den Abschnitt zum Tod Naum Reichesbergs weiter unten in diesem Kapitel sowie die Auseinandersetzung mit der jüdischen Identität Reichesbergs in den Schlussbetrachtungen.

139 StAB BB IIIb 1160 Band IV: Album Universitatis Bernensis/Immatrikulationen, SS 1887–SS 1895, Reichesberg Jowel, Matrikel-Nr. 6906, Wintersemester 1892/93.

140 SAB_1278_2_6: Schriftenkontrolle Landesfremde Aufenthalter (1891–1895) und SAB_1278_2_10: Schriftenkontrolle Landesfremde Aufenthalter (1905–1906).

141 SAB_1278_2_6: Schriftenkontrolle Landesfremde Aufenthalter (1891–1895).

142 Vgl. Studer, Rosa Grimm (1982), 10.

Reichesberg und Rosa Schlain in Wien oder in Bern kennengelernt hätten. Da sich Jovel Reichesberg erst im Oktober 1892 an der Universität Bern immatrikulierte und Rosa Schlain Bern bereits im Mai 1892 wieder verlassen hatte, scheint es wahrscheinlicher, dass sich die beiden zwischen Ende 1892 und Ende 1893 in Wien begegneten und dann gemeinsam als Ehepaar nach Bern zurückkehrten. Am 17. Mai 1894, kurz nachdem sich das Ehepaar Reichesberg-Schlain in Bern niedergelassen hatte, kam der gemeinsame Sohn Wolfgang Benedict zur Welt.[143]

Über Wolfgang Benedict konnte kaum etwas in Erfahrung gebracht werden. Gemäss Eintrag in der Schriftenkontrolle für Landesfremde Aufenthalter der Stadt Bern verliess er die Bundesstadt im Dezember 1920 und zog nach Freiburg im Breisgau.[144] Er war damals 26 Jahre alt. Welche Ausbildung Wolfang Benedict zuvor absolviert hatte und wie er in Bern und später in Freiburg seinen Lebensunterhalt verdiente, bleibt offen. An der Universität Bern war er nicht eingeschrieben. Ein Hinweis darauf, dass sich der Sohn von Jovel und Rosa mit seiner russischen Herkunft identifizierte und allenfalls auch politisch in die Fussstapfen seiner Eltern trat, liefert ein zufällig entdeckter Brief von Adam Kahan (geb. 1881) an seine Ehefrau vom März 1917. Adam Kahan wurde im Rahmen der Überwachung des Personals der Sowjetmission 1918 durch die Politische Polizei verhört, wobei auch dieser Brief in den Akten landete. Gegen Ende des Briefes, den er aus Petrograd sandte, berichtete Kahan seiner Frau, er habe auch den Reichesberg, Sohn der Genossin Grimm, angetroffen. Dieser soll Kahan gegenüber auch zum Ausdruck gebracht haben, dass er in die Schweiz zurückkehren wolle.[145] Das tat er offenbar auch, wenn er sich 1920 bei den Berner Behörden abmeldete.

Jovel und Rosa Reichesberg-Schlain liessen sich 1906 scheiden. Jovel blieb in der Folge alleinstehend, jedenfalls ist keine weitere Ehe bekannt. Rosa heiratete am 28. März 1908 in London Robert Grimm (1881–1958).[146] Grimm war eine der bedeutendsten Persönlichkeiten der schweizerischen Arbeiterbewegung. Er trat auch immer wieder gemeinsam mit Naum Reichesberg in Erscheinung, wie in Kapitel 7 dokumentiert ist. Robert Grimm trat bereits nach der Buchdruckerlehre in die Gewerkschaft und in die Sozialdemokratische Partei ein. Als 19-Jähriger begab er sich auf Wanderschaft in der Schweiz, Frankreich, Luxemburg, Deutschland, Österreich und Norditalien. Während seines Aufenthaltes in Berlin im Winter 1905/06 setzte er sich intensiv mit dem Marxismus und der laufenden Debatte um den Massenstreik auseinander. Nach seiner Rückkehr in die Schweiz wurde Grimm 1906 zum Sekretär des Basler Arbeiterbundes und 1907

143 SAB_1278_2_6: Schriftenkontrolle Landesfremde Aufenthalter (1891–1895).

144 SAB_1278_2_10: Schriftenkontrolle Landesfremde Aufenthalter (1905–1906).

145 BAR E21#1000/131#10418-10485*: Personal der Sowjetmission, des Russischen Roten Kreuzes, der Russischen Telegrafenagentur, der «Russischen Nachrichten», vor allem Untersuchungen, Aufenthalte, Ausweisungen (Einzeldossiers), Dossier Nr. 10462: Kahan, Adam, 1881 / Kahan, geb. Rosen, gesch. Weinhöner Elisabeth, Brief von Adam Kahan aus Petrograd an Else (Elisabeth) vom 6. März 1917. Zur Sowjetmission in Bern siehe Kapitel 7.2.

146 Zur Heirat in London siehe auch die Ausführungen über die zweite Ehe von Naum Reichesberg weiter oben in diesem Kapitel.

in den Basler Grossen Rat gewählt. Anfang 1909 übernahm er die Redaktion der «Berner Tagwacht», die zu einer wichtigen Stimme der Berner Sozialdemokratie wurde. Grimm sass von 1910 bis 1938 im bernischen Grossen Rat und von 1911 bis 1955 im Nationalrat. 1938 wurde er in den Berner Regierungsrat gewählt und leitete in dieser Funktion während des Zweiten Weltkrieges auch das kriegswirtschaftliche Amt.[147] Grimm war bei Bürgerlichen besonders gefürchtet und verachtet wegen seiner führenden Rolle im Landesstreik von 1918, für die er von einem Militärgericht zu einer sechsmonatigen Gefängnisstrafe verurteilt wurde.[148] Rosa Grimm war ebenfalls bereits früh politisch aktiv und soll ihrem Ehemann viel theoretisches Wissen, aber auch Rhetorik und Schreibkompetenz vermittelt und seine frühen Schriften massgeblich mitverfasst haben. Sie war eine der wenigen sichtbaren Frauen in der Schweizerischen Arbeiterbewegung. So spielte sie eine führende Rolle am linken Rand der SPS und war eine entschiedene Befürworterin eines Beitritts zur 3. Internationale (Komintern). Nachdem sie die Kommunistische Partei der Schweiz (KPS) 1921 mitbegründet hatte, entwickelte sie bereits nach wenigen Jahren eine kritische Haltung zur KPS und zur Sowjetunion. Ihre Rückkehr zur SPS ist kaum dokumentiert. Vermutlich trat sie während des Zweiten Weltkrieges wieder in die Partei ein. Rosa Grimm verstarb im November 1955.[149] Aus der Ehe von Rosa und Robert Grimm, die 1916 geschieden wurde, gingen zwei Kinder hervor, ein Sohn (Bruno Angelo, geb. 1908) und eine Tochter (Jenny, geb. 1910).[150]

Julian Reichesberg erlangte einen Doktortitel an der Philosophisch-Historischen Fakultät der Universität Bern. Als Beruf gab er Schriftsteller an, in seinem Gesuch für einen Nansen-Ausweis bezeichnete er sich später auch als Redakteur. Tatsächlich hatte sich Dr. Julian Reichesberg aus Genf als Redaktor der «Schweizerischen Zeitschrift für Volkswirtschaft und Sozialpolitik» zur

---

147 Vgl. Degen, Schäppi und Zimmermann, Robert Grimm, 7–12, und Jost, Robert Grimm, 13–25.

148 Anfang Februar 1918 versammelte Robert Grimm die führenden Persönlichkeiten von SPS und Gewerkschaften im «Oltener Aktionskomitee». Dieses sollte die vielen spontanen Kundgebungen, Demonstrationen und Streiks koordinieren, die seit 1917 im ganzen Land organisiert wurden. Als sich Anfang November 1918 aus spontanen Proteststreiks gegen den provokativen Truppenaufmarsch in Zürich ein landesweiter Generalstreik entwickelte, zog das «Oltener Aktionskomitee» die Leitung an sich, um einen geordneten Ablauf sicherzustellen. Unter Drohung einer militärischen Intervention brach das Komitee den Streik nach drei Tagen ab. Vgl. Sozialdemokratische Partei der Schweiz, Einig aber nicht einheitlich, 112–118, 142–144, und Degen, Sozialdemokratie, 28.

149 Vgl. Studer, Rosa Grimm (1982); Studer, Rosa Grimm (1988), 163–182, und Arni, Der Sozi-Mann, 39–49.

150 Die Ehe von Rosa und Robert Grimm wurde 1916 in einer Konventionalscheidung am Berner Amtsgericht wegen «tiefer Zerrüttung» aufgelöst, wie Caroline Arni schreibt. Arni hat die Scheidung von Rosa und Robert Grimm anhand von Briefen der beiden an ihre Anwälte aufgearbeitet. Sie zeichnet das Bild von zwei starken Persönlichkeiten und von einem völlig unterschiedlichen Eheverständnis – hier Rosa, die eine gleichberechtigte, «intime Freundschaft» suchte, ohne ehemännliche Vorherrschaft, dort Robert, der das bürgerliche Ehemodell, das «häusliche Glück» vermisste, das er später dann in seiner zweiten Ehe doch noch leben sollte. Vgl. Arni, Der Sozi-Mann, 39–49, und insbesondere Kapitel 5 in Arni, Entzweiungen.

XII. Delegiertenversammlung der Internationalen Vereinigung für gesetzlichen Arbeiterschutz 1924 in Prag angemeldet.[151] Naum Reichesberg, der seit der Jahrhundertwende als Redaktor derselben Zeitschrift amtete, hatte seinem Bruder entweder wirklich gewisse Aufgaben übertragen oder ihm den Titel für die Konferenz «geliehen». Ob die Arbeiten, die Julian Reichesberg möglicherweise für die Zeitschrift erledigte, und die Beiträge, die er ab und zu schrieb, vergütet wurden, konnte nicht eruiert werden. Es bleibt unklar, wie er seinen Lebensunterhalt verdiente. Gemäss Nachruf in der «Tagwacht» soll er in Genf «im Völkerbundskreis eine Aufgabe» gefunden haben.[152] Was das für eine Aufgabe war, ist nicht klar. Der Verdienst scheint aber auf jeden Fall eher bescheiden gewesen zu sein. In seiner Anmeldung zur oben genannten Versammlung in Prag vermerkte Julian Reichesberg, dass er einen Zimmerpreis unter 3.50 Franken benötige. Andere Teilnehmende machten keine Angaben zu Maximalpreisen. Dies deutet darauf hin, dass Julian Reichesbergs finanzielle Situation nicht sehr gut war. Die Berner Kantonspolizei vermutete, dass er von seinem Bruder unterstützt wurde. So hielt sie im Fragebogen zum Bürgerrechtsbewerber Naum Reichesberg fest: «Le requérant [Naum Reichesberg] aurait plus ou moins à sa charge son frère Reichesberg Julian, Dr. Phil. à Berne.»[153] Wobei diese Aussage mit Vorsicht zu geniessen ist. Die kantonalen Polizeibehörden wollten gegenüber dem Bund darlegen, dass Naum Reichesberg finanziell nicht auf gesunden Beinen stehe.

Die Gebrüder Reichesberg tauchen in den Akten immer wieder gemeinsam auf. Julian Reichesberg schrieb nicht nur für die Zeitschrift, die sein Bruder herausgab, sondern verfasste auch einen Beitrag für dessen «Handwörterbuch der Schweizerischen Volkswirtschaft, Sozialpolitik und Verwaltung». Naum Reichesberg berücksichtige Julian bei seinen Publikationen also immer wieder. Die Brüder setzten sich auch für dieselben politischen Ziele ein und waren beide in sozialdemokratischen Kreisen aktiv. Wie Naum beschäftigte sich auch Julian Reichesberg sowohl mit den politischen Verhältnissen in der Schweiz wie auch mit den Entwicklungen in seiner alten Heimat Russland. Julian Reichesberg bewegte sich stärker innerhalb der Parteistrukturen als sein Bruder. Er war sowohl in der Schweizer wie auch in der russischen Sozialdemokratie aktiv und besetzte politische Ämter.[154] Naum Reichesberg war mindestens so sichtbar in der Öffentlichkeit, trat aber eher mit wissenschaftlichen Vorträgen und Schriften hervor. Freilich sind verschiedene Situationen belegt, in denen sich die Gebrüder Reichesberg gemeinsam in denselben Organisationen engagierten. Als Beispiele seien die Unterstützung von kranken und bedürftigen Russen in der Schweiz

151 SozArch Ar 42.11.1: Internationale Vereinigung für gesetzlichen Arbeiterschutz. Zirkulare, Rundbriefe, Einladungen, Beschlüsse, etc. (1901–1925), Mappe 4: XII. Delegiertenversammlung, Prag 1924, Akten.

152 Vgl. Nachruf auf Julian Reichesberg in der Berner Tagwacht vom 10. März 1941.

153 BAR E21#1000/131#23561-334*: Naturalisationen, Reich K. – Reichr, Dossier 980 (1922): Reichesberg, Naum (Nachmann), Police cantonale au poste de police, Berne, le 18 mai 1922.

154 Vgl. Nachruf auf Julian Reichesberg in La Sentinelle, Nr. 69, 25. 3. 1941, und Kapitel 7 dieser Arbeit.

während des Ersten Weltkrieges sowie das «Zentralkomitee für die Heimreise russischer Emigranten» im Frühling 1917 genannt.[155]

Julian Reichesberg zog spätestens Ende 1923 von Bern nach Genf, wo er am 7. März 1941 verstarb.[156]

Reisen im In- und Ausland

Naum Reichesberg lebte und wirkte in Bern. Im Alltag dürfte er sich vor allem im Radius der Universität – seines Arbeitsorts und Fokus der «Russenkolonie» – und seines Wohnquartiers bewegt haben. Die regelmässigen Vorstandssitzungen der Schweizerischen Vereinigung zur Förderung des internationalen Arbeiterschutzes fanden in und um die Berner Altstadt statt.[157]

Der Wirkungsort Reichesbergs beschränkte sich aber nicht auf die Bundesstadt. Es ist anzunehmen, dass er regelmässig in andere Schweizer Städte fuhr. Basel war seit 1901 und bis 1919 Sitz des Internationalen Arbeitsamtes. Dieses wurde von der Internationalen Vereinigung für gesetzlichen Arbeiterschutz gegründet. Naum Reichesberg war Vorstandsmitglied und Sekretär der Schweizer Sektion und vertrat diese praktisch an allen internationalen Kongressen der Internationalen Vereinigung für gesetzlichen Arbeiterschutz. So dürfte er die Stadt am Rheinknie häufig in amtlicher Mission besucht haben. Einzelne Aufenthalte und Sitzungen in Basel sind belegt, so beispielsweise die Delegiertenversammlung der Internationalen Vereinigung für gesetzlichen Arbeiterschutz von 1904 oder die Sitzung des Vorstands der internationalen Vereinigung für sozialen Fortschritt im Januar 1926.[158] Nach Genf fuhr Naum Reichesberg vermutlich ebenfalls nicht selten, zumindest in den 1920er-Jahren, nachdem sein Bruder sich dort niedergelassen hatte. Gleichzeitig wurde Genf stets wichtiger als Sitz von internationalen Organisationen wie der Internationalen Arbeitsorganisation. Schliesslich muss auch Zürich immer wieder ein Reiseziel gewesen sein, zumal auch dort einige Anlässe und Versammlungen der Schweizerischen Vereinigung für internationalen Arbeiterschutz und der internationalen Dachorganisation stattfanden. Belegt sind auch Vorträge Reichesbergs in Zürich wie jener beim Verein der Angestellten sozialdemokratischer Organisationen (Vaso) im Frühjahr 1917.[159]

Im Übrigen schrieb Naum Reichesberg selber in seinem Gesuch um die bundesrätliche Einbürgerungsbewilligung vom April 1922, er habe sich «in den Sommerferien dann und wann an verschiedenen Orten der Schweiz» aufgehal-

155 Siehe Kapitel 7.2.

156 BAR E4264#1988/2#1487*: REICHESBERG, JULIAN, 13. 9. 1863, und Nachrufe in der Berner Tagwacht vom 10. März 1941 und La Sentinelle, Nr. 69, 25. 3. 1941.

157 Siehe Kapitel 6.2.

158 CH SWA Biogr.: Reichesberg, Naum (Dossier) und Institute 401: International Association for Social Progress.

159 Siehe Verzeichnis der Publikationen und Vorträge Reichesbergs am Ende der Arbeit.

ten.[160] Explizit nennt er Beatenberg im Berner Oberland. Dieser Ort war der Polizei in den 1920er-Jahren als «Bolschewistennest» bekannt, weil sich dort in den Sommermonaten viele russische Emigrantinnen und Emigranten aufhielten.[161] Ob es sich tatsächlich nur um Bolschewisten oder eher um Sozialisten verschiedener Richtungen handelte, ist schwierig einzuschätzen. In den 1920er-Jahren war die Angst vor Bolschewisten in der Schweiz gross, und die Behörden verdächtigten Linke grundsätzlich, Anhänger des Bolschewismus zu sein.[162] Ob Naum Reichesberg in seinem Einbürgerungsgesuch Beatenberg als Ferienort genannt hätte, wenn sich dort tatsächlich nur Bolschewisten getroffen hätten, ist zumindest fraglich. Damit hätte er seine Chancen auf eine positive Beurteilung bewusst geschmälert.

Naum Reichesberg bewegte sich aber auch über die Landesgrenzen hinaus, sowohl für Ferien wie auch für wissenschaftliche Zwecke. Die Auslandreisen ab 1922 sind gut dokumentiert, weil jeder Grenzübertritt im Ausländer- oder Nansenpass mit einem Stempel bewilligt werden musste. Wir wissen deshalb, dass Reichesberg in den letzten Lebensjahren nach Deutschland, Frankreich, Italien und in die Tschechoslowakei reiste.[163] Seine Ehefrau Anna Reichesberg-Zukier hielt sich immer wieder bei Verwandten in Berlin auf. Auch Naum Reichesberg reiste wohl mehrmals nach Berlin. Belegt ist eine Reise nach Berlin im April 1921, als seine Frau dort erkrankte und er von der Universität Urlaub erhielt, um sie zu besuchen.[164] Es ist davon auszugehen, dass Reichesberg auch vor den 1920er-Jahren über die Landesgrenzen hinaus mobil war. In seinem Gesuch um die bundesrätliche Einbürgerungsbewilligung vom April 1922 weist Naum Reichesberg auf ein paar längere Auslandaufenthalte hin: Als Student habe er in den Jahren 1887 bis 1890 in Wien gelebt. Nach seinem Doktorexamen habe er sich vom Frühjahr 1891 bis April 1892 in Berlin aufgehalten. Zudem sei er zweimal (1893 und 1894) für je zwei Monate in den Osterferien nach Paris gereist, «um an einer dortigen Hochschule Vorlesungen zu halten (auf Einladung)», und einmal für sechs Wochen nach London. Zu welchem Zweck er nach London reiste, gab er nicht an. Mit grosser Wahrscheinlichkeit handelte es sich um den Aufenthalt zur Ehe-

160 BAR E21#1000/131#23561-334*: Naturalisationen, Reich K. – Reichr, Dossier 980 (1922): Reichesberg, Naum (Nachmann), Gesuch um Erteilung der Bewilligung zur Erwerbung eines Gemeinde- und Kantonsbürgerrechts, 6. April 1922.

161 BAR E21#1000/131#8561-9699*: Personalbogen von Anarchisten, Kommunisten, Sozialisten, Nationalisten, Mitgliedern von Minderheitenbewegungen usw., A–Z: Dossier 8597: Bagotzki Serge, Personalbogen I und II.

162 Vgl. Gautschi, Der Landesstreik 1918, 156–171, 339, und Bürgisser, Unerwünschte Gäste, 74–77.

163 Der Stempel im Pass, der hier als tschechoslowakisch bezeichnet wird, konnte nicht zu 100 Prozent identifiziert werden. Mehrere Personen, die bei der Entzifferung um Hilfe gebeten wurden, kamen aber zum selben Schluss, dass es sich am ehesten um einen tschechoslowakischen Stempel handelte. Dies würde auch übereinstimmen mit anderen Quellen, die bestätigen, dass Naum Reichesberg in den 1920er-Jahren für einen Kongress nach Prag reiste. Siehe dazu weiter unten im Text.

164 StAB III b 541: Juristische Fakultät, Professoren und Dozenten P – Snell (1835–1931), Schreiben des Direktors des Unterrichtswesens an Prof. Dr. N. Reichesberg vom 16. 4. 1921.

schliessung mit Anna Zukier im Jahr 1913. Weiter gibt Reichesberg an, er habe sich später auch «zum Ferienaufenthalt und zu wissenschaftlichen Zwecken» in Deutschland aufgehalten und zur Kur in Karlsbad, Tschechien.[165] Im Rahmen seines Engagements für den Arbeiterschutz reiste Naum Reichesberg zwischen 1900 und 1925 als Delegierter der Schweiz auch an verschiedene internationale Arbeiterschutz-Kongresse, so beispielsweise nach Paris, Köln oder Prag.[166] 1910 weilte er für den Internationalen Sozialistenkongress in Kopenhagen.[167] Weitere Auslandreisen sind wahrscheinlich.

Nach Russland hingegen kehrte Naum Reichesberg nach 1891 wohl nie mehr zurück. Wie er selbst im Februar 1898 gegenüber dem Berner Regierungsrat feststellte, galt sein russischer Auslandspass, den er vermutlich bis zum Zerfall des Zarenreiches 1917 besass, nur für die einmalige Aus- und Rückreise. Sobald er zurück ins Zarenreich gereist wäre, hätte der Pass seine Gültigkeit verloren.[168] Reichesberg konnte es kaum riskieren, ins Zarenreich zurückzureisen. Erstens wäre sehr unsicher gewesen, ob ihm die russischen Behörden noch einmal einen Pass ausgestellt hätten. Unterdessen war sein politisches Engagement bekannt. Und zweitens hätte er aufgrund seiner Überzeugungen mit Verhaftung rechnen müssen. Es deutet auch nichts darauf hin, dass er nach dem Sturz des Zaren eine Reise nach Russland unternommen hat. Gegen Ende des Ersten Weltkrieges hatte er genug zu tun mit der Unterstützung der russischen Emigrantinnen und Emigranten und der internierten Soldaten in der Schweiz. Und nach der Machtübernahme der Bolschewisten konnte er sich auch nicht mit dem herrschenden Regime identifizieren.[169]

Kein Bedürfnis nach einem jüdischen Begräbnis

Naum Reichesberg starb unerwartet am 7. Januar 1928. Am 10. Januar 1928 fand die Trauerfeier statt. «Eine ansehnliche Trauergemeinde – der kantonale Erziehungsdirektor, Mitglieder des akademischen Senats und des akademischen Lehrkörpers, Freunde und Schüler des Verstorbenen – versammelte sich mit den Angehörigen im Krematorium um mit dem geschätzten Menschen, dem verehrten Lehrer eine letzte Stunde zu verbringen.» Es sprachen Professor Burckhardt im

165 BAR E21#1000/131#23561-334*: Naturalisationen, Reich K. – Reichr, Dossier 980 (1922): Reichesberg, Naum (Nachmann), Gesuch um Erteilung der Bewilligung zur Erwerbung eines Gemeinde- und Kantonsbürgerrechts, 6. April 1922.

166 Siehe Kapitel 6.2.

167 Library of the Labour Movement, Internationals, 1889–1914 – The Second International, Protokoll Internationaler Sozialisten-Kongress zu Kopenhagen, 28. August bis 3. September 1910, online verfügbar unter http://hdl.handle.net/10138/154633. Siehe auch Kapitel 7.3.

168 StAB III b 541: Juristische Fakultät, Professoren und Dozenten P – Snell (1835–1931), Schreiben von Dr. N. Reichesberg an Regierungsrat Joliat vom 6. 2. 1898. Siehe auch Kapitel 3.2 zu den Reisepässen Reichesbergs.

169 Siehe Kapitel 7.2 und 7.3 zu Reichesbergs Haltung gegenüber dem Bolschewismus.

Namen der Universität,[170] Nationalrat Professor Dr. Stephan Baur, Gemeinderat Schneeberger im Namen der Sozialdemokratischen Partei und des Gewerkschaftsbundes, Dr. Hans Freudiger im Namen der Volkswirtschaftlichen Gesellschaft sowie der Sekretär der Union russischer Bürger in der Schweiz.[171]

Dass sich die Trauergemeinde im Krematorium versammelt haben soll, überrascht. Nach der *Halacha*, dem jüdischen Religionsgesetz, ist eine Feuerbestattung untersagt. Das Verbot der Feuerbestattung wird einerseits mit der Würde des oder der Toten begründet. Andererseits besteht im Judentum der Glaube an die Unsterblichkeit der Seele, an die Verbundenheit zur Erde – der Name Adam ist abgeleitet von *Adama* (hebr. Erde), der Mensch kehrt nach dem Tod also zu seinem ursprünglichen Zustand zurück und wird wieder zu Erde – und an die Auferstehung der Toten.[172] Die jüdischen Gemeinden in der Schweiz halten heute grundsätzlich an der Ablehnung der Feuerbestattung fest. Vor der *Shoah* (dem Holocaust) wurde die Feuerbestattung in der Praxis allerdings auch in orthodox geführten Gemeinden zugelassen.[173] Gemäss «Friedhof- und Bestattungsreglement» der Israelitischen Kultusgemeinde Bern (heute: Jüdische Gemeinde Bern) vom 24. Februar 1919 war die Urnenbestattung gar explizit gestattet.[174] Naum Reichesberg hätte also trotz Kremation auf dem Jüdischen Friedhof beigesetzt werden können. Im Eintrag zu Naum Reichesberg in der städtischen Bestattungskontrolle des Jahres 1928 ist unter dem Stichwort Grab jedoch vermerkt: «Nische Nr. ~~905~~ 927».[175] Die Urne Reichesbergs wurde also in einer Nische beigesetzt. Eine Bestattung auf dem Jüdischen Friedhof in Bern ist folglich ausgeschlossen. Dort wurden damals sowohl Särge wie auch Urnen in Gräbern bestattet.[176] Auf dem Jüdischen Friedhof in Bern existiert entsprechend weder ein Grabstein für Naum Reichesberg noch taucht sein Name im Sterberegister der Jüdischen Gemeinde Bern auf.[177]

170 Es handelte sich vermutlich um Professor Walther Burckhardt (1871–1939), seit 1909 ordentlicher Professor für Staats- und Völkerrecht an der Universität Bern.

171 Vgl. Berichterstattung in Der Bund, Nr. 17, 11. 1. 1928.

172 Vgl. Schiffer, Feuerbestattung vom Standpunkte der Halacha, und Rothschild, Der Honig und der Stachel, 321.

173 Im liberalen Judentum wird die Kremation nicht strikt abgelehnt, da es nicht an der Vorstellung der körperlichen Auferstehung festhält. Gerade im deutschsprachigen Raum steht aber heute auch das liberale Judentum der Feuerbestattung eher ablehnend gegenüber. Die Erinnerung an die Shoah und den Einsatz von Krematorien für den Völkermord an den europäischen Juden spielt dabei eine wichtige Rolle. Vgl. Kuhnen, Fremder Tod, 83, und Rothschild, Honig und Stachel, 321.

174 StAB V JGB Nr. 91: Friedhof- und Gebührenreglemente 1919–1985, Friedhof- und Bestattungsreglement der israelitischen Kultusgemeinde Bern vom 24. Februar 1919, Art. 13.

175 SAB E 2.2.1.9: Bestattungskontrolle des Jahres 1928, Band 245, Eintrag 36. Die Bestattung fand am Dienstag, den 10. Januar 1928 um 11.00 Uhr im Krematorium statt.

176 StAB V JGB Nr. 91: Friedhof- und Gebührenreglemente 1919–1985, Friedhof- und Bestattungsreglement der israelitischen Kultusgemeinde Bern vom 24. Februar 1919, Art. 13.

177 Schriftliche Auskunft von Arie Abraham, Präsident der Friedhofskommission der Jüdischen Gemeinde Bern.

Wurde Reichesberg ein jüdisches Begräbnis verwehrt, weil er nicht Mitglied der Jüdischen Gemeinde Bern war, die den örtlichen jüdischen Friedhof verwaltete? Gemäss Friedhofs- und Bestattungsreglement von 1919 spielte die Zugehörigkeit zur Gemeinde keine entscheidende Rolle. Personen jüdischen Glaubens, die nicht Mitglied der Gemeinde waren, konnten gegen eine Gebühr auf deren Friedhof bestattet werden. Die Gebühren richteten sich nach den Vermögensverhältnissen der verstorbenen Person und konnten für Unbemittelte auch ganz erlassen werden.[178] In diesem Sinne hielten Reichesberg auch finanzielle Gründe kaum von einem Grab auf dem Jüdischen Friedhof ab. Vielmehr ist davon auszugehen, dass eine Bestattung nach religiöser Vorschrift für ihn kein Bedürfnis darstellte und er sich deshalb nicht um einen Grabplatz auf dem Jüdischen Friedhof bemühte. Auch seiner Ehefrau war ein jüdisches Begräbnis offensichtlich nicht wichtig.

Damit ist aber die Frage noch nicht beantwortet, auf welchem Friedhof Naum Reichesberg beigesetzt wurde. Weder die städtische Friedhofverwaltung noch die Bernische Genossenschaft für Feuerbestattung (bgf) konnten Auskunft geben. Die Akten aus den 1920er-Jahren wurden längst vernichtet.[179] Da in Bern nur der Bremgartenfriedhof über ein Krematorium verfügt, ist die Wahrscheinlichkeit aber gross, dass sich die Nische Nr. 927, in der die Urne von Naum Reichesberg bestattet wurde, auf dem Bremgartenfriedhof befand.[180]

Naum Reichesberg litt nicht an einer Krankheit, jedenfalls war keine bekannt. In der Bestattungskontrolle ist unter «Sterbeart» lediglich «Viktoria» vermerkt. Damit ist vermutlich das Viktoriaspital gemeint, das in den 1870er-Jahren ein Sanatorium war, um die Jahrhundertwende ein Spital wurde und seit den 1990er-Jahren als Alters- und Pflegezentrum weiterbesteht. Gemäss Informationen der «Tagwacht» starb Reichesberg an einem «Schlaganfall mit Bluterguss».[181] Der umgangssprachliche Ausdruck «Schlaganfall» bezeichnet eine plötzliche Durchblutungsstörung des Gehirns und kann verschiedene Ursachen haben. Bei einem Hirninfarkt verschliesst ein Blutgerinnsel oder eine Plaque eine hirnversorgende Arterie und stoppt die Blutzufuhr. Wenn die Berichterstattung der «Tagwacht» korrekt ist, dann dürfte es sich bei Naum Reichesberg eher um eine Hirnblutung gehandelt haben, die durch Platzen eines Blutgefässes oder einer Gefässmissbildung (Aneurysma) im Gehirn verursacht wurde.

---

178 StAB V JGB Nr. 91: Friedhof- und Gebührenreglemente 1919–1985, Friedhof- und Bestattungsreglement der israelitischen Kultusgemeinde Bern vom 24. Februar 1919, Art. 8.

179 Die Akten des Bestattungsdienstes der Stadt Bern, welcher die Bewilligungen für Feuerbestattungen erteilt, werden bereits nach zehn Jahren vernichtet. Schriftliche Auskünfte der städtischen Friedhofsverwaltung und der Bernischen Genossenschaft für Feuerbestattung sowie telefonische Auskunft des Bestattungsdienstes der Stadt Bern.

180 Ich danke Yvonne Pfäffli vom Berner Stadtarchiv für diesen wertvollen Hinweis.

181 Berner Tagwacht, Nr. 6, 9. 1. 1928.

3 Migrationspolitische Rahmenbedingungen und Aufenthaltsstatus

Naum Reichesberg kam wie Tausende andere als Bildungsmigrant aus dem Zarenreich nach Bern. Während der Erste Weltkrieg für den Grossteil seiner Landsleute das Ende des Aufenthaltes in der Schweiz bedeutete, konnte Reichesberg sein akademisches und politisches Wirken hier fortsetzen. Die Rahmenbedingungen veränderten sich allerdings merklich. Dies bekam Naum Reichesberg spätestens dann zu spüren, als er in den 1920er-Jahren Schweizer Bürger werden wollte. In diesem Kapitel wird der Umgang mit Ausländern in der Schweiz vom späten 19. Jahrhundert bis in die Zwischenkriegszeit anhand des Beispiels eines russisch-jüdischen Migranten aufgezeigt. Der erste Teil gibt einen Überblick über den Aufenthaltsstatus Reichesbergs in der Schweiz und versucht, die verschiedenen Kategorien und rechtlichen Grundlagen sowie deren praktische Bedeutung zu verstehen. Der zweite Teil ist spezifisch seinen Reisepässen gewidmet. Schliesslich wird im dritten Teil das Bürgerrechtsbegehren Naum Reichesbergs aus dem Jahr 1922 eingehend betrachtet.

3.1 Aufenthaltsstatus

Die zweite Hälfte des 19. Jahrhunderts galt lange als liberale Epoche, als Epoche der unbehinderten Freizügigkeit von Personen und Waren. Diese Annahme stellt sich laut Christiane Reinecke allerdings zunehmend als falsch heraus. Die europäischen Staaten «entwickelten sehr wohl [bereits vor dem Ersten Weltkrieg] bürokratische Prozesse, um Migrationsbewegungen zu kontrollieren».[1] Der wachsende Verwaltungsapparat und die zunehmende Interventionskapazität des modernen (National-)Staates, das heisst die Möglichkeit, die Bevölkerungsbewegungen zu überwachen, zu registrieren und zwischen den eigenen Staatsangehörigen und «Ausländern» zu unterscheiden, waren wesentliche Voraussetzungen für die Etablierung einer staatlichen Migrationskontrolle.[2] Dabei wird im Allgemeinen unterschieden zwischen externen Formen der Kontrolle, zu denen die Ausstellung von Visa im Ausgangsland oder die Grenzkontrolle gehören, und internen Kontrollen innerhalb des Staatsgebietes wie beispielsweise die Erteilung von Arbeitserlaubnissen, die Meldepflicht oder die Ausweisungspraxis.[3] In

1 Reinecke, Grenzen der Freizügigkeit, 3.
2 Vgl. ebd., 8. Vgl. dazu auch Fahrmeir, Faron and Weil, Migration control in the North Atlantic world, und darin insbesondere den Beitrag von John Torpey.
3 Vgl. Reinecke, Grenzen der Freizügigkeit, 10, und Brochmann, The Mechanisms of Control, 12–15.

der zweiten Hälfte des 19. Jahrhunderts wurde die Bewegungsfreiheit in Westeuropa grösser und die externen Formen der Kontrolle, namentlich die Pass- und Grenzkontrollen, wurden abgebaut. In der Schweiz geschah dies im Jahr 1862. Gleichzeitig verlagerte sich der Fokus mehr und mehr auf die internen Kontrollen, wobei die Unterscheidung zwischen Bürgern und Nicht-Bürgern gerade in Bezug auf die sozialen Rechte umso wichtiger wurde.[4] Das Augenmerk sollte aber nicht nur auf die über Gesetze und Verordnungen etablierte Politik, sondern vor allem auch auf deren Implementierung auf der administrativen Ebene gerichtet werden. Letztlich kommt den Entscheidungsträgern auf unterschiedlichen Ebenen, in deren Hände die administrative Praxis liegt, eine grosse Bedeutung zu.[5]

Auch wenn die Staaten West- und Nordeuropas bereits in der zweiten Hälfte des 19. Jahrhunderts damit begonnen hatten, Migration zu kontrollieren und zu steuern, markierte der Erste Weltkrieg doch eine entscheidende Zäsur: Es begann eine Phase der Deglobalisierung und Desintegration, die durch eine zunehmende staatliche Interventionsbereitschaft und insbesondere durch eine protektionistische (Migrations-)Politik gekennzeichnet war. Mit dem Ausbruch des Krieges im August 1914 wurden Passkontrollen europaweit wiedereingeführt. Ursprünglich wurden sie als provisorische Massnahme verstanden. Nach Kriegsende dachte allerdings niemand mehr daran, den Passzwang wieder aufzuheben – die zunehmende Nationalisierung und generelle Angst vor dem «Fremden» liessen vormals undenkbare Einwanderungskontrollen zweckmässig erscheinen. Grosse Bedeutung erhielten mit dem Krieg auch (neue) Instrumente der Migrationskontrolle wie Grenzsperren, die Visumpflicht, Einwanderungskontingente oder bilaterale Wanderungsabkommen für die Rekrutierung von ausländischen Arbeitskräften.

Bei Kriegsende hatte sich in allen europäischen Staaten ein mehr oder weniger protektionistisches Migrationsregime durchgesetzt. Als Migrationsregime wird das Zusammenwirken von politischen Rahmenbedingungen, administrativen Praktiken und gesellschaftlichen Normen und Werten bezeichnet, die sich historisch entwickelt haben und den Umgang einer Gesellschaft mit Migration entscheidend beeinflussen.[6] Es wäre jedoch verfehlt, die strengere Regulierung von Wanderungsbewegungen und namentlich die restriktivere Einwanderungspolitik im euro-atlantischen Raum allein als Folge des Krieges, der Zunahme des Nationalismus und der millionenstarken Flüchtlingsströme aus Ost- und Südosteuropa nach West- und Mitteleuropa zu verstehen. Der beschleunigte

4 Vgl. Reinecke, Grenzen der Freizügigkeit, 10–19; Doomernik and Jandl, Modes of Migration Regulation and Control in Europe, 19–26; Fahrmeir, Faron and Weil, Migration Control in the North Atlantic World, 6, und Torpey, Passports, 73–91.

5 Vgl. Reinecke, Grenzen der Freizügigkeit, 17 f. Siehe dazu auch die Überlegungen zum Umgang mit Verwaltungsakten im einführenden Kapitel.

6 Vgl. Reinecke, Grenzen der Freizügigkeit, 17, und Hoerder, Lucassen und Lucassen, Terminologien und Konzepte in der Migrationsforschung, 39 f.

Ausbau des modernen Wohlfahrtsstaates seit dem Ersten Weltkrieg, dem nicht zuletzt eine integrative Funktion beigemessen wurde, forderte eine Definition beziehungsweise Einschränkung des Kreises der Leistungsberechtigten, die sich im Allgemeinen an der Staatsbürgerschaft orientierte. In Bezug auf die sozialen Rechte wurde die Unterscheidung zwischen «Inländer» und «Ausländer» zentral: Letztere hatten teils keinen oder nur beschränkt Zugang zu Sozialleistungen, zu Arbeit, Bildung und Gesundheitsvorrichtungen.[7] Nicht zu unterschätzen als Faktor für die Entwicklung der europäischen Migrationsregime und Kontrollpraktiken in der Zwischenkriegszeit ist auch die Wirkung der strengen US-amerikanischen Grenzkontrollen, der restriktiven Einwanderungsgesetze für europäische Migranten und der medizinisch-sanitären Überprüfungen.[8]

Vom Umgang mit Migration im Schweizerischen Bundesstaat

Der Erste Weltkrieg bildet auch für die schweizerische Migrationspolitik eine Zäsur. Im 1848 gegründeten Schweizerischen Bundesstaat lagen die fremdenpolizeilichen Regelungen wie die Einreisekontrolle und die Erteilung der Aufenthalts- oder Niederlassungsbewilligung, das heisst die konkrete Umsetzung der Ausländerpolitik, in der Kompetenz der Kantone. Dem Bund stand lediglich das Recht zu, einen Ausländer aus dem Gebiet der Schweiz auszuweisen, wenn dieser «die innere und äussere Sicherheit der Eidgenossenschaft» gefährdete (Art. 70 BV 1874). Der Handlungsspielraum der Kantone war aber ebenfalls eingeschränkt: Eine effektive Begrenzung der Einwanderung oder eine Verweigerung der Niederlassung war aufgrund der bilateralen Niederlassungs- und Handelsverträge, welche die Schweiz mit vielen Staaten abgeschlossen hatte, kaum möglich. Bei Ausbruch des Ersten Weltkrieges waren 99 Prozent der in der Schweiz niedergelassenen Ausländer durch solche bilateralen Verträge geschützt, die ihnen – abgesehen von den politischen Rechten – grundsätzlich dieselben Rechte zugestanden wie kantonsfremden Schweizer Bürgern.[9] Auch Naum Reichesberg konnte sich als Vertragsausländer ohne grössere Schwierigkeiten in Bern niederlassen, wie die folgenden Kapitel zeigen.

Auf eidgenössischer Ebene beschränkten sich die Möglichkeiten, die Ausländerpolitik zu steuern, auf die Einbürgerung. Mit der totalrevidierten Bundesverfassung von 1874 hatte der Bund die Kompetenz erhalten, die Erteilung des Schweizer Bürgerrechts an Ausländer gesetzlich zu regeln. Vor dem Ersten Weltkrieg beabsichtigte der Bundesrat, mittels erleichterter Einbürgerung von «ge-

7 Vgl. Oltmer, Begrenzung und Abwehr, 153–172; Oltmer, Schutz des nationalen Arbeitsmarkts, 85–122; Hoerder, Lucassen und Lucassen, Terminologien und Konzepte in der Migrationsforschung, 28–53, und Torpey, Passports, 73–91.

8 Vgl. Reinecke, Grenzen der Freizügigkeit, 33 f., und Torpey, Passports, 86 f.

9 Vgl. Arlettaz und Arlettaz, La Suisse et les étrangers, 31–37, und Haug, Und es kamen Menschen, 17–20.

eigneten» Ausländern und automatischer Einbürgerung von in der Schweiz geborenen Ausländern (*ius soli*) den hohen Ausländeranteil zu senken.[10] Die nötige Verfassungsrevision stiess bei den Kantonen aber auf Widerstand.[11] Der Versuch des Bundesrates, den – auch im europäischen Vergleich – hohen ausländischen Bevölkerungsanteil mittels erleichterter Einbürgerung zu reduzieren, hing nicht zuletzt mit der starken Zunahme des Ausländeranteils um die Jahrhundertwende zusammen. Die Schweiz war lange ein Auswanderungsland gewesen. Namentlich die wirtschaftlich bedingte Auswanderung nach Übersee wurde von den Bürgergemeinden häufig aktiv unterstützt, da sie sich so ihrer Armen entledigen konnten. Mit der Industrialisierung in der zweiten Hälfte des 19. Jahrhunderts wuchs der Bedarf an Arbeitskräften und technischen Experten in der Schweiz stark an. Im Jahre 1888 verzeichnete das Land erstmals mehr Einwanderer als Auswanderer. Der Anteil der Ausländer an der Wohnbevölkerung stieg danach von knapp 3 Prozent im Jahr 1850 auf etwa 15 Prozent im Jahr 1910 an.[12] In den Grenzstädten Genf und Basel betrug der Ausländeranteil 1910 sogar rund 46 Prozent respektive 38 Prozent, Zürich verzeichnete knapp 34 Prozent Ausländer.[13] Die meisten kamen aus den Nachbarländern Deutschland, Frankreich, Ita-

---

10 *Ius soli* (auch Geburtsortsprinzip oder Territorialprinzip) bezeichnet das Prinzip, nach dem ein Staat seine Staatsbürgerschaft an alle Kinder verleiht, die auf seinem Staatsgebiet geboren werden. Dies galt bereits im 19. Jahrhundert zum Beispiel für die USA und Frankreich (seit 1889 als «double droit du sol»). In der Schweiz gilt das *ius sanguinis*, das Abstammungsprinzip. Der hohe ausländische Bevölkerungsanteil um die Jahrhundertwende hängt auch damit zusammen: Viele Personen mit ausländischer Staatsangehörigkeit waren in der Schweiz geboren. Da hier aber kein *ius soli* galt, wurden sie nicht automatisch Schweizer. Vgl. Arlettaz und Arlettaz, La Suisse et les étrangers, 17–27, und «Schweiz», EME, 189–204.

11 Der Bund begnügte sich im revidierten «Bundesgesetz betreffend die Erwerbung des Schweizerbürgerrechts und den Verzicht auf dasselbe» vom 25. Juni 1903 vorerst mit der Option eines «partiellen *ius soli*»: Den Kantonen wurde die Möglichkeit eingeräumt, den im Kanton geborenen Kindern das Bürgerrecht ohne Bundesbewilligung zu erteilen, wenn die Mutter schweizerischer Herkunft war oder wenn die Eltern zur Zeit der Geburt seit mindestens fünf Jahren im Kanton wohnhaft waren. Kein einziger Kanton machte aber von diesem Recht Gebrauch. Die sogenannte Neunerkommission forderte den Bundesrat deshalb 1912 auf, eine Bundeskompetenz bei der Verleihung des Bürgerrechts an in der Schweiz geborene Ausländerinnen und Ausländer einzuführen. Der Ausbruch des Ersten Weltkrieges setzte den Bestrebungen für eine liberale Bürgerrechtsgesetzgebung ein Ende. Vgl. Arlettaz und Arlettaz, La Suisse et les étrangers, 55–67; Kury, Lüthi und Erlanger, Grenzen setzen, 19–27, und Studer, Arlettaz und Argast, Das Schweizer Bürgerrecht, 67–98.

12 Bei den offiziellen statistischen Angaben gilt es zu bedenken, dass die eidgenössischen Volkszählungen jeweils im Dezember durchgeführt wurden und die zahlreichen Saisonarbeiter, die das Land im Winter jeweils verliessen, dabei nicht berücksichtigt wurden. Gleichzeitig veränderten sich die Fragebogen im Laufe der Jahre, was einen Vergleich schwierig macht. Vgl. Arlettaz und Arlettaz, La Suisse et les étrangers, 18 f.

13 «Eidgenössische Volkszählungen» 1850–1950, Statistisches Lexikon der Schweiz, www.bfs.admin.ch/bfs/portal/de/index/infothek/lexikon/lex/2.topic.3.html#resultstart [27. 9. 2012]. Bern war agrarisch geprägt und deshalb kaum Ziel dieser stark von der Industrie geprägten Einwanderung. 1910 zählte der Kanton gut 5 Prozent Ausländer, wobei der Anteil der ausländischen Wohnbevölkerung in der Stadt Bern rund 10 Prozent betrug. Der Anschluss Berns an das nationale Eisenbahnnetz 1858 beschleunigte das Wachstum der städtischen Bevölkerung. In der zweiten Hälfte des 19. Jahrhunderts wurden insbesondere die Textilindustrie und das Baugewerbe zu

lien und Österreich. Die Zunahme der ausländischen Bevölkerung wurde mehr und mehr als Problem wahrgenommen. In den städtischen Zentren oder während des Baus der verschiedenen Eisenbahntunnel kam es immer wieder zu Konflikten zwischen ausländischen und inländischen Arbeitern, so beispielsweise beim «Käfigturmkrawall» in Bern im Jahre 1893 oder 1896 beim «Italienerkrawall» von Aussersihl (Zürich). Etwa zur gleichen Zeit begann in Intellektuellenkreisen eine intensive Debatte über die «nationale Identität» der Schweiz. Vor diesem Hintergrund wurde die sogenannte Ausländerfrage in den Jahren vor dem Ersten Weltkrieg zu einem zentralen innenpolitischen Thema. Später setzte sich der Begriff der «Überfremdung» durch.[14]

Die Lösung für die «Überfremdung» der Schweiz wurde vor dem Ersten Weltkrieg in der Einbürgerung gesehen, wie die bereits erwähnten bundesrätlichen Absichten zeigen. Durch den Prozess der Einbürgerung, so das vorherrschende Verständnis, wurde aus einem Ausländer ein Schweizer gemacht. Unter dem Eindruck des Krieges folgte, parallel zum Übergang von einem republikanischen zu einem ethnisch-kulturellen Verständnis der Nation, ein Paradigmenwechsel: Die «Assimilation» an die nationalen Werte war für die Einbürgerung nun unabdingbar. Eingebürgert wurde nur noch, wer bereits «assimiliert» oder «assimilationsfähig» war. Die Ausländer wurden entsprechend nach ihrem «Assimilationspotenzial» kategorisiert. Für den Kampf gegen die «Überfremdung» war die Einbürgerung damit nicht mehr das geeignete Instrument. An ihre Stelle trat nun eine strikte Einwanderungspolitik.[15] Am 21. November 1917 erliess der Bundesrat, gestützt auf seine ausserordentlichen Kriegsvollmachten,[16] eine Verordnung betreffend «die Grenzpolizei und die Kontrolle der Ausländer». Diese etablierte nicht nur eine strikte Grenzkontrolle, sondern auch eine allumfassende Kontrolle der Ausländer im Inland, welche deren Bewegungsfreiheit stark einschränkte. Die Oberaufsicht wurde der neu geschaffenen eidgenössischen Zentralstelle für Fremdenpolizei zugeteilt, die eine einheitliche Handhabung der fremdenpolizeilichen Bestimmungen garantieren sollte. Die Notverordnung von 1917 markiert damit eine migrationspolitische Zäsur: Der Bund griff zum ersten Mal ernsthaft in die Hoheit der Kantone ein und forcierte den Übergang von einem liberalen zu einem protektionistischen und zentralistischen Migrationsregime.[17]

---

wichtigen Arbeitgebern. In der Stadt Bern liessen sich aber auch viele Ausländer nieder, die im Bildungswesen, im Zeitungswesen und in künstlerischen Bereichen tätig waren oder als Unternehmer erfolgreich wurden – man denke etwa an die Familie Wander (Ovomaltine). Vgl. Junker, Geschichte des Kantons Bern, Bd. 3, www.digibern.ch/GKB1789/index3.html (zweiter Teil, II. Kapitel: Bern und die Ausländer) und Tögel, Die Stadtverwaltung Berns, 55–81.

14 Die Prägung des Begriffs «Überfremdung» wird im Allgemeinen dem Zürcher Armensekretär Carl Alfred Schmid zugeschrieben. Vgl. Kury, Über Fremde reden, 45–72, und Schmid, Unsere Fremdenfrage.

15 Vgl. Studer, Arlettaz und Argast, Das Schweizer Bürgerrecht, 67–98.

16 Vgl. Bundesbeschluss betreffend Massnahmen zum Schutze des Landes und zur Aufrechterhaltung der Neutralität vom 3. August 1914, insbesondere Artikel 3.

17 Vgl. Arlettaz und Arlettaz, La Suisse et les étrangers, 71–81. Zur Geschichte und Bedeutung der eidg. Fremdenpolizei siehe Gast, Von der Kontrolle zur Abwehr.

Nach dem Krieg wurden die strengen Grenz- und Aufenthaltskontrollen durch die Verordnungen über «die Kontrolle der Ausländer» vom 17. November 1919 und vom 29. November 1921 teilweise wieder gelockert – dies vor allem mit Rücksicht auf die Hotellerie und den Fremdenverkehr. 1921 wurden den Kantonen sogar Kompetenzen zurückgegeben, namentlich was die Erteilung von Aufenthalts- und Niederlassungsbewilligungen betrifft. Allerdings behielt sich der Bund hier ein Einspruchsrecht vor («Bundesveto»). Seine im Krieg erworbenen fremdenpolizeilichen Kompetenzen wollte er nicht mehr ganz aus der Hand geben. Im Gegenteil: Mit der Botschaft vom 2. Juni 1924 schlug der Bundesrat einen neuen Verfassungsartikel vor, der dem Bund die Gesetzgebungskompetenz über Ein- und Ausreise, Aufenthalt und Niederlassung der Ausländer übertrug. Das Notrecht sollte in reguläres Bundesrecht überführt werden.[18] Die «Überfremdung» der Schweiz wurde hier zum ersten Mal offiziell von staatlicher Seite als Gefahr bezeichnet, die es vornehmlich mittels Erschwerung der Niederlassung einzudämmen gelte.[19] Wobei die «Überfremdungsabwehr» weniger eine zahlenmässige Begrenzung der Einwanderung meinte – der Ausländeranteil war nach dem Krieg gegenüber 1910 um fast die Hälfte gesunken. Sie zielte eher auf eine «qualitative Auswahl» der Zuwanderung und namentlich der Niederlassungskandidaten. «Unerwünschte» und «nichtassimilierbare» Ausländerinnen und Ausländer galt es fernzuhalten. Damit waren vor allem jüdische und politisch linksstehende Zuwanderer aus Osteuropa gemeint. Immer häufiger tauchte in der Sprache der Behörden auch der Begriff «Ostjuden» auf. Obwohl sie unter den Ausländern in der Schweiz nur eine sehr kleine Minderheit bildeten, stellten die Ostjuden den Idealtypus des «Fremden» dar: Sie waren äusserlich häufig leicht erkennbar, und man konnte sie diskriminieren, ohne diplomatische Schwierigkeiten zu befürchten.[20]

Die Abwehrhaltung gegen «judeo-bolschewistische» Einflüsse und die zunehmende Wirkungsmacht des «Überfremdungsdiskurses» müssen nicht zuletzt im Lichte der Rezession der 1920er-Jahre und der Akzentuierung der sozialen Konflikte gesehen werden. Nach dem Ersten Weltkrieg befanden sich vor allem

---

18 Der neue Artikel 69ter der Bundesverfassung wurde in der Volksabstimmung vom 25. Oktober 1925 mit 62,3 Prozent Ja-Stimmen angenommen. Nur vier Kantone lehnten ihn ab. Das erste «Bundesgesetz über Aufenthalt und Niederlassung der Ausländer» (ANAG) vom 26. März 1931 beziehungsweise die Ausführungsbestimmungen vom 5. Mai 1933 übertrugen dem Bund die Genehmigung der Aufenthalts-, Niederlassungs- und Toleranzbewilligung. Die Kantone blieben für Kurzaufenthalte (zum Beispiel Studierende und Saisonarbeiter) zuständig, da hier die «Überfremdung» nicht auf dem Spiel stand. Vgl. Arlettaz und Arlettaz, La Suisse et les étrangers, 100.

19 Vgl. Botschaft des Bundesrates an die Bundesversammlung über die bundesrechtliche Regelung von Aufenthalt und Niederlassung der Ausländer vom 2. Juni 1924, Bundesblatt 1924 (Bd. 2, Heft 23, Geschäfts-Nr. 1862).

20 Vgl. Kury, Lüthi und Erlanger, Grenzen setzen, 41–51; Arlettaz und Arlettaz, La Suisse et les étrangers, 121; Kury, Über Fremde reden, 113–149, 211–216; Bürgisser, Unerwünschte Gäste, 74–77, und Gast, Uriel: Von der Kontrolle zur Abwehr, 123–137.

die Exportindustrie und die Landwirtschaft in der Krise. Im Jahr 1921 betrug die Arbeitslosenquote 10,5 Prozent. Während die Lohnkonflikte zunehmend härter ausgetragen wurden und sich die Arbeiterschaft radikalisierte, grassierte in weiten Kreisen des Bürgertums, in der Landesregierung und der Armeeführung eine beinahe hysterische Angst vor einem «bolschewistischen Umsturz» in der Schweiz. Die Spannungen hatten sich bereits im November 1918 im Landesstreik ausgedrückt. In den Augen der bürgerlichen Schweiz demonstrierte der Landesstreik die befürchtete sozialistische Unterwanderung der schweizerischen Arbeiterschaft. Das Gerücht, der Landesstreik sei von ausländischen Agitatoren vorbereitet und von der sowjetischen Gesandtschaft finanziert worden, hielt sich hartnäckig, obwohl Untersuchungen keine Beweise lieferten. Die Behörden stellten überdies kurz nach dem Streik einen Zusammenhang zwischen Bolschewismus und Ostjudentum her.[21]

Der in diesem Kapitel nachgezeichnete Wandel von einem liberalen, föderalistischen hin zu einem protektionistischen und zentralistischen Migrationsregime, der sich in der Schweiz zwischen dem ausgehenden 19. Jahrhundert und den 1920er-Jahren vollzog, spiegelt sich deutlich in den Erfahrungen Naum Reichesbergs und in seinen Kontakten mit den städtischen, kantonalen und eidgenössischen Behörden. Die sich verändernden rechtlichen, institutionellen und gesellschaftlichen Rahmenbedingungen hatten einen nicht zu vernachlässigenden Einfluss auf seinen Aufenthaltsstatus.

Die Anmeldung Naum Reichesbergs in Bern

Nachmann Moische Oiwidow Reichesberg meldete sich, zusammen mit seiner damaligen Ehefrau Ida, erstmals am 2. Juni 1892 bei den städtischen Behörden an.[22]

Mit der neuen Kantonsverfassung von 1846 waren die Einwohnergemeinden mit sämtlichen ortspolizeilichen Aufgaben betraut worden. Die 1832 gegründete Einwohnergemeinde Bern war seither für die Sachpolizei,[23] die Personenpolizei und die Sicherheitspolizei zuständig.[24] Das «Polizeireglement für die Ortspolizei

---

21 Vgl. Kury, Über Fremde reden, 211–216; Kury, Lüthi und Erlanger, Grenzen setzen, 41–45; Garrido, Le début de la politique fédérale à l'égard des étrangers, 13–19, 41–60; Bürgisser, Unerwünschte Gäste, 74–77; Collmer, Die Schweiz und das Russische Reich, 459–475, und Gautschi, Landesstreik, 156–171.

22 SAB_1278_2_6: Schriftenkontrolle Landesfremde Aufenthalter (1891–1895).

23 Zur Sachpolizei gehörten die Gesundheits-, Handels- und Gewerbepolizei sowie die Feuerwehr und das Bestattungswesen.

24 Die Einwohnergemeinde Bern wurde 1832 gegründet. Die Schaffung der Einwohnergemeinden war quasi Produkt der liberalen Verfassung für die Republik Bern vom 6. Juli 1831. Mit dem Organisationsreglement von 1834 umfasste die Verwaltungstätigkeit der Einwohnergemeinde nur wenige Aufgabenbereiche, so zum Beispiel das Polizeiwesen, die städtischen Primarschulen und wenige infrastrukturelle Aufgaben. Viele Aufgaben blieben bei der Burgergemeinde. Erst im Jahre 1852 wurde die endgültige Trennung von Einwohner- und Burgergemeinde vorgenommen (Güterausscheidungsvertrag vom 9./11. Februar 1852). Die Erteilung des Gemeinde-

der Hauptstadt» vom 8. Juni 1849 regelte die konkreten Aufgabenbereiche. Eine zentrale Aufgabe der Personenpolizei war demnach die Einwohnerkontrolle, ausserdem war sie zuständig für die Führung der Geburts-, Ehe- und Sterberegister, für die Armenvorsorge, für das Bettelwesen und für die Sittenpolizei.[25] Die Ablösung der heimatörtlichen durch die wohnörtliche Armenpflege im Kanton Bern im Jahr 1857 und die damit zusammenhängende Übertragung der Armenpflege von der Burger- an die Einwohnergemeinde machte die zweifelsfreie Klärung des Wohnsitzes noch wichtiger. Ab 1858 waren die Einwohnergemeinden deshalb gesetzlich verpflichtet, ein Wohnsitzregister zu führen.[26] Die Vermieter und Logisgeber wurden haftbar gemacht für die Erfüllung der Anmeldepflicht, das heisst, sie waren dafür verantwortlich, die bei ihnen einziehenden Personen zu melden.[27]

Diese Bestimmungen betreffend die Einwohnerkontrolle und das Meldewesen bezogen sich im Grunde auf die Kantonsbürger. Erst mit dem Reglement der Einwohnergemeinde Bern «über das Niederlassungs- und Aufenthaltswesen» vom 19. Januar 1900 wurde explizit auch der Aufenthalt und die Niederlassung der Kantonsfremden geregelt: Artikel 25 hielt fest, dass «der Kontrollchef als Wohnsitzregisterführer [...] zugleich auch Führer der Fremdenkontrolle [ist].» Grundsätzlich galten für Kantonsfremde dieselben Vorschriften wie für Kantonsbürger (Art. 1–24), wobei die Anmeldefrist für Kantonsfremde und ihre Vermieter beziehungsweise Logisgeber nur 14 statt 40 Tage betrug (Art. 26).[28] Obschon die Kantonsfremden in den Reglementen vor 1900 nicht ausdrücklich genannt wurden, ist anzunehmen, dass bereits damals nicht nur die Kantonsbürger, sondern immer auch die Kantonsfremden durch die Einwohnerkontrolle erfasst wurden.

---

bürgerrechts blieb allerdings bis 1917 bei der Burgergemeinde. Vgl. Tögel, Die Stadtverwaltung Berns, 16–28, 281 f. (Anmerkung 9).

25 SAB Sammlung Reglemente, Polizeireglement für die Ortspolizei der Hauptstadt vom 8. Juni 1849. Alle hier aufgeführten Reglemente sind im Stadtarchiv in der Sammlung Reglemente unter entsprechendem Namen und Datum abgelegt.

26 Vgl. Verordnung vom 5. Juli 1858 betreffend die Ausführung des Gesetzes über Aufenthalt und Niederlassung der Kantonsbürger vom 14. April 1858, erster Titel.

27 Vgl. Polizeireglement betreffend das Aufenthalts- und Niederlassungswesen in der Gemeinde Bern vom 15. April 1863, § 2. Siehe auch Tögel, Die Stadtverwaltung Berns, 277–284 und 294–299. Die Burger wurden erst mit der entsprechenden Verordnung vom 10. Februar 1868 der allgemeinen Meldepflicht unterstellt.

28 Das Reglement über das Niederlassungs- und Aufenthaltswesen von 1900 ersetzte jenes aus dem Jahr 1863. Die Vorschriften wichen nicht gross vom früheren Reglement ab. Neu wurde die Anmeldefrist von ursprünglich 8 auf 40 Tage verlängert. Sie galt für alle Kantonsbürger, egal ob sie sich nur vorübergehend oder länger in der Stadt aufhalten wollten. Die Meldung von Wohnungsänderungen innerhalb der Gemeinde hatte innert 14 Tagen zu erfolgen. Die Vermieter respektive Logisgeber waren wie bereits früher haftbar. Im Frühjahr 1916 wurde die Anmeldefrist für Kantonsfremde auf 8 Tage verkürzt. Zudem hatten sich Kantonsfremde nun persönlich beim Führer der Fremdenkontrolle anzumelden anstatt beim zuständigen «Quartieraufseher». Diese Verschärfungen für (Kantons-)Fremde sind wohl den veränderten Bedingungen nach Ausbruch des Ersten Weltkrieges geschuldet. Vgl. SAB Sammlung Reglemente, Abänderung von Art. 26 des Reglements der Einwohnergemeinde Bern über das Niederlassungs- und Aufenthaltswesen vom 19. Januar 1900, 8. März 1916.

So führte die Stadt Bern nachweislich seit Beginn der 1820er-Jahre sogenannte Fremden-Einwohnerregister, aufgeteilt in eine Kontrolle über die Niedergelassenen und eine Schriftenkontrolle über die Landesfremden Aufenthalter.[29]

Naum Reichesberg sprach im Juni 1892 vermutlich beim zuständigen Quartieraufseher vor, der die Legitimationsschriften kontrollierte und die Registrierung vornahm. Während das städtische Polizeibüro die Aufenthalts- und Niederlassungsbewilligungen ausstellte und das Einwohnerregister führte, waren die Quartieraufseher, die ebenfalls Beamte des Polizeibüros waren, für die Durchführung der Einwohnerkontrolle vor Ort zuständig. Diese dezentrale Organisation blieb bis in die 1920er-Jahre unverändert. Die Quartieraufseher nahmen gewissermassen auch die polizeiliche Beaufsichtigung wahr: Sie kannten die Einwohner ihres Bezirkes gut und konnten beispielsweise über die Persönlichkeit und die finanziellen Verhältnisse eines Niederlassungskandidaten Auskunft geben.[30] Der zuständige Quartieraufseher dürfte auch eine wichtige Informationsquelle für die Politische Polizei gewesen sein, was die politischen Aktivitäten Reichesbergs betraf.[31]

Gemäss Eintrag in der Schriftenkontrolle für Landesfremde Aufenthalter legte Naum Reichesberg bei der Anmeldung im Juni 1892 ein russisches Passbuch vor, das am 17. August 1891 ausgestellt worden und für unbestimmte Zeit gültig war.[32] Die Fremdenverordnung von 1816 – die notabene noch aus der Zeit vor der Gründung des Schweizerischen Bundesstaates stammte und *de facto* bis nach dem Ersten Weltkrieg in Kraft blieb, als mit der Verordnung «betreffend die Niederlassung und den Aufenthalt der ausserkantonalen Schweizerbürger und Ausländer» vom 15. Dezember 1922 eine neue Rechtsgrundlage geschaffen wurde – verlangte von jedem Ausländer, egal ob dieser nur durchreisen oder sich länger im Kanton aufhalten wollte, dass er einen gültigen Reisepass vorweise.[33] Dieser musste von einer «anerkannten Behörde» ausgestellt sein, sollte Namen, Alter, «äussere Beschreibung», Beruf oder Stand sowie Zweck der Reise enthalten und musste bei Eintritt ins Kantonsgebiet am Grenzort oder bei der örtlichen Polizeibehörde «zum Visa» vorgelegt werden (Art. 1 und 4). Wer keinen gültigen Reisepass besass oder mittellos war und dem Land «lästig» werden konnte, dem

29 Für die Jahre 1907 bis 1928 existieren zusätzlich zwei Bände einer «Schriftenkontrolle Russen» (SAB_1278_0_6 und SAB_1278_0_7).

30 Vgl. Tögel, Die Stadtverwaltung Berns, 282 f.

31 BAR E21#1000/131#5000-8560*: Personaldossiers von Anarchisten, Kommunisten, Sozialisten, Nationalisten, Mitgliedern von Minderheitenbewegungen usw. A–Z, Dossier 7715: Raichesberg, Naoum Moiseeff, Privatdozent in Bern (1895), z. B. Bericht an die Tit. städtische Polizei-Direktion Bern vom 16. August 1894. Siehe auch Kapitel 7.1 zur Beobachtung Reichesbergs durch die Politische Polizei des Bundes.

32 SAB_1278_2_6: Schriftenkontrolle Landesfremde Aufenthalter (1891–1895). Akten der kantonalen Polizeidirektion von 1894 bestätigen das Ausstelldatum des Passes, den Reichesberg offenbar in Odessa beantragt hatte, nicht aber die unbestimmte Gültigkeit. BB 4.1.572: Missiven der Polizeidirektion, Band 1894 / III. Quartal.

33 «Fremdenverordnung» ist der Kurzname der Verordnung über den Aufenthalt, die Verehelichung und die übrigen polizeilichen Verhältnisse der Fremden vom 21. Dezember 1816.

war die Einreise zu verweigern (Art. 7). Die Bedeutung der Fremdenverordnung sollte freilich für die Zeit um die Jahrhundertwende nicht überschätzt werden. Der Niederlassungs- und Handelsvertrag zwischen der Schweiz und Russland von 1873 gewährte den russischen Untertanen grundsätzlich dieselben Rechte wie ausserkantonalen Schweizer Bürgern. Diese Rechte umfassten auch die Niederlassungsfreiheit auf dem Gebiet der Eidgenossenschaft, welche nur denjenigen Personen verweigert werden konnte, die strafrechtlich verurteilt worden waren (Art. 45 BV 1874).[34] Vertraglich geschützte Ausländer, zu denen auch die Russen gehörten, konnten sich im Kanton Bern, unter Vorbehalt der Erfüllung der im Handels- und Niederlassungsvertrag genannten Modalitäten, bis zum Ersten Weltkrieg also frei bewegen und niederlassen.[35]

An der Universität Bern hatte sich Naum Reichesberg im Übrigen bereits am 21. April 1890 immatrikuliert.[36] Damals meldete er sich offensichtlich noch nicht bei den städtischen Behörden an, obwohl er sich über ein Jahr in Bern aufhalten sollte, um im Juni 1891 an der Juristischen Fakultät das Doktorexamen abzulegen. Gemäss den damaligen Rechtsgrundlagen war, wer sich nicht nur vorübergehend in Bern aufzuhalten gedachte, zur Anmeldung bei den Behörden verpflichtet.[37] Dass die Universität die immatrikulierten Studierenden nicht den Behörden meldete, gehörte zu ihrem liberalen und unabhängigen Selbstverständnis. Für Reichesbergs Logisgeber war das Gesetz aber auch verbindlich; sie hätten ihn theoretisch bei den städtischen Behörden anmelden müssen. Möglicherweise wechselte er die Unterkunft häufig oder reiste während des Jahres ein oder mehrere Male nach Russland oder ins umliegende Ausland, sodass er effektiv gar nie länger an einem Ort war. Im Sommer 1891 kehrte Reichesberg mindestens kurz nach Russland zurück, wo er seinen Auslandspass erneuerte. Danach liess er sich für ein paar Monate in Berlin nieder.[38]

---

34 In der Bundesverfassung von 1848 war die Niederlassungsfreiheit noch auf Schweizer «einer christlichen Konfession» beschränkt und vom Besitz eines Sittenzeugnisses abhängig (Art. 41). Diese Einschränkungen fielen in der Bundesverfassung von 1874 weg.

35 Die Staatsverfassung des Kantons Bern von 1846 gewährte theoretisch erstmals «unter Vorbehalt polizeilicher Bestimmungen» allen Kantonsbürgern sowie allen Schweizerbürgern und Fremden, deren Staaten den Bernern dasselbe Recht zugestanden, die Niederlassungsfreiheit. Allerdings ermöglichte das Niederlassungsgesetz von 1858 den Gemeinden, unterstützungsbedürftigen Kantonsbürgern die Niederlassung zu verweigern. Die Niederlassungsgesetze waren im Kanton Bern traditionell stark mit der Armengesetzgebung verknüpft. Die Maxime der Gemeinden lautete dabei stets, verarmte Zuziehende möglichst abzuwehren und im Gegenteil die vermögenden Schichten anzuziehen. Dies galt auch für den Umgang des Kantons mit Fremden im 19. Jahrhundert. Vgl. Staatsverfassung des Kantons Bern von 1846, § 79; Gesetz über Aufenthalt und Niederlassung der Kantonsbürger vom 14. und 26. April 1858, §§ 14–17, sowie Pfister, Geschichte des Kantons Bern, Bd. IV, 126–128.

36 StAB BB IIIb 1160 Band IV: Album Universitatis Bernensis/Immatrikulationen, SS 1887–SS 1895, Reichesberg Naum, Matrikel-Nr. 6267, Sommersemester 1890.

37 Vgl. Polizeireglement betreffend das Aufenthalts- und Niederlassungswesen in der Gemeinde Bern vom 15. April 1863.

38 StAB BB III b 541: Juristische Fakultät, Professoren und Dozenten P – Snell (1835–1931), Lebensbeschreibung von 1892.

Der Absender des Schreibens vom 21. April 1892, mit dem Reichesberg die Universität um Erteilung der Venia Docendi für Nationalökonomie und Statistik ersuchte, lautete Effingerstrasse 51.[39] Naum Reichesberg war zu diesem Zeitpunkt also bereits wieder in Bern wohnhaft. Die Anmeldung bei den städtischen Behörden erfolgte erst im Juni 1892. Die Immatrikulation von Ida Reichesberg-Tartakowsky an der Philosophischen Fakultät der Universität im November 1892 deutet darauf hin, dass das Ehepaar Reichesberg nun beabsichtigte, sich längerfristig in Bern niederzulassen.[40]

Aufenthalt, Niederlassung, Toleranz: Versuch einer begrifflichen Abgrenzung

Die rechtliche Differenzierung zwischen dem Status des Aufenthalts und der Niederlassung wurde auf Bundesebene erst mit dem «Bundesgesetz über Aufenthalt und Niederlassung der Ausländer» (ANAG) von 1931 geklärt, obwohl bereits Artikel 47 der Bundesverfassung von 1874 ein Bundesgesetz vorgesehen hatte, das «den Unterschied zwischen Niederlassung und Aufenthalt bestimmen und dabei gleichzeitig über die politischen und bürgerlichen Rechte der schweizerischen Aufenthalter die nähern Vorschriften aufstellen» sollte. Der Unterschied zwischen Aufenthalt und Niederlassung ist, wie hier zum Ausdruck kommt, aus staatlicher Sicht von Bedeutung, weil jeweils unterschiedliche Rechte damit verbunden sind. Der (kurze) Aufenthalt eines Fremden oder die Durchreise wurden kaum je als Problem wahrgenommen, während bei der Niederlassung Überlegungen wie «die Möglichkeit der Armengenössigkeit, der Überfremdung oder der militärischen Wehrkraft» mit einflossen.[41] Die Genehmigung der Niederlassung wurde deshalb stets von der Erfüllung verschiedener Bedingungen abhängig gemacht. In der zweiten Hälfte des 19. Jahrhunderts waren diese Bedingungen für den Grossteil der Ausländer in der Schweiz durch bilaterale Handels- und Niederlassungsverträge normiert: Sie beschränkten sich meist auf die Legitimation mittels eines Heimatscheines, eines Passes oder einer gleichwertigen Ausweisschrift. Gleichzeitig war es den Kantonen überlassen, die Niederlassung auch Ausländern zu erlauben, die keine oder nur ungenügende Ausweisschriften vorlegen konnten. In diesem Fall gewährten die Kantone Asyl oder erteilten eine sogenannte Toleranzbewilligung.[42]

Einige kantonale Gesetze unterschieden zwar zwischen Aufenthalts- und Niederlassungsbewilligungen, die Unterscheidung hatte in den meisten Fällen

39 StAB BB IIIb 541: Juristische Fakultät, Professoren und Dozenten P – Snell (1835–1931), Ersuchen um die Venia Docendi an der Uni Bern vom 21. April 1892.

40 StAB BB IIIb 1160 Band IV: Album Universitatis Bernensis/Immatrikulationen, SS 1887–SS 1895, Reichesberg-Tartakowsky Ida, Matrikel-Nr. 6972, Wintersemester 1892/93.

41 Scholla, Rechtsstellung der Fremden in der Schweiz, 41.

42 Die maximalen Gebühren für die Niederlassungsbewilligung waren für «Vertrags-Ausländer» wie auch für Schweizer Bürger anderer Kantone durch den Bund vorgegeben. Vgl. Schlaepfer, Die Ausländerfrage in der Schweiz vor dem Ersten Weltkrieg, 83–85.

aber kaum praktische Bedeutung. In der Regel war die Kategorie der Aufenthalter weniger durch die Dauer als durch den Zweck des Aufenthaltes bestimmt. Zu den Aufenthaltern wurden beispielsweise Ferien- und Durchreisende, Kurgäste, Studenten und Schüler sowie alle Personen gerechnet, die mit der ausgesprochenen Absicht in die Schweiz reisten, das Land nach einer bestimmten Dauer wieder zu verlassen und weder Beruf noch Gewerbe auszuüben. Kurzaufenthalter (die Zeitdauer war kantonal unterschiedlich geregelt) waren gewöhnlich von jeder Legitimation befreit, wobei Passanten und Ferienreisende hauptsächlich durch Eintragung in die sogenannten Fremdenbücher kontrolliert wurden. Auch hier galten von Kanton zu Kanton sehr unterschiedliche Bestimmungen.[43] Im Kanton Bern scheint das ausschlaggebende Unterscheidungsmerkmal zwischen dem Status des Aufenthalts und jenem der Niederlassung generell die Arbeitstätigkeit gewesen zu sein. Im Gesetz über «Aufenthalt und Niederlassung der Kantonsbürger» vom 14. April 1858 wird der Aufenthalt definiert als «Einwohnung, welche länger als 30 Tage dauert, ohne Führung eigener Haushaltung und ohne Ausübung eines Berufes oder Gewerbes auf eigene Rechnung», während die Niederlassung eben gerade dadurch gekennzeichnet war, dass ein Beruf oder ein Gewerbe ausgeübt wurde (§ 5). Sowohl Aufenthalt wie auch Niederlassung galten als «polizeilicher Wohnsitz», während ein vorübergehender Aufenthalt unter 30 Tagen keiner Bewilligung bedurfte.[44]

Anhand der Einträge in den beiden gesonderten Bänden der Fremden-Einwohnerregister der Stadt Bern aus der Zeit vor dem Ersten Weltkrieg lässt sich eine analoge, praktisch orientierte Unterscheidung zwischen Aufenthalt und Niederlassung erkennen: Im Register für die Niedergelassenen wurden analog zur Schriftenkontrolle über die Aufenthalter Name, Geburtsdatum, Heimatort und Beruf verzeichnet. Während bei den Aufenthaltern Informationen wie der

43 Vgl. Schlaepfer, Die Ausländerfrage in der Schweiz vor dem Ersten Weltkrieg, 83–85; Studer, Arlettaz und Argast, Das Schweizer Bürgerrecht, 57–60, 100, sowie Botschaft des Bundesrates an die Bundesversammlung über die bundesrechtliche Regelung von Aufenthalt und Niederlassung der Ausländer vom 2. Juni 1924, Bundesblatt 1924 (Band 2, Heft 23, Geschäftsnummer 1862), 499–501.

44 Diese grundsätzliche Unterscheidung zwischen Aufenthalt und Niederlassung durch den Zweck des Aufenthalts kann auch für die Verordnung betreffend die «Niederlassung und den Aufenthalt der ausserkantonalen Schweizerbürger und Ausländer» vom 15. Dezember 1922 angenommen werden. Denn die Verordnung regelte zwar gemäss §§ 1–6 die Erteilung von «Niederlassungs- bzw. Aufenthaltsbewilligungen» an Schweizer Bürger anderer Kantone. Es fehlte aber eine klare Differenzierung der beiden Aufenthaltsstatus. Die Bestimmungen betreffend den Aufenthalt von Ausländern (§§ 8–13) regelten – entgegen des Titels – nur den Erwerb der Niederlassungsbewilligung. Gebühren (§§ 16–17) wurden ebenfalls nur für Niederlassungs- und Toleranzbewilligungen verlangt. Die Verfügung der Polizeidirektion des Kantons Bern vom 15. März 1923 betreffend die Verordnung von 1922 stellte klar, dass eine Aufenthalts- oder Niederlassungsbewilligung «erforderlich [ist], sofern der Aufenthalt voraussichtlich 3 Monate betragen oder überschreiten wird» (§ 3). Auch hier wurde also unterschieden zwischen einem bewilligungsfreien Kurzaufenthalt und einer Wohnsitznahme. Der Wohnsitz wiederum konnte sowohl Aufenthalt wie auch Niederlassung bedeuten. Wahrscheinlich war die Art der Bewilligung auch für Kantonsfremde davon abhängig, ob eine Erwerbstätigkeit angestrebt wurde oder nicht.

Logisgeber, die deponierten Ausweisschriften und das Datum der Abreise eingetragen wurden, verlangte man von den Niedergelassenen Angaben über den Zivil- und Familienstand. Dies deutet darauf hin, dass man Personen als Aufenthalter kategorisierte, die (noch) keinen eigenen Haushalt führten und von denen man vermutete, dass sie nur für eine bestimmte Zeitdauer in Bern zu bleiben beabsichtigten. So sind in den Schriftenkontrollen über die Aufenthalter denn auch viele Studierende der Hochschule eingetragen. Diese lebten typischerweise bei Logisgebern und die Behörden konnten davon ausgehen, dass sie spätestens nach Abschluss des Studiums wieder in ihre Herkunftsländer zurückkehrten. Teilweise wurde sogar explizit vermerkt, dass die Bewilligung nicht zur Wohnungsmiete berechtigt.[45]

Für ausländische Studierende galten im Kanton Bern grundsätzlich erleichterte gesetzliche Bestimmungen. Schon die Fremdenverordnung von 1816 hielt fest, dass der Regierungsrat unter anderem für «die Studierenden an der hiesigen Akademie, solche erleichternde Verfügungen [...] treffen [kann], welche mit dem Zwecke gegenwärtiger Verordnung verträglich seyn können» (Art. 33). Mit dem Beschluss «in Betreff des Aufenthaltes der fremden Professoren, Docenten und Studirenden an der Hochschule» vom 23. Januar 1835 wurde die offene Haltung gegenüber gebildeten oder sich bildenden Fremden bestätigt: Professoren und Dozenten, die einen Heimatschein vorlegen konnten, wurde die Aufnahme in Bern «zu allen Zeiten und unter allen Umständen» zugesichert. Konnten sie keinen Heimatschein vorweisen, sollten sie eine Geldsumme von 800 Schweizerfranken einlegen, die ihnen sehr gut verzinst wurde, oder aber das Schweizer Bürgerrecht in irgendeinem Kanton erwerben (Art. 1 und 2). Studierende erhielten eine Aufenthaltsbewilligung, wenn sie eine Immatrikulationsbestätigung oder eine Bescheinigung der Hochschule vorlegen konnten, dass sie die Bedingungen für die Zulassung erfüllten (Art. 3). Die Erziehungsdirektion hatte der Polizeidirektion zu Beginn jedes Semesters ein vollständiges Verzeichnis der Professoren, Dozenten und Studierenden der Hochschule zuzustellen, damit diese in die Aufenthaltskontrolle übertragen werden konnten (Art. 5).[46]

Die Berner Akademie hatte wenige kantonsfremde Studierende gezählt, und auch in den frühen Jahren der 1834 gegründeten Universität Bern war man froh, wenn sich überhaupt genügend Studierende immatrikulierten. Der liberale Geist blieb der Universität und dem Kanton aber auch dann erhalten, als der Andrang ausländischer und insbesondere russischer Studierender stark zunahm. Bis zur Jahrhundertwende waren die Eintrittsbedingungen so liberal, dass quasi jeder

45 Der Wohnungswechsel wurde sowohl in der Schriftenkontrolle der Aufenthalter wie auch im Register der Niedergelassenen akribisch vermerkt. SAB_1278_1: Fremden Einwohnerregister, Niedergelassene und SAB_1278_2: Schriftenkontrolle Landesfremde Aufenthalter.

46 Auch das «Bundesgesetz betreffend die civilrechtlichen Verhältnisse der Niedergelassenen und Aufenthalter» vom 25. Juni 1891, welches im Grundsatz und unter Vorbehalt der Bestimmungen der Staatsverträge auch für Ausländer in der Schweiz galt, verstand den «Aufenthalt an einem Orte zum Zwecke des Besuches einer Lehranstalt» nicht als Wohnsitz «im Sinne dieses Gesetzes» (Art. 3).

immatrikuliert wurde, der «18 Jahre gezählt und nicht im Gefängnis gesessen habe», wie der damalige Rektor Carl Hilty zitiert wird.[47] Die Aufenthaltsbedingungen der Studierenden interessierten weder die akademischen Behörden noch die Erziehungsdirektion. Der Senat willigte 1903 auf Ersuchen der städtischen Polizeidirektion zwar ein, nur Personen mit einer Aufenthaltsbewilligung zu immatrikulieren, obwohl dies in den Reglementen nicht vorgesehen war. Allerdings tat er dies mit grossen Bedenken, und die Polizei musste so weit entgegenkommen, dass sie grundsätzlich allen Einreisenden, die ein Studium aufzunehmen beabsichtigten, eine Aufenthaltsbewilligung erteilte, auch wenn sie keine gültigen Papiere hatten.[48] Tatsächlich meldeten sich viele Studierende aus dem Zarenreich ohne gültigen Ausweis bei den Berner Behörden an. In den Fremdenkontrollen der Stadt Bern ist bei russischen Studierenden oft ein «provisorischer Ausweis» oder eine Toleranzbewilligung des Kantons vermerkt. Für Letztere hinterlegten Studierende Maturitätszeugnisse, Geburtsscheine, Briefe eines Gesandten oder Geldeinlagen (Kaution).[49]

Vor diesem Hintergrund ist nicht erstaunlich, dass sich viele russische Emigrantinnen und Emigranten an der Universität einschrieben, obwohl sie kaum zu Bildungszwecken in die Schweiz gekommen waren und selten Vorlesungen besuchten. So waren unter anderen Vladimir Medem, der Theoretiker des Allgemeinen Jüdischen Arbeiterbundes, Chaim Žitlovkskij, Mitbegründer der Partei der Sozialrevolutionäre, und Nachman Syrkin, der Begründer des sozialistischen Zionismus, mindestens für ein oder zwei Semester an der Universität Bern immatrikuliert. Untertanen des Zarenreichs, die einer Minderheit angehörten oder oppositioneller Positionen verdächtigt wurden, reisten meist ohne Ausweisschriften oder mit gefälschten Papieren in die Schweiz ein, weil ihnen die russischen Behörden keinen Auslandspass ausstellten. Als Studierende (auf dem Papier) erhielten sie auch ohne Identitätspapiere eine Aufenthaltsbewilligung.[50] Im Übrigen bedeutete es auch keine Verletzung des Staatsvertrages mit dem Zarenreich, wenn Kantone Aufenthalts- oder Toleranzbewilligungen an Personen ausstellten, die ungenügende Ausweisschriften besassen. Der Vertrag hielt lediglich fest, dass die Niederlassung unter bestimmten Bedingungen gewährt werden musste, enthielt aber keine Bestimmungen über eine zwingende Verweigerung des Aufenthaltes.

47 Feller, Universität Bern, 443.
48 Vgl. ebd., 445–447.
49 SAB_1278_2: Schriftenkontrolle Landesfremde Aufenthalter; SAB_1278_0_6 und SAB_1278_0_7: Schriftenkontrolle Russen (1907–1928); StAB BB XIIIa 34 Band IV (1877–1900): Register über die Toleranzscheine.
50 Vgl. zu dieser Thematik unter anderem Collmer, Die Schweiz und das Russische Reich, 367–370.

Niederlassungsbewilligung für Naum Reichesberg

Die städtischen Behörden kategorisierten Naum Reichesberg bei seiner Ankunft in Bern zunächst als Aufenthalter. Nachdem er die Lehrberechtigung an der Universität erhalten hatte und kein Grund zur Annahme bestand, dass er bald wieder aus Bern abreisen würde, fiel er in die Kategorie der Niedergelassenen: Er übte einen Beruf aus und führte zusammen mit seiner Ehefrau einen eigenen Haushalt. Aufgrund der Einträge in den Adressbüchern der Stadt Bern ist davon auszugehen, dass Naum Reichesberg erstmals 1893 eine eigene Wohnung an der Gesellschaftsstrasse (Länggassquartier) bezog. Vorher ist kein Eintrag vorhanden, was wohl bedeutet, dass er und seine Frau sich vorübergehend zur Untermiete oder Logis aufhielten.[51] Darauf deuten auch die ersten Angaben im Fremdenregister hin.[52]

Im November 1894 erhielt das Ehepaar Reichesberg-Tartakowsky eine Niederlassungsbewilligung für den Kanton Bern.[53] Der Einsassenschein, sprich die Niederlassungsbewilligung, datiert vom 10. November 1894.[54] Diese hatte das Ehepaar Reichesberg nicht ohne weiteres erhalten. Die städtische Polizeidirektion hatte nach anfänglicher Unterstützung des Gesuches im Sommer 1894 den Antrag gestellt, Naum Reichesberg und seiner Ehefrau die Niederlassungsbewilligung wegen ihrer agitatorischen Aktivitäten zu verweigern und sie sogar aus dem Kantonsgebiet auszuweisen.[55] Die kantonale Polizeidirektion liess Naum Reichesberg daraufhin die Gültigkeit seines russischen Auslandspasses von der russischen Gesandtschaft in Bern bestätigen. Da Reichesberg dieser Aufforderung zufriedenstellend nachkam, also einen gültigen Pass samt Bescheinigung der Gesandtschaft vorweisen konnte, und weil «andererseits bestimmte strafbare oder

51 Vgl. Adressbücher der Stadt Bern bis 1900, www.digibern.ch/adressbuecher/index.html.

52 SAB_1278_2_6: Schriftenkontrolle Landesfremde Aufenthalter (1891–1895).

53 SAB_1278_1_5: Fremden Einwohnerregister, Niedergelassene (1894).

54 In der Spalte «Datum des Heimatscheins» im städtischen Fremden Einwohnerregister für Niedergelassene sind weitere Daten vermerkt. Auf welche Dokumente sich diese beziehen, ist nicht ganz klar. Der 3. Mai 1895 könnte sich auf die Gültigkeit der ersten Bewilligung beziehen, wobei dies eine ungewöhnlich kurze Frist wäre (gemäss Art. 20 der Fremdenverordnung von 1816 wurden Niederlassungsbewilligungen für maximal zehn Jahre ausgestellt, danach mussten sie erneuert werden). Oder es könnte sich um das Ablaufdatum des russischen Auslandspasses handeln. Dieser hatte aber gemäss Eintrag in der Schriftenkontrolle über die Aufenthalter von 1892 eine unbestimmte Gültigkeit, während die kantonale Polizeidirektion 1894 in ihrem Bericht zuhanden der Bundesanwaltschaft von einem bis 29. August 1896 gültigen Auslandspass spricht. Vgl. BAR E21#1000/131#5000-8560*: Personaldossiers von Anarchisten, Kommunisten, Sozialisten, Nationalisten, Mitgliedern von Minderheitenbewegungen usw. A–Z: Dossier Nr. 7715: Raichesberg, Naoum Moiseeff, Privatdozent in Bern (1895), Schreiben der Direktion der Polizei des Kantons Bern an den eidg. Generalanwalt vom 23. November 1894. Die weiteren Einträge in der Spalte «Datum des Heimathscheins» stammen aus den 1920er-Jahren und beziehen sich auf die Ausländer- respektive Nansenpässe von Naum Reichesberg und seiner zweiten Ehefrau Anna Reichesberg-Zukier. Vgl. dazu Kapitel 3.2.

55 StAB BB 4.1.703: Akten der Polizeidirektion, Band 1894, 16. August–15. Oktober, Schreiben der städtischen Polizeidirektion Bern vom 18. August 1894 an das Tit. Regierungsstatthalteramt Bern zuhanden der kantonalen Polizeidirektion.

gemeingefährliche Handlungen [dem Ehepaar Reichesberg] nicht zur Last gelegt werden», lagen aus Sicht der kantonalen Behörden keine genügenden Gründe für eine polizeiliche Ausweisung vor. Gemäss Niederlassungs- und Handelsvertrag zwischen der Schweiz und Russland von 1873 konnten russische Staatsbürger nur ausgewiesen werden, wenn sie sich strafbares Verhalten hatten zuschulden kommen lassen. Die kantonale Polizeidirektion verfügte daher Ende September 1894 trotz der Vorwürfe die Erteilung der Niederlassungsbewilligung.[56] Anstatt einer Niederlassungsbewilligung stellte die städtische Polizeidirektion dem Ehepaar Reichesberg mit Datum vom 10. November 1894 allerdings eine Toleranzbewilligung aus. Ob dies ein Versehen war oder aber eine bewusste Provokation seitens der städtischen Behörden, bleibt offen. Jedenfalls verfügte die kantonale Polizeidirektion nur wenige Tage später, die ausgestellte Toleranzbewilligung sei unverzüglich durch eine Niederlassungsbewilligung mit Gültigkeit bis zum 21. August 1896 zu ersetzen.[57]

Die Familie des Bruders von Naum, Jovel Reichesberg mit seiner Ehefrau Rosalie Reichesberg-Schlain und Sohn Wolfgang Benedict (geboren im Mai 1894), trugen die städtischen Behörden im Januar 1894 in die Schriftenkontrolle über die Landesfremden Aufenthalter ein. 1907 wurden alle drei zusammen in Band 10 der Schriftenkontrolle überführt.[58] Allerdings hatte sich das Ehepaar Reichesberg-Schlain gemäss anderen Angaben bereits 1906 scheiden lassen.[59] In der Schriftenkontrolle ist dies nur mit Bleistift und ohne Datum verzeichnet. Jovel Reichesberg erhielt – ob noch verheiratet oder geschieden – in Bern nie eine Niederlassungsbewilligung. Es scheint eher, dass sein Aufenthaltsstatus nach der Jahrhundertwende prekärer wurde. Von da an wurde ihm der Aufenthalt nur noch mit einem provisorischen Ausweisschein der Kantonspolizei gewährt, der jedes Jahr erneuert werden musste. Ab 1922 wird in den Fremdenkontrollen eine Toleranzbewilligung verzeichnet. Dass Jovel Reichesberg nie die Voraussetzung für eine Niederlassungsbewilligung erfüllte, dürfte namentlich mit seinen unsicheren Einkommensverhältnissen zusammengehangen haben.[60] Die Wohnadresse beziehungsweise den Logisgeber wechselte Jovel Reichesberg sehr häufig, in den 1890er-Jahren sogar jährlich. Im Frühling 1923 verliess er Bern und liess sich in Genf nieder. Sein Sohn Wolfgang Benedict hatte die Schweiz bereits im Dezember 1920 mit Ziel Freiburg im Breisgau verlassen.[61]

56 StAB BB 4.1.572: Missiven der Polizeidirektion, Band 1894 / III. Quartal und BAR E21#1000/131#5000-8560*: Personaldossiers von Anarchisten, Kommunisten, Sozialisten, Nationalisten, Mitgliedern von Minderheitenbewegungen usw. A–Z: Dossier Nr. 7715: Raichesberg, Naoum Moiseeff, Privatdozent in Bern (1895): Schreiben der Direktion der Polizei des Kantons Bern an den eidg. Generalanwalt vom 23. November 1894.

57 BB 4.1.573: Missiven der Polizeidirektion, Band 1894 / IV. Quartal und BB XIIIa 34 Band IV (1877–1900): Register über die Toleranzscheine, 71.

58 SAB_1278_2_6: Schriftenkontrolle Landesfremde Aufenthalter (1891–1895) und SAB_1278_2_10: Schriftenkontrolle Landesfremde Aufenthalter (1905–1906).

59 Vgl. McCarthy, Robert Grimm, 64.

60 Siehe Kapitel 2.2 zu Jovel (Julian) Reichesberg und seinen Einkommensverhältnissen.

61 SAB_1278_2_10: Schriftenkontrolle Landesfremde Aufenthalter (1905–1906).

Die Rechtsstellung der Ausländer in der Schweiz

Die Rechte der Ausländer in der Schweiz waren vor dem Ersten Weltkrieg grundsätzlich durch die bilateralen Handels- und Niederlassungsverträge bestimmt.[62] Weil die Schweiz Verträge mit allen wichtigen Staaten abgeschlossen hatte, war die Rechtstellung nahezu aller Ausländer in ihrem Gebiet vertraglich geregelt. Daneben waren aber auch andere Staatsverträge, internationales Gewohnheitsrecht sowie die eidgenössischen und kantonalen Verfassungs- und Gesetzesbestimmungen relevant. Der allgemeine Grundsatz der Freizügigkeit – ein internationales Gewohnheitsrecht, das sich in der ersten Hälfte des 19. Jahrhunderts mit der Unterzeichnung zahlreicher Freizügigkeitsverträge durchgesetzt hatte – wurde in der Bundesverfassung verankert (Art. 63 BV 1874).[63] Zudem garantierte die revidierte Bundesverfassung von 1874 die Handels- und Gewerbefreiheit auf dem ganzen Gebiet der Eidgenossenschaft (Art. 31 BV 1874). Dieses Grundrecht galt grundsätzlich auch für ausländische Staatsangehörige, für die durch Niederlassungs- und Handelsverträge geschützten ohnehin.

Die Niederlassungs- und Handelsverträge regelten nicht nur die formellen und materiellen Voraussetzungen der Zulassung und Ausweisung von Fremden und deren Aufenthaltsbedingungen, sondern auch die allgemeine rechtliche Stellung des Fremden. Wer wie Reichesberg vor dem Ersten Weltkrieg als Russe in der Schweiz lebte und hier Wohnsitz nahm, genoss denselben rechtlichen Schutz wie Personen mit Schweizer Bürgerrecht. Untertanen des Zaren waren kantonsfremden Schweizern dank des Niederlassungs- und Handelsvertrags zwischen der Schweiz und Russland von 1872 praktisch gleichgestellt.[64] In der Schweiz lebende Russen hatten denselben Zugang zu jeder Art wirtschaftlicher Tätigkeit, wie sie Schweizer Bürgern zugestanden wurde, mit Ausnahme des Staatsdienstes. Sie durften eine Wohnung mieten und Grundbesitz erwerben.[65] Und sie konnten

62 Die Ausführungen zur Rechtstellung der Ausländer bis zum Ersten Weltkrieg basieren, sofern nicht anders vermerkt, auf Schlaepfer, Die Ausländerfrage in der Schweiz vor dem Ersten Weltkrieg, 87–105, und Scholla, Rechtsstellung der Fremden in der Schweiz, 86–91, 157–164.

63 Art. 63 BV 1874 lautete: «Gegen die auswärtigen Staaten besteht Freizügigkeit, unter Vorbehalt des Gegenrechtes.»

64 Art. 1 des Niederlassungs- und Handelsvertrages zwischen der Schweiz und Russland von 1872 statuierte die gegenseitige Niederlassungs- und Handelsfreiheit. Den Bürgern des Zarenreiches wurden ausserdem folgende Rechte gewährt: Garantie der Wiederaufnahme im Heimatland (Art. 2); gleicher Zugang zur Justiz (Art. 3); freier Erwerb, Besitz und Verkauf von Grundeigentum (im Rahmen der für Ausländer geltenden Bestimmungen), (Art. 4); Befreiung vom obligatorischen Militärdienst und von entsprechenden Abgaben (Art. 5); Meistbegünstigung bei der Besteuerung (Art. 6) sowie Meistbegünstigung «in Allem, was den Handel-, die Niederlassung und die Ausübung industrieller Berufsarten» betrifft (Art. 7).

65 Dies galt natürlich nur für Ausländer, die in der Schweiz Wohnsitz nahmen im Sinne der gesetzlichen Regelungen (Erwerbstätigkeit, eigener Haushalt). Für Studierende, die in Bern als vorübergehende Aufenthalter ohne polizeilichen Wohnsitz behandelt wurden, war eine Wohnungsmiete grundsätzlich kaum möglich. In den Schriftenkontrollen über die Aufenthalter ist oft explizit vermerkt, dass die erteilte Aufenthaltsbewilligung nicht zur Wohnungsmiete berechtigt.

sich überall niederlassen, sofern sie für ihren eigenen Lebensunterhalt aufkommen konnten und nicht dauernd unterstützungsbedürftig waren. Die Armenfürsorge und der Unterhalt von Pflegebedürftigen waren im Vertrag von 1872 nicht wirklich geregelt. Artikel 2 hielt lediglich fest, dass Angehörige des anderen Staates «gemäss den Gesetzen über die Armen- oder Sittenpolizei» in ihre Heimat zurückgeschickt werden konnten. Wer vorübergehend unterstützungsbedürftig war, dem wurde vermutlich am Wohnort unentgeltliche Verpflegung sowie Armen- und Krankenfürsorge gewährt.[66] Längere oder sogar dauernde Unterstützungsbedürftigkeit konnte hingegen zum Problem werden. Der Umgang mit bedürftigen Russinnen und Russen in den Kantonen der Eidgenossenschaft und namentlich die Abgeltung von Pflegekosten sorgten jahrelang für Unstimmigkeiten zwischen den beiden Staaten. Während des Ersten Weltkrieges spielten russische Emigrantenorganisationen und schweizerische Unterstützungsvereine eine bedeutende Rolle bei der Hilfe für bedürftige und kranke Russen.[67]

Die allgemeinen Menschenrechte, wie sie in der Bundesverfassung und in den kantonalen Verfassungen verankert waren, galten auch für Ausländer, sofern in den bilateralen Verträgen nichts anderes vereinbart worden war. Dazu gehörten die Glaubens- und Gewissensfreiheit, das Recht zur Ehe, die Pressefreiheit sowie die Vereins- und Versammlungsfreiheit. Letztere galt allerdings für Schweizer Bürger wie Ausländer nicht ganz uneingeschränkt: Politische Vereine wurden nur toleriert, wenn sie nicht «rechtswidrig oder staatsgefährdend» waren (Art. 56 BV 1874). Die Berner Kantonsverfassung von 1893 wich nicht von diesen Grundsätzen ab und bestimmte ebenfalls eine eingeschränkte Vereins- und Versammlungsfreiheit (Art. 79). Im Bereich des Privatrechts galt in der Schweiz grundsätzlich das Territorialprinzip. Gemäss dem «Bundesgesetz betreffend die civilrechtlichen Verhältnisse der Niedergelassenen und Aufenthalter» vom 25. Juni 1891, das – unter Vorbehalt der Bestimmungen der Staatsverträge – auch auf Ausländer mit Wohnsitz in der Schweiz Anwendung fand (Art. 31), unterlagen die Niedergelassenen und Aufenthalter in Bezug auf ihre personen-, familien- und erbrechtlichen Bestimmungen grundsätzlich der Gerichtsbarkeit des Wohnsitzes (Art. 1 und 2). Für einen Kantonsfremden wie auch für einen Ausländer, der in Bern Wohnsitz nahm, galt also das Zivilrecht des Kantons Bern.

Ausländer, die unter die Bestimmungen eines Niederlassungs- und Handelsvertrags fielen, hatten also praktisch dieselben Rechte wie ein Schweizer. Den grossen Unterschied bildeten die politischen Rechte: Ausländer waren – wie die Schweizer Frauen – vom passiven und aktiven Wahlrecht und vom Stimmrecht

66 Dies entsprach wohl einem Gewohnheitsrecht. Vgl. Schlaepfer, Die Ausländerfrage in der Schweiz vor dem Ersten Weltkrieg, 93. Russland fiel explizit *nicht* unter die Bestimmungen des Dekrets des Kantons Bern betreffend die Kosten der Verpflegung erkrankter armer Bürger anderer Kantone und Ausländer vom 26. April 1898. Als Vertragsstaaten aufgeführt sind Deutschland, Österreich-Ungarn, Italien und Belgien.

67 Vgl. Collmer, Die Schweiz und das Russische Reich, 263–269. Auch der Name Naum Reichesbergs taucht in diesem Zusammenhang auf. Siehe dazu Kapitel 7.2.

ausgeschlossen. Die Kantone hatten allerdings das Recht, für kantonale und kommunale Abstimmungen und Wahlen Frauen und Ausländern das Stimmrecht zu erteilen. In einzelnen Kantonen wurde Ausländern unter bestimmten Bedingungen das Stimmrecht auf Gemeindeebene zugestanden.[68] Gleiche Rechte bedeuteten aber selbstverständlich auch gleiche Pflichten. Mit Ausnahme der Militärdienstpflicht waren Ausländer in der Schweiz allen eidgenössischen und kantonalen Gesetzen unterworfen. Da viele Ausländer in ihrem Heimatstaat keine Militärpflicht oder Ersatzabgabe zu leisten hatten oder sich leicht vom Militärdienst befreien konnten, waren sie in dieser Hinsicht gegenüber Schweizer Bürgern zuweilen sogar bessergestellt. Dies führte in den Jahren vor dem Ersten Weltkrieg unter anderem zur Überlegung, Ausländer erleichtert einzubürgern. Russische Männer waren in ihrer Heimat theoretisch militärpflichtig, seit im Zarenreich 1874 die allgemeine Wehrpflicht eingeführt wurde. Die Dienstzeit betrug je nach Rang drei bis vier Jahre. Tatsächlich eingezogen wurde jedoch nur ein Viertel bis ein Drittel der Dienstpflichtigen.[69]

Durch Mitteilung der Gesandtschaft in Bern vom 2. November 1917 kündigte die Provisorische Regierung Russlands den Handels- und Niederlassungsvertrag mit der Schweiz von 1872, wohl mit der Absicht, ein neues Abkommen zu erzielen. Mit der Ausweisung der Sowjetmission aus der Schweiz Ende 1918 wurden diese Bestrebungen obsolet.[70] Für die in der Schweiz lebenden Russinnen und Russen bedeutete der Kriegszustand wahrscheinlich einen grösseren Einschnitt als die Kündigung des Vertrages, was ihre Bewegungsfreiheit und ihre Lebensverhältnisse betraf. Der Wegfall der vertraglich geregelten Aufenthaltsbedingungen und Rechte darf aber nicht unterschätzt werden. Der Niederlassungs- und Handelsvertrag hatte die darunterfallenden Individuen insbesondere vor Willkür durch die Behörden geschützt und einheitliche Bedingungen auf dem Gebiet der Eidgenossenschaft garantiert.

Mit den im Ersten Weltkrieg erlassenen notrechtlichen Bundesregelungen betreffend die Kontrolle der Ausländer wurde der Fokus auf eine restriktive Zulassungspolitik gelegt. Das neue Migrationsregime hatte aber auch Konsequenzen für die Aufenthaltsbedingungen im Inland. Die Bewegungsfreiheit der Ausländerinnen und Ausländer im Landesinnern wurde stark eingeschränkt. Mit der Verordnung vom November 1921 waren die Kantone (wieder) grundsätzlich für den Aufenthalt und die Niederlassung von Ausländern auf ihrem Gebiet zuständig. Im Kanton Bern konnte einem Ausländer gemäss Verordnung betreffend «die Niederlassung und den Aufenthalt der ausserkantonalen Schweizerbürger und Ausländer» vom 15. Dezember 1922 die Niederlassung nicht nur dann verweigert oder eine bereits erteilte Bewilligung wieder entzogen werden, wenn er straffällig geworden war, sondern auch, wenn der Zweck seines Auf-

68 Schläpfer nennt die Kantone Thurgau, Neuenburg, Genf und Waadt. Vgl. Schlaepfer, Die Ausländerfrage in der Schweiz vor dem Ersten Weltkrieg, 90.
69 Vgl. Schramm, Truppen und Kriegsflotten des Zarenreiches, 1670–1671.
70 Vgl. Collmer, Die Schweiz und das Russische Reich, 534–538.

enthaltes nicht ausreichend begründet war, wenn er finanziell nicht genug abgesichert war oder wenn er keine genügenden Ausweisschriften vorlegen konnte (§ 10). Die Kriterien des Aufenthaltszwecks und der finanziellen Situation boten einen gewissen Interpretationsspielraum. Damit kam dem Ermessen der kantonalen Behörde beziehungsweise dem zuständigen Beamten eine grosse Bedeutung zu. Prekär war die Situation im Kanton Bern insbesondere für Ausländer, die nur eine Toleranzbewilligung hatten. Ihnen konnte die Bewilligung – für die eine nicht unerhebliche Kaution geleistet werden musste – jederzeit und, wie es scheint, ohne Angabe von Gründen entzogen werden. Zudem konnte gegen den Entscheid der Polizeidirektion nicht rekurriert werden, wie dies beim Entzug einer regulären Niederlassungsbewilligung der Fall war (§ 13).[71]

Die öffentliche Fürsorge war lange eine Aufgabe der Bürger- beziehungsweise Heimatgemeinden. Weil sie kein Gemeindebürgerrecht besassen, waren Ausländer davon ausgeschlossen. Im Kanton Bern wurde die Armenpflege aber bereits 1857 an die Wohnortsgemeinden übertragen. Die wohnörtliche Armenpflege schloss Kantonsfremde und Ausländer nicht mehr prinzipiell aus. Ausländer konnten sich auch Hilfsvereinen anschliessen und sich damit gegen Krankheit und Todesfall versichern. Dies galt ebenso für die meisten Arbeitslosenkassen der Gewerkschaften, die seit dem späten 19. Jahrhundert zur gegenseitigen Absicherung gegründet worden waren.[72] Als der Bund im späten 19. Jahrhundert den Arbeiterschutz und die staatliche Arbeitslosenunterstützung zu verstärken begann, wurde noch von einer Gleichbehandlung der Ausländerinnen und Ausländer mit Schweizerinnen und Schweizern ausgegangen. Nach der Jahrhundertwende begann sich die Haltung der Behörden zu ändern. Sowohl das Kranken- und Unfallversicherungsgesetz von 1912 wie auch das Bundesgesetz über die Arbeitslosenversicherung von 1924 führten Möglichkeiten ein, Ausländerinnen und Ausländer auszuschliessen oder ihnen Versicherungsleistungen vorzuenthalten, falls sie aus einem Land ohne Reziprozitätsabkommen mit der Schweiz kamen.[73]

---

71 Bereits mit der Verordnung betreffend Bekämpfung der Miet- und Wohnungsnot vom 14. September 1920 waren weitere Voraussetzungen geschaffen worden, unter denen «unter Wohnungsnot leidende Gemeinden» Personen die Niederlassung und den Aufenthalt verweigern oder entziehen konnten, «welche die Berechtigung ihrer Anwesenheit in dem Gebiete der Gemeinde nicht hinreichend zu begründen vermögen» (Art. 68). Wer keiner Erwerbstätigkeit nachging oder seinen Lebensunterhalt nicht selber verdienen konnte, dessen Anwesenheit war nicht gerechtfertigt. Die Behörde war explizit berechtigt, «die Notwendigkeit der Anwesenheit nach freiem Ermessen» zu beurteilen (Art. 69). Die Vermietung von Wohnungen oder Zimmern an Zuwanderer, die noch nicht über eine Aufenthalts- oder Niederlassungsbewilligung für die entsprechende Gemeinde verfügten, war ausdrücklich untersagt (Art. 71). Vgl. auch Arlettaz und Arlettaz, La Suisse et les étrangers, 112–119.

72 Im Kanton Bern wurde 1921 ein kantonaler Solidaritätsfonds geschaffen, an den nicht organisierte Betriebe Leistungen entrichteten. Vgl. Verordnung betreffend Arbeitslosenunterstützung vom 8. März 1921.

73 Vgl. Geschichte der sozialen Sicherheit in der Schweiz, www.geschichtedersozialensicherheit.ch/akteure/profile-von-betroffenengruppen/auslaenderinnen-und-auslaender.

Naum Reichesberg und seine Ehefrau waren ab den 1910er-Jahren durch staatliche Einrichtungen abgesichert. Spätestens im Jahr 1912 musste Reichesberg der seit 1909 funktionsfähigen akademischen Witwen- und Waisenkasse beitreten.[74] Es ist möglich, aber unwahrscheinlich, dass Reichesberg der Kasse bereits früher beigetreten war, als die Mitgliedschaft noch nicht obligatorisch war. Seine erste Ehefrau war 1895 verstorben und er heiratete erst 1913 ein zweites Mal. Deshalb war die Absicherung einer Ehefrau nach seinem etwaigen Tod für Reichesberg viele Jahre lang nicht von Bedeutung. Mit dem Dekret über «die Hülfskasse für die Beamten, Angestellten und Arbeiter der Staatsverwaltung» vom 9. November 1920 erhielten die Staatsangestellten im Kanton Bern auch eine Invaliditäts- und Altersversicherung. Für ordentliche Professoren der Universität war die Mitgliedschaft obligatorisch (§ 2).[75]

3.2 Reisepässe

Naum Reichesberg wies einen russischen Auslandspass vor, als er sich im Sommer 1892 in der Stadt Bern anmeldete.[76] Nachweisen lässt sich der Besitz eines gültigen russischen Auslandspasses durch Reichesberg und seine erste Ehefrau Ida Tartakowsky bis zum Sommer 1896, wobei die Gültigkeit offenbar durch die russische Gesandtschaft in Bern bestätigt wurde, als das Ehepaar Reichesberg 1894 um eine Niederlassungsbewilligung ersuchte.[77] Es ist wahrscheinlich, dass Reichesberg bis zum Zerfall des Zarenreiches 1917 einen russischen Auslandspass besass.

Der russische Auslandspass

Reichesberg erläuterte 1898 in einem ausführlichen Schreiben an Regierungsrat Louis Joliat, dass sein russischer Auslandspass auf unbestimmte Dauer gültig sei, auch wenn im Pass offiziell eine fünfjährige Gültigkeitsdauer vermerkt wurde. Der Regierungsrat hatte ihn offenbar zuvor darauf aufmerksam gemacht,

74 Anlässlich seiner Wiederwahl zum ordentlichen Professor für Nationalökonomie und Statistik für die Amtsdauer vom 1. November 1912 bis 31. Oktober 1918 erklärte der Regierungsrat den Beitritt des Gewählten zur Witwen- und Waisenkasse für obligatorisch. StAB BB III b 541: Juristische Fakultät, Professoren und Dozenten P – Snell (1835–1931), Regierungsratsbeschluss vom 4. Dezember 1912.

75 Vgl. Hochschulgeschichte Berns, 371 f., und Feller, Universität Bern, 460–462, 568–571.

76 SAB_1278_2_6: Schriftenkontrolle Landesfremde Aufenthalter (1891–1895).

77 BAR E21#1000/131#5000-8560*: Personaldossiers von Anarchisten, Kommunisten, Sozialisten, Nationalisten, Mitgliedern von Minderheitenbewegungen usw. A–Z: Dossier Nr. 7715: Raichesberg, Naoum Moiseeff, Privatdozent in Bern (1895), Schreiben des Generalanwalts der schweizerischen Eidgenossenschaft an das Eidg. Justiz- und Polizeidepartement vom 4. Dezember 1894.

dass sein Pass nicht mehr gültig sei.[78] In welchem Zusammenhang dies geschah, konnte nicht rekonstruiert werden.

Die russischen Passverhältnisse seien «begreiflicherweise für einen Westeuropäer zumal für einen Schweizer nicht leicht verständlich», schrieb Reichesberg. «Die russischen Pässe für die Reise ins Ausland werden in der Regel [...] *auf unbestimmte Dauer* ausgestellt. Mein Pass gehört zu dieser Kategorie, wovon Sie sich überzeugen können, wenn Sie den französischen oder deutschen Text dieser Urkunde zu Gesicht bekommen (jedes Passbüchlein enthält nämlich neben dem russischen Text auch einen französischen und deutschen). Jedoch berechtigt dieser Pass bloss zur *einmaligen* Hin- und Rückfahrt. Ist einmal die russische Gränze auf der Rückreise passiert, so verliert der Pass seine Gültigkeit, und wenn dies bloss nach einem Monat nach der Ausstellung desselben geschehen sollte. Die Dauer des Aufenthaltes im Auslande hat hier keine Bedeutung, sondern bloss das Passieren der Gränze. Solange aber die Gränze nicht überschritten worden ist, behält der Pass seine volle Gültigkeit, nur muss jedes halbe Jahr seit der Ausstellung des Passes eine Gebühr im Betrage von 10 Rubel (ca. 28 Fr.) bei dem Ueberschreiten der Gränze auf der Rückreise bezahlt werden. Die Thatsache, dass ich mich im Besitze des Passbüchleins befinde, beweist: 1) dass die russischen Behörden nichts gegen meine Reise ins Ausland einzuwenden hatten und 2) dass ich seit der Zeit, wo ich die russische Gränze bei der Reise ins Ausland passierte, d. h. seit September 1891 [...] *nicht mehr nach Russland zurückkehrte*. Seit Anfang 1892 befinde ich mich ununterbrochen in Bern. In den Jahren 1890/91 war ich schon einmal in Bern, wo ich mein Doctorexamen gemacht habe, ging aber darauf nach Russland, um nach ca. 3 Monaten wieder ins Ausland zurückzukehren. Als ich mich im Jahre 1892 hier in Bern niederlassen wollte,[79] wurde ich von der tit. städtischen Polizei aufgefordert, von der russischen Gesandtschaft die Bestätigung der Gültigkeit meines Passes einzuliefern. Das entsprechende Schreiben der russischen Gesandtschaft muss bei den Akten vorhanden sein.»

Die fünfjährige Gültigkeitsdauer, so führt Reichesberg weiter aus, sei eine generelle Bestimmung für Auslandspässe und habe seines Erachtens einen «rein fiskalischen Grund». Er könne mit seinem Pass auch nach vielen Jahren wieder nach Russland einreisen, nur müsse er dann hohe Gebühren bezahlen. Eine Er-

78 StAB BB III b 541: Juristische Fakultät, Professoren und Dozenten P – Snell (1835–1931), Schreiben von Dr. N. Reichesberg an Regierungsrat Louis Joliat vom 6. 2. 1898. Das Schreiben Reichesbergs geht offenbar auf ein Telefongespräch zwischen ihm und Regierungsrat Joliat zurück. Alle in der Folge zitierten Erläuterungen Reichesbergs entstammen, wenn nicht anders vermerkt, ebendiesem Schreiben. Die Hervorhebungen entsprechen dem Original. Louis Joliat (1846–1922) sass von 1896 bis 1904 als Radikaler im Berner Regierungsrat und stand dem Polizeidepartement vor. Vgl. «Joliat, Louis», HLS, www.hls-dhs-dss.ch/textes/d/D4553.php.

79 Reichesberg machte hier ganz offensichtlich zwei verschiedene Vorgänge zu einem einzigen. Gemäss Akten der kantonalen Polizeidirektion und der städtischen Behörden erhielt Reichesberg bei seiner Anmeldung 1892 eine Aufenthaltsbewilligung. 1894 ersuchte er um die Erteilung einer Niederlassungsbewilligung. In diesem Zusammenhang wurde er von der städtischen Polizeidirektion aufgefordert, die Gültigkeit seines Auslandpasses von der russischen Gesandtschaft in Bern bestätigen zu lassen. Vgl. auch den Abschnitt zur Niederlassungsbewilligung in Kapitel 3.1.

neuerung seines Passes aus der Schweiz sei unmöglich: «Um einen neuen Pass erhalten zu können muss der alte erst an der Gränze als erloschen erklärt werden, was durch Abtrennung eines bestimmten Blattes des Passbüchleins zu geschehen pflegt. Einen neuen Pass erhalten, kann man daher nur wenn man sich nach Russland in eigener Person begibt. Von der Stadt-Polizeidirektion habe ich *niemals* eine Aufforderung erhalten, den Pass zu erneuern. Ich hätte aber auch dieser Aufforderung aus den angegebenen Gründen niemals nachsuchen können, und man würde doch, wie ich glaube, nicht verlangen, dass ich deswegen nach Russland gehe, zumal in den Augen der russischen Behörde ich auf Grund meines Passes auf rechtmässiger Weise mich im Auslande aufhalte.»

Die russischen Ausweisschriften wurden von den Schweizer Behörden immer wieder kritisiert, weil auf Pässen oft mehrere Personen derselben Familie eingetragen oder weil weder Geburtsdatum noch Heimatort vermerkt waren. Die Ausstellung von Sammelpässen hing offenbar mit den von Reichesberg erläuterten Gebühren zusammen, die bei der Wiedereinreise ins Zarenreich fällig wurden. Die Gebühren wurden pro Pass einkassiert, weshalb es für Familien viel günstiger war, mit einem Ausweisdokument für alle zu reisen.[80]

Wie es sich mit der Gültigkeitsdauer der russischen Auslandspässe genau verhielt, konnte nicht restlos geklärt werden. Gemäss Peter Collmer, der sich auf ein Schreiben der zaristischen Gesandtschaft aus dem Jahr 1887 stützt, musste sich jeder im Ausland lebende Russe «vor seiner Ausreise aus dem Zarenreich einen fünf Jahre gültigen Nationalpass besorgen und diesen jeweils rechtzeitig verlängern lassen».[81] Die entsprechenden Äusserungen der Gesandtschaft standen allerdings in Zusammenhang mit der Ausstellung von Pässen für russische Untertanen durch Kantonsbehörden, wogegen das Zarenreich Einwände erhob. Ob die Gültigkeitsdauer *de facto* unbestimmt war, wie Reichesberg erklärte, und die Angabe der fünf Jahre lediglich eine Zweckbestimmung war, muss hier offenbleiben. Interessant ist, dass Reichesberg gemäss Eintrag im Fremdenregister bei seiner Anmeldung in der Stadt Bern ein Passbuch vorlegte, das auf unbestimmte Zeit gültig war.[82] Später ist jedoch in den Akten der kantonalen Polizeidirektion stets von einer Gültigkeit bis zum 29. August 1896 die Rede.[83] Die Anweisung des kantonalen Polizeidirektors an das Regierungsstatthalteramt Bern vom Sommer 1894, Reichesberg aufzufordern, seinen russischen Auslandspass «durch die k. russische Gesandtschaft speziell *zum Aufenthalte in Bern* für eine *bestimmte*

---

80 Vgl. Collmer, Die Schweiz und das Russische Reich, 248 f.

81 Ebd., 259.

82 SAB_1278_2_6: Schriftenkontrolle Landesfremde Aufenthalter (1891–1895). Im Eintrag von Rosa Schlain (später Rosa Grimm) ist tatsächlich eine fünfjährige Gültigkeit des russischen Passbuchs eingetragen.

83 Vgl. zum Beispiel BAR E21#1000/131#5000-8560*: Personaldossiers von Anarchisten, Kommunisten, Sozialisten, Nationalisten, Mitgliedern von Minderheitenbewegungen usw. A–Z: Dossier Nr. 7715: Raichesberg, Naoum Moiseeff, Privatdozent in Bern (1895), Schreiben der Direktion der Polizei des Kantons Bern an den eidg. Generalanwalt vom 23. November 1894 und StAB BB 4.1.572: Missiven der Polizeidirektion, Band 1894 / III. Quartal.

Zeitdauer in *deutscher* Sprache *visieren* zu lassen»,[84] deutet darauf hin, dass der Pass ursprünglich tatsächlich auf unbestimmte Zeit gültig beziehungsweise gar keine Gültigkeitsdauer vermerkt war und dass das Datum vom 29. August 1896 erst zuhanden der bernischen Behörden angefügt wurde.[85] Reichesberg reiste gemäss eigener Darstellung seit der Anmeldung in Bern kein einziges Mal zurück nach Russland.[86] Er besass also 1898 denselben Auslandspass wie 1892.

In den Ausführungen Reichesbergs zu den russischen Auslandspässen kommt zwischen den Zeilen zum Ausdruck, dass es zu dieser Zeit für Russen nicht selbstverständlich war, bei ihrer Ausreise einen Pass ausgestellt zu bekommen: Dass er im Besitz eines Auslandspasses sei, so betonte Reichesberg wiederholt, beweise, dass die russischen Behörden nichts gegen seine Ausreise aus Russland einzuwenden hatten und dass er sich in deren Augen nicht «illegal» im Ausland aufhalte. Grundsätzlich war jede Ausreise aus dem Zarenreich genehmigungspflichtig, wobei Studienaufenthalte im Ausland bewilligt wurden, sofern am Studienort keine Politisierung befürchtet wurde und keine Hinweise auf eine revolutionäre Gesinnung vorlagen.[87] Viele Studierende aus Russland kamen allerdings ohne genügende Ausweisschriften oder mit gefälschten Papieren in die Schweiz. Junge Menschen, die bereits in Russland politisiert worden waren, aber auch Angehörige von nationalen Minderheiten hatten wenig Aussicht auf eine offizielle Genehmigung des zaristischen Staates. Dass Naum Reichesberg einen russischen Auslandspass besass, deutet darauf hin, dass er bei seiner Ausreise aus dem Zarenreich noch nicht als oppositioneller Aktivist bekannt war und deshalb auch nicht nach Österreich fliehen musste, wie einzelne Zeitgenossen vermuteten.[88]

Den Schweizer Behörden war diese Bedeutung des russischen Auslandspasses sehr wohl bewusst. Studierende aus dem Zarenreich erhielten deshalb von den kantonalen Behörden für die Dauer ihrer Studien in der Regel eine Toleranzbewilligung oder sogar eine reguläre Aufenthaltsbewilligung. Sowohl die Hochschulen wie auch Bund und Kantone wandten sich gegen Forderungen seitens des Zarenreiches, nur jenen Russinnen und Russen eine Aufenthalts- und Studienbewilligung zu erteilen, die einen von der Gesandtschaft in Bern beglaubigten Pass vorweisen konnten. Dies wurde als unzulässiger Eingriff in das souveräne Recht der Schweiz verstanden, selber zu entscheiden, wer im Land aufgenommen wird.[89]

---

84 Die Aufforderung stand im Zusammenhang mit dem Gesuch Reichesbergs um die Erteilung einer Niederlassungsbewilligung in Bern. Siehe den entsprechenden Abschnitt in Kapitel 3.1. Hervorhebungen im Original.

85 StAB BB 4.1.703: Akten der Polizeidirektion, Band 1894, 16. August–15. Oktober, Schreiben der Direktion der Polizei des Kantons Bern vom 22. August 1894 an das Regierungsstatthalteramt Bern [Hervorhebungen im Original].

86 StAB BB III b 541: Juristische Fakultät, Professoren und Dozenten P – Snell (1835–1931), Schreiben von Dr. N. Reichesberg an Regierungsrat Louis Joliat vom 6. 2. 1898.

87 Vgl. «Russländische Revolutionäre in West- und Mitteleuropa», EME, 922–924.

88 Vgl. unter anderem Nachruf auf Naum Reichesberg in Der Bund, Nr. 12, 9. 1. 1928, und Nachruf auf Julian Reichesberg in La Sentinelle, Nr. 69, 25. 3. 1941.

89 Vgl. Collmer, Die Schweiz und das Russische Reich, 367–370; Neumann, Studentinnen aus dem Russischen Reich, 112 f., und Masé, Student Migration of Jews from Tsarist Russia (2012), 34 f.

Reichesberg glaubte offenbar, gegenüber dem Regierungsrat betonen zu müssen, dass er im Besitz eines gültigen russischen Passes war und dass die zaristischen Behörden nichts gegen seine Person vorzuweisen hatten. Möglicherweise war er informiert über die Vorwürfe revolutionärer Agitation, welche die russische Gesandtschaft Ende 1894 gegen ihn erhoben hatte, und legte deshalb auch den Finger auf die Tatsache, dass die Gültigkeit seines Passes erst vor wenigen Jahren von derselben Stelle bestätigt worden war.[90] Dass die russische Gesandtschaft Naum Reichesberg noch im Jahr 1894 – kurz vor ihrer Eingabe an den Bundesrat – eine Bestätigung ausgestellt hatte, obwohl sie ihn offensichtlich für subversiv hielt, mutet tatsächlich seltsam an. Auf diesen offensichtlichen Widerspruch wurde auch der Bundesrat aufmerksam. Auf die Eingabe der russischen Gesandtschaft in Bern Ende 1894 betreffend Propagandatätigkeit reagierte er mit rund zehn Monaten Verspätung und erlaubte sich darauf hinzuweisen, dass Reichesberg einen regulären, bis August 1896 gültigen Auslandspass besitze, dessen Gültigkeit von der kaiserlichen russischen Gesandtschaft selber am 23. August 1894 bestätigt worden war.[91]

Staatenlos

Naum Reichesberg und seine zweite Ehefrau Anna Zukier, die er 1913 in London geheiratet hatte, besassen wohl bis 1917 reguläre russische Pässe.[92] Diese Pässe verloren ihre Gültigkeit beziehungsweise ihren Wert, nachdem die zaristische Herrschaft in Russland durch die bolschewistische Revolution beendet worden war. Sofern sie noch existierten, stellten die Konsulate oder Gesandtschaften des Zarenreiches offenbar weiterhin Pässe aus. Dies war allerdings nur so lange möglich, als der betreffende Gaststaat die Sowjetunion noch nicht anerkannt hatte.[93] Zudem war der Wert dieser subsidiären Pässe umstritten. In der Schweiz wurden sie nicht als reguläre Ausweisschriften angesehen, sondern galten als ungenügende Papiere im Sinne von Artikel 26 der Verordnungen über die Kontrolle

90 Siehe Kapitel 7.1 zu den Vorwürfen der zaristischen Gesandtschaft. Ob Regierungsrat Joliat die Vorwürfe bekannt waren, kann nicht nachgewiesen werden. Als Vorsteher des Polizeidepartements müsste er allerdings informiert gewesen sein über die Anfrage der Bundesanwaltschaft an die Polizeidirektion des Kantons Bern in dieser Sache.

91 BAR E21#1000/131#5000-8560*: Personaldossiers von Anarchisten, Kommunisten, Sozialisten, Nationalisten, Mitgliedern von Minderheitenbewegungen usw. A–Z: Dossier Nr. 7715: Raichesberg, Naoum Moiseeff, Privatdozent in Bern (1895), Schreiben der russischen Gesandtschaft an den Bundesrat vom 3./15. November 1894 und Antwort des EDA vom 21. September 1895. Siehe auch Kapitel 7.1.

92 In ihren Gesuchen um Ausstellung eines Nansenpasses gaben sowohl Anna Reichesberg-Zukier wie auch Julian Reichesberg an, sie hätten bis 1917 die russische Staatsbürgerschaft besessen. Es wird davon ausgegangen, dass diese Angabe korrekt ist und dass sie auch auf Naum Reichesberg zutrifft. BAR E4264#1988/2#1486*: REICHESBERG, ANNA, 18xx; BAR E4264#1988/2#1487*: REICHESBERG, JULIAN, 13. 9. 1863.

93 Vgl. Glahn, Kompetenzwandel internationaler Flüchtlingshilfsorganisationen, 10 f., 16.

der Ausländer vom 17. November 1919 (beziehungsweise 29. November 1921). Nur Ausweise der vom Bundesrat bereits als selbständig anerkannten russischen Randstaaten Polen, Tschechoslowakei und Finnland sowie der freien Stadt Danzig wurden akzeptiert.[94] Allerdings mahnte das Eidgenössische Justiz- und Polizeidepartement (EJPD) die Polizeidirektionen der Kantone zu humanem Umgang und Nachsichtigkeit insbesondere gegenüber Personen russischer Herkunft, die sich bereits länger in der Schweiz aufhielten «ohne zu Klagen Anlass gegeben zu haben».[95]

Im Kreisschreiben an die Polizeidirektoren der Kantone vom 28. Dezember 1922 wurde der Chef der Polizeiabteilung des EJPD, Ernst Delaquis, deutlich, was die Ausweispapiere von Russen betraf: «Gültige Ausweisschriften können Russen überhaupt nicht besitzen. Pässe nichtbolschewistischer Behörden sind rechtlich bedeutungslos, weil der Staat, der diese Behörden ernannt hat, nicht mehr besteht, Ausweisschriften von Sowietbehörden stehen ihnen rechtlich gleich, weil die Schweiz zu diesen Behörden keine Rechtsbeziehungen unterhält. Unter Verweisung auf unser Kreisschreiben vom 15. Juli 1920 bestätigen wir jedoch, dass den von Herrn Efremoff, de facto Vertreter des nichtbolschewistischen Russland in Bern, ausgestellten oder bestätigten Pässen insofern ein gewisser tatsächlicher Wert beigemessen werden kann, als sie eine gewisse Garantie bieten, dass es sich wirklich um einen Russen und wahrscheinlich nicht um einen Anhänger oder Propagandisten Sowjetrusslands handelt. [...] Soweit den Kantonen an den oben erwähnten tatsächlichen Garantien liegt, wollen sie Russen ausschliesslich an Herrn Efremoff [...] verweisen; nicht von ihm ausgestellten oder verlängerten Papieren ersuchen wir auch jede tatsächliche Anerkennung zu versagen.»[96]

Der hier namentlich genannte Minister Ivan N. Efremov, der im Hotel Bernerhof in Bern residierte, scheint ab 1920 von den Schweizer Behörden als legitime De-facto-Vertretung russischer Interessen und namentlich der russischen Emigranten in der Schweiz anerkannt worden zu sein. Immerhin liess ihn der Bundesrat nach anfänglichem Widerstand Ende 1919 mit diplomatischen Privilegien einreisen. Mit der bolschewistischen Regierung hatte der Bundesrat De-facto-Beziehungen aufgenommen, sie aber nie offiziell anerkannt. Nachdem die Sowjetmission im Zusammenhang mit dem Landesstreik vom November 1918 aus der Schweiz ausgewiesen worden war, brachen die offiziellen Kontakte

94 BAR E2001B#1000/1502#1161*: Ausweisschriften für Russen ohne offizielle Vertretung (1921), Kreisschreiben des EJPD an die Polizeidirektionen der Kantone vom 20. Oktober 1920 betreffend Einreise von Russen und Kreisschreiben des EJPD vom 23. Oktober 1920 an die Polizeidirektionen der Kantone betreffend Ausweispapiere; BAR E2001B#1000/1503#1322*: Russische Pässe zaristischen Regimes; Russische Ausweisschriften (1922), Kreisschreiben des EJPD an die Polizeidirektionen der Kantone vom 28. Dezember 1922.

95 BAR E2001B#1000/1502#1161*: Ausweisschriften für Russen ohne offizielle Vertretung (1921), Kreisschreiben des EJPD vom 23. Oktober 1920 an die Polizeidirektionen der Kantone betreffend Ausweispapiere.

96 BAR E2001B#1000/1503#1322*: Russische Pässe zaristischen Regimes; Russische Ausweisschriften (1922), Kreisschreiben des EJPD an die Polizeidirektionen der Kantone vom 28. Dezember 1922.

zur russischen Regierung ab. Minister Efremov, ein Protagonist der Februarrevolution 1917 und Gegner des bolschewistischen Umsturzes, nutzte die entstandene Lücke und bot sich dem Bundesrat als Vertreter der (antibolschewistischen) Provisorischen Regierung an.[97]

Naum Reichesberg und seine Ehefrau Anna waren Inhaber eines solchen «Efremovpasses». Beiden wurde er im Dezember 1920 ausgestellt.[98] Der Efremovpass erlaubte es dem Ehepaar offenbar, ins Ausland zu reisen. So ist der in den Akten noch erhaltene Pass von Anna Reichesberg-Zukier voll mit Stempeln, die von mehreren Grenzübertritten nach Deutschland zeugen. Das letzte Visum für die Wiedereinreise in die Schweiz datiert vom Januar 1923. Der Efremovpass wurde von den Schweizer Behörden also durchaus als Reisepass anerkannt. *De jure* waren Naum und Anna Reichesberg als Personen russischer Herkunft, deren Heimatstaat nicht mehr existierte, staatenlos. *De facto* wurden sie von den Schweizer Behörden als Russen behandelt, auch wenn der Efremovpass nicht offiziell anerkannt war. Damit war die Situation des Ehepaars Reichesberg besser als die von Millionen russischer Flüchtlinge, die durch den Ersten Weltkrieg und den Bürgerkrieg in Russland gezwungen waren, ihre Heimat zu verlassen. Der Grossteil besass keine oder ungültige Ausweispapiere. Sie hatten kaum noch legale Möglichkeiten, Staatsgrenzen zu passieren, da während des Krieges Grenzkontrollen und der Passzwang europaweit wiedereingeführt worden waren. Für Millionen von Menschen war so die Weiterreise in Länder, wo sie mehr Perspektiven hatten, verhindert. Die Lage verschärfte sich noch mit der Ausbürgerung aller russischen Flüchtlinge durch die Dekrete der Sowjetunion vom 28. Oktober und 5. Dezember 1921.[99]

Einen eigenen Rechtsstatus für Flüchtlinge beziehungsweise ein formalisiertes Asylverfahren gab es in der Schweiz bis in die Mitte des 20. Jahrhunderts nicht. Der Begriff des Flüchtlings war nie gesetzlich definiert worden. Asyl wurde gewöhnlich «politischen Flüchtlingen» gewährt, worunter man politisch aktive Oppositionelle verstand. Die Asylgewährung war damit aber stark von politischen Stimmungen beeinflusst.[100] Flüchtlinge und Staatenlose unterstanden

97 BAR E2001B#1000/1502#1161*: Ausweisschriften für Russen ohne offizielle Vertretung (1921), Bericht über Herrn Efremoff vom 3. März 1921. Vgl. auch Collmer, Die Schweiz und das Russische Reich, 407–429, 475–480. Efremov nahm offenbar auch an einer von ehemaligen russischen Botschaftern einberufenen Konferenz in Paris teil, die sich als legitime Vertreterin des Emigranten-Russland betrachtete.

98 BAR E21#1000/131#23561-334*: Naturalisationen 1921–1929, Reich K. – Reichr, Dossier Nr. 980 (1922): Reichesberg, Naum (Nachmann), Gesuch um Erteilung der Bewilligung zur Erwerbung eines Gemeinde- und Kantonsbürgerrechts vom 6. April 1922 und BAR E4264#1988/2#1486*: REICHESBERG, ANNA, 18xx, Passeport de la Légation de Russie à Berne.

99 Vgl. Glahn, Kompetenzwandel internationaler Flüchtlingshilfsorganisationen, 16. Inwiefern Naum Reichesberg und seine Ehefrau, die schon länger im Ausland lebten, von dieser Ausbürgerung tangiert waren, konnte nicht geklärt werden. An ihrer Situation hätte dies aber kaum etwas geändert. Beim Efremovpass, den die Reichesbergs zu diesem Zeitpunkt besassen, handelte es sich ohnehin nicht um ein offizielles, von der Sowjetunion anerkanntes Ausweispapier.

100 Erst mit der Ratifikation des Abkommens über die Rechtstellung der Flüchtlinge vom 28. Juli

im hier interessierenden Zeitraum dem allgemeinen Ausländerrecht, das in der Kompetenz der Kantone lag. Sofern sie sich durch gültige Papiere ausweisen konnten, ihren Lebensunterhalt selbst zu finanzieren vermochten und nicht straffällig geworden waren, erhielten Flüchtlinge – wie alle Ausländer – bis zum Ersten Weltkrieg grundsätzlich eine reguläre Aufenthaltsbewilligung. Staatenlose und Personen, die keine genügenden Ausweispapiere vorweisen konnten, konnten von den kantonalen Behörden eine Toleranzbewilligung erhalten, wobei sie als Ersatz für gültige Papiere meist eine Kaution zu leisten hatten. Die Toleranzbewilligung bedeutete einen unsicheren Status, weil sie jederzeit widerrufen werden konnte.[101] Während des Ersten Weltkrieges sicherte sich der Bund via Notrecht eine Mitsprache bei der Asylgewährung. Gemäss Artikel 18 der Verordnung vom 21. November 1917 waren Schriftenlose oder Ausländer, die nur ungenügende Ausweise vorweisen konnten, prinzipiell abzuschieben. Die kantonalen Polizeidirektoren waren jedoch ermächtigt, ausnahmsweise Toleranzbewilligungen auszustellen, wobei sie «die Folgen solcher Bewilligungen» selbst tragen mussten. Mit der Verordnung vom 17. November 1919 durften Toleranzbewilligungen nur noch mit Zustimmung der Eidgenössischen Zentralstelle für Fremdenpolizei erteilt werden (Art. 26). Dieses Bewilligungssystem wurde auch mit der Verordnung vom 29. November 1921 beibehalten (Art. 19 und 26). 1925 wurde die Kompetenz des Bundes, über Asylgewährung sowie kantonale Aufenthalts- und Toleranzbewilligungen zu entscheiden, verfassungsrechtlich verankert.[102]

Auch wenn der Efremovpass vorübergehend einen gewissen Rechtsschutz gewährte und Naum Reichesberg als unterdessen etablierter Akademiker nicht mit einer Ausweisung aus der Schweiz rechnen musste, war sein Status als Staatenloser dennoch prekär. Gerade als Universitätsprofessor und Wissenschaftler war er darauf angewiesen, über die Landesgrenzen hinaus mobil zu sein. Auch im Rahmen seines Engagements für den gesetzlichen Arbeiterschutz nahm er regelmässig an internationalen Kongressen teil. Als Staatenloser musste er jederzeit damit rechnen, nicht mehr in die Schweiz einreisen zu können, sollte sich die politische Stimmung verschärfen – was in den 1920er-Jahren gar nicht so unwahrscheinlich war. Wie es scheint, hatten aber auch die Schweizer Behörden ein Interesse daran, dass Reichesberg ungehindert aus- und wieder einreisen konnte.

1951, besser bekannt als «Genfer Flüchtlingskonvention», anerkannte die Schweiz im Jahr 1955 einen spezifischen Flüchtlingsstatus. Dem Völkerbund war es erstmals im Oktober 1933 gelungen, eine Konvention über die internationale Rechtstellung von Flüchtlingen zu verabschieden. Allerdings wurde diese nur von acht Staaten ratifiziert; die Schweiz zählte nicht dazu. Vgl. Glahn, Kompetenzwandel internationaler Flüchtlingshilfsorganisationen, 25–29. Ein spezifisches schweizerisches Asylrecht existiert im Übrigen erst seit 1979. Vgl. Arlettaz, L'Etat fédéral et la pratique du droit d'asile, 18–20, und Collmer, Die Schweiz und das Russische Reich, 295.

101 Vgl. Goehrke, Zuflucht Schweiz, 10–12, und Arlettaz, L'Etat fédéral et la pratique du droit d'asile, 18–20.

102 Vgl. Aeschbach, Entwicklung der Fremden- und Asylrechtlichen Grundlagen. Siehe auch den ersten Abschnitt in Kapitel 3.1.

So stellte ihm die Polizeiabteilung des EJPD (spätestens) im Juli 1922 einen sogenannten Ausländerpass aus, der bis 1926 ohne Unterbruch verlängert wurde. Dieser Pass berechtigte zur mehrmaligen (gebührenfreien) Rückreise, was Naum Reichesberg auch rege nutzte, wie die vielen Stempel von Reisen nach Deutschland, Frankreich, Italien und Ungarn bezeugen.[103]

Interessanterweise erhielt Anna Reichesberg-Zukier im März 1923 keinen Ausländerpass, sondern einen «Nansenpass», benannt nach dem ersten Hochkommissar des Völkerbundes für Flüchtlingsfragen, dem norwegischen Polarforscher Fridtjof Nansen. 53 Staaten anerkannten nach Beschluss der Regierungskonferenz vom 3.–5. Juli 1922 in Genf dieses Reisedokument für russische Flüchtlinge als eine Art provisorischen Ersatzausweis. Der Nansenpass gab der Inhaberin oder dem Inhaber eine gewisse Mobilität zurück. Er berechtigte allerdings – sofern nicht explizit vermerkt – nicht zur Rückreise in das Land, das den Pass ausgestellt hatte, und mit dem Pass war kein diplomatischer Schutz des Ausstellungslandes verbunden. Schliesslich erlosch die Gültigkeit des Nansenpasses, sobald die Inhaberin oder der Inhaber nach Russland einreiste.[104] Anna Reichesberg-Zukier konnte mit ihrem Nansenpass immerhin reisen. Im Juni 1924 entschied die Polizeiabteilung, ihr einen Ausländerpass für ein Jahr auszustellen. Warum der Nansenausweis damals für ein Jahr durch einen Ausländerpass ersetzt wurde, lässt sich aufgrund der Akten nicht nachvollziehen. Ab 1926 besassen Naum Reichesberg und seine Frau wohl beide einen Nansenpass – Naum Reichesberg musste also in seinen letzten beiden Lebensjahren noch durch den Völkerbund geschützt werden.[105] Nach dem Tod Naum Reichesbergs im Januar 1928 behielt seine Witwe den Nansenausweis. Dieser wurde von der Polizeiabteilung des EJPD jährlich bis 1939 verlängert, auch als sie sich für mehrere Jahre in Berlin aufhielt – nur vorübergehend, wie sie den Behörden versicherte.[106] Im

103 BAR E4264#1988/2#1486*: REICHESBERG, ANNA, 18xx. Der erste Ausländerpass, der in diesem Dossier erhalten ist, datiert vom Juli 1922. Es ist unwahrscheinlich, dass bereits früher ein solcher ausgestellt wurde. Vgl. dazu die Erläuterungen weiter im Text.

104 Zum Nansenpass vgl. Frings, Das internationale Flüchtlingsproblem, 20–23, und Glahn, Kompetenzwandel internationaler Flüchtlingshilfsorganisationen, 10–25. Der Nansenpass wurde bis ins Jahr 1928 in mehreren Abkommen auch auf andere Flüchtlingsgruppen ausgedehnt, auf Armenier (1924 anerkannt von 35 Staaten), Griechen, Türken, Chaldäer, Syrer und Kurden (1928 von 13 Staaten anerkannt). Die Schweiz anerkannte den Nansenpass für Russen und Armenier.

105 BAR E4264#1988/2#1486*: REICHESBERG, ANNA, 18xx, Notiz. Eine handschriftliche Notiz deutet darauf hin, dass beide Ehepartner einen Nansenausweis erhielten: «Nansenausweise No. 1361&1362, Prof. Reichesberg & Frau verlängert durch Hrn. Prof. Delaquis vom 23. Juli 1927–31. Dezember 1928. (Fr. 10.– nur Völkerbundstaxe) erhalten.» Da der Nansenpass jeweils für ein Jahr gültig war, muss dieser Ausweis, der im Juli 1927 verlängert wurde, im Juli 1926 ausgestellt oder verlängert worden sein. Und weil Naum Reichesberg bis im Januar 1926 einen Ausländerpass besass, ist eine Erstausstellung des Nansenpasses im Sommer 1926 wahrscheinlich.

106 BAR E4264#1988/2#1486*: REICHESBERG, ANNA, 18xx, Schreiben der Schweizerischen Gesandtschaft in Deutschland vom 11. November 1931 an die Polizeiabteilung des Eidg. Justiz- und Polizeidepartements.

Ausländerpass für Naum Reichesberg, ausgestellt von der Polizeiabteilung des eidgenössischen Justiz- und Polizeidepartements am 28. Dezember 1923, erste fünf Seiten (von insgesamt acht Seiten). (Schweizerisches Bundesarchiv BAR, E4264, Dossier E4264#1988/2#1486*: REICHESBERG, ANNA, 18xx.)

Übrigen war auch Julian Reichesberg ab 1924 bis zu seinem Tod im Frühjahr 1941 im Besitz eines Nansenpasses.[107]

Auf Basis der Aktenlage ist davon auszugehen, dass das EJPD zu Beginn der 1920er-Jahre noch nicht systematisch zwischen Nansenausweisen für Russen und Ausländerpässen für andere schriftenlose Ausländer unterschied. Naum Reichesberg war ab 1922 im Besitz eines Ausländerpasses und erhielt erst 1926 einen Nansenpass, während seiner Ehefrau zuerst ein Nansenpass, dann für kurze Zeit ein Ausländerpass und schliesslich ab 1926 wieder ein Nansenpass ausgestellt wurde. Die Gründe für die Ausstellung des einen oder anderen Passes durch die Behörden, geschweige denn für die unterschiedliche Behandlung der Eheleute, sind nicht nachvollziehbar. Der Status der Reichesbergs als Staatenlose mit Herkunft Russland hatte sich seit 1917 jedenfalls nicht verändert.

Während der Nansenpass auf einem internationalen Arrangement vom 5. Juli 1922 gründete, ist die Rechtsgrundlage des schweizerischen Ausländerpasses weniger klar. Explizite Erwähnung fand der Ausländerpass zum ersten Mal im Schweizerischen Konsularreglement vom 26. Oktober 1923 (Inkrafttreten am 1. Januar 1924). Gemäss Artikel 54 Absatz 2 war es der Polizeiabteilung des Justiz- und Polizeidepartements vorbehalten, «nach Prüfung der Verhältnisse schriftenlosen, in der Schweiz wohnenden Ausländern sogenannte Ausländer-

107 BAR E4264#1988/2#1487*: REICHESBERG, JULIAN, 13. 9. 1863, verschiedene Dokumente.

Zweite Seite. Dieses Büchlein umfasst 8 Seiten.

Dieser Pass ist ausgestellt für
Ce passeport est délivré pour
Questo passaporto è rilasciato per

Name / *Nom* / Nome: Reichesberg Professor an der Universität Bern

Vorname / *Prénom* / Cognome: Naum

geboren den / *né le* / nato il: 12. März

zu / *à* / in: Kiew

wohnhaft in / *domicilié à* / domiciliato in: Bern (Schweiz)

Der Passinhaber besitzt die schweizerische Nationalität nicht.

Le titulaire du passeport ne possède pas la nationalité suisse.

Il titolare del passaporto non possiede la nazionalità svizzera.

Page deuxième. Pagina seconde. Ce livret est de 8 pages. Questo libretto consta di 8 pagine.

Dieses Büchlein umfasst 8 Seiten. gratis. Dritte Seite.

Gültig bis / *Valable jusqu'au* / Valido fino al: ~~28. Dezember 1924~~ 8. Jan 1926

Die Rückreise in die Schweiz wird innerhalb der Gültigkeit dieses Passes gestattet.

Le retour en Suisse est autorisé durant la validité du présent passeport.

Il ritorno in Isvizzera è permesso fin tanto che vale il presente passaporto.

Gut für mehrmalige Rückreise ~~Fr.~~ frei

Der Pass darf ohne Einverständnis der ausstellenden Behörde nicht erneuert oder verlängert werden.

Le passeport ne doit pas être renouvelé ou prolongé sans l'assentiment de l'autorité qui l'a délivré.

Il passaporto non dev'essere rinnovato o prorogato senza il consenso dell'autorità che l'ha rilasciato.

Bern, den / ***Berne***, *le* / **Berna**, il ~~28. Dezember 1923~~ 8. Jan 1925

Der Chef der Polizeiabteilung:
Le Chef de la Division de Police:
Il Capo della Divisione di Polizia:
~~i. V. Der Adjunkt:~~

Eidg. Justiz- & Polizei-Departement Polizei-Abteilung

Page troisième. Pagina terza.

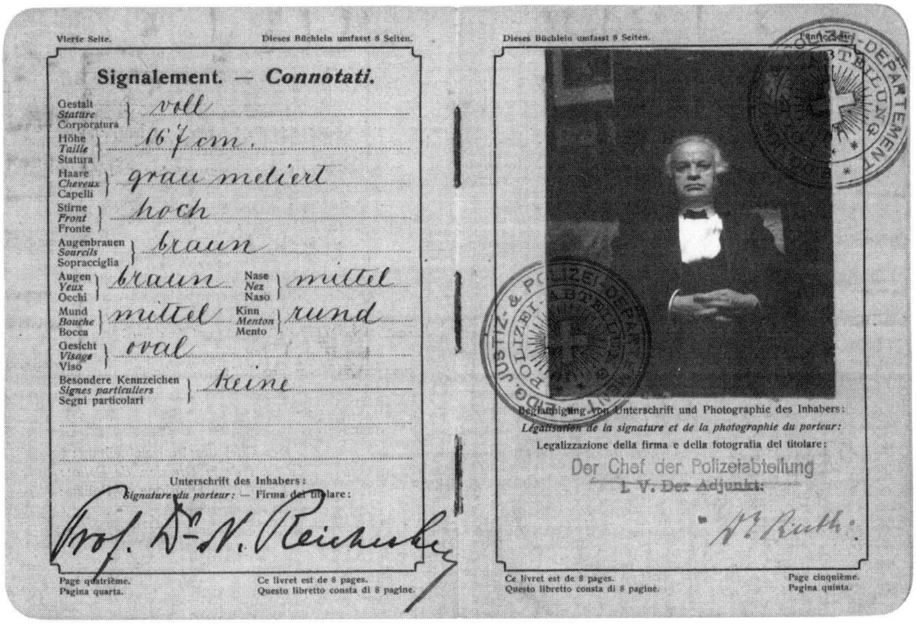

Vierte Seite. Dieses Büchlein umfasst 8 Seiten.

Signalement. — *Connotati.*

Gestalt / *Stature* / Corporatura: voll

Höhe / *Taille* / Statura: 167 cm.

Haare / *Cheveux* / Capelli: grau meliert

Stirne / *Front* / Fronte: hoch

Augenbrauen / *Sourcils* / Sopracciglia: braun

Augen / *Yeux* / Occhi: braun — Nase / *Nez* / Naso: mittel

Mund / *Bouche* / Bocca: mittel — Kinn / *Menton* / Mento: rund

Gesicht / *Visage* / Viso: oval

Besondere Kennzeichen / *Signes particuliers* / Segni particolari: keine

Unterschrift des Inhabers: / *Signature du porteur:* — Firma del titolare:

Prof. Dr. N. Reichesberg

Page quatrième. Pagina quarta. Ce livret est de 8 pages. Questo libretto consta di 8 pagine.

Dieses Büchlein umfasst 8 Seiten. Fünfte Seite.

Beglaubigung von Unterschrift und Photographie des Inhabers:
Légalisation de la signature et de la photographie du porteur:
Legalizzazione della firma e della fotografia del titolare:

Der Chef der Polizeiabteilung
~~I. V. Der Adjunkt:~~

Eidg. Justiz- & Polizei-Departement Polizei-Abteilung

Ce livret est de 8 pages. Questo libretto consta di 8 pagine. Page cinquième. Pagina quinta.

pässe» auszustellen. Der Konsul durfte nur Schweizer Bürgern Pässe ausstellen (Art. 54 Abs. 1).[108] Die Bestimmungen zur Ausstellung von Pässen an Ausländer wurden schliesslich mit der ersten Passverordnung vom 10. Dezember 1928 konkretisiert, wobei hier auch klar zwischen Nansenausweisen und Ausländerpässen unterschieden wurde: «Die Ausgabe von Identitätspapieren an Nichtschweizer (Nansenausweise für Russen und Armenier, Ausländerpässe) bleibt dem eidgenössischen Justiz- und Polizeidepartement nach den besondern Vorschriften vorbehalten» (Art. 11).[109]

Naum Reichesberg erhielt vom EJPD bereits am 24. Juli 1922 einen Ausländerpass – also noch bevor das Schweizerische Konsularreglement vom 26. Oktober 1923 und die Passverordnung von 1928 in Kraft traten. Eine rechtliche Grundlage für diesen schweizerischen Ausländerpass konnte für die Zeit vor 1924 nicht ermittelt werden. Es ist gut möglich, dass sich das EJPD erlaubte, Ausländerpässe auszustellen, ohne dass diese Praxis im schweizerischen Recht bereits kodifiziert gewesen wäre, in der Annahme, dass die gesetzliche Grundlage in naher Zukunft geschaffen würde. Immerhin zirkulierten erste Vorschläge und Entwürfe für eine Abänderung des Konsularreglements vom 16. Dezember 1919 bereits im Frühling 1922 bei den betroffenen Bundesämtern und Konsulaten.[110] Auch der Prozess zur Überführung des 1915 mittels Notrecht geschaffenen Schweizerpasses in ordentliches Recht wurde zu Beginn der 1920er-Jahre angestossen.[111] Aufgrund der zustimmenden Rückmeldungen der Kantone konnte

108 Das Schweizerische Konsularreglement vom 26. Oktober 1923 (1. Januar 1924) ersetzte jenes vom 16. Dezember 1919, das noch keinen Hinweis auf einen speziellen Pass für schriftenlose Ausländer enthielt. Allerdings wurde in den Schlussbestimmungen eine «ausführliche Anleitung für die Konsuln [angekündigt], die für die Interpretation der Bestimmungen des Konsularreglements massgebend» sein soll (Art. 113). Diese Anleitung konnte leider nicht ausfindig gemacht werden.

109 BAR E21#1000/131#16042*: Passverordnung vom 10. 12. 1928.

110 BAR E6303A#1983/58#452*: Konsularreglement und andere Rechtsgrundlagen (1919–1955), Dossier Nr. 429. Am 23. Mai 1922 fand eine Konferenz zu den Vorschlägen des EPD betreffend Abänderung der Art. 38–50, 54 und 75 des Konsularreglements von 1919 statt, an der mehrere Ämter Anträge eingaben. Der bereinigte Entwurf ging wiederum in Konsultation, wobei die Rückmeldungen schliesslich im endgültigen Entwurf vom 15. Dezember 1922 mündeten. Der Bericht zur Konferenz vom Mai 1922 sowie die vorhandenen Schreiben anderer Abteilungen und Ämter lassen darauf schliessen, dass die Bestimmungen zum Passwesen und namentlich zur Ausstellung von Pässen an Ausländer zu keiner Diskussion Anlass gaben. Es ging vor allem um die Immatrikulation respektive Kontrolle der Schweizer Bürger im Ausland durch die Konsulate. Die Bestimmungen von 1919 hatten offenbar in der Praxis zu Schwierigkeiten geführt.

111 Der Schweizerpass wurde erst unter dem Eindruck des Krieges geschaffen. Bis dahin lag das Passwesen in der Zuständigkeit der Kantone. Jeder Kanton besass sein eigenes Passformular, in dem die Kantonszugehörigkeit meist besser ersichtlich war als die schweizerische Staatsangehörigkeit. Diese Vielfalt an Formularen wurde mit der Wiedereinführung der Passkontrollen in Europa zum Problem. Die kantonalen Passformulare wurden deshalb Ende 1915 mittels Notrecht (Verordnung betreffend Verwendung eines einheitlichen Passformulars vom 27. November 1915) durch ein einheitliches Passformular ersetzt, das auf den ersten Blick die Unterscheidung zwischen Schweizern und Ausländern erlaubte. In den 1920er-Jahren wurde die Neuregelung des schweizerischen Passwesens in ordentliches Recht überführt. Vgl. Schwager, Der Fingerabdruck als kriminalisierendes Zeichen, 265–268.

das EJPD davon ausgehen, dass die Bestimmungen zum Ausländerpass nicht auf Widerstand stossen würden.[112] Und schliesslich konnte sich der Bund bei der Ausstellung von Pässen an schriftenlose Ausländer auf ein internationales Abkommen stützen und schuf kein Novum. Das Arrangement, das den Nansenpass schuf, war Anfang Juli 1922 unterzeichnet worden, die Vorbereitungen hatten allerdings mehr als ein Jahr gedauert.

3.3 Bürgerrechtsbegehren

Es lag nicht an Naum Reichesberg, dass er während seiner letzten Lebensjahre als *de jure* Staatenloser in der Schweiz lebte. In seinem Nachruf in den «Basler Nachrichten» vom 17. Januar 1928 schrieb der Autor mit Kürzel st, der sich als Freund Reichesbergs identifizierte – vermutlich handelt es sich um Prof. Dr. Jakob Steiger, Gründungsmitglied der Volkswirtschaftlichen Gesellschaft des Kantons Bern:[113] «Zu den Bitterkeiten speziell der letzten Jahre gehörte, dass man ihm, dem jahrzehntelangen Dozenten *schweizerischer* Volkswirtschaft, dem beliebten Lehrer, dem *schweizerisches* Denken nicht abgesprochen werden konnte, dem Herausgeber des Handbuches für *schweizerische* Volkswirtschaft, das Schweizer Bürgerrecht verweigert hat! *Warum* hat man nie erfahren können. Es gehört dies zu den wohl verwahrten Geheimnissen der kantonalen bernischen Polizeidirektion!»[114]

Tatsächlich hatten die Beamten der Polizeiabteilung des eidgenössischen Justiz- und Polizeidepartements den Ausländerpass von Naum Reichesberg am 24. Juli 1922 – anstatt wie üblich für ein Jahr – nur für die Dauer von fünf Monaten, bis zum 31. Dezember 1922, ausgestellt, mit der handschriftlichen Bemerkung, der Passinhaber sei im Begriff, die schweizerische Nationalität zu erhalten.[115] Bei späteren Kontrollen respektive Verlängerungen des Ausländerpasses kommt dieser Hinweis nicht mehr vor. Das Geheimnis der Polizeidirektion des Kantons Bern, warum Naum Reichesberg nie Schweizer wurde, ist bis heute «wohl ver-

---

112 BAR E21#1000/131#16042*: Passverordnung vom 10. 12. 1928. Vgl. auch Schwager, Der Fingerabdruck als kriminalisierendes Zeichen, 265–268.

113 Vgl. Freudiger, 50 Jahre Volkswirtschaftliche Gesellschaft des Kantons Bern, 14–20. Jakob Steiger (1861–1934) gehörte offenbar wie auch Naum Reichesberg zum 18-köpfigen Initiativkomitee, das am 8. Dezember 1915 die Gründung der Volkswirtschaftlichen Gesellschaft des Kantons Bern beschloss. Steiger habilitierte sich 1903 an der Universität Bern in Finanz- und Wirtschaftsfragen und lehrte dort von 1912 bis 1931 als ausserordentlicher Professor für schweiz. Finanzwissenschaften, Verkehr und Industrie. Steiger wirkte zudem während 34 Jahren als Bundesstadtredaktor der «Basler Nachrichten». Die Vermutung, dass es sich beim Autor des Nachrufes um Professor Steiger handelt, wird durch Bezugnahme in der «Berner Tagwacht» vom 19. Januar 1928 bestärkt. Vgl. «Steiger, Jakob», HLS, www.hls-dhs-dss.ch/textes/d/D49691.php.

114 Nachruf von Jakob Steiger in den Basler Nachrichten vom 17. Januar 1928. Hervorhebungen im Original.

115 BAR E4264#1988/2#1486*: Reichesberg, Anna, 18xx. Kontroll No. 177.

wahrt» geblieben. Dies ist nicht ganz dem Zufall geschuldet. Vielmehr deutet einiges darauf hin, dass das Eidgenössische Justiz- und Polizeidepartement (EJPD) mit Reichesberg übereinkam, Stillschweigen über die Angelegenheit zu bewahren.

Das Gesuch um die bundesrätliche Bewilligung zur Einbürgerung

Der schweizerische Bundesstaat kennt seit seiner Gründung 1848 ein in seiner Form einzigartiges dreistufiges Bürgerrecht (Gemeinde-, Kantons- und Staatsbürgerrecht). Das Schweizer Bürgerrecht kann auf zwei Arten erworben werden, von Gesetzes wegen oder durch behördlichen Beschluss. Für den Erwerb von Gesetzes wegen gilt in der Schweiz das *ius sanguinis*, Kinder erhalten demnach bei der Geburt die Staatsangehörigkeit der Eltern oder eines Elternteils. Erwerb durch behördlichen Beschluss bedeutet Einbürgerung, wobei alle drei Staatsebenen zustimmen müssen. Einen Rechtsanspruch auf Einbürgerung gab und gibt es nicht.[116] Der Bund erhielt erst mit der totalrevidierten Bundesverfassung von 1874 die Kompetenz, die Erteilung des Schweizer Bürgerrechts an Ausländer gesetzlich zu regeln. Mit dem ersten «Bundesgesetz betreffend die Ertheilung des Schweizerbürgerrechtes und den Verzicht auf dasselbe» vom 3. Juli 1876 wurden als Bedingung für die Einbürgerung von Ausländern eine Bewilligungspflicht durch den Bundesrat sowie eine zweijährige Wohnsitzfrist eingeführt.[117] Bis dahin blieb die Staatsbürgerschaft über das Kantonsbürgerrecht vermittelt, das heisst jeder Kantonsbürger war automatisch Schweizer Bürger.[118]

Naum Reichesberg ersuchte mit einem handschriftlich ausgefüllten Gesuch vom 6. April 1922 beim Bundesrat um die Bewilligung zur Erwerbung eines Gemeinde- und Kantonsbürgerrechts. Die Bewilligungspflicht (Tit. I Art. 1) war auch im revidierten Bürgerrechtsgesetz vom 25. Juni 1903 beibehalten worden. Reichesbergs Gesuch wurde nach der formellen Prüfung von der Innenpolitischen Abteilung des Eidgenössischen Politischen Departements (EPD) am 5. Mai desselben Jahres an die Bundesanwaltschaft überwiesen, die ein entsprechendes Dossier eröffnete.[119] Der Petent musste detaillierte Angaben zur eigenen Person (Alter, Herkunft, Zivilstand) machen und die minimale Wohnsitzfrist von sechs Jahren nachweisen können, die seit 1920 galt.[120] Ausserdem musste er aufzäh-

116 Vgl. Studer, Arlettaz und Argast, Das Schweizer Bürgerrecht, 13–19.

117 Vgl. ebd., 57–65. Die männliche Form ist hier gerechtfertigt. Frauen und Kinder wurden gemäss Bundesgesetz von 1876 in das Gesuch ihres Ehemannes beziehungsweise Vaters eingeschlossen.

118 Art. 43 BV 1848 legte nur zwei Rahmenbedingungen fest: Das Verbot des Doppelbürgerrechts für eingebürgerte Schweizer und die Unverlierbarkeit des Schweizer Bürgerrechts. Wobei letztere Bedingung nur für Männer galt. Frauen verloren bei der Heirat mit einem Ausländer bis 1952 automatisch ihr Bürgerrecht.

119 BAR E21#1000/131#23561-334*: Naturalisationen 1921–1929, Reich K. – Reichr, Dossier Nr. 980 (1922): Reichesberg, Naum (Nachmann). Alle hier zitierten Dokumente liegen, wenn nicht anders vermerkt, diesem Dossier bei.

120 Gemäss Tit. I Art. 2 des «Bundesgesetzes betreffend die Erwerbung des Schweizerbürgerrechts und den Verzicht auf dasselbe» vom 25. Juni 1903 (Stand 26. Juni 1920).

len, wann er sich zu welchen Zwecken im Ausland aufgehalten hatte, und kundtun, ob er den militärischen Verpflichtungen in seinem bisherigen Heimatstaate nachgekommen sei. Indem Reichesberg 1889 im Zarenreich der Reserve zugeteilt worden war, konnte er diese Bedingung wohl zur Zufriedenheit der eidgenössischen Beamten erfüllen. Reichesberg vergass nicht, unter Bemerkungen seine wissenschaftlichen Erfolge und seine Tätigkeit zugunsten der Schweiz auszuführen: «Der Unterzeichnete habilitierte sich im Herbst 1892 an der Berner Universität. 1898 wurde er vom Regierungsrat des Kt. Bern zum ausserordentlichen und 1906 zum ordentlichen Professor für Nationalökonomie und Statistik befördert. Er ist Herausgeber des 4-bändigen «Schweizerischen Handwörterbuches für Volkswirtschaft, Sozialpolitik und Verwaltung». In Anerkennung der Bedeutung dieses Werkes für die Schweiz hat der hohe Bundesrat dem Herausgeber eine Subvention im Betrage von Fr. 10 000.– gewährt. Ferner ist er Herausgeber der «Schweizerischen Zeitschrift für Volkswirtschaft u. Sozialpolitik», die gegenwärtig im 28. Jahrgange steht. Schliesslich hat er auch neben seinen sonstigen literarischen Arbeiten manche aufzuweisen, die sich ausschliesslich mit schweizerischen Verhältnissen beschäftigen. Sein 30jähriger Aufenthalt in der Schweiz hat ihm überhaupt die Möglichkeit gegeben, die Schweiz kennen und schätzen zu lernen und ihr auch nach Kräften zu dienen.» Als Beilagen verlangten die Bundesbehörden nicht nur staatliche Ausweispapiere und Zivilstandsakten (unter anderem den Trauschein), sondern auch Ausweise betreffend den Wohnsitz und den Leumund. Reichesberg legte offenbar Unterlagen der städtischen Fremdenpolizei und der Abteilung III der städtischen Polizeidirektion Bern bei. Leider sind die Beilagen zum Gesuch nicht mehr erhalten.

Die Schweizerische Bundesanwaltschaft gelangte am 16. Mai 1922 mit der Anfrage an die Polizeidirektion des Kantons Bern, ob etwas vorliege, das «Reichesberg Naum (Nachmann), von Kieff, Russl., geb. am 12. März 1867, Dr. jur., ordentl. Professor d. d. Universität Bern [...]» als Schweizer Bürger «ungeeignet» erscheinen lasse. Gefragt wurde zudem nach den Wohnverhältnissen und ob der Bewerber mit seiner Ehefrau in gemeinsamem Haushalt lebe.[121] Diese Fragen gehörten damals zu den üblichen Erkundigungen der Bundesanwaltschaft.

Nach Erhalt der eidgenössischen Bewilligung hätte Naum Reichesberg der Stadt Bern ein schriftliches Einbürgerungsgesuch unterbreiten können.[122] Der

121 StAB BB 4.1.811-1423: Geschäftsakten der Polizeidirektion (1910–1928), Dossier BB 4.1.1223, Anfrage der Bundesanwaltschaft betreffend Naum Reichesberg vom 16. Mai 1922.

122 Theoretisch wäre denkbar, dass sich Naum Reichesberg in einer anderen Gemeinde einbürgern wollte. Tit. I § 4 des Dekrets vom 10. Dezember 1918 betreffend Erteilung des Gemeinde- und Kantonsbürgerrechts und die Entlassung aus demselben hält freilich fest (in Übereinstimmung mit Art. 87 Abs. 1 des Gemeindegesetzes von 1917), dass «die Erteilung oder Zusicherung des Gemeindebürgerrechtes [in der Regel] in derjenigen Gemeinde nachgesucht werden» soll, in welcher sich der Bewerber mindestens über einen zweijährigen Wohnsitz ausweisen konnte. Ausnahmen mussten vom Grossen Rat des Kantons Bern bestätigt werden. In den Protokollen (Tagblatt) des Grossen Rates ist kein entsprechendes Gesuch für Naum Reichesberg auffindbar. Naum Reichesberg lebte seit 1892 in der Stadt Bern.

Einwohnergemeinde wurde die Einbürgerungskompetenz erst mit dem kantonalen Gesetz über das Gemeindewesen vom 9. Dezember 1917 übertragen.[123] Vorher war diese der Burgergemeinde vorbehalten.[124] Die Bedingungen für die Einbürgerung in einer Gemeinde des Kantons Bern regelte das Dekret vom 10. Dezember 1918 betreffend «Erteilung des Gemeinde- und Kantonsbürgerrechts und die Entlassung aus demselben». Demnach musste sich der Bewerber über eine minimale Wohnsitzfrist von zwei Jahren in der betreffenden Gemeinde ausweisen (§ 4). Ferner verlangte man von ihm – zusätzlich zur bundesrätlichen Einbürgerungsbewilligung – Ausweispapiere, einen Nachweis über die Einkommens- und Vermögensverhältnisse sowie einen guten Leumund (§ 5). Die Gemeinden konnten weitergehende Bestimmungen beschliessen. Wurde dem Bewerber das Bürgerrecht einer Gemeinde zugesichert (dies geschah meist durch Beschluss der Gemeindeversammlung), so konnte er mittels Gesuch an den Regierungsrat zuhanden des Grossen Rates um das Kantonsbürgerrecht ersuchen (§ 19–21). Über die Erteilung des Kantonsbürgerrechts beschloss der Grosse Rat auf Antrag des Regierungsrates (§ 23).[125]

Das Einbürgerungsreglement der Stadt Bern von 1921 war auf dem Papier relativ liberal, wurde aber von Anfang an restriktiv gehandhabt. Bewerber, deren finanzielle Verhältnisse unsicher waren, wurden kaum eingebürgert. Zudem wurde der «Assimilierungsfähigkeit» der Bewerber besondere Bedeutung beigemessen.[126] Der städtischen Polizeidirektion war aber nichts Nachteiliges über Naum Reichesberg und dessen Ehefrau, die im selben Haushalt lebte, bekannt, wie sie der kantonalen Polizeidirektion zuhanden der Bundesanwaltschaft mit Schreiben vom 7. Juni 1922 mitteilte.[127] Gut möglich, dass dem Ehepaar Reichesberg das Gemeindebürgerrecht zugesichert worden wäre. Dazu kam es freilich nicht. Naum Reichesberg unterbreitete der Stadt Bern nie ein Einbürgerungsgesuch.[128]

---

123 Die politische Einwohnergemeinde der Stadt Bern wurde 1832 gegründet. Die Erteilung des Gemeindebürgerrechts blieb allerdings bis ins Jahr 1917 der Burgergemeinde vorbehalten und war bis 1888 mit einem zwingenden Zunftbeitritt verbunden. Wer das Berner Bürgerrecht erlangen wollte, musste vermögend sein und/oder eine gute Bildung vorweisen können. Zudem wurde eine Erklärung über die Konfession verlangt. Folglich erhielten nur wenige Ausländer das Bürgerrecht der Burgergemeinde, darunter kein einziger jüdischen Glaubens. Namentlich Ostjuden liessen sich zu Beginn des 20. Jahrhunderts in kleineren Gemeinden des Kantons Bern einbürgern, die weniger hohe Gebühren verlangten und nicht einmal die Wohnsitzbedingung kannten. Die Hinweise auf die ersten Einbürgerungen von Ostjuden verdanke ich Gabriela Meier Quenet, die mit ihrer Bachelor-Arbeit (2014) über die Einbürgerung von Berner Ostjuden zwischen 1880 und 1920 eine äusserst wertvolle Grundlagenforschung geleistet hat.

124 Der Burgergemeinde ist es bis heute möglich, das Burgerrecht zu verleihen, welches automatisch auch das Gemeindebürgerrecht beinhaltet. Ein Burger der Stadt Bern verfügt in diesem Sinne sogar über ein viertstufiges Bürgerrecht.

125 Offenbar folgte der Grosse Rat des Kantons Bern in der Zwischenkriegszeit praktisch immer dem Entscheid des Regierungsrates, was Einbürgerungsgesuche betraf. Vgl. Luce, Nicht erfolgreich verlaufene Einbürgerungen, 22.

126 Vgl. Studer, Arlettaz und Argast, Das Schweizer Bürgerrecht, 151–185.

127 StAB BB 4.1.811-1423: Geschäftsakten der Polizeidirektion (1910–1928), Dossier BB 4.1.1223, Anfrage der Bundesanwaltschaft betreffend Naum Reichesberg vom 16. Mai 1922.

128 Die Protokolle der Einbürgerungskommission der Stadt Bern wurden für die Jahre 1919 bis

Das Einbürgerungsdossier von Naum Reichesberg

Auf dem Umschlag des Einbürgerungsdossiers mit der Nummer 980 (1922) befindet sich der Vermerk «zurückgezogen». Dass sich die Geschichte vermutlich nicht ganz so einfach darstellt, kündigt bereits der Umfang der Akten an. Der Verdacht wird auf dem inneren Deckblatt bestätigt, das mit handschriftlichen Notizen übersät ist. Das Dossier wurde offenbar während des Jahres 1922 mehrmals zwischen Beamten des EJPD hin- und hergeschoben. Am 4. Dezember 1922 schliesslich beschloss der Bundesrat – gemäss den Notizen auf dem Deckblatt – Nichteintreten. Kurz nach dem Tod Reichesbergs muss das Dossier noch einmal aufgegriffen worden sein, wie ein Stempel vom 20. Januar 1928 und die Anmerkungen «An Dr. Rothmund» und «zurück» belegen.[129]

Zuvorderst in den Akten liegt ein Artikel aus der «Berner Tagwacht» vom 19. Januar 1928, in welchem unter dem Titel «Unerhöhrt!» auf die vorgängig zitierten Aussagen im Nachruf der «Basler Nachrichten» Bezug genommen wurde. Von «diesen Dingen», heisst es dort, habe man keine Kenntnis gehabt. «In seiner Bescheidenheit hat Genosse Reichesberg sich nie bei uns beschwert. Wir bedauern das. Wenn wir gewusst hätten, dass dieser ausgezeichnete Mann das Schweizerbürgerrecht nicht erhalten konnte, wären wir den Ursachen nachgegangen. Wir erfahren jetzt, dass im Jahre 1922 Reichesberg ein Einbürgerungsgesuch stellte. Anfragen auf der kantonalen Polizeidirektion, warum das Gesuch abgewiesen wurde, sind *nicht beantwortet* worden.»[130] Neben dem Artikel notierte Prof. Ernst Delaquis, damals Chef der Polizeiabteilung des EJPD, am 24. Januar 1928 handschriftlich: «Der B. R. hat *nie abgelehnt* – sondern ist im Hinblick auf Berns Stellung nicht eingetreten. Prof. R. hat seinerseits *nie zurückgezogen*. – Er war *durch den Unterzeichneten* [Prof. E. Delaquis] (mit Ermächtigung vom BR Haeberlin [Heinrich Häberlin, 1920–1934 freisinniger Bundesrat und Vorsteher des EJPD], der das «Geheimverfahren» nicht billigte) völlig über die Sachlage u. deren Gründe orientiert.[131] Der B. R. hätte wohl eingebürgert – wenn nicht Bern opponiert hätte. Das war die Auffassung von BR Häberlin, auch *meine* Auffassung u. auch Herr RR Merz [Leo Merz, 1915–1934 freisinniger Regierungsrat des Kantons Bern] äusserte zu mir vor Kurzem, dass die Ablehnung von R. durch Bern nicht seiner Auffassung entsprach – nach jahrzehntelangem Ordinariat.»[132]

1928 sorgfältig durchgesehen. Es liegen keine Hinweise auf ein Einbürgerungsgesuch von Naum Reichesberg vor. SAB 1016_1_1 Protokolle der Einbürgerungskommission.

129 BAR E21#1000/131#23561-334*: Naturalisationen 1921–1929, Reich K. – Reichr, Dossier Nr. 980 (1922): Reichesberg, Naum (Nachmann). Alle hier zitierten Dokumente liegen, wenn nicht anders vermerkt, diesem Dossier bei.

130 Hervorhebung im Original.

131 Bundesrat Häberlin war bei der antijüdischen Praxis der Zentralstelle für Fremdenpolizei und namentlich des Heinrich Rothmund offenbar nicht ganz wohl. Vgl. Mächler, Kampf gegen das Chaos, 366.

132 Hervorhebungen im Original, Anmerkungen der Autorin.

Der Bundesrat hatte das Bürgerrechtsbegehren von Naum Reichesberg also gemäss Aussage des Chefs der Polizeiabteilung nie abgelehnt. Reichesberg hatte sein Begehren aber offenbar auch nie zurückgezogen. Vielmehr scheint sich «Bern» deutlich gegen die Einbürgerung ausgesprochen zu haben. Bundesrat Häberlin selber schrieb dazu am 21. Januar 1928 an Dr. Heinrich Rothmund, den damaligen Chef der eidgenössischen Zentralstelle der Fremdenpolizei,[133] man habe, soweit er sich erinnern möge, Professor Reichesberg «Gelegenheit zum Rückzug seines Begehrens [gegeben] mit der Bedeutung, es würden ihm die Diskussionen über seine wirtschaftliche Unordnung (Betreibungen etc.) womöglich zur Bewerbung ums Kantonsbürgerrecht [aufgedrängt]». Die Aussagen von Bundesrat Häberlin lassen darauf schliessen, dass es der Kanton Bern war – und nicht die Stadt – der sich einer Einbürgerung Reichesbergs in den Weg stellte. Auf diesen Hergang deutet auch das von Delaquis überlieferte Bedauern von Regierungsrat Leo Merz hin.

Die beiden Berichte des Polizei-Kommandos des Kantons Bern vom 8. Juni und 14. August 1922, die dem Einbürgerungsdossier beiliegen, sind in ihrem Urteil über Naum Reichesberg und seine Ehefrau Anna Reichesberg-Zukier in der Tat unverhohlen negativ. Die unterzeichnenden Beamten schienen insbesondere an den finanziellen Verhältnissen des Professors, am vermuteten opportunistischen Charakter seines Gesuches, am Verhalten seiner Frau und am «unschweizerischen» Geist des Gesuchstellers Anstoss zu nehmen. Reichesberg habe «beacoup de peines à subvenir à l'entretien de sa famille», er zahle weder Gemeinde- noch Kantonssteuern, sondern müsse jedes Jahr betrieben werden, und ihm habe sogar bereits die Pfändung gedroht. Über seine Ehefrau heisst es, «suivant renseignements obtenus doit être mauvaise ménagère et dépensant beaucoup d'argent surtout pour sa toilette extravagante».

Noch deutlicher wurde Landjäger Hofstetter in seinen Ausführungen zur «Assimilationsfähigkeit» des Bewerbers: «[...] Au vu de ce qui précède et malgré son revenu assuré le requérant ne peut subvenir honorablement aux besoins de sa famille. Si une partie de la faute peut en être incombée à l'épouse [...] on assure d'autre part qu'en son temps de veuvage surtout Reichesberg a beaucoup dépensé d'argent en compagnie de femmes douteuses au point de vue sexuel. En plus le requérant aurait plus ou moins à sa charge son frère Reichesberg Julian, Dr. Phil. à Berne, divorcé de la révolutionnaire Grimm Rosa, née Schlain, de nationalité russe, actuellement à Bâle, – cette dernière divorcée une seconde fois du chef socialiste et cons. nat. Grimm Robert à Berne –. Si après 30 ans de séjour à Berne le professeur Reichesberg s'est décidé seulement aujourd'hui à vouloir se faire naturaliser c'est que le motif siège dans la cause suivante: De l'avis de l'agent soussigné, Reichesberg doit avoir de tout temps espéré pouvoir un jour où l'autre retourner en Russie pour y occuper une place en vue, c'est-à-dire après un évent. renversement

133 Vgl. «Rothmund, Heinrich», HLS, www.hls-dhs-dss.ch/textes/d/D31878.php. Rothmund wurde 1929 Nachfolger von Prof. Ernst Delaquis als Vorsteher der Polizeiabteilung des EJPD.

du gouvernement tsariste. Cette supposition semble en effet être confirmé par le fait qu'après le renversement du régime tsariste et l'instauration du gouvernement Kerensky, Reichesberg fit à Berne ses préparatifs en vue de son prochain départ pour la Russie, plan qui lui fut déjoué par le régime bolcheviste qui succéda au gouvernement Kerensky. Aujourd'hui, Reichesberg prévoyant sans doute que le parti Kerensky ne saurait plus jamais arriver au pouvoir il abandonnerait définitivement son plan pour solliciter la naturalisation suisse. Il est à remarquer que dans les cercles scientifiques de Berne surtout Reichesberg est très estimé, estime que par contre il a complétement perdu du côté de ses créanciers.»

Polizeikommandant Jost doppelte im als streng vertraulich deklarierten Bericht vom 14. August 1922 nach: «Reichesberg ist Vollblutrusse und ebenso feuriger südrussischer Jude. Er steht noch heute im Vordergrunde der russischen Sozialrevolutionäre in der Schweiz, der sog. Kerensky Partei welche mit den Bolschewiki nicht einig geht. Reichesberg ist bei allen russischen Vereinigungen und Besprechungen dabei und hat mit den Russen in der Schweiz und im Ausland viele Beziehungen und wird dabei auch viel mit Anhängern der Leninpartei zusammenstossen. Es bestätigt sich dass Reichesberg eifrig bestrebt war unter der Kerenskyflagge eine höhere diplomatische Stellung zu erlangen. Ein richtiger Schweizer wird R. niemals, seine Denkungsart ist zu russisch und zu jüdisch, er mag als Professor keinen besonderen Anlass geben zu solchen Auffassungen allein sein ganzes Verhalten ausserhalb der Hochschule spricht dafür. Wir haben uns in ganz zuverlässigen Kreisen, auch der Hochschule nahestehend informiert und mehrfach die hier niedergelegte Beurteilung bestätigt gefunden. Auch Personen, die weniger hoch stehen, mit R. geschäftlich in Verbindung stunden und richtig urteilen, geben gleichlautende Aussagen ab. Reichesberg hat sich im Jahr 1913 in London zum zweiten Mal mit Zouker Anna, geb. 1886, von Lodz, verheiratet, beide Ehen sind bis heute kinderlos. Frau R. ist viel auf längere Zeit im Ausland meist in Berlin. Sie soll während des Krieges eine sehr zweifelhafte Rolle gespielt haben, sie war mehrfach als Spionin verdächtigt, konnte aber doch nicht erreicht werden. Frau R. führt einen ächt russisch-polnischen Haushalt der zu unseren Anschauungen in schroffem Gegensatze steht. Sie lässt nach Frauenart ohne Bedenken in ihrer Umgebung Bemerkungen fallen über die Schweiz und ihre Institutionen die einer Verlästerung gleichkommen und sie scheut sich nicht zu äussern ihr Gatte warte nur auf einen russischen Ministerposten und dann seien sie froh diese kleine, arme und geistig rückständige Schweiz zu verlassen. Eine hochgestellte Vertrauensperson erklärt mir wenn Reichesberg noch Aussichten hätte naturalisiert zu werden, so dürfe das unter keinen Umständen stattfinden wegen seiner Frau. Man fühlt auch bei allen Erhebungen, dass R. nur aus Opportunitätsgründen das Schweizerbürgerrecht erwerben möchte um an ausländischen Kongressen als Schweizer und nicht als Russe zu erscheinen. Es sei noch erwähnt, dass R. stark verschuldet ist und viele Betreibungen hängig sind, ein Moment, das auch gar nicht nach Schweizerart aussieht.» Dem Bericht ist ein Verzeichnis der seit dem 1. Januar 1921 gegen Naum Reichesberg eingeleiteten

Betreibungen (ohne allfällige Steuerausstände) beigelegt. Es handelt sich um 10 Betreibungen über insgesamt 3500 Franken.

Das EPD stellte dem Bundesrat mit Bericht vom 15. November 1922 dennoch den Antrag, «dem russischen Staatsangehörigen Prof. Dr. Naum (Nachmann) Reichesberg, in Bern, die bundesrätliche Bewilligung zur Einbürgerung in der Schweiz zu erteilen». Die Bewilligung zur Erwerbung eines schweizerischen Kantons- und Gemeindebürgerrechts war bereits vorbereitet und wartete nur noch auf die Unterzeichnung durch den Chef der Innenpolitischen Abteilung. Den Bedenken der bernischen Behörden stellte das EPD folgende Erwägungen gegenüber, denen «ausschlaggebende Bedeutung» zukomme: «Prof. Reichesberg hat sich nunmehr seit 30 Jahren an der Universität Bern als akademischer Lehrer betätigt; er geniesst, was übrigens im Polizeibericht bestätigt wird, bei Kollegen und Studierenden volles Ansehen. Er redigiert seit 1894 die ‹Schweiz. Zeitschrift für Volkswirtschaft und Sozialpolitik› und hat im Jahre 1912 unter Mitarbeit schweizerischer Gelehrter und Politiker und mit Subvention des Bundes das mehrbändige ‹Schweizerische Handwörterbuch für Volkswirtschaft, Sozialpolitik und Verwaltung› herausgegeben, wohl ein Beweis, dass er den schweizerischen Verhältnissen und Institutionen nicht fremd und ablehnend gegenübersteht. Es würde auch in der Öffentlichkeit und insbesondere in akademischen Kreisen kaum verstanden werden, wenn einem Manne die Fähigkeit, Schweizerbürger zu werden, abgesprochen werden wollte, dem der Kanton Bern seit Jahrzehnten ein wichtiges Lehrfach seiner Hochschule anvertraut hat. Es darf in diesem Zusammenhange daran erinnert werden, dass gewisse ausländische Staaten, wenn sie einen Fremden zu einer akademischen Lehrstelle berufen, ihm damit ipso jure ihr Staatsbürgerrecht verleihen. Hat sich Prof. Reichesberg in 30jähriger Lehrtätigkeit an einer schweizerischen Universität bewährt, so darf man ihm wohl das Recht zubilligen, sich um unser Bürgerrecht zu bewerben. Was die von der bernischen Behörde geäusserten Bedenken ökonomischer Natur betrifft, so ist darauf hinzuweisen, dass gemäss hierseitiger Praxis die Abweisung eines Einbürgerungsbewilligungs-Gesuchs aus rein ökonomischen Gründen nur dann erfolgt, wenn die materielle Existenzfähigkeit des Petenten direkt infrage gestellt ist; im übrigen muss es den lokalen Behörden überlassen bleiben, anlässlich der Behandlung der Einbürgerungsgesuche die wirtschaftlichen Verhältnisse der Kandidaten zu prüfen und daraus die gutscheinenden Folgerungen zu ziehen. Im vorliegenden Falle kann trotz stattgehabter Betreibungen die ökonomische Existenzfähigkeit des Bewerbers nicht bezweifelt werden, da diese durch die Einkünfte des Amtes sichergestellt ist und es sich um einen kinderlosen Haushalt handelt. Die Bundesbehörden haben daher unseres Erachtens keinen Anlass, aus wirtschaftlichen Gründen die Erteilung der Einbürgerungsbewilligung hintanzuhalten. Was die moralische und politische Einstellung des Kandidaten betrifft, so scheint uns die gesetzliche Voraussetzung zur Abweisung – ‹dass aus der Einbürgerung der Eidgenossenschaft Nachteile erwachsen würden› – keineswegs vorzuliegen.»

Das EPD konnte offenkundig nicht nachvollziehen, dass der Kanton Bern Naum Reichesberg seit 30 Jahren als Hochschullehrer anstellte, der sich zudem intensiv mit der schweizerischen Volkswirtschaft beschäftigte, ihn aber der Schweizer Staatsbürgerschaft nicht würdig empfand. Die übrigen Bedenken der kantonalen Polizeibehörden waren aus Sicht des Departements für den Bundesrat entweder nicht relevant oder nicht stichhaltig. Wie es dazu kam, dass der Gesamtbundesrat der Argumentation des EPD nicht folgen wollte, sondern – gemäss Vermerk auf dem Deckblatt des Einbürgerungsdossiers – am 4. Dezember 1922 beschloss, auf das Gesuch Naum Reichesbergs nicht einzutreten, ist aufgrund der Akten nicht mehr nachvollziehbar. Dem Dossier liegt weder ein ausformulierter Beschluss noch eine Erläuterung des Entscheides bei.

Ob es je einen effektiven Bundesratsbeschluss gab, ist ungewiss. Das Beschlussprotokoll der Bundesratssitzung vom 4. Dezember 1922 erwähnt das Einbürgerungsgesuch von Naum Reichesberg mit keinem Wort, und auch in den vorhergehenden und nachfolgenden Sitzungen wurde dieses offiziell nicht beraten.[134] «Nichteintreten» bedeutet zwar, dass der Bundesrat das Geschäft inhaltlich nicht behandelt hat. Allerdings handelt es sich auch hier um einen Beschluss, der protokollarisch festgehalten werden müsste. Denkbar wäre, dass das Geschäft erst gar nicht traktandiert wurde, weil der Antrag des EPD chancenlos war. Dies würde bedeuten, dass es keinen Beschluss gab. Was wiederum dem Vermerk auf dem Deckblatt des Einbürgerungsgesuches widersprechen würde, wo immerhin ein Beschluss mit Datum vom 4. Dezember 1922 festgehalten ist. Eine weitere mögliche Erklärung ist, dass das Protokoll der Bundesratssitzung nicht vollständig ist beziehungsweise vertrauliche Geschäfte separat protokolliert und nicht für die Öffentlichkeit zugänglich gemacht wurden.[135] In welcher Form Naum Reichesberg über die Beschlussfassung unterrichtet wurde, ist ebenfalls kaum mehr nachvollziehbar. Einziger Hinweis, dass Reichesberg überhaupt informiert wurde, ist die Aussage von Ernst Delaquis aus dem Jahr 1928, er selbst habe den Petenten über die Sachlage und die Gründe dafür orientiert.

---

134 Kein Beschlussprotokoll der Bundesratssitzungen zwischen dem 15. November (Datum des Antrages des EPD) und dem 31. Dezember 1922 enthält das Einbürgerungsgesuch von Naum Reichesberg. Andere Bürgerrechtsgesuche wurden sehr wohl beraten und protokolliert, es ist also nicht so, dass es sich grundsätzlich um geheime Traktanden handelte. Alle Protokolle sind einsehbar unter www.amtsdruckschriften.bar.admin.ch. Auch die ausgedehnten Nachforschungen in den Beständen des Bundesarchivs haben zu keinem Resultat geführt. Ein entsprechender Antrag an den Bundesrat ist weder bei den Anträgen des EPD an den Bundesrat aus dem Jahr 1922 noch bei jenen des EJPD auffindbar. BAR E1001#1000/6#46*: Anträge des Eidg. Politischen Departementes 1922 und BAR E1001#1000/6#197*: Anträge des Justiz- und Polizeidepartementes 1922. Ich bedanke mich namentlich bei Simone Chiquet vom Bundesarchiv für ihre Unterstützung bei der Suche nach dem verschollenen Beschluss.

135 Der Vorwurf, dass die Bundesratsprotokolle teilweise lückenhaft seien, steht auch heute im Raum und wurde von den Geschäftsprüfungskommissionen der eidgenössischen Räte mehrfach geäussert. Vgl. zum Beispiel Jahresbericht 2014 der Geschäftsprüfungskommissionen und der Geschäftsprüfungsdelegation der eidg. Räte, 19.

Sicher ist: Das Einbürgerungsdossier wurde im Dezember 1922 ad acta gelegt und erst nach Reichesbergs Tod wieder hervorgenommen. Der Chef der Innenpolitischen Abteilung gelangte jedenfalls am 10. Juli 1924 mit einer handschriftlichen Mitteilung an Naum Reichesberg und teilte ihm mit: «Da der Bundesrat im Dezember 1922 auf Ihr Gesuch um Erteilung der Einbürgerungsbewilligung nicht eingetreten ist & der Angelegenheit seither keine weiteren Folgen gegangen sind, so halten wir es für geboten, Ihnen die uns seiner Zeit übermittelten [Unterlagen] mitfolgend zurückzusenden, damit Sie darüber verfügen können.»

Die Positionen von Bund, Kanton und Stadt

Der Bundesrat trat nicht auf das Gesuch Naum Reichesbergs zur Erteilung der Einbürgerungsbewilligung ein und ging damit einer unangenehmen Auseinandersetzung aus dem Weg. Der Umgang der einzelnen Bundesämter mit dem Gesuch ist aufgrund der unvollständigen Akten leider nicht mehr nachvollziehbar. Das hat möglicherweise aber auch System. So deutete der damalige Chef der Polizeiabteilung des EJPD, Ernst Delaquis, in oben zitierter Notiz vom 24. Januar 1928 ein «Geheimverfahren» an. Was er damit genau meinte, erläuterte er nicht weiter. Die verschiedenen Notizen und Andeutungen von ehemaligen Entscheidungsträgern aus dem Jahr 1928 lassen allerdings vermuten, dass man mit Naum Reichesberg übereinkam, über die Angelegenheit Stillschweigen zu bewahren. Der Bundesrat konnte oder wollte – trotz entsprechenden Antrags des EPD – Naum Reichesberg und seiner Ehefrau die Bewilligung zur Einbürgerung in der Schweiz nicht erteilen, weil man sich sicher war, dass die Kantonsbehörden die Einbürgerung verhindern würden. Gleichzeitig fürchtete sich der Bundesrat offensichtlich davor, das Gesuch abzulehnen, weil man die Ablehnung womöglich gegenüber der Öffentlichkeit hätte begründen müssen und nicht überzeugend darlegen konnte, weshalb ein bekannter und verdienter Professor, der seit fast 30 Jahren an der Universität Bern lehrte, nicht Schweizer Bürger werden sollte. Dabei sei angemerkt, dass der Bundesrat grundsätzlich nicht zögerte, die Bewilligung zu verweigern. Erika Luce geht in ihren Untersuchungen der in der Zwischenkriegszeit abgelehnten Einbürgerungsgesuche in der Stadt Bern gar davon aus, dass der Grossteil der Abweisungen in diesem Zeitraum bereits auf der eidgenössischen Ebene erfolgte.[136]

Die vorhandenen Informationen deuten darauf hin, dass es die bernische kantonale Polizeidirektion war, die sich gegen die Einbürgerung des Ehepaars Reichesberg-Zukier wehrte. Von der städtischen Polizei ist nur der kurze, positive Bericht vom 7. Juni 1922 zuhanden der kantonalen Polizeidirektion bekannt, gemäss welchem den städtischen Behörden immerhin formal «nichts bekannt [war], welches ihn zur Erteilung der nachgesuchten Bürgerrechtsbewilligung als

136 Vgl. Luce, Nicht erfolgreich verlaufene Einbürgerungen: Fazit.

ungeeignet erscheinen lässt». Dass Reichesberg seinem Gesuch an den Bundesrat um Erteilung der Bewilligung zur Erwerbung eines Gemeinde- und Kantonsbürgerrechts eine Bescheinigung der städtischen Polizeidirektion über seinen Leumund beizulegen wagte, legt ebenfalls die Vermutung nahe, dass die Stadt Bern keine gröberen Einwände gegen ihn und seinen Einbürgerungswunsch hatte. Das ist interessant, war es doch die städtische Polizeidirektion, die im Jahre 1894 mit dem Antrag an die kantonale Polizeidirektion gelangt war, dem Ehepaar Reichesberg sei «wegen ihrer agitatorischen Tätigkeit» die Niederlassungsbewilligung zu verweigern und sie seien aus dem bernischen Kantonsgebiet auszuweisen.[137] In den 1920er-Jahren war seine «Gefährlichkeit» und «politische Agitation» offenbar kein Thema mehr für die städtischen Behörden. Auch auf die überlieferten Betreibungen wurde kein Bezug genommen.

Ob der Kanton Bern Naum Reichesberg die Einbürgerung tatsächlich verweigert hätte, wie der Bundesrat befürchtete, ist schwierig zu beurteilen. Das kantonale Polizei-Kommando und die kantonale Polizeidirektion plädierten zwar unmissverständlich auf Ablehnung. Allerdings wurde das bernische Kantonsbürgerrecht vom Grossen Rat erteilt, gestützt auf Bericht und Antrag des Gesamtregierungsrates.[138] Derselbe Regierungsrat hatte Reichesberg auf Antrag der Erziehungsdirektion mehrmals als Professor gewählt und bestätigt. Reichesberg war im Kanton Bern ein gut vernetzter Mann. Es ist aus heutiger Sicht kaum vorstellbar, dass die Berner Regierung eine Ablehnung des Einbürgerungsgesuches des bekannten Professors gegenüber der Öffentlichkeit hätte verteidigen können. Oder waren die Gründe, die gegen Reichesberg sprachen, wirklich so bestechend?

Von den kantonalen Behörden wurden Naum Reichesberg vordergründig vor allem seine Schulden und Betreibungen zur Last gelegt. Dass der Professor eher unsorgfältig mit Geld umging, scheint kein Geheimnis gewesen zu sein. «In der Verwaltung der Güter dieser Welt war er nicht sehr geschickt», schrieb sein Freund Professor Steiger dazu.[139] Den finanziellen Verhältnissen eines Bürgerrechtsbewerbers kam im Allgemeinen grosse Bedeutung zu, die Betonung der Schulden und der möglicherweise nicht nachgekommenen Steuerpflicht überrascht deshalb nicht. Allerdings war es meist die kommunale Ebene, die sich um die Einkommens- und Vermögensverhältnisse kümmerte, denn die Einwohnergemeinden mussten für Bedürftige aufkommen.[140] Deshalb betonte auch das

137 Von 1892 bis 1894 besassen die Eheleute Reichesberg-Tartakowsky eine Aufenthaltsbewilligung. Siehe Kapitel 3.1.

138 Vgl. Dekret betreffend die Erteilung des Gemeinde- und Kantonsbürgerrechtes und die Entlassung aus demselben vom 10. Dezember 1918, §§ 19, 22 und 23.

139 Nachruf in den Basler Nachrichten, Nr. 17, 17. 1. 1928.

140 Erika Luce hat für die Stadt Bern nachgewiesen, dass der grösste Teil der Abweisungen von Einbürgerungskandidaten zwischen 1919 und 1939 mit deren unsicheren finanziellen Verhältnissen begründet wurde. Auf kantonaler Ebene wurde das Argument der Armut nur in 5 von insgesamt 48 Fällen angeführt. Vgl. Luce, Nicht erfolgreich verlaufene Einbürgerungen: Kapitel 4.

EPD in seinem Bericht zuhanden des Bundesrates, die Prüfung der wirtschaftlichen Verhältnisse der Kandidaten sei den lokalen Behörden zu überlassen. Der Kanton Bern war hauptsächlich von den Steuerschulden Reichesbergs betroffen. Dass diese ausschlaggebend waren, darf aufgrund der Rhetorik der Berichte der kantonalen Polizeidirektion zumindest bezweifelt werden. Möglicherweise wurde ein «hartes» Kriterium gegen Naum Reichesberg hervorgehoben, um die «weichen» Kriterien zu untermauern, die wohl mindestens so entscheidend waren für den Widerstand gegen seine Einbürgerung.

Reichesberg wurde auch ein teilweise anstössiger Lebenswandel vorgeworfen. So soll er nach dem Tod seiner ersten Ehefrau viel Geld in Gesellschaft von Damen zweifelhaften Rufes ausgegeben haben.[141] Ob der Polizeibeamte, der diesen Vorwurf erhob, tatsächlich auf Prostituierte anspielte, ist unklar. Es wäre auch denkbar, dass er auf die russischen Studentinnen in Bern Bezug nahm, die in den Augen der lokalen Bevölkerung ein allzu unkompliziertes Verhältnis zu ihren männlichen Kollegen pflegten.[142] Sittlich-moralische Einwände führten auf Kantonsebene häufig zur Ablehnung eines Einbürgerungsgesuchs. Wessen Lebenswandel nicht den gängigen bürgerlichen Moralvorstellungen entsprach, der oder die hatte in der Zwischenkriegszeit kaum eine Chance, eingebürgert zu werden.[143] Ein schlechter Leumund wurde vor allem Frauen zum Verhängnis, viele stolperten über ein als unsittlich wahrgenommenes Sexualleben. Anna Reichesberg-Zukier wurde zwar kein unsittlicher Lebenswandel vorgehalten. Allerdings wurde sie als überheblich, moralisch zweifelhaft und undankbar gegenüber der Schweiz gebrandmarkt. Ihre Haushaltsführung schien zudem für die Polizeibeamten nicht mit einer gutbürgerlich-schweizerischen Frauenrolle vereinbar.

Den politischen Aktivitäten Reichesbergs schenkten die kantonalen Polizeibeamten vergleichsweise wenig Beachtung. Gleichwohl wurden seine sozialistischen Überzeugungen und seine guten Beziehungen zu Russen in der Schweiz und im Ausland betont. Auch der Hinweis auf seine familiäre Verbindung zur Revolutionärin Rosa Grimm fehlte nicht. Hier dringt – in abgeschwächter Form – die Ablehnung des «Judeo-Bolschewisten» durch, wie sie, durch eine Verbindung von stereotypen Vorurteilen über den «Ostjuden» mit antisozialistischer Propaganda, vor allem nach dem Landesstreik verbreitet war.[144] Die Beamten schienen sich aber weniger an den politischen Ansichten Reichesbergs zu stossen als vielmehr daran, dass Reichesberg das Schweizer Bürgerrecht ihres Erachtens nur aus opportunistischen Gründen erlangen wollte, nachdem er seine Hoffnungen auf einen Ministerposten in Russland unter einer Regierung

141 Der Wortlaut im Bericht von Landjäger Hofstetter war: «[...] en son temps de veuvage surtout Reichesberg a beaucoup dépensé d'argent en compagnie de femmes douteuses au point de vue sexuel.»

142 Vgl. Medem, Fun mayn lebn, 279; Feller, Universität Bern, 441–451, und Bankowski, Russischer Alltag im Plattenquartier, 10–12. Siehe auch Kapitel 4.1. zur «slawischen Mädchenschule».

143 Vgl. Luce, Nicht erfolgreich verlaufene Einbürgerungen: Kapitel 4.3.

144 Vgl. Kury, Über Fremde reden, 144–149, und Bürgisser, Unerwünschte Gäste, 74–77.

Kerenskij hatte aufgeben müssen.[145] Dass Naum Reichesberg erst nach rund 30-jährigem Aufenthalt in Bern Schweizer werden wollte und dass er diesen Schritt möglicherweise auch aus pragmatischen Gründen tat, das war der Berner Polizeidirektion offenbar verdächtig. In der Tat «richtete sich das Augenmerk [nach dem Krieg] mehr und mehr auf den ‹opportunistischen› Charakter der [Einbürgerungsgesuche], die vorwiegend aus finanziellen und wirtschaftlichen Gründen gestellt wurden», wie Brigitte Studer et al. bemerken.[146] Bei diesen Kandidaten fehlte, so die Überzeugung der Bundesbeamten, «une véritable affection pour la Suisse»,[147] was übersetzt wohl bedeutet, das Gesuch erfolge nicht aus ehrlichen Motiven.

Es war möglicherweise tatsächlich Pragmatismus, der Naum Reichesberg dazu brachte, «erst» Anfang der 1920er-Jahre das Schweizer Bürgerrecht zu beantragen. Wie in diesem Kapitel bereits früher dargelegt wurde, hatten Ausländer, die unter die Bestimmungen eines Niederlassungs- und Handelsvertrages fielen, bis zum Ersten Weltkrieg – abgesehen von den politischen Rechten und der Wehrpflicht – im ganzen Gebiet der Eidgenossenschaft dieselben Rechte und Pflichten wie kantonsfremde Schweizer Bürger. Ausländer in der Schweiz waren in ihrer Bewegungsfreiheit, in ihren beruflichen Möglichkeiten und in ihrer persönlichen Entfaltung kaum eingeschränkt. Es gab deshalb für Reichesberg schlicht keinen Grund, seine russische Staatsbürgerschaft zugunsten des Schweizer Bürgerrechts aufzugeben. Zumal er durch sein Umfeld und durch sein soziales und politisches Engagement mit seiner Herkunft stets verbunden blieb. Die Rahmenbedingungen hatten sich nach dem Ersten Weltkrieg aber drastisch verändert. Nach 1917 wurde der russische Pass Reichesbergs, der von den zaristischen Behörden ausgestellt worden war, wertlos. Ohne gültige Ausweisschriften war er staatenlos. Und als Staatenloser hatte er keinen gesicherten Aufenthaltsstatus mehr. Die Entscheidung, unter diesen Umständen die Staatsbürgerschaft desjenigen Landes zu beantragen, das ihm seit vielen Jahren eine Heimat war, scheint folgerichtig.

Dass Reichesberg nach der Februarrevolution 1917 ernsthaft in Betracht gezogen hatte, nach Russland zurückzukehren, wie dies die kantonalen Polizeibeamten vermuteten, ist durchaus vorstellbar. An den Entwicklungen in seiner Heimat hatte er stets regen Anteil genommen. Es wäre nicht überraschend, wenn er die Möglichkeit erwogen hätte, in Russland zum Aufbau einer neuen Gesellschaftsordnung beizutragen. Reichesberg war im Frühling 1917 auch involviert, als die russischen Emigranten in der Schweiz ihre Rückkehr nach Russland vor-

145 Aleksandr Fëdorovič Kerenskij (1881–1970) besetzte verschiedene Ämter in der Provisorischen Regierung, welche zwischen der Februar- und der Oktoberrevolution 1917 in Russland an der Macht war, und stand ihr zeitweise auch vor. Er stand den Sozialrevolutionären nahe. Zu Kerenskij und der Zeit zwischen Februar und Oktober 1917 siehe auch Kapitel 7.2 und 7.3.

146 Studer, Arlettaz und Argast, Das Schweizer Bürgerrecht, 75.

147 Zitiert in ebd.

bereiteten.[148] Die russischen Studentinnen und Studenten in Bern, die Anfang Juli 1917 die 25-jährige akademische Tätigkeit Reichesbergs mit einem Fest feierten, gingen offenbar nicht nur davon aus, dass sie selber nach Russland zurückkehren würden, sondern nahmen dies auch von ihrem gefeierten Lehrer an. In ihrer Ansprache im Namen der ganzen russischen Studierendenschaft in der Schweiz sprachen sie ausdrücklich den Wunsch aus, «den verehrten Professor bald in Russland sehen zu dürfen, für das Wohl seiner neubelebten Heimat arbeitend».[149] Ob die Annahme, dass Naum Reichesberg gerne nach Russland zurückkehren würde, auf Gesprächen mit ihm beruhte und damit tatsächlich dem Wunsch des Jubilars entsprach oder ob die Studierenden sich schlicht nicht vorstellen konnten, dass er sich unter den neuen Umständen für einen Verbleib in der Schweiz entscheiden würde, bleibt offen. Mit der Machtübernahme der Bolschewisten im Spätherbst 1917 hatte sich die Frage so oder so erübrigt. Reichesberg lehnte den bolschewistischen Umsturz ab.[150]

Der «südrussische Jude» wird «niemals ein richtiger Schweizer»

Eine wichtige Rolle spielten in der Argumentation der bernischen Polizeibeamten Herkunft und Religion Reichesbergs. Der Gesuchsteller sei als «Vollblutrusse und ebenso feuriger südrussischer Jude» in seiner «Denkungsart zu russisch und zu jüdisch» und könne «niemals ein richtiger Schweizer» werden. Zudem wird der «russisch-polnische Haushalt» seiner Ehefrau als totaler Gegensatz zu einem schweizerischen Heim gemalt. Hier werden eine absolute Fremdartigkeit des Russen und Juden und ein nicht zu überwindender Gegensatz zur schweizerischen Kultur postuliert. Die Assimilationsfähigkeit – und mehr oder weniger deutlich auch der Anpassungswille – wurde Reichesberg aufgrund seiner ethnisch-religiösen Herkunft a priori abgesprochen. Die Bezeichnung «Ostjude» taucht in den Polizeiberichten zwar nicht auf. Die Charakterisierung Reichesbergs entspricht aber eindeutig diesem Prototyp des Fremden, der alle unerwünschten Eigenschaften bündelt und in der Zwischenkriegszeit deshalb zur Zielscheibe des Kampfs gegen die «Überfremdung» wurde.[151] Der «Ostjude» war in den Augen der Behörden in seinem Denken, in seinem Verhalten und gar in

148 Siehe dazu Kapitel 7.2.

149 Der Bund, 13. 7. 1917.

150 Zu Reichesbergs politischer Position im russischen Kontext siehe Kapitel 7.2 und 7.3.

151 Vgl. Kury, Über Fremde reden, 117–149. Die Eidgenössische Kommission gegen Rassismus erkennt in der Verbindung zwischen Antisemitismus und Abwehr «des Fremden» eine spezifische Form des «schweizerischen Antisemitismus». Antisemitismus wird hier als Sammelbegriff für alle Formen der Ablehnung verwendet, die darauf zielt, Juden als solche und als Kollektiv herabzusetzen oder zu zerstören, sei dies durch rechtliche Diskriminierung, politische Aufwiegelung, geistige Hetze oder physische Gewalt. Vgl. EKR, Antisemitismus in der Schweiz, 19–20, 24–27. Vgl. auch Mächler, Kampf gegen das Chaos, 357–421, sowie Mattioli, Antisemitismus in der Geschichte der modernen Schweiz, 11.

seiner Geschäftsmoral den Schweizern «wesensfremd» und deshalb «unassimilierbar».[152] In diesem Sinne können auch die Aussagen zu seiner Verschuldung als antisemitisch gefärbte Vorwürfe gegen Reichesberg verstanden werden.

Das Bürgerrechtsbegehren Naum Reichesbergs fiel mitten in die Zwischenkriegszeit, in der die Abwehr des Fremden zum vordringlichen Ziel der Politik erklärt worden war und kulturalistische, ethno-rassische Vorstellungen den politischen Diskurs dominierten. Während die Einbürgerung vor dem Ersten Weltkrieg noch als Königsweg gehandelt wurde, um die wachsende ausländische Bevölkerung zu «assimilieren» und damit den Ausländeranteil an der Wohnbevölkerung zu senken, wurde sie nach dem Krieg zu einem zentralen Element im Kampf gegen die «Überfremdung». Die «Assimilation» an die «schweizerische Mentalität» war nun nicht mehr eine Konsequenz der Einbürgerung, sondern vielmehr deren Vorbedingung. Seit 1917 dominierte die Auffassung, das Schweizer Bürgerrecht könne nur jenen Ausländern gewährt werden, die bereits «assimiliert» oder mindestens «assimilierbar» sind, deren «Mentalität» also der schweizerischen entsprach.[153] Damit war eine Assimilation für bestimmte Gruppen von vornherein ausgeschlossen.[154] Dies betraf an erster Stelle alle, welche die Behörden unter dem «negativ besetzten, stereotyp verwendeten Begriff ‹Ostjude›» zusammenfassten.[155] Reichesberg war gemäss der in dieser Arbeit verwendeten Definition kein Ostjude, weil er nicht in der entsprechenden religiösen Lebenswelt verwurzelt war. Von den Behörden wurde er aber als solcher definiert und damit abgewertet.[156]

Der veränderte politische Diskurs hatte konkrete Einflüsse auf die behördliche Ausländer- und Einbürgerungspolitik, wie das Kreisschreiben des Bundesrates an die Regierungen der Kantone vom 2. Dezember 1921 betreffend «die Prüfung der Eignung von Personen, die sich um das Schweizerbürgerrecht bewerben», eindrücklich demonstriert. Die Prüfung eines Bewerbers um das Schweizer Bürgerrecht, schrieb der Bundesrat, dürfe sich nicht «auf die Nachforschung nach strafrechtlichen und polizeilichen Vorstrafen beschränken», sondern müsse die gesamte «Lebensführung» des Petenten an allen bisherigen Wohnorten berücksichtigen: «Es muss insbesondere auch der Frage Aufmerksamkeit geschenkt werden, ob der Bewerber den schweizerischen Verhältnissen und Anschauungen assimiliert ist oder sich zur Assimilation eignet, wobei eben-

152 Vgl. Kury, Ostjudenmigration nach Basel, 66–69. Kury bezieht sich in seinen Ausführungen auf das Vorwort von Dr. Hans Frey, dem damaligen Leiter der Fremdenpolizei des Kantons Zürich, zur Verordnung «über Einreise, Aufenthalt, Niederlassung und Ausweisung von Ausländern» vom 17. November 1919.

153 Vgl. Arlettaz und Arlettaz, La Suisse et les étrangers, 95–105; Studer, Arlettaz und Argast, Das Schweizer Bürgerrecht, 67–98; Kury, Über Fremde reden, 185–210, und Bürgisser, Unerwünschte Gäste, 74–77.

154 Vgl. Studer, Arlettaz und Argast, Das Schweizer Bürgerrecht, 39–148, und Arlettaz und Arlettaz, La Suisse et les étrangers, 102–105.

155 Kury, Über Fremde reden, 132.

156 Siehe Kapitel 1.2 zum Begriff Ostjude.

sowohl auf die persönlichen als auf die ethnischen Faktoren Gewicht zu legen ist.» Die kantonalen Polizeidirektionen wurden aufgefordert, darauf zu achten, dass die Berichte ihrer Dienststellen an die Bundesanwaltschaft auch die Frage beantworteten, «ob der Bewerber seiner Herkunft nach sich zur Anpassung an unsere schweizerische Eigenart eigne»: «Es ist für unser Land [...] von höchster Wichtigkeit, dass keine Elemente zum Bürgerrecht zugelassen werden, deren Vorleben nicht intakt ist oder die vermöge ihres Kulturstandes und ihrer ethnischen Eigenschaften in unserm Volkstum als Fremdkörper erscheinen müssten.»[157] Die Beamten der kantonalen Berner Polizeidirektion hatten diese Vorgaben im Zusammenhang mit dem Einbürgerungsgesuch Naum Reichesbergs pflichtgemäss umgesetzt.

Es wurden im Kanton Bern in den 1920er-Jahren durchaus Juden aus Osteuropa eingebürgert. Auch solche, die sich politisch deutlich positioniert hatten und nicht unbedingt finanziell abgesichert waren – und erst noch weniger gut vernetzt als der öffentlich bekannte Professor Naum Reichesberg. Als Beispiel sei hier Boris (Benzion) Tschlenoff (1864–1952) genannt, der sich als Russe und Jude, vor allem aber auch als überzeugter Sozialdemokrat und sozialpolitisch engagierter Arzt, in ähnlichen Kreisen bewegte wie Reichesberg, mit dem er gut bekannt war. Tschlenoff wurde – zusammen mit Naum Reichesberg und dem Genfer Arzt Manuel Dainow – von der italienischen Gesandtschaft in Bern sogar als «agent communiste» verdächtigt.[158] Trotzdem erhielt Boris Tschlenoff 1921 das Berner Kantonsbürgerrecht.[159]

Die Macht der Beamten

Die genauen Vorgänge rund um das Bürgerrechtsgesuch Naum Reichesbergs bleiben verschwommen. Es ist unklar, wer in welchem Mass an der Beurteilung des Gesuchs beteiligt war und inwiefern der Regierungsrat des Kantons Bern und die städtischen Exekutivbehörden über den Prozess im Bild waren. Ohne Frage kommt aber den zuständigen Beamten des Polizei-Kommandos des Kantons Bern und der kantonalen Polizeidirektion eine entscheidende Rolle zu: Sie allein entschieden, welche Informationen sie in ihren Berichten über Naum Reichesberg in welcher Form weitergeben und welche Aspekte sie betonen wollten. Die Quellen legten sie nicht offen. Ihre Berichte bildeten – zusammen mit allfälligen Berichten der städtischen Polizei – die Entscheidungsgrundlage für die

157 Kreisschreiben des Bundesrates an die Regierungen der Kantone vom 2. Dezember 1921 betreffend die Prüfung der Eignung von Personen, die sich um das Schweizerbürgerrecht bewerben.

158 BAR E21#1000/131#8561-9699*: Personalbogen von Anarchisten, Kommunisten, Sozialisten, Nationalisten, Mitgliedern von Minderheitenbewegungen usw., A–Z, Dossier Nr. 9574: Tschlenoff Benzion Aronoff, Information der Italienischen Gesandtschaft vom 8. September 1920. Siehe Kapitel 7.2 zu dieser Anschuldigung.

159 Vgl. Bürgisser, Boris Tschlenoff, 181–185. Siehe auch Kapitel 7.2 zur Bekanntschaft von Reichesberg und Tschlenoff.

Behörden aller drei Staatsebenen. Damit hatten sie in gewissem Masse auch die Deutungshoheit über das Verhalten und die Persönlichkeit des Bewerbers. Was im Zusammenhang mit dem Fall Naum Reichesbergs klar zutage tritt, gilt ganz generell: Da es keinen Rechtsanspruch auf Einbürgerung gab (und gibt), kam den sogenannten weichen Kriterien wie dem Leumund oder der «Assimilationsfähigkeit» des Bewerbers bei der Beurteilung von Einbürgerungsgesuchen eine grosse Bedeutung zu. Dies räumte den zuständigen Beamten und ihren subjektiven Berichten einen nicht zu unterschätzenden Ermessensspielraum und damit auch eine Machtbefugnis ein. Die Beamten waren die eigentlichen Entscheidungsträger.[160] Das Bürgerrechtsbegehren Naum Reichesbergs zeigt exemplarisch auf, dass nicht nur die Gesetzgebung an sich, sondern vor allem deren Implementierung auf der administrativen Ebene entscheidend ist für die konkrete Ausgestaltung der Migrationspolitik.[161] Und sie verdeutlicht, welche Macht den Akten und den darin konstruierten «Wirklichkeiten» zukommt.[162]

160 Vgl. Luce, Nicht erfolgreich verlaufene Einbürgerungen: Kapitel 4.4 und Fazit sowie Kury, Über Fremde reden, 189–191.
161 Vgl. Reinecke, Grenzen der Freizügigkeit, 17.
162 Vgl. Die Ausführungen zum Umgang mit Verwaltungsakten in der Einleitung.

4 Akademisches Wirken und wissenschaftliche Lehre

Für Naum Reichesberg war die Universität Bern ein optimales Wirkungsfeld: Der radikal-liberale Erziehungsdirektor Albert Gobat prägte die Hochschule seit den 1880er-Jahren mit seiner Modernisierungspolitik. Ausdruck davon waren nicht nur die liberalen Zulassungsbedingungen und die Offenheit der Universität gegenüber ausländischen und weiblichen Studierenden. Gobat zeigte sich auch angetan von neuen Disziplinen wie den Wirtschafts- und Sozialwissenschaften. An der Universität Bern lehrten seit den 1870er-Jahren sozialpolitisch interessierte Nationalökonomen. Mit der Berufung Ludwig Steins zum Ordinarius für Philosophie 1891 konnte sich auch die Soziologie in Bern früh als Lehrfach etablieren. Die sozialwissenschaftliche Lehre Reichesbergs, deren Kern die Auseinandersetzung mit der «sozialen Frage» und die statistische Methode bildeten, fügte sich gut in dieses Umfeld ein. In diesem Kapitel steht das Wirken Naum Reichesbergs an der Universität Bern im Fokus. Der erste Teil behandelt den Werdegang Reichesbergs und die Anstellungsbedingungen an der Universität Bern, während sich der zweite Teil inhaltlich mit seiner akademischen Lehre befasst.

4.1 Tätigkeit an der Universität Bern

Die Universität Bern war eine Gründung der liberalen Ära. Ihr Grundstein wurde aber bereits im 16. Jahrhundert gelegt. Kurz nach dem Reformationsbeschluss in Bern 1528 wurde die sogenannte Hohe Schule ins Leben gerufen, deren Hauptaufgabe es war, angehende Pfarrer auf ihre Aufgabe vorzubereiten. Der ursprüngliche, auf die theologische Bildung ausgerichtete Fächerkanon wurde mit der Zeit durch weitere Lehrstühle ergänzt. Im Zuge der Reorganisation des höheren Schulwesens während der Mediation wurde aus der alten Hohen Schule eine Akademie geschaffen. Bern reihte sich damit in die Hochschulreformen des frühen 19. Jahrhunderts ein. Mit ihren vier Fakultäten Theologie, Recht, Medizin und Philosophie lehnte sie sich äusserlich an die traditionelle Universitätsstruktur an, welche die neu gegründete Universität 1834 weitgehend übernehmen konnte.[1]

1831 übernahmen im Kanton Bern die Liberalen die Macht. Die neue, liberale Verfassung beendete die Vormacht der Stadt und erklärte die Bewohner des Landes zu gleichberechtigten Bürgern des Kantons. Die Förderung der öffentlichen Schul- und Bildungsanstalten wurde zu einer vordringlichen Aufgabe des Staates. Die Krönung des kantonalen Bildungswesens sollte eine neue Hoch-

---

1 Im Unterschied zur späteren Universität erhielt die Akademie keine Lehr- und Lernfreiheit. Vgl. Im Hof, 1528–1834, 27–39, und Im Hof, Hohe Schule, 25–57.

schule im liberalen Geist werden, deren Zweck es nicht zuletzt war, dem neuen Staat als «Kaderschmiede» zu dienen.[2] Im März 1834 verabschiedete der Grosse Rat im Rekordtempo von zehn Tagen das neue Hochschulgesetz.[3] Damit war die Universität Bern gegründet. Das Gesetz, das sowohl das höhere Gymnasium wie auch die Hochschule betraf und erst 1954 durch ein neues Universitätsgesetz ersetzt wurde, beschränkte sich vor allem auf organisatorische Fragen. Vieles blieb späteren Ausführungsbestimmungen überlassen.[4]

Die «slawische Mädchenschule»

Der liberale Ursprung der Berner Hochschule zeigte sich bereits bei der Besetzung der Lehrstühle deutlich: Im Wintersemester 1834/35 bestand die Professorenschaft aus 17 Deutschen, 17 Schweizern und einem Franzosen. Unter den Deutschen waren viele politisch Verfolgte. Die Berufung von ausländischen Professoren war nicht nur eine Folge des Mangels an «einheimischem» Nachwuchs – viele Konservative wurden übergangen –, sondern eine bewusste politische Entscheidung. Der erste Rektor der Universität Bern war der Jurist Wilhelm Snell, der Deutschland aufgrund seiner politischen Gesinnung hatte verlassen müssen.[5] Die Universität Bern stellte bereits früh auch katholische und jüdische Dozenten an. Die jüdischen Professoren kamen zu Beginn vor allem aus den deutschen Ländern.[6] Der Mediziner Gustav Valentin (1810–1883) aus Schlesien,[7] der von 1836 bis 1882 als Professor für Physiologie und vergleichende Anatomie an der Universität Bern lehrte, war der erste ungetaufte jüdische Professor an einer deutschsprachigen Universität und der erste jüdische Dekan (1843–47 und 1861–65). Bereits 1863/64 wurde zudem mit dem Völkerpsychologen Moritz Lazarus (1824–1903) aus Posen der erste Jude zum Rektor der Universität Bern gewählt. Auch in späteren Jahrzehnten lehrten mehrere Dozenten jüdischer Herkunft an praktisch allen Fakultäten der Berner Hochschule. Der Münchner Philipp Lotmar (1850–1922) wurde 1888 zum Ordinarius für römisches Recht berufen und war ein Pionier des Arbeitsrechts. In den 1890er-Jahren erhielten unter anderen der in Ungarn geborene Philosoph Ludwig Stein (1859–1930) und Naum Reichesberg an der Universität Bern eine

2 Vgl. Im Hof, Hohe Schule, 58 f., und Junker, Bern zur Zeit der Universitätsgründung, 41–47.

3 Nachdem die Bestrebungen für eine gesamtschweizerische Universität gescheitert waren, preschte Zürich 1833 mit der Eröffnung einer eigenen Universität vor. Bern konnte aus Prestigegründen nicht zurückstehen. Vgl. Im Hof, Hohe Schule, 58 f.

4 Vgl. Junker, Bern zur Zeit der Universitätsgründung, 48 f.

5 Vgl. Im Hof, Hohe Schule, 60, und Feller, Universität Bern, 35 f.

6 Die «Länder» waren die souveränen Gliedstaaten des Deutschen Bundes (1815–1866). Verschiedene Fürstentümer, Königreiche und freie Städte hatten sich zu diesem Staatenbund zusammengeschlossen.

7 Vgl. «Valentin, Gabriel Gustav», HLS, www.hls-dhs-dss.ch/textes/d/D14677.php.

Anstellung.[8] Und schliesslich war die erste Extraordinaria an der Universität Bern, Anna Tumarkin (1875–1951), russisch-jüdischer Herkunft. Der berühmteste jüdische Dozent, der je in Bern gelehrt hatte, dürfte Albert Einstein sein. Er erhielt 1908 die Lehrberechtigung.[9]

Die Universität nahm ihren Betrieb im November 1834 mit 187 immatrikulierten Studenten auf. Damit konnte die Hochschule zu Beginn nicht viel mehr Schüler anziehen als ihre Vorgängerinstitution, die Akademie. In den folgenden Jahren stiegen die Zahlen zwar leicht an und erreichten 1849/50 ein Maximum von 251 immatrikulierten Studenten. Diese Zahlen blieben aber weit unter den Erwartungen der politischen und akademischen Behörden. Mit der Hochschulgründung hatten die liberalen Kräfte auch die Hoffnung verbunden, dass sich mehr junge Männer aus den ländlichen Gebieten des Kantons den akademischen Studien widmen würden. Die akademische Bildung sollte kein Vorrecht der städtischen Jugend sein. In der Realität kam aber der Grossteil der Studierenden aus der Stadt Bern oder aus anderen Kantonen. Auf dem Land gab es nur ungenügende Bildungsmöglichkeiten und insbesondere kaum Mittelschulen. Um die Jugend aus ländlichen Gebieten nicht von vornherein mit hohen Hürden vom Besuch der Universität auszuschliessen, wurde der Zugang weit geöffnet. Für die Immatrikulation reichte statt eines Gymnasialzeugnisses auch eine vergleichbare Vorbildung.[10] In der Praxis bedeutete diese grosszügige Aufnahmepraxis, dass viele Studienanfänger direkt von der Primarschule kamen.[11] Das Erziehungsdepartement und der akademische Senat waren sich bewusst, dass viele Studenten eine ungenügende Vorbildung mitbrachten und dass Massnahmen zugunsten der Qualität der wissenschaftlichen Ausbildung ergriffen werden mussten. Die Lösung hiess gemäss Vorschlag des akademischen Senates von 1840 «weites Ein-

---

8 In den Jahren 1906 bis 1909 wurde Ludwig Stein Opfer einer antisemitischen Hetzkampagne. In der Presse, angeführt von der Basler Wochenzeitung «Der Samstag», wurde seine wissenschaftliche Kompetenz mit teilweise absurden Vorwürfen in Zweifel gezogen. Dass er für das konservative Milieu geradezu zum «Blitzableiter» wurde, hatte wohl vor allem damit zu tun, dass er als osteuropäischer Jude und liberaler Kosmopolit, der enge finanzielle und geistige Beziehungen zum Deutschen Reich pflegte und zudem in Bern gerne mit rauschenden Festen und einer repräsentativen Villa seinen Reichtum zur Schau stellte, eine ideale Zielscheibe für deren Antisemitismus war. Ludwig Stein demissionierte schliesslich im Frühling 1910 aufgrund des öffentlichen Drucks. Vgl. Rogger, Jüdische Lernende und Lehrende an der Berner Hochschule, 295–302; Rogger, Jüdisches Universitätsleben in Bern, 151 f., und Zürcher, Unterbrochene Tradition, 140–145.

9 Vgl. Rogger, Jüdische Lernende und Lehrende an der Berner Hochschule, 295–302.

10 Das Reglement über die «Bedingungen des Eintritts in die Hochschule», das erst zwei Wochen vor dem Beginn des Eröffnungssemesters Ende Oktober 1834 erlassen wurde, verzichtete auf eine Zulassungsprüfung. Die Berner Regenerationspolitiker glaubten daran, dass die Jugend vom Land ihren Bildungsrückstand dank ihres Bildungseifers und ihres Fleisses rasch aufholen konnte. Vgl. «Die Entwicklung der Zulassungsbedingungen» und «Die Entwicklung der Studentenzahlen 1528–1980», Hochschulgeschichte Berns, 407 f., 422 f., und Feller, Universität Bern, 26.

11 Im Kanton Bern existierten damals nur ganz wenige Sekundarschulen, die zudem praktisch ausnahmslos durch Private getragen waren. Vgl. Junker, Bern zur Zeit der Universitätsgründung, 49.

gangstor und schmale Ausgangspforte»:[12] Die Immatrikulation sollte weiterhin ohne gymnasiale Reife möglich sein, der Zugang zu den Abschlussprüfungen wurde aber an höhere Bedingungen an die Vorbildung geknüpft. Damit hätten, so die Überlegung, die Studenten ohne gymnasiale Vorbildung genügend Zeit, die fehlende Allgemeinbildung nachzuholen. Die strengeren Anforderungen an die Vorbildung wurden aber erst mit der Revision der Reglemente für die Staatsprüfungen in den 1860er- und 1870er-Jahren nach und nach an allen Fakultäten durchgesetzt.[13]

Auch die Ausländer kamen nicht in der erhofften Zahl. Man hatte namentlich darauf gezählt, dass viele Studenten aus den deutschen Ländern an die neue Hochschule strömen würden. Mit einem Zuzug von ausländischen Studenten waren nicht zuletzt finanzielle Interessen verbunden, da diese mit den pro Vorlesung bezahlten Kolleggeldern direkt zur Finanzierung der Universität beitrugen. Doch dass die Berner Hochschule auf liberale Professoren setzte, blieb nicht ohne Auswirkungen: Der Deutsche Bundestag, der die Vertretungen aller Mitgliedstaaten des Deutschen Bundes versammelte, forderte die Regierungen der Länder bereits vor der Eröffnung der neuen Hochschule auf, ihren Untertanen den Besuch der Universität Bern zu verbieten. Preussen hob die «Geistessperre» zwar bereits 1842 wieder auf, machte den Besuch der Universität Bern aber von einer Bewilligung der Regierung abhängig. Für die junge Berner Hochschule war das Fernbleiben der deutschen Studenten eine Enttäuschung.[14] Glaubt man Richard Feller, so war die Hochschule in ihren ersten Jahren vor allem attraktiv für Hörerinnen und Hörer, wozu viele Grossräte sowie Frauen und Männer aus dem städtischen Bürgertum zählten.[15]

Mit dem Wintersemester 1865/66 setzte ein bis dato unbekanntes und bis zum Ersten Weltkrieg andauerndes Wachstum der Studierendenzahlen ein. Zu Beginn profitierte vor allem die Medizinische Fakultät von diesem Wachstum. Später nahmen auch die Studierendenzahlen an der Philosophischen Fakultät stark zu. Das ausserordentliche Wachstum ab den 1870er-Jahren war hauptsächlich den Studierenden aus dem Zarenreich geschuldet: Zu einem grossen Teil waren es Frauen und Angehörige von nationalen Minderheiten wie Polen, Ukrainer, Armenier und insbesondere Juden, die bald in Massen an die Berner Hochschule strömten. Im Sommersemester 1874 waren erstmals mehr Ausländer und Aus-

12 Feller, Universität Bern, 75.

13 Vgl. «Die Entwicklung der Zulassungsbedingungen», Hochschulgeschichte Berns, 408–410.

14 Vgl. Im Hof, Hohe Schule, 63 f.; «Die Entwicklung der Studentenzahlen 1528–1980», Hochschulgeschichte Berns, 419–423; Junker, Bern zur Zeit der Universitätsgründung, 42–45, und Feller, Universität Bern, 5–113.

15 Feller, Universität Bern, 51. Richard Feller (1877–1958) wirkte von 1921 bis 1948 als Professor der Schweizergeschichte an der Universität Bern. In seiner Geschichte der Universität Bern (1935), aus der in diesem Kapitel immer wieder zitiert wird, verfasste Feller zugleich eine Geschichte der Universität, eine Berner «Gelehrtenhistorie» und eine Geschichte der politischen und sozialen Entwicklungen zwischen 1834 und 1934. Vgl. «Feller, Richard», HLS, www.hls-dhs-dss.ch/textes/d/D16564.php.

serkantonale als Berner immatrikuliert. Zwischen 1903 und 1907/08 waren gar mehr als die Hälfte der immatrikulierten Studierenden Ausländer, davon stammten die meisten aus dem Russischen Reich.[16]

Bereits in den 1860er-Jahren hatten sich vereinzelt Studenten aus Russland an der Universität Bern eingeschrieben.[17] Der eigentliche Andrang von Studierenden aus dem Zarenreich begann aber im Wintersemester 1873/74. Ein Jahr zuvor hatte eine Delegation russischer Medizinstudentinnen bei Rektor Valentin Schwarzenbach vorgesprochen, um sich zu erkundigen, unter welchen Bedingungen eine Immatrikulation an der Universität Bern möglich wäre. Da der Zulassung von Frauen zum Studium keine formalen Hürden entgegenstanden – die Reglemente sagten nichts darüber aus und im Hochschulgesetz war von «Studierenden» und nicht von «Studenten» die Rede –, empfahl die Medizinische Fakultät, die Studentinnen wie Studenten zu behandeln, aber unbedingt ein Auge auf ihr Benehmen zu werfen. Zuerst kamen nur einzelne Russinnen nach Bern. Nachdem Zar Alexander II. im Mai 1873 einen Erlass publiziert hatte, in dem er die russische Kolonie in Zürich als revolutionären Hort und die dort studierenden Russinnen als unsittlich denunzierte und damit drohte, alle ab 1. Januar 1874 an der Universität Zürich studierenden Untertanen von Staatsprüfungen im Russischen Reich auszuschliessen und mit einem Berufsverbot zu belegen, schrieben sich im folgenden Wintersemester 20 Medizinerinnen aus dem Zarenreich an der Universität Bern ein.[18]

Die Geschichte des Frauenstudiums an der Universität Bern ist eng mit den russischen Studentinnen verbunden. Zwar hatte die Universität bereits seit den 1860er-Jahren vereinzelt Frauen zum Studium zugelassen.[19] Doch erst mit der Anfrage studienwilliger Russinnen im Herbst 1873 mussten sich der akademische Senat und die Kantonsregierung grundsätzlich mit der Frage des Frauenstudiums auseinandersetzen. Der Senat war gespalten: Eine Minderheit der Professoren verlangte eine Zulassungsprüfung für Studentinnen. Die Mehrheit folgte der positiven Haltung der betroffenen Fakultäten und sprach sich für eine weitgehende Gleichberechtigung der Geschlechter aus. Im Februar 1874 verabschiedete der Regierungsrat ein entsprechendes Reglement.[20] Die Universität Bern führte das Frauenstudium damit im europäischen Vergleich früh ein. Nur

16 Vgl. «Die Entwicklung der Studentenzahlen 1528–1980», Hochschulgeschichte Berns, 424 f.

17 Vgl. Anzahl Studierende aus dem Zarenreich an der Universität Bern zw. 1865 und 1914 gemäss Anhang 7 in Masé, Student Migration of Jews from Tsarist Russia (2012).

18 Vgl. «Das Frauenstudium an der Universität Bern», Hochschulgeschichte Berns, 497–500; Im Hof, Hohe Schule, 80 f., und Feller, Universität Bern, 292–294.

19 Laut Feller soll Ernestine Schroer aus Berlin bereits 1868 angefragt haben, ob sie sich an der Medizinischen Fakultät einschreiben dürfe. Sie taucht allerdings nicht im Studierendenverzeichnis auf. Die erste Frau, die im Verzeichnis der Studierenden auftaucht, ist Katharina Gontscharoff aus dem russischen Kaluga im Jahr 1870. Im Sommersemester 1872 schrieb sich erstmals eine (Ausland-)Schweizerin ein. Vgl. Feller, Universität Bern, 237 f., und «Das Frauenstudium an der Universität Bern», Hochschulgeschichte Berns, 497.

20 Frauen waren den Männern nicht ganz gleichgestellt. Sie mussten bis 1901 zusätzlich zum Leumundszeugnis und zum Nachweis, dass sie das 18. Altersjahr überschritten hatten, auch eine

in Frankreich (Paris 1863) und an den Universitäten Zürich (1867) und Genf (1872) waren Frauen früher offiziell zum Studium zugelassen.[21] Die deutschen Universitäten öffneten sich erst im 20. Jahrhundert für Frauen. Schweizerinnen nutzten die Möglichkeit zu studieren kaum. Sie machten bis zum Ersten Weltkrieg maximal 10 Prozent der Studentinnen aus.[22]

Zwischen 1874 und 1914 studierten in der Schweiz nach Schätzung von Daniela Neumann rund 5000 bis 6000 Frauen aus dem Zarenreich.[23] Unter den russischen Studierenden, die sich in den 1860er- und 1870er-Jahren an Schweizer Universitäten einschrieben, waren hauptsächlich Frauen. Damals kamen sie eher aus den privilegierten Schichten und waren mehrheitlich ethnische Russinnen. Der Anteil der Minderheiten war gering. In den 1880er-Jahren änderte sich die soziale Zusammensetzung der russischen Studentinnen in der Schweiz dramatisch: Die grosse Mehrheit der Studentinnen aus dem Zarenreich waren nun Jüdinnen (je nach Universität und Fakultät zwischen 60 und 80 Prozent).[24] Die Mehrheit der russischen Studentinnen schrieb sich an der Medizinischen Fakultät ein. Der Andrang der Russinnen an die Medizinische Fakultät war kein Zufall. Im Russischen Reich gab es zwar im 19. Jahrhundert bereits Frauenhochschulen für Medizin. Die meisten wurden aber um 1900 geschlossen. An den letzten geöffneten Frauenhochschulen in St. Petersburg und Moskau galt zudem ein Numerus clausus von 3 Prozent für Studentinnen jüdischer Herkunft. Da im Zarenreich aber alle Untertanen jeglicher Nationalität und jeglichen Glaubensbekenntnisses unabhängig vom Geschlecht zum medizinischen Staatsexamen zugelassen wurden, wenn sie im Ausland studiert hatten, strömten viele russische und insbesondere jüdische Frauen für das Medizinstudium ins Ausland.[25]

Bewilligung ihres Rechtsvertreters (Vater oder Ehemann) vorlegen. Vgl. Reglement über die Bedingungen des Eintritts weiblicher Studirender in die Hochschule vom 11. Februar 1874.

21 Die traditionelle Universität Basel folgte erst 1890.

22 Vgl. «Das Frauenstudium an der Universität Bern», Hochschulgeschichte Berns, 497–505.

23 Vgl. Neumann, Studentinnen aus dem Russischen Reich, 49.

24 Vgl. Masé, Student Migration of Jews from Tsarist Russia (2012), 32, 36–44 und 51–57.

25 Vgl. «Das Frauenstudium an der Universität Bern», Hochschulgeschichte Berns, 497–501, und Feller, Universität Bern, 237 f., 292–294. Jüdische Studierende beider Geschlechter wurden von russischen Universitäten ferngehalten, ihre Bildungsabschlüsse, die sie im Ausland erworben hatten, wurden im Russischen Reich aber teilweise anerkannt. Eine ärztliche Tätigkeit war Juden im Zarenreich grundsätzlich erlaubt. Wenn der Numerus clausus für jüdische Studierende einfach als antijüdische Massnahme verstanden wird, wirkt das wie ein Widerspruch. Allerdings waren die universitären Ausbildungsplätze im Zarenreich im späten 19. Jahrhundert generell rar. Das höhere Bildungswesen wurde zwar ausgebaut, konnte aber längst nicht alle Studierwilligen aufnehmen. Der Numerus clausus kann also auch als Versuch verstanden werden, die begehrten Studienplätze nicht an Juden zu vergeben. Hatten Juden ihren Abschluss im Ausland erlangt, belasteten sie das Ausbildungssystem nicht mehr. Zum höheren Bildungswesen im Zarenreich des 19. Jahrhunderts vgl. Heidborn, Russländische Studierende an der Berliner Friedrich-Wilhelms-Universität, 27–29. Möglicherweise war der Bedarf nach Ärztinnen und Ärzten im Zarenreich auch schlicht viel grösser als die Ausbildungskapazität der eigenen medizinischen Hochschulen. Dann wäre die Zulassung von Juden mit ausländischem Medizinstudium zu einer ärztlichen Tätigkeit als pragmatische Politik zu deuten. Für diese Interpretation

Die Zahl russischer Studentinnen und Studenten an der Universität Bern nahm seit den 1870er-Jahren kontinuierlich zu. Ab der Jahrhundertwende kann von einem richtiggehenden Ansturm von Studierenden aus dem Zarenreich gesprochen werden. Der Höhepunkt war im Studienjahr 1907/08 erreicht, als in Bern etwa 700 russische Studierende (von total 1700 Studierenden) immatrikuliert waren. Der Anteil jüdischer Studierender unter den «Russinnen» und «Russen» stieg ebenfalls immer stärker an – von knapp der Hälfte in den 1870er-Jahren bis auf rund 80 Prozent kurz vor dem Ersten Weltkrieg. Unter den Medizinstudentinnen und -studenten war der Anteil Jüdinnen und Juden unter den Studierenden aus dem Zarenreich gar noch höher. Zwischen zwei Drittel und drei Viertel der russisch-jüdischen Studierenden schrieben sich an der Medizinischen Fakultät ein.[26] «Ausländischer Student [sic!] hiess in Bern primär Russe bzw. Russin», schrieb Ulrich Im Hof über die Jahre vor dem Ersten Weltkrieg.[27]

Der Zustrom von Studierenden aus dem Zarenreich wurde von der Berner Bevölkerung skeptisch, wenn nicht ablehnend beobachtet. Das behagliche, bürgerliche Bern war plötzlich Heimat von Hunderten jungen Frauen und Männern aus dem Zarenreich, deren Lebenswelt sich drastisch von derjenigen der lokalen Bevölkerung unterschied. Zeitgenossen erinnern sich, wie die bernische Bevölkerung den ärmlich gekleideten Studierenden aus dem Osten, die abends oft laut redend und singend durch die Strassen des Länggassquartiers schlenderten, mit einer Mischung aus Befremden und Geringschätzung begegneten. Viele Pensionen oder private Zimmervermieter verkündeten mit Schildern an ihren Türen, dass sie «keine Slawen» aufnahmen. Besonders irritiert zeigten sich die Bernerinnen und Berner von den jungen Frauen, die kurze Haare trugen und einen äusserst lockeren Umgang mit ihren männlichen Kollegen pflegten. Die Ablehnung der Einheimischen, die man durchaus als xenophob bezeichnen darf, richtete sich meist allgemein gegen die «Slawen» und die unsittlichen Frauen. Man sprach von «Russenplage» und lachte über die «slawische Mädchenschule».[28] Die Verbindung zwischen «Russe» und «Jude» wurde aber doch gemacht – häufig unausgesprochen, zuweilen aber auch ganz direkt. In der Presse mischten sich antislawische, judenfeindliche und frauenfeindliche Untertöne.[29]

Dass die Universität Bern den Zugang für russische Studierende trotz der teilweise heftigen Angriffe in der Presse, der Beschwerden von Schweizer Stu-

spricht auch, dass Juden die Laufbahn als Militärarzt offenstand. Diesen Hinweis verdanke Alexis Hofmeister (Universität Basel).

26 Die Aussagen stützen sich auf die Übersicht über die Anzahl Studierende aus dem Zarenreich an der Universität Bern zwischen 1865 und 1914 gemäss Anhang 7 in Masé, Student Migration of Jews from Tsarist Russia (2012).

27 Im Hof, Hohe Schule, 81. Im Gegensatz zu anderen Schweizer Hochschulen zog die Universität Bern nur wenige Deutsche an.

28 Feller, Universität Bern, 442.

29 Vgl. Medem, Fun mayn lebn, 279; Feller, Universität Bern, 441–451; «Das Frauenstudium an der Universität Bern», Hochschulgeschichte Berns, 502–505, und Rogger, Jüdisches Universitätsleben in Bern, 145–149.

denten und entsprechender Vorstösse im Grossen Rat lange nicht erschwerte, war vor allem dem damaligen Erziehungsdirektor Albert Gobat (1882 bis 1906) zu verdanken. Gobat, der auch als «Beschützer der Russen» betitelt wurde,[30] verteidigte die Russinnen vehement gegen die Vorwürfe, ihre Vorbildung sei mangelhaft und sie würden der Qualität des Unterrichts schaden, und wehrte sich lange mit Erfolg gegen die Verschärfung der Zulassungsbedingungen. Um die Jahrhundertwende wurde der Druck aber zu gross. Nachdem die Universität Zürich strengere Vorschriften für die Zulassung zum Studium erlassen hatte, wurden in Bern Bedenken laut, dass die eigene Hochschule einen noch grösseren Ansturm von unqualifizierten Personen erleben würde. Die schweizerischen Studenten klagten, die Studentinnen und Studenten aus dem Zarenreich würden ihnen die Plätze wegnehmen, hauptsächlich an den Medizinischen Kliniken, und die Presse schimpfte, die Qualität des Unterrichts leide wegen der mangelnden Vorbildung der Russen. Im Januar 1901 verabschiedete der Regierungsrat ein neues Eintrittsreglement, das die definitive Abkehr vom Grundsatz «weite Eingangstüre und schmale Ausgangspforte» bedeutete:[31] Von Schweizer Bürgern wurde die Maturität oder ein Zeugnis verlangt, das für die Staatsprüfung im betreffenden Fach vorgeschrieben war. Bei Ausländern hatten die Fakultäten mehr Spielraum, sie konnten für den Bildungsnachweis eigene Bedingungen aufstellen. Schweizer wie Ausländer, die den geforderten Bildungsausweis nicht vorlegen konnten, mussten neu eine Zulassungsprüfung bestehen.[32]

Erziehungsdirektor Albert Gobat interpretierte das neue Reglement allerdings wohlwollend und schwächte es damit wieder ab. Das Abgangszeugnis von Handelsschulen wurde der gymnasialen Reife gleichgestellt. Vor allem aber wurde die Exmatrikel einer anderen Universität als genügender Vorbildungsnachweis anerkannt. Das neue Reglement führte denn auch nicht zum erhofften Rückgang der Studierendenzahlen. Erneut gerieten besonders die Russinnen ins Kreuzfeuer der Kritik.[33] Erst nachdem Gobat die Unterrichtsdirektion 1906 hatte verlassen müssen – nicht zuletzt aufgrund einer heftigen Kampagne gegen die «Russenuniversität» –, wurden ab 1908 auch an Ausländerinnen und Ausländer, sprich an die russischen Studierenden, strengere Anforderungen gestellt.[34]

---

30 Feller, Universität Bern, 449.

31 Ebd., 444. Für die Berner Kantonsbürger hatte die Regierung bereits früher mit dem Grundsatz des «weiten Eingangstors» gebrochen: Auf Antrag der Maturitätskommission wurde das Eintrittsreglement im September 1880 dahingehend geändert, dass Berner bereits bei der Immatrikulation ein Maturitätszeugnis vorweisen mussten. Siehe Feller, Universität Bern, 292, und «Die Entwicklung der Studentenzahlen 1528–1980», Hochschulgeschichte Berns, 424.

32 StAB BB IIIb 196–200: Zirkulare, Drucksachen, Entscheide 1879–1905, Reglement über den Eintritt in die Hochschule Bern vom 12. Januar 1901. In den Reglementen wird grundsätzlich die männliche Form verwendet.

33 Gobat verfügte 1905 auf Druck des akademischen Senats eine klare Regelung, welche Bildungsausweise aus Russland zum Studium in Bern berechtigten. Vgl. Feller, Universität Bern, 447 f.

34 Die Bedingungen, welche die Schweizerische Rektorenkonferenz im Juni 1908 für die Immatrikulation an Schweizer Universitäten aufstellte, deckten sich im Wesentlichen mit den neuen Zulassungsbedingungen der Universität Bern. Vgl. «Das Frauenstudium an der Universität

Diesmal schien die Massnahme Wirkung zu zeigen. Die Zahl der ausländischen Studierenden ging in den Folgejahren zurück.[35] 1913/14 erfolgte nochmals ein starker Andrang russisch-jüdischer Medizin*studenten*.[36] Nachdem an den Medizinischen Fakultäten deutscher Universitäten ein strikter Numerus clausus für russische Studierende eingeführt wurde, genehmigte auch die Berner Erziehungsdirektion auf Antrag der Medizinischen Fakultät im Februar 1914 provisorisch eine zahlenmässige Begrenzung der neu zu immatrikulierenden ausländischen Studierenden. Die Massnahme betraf offiziell alle Ausländerinnen und Ausländer, die Sorgen der Medizinischen Fakultät galten aber dem grossen Andrang russisch-jüdischer Männer.[37] Der Numerus clausus erwies sich bereits nach zwei Semestern als überflüssig. Der Ausbruch des Ersten Weltkrieges hatte das Problem erledigt.[38]

Bis zum Ersten Weltkrieg war die Universität Bern – gemessen an der Zahl der immatrikulierten Studierenden – die grösste Hochschule der Schweiz. Nach dem Krieg sank die Studierendenzahl von fast 2000 Studentinnen und Studenten auf einen Tiefstand von knapp 1300 im Sommersemester 1930. Erst danach setzte wieder eine Aufwärtsbewegung ein. An der Universität Zürich hatten die Studierendenzahlen zwar nach dem Krieg auch stark abgenommen, das Wachstum setzte aber früher wieder ein. Der zahlenmässige Rückgang an der Universität Bern war insbesondere dem Umstand geschuldet, dass die Studierenden aus dem Zarenreich nach dem Krieg nicht zurückkehrten. Nach den Revolutionen von 1917 standen die Hochschulen in Russland allen Bevölkerungsgruppen offen, also auch der jüdischen Minderheit und den Frauen. Erst zu Beginn der 1930er-Jahre zog es wieder ausländische Studierende nach Bern, diesmal namentlich auch jüdische Studierende aus Deutschland. Auch der Frauenanteil war seit dem Weggang der Russinnen sehr tief, er lag bei rund 10 Prozent.[39]

Bern», Hochschulgeschichte Berns, 502–505; Im Hof, Hohe Schule, 69 f.; Feller, Universität Bern, 350 f., 441–450, und Zürcher, Unterbrochene Tradition, 140.

35 Der Rückgang der Zahl der Studierenden aus dem Zarenreich dürfte mindestens teilweise auch dem Umstand geschuldet gewesen sein, dass die Anzahl und die Qualität der «Höheren Frauenkurse» im Russischen Reich ab 1905 stark zunahmen und deren Absolventinnen seit 1907 auch zu den Abschlussprüfungen der Universitäten zugelassen wurden. Vgl. Neumann, Studentinnen aus dem Russischen Reich, 48 f.

36 Der erneute Andrang von Russen an der Medizinischen Fakultät war dieses Mal vor allem auf Männer jüdischer Herkunft zurückzuführen. Vgl. Anzahl Studierende aus dem Zarenreich an der Medizinischen Fakultät der Universität Bern in den Jahren vor dem Ersten Weltkrieg, aufgeschlüsselt nach Herkunft und Geschlecht, gemäss Anhang 7 in Masé, Student Migration of Jews from Tsarist Russia (2012).

37 StAB BB IIIb 495: Hochschule – Russenfrage 1913 und 1914, insbesondere Schreiben des Dekanats der Medizinischen Fakultät an die Unterrichtsdirektion des Kantons Bern, 14. 2. 1914, und Antwort der Unterrichtsdirektion vom 26. 2. 1914.

38 Vgl. «Die Entwicklung der Zulassungsbedingungen», Hochschulgeschichte Berns, 411–413, und Feller, Universität Bern, 442–451, 504.

39 Vgl. «Die Entwicklung der Studentenzahlen 1528–1980», Hochschulgeschichte Berns, 426–428, und Feller, Universität Bern, 503–507, 553–558.

Während die Jahrhundertwende an der Universität Bern von einer Internationalisierung des Studierenden- und Lehrkörpers und einer Öffnung für neue Disziplinen gekennzeichnet gewesen war, war die Zwischenkriegszeit von einer «Verschweizerung» und Abschottung geprägt. Nicht nur die Zahl der ausländischen Studierenden nahm markant ab. Es wurden auch weniger Professoren aus dem Ausland berufen. Die Universität Bern reagierte zwar nicht mit einer ganz so restriktiven und selektiven Zulassung von Studierenden und Dozierenden auf die Machtergreifung der Nationalsozialisten in Deutschland wie andere Schweizer Universitäten. Aber auch in Bern konnten die Kräfte, welchen die «Russenuniversität» stets ein Dorn im Auge gewesen war, einen Triumph feiern.[40] Für Markus Zürcher begann diese Entwicklung hin zu einem konservativen und provinziellen Geist bereits mit dem erzwungenen Departementswechsel von Regierungsrat Albert Gobat im Jahr 1906, der «den gesamtschweizerisch schwindenden Einfluss des progressiven Liberalismus und den Machtzuwachs konservativer Erneuerer» spiegelt.[41]

Werdegang Naum Reichesbergs und Anstellungsbedingungen an der Universität Bern

Mit vielen anderen Studierenden aus dem Zarenreich kam 1890 auch Naum Reichesberg nach Bern. Mit einem Zeugnis der Juristischen Fakultät der Universität Wien schrieb er sich im Sommersemester 1890 an der Universität Bern ein.[42] Im Juni 1891 schloss Naum Reichesberg sein Studium mit einer Dissertation über «Friedrich Albert Lange als Socialökonom» und einer Doktorprüfung in der dritten Studienrichtung der Juristischen Fakultät ab. Bei der sogenannten Gruppe III der Fächer der Juristischen Fakultät handelte es sich um die Doktorprüfung mit dem Hauptfach Nationalökonomie.[43] Zu einem eigenständigen Prüfungsfach wurde die Nationalökonomie erst im 20. Jahrhundert aufgewertet.[44]

In Wien hatte der junge Reichesberg unter anderem bei den Brüdern Franz und Ludwig Joseph (Lujo) Brentano studiert. Der jüngere der beiden Brüder, Lujo Brentano, war Professor für Nationalökonomie, Finanzwissenschaft und Wirtschaftsgeschichte. Er gilt als «Kathedersozialist» und war Gründungsmitglied des «Vereins für Socialpolitik». Sein Einfluss auf Reichesberg ist nicht zu

40 Vgl. Zürcher, Unterbrochene Tradition, 189–192.

41 Zürcher, Unterbrochene Tradition, 140. Regierungsrat Albert Gobat wurde nach seiner Wiederwahl durch das Volk im Jahr 1906 durch einen «zweifellos ad personam erlassenen» Verfassungszusatz gezwungen, die Erziehungsdirektion nach 24 Jahren zu verlassen. Er stand danach bis zu seinem Rücktritt 1912 der Direktion des Innern vor.

42 Vgl. StAB BB IIIb 1160 Band IV: Album Universitatis Bernensis/Immatrikulationen, SS 1887–SS 1895, Reichesberg Naum, Matrikel-Nr. 6267, Sommersemester 1890.

43 Vgl. Reglement über die Ertheilung der Doktorwürde durch die juristische Fakultät zu Bern vom 3. 6. 1874 und Caroni, Kathedersozialismus an der juristischen Fakultät, 221 f.

44 Vgl. Caroni, Kathedersozialismus an der juristischen Fakultät, 223.

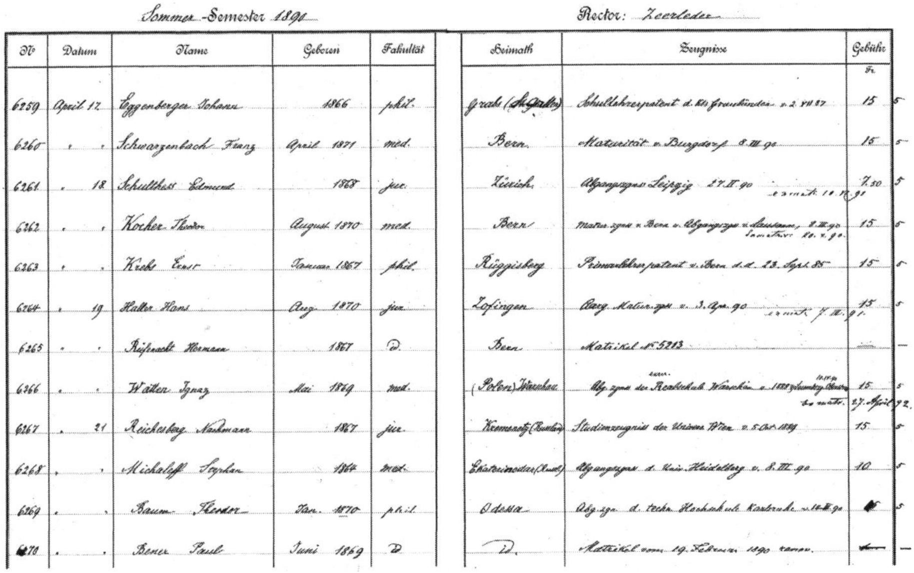

Sommer-Semester 1891 — Rector: Zeerleder

№	Datum	Name	Geboren	Fakultät	Heimath	Zeugnisse	Gebühr Fr.	
6259	April 17	Eggenberger Johann	1866	phil.	Grabs (St. Gallen)	Schullehrerpatent d. Kts Graubünden v. 2. VII 87	15	5
6260	" "	Schwarzenbach Franz	April 1871	med.	Bern	Maturität v. Burgdorf 8. III 90	15	5
6261	" 18	Schulthess Edmund	1868	jur.	Zürich	Abgangszgns Leipzig 27. II. 90 [illegible] 10. [illegible] 91	7.50	5
6262	" "	Kocher Theodor	August 1870	med.	Bern	Matur. zgns v. Bern u. Abgangszgs v. Lausanne, 8. III. 90 [illegible] 20. X. 90.	15	5
6263	" "	Krebs Ernst	Januar 1867	phil.	Rüggisberg	Primarlehrerpatent v. Bern d.d. 23. Sept. 85	15	5
6264	" 19	Haller Hans	Aug. 1870	jur.	Zofingen	Aarg. Matur. zgn v. 3. Apr. 90 [illegible] 7. III. 91.	15	5
6265	" "	Rüfenacht Hermann	1867	id.	Bern	Matrikel No 5213	—	—
6266	" "	Watten Ignaz	Mai 1869	med.	(Polen) Warschau	Abg. zgns der Realschule Warschau v. 1888 [illegible] 27. April 92.	15	5
6267	" 21	Reichesberg Nachmann	1867	jur.	Kremenetz (Russland)	Studienzeugniss der Univers. Wien v. 5. Oct. 1889	15	5
6268	" "	Michaloff Stephan	1864	med.	[illegible] (Russl.)	Abgangszgns d. Univ. Heidelberg v. 8. III. 90	10	5
6269	" "	Baum Theodor	Jan. 1870	phil.	Odessa	Abg. zgn. d. techn. Hochschule Karlsruhe v. 10. III. 90	[illegible]	5
6270	" "	Bener Paul	Juni 1869	id.	id.	Matrikel vom 19. Februar 1890 [illegible]	—	—

Eintrag Naum Reichesberg im Matrikelbuch der Universität Bern, Sommersemester 1891, Matrikelnummer 6267. (StAB BB IIIb 1160 Band IV: Album Universitatis Bernensis/Immatrikulationen, SS 1887–SS 1895.)

übersehen.[45] In Bern nennt Reichesberg seinen späteren Kollegen, den Nationalökonomen August Oncken, sowie den Staatsrechtler Carl Hilty als wichtige Einflüsse. Nach Abschluss seines Doktorates zog es Naum Reichesberg für kurze Zeit nach Berlin, wo er sich an der Friedrich-Wilhelms-Universität, der heutigen Humboldt-Universität, bei Adolf Wagner, August Meitzen und Richard Böckh in Nationalökonomie und Statistik weiterbildete.[46] Richard Böckh gilt als bedeutendster deutscher Statistiker des ausgehenden 19. Jahrhunderts. Er hatte vor seiner Berufung zum Professor als königlicher Regierungsrat am Königlich Preussischen Statistischen Bureau und später als Leiter des Statistischen Bureaus der Stadt Berlin geamtet und namentlich die Erhebungsmethoden in der Bevölkerungsstatistik entscheidend weiterentwickelt.[47]

In Berlin verbrachte Naum Reichesberg höchstens zehn Monate. Bereits im April 1892 ersuchte er an der Juristischen Fakultät der Universität Bern um

45 Vgl. «Brentano, Lujo», NDB, www.deutsche-biographie.de/gnd118673874.html#ndbcontent. Zum Begriff «Kathedersozialismus» siehe den entsprechenden Abschnitt in Kapitel 4.2.

46 StAB BB III b 541: Juristische Fakultät, Professoren und Dozenten P – Snell (1835–1931), Lebensbeschreibung von N. Reichesberg (1892). Adolf Wagner (1835–1917) war Mitbegründer des Vereins für Socialpolitik und galt ebenfalls als «Kathedersozialist». Vgl. Biographisches Lexikon zur Geschichte der deutschen Sozialpolitik 1871 bis 1945, Bd. 1, 167 f.

47 Vgl. «Boeckh, Richard», NDB, www.deutsche-biographie.de/gnd116216859.html#ndbcontent.

die Venia Docendi für Nationalökonomie und Statistik. Anfang August 1892 wurde ihm von der Erziehungsdirektion beschieden, dass er die Lehrberechtigung für die ersuchten Fächer erhalte, unter dem Vorbehalt, dass er die von der Fakultät gewünschten Abänderungen in der vorgelegten Habilitationsschrift über «Die Statistik und ihr Verhältnis zur Gesellschaftswissenschaft» vornehme. Am 28. Oktober 1892 hielt Naum Reichesberg vor versammelter Fakultät den durch das Habilitations-Reglement vorgeschriebenen Probevortrag mit dem Titel «Quételet's moralstatistische Ansichten», worauf ihm definitiv die Venia Docendi für Statistik und Nationalökonomie erteilt wurde.[48] Von 1892 bis 1898 wirkte Reichesberg als Privatdozent – ohne Honorar. Gemäss Artikel 38 des Hochschulgesetzes wäre die Entrichtung eines Honorars an Dozenten zwar möglich gewesen.[49] Reichesberg selbst gelangte denn auch mehrfach an die Erziehungsdirektion und bat mit Verweis auf seine gut besuchten Vorlesungen um Gewährung eines Honorars, wobei ihn die Juristische Fakultät unterstützte. Trotz Empfehlung der Fakultät und der Erziehungsdirektion lehnte der Gesamtregierungsrat den Antrag immer wieder ab, zuletzt im Dezember 1897. Im Protokollauszug der Sitzung des Regierungsrates ist die Ablehnung nicht begründet. Der Antrag auf Ablehnung wurde aber in allen Fällen von der Finanzdirektion gestellt.[50]

Im Januar 1898 beförderte der Regierungsrat Naum Reichesberg, «welcher seit 1892 mit grossem Fleiss und gutem Erfolg als Privatdozent gewirkt hat», auf einstimmigen Antrag der Juristischen Fakultät zum ausserordentlichen Professor, «jedoch ohne Besoldung».[51] Die Amtszeit eines ausserordentlichen Professors dauerte – wie jene der ordentlichen Professoren – sechs Jahre. Im Dezember 1902 nahm Reichesberg einen neuen Anlauf und bat den Regierungsrat um Entrichtung eines Honorars, wie es im Hochschulgesetz vorgesehen war. Die Erziehungsdirektion beantragte dem Gesamtregierungsrat mit Verweis auf die Bedeutung des Faches und auf die Leistungen des Gesuchstellers eine Besoldung von 2000 Franken jährlich (was, wie die Erziehungsdirektion bemerkte, unter dem üblichen Wert von 2300 Franken lag): «Die unterzeichnete Direktion hält dafür,

48 StAB BB III b 541: Juristische Fakultät, Professoren und Dozenten P – Snell (1835–1931), Mitteilung der Erziehungsdirektion des Kantons Bern an N. Reichesberg vom 3. 8. 1892 und Schreiben der juristischen Fakultät an die Erziehungsdirektion des Kantons Bern vom 29. 10. 1892 betr. Bitte um Erteilung der Venia Docendi für N. Reichesberg.

49 Art. 38 des Hochschulgesetzes von 1834 lautet: «Diejenigen Docenten, welche während zwei Semestern mit besonderer Auszeichnung Vorlesungen an der Hochschule gehalten haben, können vom Regierungsrath auf den Vortrag des Erziehungsdepartements ein Honorar erhalten, welches die jährliche Summe von Fr. 400 nicht übersteigen darf.»

50 StAB BB III b 541: Juristische Fakultät, Professoren und Dozenten P – Snell (1835–1931), Schreiben von Reichesberg an die Erziehungsdirektion vom 21. 6. 1894 und vom 26. 2. 1897, Schreiben der jurist. Fakultät an die Erziehungsdirektion vom 23. 7. 1894 und vom 24. 4. 1897, Vorträge der Erziehungsdirektion an den Regierungsrath vom 18. 10. 1894 und 2. 9. 1897 sowie Notiz der Finanzdirektion vom 7. 11. 1894 und Notiz des Kantonsbuchhalters an die Finanzdirektion betr. Besoldung Prof. Dr. Reichesberg vom 14. 4. 1903.

51 StAB BB III b 541: Juristische Fakultät, Professoren und Dozenten P – Snell (1835–1931), Regierungsratsbeschluss Nr. 744 vom 14. Januar 1898.

die Statistik und die Sozialpolitik seien wichtig genug, um dem Hochschullehrer, der sie mit Erfolg vertritt, ein angemessenes Honorar zu gewähren. [...] Die Leistungen von Dr. REICHESBERG sind anerkennenswerte; die juristische Fakultät hat aus diesem Grund beschlossen, das vorliegende Gesuch entschieden zu befürworten. Im neugegründeten statistischen Seminar werden die wichtigeren Arbeiten publiziert (Beilage, Heft I). Der Gesuchsteller hat ferner das grosse Lieferungswerk ‹Handwörterbuch der schweizerischen Volkswirtschaft, Sozialpolitik und Verwaltung› zur Ausführung gebracht.»[52]

Diesmal war das Gesuch Reichesbergs erfolgreich; ab dem 1. Januar 1903 erhielt er, wie von der Erziehungsdirektion beantragt, ein Gehalt von 2000 Franken jährlich.[53] 2000 Franken entsprachen damals, wie bereits in Kapitel 2.2 festgestellt, etwa dem durchschnittlichen Jahreslohn der bestbezahlten Arbeiter in Bern.[54]

Dass das Gesuch Reichesbergs um Gewährung eines Dozentenhonorars im Jahr 1902 günstig beurteilt wurde, während er bei früheren Versuchen eine abschlägige Antwort erhielt, dürfte einerseits durch seine zehnjährige Lehrtätigkeit begründet sein. Der Regierungsrat konnte sich unterdessen ein umfassendes Bild über seine wissenschaftliche Arbeit machen. Andererseits dürfte bei der Beurteilung des Antrags von 1902 auch die Gründung des Statistischen Seminars im Jahr 1901 eine Rolle gespielt haben, dessen Leitung Reichesberg übernahm.[55] Dass an der Juristischen Fakultät auf seine Initiative hin ein eigenes Statistisches Seminar entstehen konnte, war für ihn ein grosser Erfolg. Es stärkte sein Fach, aber auch seine Stellung in der Fakultät. In den ersten Jahren seiner Lehrtätigkeit hatte sich Reichesberg immer wieder rechtfertigen müssen, dass es neben Professor August Oncken noch einen zweiten Dozenten der Nationalökonomie geben dürfe und dass sich ihre akademische Tätigkeit durchaus ergänze und nicht konkurrenziere: «Das Gebiet der Nationalökonomie wie der Statistik hat sich im Laufe der letzten Dezennien dermassen entwickelt und ausgedehnt, dass an einer Universität wie Bern zwei Lehrer dieser Fächer nebeneinander, ohne in irgendwelche Kollision mit einander treten zu müssen, noch immer viel zu thun haben».[56] Im August

52 StAB BB III b 541: Juristische Fakultät, Professoren und Dozenten P – Snell (1835–1931), Vortrag der Direktion des Unterrichtswesens an den Regierungsrat vom 17. 2. 1903.

53 StAB BB III b 541: Juristische Fakultät, Professoren und Dozenten P – Snell (1835–1931), Regierungsratsbeschluss Nr. 2693 vom 1. Juli 1903. Die Besoldung wurde rückwirkend auf den 1. Januar 1903 gewährt.

54 Vgl. Gruner, Arbeiterschaft und Wirtschaft in der Schweiz, Bd. 1, 350–357. Der Arbeiter-Jahreslohn für verschiedene Branchen wurde unter Annahme von 300 Vollarbeitstagen berechnet. Gruner weist darauf hin, dass die berechneten Jahreslöhne kaum den tatsächlichen durchschnittlichen Einkommen entsprachen. Die Einnahmeeinbussen infolge von Arbeitsausfällen (Krankheit, Militärdienst, Arbeitsmangel) sind nicht eingerechnet. Diese variierten je nach Branche. Bei den Typografen, die hier als Referenz herangezogen werden, dürften die Arbeitsausfälle geringer gewesen sein als in Branchen, die saisonalen Schwankungen unterstanden. Gruner geht von durchschnittlich 6–14 Tagen Arbeitsausfall aus.

55 StAB BB III b 541: Juristische Fakultät, Professoren und Dozenten P – Snell (1835–1931).

56 StAB BB III b 541: Juristische Fakultät, Professoren und Dozenten P – Snell (1835–1931), N. Reichesberg an die juristische Fakultät der Uni Bern vom 20. 7. 1906.

1906 wurde Naum Reichesberg – auf dessen Antrag hin und mit Unterstützung der Juristischen Fakultät – vom Regierungsrat per 1. November 1906 zum ordentlichen Professor für Statistik und Nationalökonomie mit einer Amtszeit von sechs Jahren und einem Gehalt von 4500 Franken jährlich befördert.[57] In den Jahren 1912, 1918 und 1924 wurde Naum Reichesberg als Ordinarius bestätigt. Die Besoldung blieb bis 1918 bei 4500 Franken jährlich, für die nachfolgenden zehn Jahre ist das Gehalt nicht belegt. Im Übrigen stand Naum Reichesberg 1921/22 als Dekan der Juristischen Fakultät der Universität Bern vor.[58]

Von 1892 bis 1902 lehrte Naum Reichesberg als Privatdozent und später als Extraordinarius ohne Besoldung. Diese Situation war für ihn sicher unbefriedigend und dürfte mit ein Grund gewesen sein, weshalb er sich im Sommer 1897 – erfolglos – auf die frei gewordene Professur für Nationalökonomie an der Universität Zürich bewarb.[59] Der Regierungsrat des Kantons Bern handelte mit der Ablehnung der Gesuche Reichesbergs aber gesetzeskonform. Ausserordentliche Professoren hatten gemäss Hochschulgesetz von 1834 keinen *Anspruch* auf ein Gehalt. Sie hatten aber *Anrecht* auf ein Gehalt von maximal 1600 a. Franken (Art. 41). Bei der Einführung des neuen Franken im Jahr 1852 bedeutete dies eine Maximalbesoldung für Extraordinarien von 2240 Franken.[60] Die 2000 Franken, die der Regierungsrat Naum Reichesberg ab 1903 zusprach, lagen also im üblichen Bereich. Die Besoldung von 4500 Franken, die Naum Reichesberg nach seiner Beförderung zum Ordinarius Ende 1906 und bis 1918 erhielt, war zum damaligen Zeitpunkt hingegen eher bescheiden. Wie Richard Feller nachwies, gehörten diejenigen Professoren, die ein Gehalt von 4500 Franken bezogen, bereits um 1910 zur Minderheit. Mehr als die Hälfte der Professoren erhielt damals 5000, einzelne sogar bis 6000 Franken.[61] In diesem Zusammenhang sei auch auf die grosse Teuerungswelle zwischen 1905 und 1912 hingewiesen. Die Preise für Verbrauchsgüter stiegen in dieser Zeit um 18,7 Prozent.[62] Reichesbergs Gehalt war in den Jahren vor dem Krieg real also deutlich geschrumpft.

Seit 1867 war der Regierungsrat befugt, die Professorengehälter in Ausnahmefällen über das alte Maximum von 4200 Franken gemäss Hochschulgesetz von 1834 hinaus anzuheben, namentlich, um von anderen Universitäten umworbene Professoren zu halten. Davon machte er nicht selten Gebrauch. Eine einheitliche Besoldungspolitik gegenüber den Hochschuldozenten fehlte, die Ungleich-

57 StAB BB III b 541: Juristische Fakultät, Professoren und Dozenten P – Snell (1835–1931), Regierungsratsbeschluss Nr. 3886 vom 20. August 1906.

58 StAB BB III b 1277: Dekanatsakten, Dekanat Reichesberg 1921/22.

59 StAZH MM 3.11 RRB 1897/2149: Hochschule, Regierungsratsbeschluss vom 11. 11. 1897. Es waren 12 Bewerbungen auf die Stelle des zurückgetretenen Prof. Dr. Julius Wolf eingegangen. Die Staatswissenschaftliche Fakultät der Hochschule Zürich schlug dem Regierungsrat Prof. Dr. Heinrich Herckner von der Universität Karlsruhe zur Wahl vor. Der Regierungsratsbeschluss gibt keine Anhaltspunkte zum Auswahlverfahren.

60 Vgl. Feller, Universität Bern, 509–516.

61 Vgl. ebd., 510.

62 Vgl. Gruner, Arbeiterschaft und Wirtschaft in der Schweiz, Bd. 1, 357 f.

heit der Professorengehälter wurde immer stossender. Eine Besoldungsrevision scheiterte dennoch mehrmals. 1881 wurde für Professoren – nachdem Gleiches bereits den Lehrern und Pfarrern zugemutet worden war – die Anstellung auf Lebenszeit aufgehoben und die beschränkte Amtsdauer eingeführt.[63] Erst 1913 wurde die Besoldung des Lehrkörpers der Hochschule neu geregelt. Das Gehalt eines Ordinarius wurde nun auf 5500 bis 7000 Franken festgelegt, das Maximum für ausserordentliche Professoren lag neu bei 2500 beziehungsweise 5000 Franken bei vollamtlicher Tätigkeit. Die Entschädigung für Dozenten betrug 600 Franken. Das Besoldungsdekret von 1913 führte zudem neu Dienstalterszulagen ein. Die vorgesehene Erhöhung der Gehälter verzögerte sich allerdings infolge des Kriegsausbruchs bis 1916. Die grosse Teuerung während der Kriegsjahre machte bereits nach wenigen Jahren wieder eine Besoldungsrevision nötig. Das Maximalgehalt für Ordinarien wurde 1919 auf 10 500 Franken, dasjenige für Extraordinarien auf 3500 beziehungsweise 7500 Franken bei vollamtlicher Tätigkeit fixiert. Die Besoldung der Privatdozenten betrug neu zwischen 600 und 1000 Franken. Ob das Gehalt Reichesbergs nach Verabschiedung des neuen Besoldungsdekrets von 1913 den höheren gesetzlichen Vorgaben von 5500 bis 7000 Franken für einen Professorenlohn angepasst wurde, ist nicht klar. Als Reichesberg 1918 und 1924 jeweils für sechs Jahre im Amt bestätigt wurde, war die Besoldung nicht in Zahlen ausgewiesen. 1918 hiess es lediglich, die Besoldung erfolge «gemäss Dekret».[64] Spätestens 1918 müsste er also im Minimum 5500 Franken jährlich verdient haben. In den folgenden Jahren dürften es aufgrund der teuerungsbedingten Erhöhung der Löhne noch mehr gewesen sein.

Dozierende und ausserordentliche Professoren waren normalerweise auf zusätzlichen Erwerb angewiesen. Für sie dürften die Kolleggelder als zweite Einnahmequelle umso wichtiger gewesen sein: Die Studierenden hatten gemäss Artikel 32 des Hochschulgesetzes von 1834 für ein «einfaches Kollegium» von minimal 4 Wochenstunden 10 a. Franken zu entrichten, für ein «doppeltes Kollegium» von minimal 8 Wochenstunden 16 a. Franken. Diese Beträge entsprachen in der neuen Währung 14 Franken respektive 22.40 Franken. Zum Vergleich: Ein Kilogramm Brot kostete in Bern im Jahr 1895 25 Rappen, ein Stück Rindfleisch 1.50 Franken.[65] Wie wichtig die Kolleggelder als zweite Einnahmequelle für Naum Reichesberg waren, sprich wie viel er mit den Kolleggeldern verdiente, ist schwierig abzuschätzen. Ab dem Sommersemester 1893 hielt er jeweils zwei

63 Der im Hochschulgesetz (Art. 48) festgelegte Anspruch auf eine vergünstigte Dienstwohnung wurde offenbar bereits in den 1850er-Jahren nicht mehr berücksichtigt. Vgl. «Zur Finanzierung von Hochschule und Universität im 19. und 20. Jahrhundert», Hochschulgeschichte Berns, 370.

64 StAB BB III b 541: Juristische Fakultät, Professoren und Dozenten P – Snell (1835–1931), Regierungsratsbeschluss vom 18. Dezember 1918. Bei seiner erneuten Bestätigung als Ordinarius im Oktober 1924 ist im Regierungsratsbeschluss kein Hinweis mehr zu finden auf seine Besoldung. Das bedeutet vermutlich, dass die Besoldung gemäss Dekret erfolgte und nicht speziell erwähnt werden musste.

65 Vgl. Gruner, Arbeiterschaft und Wirtschaft in der Schweiz, Bd. 1, 402.

bis drei Kollegien (Seminare oder Vorlesungen) pro Semester. Gemäss seinen eigenen Angaben bewegte sich seine Zuhörerschaft pro Semester – alle Kollegien zusammengerechnet – bis zum Ende des 19. Jahrhunderts zwischen 70 und 100 Studierenden.[66] Wenn wir davon ausgehen, dass es sich bei seinen Kollegien um «einfache Kollegien» handelte, so könnte er mit den Kolleggeldern pro Semester gut 1000 Franken eingenommen haben. Wobei Reichesberg gemäss den Vorlesungsverzeichnissen viele öffentliche Vorlesungen hielt, für die keine Kolleggelder zu entrichten waren.[67] In seinem Antrag auf Gewährung eines Honorars an den Regierungsrat vom 4. Dezember 1902 weist Reichesberg darauf hin, dass er jedes Semester öffentliche Vorlesungen halte, «für die sich jeweilen 80–150 Studierende einschrieben», dass aber auch «seine sonstigen Collegien Zuhörerzahlen [aufweisen], die sich zuweilen bis zu 40 erheben».[68] 40 Personen pro Kolleg waren immer noch eine hohe Zahl, zumal die Fächer, die Reichesberg unterrichtete, damals «weder in den Reglementen für die Doctorprüfungen noch in denjenigen für die Staatsprüfungen als Prüfungsfächer Aufnahme gefunden [hatten]».[69] Die Einnahmen aus Kolleggeldern müssen mit dieser Information aber eher auf 400 bis 800 Franken beziffert werden.

Die Kolleggelder, die Naum Reichesberg einnehmen konnte, stellten ohne Dozentengehalt keine ausreichende Lebensgrundlage dar. Auch bei der Besoldung von 2000 Franken, die er ab 1903 als ausserordentlicher Professor zugesprochen erhielt, handelte es sich um einen bescheidenen Lohn. Reichesberg war somit während vieler Jahre auf eine zusätzliche Einnahmequelle angewiesen. Seine eigenen Aussagen lassen darauf schliessen, dass er seinen Lebensunterhalt bis nach der Jahrhundertwende vor allem mit schriftstellerischen Tätigkeiten verdiente. Damit meinte er seine publizierten Schriften und Aufsätze.[70] Ob er damit tatsächlich viel verdienen konnte, bleibt zumindest fraglich. Für die Publikation seiner Schrift über Adam Smith beim Verlag A. Francke 1927 erhielt Reichesberg ein Honorar von 200 Franken.[71] Auch mit der Herausgeberschaft der «Schweizerischen Blätter für Wirtschafts- und Sozialpolitik» (seit 1899) dürfte er wenig dazuverdient haben. Die jahrelange Arbeit am «Handwörterbuch der Schweizerischen Volkswirtschaft, Sozialpolitik und Verwaltung» jedenfalls scheint ihm nicht viel Lohn in Form von Geld eingetragen zu haben. Weil er sich stark diesem

66 StAB BB III b 541: Juristische Fakultät, Professoren und Dozenten P – Snell (1835–1931), Einschreibeliste N. Reichesberg zuhanden des Regierungsrates vom 2. 9. 1897.

67 Vorlesungsverzeichnisse der Universität Bern, 1893–1928. Die Vorlesungen von Naum Reichesberg (pro Semester) sind im Anhang zu dieser Arbeit aufgelistet.

68 StAB BB III b 541: Juristische Fakultät, Professoren und Dozenten P – Snell (1835–1931), Gesuch von N. Reichesberg an die Erziehungsdirektion des Kantons Bern vom 4. 12. 1902.

69 StAB BB III b 541: Juristische Fakultät, Professoren und Dozenten P – Snell (1835–1931), Gesuch von N. Reichesberg an die Erziehungsdirektion des Kantons Bern vom 4. 12. 1902.

70 StAB BB III b 541: Juristische Fakultät, Professoren und Dozenten P – Snell (1835–1931), Gesuch von N. Reichesberg an die Erziehungsdirektion des Kantons Bern vom 4. 12. 1902. Ein Verzeichnis der publizierten Schriften und Vorträge Reichesbergs findet sich am Ende der Arbeit.

71 StAB FI Francke 126: Autorendossiers: Reichesberg (436).

Werk gewidmet habe, seien seine Einnahmequellen in den letzten Jahren zusammengeschrumpft, und er sei fast ausschliesslich auf die bescheidene Besoldung als Extraordinarius angewiesen gewesen, schrieb Reichesberg 1906 an die Juristische Fakultät.[72]

Wie andere Lohnabhängige waren auch Universitätsdozierende, die nicht von Haus aus reich waren, zur Deckung der Lebenskosten auf das Einkommen aus ihrer Tätigkeit angewiesen. Konnten sie aus Gesundheits- oder Altersgründen nicht mehr arbeiten, waren ihre materiellen Verhältnisse und diejenigen ihrer Familie direkt betroffen. Im 20. Jahrhundert wurden im Bereich der sozialen Sicherheit aber Fortschritte erzielt. 1904 gründeten die Hochschuldozenten die akademische Witwen- und Waisenkasse. Der Gründungsfonds wurde über die Kolleggelder (Abgabe von 2 Prozent) und über einen Anteil der neu eingeführten Exmatrikelgebühr (3 von 5 Franken) gespeist. Als die Kasse 1909 funktionsfähig war, war der Beitritt zunächst freiwillig. Erst mit dem neuen Besoldungsdekret von 1913 wurde er für obligatorisch erklärt.[73] Die Mitglieder der Akademischen Witwen- und Waisenkasse bezahlten jährlich 100 Franken und 3,5 Prozent ihrer Kollegiengelder ein. Weiterhin wurde der Fonds auch durch Einnahmen aus den Exmatrikelgebühren und einen kleinen Beitrag aus jeder Doktorpromotion gespeist.[74] Eine obligatorische Altersvorsorge für das Staatspersonal und die Errichtung einer entsprechenden Versicherungskasse wurde erst nach dem Generalstreik von 1918 eingeführt. In diese wurden auf deren ausdrücklichen Wunsch auch die Hochschuldozenten aufgenommen.[75]

Eine Universität für alle

In den ersten Jahrzehnten nach der Gründung der Universität Bern waren die Studenten hauptsächlich aus dem städtischen Bürgertum gekommen. Gegen Ende des 19. Jahrhunderts kamen vermehrt Ausländer, Frauen und soziale Aufsteiger aus bisher den akademischen Berufen fernstehenden Gesellschaftsschichten an die Hochschule. Die Hürden waren aber immer noch gross für junge Männer und Frauen, die in ländlichen Gebieten aufwuchsen und aus der Arbeiterschicht stammten. Ihre Möglichkeiten, eine genügende Vorbildung zu erhalten, waren

72 StAB BB III b 541: Juristische Fakultät, Professoren und Dozenten P – Snell (1835–1931), Naum Reichesberg, N. Reichesberg an die juristische Fakultät der Uni Bern vom 20. 7. 1906.

73 Für Naum Reichesberg wurde der Beitritt zur akademischen Witwen- und Waisenkasse bereits bei seiner Wiederwahl zum Ordinarius im November 1912 für obligatorisch erklärt. Offenbar waren die Eckwerte des neuen Besoldungsdekrets zu diesem Zeitpunkt bereits bekannt. Vgl. StAB BB III b 541: Juristische Fakultät, Professoren und Dozenten P – Snell (1835–1931), Regierungsratsbeschluss vom 23. 11. 1912.

74 Vgl. Feller, Universität Bern, 460–462.

75 Vgl. «Zur Finanzierung von Hochschule und Universität im 19. und 20. Jahrhundert», Hochschulgeschichte Berns, 372.

beschränkt.[76] Da der Erwerb von Wissen immer mehr zu einem unverzichtbaren sozialen Kapitel wurde, viele Arbeiterinnen und Arbeiter aber – wenn überhaupt – lediglich über wenige Jahre Schulbildung verfügten, begannen auch die gegen Ende des 19. Jahrhunderts entstehenden Arbeitervereine und Gewerkschaften, in Bildungsangebote zu investieren.[77]

Weder die Erziehungsdirektion noch die Hochschule hatten klare Vorstellungen, wie die Universität mit den veränderten gesellschaftlichen Realitäten und den neuen Ansprüchen immer breiterer Bevölkerungsschichten umgehen sollte.[78] Der von ehemaligen Studenten gegründete bernische Hochschulverein bot zwar seit seiner Gründung im Jahr 1884 jeweils im Wintersemester unentgeltliche, öffentliche wissenschaftliche Vorträge an.[79] Diesen lag allerdings weder ein thematisches noch ein didaktisches Konzept zugrunde. Welches Publikum angesprochen werden sollte – das etablierte städtische Bürgertum oder eher die nicht privilegierten Schichten auf dem Land und in der Stadt, die bisher vom Wissenserwerb ausgeschlossen waren –, war ebenfalls nicht klar.[80] Gemäss Richard Feller hatten die Vorträge denn auch mässigen Erfolg.[81] Die öffentlichen Vorträge wurden offenbar von der Erziehungsdirektion subventioniert. Da ihre Beiträge die Unkosten der Vorträge aber längst nicht deckten, entschied der akademische Senat 1895, zwar prinzipiell daran festzuhalten, dass die öffentlichen Vorträge gratis waren, aber die besten Plätze künftig zum Preis von 5 Franken zu verkaufen. 5 Franken entsprachen damals ungefähr dem Tagesverdienst eines gelernten Arbeiters. Die Bevorzugung der zahlungsfähigen Elite durch den Senat stiess denn auch auf grosses Unverständnis.[82]

Im selben Jahr, in dem der Senat diesen umstrittenen Entscheid fällte, kam an der Universität Bern eine Gruppe von Dozenten zusammen, um die Einführung einer sogenannten University Extension im Kanton Bern zu prüfen. Zwischen den beiden Ereignissen besteht vermutlich kein direkter Zusammenhang. Jedenfalls hatte Naum Reichesberg bereits im November 1894 im «Socialpolitischen Verein» der Stadt Bern einen Vortrag über die «University Extension in England und Amerika» gehalten und anschliessend den Antrag gestellt, «der Verein möchte etwas Ähnliches auch in unserm Lande, speciell im Kanton Bern, einzurichten versuchen». Eine eigens dazu einberufene Kommission des Vereins kam allerdings zum Schluss, dass es Aufgabe der akademischen Kreise bezie-

76 Siehe dazu den Beginn von Kapitel 4.

77 Vgl. Tschudi, Geschichte des schweizerischen Arbeitsrechts, 38; Caroni, Kathedersozialismus an der juristischen Fakultät, 203 f.; Gruner, Arbeiterschaft und Wirtschaft in der Schweiz, Bd. 1; «Arbeiterbewegung», HLS, www.hls-dhs-dss.ch/textes/d/D16479.php und «Arbeitervereine», HLS, www.hls-dhs-dss.ch/textes/d/D16477.php.

78 Vgl. Mesmer, Die Berner und ihre Universität, 142.

79 StAB Bibliothek W1 5 H–J, 1832–1946: Bernischer Hochschulverein 1884–1898.

80 Vgl. Mesmer, Die Berner und ihre Universität, 142.

81 Vgl. Feller, Universität Bern, 385.

82 Vgl. Mesmer, Die Berner und ihre Universität, 142.

hungsweise der Hochschullehrer wäre, ein solches Unterfangen auf die Beine zu stellen und zu tragen.[83]

So kam es, dass von mehreren Hochschuldozenten um Naum Reichesberg und die Professoren Alex Reichel und Ludwig Stein für den 18. Januar 1895 eine Sitzung einberufen wurde, um «die Schaffung einer den hiesigen Verhältnissen entsprechenden Organisationsgrundlage» zu besprechen. Das entsprechende Schreiben an den Lehrkörper der Universität Bern wurde folgendermassen begründet: «Das Bedürfnis nach Bildung und Aufklärung tritt in unserer Zeit im Volke mehr als jemals hervor; mehr als jemals macht sich der Wissensdrang in allen Volksschichten geltend. Leider reichen die vorhandenen Lehrmittel bei weitem nicht aus, dieses Bedürfnis zu befriedigen; namentlich ist die höhere Bildung den Volksmassen unzugänglich. Nun ist es aber nach der unmassgeblichen Meinung der Unterzeichneten Sache der Gebildeten, und nicht zuletzt der Hochschullehrer, die die Aufgabe haben, höhere Bildung zu verbreiten, danach zu trachten, diesem Mangel nach Kräften abzuhelfen.» In den angelsächsischen Ländern und in verschiedenen europäischen Staaten habe man mit der Einführung der University Extension, also mit dem Versuch, im Einzugsgebiet der betreffenden Hochschule unentgeltliche Vortragszyklen mit allgemeinverständlichen Referaten zu organisieren und damit das Bildungsgefälle zwischen den sozialen Schichten abzubauen, sehr ansehnliche Erfolge erzielt.[84]

Die Versammlung vom 18. Januar 1895 sprach sich grundsätzlich dafür aus, zusätzlich zum Vortragsangebot des Hochschulvereins Vortragszyklen von mehreren Vorlesungen auf dem Land und in der Stadt zu organisieren, die es erlauben sollten, ein von den lokalen Vereinen gewähltes Thema ausführlich zu behandeln. Sie beauftragte eine Delegation aus drei Professoren, mit dem Hochschulverein entsprechende Gespräche aufzunehmen. Eine Anlehnung an den Hochschulverein schien den Vertretern der University Extension nicht nur deshalb folgerichtig, weil jener bereits seit Jahren durch Einzelvorträge auf dem Land versuchte, die Verbindung zwischen der Hochschule und der Bevölkerung in ihrem Einzugsgebiet zu stärken, sondern auch, weil die Mitglieder des Hochschulvereins selber im ganzen Kantonsgebiet verteilt lebten. Das Resultat war die Gründung einer gemeinsamen Vortragskommission, welcher die Aufgabe zukam, unter Einbezug von lokalen Vereinen und Gesellschaften aus dem ganzen Kanton bis zum Sommer ein Vortragsprogramm für das kommende Wintersemester zusammenzustellen. Der Vortragskommission gehörten zwei Vertreter des Hochschulvereins und drei des neu konstituierten «Docenten-Vereins für University Extension» an:

83 StAB Bibliothek W1 5 H–J, 1832–1946: Bernische Kommission für gemeinverständliche Hochschulvorträge / öffentliche wissenschaftliche Vorträge 1895–1901, Erster Jahresbericht der Bernischen Kommission für gemeinverständliche Hochschulvorträge (University Extension), 1895/1896.

84 StAB Bibliothek W1 5 H–J, 1832–1946: Bernische Kommission für gemeinverständliche Hochschulvorträge / öffentliche wissenschaftliche Vorträge 1895–1901, Einladung zur Sitzung vom 18. Januar 1895 an den Lehrkörper der Universität Bern.

Dr. Schwab, Grossrat (Präsident); Prof. Reichel, Präsident des Docentenvereins (Vicepräsident); Prof. Dr. Graf, Korrespondent und Kassier; Dr. Reichesberg, Protokollführer und Prof. Dr. Stein, Beisitzer.[85]

Die University Extension verstand sich also nicht als Konkurrenz zum bisherigen öffentlichen Vortragsangebot des Hochschulvereins, sondern als Ergänzung und Erweiterung. Die gemeinsame Vortragskommission sollte sicherstellen, dass ein breites Vortragsprogramm mit Einzelvorträgen und Vortragszyklen angeboten wurde und dass es keine Überschneidungen gab. Gemäss den Vorstellungen des «Docenten-Vereins» hatte das Vortragsprogramm nun – im Gegensatz zu den bisherigen Einzelvorträgen des Hochschulvereins – ein klares Zielpublikum: Es sollte vor allem die ländliche und benachteiligte Bevölkerung ansprechen und ihr Gelegenheit geben, sich mit den neusten wissenschaftlichen Erkenntnissen auseinanderzusetzen. Der Schwerpunkt lag auf der Vermittlung von sozialpolitischem und präventivmedizinischem Wissen, was insofern nicht überrascht, als die Idee, im Kanton Bern eine University Extension aufzubauen, im «Socialpolitischen Verein» entstanden war. Zu Beginn stiess dieses Konzept tatsächlich auf eine grosse Nachfrage: Im ersten Winter (1895/96) wurden mithilfe von lokalen Vereinen 41 Einzelvorträge und 6 Vortragszyklen an verschiedenen Orten im Kanton abgehalten. Teilweise waren die Veranstaltungen von über 100 Personen besucht.[86]

85 StAB Bibliothek W1 5 H–J, 1832–1946: Bernische Kommission für gemeinverständliche Hochschulvorträge / öffentliche wissenschaftliche Vorträge 1895–1901, Erster Jahresbericht der Bernischen Kommission für gemeinverständliche Hochschulvorträge (University Extension), 1895/1896 und Bibliothek W1 5 H–J, 1832–1946: Bernischer Hochschulverein 1884–1898, Bericht über die Thätigkeit des bernischen Hochschul-Vereins in den Jahren 1893–1895, sowie Reichel, Bestrebungen für Ausbreitung des Hochschulunterrichts, 331–335. Pio Caroni, Beatrix Mesmer und Markus Zürcher weisen auf die Gründung eines «socialwissenschaftlichen Vereins» an der Universität Bern im Jahr 1895 hin. Caroni bezieht sich dabei explizit auf Richard Feller. Dieser nennt in seinen Ausführungen den «Sozialpolitischen Verein» und meint damit sehr wahrscheinlich den sozialpolitischen Verein der Stadt Bern. In diesem Verein waren zwar einige Hochschuldozenten aktiv, er wurde aber nicht an der Universität gegründet. Mesmer wiederum bezieht sich in ihren Ausführungen auf Akten des «Docenten-Vereins», der sich für die Einführung des Modells der University Extension einsetzte, wie aus ihren Anmerkungen ersichtlich wird. Ob es tatsächlich eine «socialwissenschaftliche Vereinigung» gegeben hat, dessen Tätigkeit derjenigen des «Docenten-Vereins» sehr ähnlich gewesen sein müsste, ob es sich um eine andere Bezeichnung des «Docenten-Vereins» handelt oder ob die beiden Autoren den Berner «sozialpolitischen Verein» mit dem «Docenten-Verein» an der Universität vermischen, bleibt ungeklärt. Die Anmerkungen bei Zürcher lassen darauf schliessen, dass es die «socialwissenschaftliche Vereinigung» gewesen sein soll, die Vorträge nach dem Modell der University Extension angeboten hat. Woher der Name kommt, ist mir unklar. Der «Docenten-Verein» nannte sich selber in der öffentlichen Korrespondenz gemäss meinen eigenen Recherchen nie «socialwissenschaftliche Vereinigung». Vgl. Caroni, Kathedersozialismus an der juristischen Fakultät, 203 f., 222 (insbesondere Anmerkung 240); Mesmer, Die Berner und ihre Universität, 142, und Zürcher, Unterbrochene Tradition, 72, und Anmerkung 115.

86 StAB Bibliothek W1 5 H–J, 1832–1946: Bernische Kommission für gemeinverständliche Hochschulvorträge / öffentliche wissenschaftliche Vorträge 1895–1901, Erster Jahresbericht der Bernischen Kommission für gemeinverständliche Hochschulvorträge (University Extension), 1895/1896.

Markus Zürcher deutet an, dass die University Extension auch mit den Bildungsangeboten des Arbeitersekretärs Nikolaus Wassilieff kooperierte, der ihr offenbar die Zusammenarbeit vorgeschlagen hatte.[87] Eine formelle Kooperation geht aus den Berichten der «Kommission für gemeinverständliche Hochschulvorträge» nicht hervor. Es ist aber durchaus vorstellbar, dass Wassilieff seine regelmässig stattfindenden Arbeiterbildungskurse, deren Vortragszyklen ebenfalls schwerpunktmässig politisch-ökonomische und naturwissenschaftliche Themen behandelten, als Plattform für die University Extension anbot. Diese war auf die Räumlichkeiten lokaler Vereine angewiesen. Zudem lehrten einige Universitätsdozenten an Wassilieffs «Freier Schule», die auch im Rahmen der University Extension mitwirkten, so Naum Reichesberg, Ludwig Stein und Alexander Reichel.[88]

Finanziell stand das Unternehmen University Extension von Anfang an auf eher wackligen Beinen. Vom Kanton Bern erhielt das Vortragsprogramm keine Unterstützung, obwohl Erziehungsdirektor Albert Gobat sich im Grossen Rat dafür eingesetzt hatte. In Basel und Zürich subventionierte die Regierung entsprechende Programme mit Beiträgen im vier- bis fünfstelligen Bereich. Die Berner Vortragskommission hingegen musste mit Beiträgen von wenigen Hundert Franken jährlich auskommen: 200 Franken wurden vom Bernischen Hochschulverein gesprochen, 100 Franken vom gemeinnützigen Verein der Stadt Bern und 100 Franken vom Stadtberner Gemeinderat. Die lokalen Vereine (Veranstalter) übernahmen die Saalmiete und je nach Möglichkeit die Reisekosten der Dozenten. Die Dozenten – unter ihnen Naum Reichesberg, der Philosoph Ludwig Stein, der Historiker Philipp Woker, der Mathematiker Johann Heinrich Graf, der Jurist Alex Reichel, der Literaturwissenschaftler Oskar Walzel und der Mediziner Alexander Tschirch – arbeiteten anfangs ohne Honorar. Ab dem dritten Jahr wurde ihnen eine Entschädigung von 10 Franken pro Vortrag zugesprochen – in den Augen der Kommission immer noch viel zu wenig.[89] In ihrem vierten Jahresbericht bedauerte die Vortragskommission, dass es trotz grossen Interesses in der Bevölkerung auch nach vierjähriger Tätigkeit nicht gelungen sei, «die Teilnahme und thatkräftige Anerkennung der hohen Regierung zu erwerben». Es sei nicht verwunderlich, dass die Begeisterung namentlich «in den

87 Vgl. Zürcher, Unterbrochene Tradition, 72. Zürcher gibt als Quelle für diese Aussage Akten der Erziehungsdirektion (Hochschule) an. In den betreffenden Akten bin ich lediglich auf eine Anfrage Wassilieffs an die Erziehungsdirektion gestossen, mit der er darum bittet, ihm die Aula der Universität während zweier Monate im Frühling 1900 kostenlos für die Kurse seiner Arbeiterbildungskurse zur Verfügung zu stellen. Eine Verbindung zur University Extension ist nicht ersichtlich. StAB BB IIIb 472: Akten 1895–1902.

88 Ar SGB PE 604/2: Arbeiterunion Bern, Jahresberichte 1899–1915, Jahresbericht 1899. Zur «Freien Schule» und den Verbindungen zwischen Naum Reichesberg und Nikolaus Wassilieff siehe auch Kapitel 7.1.

89 StAB Bibliothek W1 5 H–J, 1832–1946: Bernische Kommission für gemeinverständliche Hochschulvorträge / öffentliche wissenschaftliche Vorträge 1895–1901, Erster bis vierter Jahresbericht der Bernischen Kommission für gemeinverständliche Hochschulvorträge (University Extension).

Kreisen der Professoren und Docenten der Hochschule» abnehme und «die Bewegung allmählich in den Sand verlaufen wird», zumal man «die Vortragenden, die Opfer genug an Zeit und Arbeitsaufwand bringen müssen, nicht genügend entschädigen» könne.[90] Professor Alexander Reichel hatte bereits 1896 in seinen engagierten Ausführungen zum Start des Experiments darauf hingewiesen, dass dessen «Erfolg [...] einerseits davon abhängen [wird], ob aus der Zahl der Hochschullehrer sich genügende Kräfte zur Abhaltung von Vorträgen herbeischaffen werden», und andererseits davon, «ob bei der Bevölkerung des Kantons Bern soviel Interesse vorhanden sein wird, um der Aufgabe, der sich die Docenten unterziehen wollen, einen fruchtbaren Boden zu bereiten».[91]

Tatsächlich wurden von Jahr zu Jahr weniger Vorträge angeboten. Im vierten Jahr waren es noch ein einziger Vortragszyklus mit drei Vorträgen in Bern sowie 17 Einzelvorträge an verschiedenen Orten. Auch wenn die Kommission stets die vielen begeisterten Rückmeldungen der Zuhörerinnen und Zuhörer betonte, musste der Versuch der University Extension doch bereits nach fünf Jahren als gescheitert erklärt werden. Dies lag einerseits an den fehlenden finanziellen Mitteln. Es waren immer weniger Dozenten bereit, für eine symbolische Entschädigung so viel Aufwand auf sich zu nehmen. Andererseits wurde im Abschlussbericht des Projekts auch mit Bedauern festgestellt, dass die ländliche Bevölkerung mit einem systematischen Bildungsangebot der Hochschule zu wenig anfangen konnte.[92] Die Kommission für gemeinverständliche Hochschulvorträge löste sich im Herbst 1900 auf, und der Hochschulverein nahm die Veranstaltung von Einzelvorträgen wieder auf, wie er sie vor 1895 angeboten hatte.[93]

4.2 Die soziale Frage als Kern der Lehrtätigkeit Naum Reichesbergs

Während seiner 35-jährigen Lehrtätigkeit an der Universität Bern prägte Naum Reichesberg massgeblich den Aufbau der Sozialwissenschaften und insbesondere der Statistik. Seine Vorlesungen und Seminare deckten alle möglichen Gebiete der Nationalökonomie und der Statistik ab: Bevölkerungsstatistik, Geschichte, Theorie und Methodik der Statistik, Geschichte der sozialen Bewegungen, Ge-

90 StAB Bibliothek W1 5 H–J, 1832–1946: Bernische Kommission für gemeinverständliche Hochschulvorträge / öffentliche wissenschaftliche Vorträge 1895–1901, Vierter Jahresbericht der Bernischen Kommission für gemeinverständliche Hochschulvorträge (University Extension), 1898/1899.

91 Reichel, Bestrebungen für Ausbreitung des Hochschulunterrichts, 334.

92 StAB Bibliothek W1 5 H–J, 1832–1946: Bernische Kommission für gemeinverständliche Hochschulvorträge / öffentliche wissenschaftliche Vorträge 1895–1901. Vgl. auch folgende Ausführungen: Zürcher, Unterbrochene Tradition, 72 (inklusive Anmerkungen 115–117); Caroni, Kathedersozialismus an der juristischen Fakultät, 203 f., 222 (insbesondere Anmerkung 240) sowie Feller, Universität Bern, 385 f.

93 StAB Bibliothek W1 5 H–J, 1832–1946: Bernische Kommission für gemeinverständliche Hochschulvorträge / öffentliche wissenschaftliche Vorträge 1895–1901, Bericht über die gemeinverständlichen Hochschulvorträge im Winter 1900/01.

schichte der Arbeiterbewegung (England, Deutschland, Schweiz), Geld-, Kredit-, Bank- und Börsenwesen, Grundlagen der Sozialpolitik, Handels- und Gewerbepolitik, sozialistische und kommunistische Theorien, Arbeiterschutz und Finanzpolitik und – nach der Demission August Onckens – auch die theoretische Volkswirtschaftslehre.[94] Diese Themen waren aktuell und politisch und stiessen auf grosses Interesse. Sowohl Reichesberg selbst wie auch das Dekanat der Juristischen Fakultät betonten gegenüber dem Regierungsrat stets, dass die Vorlesungen und Kollegien Reichesbergs sehr gut besucht seien. Er hielt zudem regelmässig öffentliche Vorlesungen, die unentgeltlich waren und denen jeweils über 100 Personen folgten. Neben Ludwig Stein und Philipp Woker wird Reichesberg als eine der Persönlichkeiten bezeichnet, die «über jene Magnetwirkung verfügten, die der Universität Bern insbesondere im Osten Europas zu grösster Popularität verhalf».[95]

Entwicklung der Sozialwissenschaften in der Schweiz, soziale Frage und Kathedersozialismus

Der Anfang der Sozialwissenschaften ist gemäss Hans Ulrich Jost eng verknüpft mit der bürgerlichen Emanzipation im 19. Jahrhundert. Mit der Französischen Revolution wurden die Sozialwissenschaften Sinnbild der gesellschaftlichen Erneuerung. In der Schweiz setzte diese Entwicklung verzögert ein – nicht zuletzt aufgrund der fehlenden wissenschaftlichen Institutionen. Neben der 1460 gegründeten Universität Basel gab es in der Schweiz bis ins frühe 19. Jahrhundert lediglich einige höhere Schulen oder Akademien, an denen in erster Linie Theologie und teilweise auch Jurisprudenz und Medizin gelehrt wurden. Erst gegen Ende des 18. Jahrhunderts begannen die Natur- und Geisteswissenschaften die Vorherrschaft der Theologie zu bedrängen. Ein wirklicher Ausbau der akademischen Infrastruktur begann schliesslich nach dem liberalen Umschwung von 1830/31. Nach den Universitätsgründungen in Zürich (1833) und Bern (1834) folgten im Laufe des 19. Jahrhunderts die Universitäten Genf (1873), Fribourg (1889) und Lausanne (1890). Wobei im jungen Schweizer Bundesstaat vor allem die technischen Wissenschaften gefördert wurden. Die 1855 gegründete Eidgenössische Polytechnische Hochschule war ein internationales Aushängeschild. Der Aufbau der geistes- und sozialwissenschaftlichen Disziplinen an den Schweizer Hochschulen dauerte hingegen etwas länger. Die Etablierung wirtschaftswissenschaftlicher Lehrstühle und fachspezifischer Seminare (zum Beispiel historischer oder

94 Eine Übersicht über die Vorlesungen, die Naum Reichesberg zwischen 1892 und 1927 hielt, ist dieser Arbeit angehängt.

95 Zürcher, Unterbrochene Tradition, 105. Für Richard Feller hatte insbesondere Ludwig Stein den «Russenboom» an der Philosophischen Fakultät ausgelöst. Vorher hatten sich die meisten russischen Studierenden an der Medizinischen Fakultät eingeschrieben. Vgl. Feller, Universität Bern, 441, 449 f.

handelswissenschaftlicher Seminare) fällt in die Zeit zwischen der zweiten Hälfte des 19. Jahrhunderts und dem Ersten Weltkrieg.[96]

Die Entwicklung der Geistes- und Sozialwissenschaften in der Schweiz wurde im Grunde weniger von akademischen Institutionen als von Vereinen vorangetrieben, wobei die Helvetische Gesellschaft (1841), die Ökonomische Gesellschaft in Bern (1759) oder die Schweizerische Geschichtsforschende Gesellschaft (1841) eine wichtige Rolle spielten. Jost bezeichnet die 1810 gegründete Schweizerische Gemeinnützige Gesellschaft (SGG) gar als «zentrale Institution des sozialpolitischen und ökonomischen Diskurses» in der Schweiz.[97] Auch die Nationalökonomie war im öffentlichen Bereich durch Vereine und Zeitschriften präsent, lange bevor sie sich als universitäre Disziplin etablieren konnte. Namentlich die 1864 gegründete Schweizerische Statistische Gesellschaft (ab 1880 Schweizerische Gesellschaft für Statistik und Volkswirtschaft) und ihre Zeitschrift spielten eine bedeutende Rolle bei der Förderung der statistischen und volkswirtschaftlichen Forschung. Ihre besondere Aufmerksamkeit galt der amtlichen und privaten Statistik sowie der «Untersuchung wirtschaftlicher, finanzieller und sozialer Probleme».[98] Der Anstoss für die Gründung der Schweizerischen Statistischen Gesellschaft ging von der Gemeinnützigen Gesellschaft aus, die daran interessiert war, mithilfe statistischen Datenmaterials die Grundlagen für die Gestaltung der Wohlfahrtspflege zu schaffen. Die beiden Gesellschaften pflegten untereinander einen engen Austausch.[99]

Lehrstühle für Volkswirtschaft gab es im frühen 19. Jahrhundert noch kaum. Das Fach nahm aber im Rahmen der Staatswissenschaften – häufig ergänzt durch Statistik und Handelsrecht – immer mehr Raum ein. Die ersten Ordinariate für Volkswirtschaft und Statistik in der Deutschschweiz wurden an den Universitäten Basel und Bern 1855 geschaffen – wobei die Nationalökonomie in Bern in der juristischen Fakultät verankert, in Basel aber der Philosophisch-Historischen Fakultät angegliedert wurde.[100] In der französischen Schweiz wurde der Ausbau der Nationalökonomie schneller vorangetrieben. 1835 wurde an der Genfer Akademie der erste ökonomische Lehrstuhl eingerichtet.[101] Dieser wurde in den 1850er-Jahren von der Rechtsfakultät zur philosophischen Fakultät verschoben. Dieses Beispiel verweist auf einen grundsätzlichen Konflikt zwischen den Rechts- und den Wirtschaftswissenschaften. An den juristischen Fakultäten wehte ein eher konservativer Wind. Sie standen dem neuen Wissenschaftszweig ablehnend gegenüber und versuchten die Etablierung der Wirtschafts- und Sozialwissenschaften als eigene Fächer im Rahmen ihrer Fakultät zu verhindern. Die Wirtschaftswissenschaften konnten sich jedoch gegen die Widerstände der Juris-

96 Vgl. Jost, Sozialwissenschaften und Staat, 43–48.
97 Ebd., 46.
98 Jurt, Nationalökonomie bis 1945, 188.
99 Vgl. ebd., 51.
100 Vgl. Jost, Sozialwissenschaften und Staat, 46–48.
101 Vgl. Jurt, Nationalökonomie bis 1945, 189.

ten als eigenständige Disziplin etablieren, weil sie vom liberalen Geist begünstigt und von den freisinnigen Eliten gefördert wurden und weil wirtschaftliche Fragen beim Aufbau des Bundesstaates im Vordergrund standen. Manche Vertreter der neuen akademischen Disziplin waren gleichzeitig als Hochschullehrer und als Berater kantonaler Regierungen tätig, so zum Beispiel der deutsche Nationalökonom Bruno Hildebrand (1812–1878) in Zürich und später in Bern.[102]

Gegen Ende des 19. Jahrhunderts wurde die «soziale Frage» zu einem bestimmenden Thema in der politischen Auseinandersetzung. Die Industrialisierung und die damit verbundenen Begleiterscheinungen wie die massenhafte Abwanderung aus ländlichen Gebieten in urbane Zentren sowie die Lohn- und Krisenabhängigkeit der Arbeiter führten zu einer zunehmenden Verschärfung der sozialen Gegensätze. Die Fabrikarbeiter – dazu zählten vermehrt auch Frauen und Kinder, die das Überleben der Familie sichern mussten – lebten in den städtischen Agglomerationen häufig unter ärmlichen und hygienisch ungenügenden Bedingungen. Diese sozialen Missstände wurden unter dem Begriff «soziale Frage» zusammengefasst. Gleichzeitig konnten immer mehr Unternehmer dank maschineller Produktion und Verfügbarkeit von billigen Arbeitskräften ein Vermögen anhäufen. Gegen Ende des 19. Jahrhunderts begann sich die Arbeiterschaft stärker zu organisieren. Es entstanden Arbeitervereine, Gewerkschaften und Parteien, die sich der Verbesserung der sozialen Lage der Arbeiterschaft widmeten und eine politische Mitsprache derselben forderten.[103] Vor diesem Hintergrund begann auch der Bundesstaat, soziale Probleme aufzugreifen. So wurde 1877 das erste Fabrikgesetz erlassen und 1912 ein Kranken- und Unfallgesetz auf Bundesebene geschaffen. Damit erhielten auch die Sozialwissenschaften mehr Bedeutung. Sie profitierten besonders stark vom rasanten Wachstum der Studierendenzahlen zwischen 1890 und dem Ersten Weltkrieg – ein Wachstum, das massgeblich dem Zustrom ausländischer Studierender und von Frauen zu verdanken war. Die Stellung der Sozialwissenschaften an den Universitäten war aber nach wie vor umstritten. Dies gilt umso mehr für die Aufnahme der Sozialpolitik in die Lehre.[104]

Die soziale Frage prägte auch die deutschsprachige Nationalökonomie zwischen 1850 und 1940. Die sogenannte historische Schule der Nationalökonomie wies die klassische Lehre, insbesondere deren individualistischen Ansatz und den Anspruch, allgemeingültige Gesetze zu formulieren, zurück und stellte die historischen Erfahrungen der Gemeinschaft in den Vordergrund. Weil sie den klassischen Wirtschaftsliberalismus ablehnten und für eine staatliche Sozialpoli-

102 Vgl. Jost, Sozialwissenschaften und Staat, 48–51, 55 f., und Jurt, Nationalökonomie bis 1945, 187–190.

103 Vgl. Tschudi, Geschichte des schweizerischen Arbeitsrechts, 38; Caroni, Kathedersozialismus an der juristischen Fakultät, 203 f.; Gruner, Arbeiterschaft und Wirtschaft in der Schweiz, Bd. 1; «Arbeiterbewegung», HLS, www.hls-dhs-dss.ch/textes/d/D16479.php und «Arbeitervereine», HLS, www.hls-dhs-dss.ch/textes/d/D16477.php.

104 Vgl. Jost, Sozialwissenschaften und Staat, 53 f.

tik eintraten, wurden die Vertreter der jüngeren historischen Schule wie Gustav Schmoller, Adolf Wagner und Lujo Brentano von ihren Gegnern als «Kathedersozialisten» diskreditiert. Die Bezeichnung, die ursprünglich eine denunziatorische Absicht hatte, bürgerte sich rasch ein und wird heute wertneutral verwendet. Sie ist aber irreführend: Die kathedersozialistische Bewegung war eine durch und durch bürgerliche Bewegung. Die Kathedersozialisten lehnten die kapitalistische Gesellschaftsordnung, das heisst den Widerspruch zwischen Lohnarbeit und Kapital nicht ab, sondern sie waren bestrebt, die Verteilungsmechanismen in der gegebenen Produktionsordnung zu korrigieren. Die entscheidende Rolle bei der Lösung des sozialen Gegensatzes kam in ihren Augen dem Staat zu, der korrigierend eingreifen sollte. Die sozialreformerische Lehre der Kathedersozialisten war in gewissem Masse auch ein antisozialistisches Programm, indem sie die problematischen Exzesse der herrschenden Gesellschaftsordnung zu korrigieren und damit auch den revolutionären Ideen sozialistischer Parteien entgegenzuwirken suchte. Im Umfeld der jüngeren historischen Schule der Nationalökonomie wurde 1872 auch der «Verein für Socialpolitik» gegründet, dessen Mitglieder sich der Lösung der sozialen Frage verschrieben. Primäres Anliegen des Vereins war die Verständigung zwischen der Arbeiterschicht und den Unternehmern und die Wiederherstellung der sozialen Harmonie durch sozialreformerische Intervention des Staates.[105]

An den Universitäten der deutschen Schweiz waren die Kathedersozialisten im ausgehenden 19. Jahrhundert sehr gut vertreten. Fast alle dieser Nationalökonomen, Wirtschaftshistoriker und Juristen, die häufig auch im «Verein für Socialpolitik» aktiv waren, kamen aus Deutschland oder hatten zumindest an deutschen Universitäten studiert. Pio Caroni nennt unter anderen Gustav Cohn und Heinrich Herkner in Zürich, Gustav Schönberg und Stefan Bauer in Basel sowie Karl Wasserstab in Fribourg. An die Universität Bern wurde mit Hans von Scheel bereits 1871 ein Nationalökonom berufen, der sich ganz eindeutig zu den Überzeugungen der historischen Schule und zu einem sozialreformerischen Programm bekannte und mit der «Theorie der sozialen Frage» (1871) ein erstes Standardwerk des Kathedersozialismus schuf. Von Scheel wirkte bis 1877 in Bern und leitete später das Kaiserliche Statistische Amt in Berlin. Von 1883 bis 1888 wirkte an der Berner Hochschule auch der Rechtswissenschaftler Julius Baron. Baron war vor allem als Romanist und namentlich wegen des Erfolgs seines mehrbändigen Werkes über das römische Recht der Pandekten nach Bern berufen worden und nicht – wie dies bei von Scheel der Fall gewesen war – aufgrund seiner kathedersozialistisch geprägten Schriften. Für viele Kollegen an der Universität Bern dürfte seine Sympathie für die neue Richtung der Wirtschaftswissenschaften denn auch eher überraschend gewesen sein, wie Caroni bemerkt.[106]

105 Vgl. Caroni, Kathedersozialismus an der juristischen Fakultät, 204–207.

106 Für eine eingehendere Auseinandersetzung mit den Überzeugungen und Werken Hans von Scheels und Julius Barons siehe Caroni, Kathedersozialismus an der juristischen Fakultät, 207–217.

Trotz der starken Präsenz der deutschen Kathedersozialisten waren an Schweizer Universitäten auch Vertreter eines ökonomischen Liberalismus wie Victor Böhmert (Zürich) zu finden. Ob die in Bern lehrenden Nationalökonomen Bruno Hildebrand (Prof. 1856–1861) und August Oncken (Prof. 1878–1909) zu den Kathedersozialisten zu zählen sind, ist umstritten.[107] Für Caroni ist es kein Zufall, dass die Lehre der deutschen Nationalökonomen neuerer Richtung in der Schweiz auf Zustimmung stiess, war doch die Übereinstimmung zwischen den sozialreformerischen Überzeugungen der deutschen Nationalökonomen und dem Reformkurs der Schweizer Liberalen gross. Die verschiedenen Richtungen des Freisinns in der Schweiz hatten sich «seit 1870 zunehmend vom Manchesterliberalismus distanziert und anerkannten (wenn auch in unterschiedlichem Umfang) die Notwendigkeit beschränkter sozialpolitischer Eingriffe des Bundes und der Kantone in das freie Spiel der wirtschaftlichen Kräfte».[108]

Mit der Jahrhundertwende neigte sich auch die Zeit der Kathedersozialisten an der Universität Bern dem Ende zu. Gemäss Caroni markiert just Naum Reichesberg das Ende dieser Tradition. Zwar hatte die deutsche historische Schule der Nationalökonomie insofern einen starken Einfluss auf Reichesbergs akademische (Aus-)Bildung und auf sein wissenschaftliches Werk, als er bei Vertretern dieser Schule studiert hatte und sich später in seinen Schriften mit deren Ansichten kritisch auseinandersetzte. Als Lehrer seien hier Lujo Brentano in Wien und Adolf Wagner in Berlin genannt, die zu den Hauptvertretern der jüngeren historischen Schule zählen. Ganz entscheidend dürfte ihn das Jahr nach seinem Doktorat in Berlin geprägt haben, wo er am statistischen Seminar unter August Meitzen und Richard Böckh arbeitete. Bei Richard Böckh habe er «statistisch denken gelernt», soll Reichesberg öfter gesagt haben.[109] Die Statistik war für Reichesberg die Grundlage der Gesellschaftswissenschaften. Mit ihrer Hilfe konnten die Ursachen und Auswirkungen gesellschaftlicher Phänomene erfasst werden. Und sie lieferte das Material, mit dem sozialpolitische Massnahmen begründet werden konnten.[110] Die Erarbeitung einer umfassenden Sozialstatistik war auch ein Kernprogramm der bürgerlichen Sozialreformer.

---

107 Vgl. Caroni, Kathedersozialismus an der juristischen Fakultät, 221, 223, und Jurt, Nationalökonomie bis 1945, 196 f. Bruno Hildebrand wird meist als Vertreter der älteren historischen Schule der deutschen Nationalökonomen beschrieben, aber nicht als Kathedersozialist. Jurt zählt August Oncken explizit nicht zu den Kathedersozialisten. Bei Caroni ist die Zuordnung nicht ganz klar. Allerdings weist er darauf hin, dass Oncken quasi «von rechts […] über die langatmige kathedersozialistische Tirade des an der philosophischen Fakultät wirkenden Kollegen Ludwig Steins hergefallen» sei (Caroni 1984, 223). Die inhaltliche Auseinandersetzung mit der Rezension August Onckens zu Steins Werk «Die Sociale Frage im Lichte der Philosophie» bestätigt den Eindruck, dass Oncken kein Anhänger des kathedersozialistischen Reformprogramms war. Vgl. Zürcher, Unterbrochene Tradition, 134 f.

108 Caroni, Kathedersozialismus an der juristischen Fakultät, 220.

109 Nachruf von H. Freudiger in der Schweizerischen Zeitschrift für Volkswirtschaft, Betriebswirtschaft und Sozialpolitik, Jg. 34 (1928), 33.

110 Vgl. Reichesberg, Zur Errichtung eines eidgenössischen sozialstatistischen Amtes; Reichesberg, Soziale Gesetzgebung und Statistik; Zürcher, Unterbrochene Tradition, 87–89, und Beuret, Naum Reichesberg, 5–10, 42–72.

Als Sozialist hatte Reichesberg aber grundsätzliche Bedenken gegenüber dem Kathedersozialismus und dessen Reformprogramm. Die Lösung der sozialen Frage lag für ihn nicht in gesetzgeberischen Reformen oder in staatlichen Ausgleichsmassnahmen innerhalb des kapitalistischen Systems, mit dem die «lohndienende Klasse» beibehalten und Unterschiede zwischen «Reichen und Armen, Besitzenden und Besitzlosen, Herrschenden und Beherrschten» weiterhin bestehen würden, sondern in der «Vergesellschaftung aller Produktionsmittel, der Aufhebung aller Klassenunterschiede und der Herbeiführung der gleichen Möglichkeiten für jedes Individuum zur Entwicklung der persönlichen Anlagen desselben».[111] Reichesberg widersprach auch der Vorstellung vieler Kathedersozialisten, wonach der Staat quasi über den Klassen und deren Partikularinteressen stehe und nur er als Friedensstifter den Klassenkampf beenden und den sozialen Widerspruch lösen könne. Für ihn war der Staat ein Instrument der herrschenden Klasse, um ihre eigenen Interessen durchzusetzen: «Der Staat erscheint als ein gesellschaftliches Organ, welches, ausgestattet mit den verschiedensten Macht- und Zwangsmitteln, im Interesse derjenigen Gruppen und Elemente gebraucht wird, die jeweilig innerhalb der Gesellschaft die ausschlaggebende Rolle spielen».[112] Neben dieser prinzipiellen Ablehnung der sozialreformerischen Ideen der Kathedersozialisten wies Naum Reichesberg deren Programm aber auch aufgrund unterschiedlicher Grundannahmen zurück. Diese sahen die Ursprünge der sozialen Ungleichheit primär in den fehlenden kompensatorischen Rechtsnormen. Sozialreform bedeutete demnach vor allem eine Rechtsreform, also beispielsweise die gesetzgeberische Regelung des Arbeitstages und die Einführung von Sozialversicherungen. Reichesberg hingegen war Materialist. Er vertrat die Überzeugung, dass im Wesentlichen die wirtschaftlichen Verhältnisse ausschlaggebend waren für die soziale und politische Stellung der einzelnen Gesellschaftsgruppen. Dementsprechend waren die sozialen Unterschiede keine Folge von fehlenden gesetzlichen Regelungen, sondern von wirtschaftlicher Ungleichheit, also einer ungleichen Verteilung wirtschaftlicher Macht.[113]

Auch wenn Naum Reichesberg in seiner wissenschaftlichen Arbeit stets Marxist blieb und seine politischen Überzeugungen nie änderte, so arbeitete er doch zeitlebens eng mit Vertretern der kathedersozialistischen Lehre zusammen und unterstützte deren Reformbestrebungen tatkräftig. Sein Einsatz für den gesetzlichen Arbeiterschutz und namentlich seine jahrelange Tätigkeit in der «Schweizerischen Vereinigung zur Förderung des internationalen Arbeiterschutzes», die sehr stark von Kathedersozialisten geprägt war, zeugt von seiner unerschütterlichen Überzeugung, dass jegliche Massnahme zu begrüssen sei, die eine vorübergehende Verbesserung der Lage der Arbeiterschaft mit sich bringen

111 Reichesberg, Sociologie und sociale Frage, 115.

112 Ebd., 110.

113 Vgl. ebd.; Reichesberg, Wesen und Ziele der modernen Arbeiterschutzgesetzgebung, 5; Caroni, Kathedersozialismus an der juristischen Fakultät, 207–209, 223 f., und Zürcher, Unterbrochene Tradition, 134–138.

würde, auch wenn es sich nicht um die angestrebte, endgültige Lösung handelte. Für Reichesberg blieb das eigentliche Ziel die grundlegende Umgestaltung der Gesellschaftsordnung. Er schätzte die aktuellen gesellschaftlichen Verhältnisse und die entsprechenden politischen Möglichkeiten aber durchaus realistisch ein und versuchte mindestens denjenigen «Forderungen des socialistischen Programms» zum Durchbruch zu verhelfen, «die von den Socialisten den Umständen gemäss an den modernen Staat gestellt werden behufs Erträglichmachung der Lage der arbeitenden Klasse *als solcher*».[114]

Sozialwissenschaften und Modernisierung der Hochschulen

Nach Markus Zürcher ist die frühe Institutionalisierung der Sozialwissenschaften an den Schweizer Hochschulen eng verknüpft mit der Modernisierungspolitik radikal-liberaler Politiker und mit ihrem Bestreben, die Öffnung der Universitäten voranzutreiben. Der Aufbau der Sozialwissenschaften habe von Anfang an auch darauf gezielt, eine internationale Studentenschaft zu gewinnen. Zürcher zufolge wird der Anziehungskraft, die im späten 19. und früheren 20. Jahrhundert an Schweizer Universitäten lehrende Sozialwissenschaftler auf ausländische Studierende ausübten, viel zu wenig Beachtung geschenkt. Meist werde der starke Zustrom von Ausländern und Frauen auf die Zulassung zum Medizinstudium zurückgeführt. Gerade bei den Frauen und den russisch-jüdischen Studierenden war aber auch das Interesse an den «praxisbezogenen Humanwissenschaften» ausgeprägt, die ihnen liberale Gesellschaftskonzepte, reformsozialistische und sozialistische Ideen für die Überwindung der autokratischen und feudalistischen Systeme in ihren Heimatländern boten. An den Schweizer Universitäten lehrten liberale, republikanische Denker, «die den Geist von 1848 repräsentierten», aber auch Sozialisten wie Liebmann Hersch (Universität Genf) und Naum Reichesberg.[115] Anders als die grossen deutschen Universitäten, an denen eine nationalistische, antisozialistische und antisemitische Geisteshaltung herrschte, ermöglichten die liberalen Hochschulen in Bern, Genf, Lausanne und Zürich Frauen, Juden und Sozialisten ein Promotionsstudium und damit die Teilhabe am akademischen Einflussbereich.

Die Sozialwissenschaften waren für Frauen und für Studierende jüdischer Herkunft besonders attraktiv. Sie waren innerhalb dieser Disziplin generell einer geringeren Diskriminierung ausgesetzt. Namentlich in der deutschsprachigen

---

114 Reichesberg, Sociologie und sociale Frage, 118, kursiver Text im Original. Wenn Reichesberg hier von der «Klasse *als solcher*» spricht, dann verweist er wohl auf deren ökonomische Bestimmung durch die Stellung zu den Produktionsmitteln im Sinne von Marx' «Klasse an sich» im Unterschied zur «Klasse für sich», der politischen Bestimmung als sich selbst organisierende, politische kämpfende Klasse. Vgl. Müller, Sozialismus, 25 f. Das Engagement Naum Reichesbergs in der Schweizerischen Vereinigung zur Förderung des internationalen Arbeiterschutzes wird in Kapitel 6.2 beleuchtet.

115 Zürcher, Unterbrochene Tradition, 108.

Universitätslandschaft verteidigten die führenden Sozialwissenschaftler am vehementesten eine modernistische Richtung, wehrten sich gegen antisozialistische und antisemitische Repression und gewährten den ausgegrenzten Gruppen damit einen gewissen Schutz. Die soziale Frage und die Frauenfrage waren für die Sozialwissenschaften nach Zürcher zudem konstitutiv. Die Vertreter dieser neuen Disziplin hätten sich mehrheitlich nicht nur für die politische und soziale Emanzipation der Arbeiterschaft und der jüdischen Bevölkerung eingesetzt, sondern auch für diejenige der Frauen. Der Aufbau der Sozialwissenschaften, die Öffnung für ausländische Studierende und die Zulassung von Frauen zum Studium waren in dieser Betrachtungsweise die institutionellen Errungenschaften ein und derselben modernistischen Politik.[116]

In Bern lassen sich diese Zusammenhänge sehr gut veranschaulichen. Regierungsrat Albert Gobat, der 1882 die Erziehungsdirektion übernahm, war treibende Kraft hinter der Modernisierung des höheren Bildungswesens und der Internationalisierung der Universität. Er wehrte bis zu seinem erzwungenen Departementswechsel 1906 jeglichen Versuch ab, den russischen Studierenden den Zugang zur Berner Hochschule zu erschweren, und wurde deshalb auch als «Beschützer der Russen» betitelt.[117] Gobat glaubte an die demokratische Hochschule und an den technischen Fortschritt. Die klassische Bildung hingegen hielt er für unnötig. Seine Gymnasialreform, mit der die alten Sprachen an den Mittelschulen zugunsten der naturwissenschaftlichen Fächer geschwächt werden sollten, provozierte heftigen Widerstand. Obwohl Gobat stets mit voller Überzeugung hinter der Hochschule stand und diese gegen jegliche Angriffe verteidigte, kam sein autokratischer Führungsstil auch dort nicht immer gut an. Häufig setzte er gegen den Willen der Fakultäten Berufungen durch. So wurde Ludwig Stein 1891 zum Professor für Philosophie berufen, obwohl die Philosophische Fakultät schwere Bedenken gegen dessen fachliche Qualifikation geäussert und die Berufungskommission sich für andere Kandidaten ausgesprochen hatte. Bereits drei Jahre zuvor hatte Gobat gegen den Willen der Fakultät Philipp Woker das Ordinariat für Allgemeine Geschichte übertragen.[118] Erziehungsdirektor Gobat versuchte, wie Richard Feller schreibt, insbesondere die Philosophische und die Juristische Fakultät nach seinen Vorstellungen zu formen.[119] Dabei setzte er einerseits auf Berufungen von Wissenschaftlern, die seine weltanschaulichen Überzeugungen teilten, wie die Beispiele Philipp Woker und Ludwig Stein zeigen. Andererseits befürwortete er auch die Einführung neuer Disziplinen und die Modernisierung des Universitätsbetriebs.

So konnte sich an der Universität Bern mit der Berufung Ludwig Steins bereits in den 1890er-Jahren der Fachbereich Soziologie im Rahmen der philosophi-

116 Vgl. ebd., 104–110.
117 Feller, Universität Bern, 449.
118 Vgl. ebd., 322–377; Zürcher, Unterbrochene Tradition, 100 f., 138 f., sowie «Gobat, Albert», HLS, www.hls-dhs-dss.ch/textes/d/D4505.php.
119 Vgl. Feller, Universität Bern, 362–370, 397.

schen und der nationalökonomischen Studiengänge etablieren. Auch wenn damit noch kein eigenständiger Fachbereich Soziologie bestand, hatte sie sich doch als Lehrfach institutionalisiert. Damit war Bern die erste Universität der Deutschschweiz, an der diese neue Disziplin Teil des Lehrangebots wurde.[120] Auch der 1878 zum Ordinarius gewählte deutsche Nationalökonom August Oncken (1844–1911), der die Wirtschafts- und Sozialwissenschaften an der Juristischen Fakultät zu stärken suchte, konnte auf die Unterstützung Gobats zählen. August Oncken hatte die Erziehungsdirektion 1886 darum ersucht, die Nationalökonomie als selbständiges Prüfungsfach zu etablieren. Weil sich die juristische Fakultät dagegen wehrte, nahmen Gobat und Oncken den pragmatischen Umweg, die Doktorprüfung mit dem Hauptfach Nationalökonomie an die Philosophische Fakultät zu verschieben. Den Erfolg seiner Bemühungen sollte August Oncken nicht mehr erleben. Er starb im Juli 1911, kurz bevor der Regierungsrat die Errichtung einer eigenen Abteilung für Handel, Verkehr und Verwaltung an der Juristischen Fakultät beschloss. Die Studierenden dieser handelswissenschaftlichen Abteilung, die im Sommersemester 1912 offiziell den Betrieb aufnahm, konnten ein Doktorat der Staatswissenschaften (Dr. rer. pol.) erlangen. Der Lehrkörper bestand aus je einem Ordinariat für Nationalökonomie und für Handelswissenschaften. Den Lehrstuhl für Nationalökonomie und Statistik hatte Naum Reichesberg inne.[121]

Die Aufteilung der Lehrfächer zwischen Naum Reichesberg und August Oncken

Die Nationalökonomie war durch die Lehrtätigkeit Naum Reichesbergs an der Universität Bern seit den 1890er-Jahren deutlich gestärkt worden. Nachdem Reichesberg 1898 zum Extraordinarius für Nationalökonomie und Statistik befördert worden war, drängte sich eine klare und offizielle Aufteilung des volkswirtschaftlichen Lehrgebiets zwischen ihm und dem Ordinarius für Nationalökonomie August Oncken auf. August Oncken gelangte im Juni 1899 mit einem Vorschlag für eine Aufteilung der Lehrtätigkeit an Erziehungsdirektor Albert Gobat, wie sie zwischen ihm und Naum Reichesberg auf Basis der bisherigen Praxis vereinbart worden war: August Oncken sollte als Ordinarius die Hauptkollegien über theoretische und praktische Nationalökonomie und über Finanzwissenschaft einschliesslich der Steuerlehre sowie die Leitung des Seminars übernehmen. Naum Reichesberg bekäme die Hauptkollegien über theoretische und praktische Statistik sowie über Verwaltungslehre zugeteilt. Ausserdem sollte Reichesberg das Recht zustehen, über alle Gebiete der praktischen Nationalökonomie Spezialkollegien zu halten, wobei die Sozialpolitik und die sozialen Theorien namentlich erwähnt wurden. Von dieser Aufteilung sollte gemäss Vereinbarung

120 Vgl. Zürcher, Unterbrochene Tradition, 17 f.
121 Vgl. Jurt, Nationalökonomie bis 1945, 194 f., und Caroni, Kathedersozialismus an der juristischen Fakultät, 221–223.

der beiden Professoren nur abgewichen werden unter ausdrücklicher Zustimmung beider Parteien. Die Aufteilung der Lehrgebiete der Nationalökonomie wurde von der Erziehungsdirektion auf Empfehlung der Fakultät genehmigt.[122]

Kurze Zeit später beantragte Naum Reichesberg mit Unterstützung der juristischen Fakultät bei der Erziehungsdirektion die Gründung eines Statistischen Seminars, um «das Studium der Theorie und Technik der Statistik zu erleichtern und zu fördern».[123] Bereits im Herbst 1901 konnte das Seminar unter seiner Leitung den Betrieb aufnehmen. Die Gründung des Statistischen Seminars war für Naum Reichesberg ein grosser Erfolg, wurde die Statistik als Lehrfach innerhalb des volkswirtschaftlichen Fächerkanons damit doch klar gestärkt und als ernstzunehmende akademische Disziplin anerkannt. Zudem wurde seiner Lehrtätigkeit gewissermassen eine zusätzliche Auszeichnung zugesprochen. Dass ihm die Leitung des Seminars übertragen wurde, dürfte – neben dem ausgewiesenen Interesse an seinen Vorlesungen und der positiven Beurteilung seiner akademischen Leistungen durch die juristische Fakultät – auch entscheidend dazu beigetragen haben, dass Reichesberg 1902 eine bescheidene Besoldung zugesprochen bekam und dass er 1906 zum ordentlichen Professor befördert wurde.[124]

Die Beziehung zwischen Naum Reichesberg und August Oncken scheint hingegen etwas angespannter geworden zu sein, nachdem Ersterer zum Ordinarius für Nationalökonomie und Statistik befördert worden war und die beiden Professoren quasi gleichberechtigte Vertreter des volkswirtschaftlichen Lehrgebiets wurden. Im Oktober 1908 schaltete August Oncken schliesslich die Erziehungsdirektion ein, weil nach seiner Ansicht Kollege Naum Reichesberg seit seiner Beförderung zum Ordinarius die Vereinbarung über die Aufteilung der Lehrfächer von 1899 missachtet hatte und dies nicht einsehen wollte. Was war geschehen?

August Oncken machte Naum Reichesberg mit Schreiben vom 13. Oktober 1908 darauf aufmerksam, dass dieser ein Kolleg anbiete, welches eigentlich in sein eigenes (das heisst Onckens) Lehrgebiet gehöre. «[...] Wie alljährlich habe ich im Vorlesungsanzeiger unter Nr. 81 als Hauptcolleg die ‹Praktische Nationalökonomie› mit fünf wöchentlichen Stunden angekündigt. Unter diesem Titel verstehe ich vor Allem die Politik des Handelsgewerbes, des Agrarwesens, einschliesslich der Arbeiterpolitik, d. h. dasjenige, was an deutschen Universitäten, nach dem Vorangang meines alten Lehrers Rau, auch mit ‹Volkswirtschaftspolitik› bezeichnet wird. Nun findet sich aber im gleichen Katalog, unter Nr. 84, auch

122 StAB BB III b 540: Juristische Fakultät, Professoren und Dozenten J – O (1847–1944), August Oncken, Schreiben von Prof. Dr. A. Oncken an Regierungsrat Dr. Gobat vom 1. 6. 1899 und Notiz der Erziehungsdirektion vom 4. 7. 1899.

123 StAB BB III b 541: Juristische Fakultät, Professoren und Dozenten P – Snell (1835–1931), Naum Reichesberg, Gesuch von N. Reichesberg an die Erziehungsdirektion des Kantons Bern vom 4. 12. 1902.

124 StAB BB III b 541: Juristische Fakultät, Professoren und Dozenten P – Snell (1835–1931), Naum Reichesberg, Vortrag der Direktion des Unterrichtswesens an den Regierungsrat vom 17. 2. 1903 und Regierungsratsbeschluss Nr. 3886 vom 20. August 1906.

ein von Ihnen mit drei Stunden angesetztes Colleg über ‹Volkswirtschaftspolitik› mit der in Klammern beigesetzten Inhaltsangabe ‹(Handels-, Gewerbe-, Agrar-, Arbeiterpolitik)›. Das ist also sachlich dasselbe; ein Unterschied besteht nur in der Stundenzahl. [...] Ich hege keinen Zweifel darüber, dass der Fall wohl zu beheben sein wird, wenn die Sache freimütig in Erörterung gezogen wird. [...].»

Reichesberg reagierte nur einen Tag später mit dem Hinweis, dass er das erwähnte Kolleg mit dem Titel «Volkswirtschaftspolitik» bereits seit mehreren Jahren jeweils im Wintersemester anbiete: «Ich lese das absichtlich im Wintersemester, um nicht mit Ihrem Colleg ‹Praktische Nationalökonomie› in Kollision zu gerathen, das Sie bisher stets im Sommersemester lasen. Was die Stundenzahl anbelangt, so habe ich drei Stunden gerade deswegen gewählt, weil ich auch den Schein vermeiden wollte, als ob ich Ihrem Colleg Konkurrenz mache: ich musste ja annehmen, dass jeder Zuhörer sich sagen würde, in drei Stunden könne man nicht dasselbe leisten wie in fünf, folglich sei mein Colleg etwas ärmer als das Ihrige. Da aber Sie anderer Meinung zu sein scheinen, will ich, um Ihnen auch hier entgegenzukommen, in Zukunft mein Colleg über ‹Volkswirtschaftspolitik› ebenfalls fünf Stunden lesen.»

Diese Antwort scheint August Oncken nicht beruhigt zu haben, im Gegenteil. Gegenüber Regierungsrat Gobat bemerkte Oncken, Reichesberg habe erstmals im Wintersemester 1906/07 das Kolleg «Volkswirtschaftspolitik» mit zwei Stunden angekündigt, worüber er hinzuwegzusehen beschloss. Als Reichesberg jedoch im folgenden Wintersemester erneut dasselbe Kolleg anbot und auf drei Stunden erhöhte, sei er stutzig geworden. Dass Reichesberg nun mit der Ankündigung reagierte, sein Kolleg künftig fünfstündig zu lesen, sah Oncken als Beweis dafür, dass Reichesberg von Anfang an darauf spekuliert hatte, ein ebenso umfassendes Kolleg anzubieten wie er selbst. Dies teilte er auch dem Erziehungsdirektor mit.[125]

Die Erziehungsdirektion bat Naum Reichesberg Ende Oktober um eine Stellungnahme zur Beschwerde August Onckens. Die Perspektive des Beschuldigten ist leider in den Akten nicht mehr vorhanden. Wir können aber annehmen, dass Reichesberg die Angelegenheit anders interpretierte und dem Regierungsrat darlegte, weshalb er die Vereinbarung nicht zu verletzen glaubte. Auf jeden Fall sah die Erziehungsdirektion keinen Anlass, ein Machtwort zu sprechen, wie dies Oncken verlangt hatte. Vielmehr wies sie darauf hin, dass der Regierungsrat die Aufteilung der Vorlesungen zwischen den beiden Professoren grundsätzlich als sinnvoll erachte und die damalige Vereinbarung unterstütze. Allerdings «scheint uns, Professor N. Reichesberg ist von demselben nicht stark abgewichen. Sollte es sich aber treffen, dass von den beiden Herren die gleichen oder verwandte Vorlesungen gehalten werden, so würden wir dies deswegen nicht bedauern,

125 StAB BB III b 540: Juristische Fakultät, Professoren und Dozenten J – O (1847–1944), August Oncken, Schreiben von A. Oncken an die Direktion des Unterrichtswesens des Kantons Bern vom 17. 10. 1908. Die ganze zitierte Korrespondenz zwischen Oncken und Reichesberg ist in diesem Schreiben zitiert.

weil sie von einem verschiedenen Standpunkte aus behandelt werden und gewissermassen ergänzend zueinander wirken.»[126] Offenbar gab sich Oncken mit dieser Antwort nicht zufrieden. Auch eine persönliche Unterredung mit dem Erziehungsdirektor brachte aber kein zufriedenstellendes Ergebnis, sodass er Anfang Dezember 1908 noch einmal den Versuch wagte, vom Regierungsrat eine abschliessende Klärung zu erhalten, wie die Vereinbarung zwischen ihm und Naum Reichesberg künftig korrekt zu interpretieren sei.[127] Eine Antwort des Regierungsrates ist nicht überliefert. August Oncken reichte ein knappes Jahr später sein Demissionsgesuch ein. Er begründete dieses mit seinem schlechten Gesundheitszustand. Seine Sehkraft hatte stark abgenommen und es drohte eine Erblindung, sodass er sich gezwungen sah, seine Lehrtätigkeit aufzugeben. Ob die Auseinandersetzung mit Reichesberg einen Einfluss auf seine Entscheidung hatte, kann nicht beurteilt werden. In seinem Demissionsgesuch gibt es keinen Hinweis darauf.[128]

Aufgrund der mageren Quellenlage ist es schwierig, die Auseinandersetzung zwischen August Oncken und Naum Reichesberg und die vermeintliche Missachtung der Vereinbarung von 1899 durch Naum Reichesberg einzuordnen. Die Vorlesungsverzeichnisse stützen die Aussage Reichesbergs, wonach er zum Zeitpunkt von Onckens Beschwerde bereits seit mehreren Jahren jeweils im Wintersemester eine Veranstaltung zur Volkswirtschaftspolitik angeboten habe. Im Wintersemester 1901/02 hatte Reichesberg eine Vorlesung zur «Handels- und Gewerbepolitik» angekündigt. Im darauffolgenden Wintersemester 1902/03 schrieb er eine Veranstaltung mit dem Titel «Einführung in die Volkswirtschaftspolitik» aus. In den Wintersemestern 1903/04 und 1904/05 wiederholte er die beiden Angebote unter denselben Titeln. Ab 1905/06 bis 1909/10 las er jeweils im Wintersemester zum Thema «Volkswirtschaftspolitik», wobei 1908/09 im Vorlesungsverzeichnis zum ersten (und letzten) Mal die detaillierte Inhaltsangabe in Klammer erschien, auf die Oncken in seiner Beschwerde Bezug nahm.[129]

Ob Reichesberg mit seinen Vorlesungsthemen tatsächlich immer näher an die Lehrgebiete Onckens heranrückte und ob dessen Sorge berechtigt war, ist aus heutiger Sicht kaum mehr nachzuvollziehen. Sicher war es für August Oncken nicht ganz einfach zu akzeptieren, dass Naum Reichesberg mit den Jahren zu einer Konkurrenz am volkswirtschaftlichen Seminar geworden war. Er scheint zu Beginn auch eher skeptisch gewesen zu sein gegenüber einer Beförderung Reichesbergs zum Ordinarius. Jedenfalls sah Reichesberg sich genötigt, Oncken zu überzeugen, dass er auch nach seiner Beförderung «in bestem Einvernehmen»

126 StAB BB III b 540: Juristische Fakultät, Professoren und Dozenten J – O (1847–1944), August Oncken, Notiz der Erziehungsdirektion an die Herren Professoren Dr. Oncken & Reichesberg vom 23. 11. 1908.

127 StAB BB III b 540: Juristische Fakultät, Professoren und Dozenten J – O (1847–1944), August Oncken, Schreiben von A. Oncken an Regierungsrat Dr. Gobat vom 1. 12. 1908.

128 StAB BB III b 540: Juristische Fakultät, Professoren und Dozenten J – O (1847–1944), August Oncken, Demissionsgesuch A. Oncken vom 5. 10. 1909.

129 Siehe Liste der Vorlesungen Reichesbergs im Anhang.

neben ihm wirken und jegliche «Reibereien» vermeiden wolle.[130] Möglicherweise war es der Anspruch Reichesbergs, als ordentlicher Professor nun auch an den Prüfungen der Doktoranden und Lizenziaten teilzunehmen, der das Fass im Jahr 1908 zum Überlaufen brachte und Oncken das Gefühl vermittelte, sein einstiger Junior-Partner versuche ihn zu verdrängen.[131]

Ab dem Sommersemester 1910 bot Naum Reichesberg jedes Semester Vorlesungen und Seminare zur praktischen Nationalökonomie (Volkswirtschaftspolitik) an. Er las aber auch regelmässig zur theoretischen Nationalökonomie. Dies stellte keine Verletzung der Vereinbarung von 1899 dar. Vielmehr übernahm Reichesberg nach der Demission August Onckens auch dessen Lehrgebiete. Erst nach dem Tod Reichesbergs 1928 wurde die Nationalökonomie wieder auf zwei Lehrstühle aufgeteilt, eine Professur für praktische Nationalökonomie und eine für theoretische Nationalökonomie. Das Ordinariat für theoretische Nationalökonomie und Finanzwissenschaft wurde mit Alfred Amonn besetzt, die Professur für praktische Nationalökonomie mit Richard König. Nach dem Rücktritt Richard Königs wurde der Berner Fritz Marbach auf den Lehrstuhl für praktische Nationalökonomie berufen. Fritz Marbach (1892–1974) hatte 1928 die Lehrberechtigung für Sozialökonomie erhalten und war 1931 zum Extraordinarius für Sozialökonomie mit besonderer Berücksichtigung der Geschichte der sozialen Bewegungen berufen worden. Als Schüler von Naum Reichesberg führte Marbach quasi dessen Erbe fort, arbeitete sich aber auch in die moderne Theorie ein. Der Sozialdemokrat Marbach nahm – wie auch Max Weber und Robert Grimm – die Ansätze des britischen Ökonomen John Maynard Keynes auf, der gegenüber der Wirtschaftsentwicklung antizyklische Investitionen des Staates empfahl. Als er auf den Lehrstuhl für praktische Nationalökonomie berufen wurde, war Marbach bereits als «Keynesianer» bekannt. Seine wissenschaftlichen Schwerpunkte waren das Kartell- und Wettbewerbsrecht. Er wurde immer wieder vom Bundesrat als Experte beigezogen. So war er viele Jahre Mitglied der eidgenössischen Preisbildungskommission und im Zweiten Weltkrieg Präsident der Lohnbegutachtungskommission.[132]

---

130 StAB BB III b 540: Juristische Fakultät, Professoren und Dozenten J – O (1847–1944), August Oncken, Schreiben N. Reichesberg an Prof. Dr. A. Oncken vom 6. 7. 1901.

131 StAB BB III b 540: Juristische Fakultät, Professoren und Dozenten J – O (1847–1944), August Oncken, Notiz der Erziehungsdirektion von 1908 und Notiz der Erziehungsdirektion an die Herren Professoren Dr. Oncken & Reichesberg vom 23. 11. 1908.

132 Vgl. Jurt, Nationalökonomie bis 1945, 201, 205, 212 f. Fritz Marbach sass von 1925 bis 1931 im Berner Grossen Rat und von 1931 bis 1933 im Nationalrat. Vgl. «Marbach, Fritz», HLS, www.hls-dhs-dss.ch/textes/d/D6495.php.

Die Statistik als Grundlage der Gesellschaftswissenschaften

Naum Reichesberg lehrte zwar nie Soziologie, setzte sich aber in verschiedenen Schriften programmatisch und methodisch mit der neuen Disziplin auseinander. Markus Zürcher teilt Reichesberg – wie Vilfredo Pareto und seinen Schüler Léon Winiarsky – derjenigen «Schule» der Schweizer Soziologen zu,[133] welche die Soziologie als wertfreie, strenge Gesetzeswissenschaft begründen wollten. Die Vertreter dieser Schule kamen aus dem Kontext der Politischen Ökonomie. Auf der anderen Seite stand die «normative Schule», vertreten zum Beispiel durch Ludwig Stein, die ihren Ursprung eher in der Philosophie hatte.[134] Während Erstere grundsätzlich deterministisch orientiert waren, hingen Letztere dem Voluntarismus an. Diese beiden unterschiedlichen Positionen entsprachen, so Zürcher, auch einer «politisch-weltanschaulichen Differenz». Die Sozialisten wie Reichesberg und Winiarsky versuchten, eine «deterministische Sicht auf die Gesellschaft wissenschaftlich [zu] untermauern». Bei den Vertretern des Voluntarismus handelte es sich vor allem um bürgerliche Sozialreformer.[135]

Reichesberg war überzeugt von der Gesetzmässigkeit gesellschaftlicher Erscheinungen und Entwicklungen. Das Ziel der Gesellschaftswissenschaften war aus seiner Sicht, die «constanten Ursachen, d. h. die rein gesellschaftlichen, zu erkennen und die Art ihrer Wirkungen zu begreifen und wenn möglich auch zu berechnen».[136] Um Zufallsgrössen zu erkennen respektive zu beseitigen, sei die statistische Methode essentiell, die «den Zusammenhang zwischen den einzelnen Erscheinungen» in Form von empirischen Gesetzen beschreibe.[137] Die Statistik war für Reichesberg der Schlüssel zur Erfassung gesellschaftlicher Phänomene und *die* Grundlage der Gesellschaftswissenschaften. Allein die Statistik konnte die gesellschaftlichen Realitäten und Entwicklungen eindeutig und objektiv erfassen, und nur eine mithilfe der Statistik erlangte detaillierte und umfassende Kenntnis der gesellschaftlichen Zusammenhänge würde es erlauben, «über die wahre Lage und die wirklichen […] Bedürfnisse der breiten Masse der Bevölkerung» zu urteilen und die richtigen Schlüsse daraus zu ziehen.[138]

Dass die zeitgenössische Soziologie die Bedeutung der Statistik nicht erkennen konnte oder wollte, hatte Reichesberg bereits zu Beginn seiner akademischen Karriere zu einem leidenschaftlichen Angriff auf die Soziologie verleitet. Ohne Rückgriff auf die Statistik, so die Quintessenz, könne die Soziologie weder hoffen, je irgendwelche wertvollen Erkenntnisse zu liefern, noch würde sie den Anforderungen einer Wissenschaft genügen.[139] Reichesberg wiederholte diese

133 «Schweizer» Soziologen meint hier in der Schweiz lehrende Soziologen und bezieht sich nicht auf die Staatsangehörigkeit.
134 Vgl. Zürcher, Unterbrochene Tradition, 87–90.
135 Ebd., 90.
136 Reichesberg, Statistik und Gesellschaftswissenschaft, 105.
137 Ebd., 110.
138 Reichesberg, Die bevorstehende gesellschaftliche Neugestaltung, 402.
139 Vgl. Zürcher, Unterbrochene Tradition, 87–89. Zürcher bezieht sich in seiner Analyse vor allem

grundlegende Kritik kurz vor der Jahrhundertwende in seiner Replik auf Ludwig Steins «Die Sociale Frage im Lichte der Philosophie».[140] Er warf Stein vor, den Unterschied zwischen der Soziologie – der wissenschaftlichen Untersuchung der sozialen Wirklichkeit – und der Sozialphilosophie, welche die gesicherten Erkenntnisse der Fachdisziplinen mit anderen Disziplinen und mit dem grösseren Ganzen in Beziehung setzen sollte, nicht zu verstehen oder absichtlich zu verwischen. Stein spreche der Soziologie den Status einer Gesetzeswissenschaft ab, erhebe aber als Sozialphilosoph gesellschaftliche Entwicklungsprozesse und Institutionen wie das Privateigentum, die er für erstrebenswert hielt, zu Imperativen des menschlichen Zusammenlebens. Aus Sicht Reichesbergs war dies unwissenschaftlich. «Die Socialphilosophie muss sich stets dessen bewusst sein, dass ihre Grundsätze nur dann Anspruch auf allgemeine Anerkennung werden erheben dürfen, wenn dieselben auf die Ergebnisse exakter Forschung sich gründen würden.»[141]

Reichesberg sah in der Statistik, insbesondere in der Sozialstatistik, «die Möglichkeit begründet, die Soziologie als exakte Gesetzeswissenschaft zu konzipieren».[142] Ohne Statistik als Grundlagenwissenschaft hingegen konnte die Soziologie nach Ansicht Reichesbergs lediglich Glaubensartikel aufstellen, die immer subjektiv blieben und die Werte bestimmter Interessengruppen reflektierten.[143]

Wissenschaft im Dienst der aktuellen politischen Herausforderungen

Bern wurde um die Jahrhundertwende vom 19. zum 20. Jahrhundert zu einem Zentrum der «neuen, sich öffentlich engagierenden Sozialwissenschaften», wie Hans Ulrich Jost schreibt.[144] Es ist wohl nicht übertrieben zu sagen, dass Naum Reichesberg daran grossen Anteil hatte. Als Herausgeber der «Blätter für Wirtschafts- und Socialpolitik» (ab 1916: «Schweizerische Zeitschrift für Volkswirtschaft und Sozialpolitik») sowie des insgesamt rund 4000 Seiten umfassenden «Handwörterbuches der schweizerischen Volkswirtschaft, Sozialpolitik und Verwaltung» avancierte Reichesberg zu einem der wichtigsten und bekann-

---

auf Reichesbergs Schrift «Die Statistik und die Gesellschaftswissenschaft» von 1893 sowie auf seine Antrittsvorlesung zu «Adolf Quetelet als Moralstatistiker» (ebenfalls 1893 publiziert).

140 Vgl. Reichesberg, Sociologie und sociale Frage. Die folgende Zusammenfassung von Reichesbergs Kritik orientiert sich an jener von Markus Zürcher. Vgl. Zürcher, Unterbrochene Tradition, 134–138. Reichesbergs Kollege August Oncken fiel ebenfalls über Steins Werk her, allerdings mit entgegengesetzten Vorzeichen. Oncken sah grundsätzlich keine Notwendigkeit für eine neue Disziplin namens Soziologie und rückte Steins Ansichten in die Nähe des «Kommunistischen Manifests». Vgl. ebenfalls Zürcher, Unterbrochene Tradition, 134–138.

141 Reichesberg, Sociologie, 48.

142 Zürcher, Unterbrochene Tradition, 87.

143 Vgl. ebd., 88 f., 136 f.

144 Jost, Sozialwissenschaften und Staat, 55.

testen Vertreter seines Faches.[145] Jakob Steiger bezeichnete Reichesberg in seinem Nachruf gar als den «vielleicht bedeutendsten Sozialwissenschaftler der Schweiz».[146]

Jakob Steiger war ein Freund Reichesbergs, sein Urteil über dessen wissenschaftliche Qualifikation und Bedeutung ist deshalb mit Vorsicht zu geniessen. Mit Sicherheit aber war Reichesberg einer der sich öffentlich am stärksten engagierenden Sozialwissenschaftler seiner Zeit.[147] Die soziale Frage – die gemäss Reichesberg seit der zweiten Hälfte des 19. Jahrhunderts im Grunde genommen «die Arbeiterfrage» geworden war[148] – stand stets im Mittelpunkt seiner Lehrtätigkeit und seines öffentlichen Engagements. Viele seiner Vorlesungen an der Universität Bern behandelten die zeitgenössischen sozialen Bewegungen, die sozialistische Theorie, die Arbeiterfrage, die Sozialpolitik und die Arbeiterschutzgesetzgebung. Sie berührten die soziale Frage ganz direkt. Man darf aber auch davon ausgehen, dass Reichesberg den Stoff in seinen Vorlesungen zur Statistik, Volkswirtschaftspolitik und Finanzwissenschaft nicht nur trocken-theoretisch vermittelte. Reichesberg war kein «trockener Zahlensammler, sondern Soziologe im vollen Sinne des Wortes», wie ein ehemaliger Schüler nach seinem Tod schrieb: «Wer bei Reichesberg Vorlesungen gehört oder seine Schriften gelesen hat, wird bestätigen müssen, dass der Verstorbene [die] Bedeutung des Menschen im Wirtschaftsleben stets besonders hervorgehoben hat.» Reichesberg habe seinen Schülern in erster Linie mitgeben wollen, «dass die menschliche Wirtschaft aus den *wirtschaftenden Menschen* und den bewirtschafteten Gütern besteht und dass daher die Wissenschaft, die sich mit der Wirtschaft befasst, beides gleichmässig und beides gleichzeitig zu betrachten hat».[149]

Auch mit seinen Schriften und in seinem Engagement ausserhalb der Universität nahm Reichesberg aktuelle sozialpolitische Fragestellungen auf und mischte sich in politische Debatten ein. So widmete er zu Beginn des 20. Jahrhunderts eine Serie von Artikeln in den von ihm herausgegebenen «Schweizerischen Blättern für Wirtschafts- und Sozialpolitik» der Frage, weshalb es dringend eines eidgenössischen sozialstatistischen Amtes bedürfe und weshalb eine umfassende schweizerische Sozialstatistik nur von einer amtlichen Stelle geleistet werden konnte.[150] Damals wurde die Erhebung von sozialstatistischen Daten,

145 Diese beiden Herausgeberschaften werden in Kapitel 5 thematisiert.

146 Nachruf in den Basler Nachrichten, Nr. 17, 17. 1. 1928.

147 Dieses Urteil stützt sich auch auf die Einordnung von Reichesbergs wissenschaftlichen Beiträgen durch Hans Ulrich Jost und Markus Zürcher.

148 Vgl. Reichesberg, Wesen und Ziele der modernen Arbeiterschutzgesetzgebung, 9 f.

149 Nachruf von H. Freudiger in der Schweizerischen Zeitschrift für Volkswirtschaft, Betriebswirtschaft und Sozialpolitik, Jg. 34 (1928), 35. Hervorhebung im Original.

150 Die ab 1904 in den Schweizerischen Blättern für Wirtschafts- und Sozialpolitik erschienene Artikelreihe wurde 1908 in einer einzigen Publikation zusammengefasst: Soziale Gesetzgebung und Statistik, Ein Beitrag zur Frage der Errichtung eines Eidgenössischen Sozialstatistischen Amtes. Vgl. auch folgende Schriften und Beiträge Naum Reichesbergs zum Thema: Zur Errichtung eines eidgenössischen sozialstatistischen Amtes; Die amtliche Statistik in der Schweiz; Die bevorstehende gesellschaftliche Neugestaltung. Reichesbergs Position zur Errichtung eines

namentlich von Daten zur Arbeitslosigkeit, an Verbände und Interessengruppen delegiert, die nach Ansicht Reichesbergs das Material stets so zu beschaffen und auszulegen wussten, dass ihre eigenen Interessen untermauert würden. Auch in andere Debatten mischte sich Reichesberg ohne Zurückhaltung ein. So begleiteten zahlreiche Beiträge in verschiedenen Zeitschriften, selbständig publizierte Schriften und Vorträge seinen Einsatz für eine fortschrittliche Arbeiterschutzgesetzgebung, die er namentlich als Sekretär der Schweizerischen Vereinigung zur Förderung des internationalen Arbeiterschutzes mit geschickten politischen Allianzen voranzutreiben versuchte.[151] Nicht zuletzt legte Reichesberg in vielen Vorträgen im Rahmen der University Extension, in Arbeiterbildungsvereinen, an Arbeiterversammlungen und in den Gremien der Sozialdemokratischen Partei den direkt betroffenen Männern und Frauen dar, wie das aktuelle Wirtschaftssystem sie benachteiligte und welche Massnahmen es zu ergreifen gelte. Naum Reichesberg kämpfte zeitlebens unbeirrbar und auf allen Ebenen mit sozialwissenschaftlichen Methoden und Argumenten für seine Auffassung einer gerechten Gesellschaft: Für eine «Organisation der Volks- und Weltwirtschaft [...], welche die Ausbeutung unter den Menschen unmöglich machen würde».[152]

Für Naum Reichesberg stand ausser Frage, dass seine wissenschaftlichen Analysen der wirtschaftlichen und sozialen Verhältnisse der Gegenwart Antworten auf aktuelle politische Fragen geben mussten. Die Gesellschaftswissenschaften waren für ihn kein theoretisches Wirkungsfeld. Vielmehr stellte er die wissenschaftliche Erkenntnis in den Dienst der sozialdemokratischen Politik und der Arbeiterklasse, indem er nicht zuletzt versuchte, die Fehler des kapitalistischen Systems aufzuzeigen und den Sozialismus wissenschaftlich zu begründen. In diesem Sinne kann Reichesbergs akademisches Werk und Wirken mit Markus Zürcher sehr wohl als «wissenschaftlicher Sozialismus» bezeichnet werden, wenn unter diesem Begriff die durch Karl Marx und Friedrich Engels begründete Tradition des materialistischen Sozialismus und insbesondere Marx' Kritik der politischen Ökonomie sowie die Klassentheorie von Marx und Engels verstanden werden.[153] Reichesberg war durch und durch Marxist, was seine wirtschaftlichen Analysen und sein Verständnis der Klassengesellschaft betrifft.[154] Er folgte Marx grundsätzlich in der Analyse der ökonomischen Funktionsweise des Kapitalismus, in der Analyse der Produktionsverhältnisse und in der Geld- und

---

sozialstatistischen Amtes wird auch thematisiert in: Zürcher, Unterbrochene Tradition, 87–89; Tanner, Tatsachenblick auf die reale Wirklichkeit, 94–108; Gruner, Arbeiterschaft und Wirtschaft in der Schweiz, Bd. 2, 1298–1400, und Beuret, Naum Reichesberg, 5–10, 42–72.

151 Die Auseinandersetzung um eine umfassende amtliche Sozialstatistik und das Engagement Reichesbergs für den Arbeiterschutz werden in Kapitel 6 eingehender beleuchtet.

152 Reichesberg, Auf dem Wege zur Wirtschaftsdemokratie, 38.

153 Vgl. Müller, Sozialismus, 18–27, und Zürcher, Unterbrochene Tradition, 87. Zürcher bezeichnet Reichesberg als Vertreter des wissenschaftlichen Sozialismus, leider ohne diese Kategorisierung zu begründen.

154 Vgl. auch die Rede von Fritz Marbach anlässlich der Totenfeier im Unionsaal, abgedruckt in der Beilage der Berner Tagwacht, Nr. 12, 16. 1. 1928.

Werttheorie.[155] Ebenso war er von einer historischen Entwicklungslogik beeinflusst, gemäss welcher der Zusammenbruch des Kapitalismus unvermeidbar und die Entwicklung hin zum Endziel einer sozialistischen Gesellschaft unaufhaltbar war. Reichesberg war ausserdem ein strenger Materialist; nach seinem Verständnis bestimmten die wirtschaftlichen Faktoren die soziale und politische Stellung von Individuen und Klassen in der Gesellschaft.[156]

155 StABE, Bestände Sozialdemokratische Partei des Kantons Bern [noch nicht erschlossen], Protokolle Geschäftsleitung und Parteivorstand SPS, 1922, Sitzung des Parteivorstands vom 11. Juni 1922. Reichesberg hielt einen Vortrag gegen die sogenannte Freigeldlehre, die seines Erachtens der marxistischen Werttheorie widersprach und grundsätzlich das kapitalistische System stützte.

156 Vgl. zum Beispiel Reichesberg, Wesen und Ziele der modernen Arbeiterschutzgesetzgebung, 5, und Reichesberg, Adam Smith, 67–72.

5 Publikationen, Herausgeberschaften, Vorträge

Naum Reichesberg veröffentlichte während seiner akademischen Karriere und der fast 35-jährigen Lehrtätigkeit zahlreiche Bücher sowie Beiträge in Zeitschriften. Seine Publikationen umfassen die ganze Breite des nationalökonomischen Forschungsgebietes, von der Statistik und ihrer Bedeutung für die Gesellschaftswissenschaften über soziale Bewegungen, die soziale Frage, Arbeiterschutzgesetzgebung und Arbeitslosigkeit bis hin zur Handels- und Gewerbepolitik. Reichesberg war ausserdem von 1899 bis zu seinem Tod Redaktor der «Schweizerischen Zeitschrift für Volkswirtschaft und Sozialpolitik». Hinzu kommen unzählige Vorträge ausserhalb des universitären Betriebes, wovon der Grossteil wohl nicht dokumentiert ist. Reichesberg ist aber vor allem als Herausgeber des monumentalen «Handwörterbuchs der schweizerischen Volkswirtschaft, Sozialpolitik und Verwaltung» in Erinnerung geblieben, welches in drei Bänden in den Jahren 1903 bis 1911 erschien. Das «Handwörterbuch» war bereits zum Zeitpunkt von Reichesbergs Tod im Januar 1928 vergriffen.[1] Der Entstehung dieses Werks wird im zweiten Teil dieses Kapitels besondere Aufmerksamkeit gewidmet.

5.1 Publikationen, Vorträge und Engagement in Fachgesellschaften

Die Publikationen Reichesbergs decken, wie eingangs erwähnt, praktisch das gesamte Gebiet der Nationalökonomie ab. Hier soll es nicht darum gehen, alle Schriften aufzuzählen und inhaltlich zu erfassen, sondern einzelne Werke exemplarisch hervorzuheben und damit einen Überblick über das Gesamtwerk des Nationalökonomen Reichesberg zu geben.[2] Aus einzelnen Werken Reichesbergs wird zudem – im entsprechenden Zusammenhang – an verschiedenen Stellen in dieser Arbeit zitiert.

Publikationen, Vorträge und Wissenschaftspopularisierung

Naum Reichesberg verfasste seine Dissertation über «Friedrich Albert Lange als Nationalökonom». Sie erschien im Jahr 1892 in den «Berner Beiträgen zur Geschichte der Nationalökonomie», die von seinem Doktorvater August Oncken herausgegeben wurden. Im Rückblick erscheint die Themenwahl fast programmatisch für Reichesbergs Leben und Wirken: Der Philosoph Friedrich Albert

1 Vgl. Todesanzeige in Der Bund, Nr. 12, 9. 1. 1928.
2 Ein Verzeichnis der Publikationen, Herausgeberschaften und Vorträge Naum Reichesbergs findet sich am Ende der Arbeit.

Lange hatte in seinen Werken «Die Arbeiterfrage» (1865) und «Geschichte des Materialismus» (1866) seine sozialpolitische Lehre formuliert und gilt als einer der Begründer der wissenschaftlichen Volkswirtschaftslehre. Er war in der Arbeiterbewegung aktiv, vertrat die Idee der Staatsintervention und beeinflusste mit seinem pragmatischen Sozialismus-Verständnis die Schweizer Sozialdemokratie.[3] Nach seinem Aufenthalt in Berlin widmete sich Reichesberg primär der Statistik. Zu seinen frühen Schriften in diesem Bereich zählen unter anderem seine Habilitationsschrift «Die Statistik und die Gesellschaftswissenschaft» (1893) und «Der berühmte Statistiker Adolf Quételet» (1896).[4] Neben der Statistik galt das Interesse Reichesbergs vor der Jahrhundertwende auch der sogenannten sozialen Frage beziehungsweise der Arbeiterfrage, wie er sie selbst bevorzugt nannte.[5]

Nach der Jahrhundertwende dominierten Publikationen zur Arbeitergesetzgebung, zum Arbeiterschutz und zum Thema Arbeitslosigkeit. Dies ist sicher auch Reichesbergs Engagement in der Schweizerischen Vereinigung zur Förderung des internationalen Arbeiterschutzes geschuldet, die er im Jahr 1900 zusammen mit Mitstreitern gegründet hatte. Hier seien beispielhaft genannt «Bestrebungen und Erfolge der internationalen Vereinigung für den gesetzlichen Arbeiterschutz und des internationalen Arbeitsamtes» (1905), «Die Arbeitslosenversicherung in der Schweiz» (1906) sowie – exemplarisch für die zahlreichen Beiträge in den Veröffentlichungen der Schweizerischen Vereinigung zur Förderung des internationalen Arbeiterschutzes – der Aufsatz über «Die Fragen der Fortdauer und die Aufgaben der Vereinigung zur Förderung des internationalen Arbeiterschutzes» (Heft 48, 1923). Die 1910er-Jahre waren geprägt von der Diskussion um eine amtliche Sozialstatistik in der Schweiz, was sich auch in Reichesbergs Publikationen niederschlug. In seinen späteren Jahren wandte sich Reichesberg auch vermehrt der Handelspolitik zu. Er veröffentlichte 1918 gleich zwei wichtige Beiträge zu diesem Thema: «Betrachtungen über die schweizerische Handelspolitik in Vergangenheit und Zukunft» und «Die Meistbegünstigung in den künftigen Handelsverträgen». Kurz vor seinem Tod lieferte Reichesberg mit «Adam Smith und die gegenwärtige Volkswirtschaft» (1927) eine Gesamtanalyse der zeitgenössischen Wirtschaft. Offenbar arbeitete er damals auch an einer umfassenden Geschichte der Nationalökonomie, die in Fachkreisen bereits erwartet wurde.[6]

3 Vgl. «Lange, Friedrich Albert», HLS, www.hls-dhs-dss.ch/textes/d/D13499.php.

4 Der belgische Statistiker und Astronom Lambert Adolphe Jaques Quételet (1796–1847) führte im Jahr 1846 in Belgien die erste Volkszählung durch, mit der die gesamte ortsansässige Bevölkerung anhand gleicher Erhebungskriterien erfasst wurde. Seine Methode wurde zum Vorbild für die Volkszählungen in den meisten europäischen Ländern, die spätestens ab den 1860er-Jahren in regelmässigen Abständen durchgeführt wurden. Vgl. Hahn, Historische Migrationsforschung, 42.

5 Vgl. Reichesberg, Wesen und Ziele der modernen Arbeiterschutzgesetzgebung, 9 f.

6 Vgl. Nachrufe in der Berner Tagwacht, Nr. 6, 9. 1. 1928, und in den Basler Nachrichten, Nr. 17, 17. 1. 1928.

Die publizierten Schriften sind nur ein Ausschnitt aus dem gesamten wissenschaftlichen Werk Reichesbergs. Viele wichtige Gedanken dürfte er zuerst im universitären Rahmen entwickelt haben, in Vorlesungen und im Gespräch mit Kollegen und Studierenden. Die Vorlesungsskripte sind, wenn es sie denn je gegeben hat, leider nicht erhalten geblieben. Auch von den vielen Vorträgen, die Reichesberg in Arbeiterbildungsvereinen, unter anderem in der «Freien Schule» von Nikolaus Wassilieff hielt, sind nur vereinzelt Themen und Titel überliefert.[7] Es dürfte sich um Hunderte von gemeinverständlichen Vorträgen zu volkswirtschaftlichen und sozialpolitischen Fragen gehandelt haben. Immerhin sind die Themen derjenigen Vorlesungen und Vorlesungszyklen überliefert, die Reichesberg im Rahmen der University Extension in den Jahren 1895 bis 1900 an verschiedenen Orten im Kanton Bern hielt. Darunter war beispielsweise ein Zyklus von sechs Vorträgen bei der Arbeiterunion Bern zu den «Hauptsystemen der Nationalökonomie» im Winter 1895/96: 1) Das Wesen der Nationalökonomie und die Bedeutung derselben für das praktische Leben der Gegenwart; 2) Das Merkantilsystem; 3) das physiokratische System; 4) Adam Smith und der sogenannte Smithianismus; 5) die historisch-ethische Schule; 6) der Sozialismus. Ebenso hielt Reichesberg in diesem Rahmen Vorträge zur Arbeiterfrage (zum Beispiel beim Grütliverein Burgdorf im Winter 1895/96) und über Sozialismus und Sozialdemokratie (beim gemeinnützigen Verein Biel im Winter 1897/98).[8]

Einige Referate, die Reichesberg ausserhalb der Universität hielt, wurden später publiziert. Dies betrifft zum Beispiel seine Referate an internationalen Kongressen zum Arbeiterschutz oder zur Sozialpolitik. Namentlich erwähnt sei hier der Vortrag mit dem Titel «Auf dem Wege zur Wirtschaftsdemokratie», den Reichesberg anlässlich des Prager Internationalen Kongresses für Sozialpolitik 1924 hielt und der ein Jahr später in den «Veröffentlichungen der Schweizerischen Vereinigung zur Förderung des internationalen Arbeiterschutzes» (Heft 49, 1925) abgedruckt wurde. Publiziert wurde auch eine Vortragsserie zur «Entwicklung der volkswirtschaftlichen Anschauungen im Rahmen des modernen Kapitalismus und Grundtatsachen des gegenwärtigen Geld- und Kreditwesens» beim Verein der Angestellten sozialdemokratischer Organisationen in Zürich aus dem Jahr 1917. Reichesberg dürfte über ähnliche Themen auch in anderen Arbeiter- und Angestelltenvereinen gesprochen haben.

Naum Reichesberg lag allgemein viel daran, neue wissenschaftliche Erkenntnisse auch für diejenigen zugänglich zu machen, die aufgrund ihrer Herkunft

7 Im Zyklus 1899/1900 referierte Naum Reichesberg beispielsweise über die «Grundzüge der modernen Arbeiterbewegung» und über die «Grundzüge der Volkswirtschaftslehre». Weil die Jahresberichte der Arbeiterunion Bern in der Zeit um die Jahrhundertwende nur lückenhaft überliefert sind, konnten die Vortragsangebote anderer Jahre nicht rekonstruiert werden. Ar SGB PE 604/2: Arbeiterunion Bern, Jahresbericht 1899. Siehe Kapitel 7.1 zur «Freien Schule» und Nikolaus Wassilieff.

8 StAB Bibliothek W1 5 H–J, 1832–1946, Bernische Kommission für gemeinverständliche Hochschulvorträge / öffentliche wissenschaftliche Vorträge, Programme der gemeinverständlichen Hochschulvorträge 1895 bis 1899.

oder aus anderen Gründen keine Möglichkeit hatten, an einer Universität zu studieren und sich auf diese Weise Wissen anzueignen. Sein Versuch, eine University Extension nach angelsächsischem Vorbild im Kanton Bern zu etablieren, wurde bereits in Kapitel 4 beleuchtet. Etwa zur selben Zeit verfolgte Reichesberg noch ein anderes Projekt, das ihm geeignet schien, das Interesse «weitester Kreise» der Bevölkerung an der Nationalökonomie und der Sozialpolitik zu befriedigen. Er wollte in einer Serie von Einzelheften kurze Biografien «bedeutender Nationalökonomen und Sozialpolitiker» publizieren.[9] Die Porträts sollten der breiten Bevölkerung möglichst lebhaft und prägnant die Wissenschaftler und ihre Lehre präsentieren, wie Reichesberg gegenüber Stephan Bauer betonte. Sie sollten nicht allzu wissenschaftlich sein und sich auf die wichtigsten Aussagen beschränken – nicht zuletzt, um den Verkaufspreis tief zu halten und die Hefte damit für «die breite Volksschicht» erschwinglich zu machen. Deshalb wollte er Bauer, der sich für die Biografie Adam Smiths mehr Platz hatte aushandeln wollen, nicht mehr als neun Bogen zugestehen.[10] Neben Stephan Bauer waren auch andere bekannte Vertreter ihres Faches eingeladen, Biografien zu verfassen. Überliefert sind Anfragen an Eduard Bernstein und Karl Kautsky.[11] Das Interesse der angefragten Personen war durchaus vorhanden. Allerdings scheiterte das Vorhaben an den viel zu tiefen Honoraren, die der Verleger den Verfassern in Aussicht gestellt hatte.[12]

«Schweizerische Zeitschrift für Volkswirtschaft und Sozialpolitik»

Naum Reichesberg war von 1899 – und nicht erst seit 1900, wie fälschlicherweise oft festgehalten wird – bis zu seinem Tod ununterbrochen Redaktor der Halbmonatsschrift «Schweizerische Zeitschrift für Volkswirtschaft und Sozialpolitik». Diese Zeitschrift wurde seit 1893 herausgegeben und erschien bis 1916 unter dem Titel «Schweizerische Blätter für Wirtschafts- und Sozialpolitik», ab 1928 hiess sie «Schweizerische Zeitschrift für Volkswirtschaft, Betriebswirtschaft und Sozialpolitik». In den frühen Jahren wurde die Zeitschrift bei verschiedenen Verlagen in Bern und Basel gedruckt. Ab 1916 erschien sie bei der Buchdruckerei

9 IISG Eduard Bernstein Papers, D. Briefe an Eduard Bernstein, D568. Reichesberg, N. (Bern), 1896, Schreiben N. Reichesberg vom 24. März 1896, und CH SWA HS 417 E 15 r 2/5: Briefe und Karten an Stephan Bauer, Schreiben N. Reichesberg vom 24. März 1896.

10 CH SWA HS 417 E 15 r 2/5: Briefe und Karten an Stephan Bauer, Schreiben N. Reichesberg vom 20. Oktober 1897.

11 IISG Eduard Bernstein Papers, Briefe an Eduard Bernstein, D 568, Schreiben N. Reichesberg vom 24. März 1896, und IISG Karl Kautsky Papers, Briefe an Karl Kautsky, D XIX 117, Schreiben N. Reichesberg vom 24. März 1896.

12 CH SWA HS 417 E 15 r 2/5: Briefe und Karten an Stephan Bauer, Schreiben N. Reichesberg vom 18. Mai 1898. Es handelte sich beim Verleger um den Verlag Georg Wigand in Leipzig.

Steiger in Bern. Die Zeitschrift bildete laut Hans Ulrich Jost «einen der wichtigsten Beiträge zur Entwicklung der Sozialwissenschaften in der Schweiz».[13]

Die erste Ausgabe der Schweizerischen Blätter für Wirtschafts- und Sozialpolitik erschien im Sommer 1893. Als Redaktor trat Dr. Otto Wullschleger auf, über dessen Hintergrund leider nichts in Erfahrung gebracht werden konnte. Wullschleger scheint von der Überzeugung getrieben gewesen zu sein, dass die Lebensumstände der Bevölkerung der Schweiz mit sozialpolitischen Massnahmen so verbessert werden müssten, dass «alle Glieder der Volksgemeinschaft» in der Lage seien, sich an der Gestaltung des Landes zu beteiligen, was schliesslich auch der Grundidee eines demokratischen Staates entspreche. In seinen einleitenden Worten deklarierte er als Ziel der neuen Zeitschrift die Förderung der «sozialpolitischen Bildung und Einsicht unseres schweizerischen Volkes» und die «sachliche Diskussion der sozialpolitischen Bestrebungen». Über die Berechtigung und Notwendigkeit des Ziels, den sozialen Fortschritt zu fördern und damit «allen Menschen nicht nur die rechtliche, sondern auch die faktische Möglichkeit zu gewähren, sich zu wahrhaft freien und sittlichen Staatsbürgern zu entwickeln», konnte gemäss Wullschleger «in einer Demokratie kein Streit mehr sein». Nur über die Mittel und Wege zum Ziel bestehe Uneinigkeit. Die neue Zeitschrift sollte die Diskussion über die verschiedenen Wege und Mittel fördern und dabei verschiedene Meinungen zu Wort kommen lassen.[14]

Zu Beginn des Jahres 1895 ging die Redaktion der «Schweizerischen Blätter für Wirtschafts- und Sozialpolitik» an Professor Dr. Georg Adler über. Der Nationalökonom Adler, der sich 1886 in Freiburg i. Br. habilitiert hatte und später an den Universitäten Basel und Freiburg i. Br. lehrte, beschäftigte sich intensiv mit der Arbeiterbewegung und dem Sozialismus. Auch Adler, der gemäss eigener Aussage sowohl «den reinen Kapitalismus, wie umgekehrt die extremen sozialpolitischen Forderungen und die kommunistischen Utopien» ablehnte, betonte in seinen einleitenden Worten, ganz unterschiedlichen Meinungen Platz bieten zu wollen und damit bestrebt zu sein, «den Schweizerischen Blättern für Wirtschafts- und Sozialpolitik ihren bisherigen Charakter und ihre unabhängige Haltung in allen Fragen zu bewahren». Die Beiträge sollten einzig nach dem «sittlichen Urteil» und der «wissenschaftlichen Forschung» beurteilt werden.[15]

Adler gab die Redaktion der Zeitschrift bereits nach wenigen Monaten wieder auf. Am 1. April 1895 übernahm eine Redaktionskommission das Ruder, die sich gemäss offiziellem Briefkopf der Zeitschrift aus folgenden Mitgliedern zusammensetzte: Bundesrat Emil Frey; Dr. T. Geering, Chef der eidg. Abteilung für Handelsstatistik (Oberzolldirektion); Dr. K. Geiser, Universitätsdozent; E. W. Milliet, Direktor der eidg. Alkoholverwaltung; Dr. A. Oncken, Universitäts-

13 Jost, Sozialwissenschaften und Staat, 53 f.

14 «Zur Einführung», Schweizerische Blätter für Wirtschafts- und Sozialpolitik, Jahrgang 1 (1893), 1 f.

15 «Zur Einführung», Schweizerische Blätter für Wirtschafts- und Sozialpolitik, Jahrgang 3 (1895), 1.

professor; A. Reichel, Universitätsprofessor; Dr. N. Reichesberg, Universitätsdozent, und Dr. F. Schmid, Direktor des Gesundheitsamtes.[16] Der Grossteil dieser Herren hatte ein Studium in Rechtswissenschaften oder Nationalökonomie abgeschlossen. Die Hälfte – Bundesrat Emil Frey, Traugott Geering, Edmund Wilhelm Milliet und Professor August Oncken – hatte bereits unter den früheren Redaktoren Beiträge für die Blätter verfasst. Frey, Milliet und Oncken waren im Jahr 1900 auch unter den Mitbegründern der Schweizerischen Vereinigung zur Förderung des internationalen Arbeiterschutzes.[17] Unter dem neuen Redaktionsteam setzte sich die Zeitschrift zum Ziel, über alle Entwicklungen «auf dem Gebiete des ökonomischen und sozialen Lebens der Schweiz» umfassend zu informieren, wobei Beiträge aller politischen Richtungen gedruckt werden sollten und die Redaktionskommission diese «streng objektiv» beurteilen würde.[18] Mit der Betonung der Wissenschaftlichkeit und Unabhängigkeit von Parteimeinungen knüpfte die neue Redaktion an die frühere Tradition an. Der Systemwechsel von einem bezahlten Redaktor zu einem achtköpfigen, unentgeltlich arbeitenden Redaktionsteam wurde vor allem mit der Schonung der Ressourcen begründet. Damit, so die Redaktionskommission, könnten die «freiwerdenden Mittel für die Mitarbeiter verfügbar gemacht» werden. Wobei die Redaktionskommission der Zeitschrift auch einen «spezifisch schweizerischen Charakter» sichern wollte. Das ist möglicherweise als Andeutung zu verstehen, dass der deutsche Georg Adler die schweizerischen Verhältnisse zu wenig berücksichtigt hatte. Vielleicht handelte es sich aber auch nur um eine Absichtserklärung zuhanden der Verfasser künftiger Beiträge.[19]

Naum Reichesberg schlug dem deutschen Sozialdemokraten Karl Kautsky (1854–1938), Redaktor der Zeitschrift «Die Neue Zeit», mit Schreiben vom 28. Mai 1895 vor, sich die jeweiligen Zeitschriften gegenseitig zukommen zu lassen. Weshalb er den Empfänger noch «besonders darauf aufmerksam machen [wollte], dass weder der frühere Verlag, noch die frühere Redaktion gegenwärtig etwas mit unserer Zeitschrift zu thun haben»,[20] ist nicht ganz klar. Handelte es sich um eine inhaltliche Distanzierung von den Vorgängern? Das Ziel der Zeitschrift blieb jedenfalls grundsätzlich dasselbe und die Grundüberzeugung der früheren Redaktoren unterschied sich nicht gross von derjenigen der neuen Redaktionskommission. Möglicherweise ging es Reichesberg auch

---

16 IISG Karl Kautsky Papers, Briefe an Karl Kautsky, D XIX 116, Brief N. Reichesberg an K. Kautsky vom 28. Mai 1895.

17 Siehe Kapitel 6.2.

18 IISG Karl Kautsky Papers, Briefe an Karl Kautsky, D XIX 116, Brief N. Reichesberg an K. Kautsky vom 28. Mai 1895.

19 Vorwort zu Schweizerische Blätter für Wirtschafts- und Sozialpolitik, Jahrgang 3 (1895), April 1895. Hier wird absichtlich nur die männliche Form (Verfasser) verwendet, da die Beiträge in der Zeitschrift zumindest in den Anfangsjahren nur von Männern stammten.

20 IISG Karl Kautsky Papers, Briefe an Karl Kautsky, D XIX 116, Brief N. Reichesberg an K. Kautsky vom 28. Mai 1895.

nur darum, Kautsky darauf hinzuweisen, dass sich die Anschrift der Zeitschrift geändert hatte.

Als Adresse für alle redaktionellen Korrespondenzen wurde bereits 1895 Naum Reichesberg angegeben. Er dürfte also bei der Übernahme durch die genannte Redaktionskommission eine zentrale Rolle gespielt haben und innerhalb der Redaktion zu Beginn prägende Figur gewesen sein.[21] In den folgenden Jahren zog er sich zurück.[22] Zu Beginn des Jahres 1899 übernahm Reichesberg die Zeitschrift schliesslich als alleiniger Redaktor. Er war nun allein zuständig für die Prüfung und Auswahl der Beiträge und für Korrekturvorschläge an die Verfasser. Es ist anzunehmen, dass er diese Aufgabe – im Gegensatz zu seinen Vorgängern in den Jahren 1893 bis 1895, die ein kleines Honorar bezogen hatten – weiterhin unentgeltlich erfüllte. Jedenfalls ist kaum vorstellbar, dass man ein günstiges Geschäftsmodell, das sich offenbar bewährt hatte, zugunsten einer kostenintensiveren Lösung wieder aufgeben würde.

Naum Reichesberg legte stets grossen Wert darauf, dass die Zeitschrift «allen sozialphilosophischen und -politischen Ansichten» offenstand. Er wollte alle Positionen zu Wort kommen lassen. Unter seiner Leitung sollten die «Schweizerischen Blätter für Wirtschafts- und Sozialpolitik» «einerseits gleichsam Lehrkanzel darstellen, von welcher herab die verschiedenen Theorien und Anschauungen entwickelt, und andererseits einen Kampfboden, auf welchem die mehr oder weniger feindlichen Gegensätze zum Austrag gebracht werden können».[23] Dieses Ziel stellte, wie Reichesbergs Schüler Hans Freudiger zu Recht bemerkte, an «die Objektivität des Redaktors keine geringen Anforderungen».[24] Reichesberg hielt die Zeitschrift auch für seine Studierenden offen, damit sie ihre Arbeiten bekannt machen und ihre Standpunkte darlegen konnten.[25] Gleichzeitig machte er gegenüber der Leserschaft unmissverständlich klar, dass er selber «fest auf dem Boden des modernen Sozialismus» stehe und dass «seine philosophischen, volkswirtschaftlichen und sozialpolitischen Anschauungen [...] denjenigen des Marx'schen Sozialismus am nächsten [liegen]». Er bat «den Leser [...] ihn in keinem Falle mit den Ansichten seiner Mitarbeiter zu identifizieren».[26]

Von 1899 bis zu seinem Tod 1928 war Naum Reichesberg offiziell alleiniger Redaktor der «Schweizerischen Blätter für Wirtschafts- und Sozialpolitik»

---

21 IISG Karl Kautsky Papers, Briefe an Karl Kautsky, D XIX 116, Brief N. Reichesberg an K. Kautsky vom 28. Mai 1895.

22 Bei seiner Übernahme als alleiniger Redaktor zu Beginn des Jahres 1899 gab Reichesberg an, dass er «bereits früher einmal an der Redaktion dieser Zeitschrift beteiligt [war], und zwar im Jahre 1895/96». Vgl. «Zur Einführung», Schweizerische Zeitschrift für Wirtschafts- und Sozialpolitik, Jahrgang 7, Heft I, Januar 1899.

23 «Zur Einführung», Schweizerische Blätter für Wirtschafts- und Sozialpolitik, Jahrgang 7, Heft I, Januar 1899.

24 Vgl. Nachruf von Hans Freudiger in der Schweizerischen Zeitschrift für Volkswirtschaft, Betriebswirtschaft und Sozialpolitik, 34. Jahrgang (1928), 35.

25 Vgl. ebd.

26 «Zur Einführung», Schweizerische Zeitschrift für Wirtschafts- und Sozialpolitik, Jahrgang 7, Heft I, Januar 1899.

beziehungsweise der «Schweizerischen Zeitschrift für Volkswirtschaft und Sozialpolitik». Interessanterweise meldete sich sein Bruder Julian Reichesberg für den Internationalen Kongress für Sozialpolitik vom 2. bis 4. Oktober 1924 in Prag als Redaktor ebendieser Zeitschrift an.[27] Unterstützte Julian Reichesberg, der immer wieder Beiträge für die Zeitschrift verfasste, seinen Bruder tatsächlich bei den redaktionellen Arbeiten? Oder «lieh» Naum Reichesberg seinem Bruder für die genannte Konferenz den Titel des Redaktors, damit dieser überhaupt als Teilnehmer zugelassen wurde? Beides ist denkbar. Da der Kongress von der Internationalen Vereinigung für gesetzlichen Arbeiterschutz gemeinsam mit der Internationalen Vereinigung zur Bekämpfung der Arbeitslosigkeit organisiert wurde, war Naum Reichesberg als Zentralsekretär der Schweizerischen Vereinigung zur Förderung des internationalen Arbeiterschutzes sowieso Teil der schweizerischen Delegation. Er hätte seinem Bruder also ohne Weiteres seine Funktion übergeben können.

Engagement in Fachgesellschaften und Vereinen

Naum Reichesberg war Gründungs- und Vorstandsmitglied der «Volkswirtschaftlichen Gesellschaft des Kantons Bern» (VWG).[28] Zweck dieser Gesellschaft, die am 15. Dezember 1915 gegründet wurde, war gemäss Statuten «das Studium und die Besprechung wirtschaftlicher Fragen und der einschlägigen Literatur auf wissenschaftlicher Grundlage». Mitglieder konnten sowohl Einzelpersonen mit Interesse für wirtschaftliche Fragen wie auch juristische Personen (Handelsfirmen, Genossenschaften etc.) sein.[29] Bei Ende des ersten Vereinsjahres zählte die VWG bereits über 70 Einzelmitglieder und 17 Firmen.[30]

Die «Volkswirtschaftliche Gesellschaft des Kantons Bern» wurde aufgrund des Bedürfnisses nach einer politisch und konfessionell neutralen Institution ins Leben gerufen, in der volkswirtschaftliche Themen erörtert werden konnten. Die beiden Organisationen, die früher in Bern diese Aufgabe erfüllt hatten, waren vor oder zu Beginn des Ersten Weltkrieges aufgelöst worden. Die «Sektion Bern der Schweizerischen Statistischen Gesellschaft», die seit 1864 existiert hatte, wurde im Jahr 1909 liquidiert. Und die «Sozialpolitische Vereinigung Bern» war 1915 offenbar aufgrund von «verschiedenen Schwierigkeiten» abrupt aufgelöst

27 SozArch Ar 42.11.2: Internationale Vereinigung für gesetzlichen Arbeiterschutz. Versammlungen, Mappe 4: XII. Delegiertenversammlung Prag 1924, Anmeldungen aus der Schweiz.

28 Vgl. Nachruf von Hans Freudiger in der Schweizerischen Zeitschrift für Volkswirtschaft, Betriebswirtschaft und Sozialpolitik, 34. Jahrgang (1928), 36, und Freudiger, 50 Jahre Volkswirtschaftliche Gesellschaft des Kantons Bern, 14 f.

29 CH SWA Institute 173: Volkswirtschaftliche Gesellschaft des Kantons Bern, Statuten der Volkswirtschaftlichen Gesellschaft des Kantons Bern, beschlossen an der konstituierenden Versammlung am 15. Dezember 1915 in Bern (Inkrafttreten am 1. Januar 1916).

30 Vgl. Freudiger, 50 Jahre Volkswirtschaftliche Gesellschaft des Kantons Bern, 15–17.

worden.[31] In der Sektion Bern der Schweizerischen Statistischen Gesellschaft war Naum Reichesberg seit 1893 Mitglied.[32] Er dürfte auch in der «Sozialpolitischen Vereinigung» aktiv mitgewirkt haben. Freudiger gibt an, diese sei 1910 gegründet worden. Allerdings existierte in Bern bereits in den 1890er-Jahren eine «Sozialpolitische Vereinigung». Jedenfalls soll Reichesberg dort im November 1894 die Etablierung einer University Extension im Kanton Bern angeregt haben.[33]

Naum Reichesberg zählte 1915 zu den 18 Personen, die sich auf Anregung von Professor Jakob Steiger und Hans Freudiger zur Gründung der «Volkswirtschaftlichen Gesellschaft des Kantons Bern» entschlossen. Anlässlich der Gründungsversammlung soll Reichesberg besonders hervorgehoben haben, dass die neue Gesellschaft «nicht in parteipolitischem Sinne, sondern von einem objektiven volkswirtschaftlichen Standpunkt aus» arbeiten, aber «auch praktisch auf die sozialen Verhältnisse einwirken [solle] durch Anregungen und Veranstaltungen von statistischen Erhebungen».[34] Die Haupttätigkeit der VWG war die Veranstaltung von Vorträgen und Besichtigungen. Diese standen allen Interessierten offen. Ab und zu wurden auch Diskussionsabende zu einem aktuellen, wissenschaftlichen Thema durchgeführt, die nur für Mitglieder bestimmt waren. Solche Diskussionsabende sind belegt für die Jahre 1917 und 1918 und dann wieder in den 1930er-Jahren. Die Besichtigung von Betrieben und Anstalten wurde erst 1926 aufgenommen.[35] Reichesberg hielt ebenfalls Vorträge im Rahmen der VWG, so am 14. Dezember 1917 zum Thema «Die Meistbegünstigung in den künftigen Handelsverträgen» und am 13. Februar 1924 über «Marxismus und Bolschewismus».[36]

Es ist nicht ausgeschlossen, dass Naum Reichesberg sich auch in weiteren wissenschaftlichen Vereinigungen oder Fachgesellschaften einbrachte. In den Verzeichnissen der «ordentlichen und korrespondierenden Mitglieder der Schweizerischen Statistischen Gesellschaft» und der Abonnenten der «Zeitschrift für Schweizerische Statistik» ab 1911 ist Reichesberg nicht als privater Abonnent aufgeführt. Allerdings bezog das Handelswissenschaftliche Seminar (später das Statistische Seminar) der Universität Bern die Zeitschrift, sodass Reichesberg indirekt als Abonnent bezeichnet werden kann.[37] Dass er sich als Einzelmitglied aktiv in der Schweizerischen Statistischen Gesellschaft engagierte, scheint eher unwahrscheinlich, da er selber gewünscht hatte, dass diese zur Beurteilung seines Gesuches um eine finanzielle Unterstützung seines «Handwörterbuches» durch

31 Die genauen Gründe für die Auflösung der Sozialpolitischen Vereinigung Bern sind unbekannt. Vgl. Freudiger, 50 Jahre Volkswirtschaftliche Gesellschaft des Kantons Bern, 5.

32 CH SWA HS 798: Schweizerische Gesellschaft für Statistik und Volkswirtschaft (SGSV), Mappe C: Mitgliederverzeichnis 1893.

33 Siehe Kapitel 4.1 über das Engagement Reichesbergs für eine Universität für alle.

34 Freudiger, 50 Jahre Volkswirtschaftliche Gesellschaft des Kantons Bern, 15.

35 Ebd., 31–39.

36 Vgl. ebd.: Vortragsverzeichnis im Anhang.

37 CH SWA HS 798: Schweizerische Gesellschaft für Statistik und Volkswirtschaft (SGSV), Mappe C: Verzeichnisse 1911, 1915, 1917, 1928.

den Bundesrat hinzugezogen wurde.[38] Naum Reichesberg publizierte aber mehrmals in der «Zeitschrift für Schweizerische Statistik» (1865–1915) beziehungsweise der «Zeitschrift für Schweizerische Statistik und Volkswirtschaft» (1916–1944), die von der Schweizerischen Statistischen Gesellschaft unter Mitwirkung des Eidgenössischen statistischen Bureaus herausgegeben wurde.[39]

5.2 «Handwörterbuch der Schweizerischen Volkswirtschaft, Sozialpolitik und Verwaltung»

Das «Handwörterbuch der Schweizerischen Volkswirtschaft, Sozialpolitik und Verwaltung» (in der Folge: «Handwörterbuch») ist das wohl wichtigste wissenschaftliche Vermächtnis Naum Reichesbergs für die Schweiz. Das «Handwörterbuch» ist ein monumentales Werk: Es umfasst drei Bände – wobei der dritte Band in zwei Teilen erschien – von insgesamt rund 4000 Seiten und über 500 Artikeln zu den wichtigsten Begriffen und Sachgebieten der schweizerischen Volkswirtschaft. Ein detailliertes Sachregister am Ende des dritten Bandes zeugt von der unglaublichen Breite der behandelten Themengebiete, sodass man Reichesberg in der Überzeugung zuzustimmen geneigt ist, dass «das Handwörterbuch keinen Gegenstand der schweizerischen Volkswirtschaft ausser Acht lässt, dem nur irgendwie eine nennenswerthe Bedeutung zugeschrieben werden möchte».[40] Der erste Band erschien im Jahr 1903, der zweite 1905 und der dritte Band (in zwei Teilen) schliesslich 1911.

Als Autoren der einzelnen Artikel «wurde eine grosse Anzahl der tüchtigsten Kräfte der Schweiz herangezogen», wie Reichesberg im Vorwort zum «Handwörterbuch» schreibt. «Die meisten Lehrer der schweizerischen juristischen Fakultäten, eine grosse Anzahl hervorragender Staatsmänner und Parlamentarier, Vorsteher und Direktoren verschiedener Verwaltungszweige in Bund

38 BAR E81#1000/1134#42*: N. Reichesberg «Handwörterbuch der schweizerischen Volkswirtschaft, Sozialpolitik und Verwaltung»: zunächst Ablehnung einer Bundessubvention an die Herausgabe, später Bewilligung einer Bundessubvention in Raten (1900/1909), Schreiben von Prof. Reichesberg vom 27. 11. 1906. Im Vorstand der Schweizerischen Statistischen Gesellschaft war Reichesberg nicht vertreten. CH SWA HS 798: Schweizerische Gesellschaft für Statistik und Volkswirtschaft (SGSV), Mappe F I: Protokollbücher der Centralkommission 1895–1919 und Mappe F II: Protokolle 1905–1949. Zur Rolle der schweiz. Statistischen Gesellschaft im Zusammenhang mit der finanziellen Unterstützung für das «Handwörterbuch» siehe nachfolgendes Kapitel 5.2.

39 Die Zeitschrift heisst seit 1945 «Zeitschrift für schweizerische Volkswirtschaft und Statistik» und die Gesellschaft, die sie herausgibt, heisst heute «Schweizerische Gesellschaft für Volkswirtschaft und Statistik» (SGVS). Der Name der Gesellschaft und der Name der von ihr herausgegebenen Zeitschrift änderten immer wieder. Den Hinweis auf die unterschiedlichen Titel verdanke ich Ernst Baltensperger.

40 BAR E81#1000/1134#42*: N. Reichesberg «Handwörterbuch der schweizerischen Volkswirtschaft, Sozialpolitik und Verwaltung»: zunächst Ablehnung einer Bundessubvention an die Herausgabe, später Bewilligung einer Bundessubvention in Raten (1900/1909), Schreiben von Prof. Reichesberg an den Bundesrat vom 27. 11. 1906.

und Kantonen, Vertreter der verschiedenen Zweige der Industrie, des Gewerbes, des Handels, der Land- und Forstwirtschaft u. s. w.» hätten einen Beitrag geleistet.[41] Tatsächlich befinden sich unter den über 250 Autoren Professoren aller Schweizer Universitäten (auch der französischen Schweiz), Politiker in den höchsten Ämtern wie beispielsweise Bundesrat Ludwig Forrer, Bundeskanzler Gottlieb Ringier, die Regierungsräte Albert Gobat (BE), Emil Hofmann (TG) und Eugen Wullschleger (BS), viele Mitglieder der eidgenössischen Räte sowie Persönlichkeiten aus Verwaltung und Wirtschaft wie Bundesanwalt Otto Kronauer, der Aargauer Kantonsstatistiker Ernst Naef, Bauernsekretär Ernst Laur, der Generalsekretär des Schweizerischen Roten Kreuzes, Walther Sahli, oder der Direktor der von Roll'schen Eisenwerke, R. Meier. Viele Autoren haben mehrere Artikel verfasst. Sechs Beiträge für das «Handwörterbuch» wurden von Frauen verfasst, wobei sich diese ausnahmslos spezifischen «Frauenthemen» wie der Frauenbewegung, dem sogenannten Haushaltungsunterricht oder dem Schweizerischen Lehrerinnenverein widmen. Dies widerspiegelt allerdings die Funktion der Autorinnen. Die sechs Frauen schrieben über Themen, die ihr Amt oder ihre Arbeit betrafen. So verfasste beispielsweise die Sekretärin des Generalverbandes schweizerischer Arbeiterinnenvereine, Verena Conzett, den Artikel über die Arbeiterinnenvereine.

Die Herausgabe des «Handwörterbuches» war für Reichesberg ein energie- und zeitraubendes Projekt, an dem er ein gutes Jahrzehnt arbeitete. Es brachte Reichesberg auch finanziell an den Rand seiner Möglichkeiten. Weshalb investierte er so viel Arbeit, Zeit und Geld in dieses Werk? Was war seine Motivation? Im Vorwort zum «Handwörterbuch» zeigt sich Reichesberg überzeugt, dass parallel zum unvorhergesehenen wirtschaftlichen Aufschwung und den gesellschaftlichen und politischen Veränderungen im 19. Jahrhundert auch das Interesse der Wissenschaft und der Öffentlichkeit an den gesellschaftlichen Entwicklungen stark zugenommen hatte. «Die Mannigfaltigkeit und Kompliziertheit des modernen gesellschaftlichen Lebens, die ausserordentliche Massenhaftigkeit der einschlägigen Litteratur, auf der einen Seite, sowie das wachsende Bedürfnis nach rascher, aber allseitiger und gründlicher Orientierung in der Welt der socialen Thatsachen und Gedanken, auf der anderen» verlangten nach einem Hilfsmittel, das all jenen dienen möge, «welche das staats- und volkswirtschaftliche Leben der Schweiz, sei es aus welchem Grunde auch immer, kennen lernen wollen».[42] Das «Handwörterbuch» sollte diesem Bedürfnis entsprechen, indem es «jedem Schweizerbürger, wie jedem Ausländer die Möglichkeit [geben sollte], die Schweizerische Eidgenossenschaft in volkswirtschaftlicher und socialpolitischer Beziehung und deren staatliche und rechtliche Institutionen, soweit dieselben auf das volkswirtschaftliche Leben des Schweizer Volkes einen gewissen Einfluss ausüben, gründlich kennen und würdigen zu lernen».[43] Es würden zwar bereits

41 Reichesberg, Vorwort zum Handwörterbuch, VIII.
42 Ebd., VI.
43 Ebd., VII.

vereinzelt Handwörterbücher im Bereich der Volkswirtschaft existieren. Diese seien allerdings entweder veraltet oder sie würden keine rasche Orientierung über den Inhalt ermöglichen, wie dies das vorliegende «Handwörterbuch» biete.

Besonders wichtig war Reichesberg die allgemeine Verständlichkeit der Artikel. Die Ergebnisse der wissenschaftlichen Forschung sollten «dem Volke zugänglich» gemacht werden. Hier klingt dieselbe Überzeugung an, die Reichesberg bereits zum gescheiterten Projekt der Biografien bedeutender Wissenschaftler inspiriert hatte. Die Schweizerische Eidgenossenschaft mit ihren 26 einzelnen Staatswesen und den verschiedenen gesellschaftlichen, politischen und volkswirtschaftlichen Systemen sei einzigartig, schrieb er, aber es sei umso schwieriger, alle Zusammenhänge zu erfassen. Gleichzeitig, so Reichesberg, sei es gerade in der Schweiz «unvergleichlich wichtiger als anderswo, dass jeder Bürger sich diesen Einblick zu verschaffen trachte, denn nirgends ist der Einzelne in solchem Grade mitverantwortlich für die Ausgestaltung der Lebensverhältnisse» in seinem Heimatstaat.[44] Aus Sicht des Herausgebers sollte das «Handwörterbuch» also nicht in erster Linie Akademikern oder Fachpersonen dienen, sondern auch und vor allem den Bürgerinnen und Bürgern. Wobei durchaus auch ein ausländisches Zielpublikum angesprochen wurde, wenn Reichesberg schrieb, die Schweiz sei in «mancher Beziehung […] für die gesamte civilisierte Menschheit mustergültig geworden» und dürfte mit ihren vielen Besonderheiten «dem gebildeten Ausländer […] Anlass zum Studium und Nachdenken» geben.[45]

Reichesberg fasste seine Motivation gegenüber dem Bundesrat wie folgt zusammen: «Ich war […] stets vom Bestreben beseelt, ein nützliches Werk für die Schweizerische Eidgenossenschaft zu schaffen, ein Werk von bleibendem Werth, das jedermann im In- und Auslande die Möglichkeit gewähren sollte, das Land, das in der Kulturgeschichte der Menschheit einen so ehrenvollen Platz einnimmt, kennen und schätzen zu lernen.»[46]

Subventionsgesuch an den Bundesrat und Auseinandersetzung um Verlagsrechte

Naum Reichesberg gelangte im Sommer 1900 mit einem Gesuch um finanzielle Unterstützung des von ihm herauszugebenden «Handwörterbuches der schweizerischen Volkswirtschaft, Sozialpolitik und Verwaltung» an den Vorsteher des eidgenössischen Justiz- und Polizeidepartements, das zuständig war für Beiträge an juristische Arbeiten. Das damalige Gesuch ist leider in den Akten des Bundesarchivs nicht erhalten. Der Inhalt kann aufgrund der darauffolgenden Kor-

44 Ebd., VI.
45 Ebd., VI und VII.
46 BAR E81#1000/1134#42*: N. Reichesberg «Handwörterbuch der schweizerischen Volkswirtschaft, Sozialpolitik und Verwaltung»: zunächst Ablehnung einer Bundessubvention an die Herausgabe, später Bewilligung einer Bundessubvention in Raten (1900/1909), Gesuch N. Reichesberg an Bundesrat Ernst Brenner, Vorsteher des EJPD, vom 29. Juni 1906.

respondenz jedoch gut nachvollzogen werden. Jedenfalls beantragte das Justiz- und Polizeidepartement dem Gesamtbundesrat mit Vortrag vom 5. Juli 1900 die finanzielle Unterstützung der Herausgabe des «Handwörterbuches» in der Höhe von 15 000 Franken. Diese Zahl hatte Reichesberg vermutlich selbst ins Spiel gebracht.[47] Das Gesuch wurde dem Eidgenössischen Departement des Innern noch zur Prüfung zugewiesen, mit der Absicht, eine Beurteilung der Schweizerischen Statistischen Gesellschaft einholen zu lassen. Diese hatte bereits das erste, von A. Furrer herausgegebene «Volkswirthschaftslexikon der Schweiz», das zwischen 1885 und 1892 erschienen war, begutachtet und zur Unterstützung empfohlen.[48]

Der Bundesrat behandelte das Subventionsgesuch Reichesbergs in seiner Sitzung vom 25. September 1900. Es lagen zwei Vorträge vor: Das Justiz- und Polizeidepartement beantragte, das «Handwörterbuch» mit insgesamt 15 000 Franken zu subventionieren, wobei die eine Hälfte sofort und die zweite Hälfte gegen Einsendung von 100 Exemplaren des Werkes, verteilt auf drei Jahre, auszubezahlen wäre. Der Mitbericht des Departements des Innern vom 17. Juli 1900 fiel hingegen skeptisch aus. Die Zentralkommission (der Vorstand) der Schweizerischen Statistischen Gesellschaft hatte sich gegenüber dem Gesuch Reichesbergs zwar nicht ablehnend, aber doch in einzelnen Punkten kritisch geäussert. So riet sie dem Bundesrat, die Unterstützung mit gewissen Bedingungen zu verknüpfen: Erstens sollte die Veröffentlichung erst nach Bekanntgabe der wichtigsten Volkszählungsdaten von 1900 erfolgen, damit diese in den Artikeln berücksichtigt werden können. Zweitens seien gewisse Verbesserungen am Projekt vorzunehmen, namentlich müssten die fehlenden Mitarbeiter gefunden, die Stichworte und der Umfang der einzelnen Artikel überarbeitet und eine detailliertere Budgetierung der mutmasslichen Kosten vorgelegt werden. Und drittens sei für den Fall der finanziellen Unterstützung durch den Bund eine Kommission zu schaffen, welche «ähnliche Funktionen auszuüben [hätte] wie seiner Zeit der Direktor des eidg. Stat. Bureaus in Hinsicht auf die staatliche finanzielle Unterstützung des Furrer'schen Lexikons». Das Departement des Innern fügte ausserdem die Bedingung hinzu, «dass bei diesem Unternehmen, das den Charakter eines nationalen Werkes beansprucht, auch die Frage in Prüfung gezogen würde, auf welche Weise es der romanischen Schweiz zugänglich gemacht werden könnte.

47 Das EJPD hatte dem Bundesrat 15 000 Franken beantragt. Da die schweiz. Statistische Gesellschaft vom Gesuchsteller eine detailliertere Schätzung der Kosten wünschte, ist davon auszugehen, dass das Departement die Schätzung Reichesbergs aus dessen Gesuch übernommen hatte. Möglicherweise stützte sich Reichesberg auf die Angaben des Verlegers. BAR E81#1000/1134#42*: N. Reichesberg «Handwörterbuch der schweizerischen Volkswirtschaft, Sozialpolitik und Verwaltung»: zunächst Ablehnung einer Bundessubvention an die Herausgabe, später Bewilligung einer Bundessubvention in Raten (1900/1909), verschiedene Dokumente.

48 BAR E81#1000/1134#42*: N. Reichesberg «Handwörterbuch der schweizerischen Volkswirtschaft, Sozialpolitik und Verwaltung»: zunächst Ablehnung einer Bundessubvention an die Herausgabe, später Bewilligung einer Bundessubvention in Raten (1900/1909), Antrag des Eidg. Departement des Innern an den Bundesrat vom 14. September 1900 betreffend Subvention eines Handwörterbuches der schweiz. Volkswirtschaft, Socialpolitik und Verwaltung.

Dies dürfte dazu führen, nicht nur eine französische Ausgabe der Publikation in Aussicht zu stellen, sondern auch zu untersuchen, ob und wie die romanische Schweiz zur Mitarbeit am Unternehmen beizuziehen sei.» Der Bundesrat folgte dem Antrag des Departements des Innern. Er beschloss, den Entscheid über eine Subvention und die Höhe der finanziellen Unterstützung bis auf Weiteres zu verschieben und den Gesuchsteller einzuladen, das Projekt in den genannten Bereichen sorgfältiger vorzubereiten.[49]

Nachdem Naum Reichesberg vom Entscheid des Bundesrates Kenntnis erhalten hatte, suchte er offenbar das Gespräch mit dem Vorsteher des Justiz- und Polizeidepartements, Bundesrat Ernst Brenner. In einem Schreiben an den Verleger Dr. Edelheim von Anfang 1901 bekannte Reichesberg, Bundesrat Brenner habe ihm bestätigt, dass es wohl besser gewesen wäre, er hätte das Erscheinen des ersten Bandes abgewartet, bevor er sich mit einem Gesuch an den Bundesrat wandte. So hätte der Bundesrat «die Sache besser beurtheilen können und etwaige Kritiken liessen sich dann an Hand des Gebotenen entkräften». Immerhin seien ja alle Bedingungen, welche der Vorstand der Schweizerischen Statistischen Gesellschaft und der Bundesrat an eine finanzielle Unterstützung gestellt hatten, unterdessen erfüllt: Fast alle Arbeiten für die drei Bände seien inzwischen vergeben und die Zahl der Mitarbeiter aus der romanischen Schweiz sei eine «ziemlich grosse». «[Zudem] hat sich der Tadel betreffend nicht entsprechender Vertheilung des Stoffes für die einzelnen Artikel, wie ich Herrn Bundesrath Brenner gezeigt habe, als auf einen Irrthum beruhend herausgestellt (so wurde z. B. von Direktor Kummer getadelt, dass für die Versicherung bloss 10 Druckseiten vorgesehen seien. Dr. Kummer hat aber übersehen, dass die 10 Seiten bestimmt sind bloss für den zusammenfassenden Artikel, während ausserdem für jeden Zweig der Versicherung ein besonderer Artikel vorhanden war – zusammen über 80 Druckseiten).» Gemäss seiner Schilderung hatte Reichesberg Bundesrat Brenner im selben Gespräch auch mitgeteilt, dass er auf eigenes Risiko den ersten Band herausgebe, «in der Überzeugung, dass der Bundesrath dann besser Gelegenheit haben wird, die Sache zu beurtheilen», was Bundesrat Brenner offenbar für ein sinnvolles Vorgehen hielt. Wobei ihm Bundesrat Brenner geraten habe, nach Erscheinen des Prospektes zum ersten Band «ihm eine Antworth auf das bundesräthliche Schreiben zukommen zu lassen, in welchem ich alle vorher erwähnten Gesichtspunkte darlegen sollte».[50]

Zu Beginn des Jahres 1901 war Naum Reichesberg also davon überzeugt, dass die Kritik an seinem Vorhaben vor allem auf Missverständnissen beruhte

49 BAR E81#1000/1134#42*: N. Reichesberg «Handwörterbuch der schweizerischen Volkswirtschaft, Sozialpolitik und Verwaltung»: zunächst Ablehnung einer Bundessubvention an die Herausgabe, später Bewilligung einer Bundessubvention in Raten (1900/1909), Auszug aus dem Protokoll der Sitzung des Schweizerischen Bundesrates vom 25. September 1900.

50 BAR E81#1000/1134#42*: N. Reichesberg «Handwörterbuch der schweizerischen Volkswirtschaft, Sozialpolitik und Verwaltung»: zunächst Ablehnung einer Bundessubvention an die Herausgabe, später Bewilligung einer Bundessubvention in Raten (1900/1909), Schreiben N. Reichesberg an den Verleger Dr. Edelheim vom 4. Februar 1901.

und ausserdem dem Umstand geschuldet war, dass sein Projekt sich erst im Anfangsstadium befand und der Bundesrat sich kaum ein Urteil bilden konnte. Aus seinen Schilderungen geht auch hervor, dass er selber mit einem Gesuch an den Bundesrat lieber zugewartet hätte, bis erste Resultate vorlagen, dass ihn sein Verleger aber drängte, bereits vor Beginn der Arbeiten ein Subventionsgesuch einzureichen. Jedenfalls, so sollte er später gegenüber dem Bundesrat argumentieren, fühlte er sich nach der mündlichen Aussprache mit Bundesrat Brenner ermuntert, die Herausgabe des «Handwörterbuches» in Angriff zu nehmen. Der Bundesrat hatte sich ja nicht grundsätzlich gegen sein Vorhaben ausgesprochen und eine spätere Unterstützung schien in den Augen Reichesbergs durchaus realistisch, zumal er überzeugt war, die daran geknüpften Bedingungen eigentlich schon jetzt zu erfüllen und dies nur noch mit dem ersten Band nachweisen zu müssen. Dass die Presse die Idee des «Handwörterbuches» positiv aufnahm, machte ihn zusätzlich euphorisch, wie er später bemerkte. So entschloss sich Reichesberg, nicht mehr abzuwarten, sondern die Herausgabe sofort in Angriff zu nehmen. Dass er in seiner Euphorie vergass, den Rat von Bundesrat Brenner zu befolgen und seine im Gespräch dargelegten Erwägungen in einem Schreiben an das Justiz- und Polizeidepartement zusätzlich noch schriftlich anzubringen, sollte später zu einem unnötigen Stolperstein werden.[51]

Naum Reichesberg setzte sich zwecks Herausgabe des «Handwörterbuches» mit dem Verlag Dr. J. Edelheim & Cie. in Bern/Leipzig in Verbindung. Weshalb er für dieses gewaltige Vorhaben einen Verlag wählte, mit dem er vorher noch nie zusammengearbeitet hatte, ist nicht ganz klar.[52] Reichesberg selber erklärte, der Verlag Edelheim & Cie. sei ihm «von vertrauenswürdiger Seite empfohlen worden». Die Zusammenarbeit scheint aber bereits nach kurzer Zeit schwierig geworden zu sein. Gemäss Reichesberg liess ihn der Verlag «im Stich [...] nachdem mit der Veröffentlichung des Handwörterbuches bereits begonnen wurde und ich mich einer ziemlich grossen Anzahl von schweizerischen Fachleuten gegenüber verpflichtet hatte, ihre gegen ein vereinbartes Honorar gelieferten oder einzuliefernden Beiträge im Handwörterbuche zum Abdruck zu bringen». Ob unterschiedliche Auffassungen über das Vorhaben bestanden und es zu einer Auseinandersetzung kam, ob der Verlag finanzielle Probleme hatte oder schlicht das Interesse am Projekt Reichesbergs verlor, wird nicht klar. Um

51 BAR E81#1000/1134#42*: N. Reichesberg «Handwörterbuch der schweizerischen Volkswirtschaft, Sozialpolitik und Verwaltung»: zunächst Ablehnung einer Bundessubvention an die Herausgabe, später Bewilligung einer Bundessubvention in Raten (1900/1909), Schreiben N. Reichesberg an den Verleger Dr. Edelheim vom 4. Februar 1901 und Schreiben von Prof. Reichesberg an den Bundesrat vom 27. 11. 1906.

52 Bei der ersten Versammlung der Schweizerischen Vereinigung zur Förderung des internationalen Arbeiterschutzes am 10. Juli 1900 war auch ein Dr. Edelheim anwesend. Ob es sich um denselben Herrn Edelheim handelte, kann nicht mit Sicherheit gesagt werden. Es scheint aber nicht ganz abwegig. Demnach hätte Reichesberg Herrn Edelheim bereits gekannt, als er die Herausgabe des «Handwörterbuches» in Angriff nahm. Vgl. Kapitel 6.2 zur Schweizerischen Vereinigung zur Förderung des Internationalen Arbeiterschutzes.

sein Werk nicht zu gefährden, habe er einen Gesellschaftsvertrag mit demjenigen Teilhaber des Verlages abgeschlossen, an den das Verlagsrecht auf das «Handwörterbuch» übertragen worden war, schrieb Reichesberg. Dieser Teilhaber war Chaim Žitlovskij – kein Unbekannter. Žitlovskij war ebenfalls russisch-jüdischer Emigrant und teilte mit Naum Reichesberg sowohl politische Überzeugungen wie auch Bekanntschaften.[53] Gut möglich, dass es auch Žitlovskij gewesen war, der ihm den Verlag ursprünglich empfohlen hatte. Trotz guter Bekanntschaft war auch die Zusammenarbeit mit Chaim Žitlovskij dem Projekt nicht förderlich – das ist zumindest die Perspektive Reichesbergs. So entschloss er sich schliesslich, den Anteil Žitlovskijs am Verlagsrecht für 4000 Franken zu erwerben. Damit war Naum Reichesberg alleiniger Inhaber des «Handwörterbuches». Der Verlag Encyklopädie, der das «Handwörterbuch» herausgab, scheint folglich eine Ein-Mann-Firma gewesen zu sein, hinter der Naum Reichesberg stand. Der Druck erfolgte bei der Buchdruckerei Scheitlin Spring & Co.[54]

Nachdem die rechtlichen Verhältnisse geklärt waren, stand der Arbeit nichts mehr im Weg. Mit etwas Verzögerung gegenüber dem ursprünglichen Zeitplan erschien 1903 der erste Band des «Handwörterbuches», 1905 folgte der zweite. Presse und Öffentlichkeit nahmen die ersten beiden Bände positiv auf.[55]

Missachtung der bundesrätlichen Empfehlungen?

Nachdem bereits zwei Bände des «Handwörterbuches» erschienen waren und die Arbeiten am dritten Band begonnen hatten – und motiviert durch die positiven Urteile der Presse, wie er selber bekannte –, nahm Reichesberg einen zweiten Anlauf: Mit Schreiben an das Justiz- und Polizeidepartement vom 29. Juni 1906 stellte er erneut ein Gesuch um Unterstützung des «Handwörterbuches» in der Höhe von 15 000 Franken. Diesmal listete Reichesberg die Kosten der beiden ersten Bände detailliert auf, legte alle Rechnungen bei und versuchte eine möglichst nachvollziehbare Schätzung für die Herstellungskosten des dritten Bandes vorzunehmen. Demnach beliefen sich die Herstellungskosten des ersten Bandes auf 10 828.55 und jene des zweiten Bandes auf 8137.60 Franken. Da sich bereits

53 Chaim Žitlovskij (1865–1943) verband in seiner theoretischen Auseinandersetzung jüdisch-nationale und sozialistische Aspekte. Er kam 1890 nach Bern und promovierte 1892 bei Professor Ludwig Stein. Siehe Kapitel 7.1 zu seiner Verbindung mit Naum Reichesberg.

54 BAR E81#1000/1134#42*: N. Reichesberg «Handwörterbuch der schweizerischen Volkswirtschaft, Sozialpolitik und Verwaltung»: zunächst Ablehnung einer Bundessubvention an die Herausgabe, später Bewilligung einer Bundessubvention in Raten (1900/1909), N. Reichesberg an Bundesrat Ernst Brenner, Vorsteher des EJPD vom 29. Juni 1906. In diesem Schreiben ist die Entstehungsgeschichte des «Handwörterbuches» aus der Perspektive des Herausgebers ausführlich beschrieben.

55 BAR E81#1000/1134#42*: N. Reichesberg «Handwörterbuch der schweizerischen Volkswirtschaft, Sozialpolitik und Verwaltung»: zunächst Ablehnung einer Bundessubvention an die Herausgabe, später Bewilligung einer Bundessubvention in Raten (1900/1909), N. Reichesberg an Bundesrat Ernst Brenner, Vorsteher des EJPD vom 29. Juni 1906.

abzeichnete, dass der dritte Band deutlich umfangreicher werden würde – es waren Nachträge sowie das Sach- und Autorenregister geplant –, rechnete Reichesberg mit Herstellungskosten von insgesamt rund 30000 Franken. Die Autorenhonorare für alle drei Bände bezifferte er mit 13000 Franken. Die Gesamtkosten inklusive der Verlagsrechte, die Reichesberg für 4000 Franken erworben hatte, lagen also gemäss der Buchhaltung Reichesbergs bei 47000 Franken. Der Absatz umfasste zum Zeitpunkt des Gesuches offenbar rund 550 Exemplare. Der Ladenpreis für ein Exemplar (alle drei Bände) entsprach 81 Franken, wobei ein Drittel des Ladenpreises dem Buchhandel zustand. Der Verlag, das heisst Naum Reichesberg, verkaufte ein Exemplar des «Handwörterbuches» also für 54 Franken. Mit 550 verkauften Exemplaren lagen die Einnahmen bisher bei 29700 Franken. Nach Erscheinen des letzten Bandes, so war Reichesberg überzeugt, würde der Absatz noch etwas steigen. Trotzdem musste er von einem Defizit ausgehen, wie er dem Bundesrat darlegte. Reichesberg legte seinem erneuten Gesuch die ersten beiden Bände des «Handwörterbuches» bei. Er zeigte sich überzeugt, dass die Gründe, die 1900 zur Verschiebung des Entscheides geführt hatten, «ihre Kraft angesichts der vorliegenden zwei Bände des Handwörterbuches verloren haben dürften».[56]

Das Gesuch Reichesbergs wurde, wie bereits im Jahr 1900, der Schweizerischen Statistischen Gesellschaft zur Begutachtung zugestellt. Deren Vorstand behandelte die Eingabe an seiner Sitzung vom 26. August 1906 und unterbreitete dem Bundesrat anschliessend ein schriftliches Gutachten. Er bezeichnete das «Handwörterbuch» als von grossem Wert für die Öffentlichkeit und als «vaterländisches Werk» und betonte, dass es grundsätzlich in der Pflicht des Staates liege, dieses zu unterstützen, besonders weil eine solche Publikation kaum ohne Defizit herausgegeben werden könne. Gleichzeitig war der Vorstand der Schweizerischen Statistischen Gesellschaft überzeugt, dass Reichesberg die Hauptarbeit an seinem Werk noch bevorstehe, auch wenn bereits zwei Bände erschienen waren: Der Herausgeber werde ein Repertorium nach Stichwörtern erstellen müssen, und das sei «eine Arbeit, die nicht nur sehr weitläufig und zeitraubend sein wird, sondern auch äusserst sorgfältig an die Hand genommen werden muss». Und vor allem werde das Erstellen des Repertoriums aufzeigen, wo Lücken bestehen, die nachträglich noch ausgefüllt werden müssen. Wobei Reichesberg die Nachträge entweder selbst verfassen oder dafür geeignete Autoren suchen müsse. Beides würde noch einmal viel Zeit beanspruchen. Diese Einschätzung sollte sich als absolut zutreffend herausstellen. Während Reichesberg die ersten beiden Bände innerhalb von zwei Jahren (1903 und 1905) publizieren konnte, verzögerte sich die Herausgabe des dritten und letzten Bandes bis 1911. Der dritte Band war wegen der Nachträge und der

56 BAR E81#1000/1134#42*: N. Reichesberg «Handwörterbuch der schweizerischen Volkswirtschaft, Sozialpolitik und Verwaltung»: zunächst Ablehnung einer Bundessubvention an die Herausgabe, später Bewilligung einer Bundessubvention in Raten (1900/1909), N. Reichesberg an Bundesrat Ernst Brenner, Vorsteher des EJPD vom 29. Juni 1906.

Verzeichnisse auch so umfangreich, dass er in zwei Teilen erschien. Den Betrag von 15 000 Franken, um den Reichesberg den Bundesrat ersuchte, hielten die Mitglieder des Vorstandes im Übrigen für zu niedrig gegriffen. Sie wiesen den Bundesrat zudem ausdrücklich darauf hin, dass in den Berechnungen Reichesbergs ein Honorar für den Herausgeber fehlte.

Zur Frage des Bundesrates, ob die im Jahr 1900 aufgestellten Bedingungen für eine finanzielle Unterstützung tatsächlich als hinfällig zu betrachten seien, wie dies Naum Reichesberg versicherte, bemerkte die Zentralkommission der Schweizerischen Statistischen Gesellschaft, dass die erste Bedingung wohl erfüllt sei. Die Hauptresultate der Volkszählung waren im Jahr 1901 bekannt gegeben worden und man dürfe davon ausgehen, dass sie – wo sinnvoll und notwendig – in den Beiträgen berücksichtigt wurden. Ob Inhalt und Umfang der einzelnen Beiträge sinnvoll aufgeteilt und alle relevanten Themengebiete aufgearbeitet wurden, sei ohne detailliertes Studium der ersten beiden Bände nicht abschliessend zu beurteilen. Die Erfüllung dieser zweiten Bedingung – entsprechende Sorgfalt betreffend Aufbau und Durchführung des Werkes – hätte durch die Ernennung einer «Kontrollkommission» sichergestellt werden sollen, wie sie der Bundesrat als dritte Bedingung genannt hatte. Dass Reichesberg die Herausgabe des «Handwörterbuches», nach Kenntnisnahme der bundesrätlichen Bedingungen, von sich aus und ohne Bundessubvention an die Hand nahm, habe die Ernennung einer solchen Kommission aber unmöglich gemacht. Eine nachträgliche Ernennung einer solchen Kontrollkommission nach Publikation von zwei Bänden sei vom Vorstand erwogen, jedoch als nicht praktikabel befunden worden. Jedenfalls wollte die schweizerische Statistische Gesellschaft «eine solche Verantwortung [nicht] übernehmen». Was den Wunsch des Bundesrates betreffend Zugang der romanischen Schweiz zum «Handwörterbuch» betrifft, so wies der Vorstand darauf hin, «dass bei solchen Veröffentlichungen die Doppelsprachigkeit nicht angezeigt ist und noch viel weniger eine Uebersetzung des ganzen Werkes, da die Kosten der Uebersetzung allein die Gesamtkosten in bedenklicher Weise vermehren würden. Zudem würde die Herausgabe der französischen Auflage in solcher Weise verzögert, dass ihr nur noch ein verminderter Wert zugeschrieben werden könnte».

Das Gutachten der Schweizerischen Statistischen Gesellschaft schloss mit einer Empfehlung zuhanden des Bundesrates: «Wenn nun zum Schluss die Zentralkommission auch ihr Bedauern darüber ausspricht, dass Herr Prof. Dr. Reichesberg sich nicht vor der Anhandnahme des Unternehmens über die Berücksichtigung der bundesrätlichen Wünsche ausweisen konnte, so fühlt sie sich, im Hinblick auf die nun einmal unternommene und schon vorgeschrittene nationale Arbeit doch verpflichtet, den Wunsch auszusprechen, dass die Unterlassungen des Petenten nicht die Ursache bilden möchten, die ihm seinerzeit in Aussicht gestellte Bundeshülfe ganz zu verweigern. Die Subvention wäre aber in mehreren Raten zu verabfolgen, in der Weise, dass die letzte Rate erst nach Fertigstellung des ganzen Werkes, mit Einschluss der Nachträge und des Repertoriums, auszurichten wäre.» Die Zentralkommission fügte an, mit der Subvention sollte keine Verantwortung für den Inhalt der einzelnen Artikel übernommen werden.[57]

Das grundsätzlich positive Urteil der Zentralkommission der Schweizerischen Statistischen Gesellschaft überzeugte das Departement des Innern nicht. Dieses störte sich erkennbar daran, dass Reichesberg «ohne Berücksichtigung der im bundesrätlichen Entscheide vom 25. September 1900 enthaltenen Wegleitungen» sofort zur Publikation schritt und dem Bund damit nicht nur jegliche Kontrolle über das «Handwörterbuch» entzog, sondern sich schlicht um dessen Meinung foutierte: «In diesem Vorgehen des Herausgebers dürfte an und für sich ein Verzicht desselben auf jegliche Bundesunterstützung gesehen werden. Wenn derselbe nun gleichwohl sein Subventionsgesuch von 1900 erneuert, so geht unsere Ansicht dahin, dass dieses Gesuch aus prinzipiellen Gründen abzuweisen sei: denn der Bundesrat hat seinerzeit festgestellt, unter welchen Voraussetzungen eine Bundesunterstützung eventuell gewährt werden könne; der Petent hat sich um diese Bedingungen nicht gekümmert; er mag nun auch die Folgen davon tragen.»

Das Departement des Innern wollte den Entscheid des Bundesrates vom 25. September 1900 zudem auf keinen Fall so verstanden wissen, als habe dieser gegen Erfüllung gewisser Bedingungen eine Bundesunterstützung zugesichert oder in Aussicht gestellt. Vielmehr habe man damals den Entscheid über die Gewährung einer Subvention verschoben, weil «nach fachmännischem Urteil die Vorbereitungen für die Herausgabe eines solchen Werkes noch ungenügend waren», mit der Idee, dass «nach weiterer Förderung der Vorarbeiten durch den Herausgeber der Bundesrat nochmals, vor dem Beginn der Publikation, die Subventionsangelegenheit behandeln sollte». Schliesslich wies das Departement des Innern auch darauf hin, dass die Gesuche um Unterstützung von literarischen Werken, «die sich als gemeinnützige oder patriotische bezeichnen», in letzter Zeit ausserordentlich zugenommen hätten und auch deshalb «eine ablehnende Haltung eingenommen werden muss, wenn das Bundesbudget nicht allzusehr in Belastung geraten soll». Aus diesen Gründen beantragte das Departement des Innern dem Bundesrat Ablehnung des Gesuches.[58]

Der Bundesrat entschied an seiner Sitzung vom 23. Oktober 1906, dem Antrag des Departements des Innern zu folgen und das Subventionsgesuch Naum Reichesbergs abzulehnen. Der Entscheid war nicht einstimmig gefallen. Gemäss Protokoll wurde er mit einer Mehrheit gefällt. Wie gross diese war, geht dar-

57 BAR E81#1000/1134#42*: N. Reichesberg «Handwörterbuch der schweizerischen Volkswirtschaft, Sozialpolitik und Verwaltung»: zunächst Ablehnung einer Bundessubvention an die Herausgabe, später Bewilligung einer Bundessubvention in Raten (1900/1909), Gutachten der Zentralkommission der schweiz. Statistischen Gesellschaft zuhanden des Eidg. Departement des Innern, 12. September 1906.

58 BAR E81#1000/1134#42*: N. Reichesberg «Handwörterbuch der schweizerischen Volkswirtschaft, Sozialpolitik und Verwaltung»: zunächst Ablehnung einer Bundessubvention an die Herausgabe, später Bewilligung einer Bundessubvention in Raten (1900/1909), Antrag des Departements des Innern an den Bundesrat, Oktober 1906.

aus nicht hervor. Sicher hatte der Vorsteher des Justiz- und Polizeidepartements, Bundesrat Ernst Brenner, das Gesuch zur Annahme empfohlen. Im Verlauf der Sitzung hatte Bundespräsident Ludwig Forrer, damals Vorsteher des Politischen Departements, zudem einen Kompromissvorschlag eingebracht, wonach grundsätzlich ein Beitrag bewilligt werden sollte, aber das Gesuch an das zuständige Departement zurückzuweisen sei, «welches Antrag zu stellen hätte über die Höhe des zu gewährenden Bundesbeitrages und die Bedingungen, an dessen Gewährung er zu knüpfen wäre». Dieser Antrag erhielt aber nur von einer Minderheit Unterstützung.[59] Das Departement des Innern unterrichtete Naum Reichesberg mit Schreiben vom 26. Oktober 1906 über den Beschluss des Bundesrates und begründete die Ablehnung wie folgt: «Wie Ihnen erinnerlich sein wird, hat der Bundesrat als er sich erstmals mit dem Subventionsbegehren zu beschäftigen hatte, im September 1900 einen Beschluss über die Subventionsfrage verschoben und gewisse Forderungen gestellt, welche bezweckten dem Werke eine sorgfältigere Ausführung zu sichern. An diese Forderungen haben Sie sich nicht gekehrt sondern vorgezogen ohne weiteres zur Publikation des Werkes zu schreiten. Da Sie nun vor der Publikation des letzten Bandes stehen, begnügen Sie sich das frühere Subventionsbegehren kurzweg zu erneuern, ohne eine Rechtfertigung für Ihr einstiges Verhalten anzubringen: Die Behauptung in Ihrer Eingabe vom 29. Juni lauf. Jahres, dass die Gründe des Bundesratsbeschlusses vom 25. September 1900 angesichts der vorliegenden zwei Bände des Handwörterbuches ihre Kraft verloren haben dürften, kann unmöglich als Rechtfertigung angenommen werden. Nach dem Berichte des von uns konsultirten Vorstandes der schweizer. statistischen Gesellschaft zeigen die erschienenen zwei Bände gerade die Mängel, denen durch die seiner Zeit gestellten Forderungen entgegengewirkt werden sollte. Andererseits enthält Ihr neues Gesuch keinerlei Versicherung dass diese Mängel behoben werden sollen. Sie haben durch Ihr Verhalten bekundet, dass sie, ungeachtet der bedeutenden Unterstützung die Sie verlangen, der Bundesbehörde keinerlei Einfluss auf das Unternehmen gestatten wollen. Ein derartiges Verhalten kann die Bundesbehörde nun nicht ignoriren und durch Gewährung der verlangten Subvention noch einen Theil der Verantwortlichkeit für das Werk übernehmen. Neben dieser Anschauungsweise ist es auch die Rücksicht auf die Staatsfinanzen, welche uns zu der Ihrer Eingabe ablehnenden Haltung geführt hat. Die Gesuche um finanzielle Unterstützung literarischer Unternehmungen, die irgend einen Bezug auf die Staatsverwaltung haben, tauchen immer häufiger auf und zwingen den Bundesrat mehr und mehr zur Zurückhaltung.»[60]

---

59 BAR E81#1000/1134#42*: N. Reichesberg «Handwörterbuch der schweizerischen Volkswirtschaft, Sozialpolitik und Verwaltung»: zunächst Ablehnung einer Bundessubvention an die Herausgabe, später Bewilligung einer Bundessubvention in Raten (1900/1909), Auszug aus dem Protokoll der Sitzung des Schweizerischen Bundesrates vom 23. Oktober 1906.

60 BAR E81#1000/1134#42*: N. Reichesberg «Handwörterbuch der schweizerischen Volkswirtschaft, Sozialpolitik und Verwaltung»: zunächst Ablehnung einer Bundessubvention an die Herausgabe, später Bewilligung einer Bundessubvention in Raten (1900/1909), Schreiben des

Das Schreiben des Departements des Innern offenbart eine gewisse Kränkung durch das Verhalten des Gesuchstellers beziehungsweise durch dessen vermeintliche Missachtung der bundesrätlichen Empfehlungen. Die Unbekümmertheit, mit der Reichesberg sein Gesuch nach sechs Jahren erneuerte und die Empfehlungen aus dem Jahr 1900 quasi als überholt bezeichnete, wurde ihm ganz offensichtlich als Arroganz ausgelegt. Die Aussage, der Bericht der Schweizerischen Statistischen Gesellschaft habe auf Mängel des «Handwörterbuches» hingewiesen, ist so nicht korrekt. Mit dieser sehr freien und für den eigenen Zweck zurechtgebogenen Interpretation des fachmännischen Gutachtens sollte wohl der Eindruck vermieden werden, dass die Nichtbeachtung der bundesrätlichen Empfehlungen einfach aus Prinzip als inkorrekt empfunden wurde.

Aller guten Dinge sind drei: Der Bundesrat unterstützt das «Handwörterbuch» doch

Das Schreiben des Departements des Innern tat seine Wirkung. Einen Monat nach dessen Erhalt reagierte Naum Reichesberg mit einem Schreiben von acht Seiten und einer ausführlichen Rechtfertigung auf die Vorwürfe des Bundesrates, die ihn spürbar getroffen hatten. Er zeigte sich erleichtert darüber, dass nicht die Qualität des Werkes zu einem negativen Entscheid geführt hatte, sondern sein Verhalten, und drückte die Hoffnung aus, dass es ihm «im Folgenden gelingen werde, dem h. Bundesrathe die Überzeugung beizubringen, dass es mir durchaus ferngelegen habe, mich über dessen wohlbegründete Wünsche hinwegzusetzen, dass ich vielmehr jene Wünsche stets im Auge behalten habe und ihnen nachzukommen bestrebt war».

So schilderte Reichesberg auf den folgenden Seiten, wie er nach Kenntnisnahme des Bundesratsbeschlusses im September 1900 mit dem Vorsteher des Justiz- und Polizeidepartements, Bundesrat Ernst Brenner, das Gespräch gesucht und ihm seine Perspektive erläutert hatte. Er habe dabei unterstrichen, dass ihm die bundesrätlichen Anforderungen einleuchten würden und er diesen nachkommen werde. Gleichzeitig habe er darauf aufmerksam gemacht, dass er seit Eingabe des Gesuches – und ohne Kenntnis der Empfehlungen des Bundesrates – bereits einige davon erfüllt hatte. So habe er bereits über 200 Personen zur Mitarbeit verpflichten können, wovon etwa 10 Prozent «Mitarbeiter französischer Zunge» seien. Betreffend die Struktur des Werkes und die Verteilung des Stoffes habe er Herrn Bundesrat Brenner aufzeigen können, dass die Kritik des Präsidenten der Schweizerischen Statistischen Gesellschaft auf einem Missverständnis beruhe. Reichesberg führte in der Folge detailliert verschiedene Missverständnisse betreffend den Umfang einzelner Artikel und die vermeintlichen inhaltlichen Lücken aus und gab sich sichtlich Mühe, den Bundesrat davon zu

Eidg. Departements des Innern an N. Reichesberg vom 26. Oktober 1906. Die Schreibweise entspricht dem Original.

überzeugen, dass er die Herausgabe des «Handwörterbuches» sorgfältig vorbereitet hatte. So nannte Reichesberg unter anderem folgendes Beispiel: Die in der Presse geäusserte Kritik, die für die Schweiz so wichtige «Ausländerfrage» habe im «Handwörterbuch» keine Berücksichtigung gefunden, sei unbegründet. Im «Handwörterbuch» fehle bloss das Stichwort «Ausländerfrage», während diese selbst ausführlich im Artikel «Naturalisation» behandelt werde. Im Übrigen sei es wohl fast unvermeidlich, dass sich «trotz aller auf die Durchführung des Planes verwendeten Sorgfalt» auch einige Lücken offenbaren werden. Die Lücken könnten aber ohne Probleme mit einem Nachtragband geschlossen werden, «der auch aus anderen Gründen vorgesehen ist (s. Vorwort des Herausgebers im 1. Bande des Handwörterbuches)». Reichesberg verwies dabei auf das deutsche Staatswörterbuch, bei dem ebenso vorgegangen wurde. Zur Berücksichtigung der Ergebnisse der Volkszählung von 1900 bemerkte Reichesberg, er habe damals gegenüber Bundesrat Brenner erklärt, dass diese für die Artikel im ersten Band kaum von Bedeutung seien, dass sie aber im zweiten Band auf jeden Fall berücksichtigt würden. Nun habe sich aber die Publikation des ersten Bandes so lange verzögert, dass die Ergebnisse der Volkszählung von 1900 auch darin – wo sinnvoll und nötig – bereits vollständig Eingang gefunden hätten.

Am Schluss des Gesprächs, so Reichesberg weiter, habe ihm Bundesrat Brenner den Rat gegeben, seine Ausführungen zu Papier zu bringen und in Form eines Antwortschreibens auf die Mitteilung des bundesrätlichen Entscheides dem Justiz- und Polizeidepartement zukommen zu lassen. Was er selbstverständlich versprochen habe. Zu seinem «grössten Bedauern» habe er dies jedoch unterlassen. «Ich weiss jetzt, nach 6 Jahren, wirklich keinen Grund hierfür anzugeben. Es ist wohl möglich, dass ich infolge der übermässigen Arbeitslast, die sich in der ersten Zeit der Herausgabe des Handwörterbuches anhäufte, einfach nicht dazu kam, oder dass ich glaubte, die mündliche Auseinandersetzung dürfte schliesslich genügen, oder aber, dass mich meine optimistische Auffassung der Sachlage, die namentlich durch die überaus günstige Aufnahme meines Planes durch die schweizerische Presse unterstützt wurde, die tiefere Bedeutung des Rathes des Herrn Bundesrath Dr. Brenner nicht erkennen liess. Wäre ich damals diesem Rathe gefolgt, so wäre selbstverständlich gegenwärtig kein Grund vorhanden, mir den Vorwurf zu machen, ich hätte mich über die Wünsche des h. Bundesrathes hinweggesetzt.»

Schliesslich ging Reichesberg auch noch auf die Frage einer Kommission ein, welche die Herausgabe des «Handwörterbuches» nach dem Wunsch des Bundesrates hätte begleiten sollen. Dagegen habe er «natürlich nichts einzuwenden» gehabt. Im Gegenteil, er habe gegenüber Bundesrat Brenner noch vor der Eingabe seines Gesuches selber den Vorschlag eingebracht, seine Eingabe der Schweizerischen Statistischen Gesellschaft zu unterbreiten. Allerdings habe er die Funktion der vom Bundesrat einzusetzenden Kommission so verstanden, «dass sie in der Prüfung der jeweilen erschienenen Bände bestehen würde, um festzustellen, ob die fällige Rate des zu beschliessenden Subventionsbetrages auszurichten sei oder nicht». Er sah sich offenbar durch den verstorbenen Redaktor des Volkswirtschaftlichen Lexikons der Schweiz bestärkt, der ihm gegenüber erklärt hatte, dass der Bundesrat bei seinem eigenen Subventionsgesuch genauso vorgegangen sei. So glaubte Reichesberg, die Absicht des Bundesrates entsprach seiner eigenen. Er habe ursprünglich ohnehin die Absicht gehabt, den Bundesrat erst nach Erscheinen des ersten Bandes, «wenn es sich als unumgänglich nothwendig herausstellen sollte», um Unterstützung seines Werkes zu ersuchen, «damit diese hohe Behörde bei Behandlung des betreffenden Gesuches sich auf vorliegende Leistungen des Herausgebers stützen könnte». Auf Drängen seines Verlages habe er sich dann aber doch zur früheren Eingabe entschlossen. Auch dies habe er damals Bundesrat Brenner mitgeteilt.

Seine Ausführungen, so fasste Reichesberg das Geschriebene zusammen, hätten hoffentlich den Nachweis erbracht, dass «1. Der Vorwurf, als habe sich der Herausgeber des Handwörterbuches an die Anforderungen des h. Bundesrathes nicht gekehrt, ungerechtfertigt ist. Höchstens könnte von einem Missverständnis die Rede sein, das sich der Herausgeber in Bezug auf einen Punkt zuschulde kommen liess; 2. Der Herausgeber alles gethan hat, um den Wünschen des h. Bundesrathes, betreffend die Mitarbeiterschaft und die Anlage des Werkes zu entsprechen; 3. Das Werk seiner Bestimmung durchaus entspricht und wenn Mängel vorhanden sind diese nur geringfügiger Natur sein können und jedenfalls leicht zu beseitigen sind.» Reichesberg bat den Bundesrat damit um ein Rückkommen auf dessen Beschluss vom 23. Oktober 1906, beeilte sich aber – «um Missverständnisse zu vermeiden» – sogleich zu versichern, dass das Erscheinen des dritten und letzten Bandes auch ohne bundesrätliche Unterstützung nicht gefährdet sei. Er werde seinen «Verpflichtungen den Subscribenten gegenüber auf jeden Fall nachzukommen wissen. Auch werde ich Mittel und Wege finden, um den Drucker des Handwörterbuches und die Mitarbeiter vollständig zu befriedigen». Da aber seine «eigenen materiellen Ressourcen solche Defizite nicht leicht ertragen könnten», wäre ihm die Gewährung einer Unterstützung durch den Bundesrat eine grosse Hilfe und könnte ihn von «schwerwiegenden Konsequenzen» befreien.[61]

Der Bundesrat kam dem Wunsch Reichesbergs nach. Auf Antrag des Departements des Innern kam er an seiner Sitzung vom 6. April 1907 auf seinen Entscheid vom 23. Oktober 1906 zurück. Es scheint, dass Reichesberg den Vorsteher des Departements des Innern, Bundesrat Marc-Emile Ruchet, davon hatte überzeugen können, dass er die Forderungen des Bundesrates nicht ignoriert hatte, sondern dass er deswegen das Gespräch mit Bundesrat Brenner suchte und sich mit diesem über das weitere Vorgehen verständigt hatte. So heisst es im Rückkommensantrag des Departements des Innern: «Wir nehmen von diesem

61 BAR E81#1000/1134#42*: N. Reichesberg «Handwörterbuch der schweizerischen Volkswirtschaft, Sozialpolitik und Verwaltung»: zunächst Ablehnung einer Bundessubvention an die Herausgabe, später Bewilligung einer Bundessubvention in Raten (1900/1909), Schreiben von Prof. Reichesberg vom 27. 11. 1906.

Geständnis des Hrn. Prof. Dr. Reichesberg Notiz und wollen anderseits gerne gestehn, dass wir aus dem übrigen Inhalt der neuen Eingabe die Ueberzeugung gewonnen haben, dass er bei seinem Vorgehen auf den Bundesratsbeschluss vom 25. September 1900 in guten Treuen gehandelt und sich alle Mühe gegeben hat, ein subventionswürdiges Werk zu schaffen.» Der Bundesrat wurde entsprechend gebeten, auf den Beschluss vom 23. Oktober 1906 zurückzukommen und «dem Petenten, unter Vorbehalt der Zustimmung der eidgn. Räte, an die Kosten der unternommenen Herausgabe des Handwörterbuches der schweizer. Volkswirtschaft, Sozialpolitik und Verwaltung, von welchem Werke schon zwei Bände erschienen sind und der dritte in Bearbeitung liegt, einen Bundesbeitrag von Fr. 15 000 zusichern». Wobei 5000 Franken – wie vom Vorstand der Schweizerischen Statistischen Gesellschaft empfohlen – erst «nach der Vollendung des ganzen Werkes mit Einschluss der Nachträge und eines Repertoriums auszubezahlen» seien.[62] Der Bundesrat folgte dem Departement des Innern mit 3 zu 2 Stimmen und bewilligte eine finanzielle Unterstützung des «Handwörterbuches». Allerdings hatte sich in einer vorgängigen Eventual-Abstimmung der Vorsteher des Finanzdepartements, Bundesrat Robert Comtesse, durchgesetzt, sodass anstelle der 15 000 Franken, um die Reichesberg ersucht hatte, lediglich ein Beitrag von 10 000 Franken gesprochen wurde.

Naum Reichesberg wurde mit Schreiben vom 9. April 1907 über den positiven und endgültigen Entscheid des Bundesrates informiert. Er bedankte sich am folgenden Tag bei Bundesrat Marc-Emile Ruchet für den Beschluss des Bundesrates und insbesondere ihm persönlich «für [die] Antragsstellung, welche diesen Beschluss veranlasst hat».[63] Der positive Bescheid dürfte Reichesberg sehr gefreut haben, bedeutete er doch auch eine Anerkennung seiner jahrelangen Arbeit für ein Werk, das in seinen Augen auch in gewissem Masse ein Werk für das Land war, das ihm eine neue Heimat geboten hatte. Finanziell jedoch befreiten ihn die 10 000 Franken kaum von seinen Sorgen. Wie die schweizerische Statistische Gesellschaft in ihrem Gutachten angemerkt hatte, waren bereits die 15 000 Franken, die Reichesberg aufgrund seiner Berechnungen beantragt hatte, sehr knapp kalkuliert. Falls der Absatz besser lief als erwartet, konnte Reichesberg möglicherweise alle Herstellungskosten und die Autorenhonorare decken. Einen monetären Lohn für seine eigene Arbeit dürfte er nie gesehen haben.

62 BAR E81#1000/1134#42*: N. Reichesberg «Handwörterbuch der schweizerischen Volkswirtschaft, Sozialpolitik und Verwaltung»: zunächst Ablehnung einer Bundessubvention an die Herausgabe, später Bewilligung einer Bundessubvention in Raten (1900/1909), Antrag des eidg. Departements des Innern an den Bundesrat vom 7. März 1907.

63 BAR E81#1000/1134#42*: N. Reichesberg «Handwörterbuch der schweizerischen Volkswirtschaft, Sozialpolitik und Verwaltung»: zunächst Ablehnung einer Bundessubvention an die Herausgabe, später Bewilligung einer Bundessubvention in Raten (1900/1909), Auszug aus dem Protokoll der Sitzung des Schweizerischen Bundesrates vom 6. April 1907, Schreiben des Departements des Innern an Prof. Reichesberg vom 9. April 1907, Schreiben von Prof. Reichesberg an den Vorsteher des eidg. Departements des Innern vom 10. April 1907.

Bedeutung des «Handwörterbuches»

Bereits in der zeitgenössischen Presse wurde das «Handwörterbuch» als umfassendes und unverzichtbares Nachschlagewerk der schweizerischen Volkswirtschaft gepriesen.[64] Der Präsident der Volkswirtschaftlichen Gesellschaft des Kantons Bern, Hans Freudiger, bezeichnete die Herausgabe des «Handwörterbuches der schweizerischen Volkswirtschaft, Sozialpolitik und Verwaltung» in seinem Nachruf in der «Schweizerischen Zeitschrift für Volkswirtschaft und Sozialpolitik» als «grössten Verdienst» Reichesbergs: «Mit diesem Werk hat sich der Russe Reichesberg ein Verdienst um die gesamte schweiz. Volkswirtschaft erworben».[65] Reichesberg hätte dieses Lob sicher gefreut. Er wollte ein Werk schaffen, das es jedermann (und darin subsumiert wohl auch jeder Frau), ob Schweizer oder Ausländer, ermöglichte, sich rasch und umfassend über «die verschiedenen Aeusserungen des socialen Lebens und Strebens der Schweizerischen Eidgenossenschaft» zu informieren. Das «Handwörterbuch» sollte zum Studium der schweizerischen Volkswirtschaft und der Schweiz als Vorbild anregen, «wo [der Ausländer] manches in voller Lebenskraft gedeihen sieht, was die Sehnsucht der fortgeschrittenen Geister aller Nationen hervorruft».[66]

Es war zudem erklärtes Ziel des Herausgebers, das «Handwörterbuch» gelegentlich und nach Bedarf mit Beiheften zu ergänzen, um neuen Entwicklungen gerecht zu werden und notwendig gewordene Korrekturen oder Ergänzungen an den Artikeln der Hauptbände anzubringen. Nur so glaubte der Autor den «Wert des ‹Handwörterbuches› dauernd erhalten [zu können]».[67] Weder vor noch nach seinem Tod wurde je ein solches Beiheft publiziert. Dennoch hat das «Handwörterbuch» noch heute grossen Wert. Einerseits ist es aus wissenschaftsgeschichtlicher Perspektive höchst aufschlussreich. Andererseits bleibt es als übersichtliches Nachschlagewerk von unvergleichbarem Wert: Die geordnete Sammlung aller relevanten Gebiete der schweizerischen Volkswirtschaft und Sozialpolitik und die relative Tiefe der Artikel sucht bis heute seinesgleichen. Es existieren zwar vereinzelt Lexika, die einen guten Überblick über Themen der schweizerischen Volkswirtschaft geben.[68] Diese sind aber thematisch nicht annähernd so umfassend wie das «Handwörterbuch» Reichesbergs.

---

64 BAR E81#1000/1134#42*: N. Reichesberg «Handwörterbuch der schweizerischen Volkswirtschaft, Sozialpolitik und Verwaltung»: zunächst Ablehnung einer Bundessubvention an die Herausgabe, später Bewilligung einer Bundessubvention in Raten (1900/1909), Schreiben von Prof. Reichesberg vom 27. 11. 1906. Reichesberg bezieht sich auf Seiten 6 und 7 seines Schreibens auf Besprechungen in der «Gazette de Lausanne» und der österreichischen «Zeitschrift für Volkswirtschaft, Sozialpolitik und Verwaltung».

65 Vgl. Nachruf von Hans Freudiger in der Schweizerischen Zeitschrift für Volkswirtschaft, Betriebswirtschaft und Sozialpolitik, 34. Jahrgang (1928), 35.

66 Reichesberg, Vorwort zum Handwörterbuch, VII–VIII.

67 Ebd., VIII.

68 Als Beispiele seien genannt: Das von Christian Sonderegger herausgegebene «Lexikon für Politik, Recht, Wirtschaft, Gesellschaft» (letzte Auflage 2004) und das «Handbuch der schweizeri-

Bereits in Kapitel 4 wurde deutlich, dass Naum Reichesberg Wissenschaft nicht als Selbstzweck verstand. Vielmehr war er bemüht, seine wissenschaftlichen Analysen in Handlungsansätze zu überführen. Mit seinen Publikationen und Vorträgen verfolgte er ein ähnliches Ziel. Ein Teil seiner Schriften war sicherlich primär an ein Fachpublikum gerichtet. So bot die «Schweizerische Zeitschrift für Volkswirtschaft und Sozialpolitik» eine Plattform für inhaltliche und methodische Auseinandersetzungen und trug massgeblich zur Entwicklung der Sozialwissenschaften in der Schweiz bei. Mindestens so wichtig wie die Diskussion in Fachkreisen war Reichesberg aber die Wissenschaftspopularisierung. Davon zeugen nicht nur die vielen öffentlichen Vorträge an der Universität Bern oder in Arbeitervereinen, mit denen er Gesellschaftsschichten erreichen konnte, die wenig Zugang zu Wissen hatten. Auch das «Handwörterbuch» sollte den Stand der wissenschaftlichen Forschung in konziser und verständlicher Form einem breiten Publikum zugänglich machen.

schen Volkswirtschaft» der Schweizerischen Gesellschaft für Statistik und Volkswirtschaft von 1939 (Neuauflage 1955).

6 Engagement für den Arbeiterschutz

Nach Ansicht Naum Reichesbergs dienten die Sozialwissenschaften in erster Linie dazu, die gesellschaftlichen Realitäten möglichst exakt zu erfassen und auf dieser Grundlage Massnahmen zur Bekämpfung von bestehenden Missständen zu formulieren. Dementsprechend versuchte er seine wissenschaftlichen Erkenntnisse stets auch ausserhalb der Universität für die Verbesserung der Situation der Arbeiterschaft zum Einsatz zu bringen. Dieses Kapitel beleuchtet Reichesbergs Engagement für die Arbeiterinnen und Arbeiter im Rahmen von Arbeitsgruppen, Konferenzen und Vereinigungen. Im ersten Teil liegt der Fokus auf der Arbeiterschutzgesetzgebung und anderen sozialpolitischen Massnahmen im frühen Schweizerischen Bundesstaat.[1] Dabei wird versucht, den Beitrag Reichesbergs zu verschiedenen zeitgenössischen Debatten sichtbar zu machen und zu kontextualisieren. Der zweite Teil ist den Bestrebungen für einen internationalen (gesetzlichen) Arbeiterschutz und insbesondere Reichesbergs Rolle in der Schweizerischen Vereinigung zur Förderung des internationalen Arbeiterschutzes gewidmet.

6.1 Arbeiterschutz und Sozialpolitik in der Schweiz

Im Laufe des 19. Jahrhunderts wurden die negativen Folgen der Industriearbeit für den einzelnen Arbeiter und die einzelne Arbeiterin und für die Gesellschaft als Ganzes immer sichtbarer. Namentlich die gesundheitlichen Auswirkungen – körperlich und psychisch – auf Kinder und Jugendliche, die wegen ihrer kostengünstigen Arbeitskraft immer häufiger in Fabriken beschäftigt wurden, führten in der Schweiz ab Mitte des Jahrhunderts auch bei der bürgerlichen Elite zur Überzeugung, dass eine staatliche Intervention zugunsten des Arbeiterschutzes in Fabriken dringend notwendig sei. Seit den 1840er-Jahren hatten einzelne Kantone zwar bereits Fabrikgesetze oder sogenannte Schutzgesetze für besonders gefährliche Betriebe erlassen. Allerdings war die Arbeiterschutzgesetzgebung auch in denjenigen Kantonen, die bereits gesetzliche Bestimmungen kannten, lü-

1 Staatliche Sozialpolitik wurde in der Forschung lange mit Sozialversicherungen gleichgesetzt beziehungsweise sozialpolitische Fortschrittlichkeit mit einem gut ausgebauten Sozialversicherungssystem. Dieses Verständnis «orientiert sich letztlich am deutschen Muster der Bismarck'schen Sozialversicherungen». Madeleine Herren-Oesch plädiert deshalb dafür, Arbeiterschutzbestimmungen als präventive Massnahmen in Ergänzung zu Versicherungssystemen ebenfalls als staatliche Sozialpolitik zu verstehen. Vor dem Ersten Weltkrieg spielten sozialpolitische Regelungen der Arbeitsbedingungen eine viel grössere Rolle als Versicherungen. In diesem Sinne wird hier die Arbeiterschutzgesetzgebung als Element der Sozialpolitik im schweizerischen Bundesstaat betrachtet. Vgl. Herren, Internationale Sozialpolitik vor dem Ersten Weltkrieg, 18–20.

ckenhaft. Eine Ausnahme bildete das Fabrikgesetz des Kantons Glarus von 1864, das später auch als Vorbild für die eidgenössische Regelung diente.[2]

Das eidgenössische Fabrikgesetz als Pionierleistung für den Arbeiterschutz

Die Schweizerische Bundesverfassung von 1848 hatte dem Bund nur geringe Gesetzgebungskompetenzen zugestanden. Auf dem Gebiet der Sozialpolitik hatte er gar keine. Erst mit der Verfassungsrevision von 1874, deren Zielsetzung Hans Peter Tschudi mit der Formel «ein Recht und eine Armee» umschreibt, wurden die Grundlagen für ein einheitliches Zivilrecht und Obligationenrecht geschaffen.[3] Gleichzeitig wurde auch ein Verfassungsartikel aufgenommen, der es dem Bund erlaubte, im Bereich des Arbeiterschutzes gesetzgeberisch tätig zu werden.[4] Bereits ein Jahr später, im Dezember 1875, verabschiedete der Bundesrat die Botschaft für ein eidgenössisches Fabrikgesetz. Es wurde am 23. März 1877 vom Stimmvolk mit einer knappen Mehrheit von 181 204 Ja-Stimmen gegen 170 857 Nein-Stimmen angenommen. Dieses Resultat zeigt, wie umstritten das Fabrikgesetz war. Eine Volksabstimmung war nötig geworden, weil Industrievertreter das Referendum ergriffen hatten. Sie wandten sich insbesondere gegen die ihrer Ansicht nach strikte Arbeitszeitregelung; im Gesetz wurde ein Normalarbeitstag von elf Stunden festgelegt. Der Widerstand kam aber nicht nur aus den Kreisen der Industriellen. Auch Teile der Arbeiterschaft sprachen sich gegen das Gesetz aus, weil sie Lohneinbussen befürchteten.[5]

Neben dem 11-Stunden-Tag führte das Fabrikgesetz auch ein Nacht- und Sonntagsarbeitsverbot (das allerdings nur für Kinder und Frauen strikt galt und für Männer zahlreiche Ausnahmen vorsah), ein Verbot der Fabrikarbeit für Kinder unter 14 Jahren und ein Arbeitsverbot für Frauen während acht Wochen vor und nach der Niederkunft ein. Es verpflichtete die Fabrikbesitzer, Vorschriften zum Schutz der Arbeitenden einzuhalten, und machte sie bei Unfällen mit körperlichen Schäden haftbar.[6] Für die Überwachung der Einhaltung der gesetzlichen Bestimmungen waren Fabrikinspektoren zuständig. Ausserdem sah das Gesetz auch eine verlängerte Mittagspause für Arbeiterinnen vor, die einen Haushalt führten, und untersagte Frauen während der Schwangerschaft schwere

2 Vgl. «Arbeiterschutz», HLS, www.hls-dhs-dss.ch/textes/d/D16583.php.
3 Tschudi, Geschichte des schweizerischen Arbeitsrechts, 9.
4 Artikel 34 BV (1874) lautete: «Der Bund ist befugt, einheitliche Bestimmungen über die Verwendung von Kindern in den Fabriken und über die Dauer der Arbeit erwachsener Personen in denselben aufzustellen. Ebenso ist er berechtigt, Vorschriften zum Schutze der Arbeiter gegen einen die Gesundheit und Sicherheit gefährdenden Gewerbebetrieb zu erlassen.»
5 Vgl. «Arbeiterschutz: a) Arbeiterschutzgesetzgebung», Handwörterbuch, Bd. I, 107–109; Tschudi, Geschichte des schweizerischen Arbeitsrechts, 9–11; «Arbeitsrecht», HLS, www.hls-dhs-dss.chD9610.php und «Arbeiterschutz», HLS, www.hls-dhs-dss.ch/textes/d/D16583.php.
6 Diese Bestimmungen wurden 1881 durch das sogenannte Haftpflichtgesetz ersetzt. Vgl. «Arbeiterschutz», HLS, www.hls-dhs-dss.ch/textes/d/D16583.php.

und gesundheitsschädigende Arbeiten.[7] Das eidgenössische Fabrikgesetz von 1877 war im internationalen Kontext fortschrittlich. Dies gilt insbesondere für die Arbeitszeitregelung: Noch um die Jahrhundertwende kannten nur wenige europäische Staaten (Schweiz, Frankreich, Österreich) eine Maximalarbeitszeit für männliche, erwachsene Arbeiter.[8] Das Fabrikgesetz galt allerdings nur für Fabriken im Industriebereich mit Motorenbetrieb oder anderen mechanischen Antrieben (zum Beispiel Dampfkessel), in denen mindestens fünf Arbeitnehmende oder Personen unter 18 Jahren beschäftigt wurden und wo Arbeit verrichtet wurde, die mit gewissen Gefahren für die Gesundheit der Arbeitnehmenden verbunden war.[9] Es galt nicht für die vielen kleinen Gewerbebetriebe und für die Landwirtschaft, wo immer noch der Grossteil der Bevölkerung beschäftigt war. Die meisten Arbeitnehmerinnen und Arbeitnehmer waren also weiterhin nicht von besonderen Schutzvorschriften erfasst.[10]

In der zweiten Hälfte des 19. Jahrhunderts änderten sich die wirtschaftlichen Bedingungen und die technologischen Möglichkeiten rasch. Nach der Inkraftsetzung des Fabrikgesetzes im Jahre 1877 stieg insbesondere die Produktivität der Arbeit stark. Zudem entsprach die zunächst fortschrittliche Regelung bald nicht mehr den verbreiteten Vorstellungen einer zeitgemässen Arbeitsgesetzgebung. So beauftragte der Bundesrat 1904 die eidgenössischen Fabrikinspektoren, ein neues Fabrikgesetz auszuarbeiten. Der Entwurf wurde bei verschiedenen Interessengruppen in Vernehmlassung gegeben und von einer Expertenkommission überarbeitet, in der auch der Sozialdemokrat Fritz Studer sass.[11] Der Schweizerische Arbeiterbund und der Schweizerische Gewerkschaftsbund beriefen im Februar 1906 eine Kommission unter dem Vorsitz Studers ein, um über die Revision des Fabrikgesetzes zu beraten und Änderungsvorschläge auszuarbeiten. Den überlieferten Präsenzlisten zufolge war auch Naum Reichesberg eingeladen worden, in der Kommission mitzuarbeiten. Als Verfasser mehrerer Schriften zum Thema Arbeiterschutz und als Zentralsekretär der Schweizerischen Ver-

7 Vgl. Tschudi, Geschichte des schweizerischen Arbeitsrechts, 11–15, und «Arbeiterschutz», HLS, www.hls-dhs-dss.ch/textes/d/D16583.php. Zum «Frauenschutz» in der Fabrikgesetzgebung siehe Wecker, Frauen und Frauenschutz in der Fabrikgesetzgebung.

8 Vgl. «Arbeiterschutz: c) Internationaler Arbeiterschutz», Handwörterbuch, Bd. 1, 130.

9 Vgl. «Arbeiterschutz: a) Arbeiterschutzgesetzgebung», Handwörterbuch, Bd. 1, 109.

10 Vgl. Tschudi, Geschichte des schweizerischen Arbeitsrechts, 16–18. Für das Personal der Eisenbahnen und andere Verkehrsbetriebe wurde ebenfalls eine Arbeitszeitregelung eingeführt.

11 Vgl. Tschudi, Geschichte des schweizerischen Arbeitsrechts, 35. Fritz (Friedrich) Studer wurde 1873 in Petersburg geboren. Er wuchs in Winterthur auf, studierte Jurisprudenz in Bern, Lausanne, Berlin, Heidelberg und Paris. 1896 promovierte er in Heidelberg. Seine Laufbahn als Jurist begann Studer 1897 als Gerichtssubstitut. 1910 wurde er zum Kassationsrichter gewählt, 1920 zum Mitglied des Eidgenössischen Versicherungsgerichts in Luzern, 1932 zum Bundesrichter. Studer war ab 1898 ein prominenter Grütlianer, der die Trennung des Grütlivereins von den Demokraten beförderte. Er wurde 1906 Präsident der SP Kanton Zürich und 1912–1916 Präsident der SP Schweiz. Studer war Mitverfasser des Parteiprogramms der SP Schweiz von 1904 und der Statuten von 1911. Vgl. biografische Angaben des Schweizerischen Sozialarchivs und Angaben zum Nachlass von Fritz Studer unter http://findmittel.ch/archive/archNeu/Ar114.html.

einigung zur Förderung des internationalen Arbeiterschutzes war Reichesberg zusammen mit dem Berner Rechtsprofessor Philipp Lotmar, der als Begründer der Arbeitsrechtswissenschaft gilt, einer der profiliertesten Experten, die die Sozialdemokratie aufbieten konnte.[12] Neben Naum Reichesberg und Philipp Lotmar scheint auch der spätere Professor für Nationalökonomie an der Universität Basel, Julius Landmann, zu den Beratungen beigezogen worden zu sein. Abgesehen von diesen akademischen Vertretern waren mit Herman Greulich, Sekretär des Schweizerischen Arbeitersekretariates, dem Juristen Otto Lang und dem Basler Regierungsrat Eugen Wullschleger profilierte sozialdemokratische Politiker an den Beratungen beteiligt.[13] Die aktive Rolle der Sozialdemokratie und der Gewerkschaften bei der Ausarbeitung des Gesetzes zeigt deutlich das wachsende Selbstvertrauen der Arbeiterschaft und ihrer Vertretungen, wenn es um Debatten zu arbeitsrechtlichen und sozialpolitischen Themen ging.

Der Bundesrat überwies die Botschaft zur Revision des Fabrikgesetzes im Mai 1910 an die eidgenössischen Räte. Weil die Vorlage der Expertenkommission in den parlamentarischen Kommissionen auf grossen Widerstand stiess, lud der Vorsteher des eidgenössischen Industriedepartements die Präsidenten der national- und ständerätlichen Kommissionen sowie Arbeitgeber und Arbeitnehmervertreter zu einer Verständigungskonferenz. Diese führte zu einer Einigung über die Grundsätze der Revision, sodass der Bundesrat im Juni 1913 einen überarbeiteten Gesetzesentwurf vorlegen konnte, der von allen Interessengruppen akzeptiert wurde. Bereits ein Jahr später wurde das totalrevidierte Fabrikgesetz von beiden Räten einstimmig genehmigt. Gegen das neue Fabrikgesetz, das den Arbeiterschutz in mancher Hinsicht deutlich verstärkte, wurde kein Referendum ergriffen.[14]

---

12 Siehe Kapitel 6.2 zum Engagement Reichesbergs in der Schweizerischen Vereinigung zur Förderung des internationalen Arbeiterschutzes.

13 SozArch Ar 114.6: Studer, Fritz (1873–1945), Revision Fabrikgesetz, Mappe 3: Kommission des Arbeiterbundes und des Schweiz. Gewerkschaftsbundes zur Beratung der Revision des Fabrikgesetzes: Protokolle, Präsenzlisten sowie Mappe 4: Korrespondenz zu Revision des Fabrikgesetzes. Herman Greulich (1842–1925) gehört zu den frühen Vertretern einer organisierten Arbeiterschaft und machte später als Vertreter der SP politische Karriere. Greulich blieb zeitlebens reformistischen Anschauungen und einem politischen Pragmatismus verpflichtet. Der Radikalisierung der Arbeiterschaft um die Jahrhundertwende und der Taktik des Generalstreiks stand er kritisch gegenüber. Vgl. «Greulich, Herman», HLS, www.hls-dhs-dss.ch/textes/d/D3738.php. Der Jurist Otto Lang (1863–1936) war Mitglied des Grütlivereins und gehörte 1888 zu den Mitbegründern der SPS. Von 1897 bis 1902 präsidierte er die SPS. Von 1890 bis 1936 sass er im Zürcher Kantonsrat. Vgl. «Lang, Otto», HLS, www.hls-dhs-dss.ch/textes/d/D23015.php. Eugen Wullschleger (1862–1931) war ebenfalls Mitglied des Grütlivereins und gehörte 1888 wie Otto Lang zu den Mitbegründern der SPS. Er präsidierte die SPS von 1891 bis 1893. 1896 schaffte er als erster Basler Sozialdemokrat den Einzug in den Nationalrat, dem er 1896–1902 und wiederum 1912–1917 angehörte. Wullschleger war der erste Basler SP-Regierungsrat. Seine Amtszeit dauerte von 1902 bis 1920. Vgl. «Wullschleger, Eugen», HLS, www.hls-dhs-dss.ch/textes/d/D4778.php.

14 Vgl. Tschudi, Geschichte des schweizerischen Arbeitsrechts, 35 f.

Hans Peter Tschudi erklärt den geringen Widerstand gegen das neue Fabrikgesetz hauptsächlich damit, dass die Regelung der Arbeitszeit – um die sich wie bereits beim Gesetz von 1877 die meisten Auseinandersetzungen drehten – diesmal eher den tatsächlichen Zustand rechtlich fixierte, als dass es eine effektive Reduktion der Arbeitszeit vorschrieb. Die vom Parlament beschlossene Höchstarbeitszeit von zehn Stunden pro Tag (und neun Stunden am Samstag) war vor dem Ersten Weltkrieg bereits in den meisten Branchen üblich. Weitere Bestimmungen des Gesetzes betrafen die Gesundheitsvorsorge und Unfallverhütung und – besonders wichtig – Lohnschutzbestimmungen, die öffentlich- und privatrechtliche Wirkung hatten.[15] Die Bestimmungen zur Beschäftigung jugendlicher und weiblicher Personen wurden nicht gross verschärft. Das Mindestalter für Fabrikarbeit blieb bei 14 Jahren.[16]

Da kurz nach der Verabschiedung des totalrevidierten Fabrikgesetzes der Erste Weltkrieg ausbrach und der Bundesrat Notrecht anwandte, wurde das Gesetz nicht wie geplant in Kraft gesetzt. Nach Kriegsende waren die politischen und sozialen Verhältnisse nicht mehr vergleichbar mit 1914. In der Schweiz hatten sich die sozialen Spannungen deutlich verstärkt. Die finanzielle Absicherung der Soldaten und ihrer Familien war völlig ungenügend, die Teuerung wuchs rasch und grosse Bevölkerungskreise waren von Armut betroffen. Ausdruck der wachsenden Unzufriedenheit der Arbeiterschaft war auch der Landesstreik von 1918. Eine der prominentesten Forderungen des «Oltener Aktionskomitees» war der 8-Stunden-Tag. Im Gegensatz zu anderen Industriestaaten, in denen es der Arbeiterschaft bereits kurz nach Kriegsende gelungen war, ihre Hauptforderung nach der 48-Stunden-Woche durchzusetzen, blieb die Forderung in der Schweiz vorerst unerfüllt. Allerdings führten die internationalen Entwicklungen dazu, dass in verschiedenen Branchen schon bald nach Kriegsende Vereinbarungen zwischen Arbeitnehmern und Arbeitgebern über die Reduktion der Arbeitszeit auf 48 Stunden pro Woche abgeschlossen wurden. Dem Bundesrat schien es vor diesem Hintergrund nicht opportun, das Fabrikgesetz von 1914 in Kraft zu setzen, das eine Höchstarbeitszeit von zehn Stunden pro Tag festlegte. Er beantragte dem Parlament eine neuerliche Revision des Fabrikgesetzes und insbesondere die Begrenzung der wöchentlichen Arbeitszeit auf 48 Stunden. Der Systemwechsel von der Begrenzung der täglichen hin zur Begrenzung der wöchentlichen Arbeitszeit war ein Versuch, den Fabriken mit mehr Flexibilität entgegenzukommen. Der Vorschlag wurde von den eidgenössischen Räten wiederum einstimmig verabschiedet und das revidierte Fabrikgesetz konnte auf den

15 Im revidierten Fabrikgesetz waren kaum noch arbeitsvertragliche Vorschriften enthalten, da der Arbeitsvertrag unterdessen durch das Obligationenrecht von 1911 geregelt war. Durch die Lohnschutzbestimmungen (Verbot der Entlöhnung durch Waren, maximal 14-tägige Zahltagsfrist und Lohnzuschlag für Nacht- und Sonntagsarbeit) nahm das Fabrikgesetz aber indirekt doch Einfluss auf die Arbeitsverträge. Vgl. Tschudi, Geschichte des schweizerischen Arbeitsrechts, 36 f.

16 Vgl. Tschudi, Geschichte des schweizerischen Arbeitsrechts, 36 f.

1. Januar 1920 in Kraft treten. Versuche vonseiten der Wirtschaft in den Krisenjahren der frühen 1920er-Jahre, die Neuregelung der Arbeitszeit wieder rückgängig zu machen, blieben chancenlos.[17]

Die Forderung nach einer amtlichen Sozialstatistik

Während die Schweiz im Bereich des Arbeiterschutzes eine Pionierrolle übernahm, blieb sie bei der sozialen Sicherheit gegenüber vielen Industriestaaten zurück. Die Sozialversicherungen entwickelten sich hierzulande grösstenteils erst nach dem Zweiten Weltkrieg. Zwar hatte der Bund bereits 1890 die Kompetenz erhalten, nach dem Vorbild Deutschlands einzelne Versicherungszweige, insbesondere die Kranken- und Unfallversicherung, als sogenannte Sozialversicherung zu organisieren (Art. 34bis BV 1874). Das erste Kranken- und Unfallversicherungsgesetz aus dem Jahr 1900 erlitt allerdings in der Volksabstimmung eine klare Niederlage. Das revidierte Gesetz von 1912 führte für Beschäftigte in der Industrie und in gewerblichen Berufen eine obligatorische Unfallversicherung ein. Andere Arbeitnehmende konnten sich freiwillig versichern.[18] Bei der Krankenversicherung beschränkte sich das Gesetz darauf, die Kantone zu ermächtigen, eine obligatorische Krankenversicherung zu erlassen. Auch eine staatliche Arbeitslosenversicherung gab es nicht.[19] Im 19. Jahrhundert waren erste sogenannte Arbeitslosenkassen entstanden. Dabei handelte es sich meist um private Einrichtungen von Berufsverbänden oder Gewerkschaften, die ihren arbeitslosen Mitgliedern Unterstützung boten. Einige Gemeinden und Kantone richteten im Laufe der ersten Hälfte des 20. Jahrhunderts staatliche Arbeitslosenversicherungen ein oder subventionierten private Arbeitslosenkassen. Der Beitritt war aber freiwillig. Erst 1951 wurde es den Kantonen gesetzlich ermöglicht, eine Arbeitslosenversicherung für obligatorisch zu erklären.[20]

Nicht nur die Unterstützung von Arbeitslosen oblag in der Schweiz lange vor allem Privaten. Auch die Erfassung der Arbeitslosigkeit, sprich das systematische Zählen der Arbeitslosen, wurde *de facto* an Verbände delegiert. Zwar wurde in der Stadt Zürich oder im Kanton Basel-Stadt bereits vor 1900 versucht, die Ar-

17 Vgl. ebd., 35–39. Das Fabrikgesetz wurde 1964 durch das eidgenössische Arbeitsgesetz abgelöst.

18 Ein Obligatorium für alle unselbständig Erwerbstätigen besteht erst seit 1984.

19 Eine gesamtschweizerische, obligatorische Arbeitslosenversicherung wurde 1977 geschaffen.

20 Vgl. Geschichte der sozialen Sicherheit in der Schweiz, www.geschichtedersozialensicherheit.ch. Auch die Altersvorsorge blieb bis in die Mitte des 20. Jahrhunderts vor allem eine Angelegenheit privater Einrichtungen. Einige Kantone hatten fakultative Altersversicherungen eingeführt. Die meisten Menschen arbeiteten aber bis an ihr Lebensende. Die Schaffung einer Alters-, Hinterlassenen- und Invalidenversicherung war eine wichtige Forderung der Arbeiterbewegung, die bereits zu Beginn des 20. Jahrhunderts postuliert wurde. Das Anliegen hatte damals aber keine Chance, mehrere Anläufe scheiterten im Parlament oder vor dem Volk. Erst 1948 wurde die AHV eingeführt, nachdem das Stimmvolk dieser mit 80 Prozent Ja-Stimmen zum Durchbruch verholfen hatte.

beitslosigkeit im Rahmen der Volkszählung konsequent zu erfassen. Die Zahlen waren aber nicht zuverlässig. Und vor allem handelte es sich nur um Momentaufnahmen. Es waren schliesslich lokale Gewerkschaften und namentlich der 1887 gegründete neue Schweizerische Arbeiterbund mit seinem Arbeitersekretariat, die ernsthafte Versuche unternahmen, Umfang und Dauer der Arbeitslosigkeit in der Schweiz mit neuen Methoden zu erheben. Die sozialstatistischen Erhebungen des Arbeitersekretariates und der vom Bund beauftragten Arbeitsvermittlungsstellen von Arbeitgebern und Gewerkschaften waren allerdings unvollständig oder nicht repräsentativ und nach verschiedenen Methoden erhoben, sodass sie sich nicht zu einem aussagekräftigen Gesamtbild zusammenfügen liessen.[21]

In der Diskussion darüber, auf welcher Grundlage und von wem aussagekräftige Statistiken zu erheben seien, spielte Naum Reichesberg eine wichtige Rolle. Für ihn waren «Klasseninteressen-Organisationen» wie Gewerkschaften oder Berufsverbände grundsätzlich nicht geeignet, eine Arbeitslosenstatistik, geschweige denn eine umfassende Sozialstatistik zu erarbeiten, da sie häufig nicht über die notwendigen finanziellen Mittel, Kompetenzen und Legitimation verfügten und – das war die Hauptkritik Reichesbergs – da sie trotz eventuellen Bemühens um Objektivität Partikularinteressen vertraten und ihr Material stets aus einer bestimmten Perspektive beschaffen und auswerten würden.[22] Diese Skepsis war nicht unbegründet. Gegen Ende des 19. Jahrhunderts hatten neben Bund und Kantonen auch Verbände und private Unternehmen begonnen, ihre eigenen statistischen Dienste aufzubauen. Ihre Absicht war nicht zuletzt, die gesammelten Daten so aufzubereiten, dass sie die eigenen Forderungen untermauerten und damit «Einfluss auf die politische Willensbildung zu nehmen».[23] Besonders umstritten waren in dieser Hinsicht die vom Sekretär des Schweizerischen Bauernverbandes, Ernst Laur, erhobenen Zahlen.[24]

Für die «systematische und zweckentsprechende» Pflege einer Sozialstatistik kam aus Sicht Naum Reichesbergs deshalb nur eine staatliche Amtsstelle infrage, die «mit entsprechenden Kräften und Mitteln ausgestattet wird».[25] Wobei er davon ausging, dass ein neues, sozialstatistisches Amt geschaffen werden musste. Das eidgenössische statistische Büro hielt er aufgrund seiner Organisation und Ausrichtung für ungeeignet.[26] Die Aufgabe der dringend notwendigen, umfas-

21 Vgl. Gruner, Arbeiterschaft und Wirtschaft in der Schweiz, Bd. 1, 273–284, und Bd. 2, 89–97, sowie Kull, Entwicklung der Sozialstatistik.

22 Vgl. Reichesberg, Soziale Gesetzgebung und Statistik, 96–98, 127 f.

23 Jost, Von Zahlen, Politik und Macht, 47, 53.

24 Vgl. ebd., 47 f. Naum Reichesberg lieferte sich zu Beginn des 20. Jahrhunderts einen wissenschaftlichen Streit mit Ernst Laur über die seiner Ansicht nach mangelnde Repräsentativität der Statistik des Bauernverbandes. Die Debatte wurde vor allem 1908 in den Schweizerischen Blättern für Wirtschafts- und Sozialpolitik ausgetragen. Siehe dazu Gruner, Arbeiterschaft und Wirtschaft in der Schweiz, Bd. 2, 1398–1400. Zur Person von Ernst Laur (1871–1964) siehe «Laur, Ernst», HLS, www.hls-dhs-dss.ch/textes/d/D29856.php.

25 Reichesberg, Zur Errichtung eines eidgenössischen sozialstatistischen Amtes, 17.

26 Ar SGB G 286/5: Arbeitslosenversicherung (1914–1934), Protokoll der Konferenz zur Vereinheitlichung der Erhebungen über die Arbeitslosigkeit in der Schweiz vom 22. Dezember 1913.

senden Sozialstatistik wäre laut Reichesberg, «die Gesamtheit jener Erscheinungen des gesellschaftlichen Lebens [zu untersuchen], in denen sich einerseits die der Wirklichkeit entsprechende Teilnahme verschiedener Gesellschaftsklassen an der Produktion und dem Verbrauch der wirtschaftlichen Güter widerspiegelt und die andererseits den tatsächlichen Zustand jener gesellschaftlichen Zusammenhänge, auf deren Boden sich der gegenwärtige Klassenkampf abspielt, charakterisieren».[27] Unter dem Begriff «Sozialstatistik» subsumierte Reichesberg statistische Erhebungen zur Lage des Arbeitsmarktes, die Arbeitslosenstatistik, die Lohnstatistik, die Preisstatistik und die Haushalts- oder Konsumstatistik.

In seiner Forderung nach einem eidgenössischen sozialstatistischen Amt wurde Reichesberg auch von anderen Sozialwissenschaftlern und Sozialpolitikern unterstützt. Im Jahr 1907 reichte der freisinnige Nationalrat Albert Mächler einen entsprechenden Vorstoss ein.[28] Die Schweizerische Vereinigung zur Förderung des internationalen Arbeiterschutzes sekundierte Mächlers Motion mit Schreiben an den Bundesrat vom 31. März 1908. Die Vereinigung könne ihren Zweck, nämlich die Förderung der Arbeiterschutzgesetzgebung, so der Tenor, nur dann wirklich erfüllen, wenn sie sich auf eine systematisch geführte und bearbeitete Sozialstatistik stützen könne. Eine solche Statistik über «die Lebensbedingungen *aller* Gesellschaftsklassen» könne aber nur durch eine speziell zu diesem Zweck geschaffene amtliche Stelle in befriedigender Weise erstellt werden.[29] In der Argumentation ist deutlich die Handschrift Naum Reichesbergs zu erkennen. Die Vereinigung verwies gegenüber dem Bundesrat auch auf einen Vortrag Reichesbergs und dessen nachträgliche Verschriftlichung, die sie dem Schreiben beilegte.[30]

Im Dezember 1913 kamen auf Einladung des Schweizerischen Gewerkschaftsbundes in Bern die wichtigsten staatlichen und nichtstaatlichen Akteure zusammen, die sich mit der statistischen Erhebung von Arbeitslosigkeit befassten.[31] Naum Reichesberg war als Vertreter der Schweizerischen Vereinigung zur

---

27 Reichesberg, Die bevorstehende gesellschaftliche Neugestaltung, 406.

28 Vgl. Tanner, Tatsachenblick auf die reale Wirklichkeit, 100–103. Der Radikal-Demokrat Albert Mächler (1868–1937) war von 1902 bis 1936 Regierungsrat des Kantons St. Gallen und amtierte gleichzeitig von 1905 bis 1934 als Nationalrat. Mächler war ein entschiedener Verfechter von sozialer Gerechtigkeit und einer der profiliertesten Vorkämpfer der AHV. Vgl. «Mächler, Albert», HLS, www.hls-dhs-dss.ch/textes/d/D4043.php.

29 SozArch Ar 42.10.7: Schweizerische Vereinigung zur Förderung des internationalen Arbeiterschutzes, Protokolle, Einladungen, Zirkulare, Statuten, Mitgliederkontrolle (1900–1926), Mappe 3: Rundbriefe, Zirkulare, Aufrufe etc. (1900–1923), Schreiben an den Bundesrat betreffend Errichtung eines eidg. Sozialstatistischen Amtes vom 31. März 1908. Hervorhebung im Original.

30 Der Vortrag, den Naum Reichesberg anlässlich der vierten Generalversammlung der Schweizerischen Vereinigung zur Förderung des internationalen Arbeiterschutzes vom 17. Dezember 1903 hielt, war Basis für den Beitrag in den Schweizerischen Blättern für Wirtschafts- und Sozialpolitik, Jahrgang 1904, Band I, Heft I, sowie für die 1908 erschienene Schrift Soziale Gesetzgebung und Statistik.

31 Anwesend waren namentlich: Der Vorsteher des eidgenössischen statistischen Büros und Vorsteher mehrerer kantonaler statistischer Ämter, Vertreter der Arbeiterschaft (Gewerk-

Förderung des internationalen Arbeiterschutzes ebenfalls anwesend. Ziel der Konferenz war, ein einheitliches und gemeinsames Vorgehen bei der Erhebung und Bekämpfung von Arbeitslosigkeit zu beschliessen. Die Anwesenden waren sich insbesondere darin einig, dass es einer zentralen Stelle bedürfe, die systematisch und fortdauernd Daten erhebt. Für die Prüfung von geeigneten Erhebungsmethoden und die Ausarbeitung von Vorschlägen zuhanden des Bundesrates wurde eine Kommission bezeichnet, der auch Reichesberg angehörte. Diese Kommission forderte den Bundesrat mit Schreiben vom 25. Juni 1914 erneut zur Errichtung eines eidgenössischen sozialstatistischen Amtes auf.[32]

Die Widerstände gegen die Erarbeitung einer Sozialstatistik blieben freilich gross. Auch nach dem Ersten Weltkrieg, als die wirtschaftlichen und sozialen Probleme zunahmen, wehrten sich bürgerliche Kreise und Interessenverbände von Industrie, Gewerbe und Landwirtschaft gegen die Erfassung sozialer Probleme durch eine amtliche Statistik.[33] Eine schweizerische Sozialstatistik konnte unter diesen Umständen nur bedingt entwickelt werden.[34] Die Erhebung der Löhne beispielsweise blieb lange unvollständig und wurde wiederholt politisch instrumentalisiert.[35] Aus Sicht Reichesbergs gab es nur einen Grund, weshalb sich die herrschenden Kreise gegen eine umfassende Sozialstatistik wehrten: Sie hatten Angst vor den Erkenntnissen, die eine solche zutage fördern würde. «Der unbefriedigende Zustand der gegenwärtigen Arbeitsstatistik», so schrieb er 1918 in einem Aufsatz in der «Schweizerischen Zeitschrift für Statistik und Volkswirtschaft», «findet neben sonstigen Gründen seine Erklärung darin, dass bei der herrschenden Tendenz der Staatsgewalt, den Bedürfnissen und Wünschen der Arbeiterklasse nur insofern entgegenzukommen, als dies den herrschenden sozialpolitischen Grundsätzen entspricht und den bestehenden Produktionsverhältnissen keinen Abbruch tut, die Staatslenker kein Bedürfnis verspüren, in die Tiefe der Dinge einzudringen, sondern es für möglich finden, sich auf die Feststellung der grellsten und auffallendsten Tatsachen, deren Vorhandensein der bestehenden Gesellschaftsordnung mit unerwünschten Komplikationen drohen, zu beschränken.»[36] Mit anderen Worten: Reichesberg warf den politischen und

---

schaftsbund, Arbeiterunionen, Arbeitssekretariat) und der Arbeitsämter sowie Vertreter der Schweizerischen Vereinigung zur Bekämpfung der Arbeitslosigkeit und der Schweizerischen Vereinigung zur Förderung des internationalen Arbeiterschutzes.

32 Ar SGB G 286/5: Arbeitslosenversicherung (1914–1934), Protokoll der Konferenz zur Vereinheitlichung der Erhebungen über die Arbeitslosigkeit in der Schweiz vom 22. Dezember 1913 und Eingabe an den Schweizerischen Bundesrat vom 25. Juni 1914. Vgl. auch Tanner, Der Tatsachenblick auf die reale Wirklichkeit, 102 f., und Jost, Von Zahlen, Politik und Macht, 50.

33 Vgl. Jost, Von Zahlen, Politik und Macht, 62–64, und Tanner, Der Tatsachenblick auf die reale Wirklichkeit, 100–103.

34 Ab 1913 erarbeitete das neu gegründete Bundesamt für Sozialversicherung einzelne statistische Publikationen. Die SUVA (gegründet 1918) und das eidg. Arbeitsamt (gegründet 1920) lieferten nach dem Ersten Weltkrieg ebenfalls Material (Lohnstatistik, Preisstatistik). Vgl. Jost, Von Zahlen, Politik und Macht, 50.

35 Jost, Sozialwissenschaften und Staat, 57 f., 62 f., und Tanner, Der Tatsachenblick auf die reale Wirklichkeit, 103–108.

36 Reichesberg, Die bevorstehende gesellschaftliche Neugestaltung, 410.

wirtschaftlichen Eliten vor, sich davor zu scheuen, die gesellschaftlichen Realitäten wissenschaftlich untersuchen zu lassen, weil sie sich davor fürchteten, dass die Erkenntnisse zu sozialpolitischen Massnahmen führen müssten, welche die herrschende Gesellschaftsordnung untergraben würden.

Der erste gesamtschweizerische Lebenskostenindex

In den 1920er-Jahren wurde von staatlicher Seite immerhin die Erhebung von Haushaltungsrechnungen an die Hand genommen, die bereits vor dem Krieg von den Gewerkschaften angestossen worden war.[37] Diese Bemühungen führten schliesslich zur Erarbeitung eines gesamtschweizerischen Lebenskostenindexes (auch Preisindex genannt), laut Hans Ulrich Jost eines der «grössten und politisch bedeutendsten Projekte, die nach dem Ersten Weltkrieg in Angriff genommen wurden».[38] Politisch war dies ein heikles Unterfangen, weil der Index je nach Auswahl der Kriterien und erhobenen Daten unterschiedliche politische Forderungen untermauern konnte. Der Lebenskostenindex konnte seine Aufgabe als allgemeingültiger und übergeordneter Referenzpunkt also nur erfüllen, wenn die Berechnungsgrundlagen von allen Interessengruppen anerkannt wurden. Das eidgenössische Arbeitsamt lud deshalb Gewerkschaften und Angestelltenverbände, Arbeitgeber- und Wirtschaftsverbände, Vorsteher Statistischer Ämter und – als «neutrale» Experten – einzelne Professoren dazu ein, bei der Ausarbeitung der Berechnungsgrundlagen mitzuwirken. Eine erste Konferenz unter Beteiligung dieser Akteure fand im September 1923 statt.[39] 1926 konnte schliesslich erstmals eine Indexziffer, der sogenannte Verständigungsindex, auf der von allen Interessengruppen anerkannten Grundlage berechnet werden.[40]

Naum Reichesberg war nicht unter den Wissenschaftlern, die vom Arbeitsamt als Experten beigezogen wurden.[41] Mit grosser Wahrscheinlichkeit beteiligte er sich aber aufseiten der Gewerkschaften an der Ausarbeitung von Vorschlägen zur Berechnung des Lebenskostenindexes und wirkte damit an der Vorbereitung

37 Die Haushaltsrechnungen wurden nach dem Krieg insbesondere von den Kantonen und Gemeinden vorangetrieben. Vgl. Jost, Von Zahlen, Politik und Macht, 62–65, und Kull, Entwicklung der Sozialstatistik, 742.

38 Jost, Von Zahlen, Politik und Macht, 64. Die Erarbeitung des Lebenskostenindexes wurde nicht dem eidgenössischen statistischen Büro, sondern dem neu gegründeten, im Volkswirtschaftsdepartement angesiedelten Arbeitsamt anvertraut. Das führte zu einer unkoordinierten Erhebung der Daten und war mitunter verantwortlich für eine lange dauernde Krise der öffentlichen Statistik. Vgl. Jost, Von Zahlen, Politik und Macht, 62–66, und Kull, Entwicklung der Sozialstatistik, 742.

39 Vgl. Gewerkschaftliche Rundschau, Nr. 15, 1923, 106 f., sowie Bericht und Rechnung pro 1923, Schweizerischer Eisenbahnerverband (S. E. V.), Zürich 1924, 64.

40 Vgl. Jost, Von Zahlen, Politik und Macht, 64–66, und Kull, Entwicklung der Sozialstatistik, 742.

41 Vgl. Bericht und Rechnung des Föderativverbandes des eidgenössischen Personals und des Personals öffentlicher Verkehrsanstalten pro 1922 und 1923, 13.

der «Indexkonferenz» vom September 1923 mit. Jedenfalls wurde Reichesberg Anfang Dezember 1922 vom damaligen Sekretär des Schweizerischen Gewerkschaftsbundes (SGB), Karl Dürr, schriftlich angefragt, an einer «Besprechung über die Indexziffern» teilzunehmen, und sagte unter der Voraussetzung zu, dass «auch die übrigen angefragten Personen ihre Zustimmung geben sollten».[42] Ende Dezember 1922 fand auf Einladung des SGB tatsächlich eine «Expertenkonferenz» zum Thema Lebenskostenindex statt, an der sich die Vertreter der Arbeiterschaft und Vertreter verschiedener Angestelltenverbände auf ein gemeinsames Programm verständigten.[43] Es ist zumindest bekannt, dass an dieser Konferenz auch einige «namhafte» Statistiker anwesend waren.[44] Das Programm, auf das sich die Arbeitnehmerseite einigen konnte und das sie an der «Indexkonferenz» des Arbeitsamtes vom September 1923 geschlossen und erfolgreich vertrat, entsprach den 13 Thesen, die der Vorsteher des Statistischen Amtes der Stadt Bern, Hans Freudiger, vorgängig ausgearbeitet hatte. Seine wichtigsten Forderungen waren die strikte Trennung zwischen der Indexberechnung (im Kern die Ermittlung von Teuerungszahlen) und der Berechnung des Existenzminimums (Thesen 1 und 6) sowie die Erfassung von Nahrung, Heizung und Beleuchtung, Bekleidung, Miete und Steuern, wobei für die zwei letzten Posten ein regional differenzierter Index gefordert wurde (Thesen 8 und 9).[45] Hans Freudiger war ein Schüler Reichesbergs.[46]

6.2 Die Vereinigung für gesetzlichen Arbeiterschutz

Seit der zweiten Hälfte des 19. Jahrhunderts gab es auf verschiedenen Ebenen Versuche, Arbeiterschutzmassnahmen international durchzusetzen. Erste entsprechende Forderungen der Arbeiterschaft wurden in den 1870er-Jahren postuliert. So forderte die französische Arbeiterschaft ihre Regierung bereits 1877 auf, mit dem Ausland Verhandlungen über eine internationale Regelung des Arbei-

42 Ar SGB G 36 III: Autographen-Sammlung, Gewerkschafter, Sozialdemokraten, Sozialdem. Nationalräte, Brief N. Reichesberg an Karl Dürr, Sekretär des Schweiz. Gewerkschaftsbundes, vom 1. Dez. 1922. Vgl. auch Bericht und Rechnung pro 1923, Schweizerischer Eisenbahnerverband (S. E. V.), Zürich 1924, 64.

43 Anwesend waren Vertreter des Föderativverbands des eidgenössischen Personals FöV, des Schweizerischen Eisenbahnerverbandes S. E. V., des Gewerkschaftsbundes und der Angestelltenkammer.

44 Ar SGB PE 438: Protokolle des Bundeskomitees, Bericht des Bundeskomitees des Schweizerischen Gewerkschaftsbundes 1924–1927, 35 f. Im Protokoll des Gewerkschaftsausschusses vom 5. Juli 1923 wird das Datum vom 22. Dezember 1922 genannt (Ar SGB PE 439: Protokolle Gewerkschaftsausschuss 1909–1979). Es kann nicht mit Sicherheit gesagt werden, ob es sich bei der Besprechung, zu der Karl Dürr Reichesberg einlud, tatsächlich um diese Besprechung vom Dezember 1922 handelte. Der Zeitpunkt der Einladung spricht allerdings dafür.

45 Vgl. Gewerkschaftliche Rundschau, Nr. 15, 1923, 106 f., und Schweizerischer Gewerkschaftsbund, Index und Löhne.

46 Vgl. den Nachruf Freudigers auf Reichesberg in der Schweizerischen Zeitschrift für Volkswirtschaft, Betriebswirtschaft und Sozialpolitik, Jg. 34, 1928, Bd. 1.

terschutzes aufzunehmen. 1880 fasste auch die schweizerische Arbeiterschaft an einer Versammlung in Zürich eine Resolution, die eine internationale Fabrikgesetzgebung verlangte. Der sozialreformerische Grütliverein unterstrich diese Forderungen wenig später.[47] In den nächsten Jahren folgten Arbeiterverbindungen verschiedener europäischer Staaten. Am internationalen Arbeiterkongress von 1889 in Paris wurden die Arbeiter aller Länder dazu aufgerufen, bei ihren Regierungen zu intervenieren, damit diese die Verhandlungen über internationale Verträge im Bereich des Arbeiterschutzes aufnahmen.

Es waren aber von Beginn an auch bürgerliche Sozialpolitiker und Ökonomen, die zu einer internationalen Lösung der sozialen Frage drängten. So schlugen die deutschen Kathedersozialisten 1872 internationale Verträge über die Kinder- und Frauenarbeit vor.[48] Die Bestrebungen von Unternehmern und bürgerlichen Politikern für eine internationale Arbeiterschutzgesetzgebung waren nicht zuletzt dadurch motiviert, die Konkurrenzfähigkeit der einheimischen Industrie sicherzustellen und damit das wichtigste Argument gegen jegliche sozialpolitische Massnahme auf nationaler Ebene zu entkräften.[49] Bereits 1853 hatte der elsässische Fabrikant Daniel Le Grand in einem damals kaum beachteten Rundschreiben an die Regierungen mehrerer europäischer Staaten darauf aufmerksam gemacht, dass ein internationales Gesetz über die Industriearbeit «die einzige mögliche Lösung der grossen Probleme [ist], die Arbeiterklasse an den wünschbaren moralischen und materiellen Wohltaten Teil nehmen zu lassen, ohne dass den Industriellen daraus Schaden erwachsen oder dass die Konkurrenz zwischen den Industrien der verschiedenen Länder dadurch Abbruch erleide».[50]

Erste staatliche Initiativen für eine internationale Regelung des Arbeiterschutzes kamen namentlich aus der Schweiz. Bereits in der Mitte des 19. Jahrhunderts, einige Jahre vor der eidgenössischen Regelung durch das Fabrikgesetz, hatte die Standeskommission (Regierung) des Kantons Glarus ein Konkordat über den Arbeiterschutz unter den Kantonen mit einer bedeutenden Baumwollindustrie angeregt, zugleich aber darauf hingewiesen, dass eigentlich eine internationale Regelung angebracht wäre.[51] Auch der damalige Nationalratspräsident

47 Der 1838 gegründete Schweizerische Grütliverein beeinflusste mit seinem sozialreformerischen Programm massgeblich die Entwicklung der schweizerischen Arbeiterbewegung im 19. Jahrhundert. 1901 schlossen sich die Schweizerische Sozialdemokratische Partei und der Grütliverein zusammen. Beide behielten aber ihre eigenen Strukturen. Diese organisatorische Komplexität, aber auch die unterschiedliche programmatische Ausrichtung führten immer wieder zu internen Auseinandersetzungen. In der Frage der Landesverteidigung kam es schliesslich zu unüberbrückbaren Differenzen zwischen dem sozialpatriotischen Grütliverein und der sich radikalisierenden sozialdemokratischen Parteibasis. Nachdem die SPS die Auflösung der zentralen Strukturen des Grütlivereins und die vollständige Integration in die Partei verlangt hatte, beschloss dieser Anfang 1916 den Parteiaustritt. Vgl. «Grütliverein», HLS, www.hls-dhs-dss.ch/textes/d/D17397.php.

48 Vgl., Handwörterbuch, 133–135, 140–142. Zum Begriff «Kathedersozialisten» siehe Kapitel 4.2.

49 Vgl. Garamvölgyi, Internationale Vereinigung für gesetzlichen Arbeiterschutz, 628.

50 Zitiert in «Arbeiterschutz: c) Internationaler Arbeiterschutz», Handwörterbuch, 132.

51 Weshalb gerade der Kanton Glarus zum Pionier in Sachen Arbeiterschutz wurde, wird in fol-

und spätere Bundesrat Emil Frey postulierte 1876 in seiner Eröffnungsrede der Sommersession der eidgenössischen Räte, die Schweiz sollte den Abschluss internationaler Vereinbarungen über den Arbeiterschutz vorschlagen. Vier Jahre später forderte er den Bundesrat in einer Motion auf, mit den wichtigsten Industriestaaten Verhandlungen über eine internationale Regelung des Fabrikarbeiterschutzes aufzunehmen. Eine ähnliche Eingabe wurde sieben Jahre später von Nationalrat Caspar Decurtins wiederholt.[52] Beide Vorstösse wurden von den eidgenössischen Räten überwiesen. Nachdem der Bundesrat entsprechende Schritte im Jahr 1880 aufgrund wenig ermutigender Rückmeldungen noch unterlassen hatte, wollte er die Regierungen der wichtigsten Industriestaaten für den Frühling 1889 zu einer internationalen Konferenz nach Bern laden. Der deutsche Kaiser Wilhelm II. kam ihm jedoch zuvor und berief für 1890 eine Konferenz zum selben Thema nach Berlin ein. Die Berliner Konferenz führte allerdings zu keinen handfesten Ergebnissen, sondern lediglich zu vorsichtigen Empfehlungen.[53]

In den folgenden Jahren waren es vor allem private Initiativen, die den Gedanken eines internationalen Arbeiterschutzes zu fördern suchten. Auch hier gehörte die Schweiz zu den Pionierländern. So lud der Schweizerische Arbeiterbund im August 1897 Arbeiterorganisationen aller Industrieländer zum «I. Internationalen Kongress für Arbeiterschutz» nach Zürich. Der Bundesrat sowie mehrere Kantone unterstützten diesen ideell und finanziell.[54] Der Zürcher Kongress erhob deutliche Forderungen an die Adresse der Regierungen: Ein generelles Verbot der Kinderarbeit bis 14 Jahre, Schutz jugendlicher und weiblicher Arbeitnehmer, Verbot der Sonntagsarbeit, sukzessive generelle Einschränkung der Arbeitszeit auf acht Stunden pro Tag und schliesslich die Einrichtung eines ständigen internationalen Arbeitsamtes, das eine Sozialstatistik erarbeiten und

---

gendem Beitrag aufgezeigt: Rohr, Warum Glarus zum Pionier in Sachen Arbeitnehmerschutz wurde. Die von der Standeskommission des Kantons Glarus angeregte interkantonale Regelung blieb chancenlos. Sie wurde allerdings bald darauf durch die eidgenössische Regelung überholt.

52 Emil Frey (1838–1922) sass 1872–1882 und 1888–1890 für die radikal-demokratische Fraktion im Nationalrat und war von 1890 bis 1897 Bundesrat. Vgl. «Frey, Emil», HLS, www.hls-dhs-dss.ch/textes/d/D3823.php. Zum Engagement Freys für den Arbeiterschutz siehe Kapitel 6.2. Caspar Decurtins (1855–1916) sass von 1881 bis 1905 im Nationalrat. Er gehörte zum sozialpolitischen Flügel der Katholisch-Konservativen. Vgl. «Decurtins, Caspar», HLS, www.hls-dhs-dss.ch/textes/d/D3565.php.

53 Die unverbindliche Form des Schlussdokuments sollte gemäss Madeleine Herren nicht dazu verleiten, die Berliner Konferenz als «sozialpolitisches Nullresultat zu interpretieren». In Berlin wurden «sozialpolitische Leitlinien formuliert, die nicht mehr unterschritten werden konnten». Damit legte die Konferenz in gewissem Masse den Handlungsspielraum für die künftige internationale Sozialpolitik fest. Vgl. Herren, Internationale Sozialpolitik vor dem Ersten Weltkrieg, 63, 68.

54 StABS Vereine und Gesellschaften H 19: Internationaler Kongress für Arbeiterschutz Zürich 1897, Internationale Vereinigung für Arbeiterschutz 1898–1923, Anfrage H. Greulich betreffend finanzielle Unterstützung des Kongresses von 1897 durch Regierung des Kantons Basel-Stadt.

internationale Kongresse organisieren sollte – Forderungen, die wenige Jahre später von der neu gegründeten Internationalen Vereinigung für gesetzlichen Arbeiterschutz wieder aufgenommen wurden.[55] Die Bedeutung des Zürcher Kongresses lag allerdings weniger in den Forderungen an sich als vielmehr darin, dass diese von über 500 politischen und gewerkschaftlichen Vertretungen fast aller Richtungen der organisierten Arbeiterschaft – katholischen, evangelischen und sozialdemokratischen – gemeinsam und über alle ideologischen Differenzen hinweg erhoben wurden. Unter den vielen Gästen am Zürcher Kongress war auch Naum Reichesberg.[56]

Nur einen knappen Monat nach dem Kongress der Arbeiterschaft in Zürich tagte in Brüssel eine Gruppe von dem Verein für Sozialpolitik nahestehenden bürgerlichen Wissenschaftlern, Sozialpolitikern und Industriellen mit dem Ziel, den Druck auf die Regierungen zu erhöhen, sich ernsthaft und gemeinsam um eine Entschärfung der sozialen Frage zu bemühen. Der Brüsseler Kongress regte die Gründung eines privaten Vereins zur Förderung des internationalen Arbeiterschutzes an.[57]

Die Internationale Vereinigung für gesetzlichen Arbeiterschutz

Die Gründung einer Internationalen Vereinigung für gesetzlichen Arbeiterschutz (IVgA) wurde auf dem internationalen Arbeiterschutzkongress vom 25. bis 29. Juli 1900 in Paris beschlossen. Der Entscheid fiel einstimmig. Der Pariser Kongress beschloss auch die Errichtung eines internationalen Arbeitsamtes, wie dies bereits anlässlich des Zürcher Kongresses 1897 von der Arbeiterschaft gefordert worden war.[58] Die IVgA, die sich als privater Verein konstituiert hatte,

55 Vgl. Der Internationale Kongress für Arbeiterschutz in Zürich vom 23. bis 28. August 1897. Amtlicher Bericht des Organisationskomitees, Zürich 1898, 141–146. Das ständige Arbeitsamt beziehungsweise das eingesetzte Komitee mit Sitz in Zürich, das quasi als Schaltstelle für die Förderung des internationalen Arbeiterschutzes dienen und künftige Kongresse vorbereiten sollte, setzte sich aus Regierungsrat Theodor Curti (SG), dem Advokaten Heinrich Scherrer (SG) und dem schweizerischen Arbeitersekretär Herman Greulich zusammen.

56 Vgl. Verzeichnis der Kongressteilnehmer, II. Gäste, in: Der Internationale Kongress für Arbeiterschutz in Zürich vom 23. bis 28. August 1897. Amtlicher Bericht des Organisationskomitees, Zürich 1898, 277.

57 Vgl. Garamvölgyi, Internationale Vereinigung für gesetzlichen Arbeiterschutz, 628 f. Ob Naum Reichesberg auch an der Brüsseler Zusammenkunft anwesend war, ist unsicher. Im zusammenfassenden Bericht, der Ende 1897 veröffentlicht wurde, ist Reichesberg nicht erwähnt. Vgl. «Congrès international de législation du travail, tenu à Bruxelles les 27, 28, 29 et 30 septembre 1897», Revue d'économie politique, Vol. 11, Nr. 12 (1897), 1053–1065. Allerdings wurde Reichesberg am Pariser Kongress von 1900 als eine jener Personen hervorgehoben, die bereits an früheren Initiativen zugunsten des internationalen Arbeiterschutzes beteiligt gewesen waren (siehe dazu weiter unten im Text). Welche Initiativen konkret gemeint waren, ist nicht ersichtlich.

58 Dieses Kapitel stützt sich insbesondere auf Garamvölgyi, Internationale Vereinigung für gesetzlichen Arbeiterschutz, 626–646; Herren, Internationale Sozialpolitik vor dem Ersten Weltkrieg, 83–132, und Van Daele, Engineering Social Peace, 435–466. Vgl. auch «Arbeiterschutz:

setzte sich zum Ziel, durch eine streng objektive, wissenschaftliche Beschäftigung eine «für international vereinbarte Sozialpolitik aufgeschlossene öffentliche Meinung» herzustellen.[59] Der Zweckartikel der an der konstituierenden Versammlung von 1901 in Basel genehmigten Statuten war entsprechend vorsichtig formuliert und vermied jegliche politische Stellungnahme. Demnach sollte die IVgA ein Bindeglied sein zwischen allen, «die in den Industrieländern die Arbeitsschutzgesetzgebung als Notwendigkeit betrachten». Sie sollte das Studium über die Arbeitergesetzgebung und deren Anwendung in den Industrieländern fördern und die Einrichtung einer internationalen Arbeiterstatistik prüfen.[60] Die IVgA legitimierte sich vor allem wissenschaftlich. Unter den Teilnehmenden des Gründungskongresses waren «hauptsächlich Juristen und Nationalökonomen, die teils als Beamte oder Politiker, vor allem aber als Wissenschaftler auftraten».[61] Madeleine Herren spricht deshalb auch von einer wissenschaftlichen Vereinigung.[62] Sowohl die direkt betroffene Arbeiterschaft wie auch die Arbeitgeber waren in Paris kaum vertreten. Aus der Schweiz nahmen Regierungsrat Theodor Curti (SG) und Naum Reichesberg an der Gründungsversammlung teil. Alt Bundesrat Emil Frey, der ebenfalls Vorstandsmitglied der Schweizerischen Vereinigung zur Förderung des internationalen Arbeiterschutzes war, hatte auf eine Teilnahme verzichtet.[63]

Der St. Galler Regierungsrat Curti war nicht der einzige amtierende Staatsmann, der an der Gründungsversammlung der IVgA teilnahm. Zwar war die offizielle Beteiligung von Regierungen nicht so gross wie erhofft. Es waren aber doch einige staatliche Delegationen anwesend. Die Statuten räumten Regierungsdelegierten gar das Stimmrecht an Generalversammlungen ein. Die IVgA strebte von Anfang an auch die finanzielle Unterstützung durch die Staaten an – das Arbeitsamt sollte möglichst ganz aus Regierungsbeiträgen finanziert werden, was mit den Jahren auch tatsächlich gelang. Diese enge, formelle Beziehung der IVgA zu den Regierungen widersprach in gewissem Masse dem Ziel einer neutralen Vereinigung, die auf keine Partikularinteressen Rücksicht nehmen wollte und für sich in Anspruch nahm, eine integrative Kraft und Vermittlerin zwischen den verschiedenen Akteuren zu sein. Unter den Gründungsmitgliedern gab es denn

---

c) Internationaler Arbeiterschutz», Handwörterbuch, 147–150, und Tschudi, Geschichte des schweizerischen Arbeitsrechts, 20.

59 Garamvölgyi, Internationale Vereinigung für gesetzlichen Arbeiterschutz, 630.

60 Ebd., 631.

61 Herren, Internationale Sozialpolitik vor dem Ersten Weltkrieg, 30.

62 Ebd.

63 SozArch Ar 42.10.2: Schweizerische Vereinigung zur Förderung des internationalen Arbeiterschutzes, Protokolle (27. 6. 1900–2. 7. 1920), Protokoll der Vereins-Versammlung vom 10. Juli 1900. Gemäss Protokoll wurden die beiden als Delegierte für den Pariser Kongress bezeichneten Vorstandsmitglieder, RR Curti und N. Reichesberg, beauftragt, aufgrund des Verzichts von alt Bundesrat Frey einen dritten Delegierten zu bezeichnen. Wer schliesslich als dritter Vertreter am Kongress teilnahm oder ob Curt und Reichesberg die Schweiz zu zweit vertraten, ist in den Akten der Schweizerischen Vereinigung zur Förderung des internationalen Arbeiterschutzes nicht dokumentiert.

auch unterschiedliche Positionen zur Frage, wie stark sich die IVgA zugunsten der Erlangung staatlicher Anerkennung bei der Öffentlichkeitsarbeit zurückhalten und wie eng die organisierte Arbeiterschaft eingebunden werden sollte. Während die einen für strikte wissenschaftliche Neutralität plädierten und heftigen Widerspruch vonseiten der Unternehmer und der Arbeiter in Kauf nehmen wollten, vertraten andere die Meinung, es müssten alle Seiten in die Bemühungen eingebunden werden, insbesondere diejenige Gruppe, für deren Wohl man eigentlich arbeite.[64] Naum Reichesberg gehörte zu denjenigen, die für ein Vorgehen «Hand in Hand mit den Arbeitern» eintraten und die starke Orientierung an den Regierungen kritisierten.[65] Judit Garamvölgyi zählt Naum Reichesberg wegen seiner Überzeugungen auch zu den «radikalsten Mitgliedern der Vereinigung».[66]

Die Neutralität der IVgA galt also vor allem in Bezug auf die «Unabhängigkeit» von der Arbeiterschaft. Der sozialistische französische Minister Alexandre Millerand, der die Vorbereitungen der Pariser Konferenz massgeblich vorangetrieben hatte, hatte zwar eine integrative Linie verfolgt und versucht, sowohl die sozialdemokratische Arbeiterschaft wie auch die Regierungen von einer Beteiligung zu überzeugen. Dieser Ansatz war aber nicht erfolgreich, der Widerstand kam von beiden Seiten. Die sozialdemokratische Arbeiterschaft und die freien Gewerkschaften nahmen der IVgA gegenüber aufgrund deren «staatsdevoter Haltung» bis zum Ersten Weltkrieg eine grundsätzlich skeptische, wenn nicht ablehnende Position ein. Nur katholische und liberale Arbeiterverbände wirkten in der Vereinigung mit.[67]

Der IVgA konnten neben den Landessektionen auch Einzelpersonen und Vereine beitreten, sofern sie dem Vereinszweck zustimmten und einen Mitgliederbeitrag zahlten. Das oberste Organ war das sogenannte Komitee. Es bestand aus den Delegierten der Landessektionen und trat alle zwei Jahre zusammen. Die Regierungen konnten je ein stimmberechtigtes Mitglied entsenden. Als Vorstand amtete ein dreiköpfiges «Büro», dessen Präsidium und Vizepräsidium stets mit Schweizern besetzt wurden. Das von den Statuten vorgesehene internationale Arbeitsamt, das zugleich ständiges Sekretariat der IVgA war, nahm am 1. Mai 1901 den Betrieb auf. Es hatte seinen Sitz in Basel und wurde von der Schweizerischen Eidgenossenschaft, von Frankreich und vom Kanton Basel-Stadt finanziert.[68] Das seit 1902 vom Arbeitsamt herausgegebene Bulletin publizierte

---

64 Vgl. Garamvölgyi, Internationale Vereinigung für gesetzlichen Arbeiterschutz, 631, 633, 640–643.

65 Garamvölgyi, Internationale Vereinigung für gesetzlichen Arbeiterschutz, 631. Vgl. auch Herren, Internationale Sozialpolitik vor dem Ersten Weltkrieg, 92.

66 Garamvölgyi, Internationale Vereinigung für gesetzlichen Arbeiterschutz, 631.

67 Vgl. Herren, Internationale Sozialpolitik vor dem Ersten Weltkrieg, 89 f.; Garamvölgyi, Internationale Vereinigung für gesetzlichen Arbeiterschutz, 641, und Van Daele, Engineering Social Peace, 444. Inwiefern das Abseitsstehen der organisierten Arbeiterschaft auch mit den (zu) hohen Mitgliederbeiträgen zu tun hatte, ist nicht abschliessend beantwortet. Vgl. die entsprechende Vermutung Ernest Mahaims, dokumentiert in Herren, Internationale Sozialpolitik vor dem Ersten Weltkrieg, 92 f.

68 Vgl. Garamvölgyi, Internationale Vereinigung für gesetzlichen Arbeiterschutz, 631 f.

regelmässig in deutscher, französischer und englischer Sprache die neuen Arbeiterschutzgesetzgebungen und Verordnungen aller Staaten und berichtete über Parlamentsdebatten und Beschlüsse. Das Amt publizierte ferner vergleichende Untersuchungen der sozialpolitischen Massnahmen in den verschiedenen Ländern und erstellte zuhanden von Regierungen, nationalen Sektionen und anderen Interessengruppen Berichte zu verschiedenen Fragestellungen. Das internationale Arbeitsamt wurde also mit der Zeit quasi zu einer Dokumentationsstelle für die Arbeitsgesetzgebung und sozialpolitische Regelungen in der ganzen Welt. Schliesslich war das Amt auch mit der Vorbereitung internationaler Kongresse zum Arbeiterschutz beauftragt.[69]

Zum Generalsekretär der Internationalen Vereinigung für gesetzlichen Arbeiterschutz und Direktor des Internationalen Arbeitsamtes wurde der Nationalökonom Stephan Bauer gewählt. Er besetzte diese Ämter bis zur Auflösung der Vereinigung im Jahr 1925. Der gebürtige Österreicher war 1899 von der Universität Basel zum Extraordinarius für Nationalökonomie gewählt worden. Diese Funktion übte er mit ausdrücklicher Genehmigung des Basler Regierungsrates auch weiterhin parallel zu seinen Ämtern in der IVgA aus und wurde 1921 gar zum Ordinarius befördert. Bauers Arbeitseifer, sein Temperament und insbesondere die Tatsache, dass er seine Rolle nicht sehr zurückhaltend verstand und sein Amt mit einem eigentlichen sozialpolitischen Programm antrat, führte bereits anlässlich der konstituierenden Versammlung von 1901 beinahe zum Eklat. Bauer wurde zwar im Amt bestätigt. Im Reglement des Internationalen Arbeitsamtes wurden jedoch der wissenschaftliche Charakter der Aufgaben und dessen politische Neutralität hervorgehoben und das Amt wurde unter strenge Aufsicht des Büros der IVgA gestellt. Gegen aussen wurde die IVgA grundsätzlich nur von deren Präsidenten, dem besonnen agierenden Anwalt und sozialdemokratischen St. Galler Regierungsrat Heinrich Scherrer (1847–1919), vertreten.[70]

Die IVgA hielt vor dem Ersten Weltkrieg nach der konstituierenden Versammlung sechs weitere Generalversammlungen ab: 1902 in Köln, 1904 in Basel, 1906 in Genf, 1908 in Luzern, 1910 in Lugano und 1912 in Zürich. Die für September 1914 einberufene Versammlung in Bern musste aufgrund des Kriegsausbruchs abgesagt werden.[71] An der konstituierenden Versammlung von 1901 in Basel waren Delegationen aus dem Deutschen Reich, Österreich, der Schweiz, Belgien, Frankreich, Italien, den Niederlanden und Ungarn vertreten. Dies entsprach damals dem industriellen Kern des Kontinents und den darum herum gruppierten Ländern. 1906 konnten auch Delegationen aus Grossbritannien, Spanien, Dänemark und den Vereinigten Staaten begrüsst werden. Mit Gross-

69 Vgl. ebd., 632–636.

70 Vgl. ebd., 632–634, und «Bauer, Stephan», HLS, www.hls-dhs-dss.ch/textes/d/D28310.php. In den 1920er-Jahren übernahm der freisinnige Nationalrat Adrien Lachenal das Präsidium der IVgA.

71 SozArch Ar 42.11.2: Internationale Vereinigung für gesetzlichen Arbeiterschutz. Versammlungen, Mappe 3, VIII. Generalversammlung, Bern 1914, Akten.

britannien und den USA waren die beiden wichtigsten Industrieländer Mitglieder des Vereins geworden. Weitere Länder aus der europäischen Peripherie (nordische Staaten, Griechenland, Portugal, Russland, Rumänien, Türkei) sowie Schwellenländer aus Übersee (Australien, Brasilien, Mexiko) kamen 1912 hinzu.[72]

Diese Ausdehnung belegt eindrücklich den zunehmenden Einfluss der IVgA. Es gelang ihr, immer mehr Staaten davon zu überzeugen, dass ein international koordiniertes Vorgehen zugunsten des Arbeiterschutzes sinnvoll und notwendig sei. Sie erreichte dies einerseits durch die Beeinflussung der öffentlichen Meinung zugunsten sozialpolitischer Massnahmen. Andererseits trug sie mit ihren gründlichen wissenschaftlichen Analysen und detaillierten Berichten dazu bei, geeignete gesetzliche Massnahmen in verschiedenen Ländern zu realisieren. Jasmien Van Daele beschreibt die Arbeitsmethode der IVgA deshalb als «the tactics of information politics: ‹promoting change by reporting facts›».[73] Die IVgA beziehungsweise das Internationale Arbeitsamt leistete auch die inhaltliche Vorarbeit für die Expertenkonferenz vom Mai 1905 und die folgende Diplomatenkonferenz vom September 1905 in Bern, zu denen der Bundesrat eingeladen hatte. Dort wurden mit den zwei Konventionen betreffend das Verbot industrieller Nachtarbeit der Frauen und betreffend das Verbot gelben Phosphors in der Zündholzindustrie die ersten verbindlichen internationalen Vereinbarungen zum Arbeiterschutz beschlossen.[74] Schliesslich darf das Arbeitsamt auch für sich in Anspruch nehmen, mit seinen Studien und Gutachten indirekt eine Reihe von bilateralen Verträgen zwischen den Staaten beeinflusst zu haben.[75]

Durch den Ersten Weltkrieg waren die Aktivitäten der Vereinigung zwar etwas erschwert worden. Gemeinsames Handeln, geschweige denn internationale Versammlungen waren aufgrund des Krieges nicht mehr möglich. Die IVgA hatte sich aber nicht aufgelöst und trat nach Kriegsende wieder zusammen. Allerdings hatten sich die Rahmenbedingungen unterdessen merklich verändert: Die kriegführenden Staaten waren im Ersten Weltkrieg auf eine grosse industrielle Produktion angewiesen gewesen. Entsprechend hatte die Arbeiterschaft an Selbstbewusstsein und an Einfluss gewonnen. An den Internationalen Gewerkschaftskonferenzen vom 5. bis 7. Juli 1916 in Leeds (Vertretungen der Entente-Staaten) und vom 1. bis 4. Oktober 1917 in Bern (Vertretungen der Mittelmächte und neutraler Staaten), zu welcher auch Naum Reichesberg als Gast eingeladen war, war ein Katalog von sozialpolitischen Forderungen für die

72 Vgl. Garamvölgyi, Internationale Vereinigung für gesetzlichen Arbeiterschutz, 634–636.

73 Van Daele, Engineering Social Peace, 444 f.

74 Eine zweite vom Bundesrat einberufene Konferenz für 1913/14 musste aufgrund des Kriegsausbruchs abgesagt werden. Vgl. Tschudi, Geschichte des schweizerischen Arbeitsrechts, 18–23, und Handwörterbuch, 132–140; Garamvölgyi, Internationale Vereinigung für gesetzlichen Arbeiterschutz, 628 f., und Zürcher, Unterbrochene Tradition, 114. Zur Vorbereitung der technischen Vorkonferenz in Zürich und der Diplomatenkonferenz in Bern sowie zur Bedeutung der Berner Konventionen siehe Herren, Internationale Sozialpolitik vor dem Ersten Weltkrieg, 149–164.

75 Vgl. Garamvölgyi, Internationale Vereinigung für gesetzlichen Arbeiterschutz, 635–639.

Nachkriegszeit aufgestellt worden. Die Gewerkschaften verlangten ausserdem, in die Friedensverhandlungen einbezogen zu werden.[76] Auch wenn die Erwartungen der Gewerkschaften nicht ganz erfüllt wurden, so hatte sich nach dem Krieg doch die Erkenntnis durchgesetzt, dass ein wirksamer Arbeiterschutz auf internationaler Ebene zu regeln sei. Entsprechend wurden auch Bestimmungen zur Arbeitsgesetzgebung in den Versailler Friedensvertrag von 1919 aufgenommen. Unter dem Titel «Arbeit» wurden in Teil XIII des Versailler Vertrages nicht nur Grundsätze für eine Regelung der Arbeitsverhältnisse aufgestellt und der 8-Stunden-Tag oder die 48-Stunden-Woche als globales Ziel deklariert (Teil II). Es wurde auch eine ständige Internationale Arbeiterorganisation (International Labour Organization, ILO) mit Sitz in Genf geschaffen, die dem Völkerbund angegliedert war.[77]

Nach der Gründung der ILO stellten die Regierungen ihre Zahlungen an das von der IVgA getragene Arbeitsamt in Basel ein. Dessen Aufgaben und die Bibliothek wurden dem neuen gouvernementalen Amt mit Sitz in Genf übertragen.[78] Das Expertennetzwerk, das die IVgA im Grunde genommen war, hatte es geschafft, die Regierungen von der Notwendigkeit einer internationalen Regelung des Arbeiterschutzes und sozialpolitischer Massnahmen im weiteren Sinne zu überzeugen, und damit sicher einen grossen Teil zur Gründung der ILO beigetragen.[79] Sie wurde dabei quasi Opfer ihres eigenen Erfolges. Die Vereinigung existierte zwar noch bis 1925, es fanden aber nur noch wenige Versammlungen statt. Im Oktober 1924 veranstaltete die IVgA gemeinsam mit der Internationalen Vereinigung zur Bekämpfung der Arbeitslosigkeit in Prag den Internationalen Kongress für Sozialpolitik. Schliesslich schloss sich die IVgA im September 1925 in Bern mit der Internationalen Vereinigung zur Bekämpfung der Arbeitslosigkeit und mit dem Internationalen Komitee für Sozialversicherung zur Internationalen Vereinigung für Sozialen Fortschritt zusammen.[80]

Naum Reichesberg nahm als Mitglied der Schweizer Delegation an jeder Generalversammlung und an jedem Kongress der Internationalen Vereinigung für gesetzlichen Arbeiterschutz teil und verfasste zahlreiche Tagungsberichte

76 Ar SGB PE 1108: Intern. Gewerkschaftsbund, Berichte und Protokolle 1913–1919, Protokoll der Internationalen Gewerkschafts-Konferenz vom 1. bis 4. Oktober 1917 im Volkshaus in Bern und Bericht der Zweigstelle Amsterdam des Internationalen Gewerkschaftsbundes vom Dezember 1914 bis März 1919. Vgl. auch Tosstorff, The International Trade-Union Movement.

77 Vgl. Tschudi, Geschichte des schweizerischen Arbeitsrechts, 20–23. Zur Geschichte der Internationalen Arbeitsorganisation siehe die Ausführungen auf der Website der ILO: www.ilo.org/global/about-the-ilo/history/lang--en/index.htm. Die Schweiz war zwar an der Friedenskonferenz in Versailles nicht beteiligt und konnte deshalb an der Ausarbeitung der Bestimmungen über die ILO nicht mitwirken. Sie war aber an deren erster Versammlung vom Oktober 1919 in Washington vertreten und gehört der Organisation seit deren Gründung als Mitglied an.

78 Vgl. Garamvölgyi, Internationale Vereinigung für gesetzlichen Arbeiterschutz, 643.

79 Vgl. Van Daele, Engineering Social Peace, 435–439, 442–446.

80 SozArch Ar 42.16.1: Schweizerische Vereinigung für Sozialpolitik. Statuten, Zirkulare, Jahresberichte (1926–1966), Mappe 1, Statuten.

über deren Versammlungen.[81] Das Engagement führte er bis zu seinem Tod auch in der neuen Internationalen Vereinigung für Sozialen Fortschritt weiter. Dort war er gar im Vorstand aktiv.[82] Als Zentralsekretär der Schweizer Sektion der IVgA arbeitete Reichesberg eng mit dem internationalen Arbeitsamt in Basel und mit dessen Direktor Stephan Bauer zusammen. Mit diesem verband ihn nicht nur das akademische Fach, sondern auch die Überzeugung, dass die Internationale Vereinigung für gesetzlichen Arbeiterschutz die Sozialpolitik aktiv mitgestalten sollte. Beide hatten sich insbesondere für eine internationale Sozialstatistik ausgesprochen, die allerdings von der Mehrheit der IVgA und namentlich von vielen Regierungen nicht gewünscht wurde.[83]

Wie gross Reichesbergs Beitrag zur Gründung der IVgA war, ist nicht ganz klar. In Nachrufen wird ihm eine aktive Rolle zugeschrieben.[84] Im Protokoll des Pariser Kongresses wird Reichesberg explizit als einer der bekannten Sozialwissenschaftler der «école interventionniste» genannt, die auch frühere Initiativen für eine internationale Regelung des Arbeiterschutzes unterstützt hatten.[85] Am vonseiten der Arbeiterschaft einberufenen Zürcher Kongress von 1897 war Reichesberg als Gast anwesend. Ob er auch an der Brüsseler Konferenz im selben Jahr teilnahm, die von bürgerlichen Sozialpolitikern organisiert wurde, ist nicht bekannt. Auf jeden Fall war Reichesberg um die Jahrhundertwende bereits gut vernetzt und gehörte sicherlich zur international aktiven «sozialpolitischen Intelligenz», welche die Gründung der IVgA forcierte.[86]

Die Schweizerische Vereinigung zur Förderung des internationalen Arbeiterschutzes

Naum Reichesberg nutzte die internationale Dynamik, die im ausgehenden 19. Jahrhundert im Bereich der Sozialpolitik entstanden war,[87] um dieses Politikfeld auch in der Schweiz zu stärken. Er berief für den Abend des 27. Juni 1900 eine Versammlung ins Foyer des Gesellschaftshauses «Museum» ein, um im Hinblick auf den internationalen Arbeiterschutzkongress in Paris, der für den 25. bis

81 Siehe Verzeichnis der Schriften Naum Reichesbergs am Ende der Arbeit.

82 SozArch Ar 42.11.1: Internationale Vereinigung für gesetzlichen Arbeiterschutz. Zirkulare, Rundbriefe, Einladungen, Beschlüsse, etc. (1901–1925); Ar 42.10.2: Schweizerische Vereinigung zur Förderung des internationalen Arbeiterschutzes, Protokolle (27. 6. 1900–2. 7. 1920); Ar 42.10.7: Schweizerische Vereinigung zur Förderung des internationalen Arbeiterschutzes, Protokolle, Einladungen, Zirkulare, Statuten, Mitgliederkontrolle (1900–1926) sowie Ar 42.16.1: Schweizerische Vereinigung für Sozialpolitik: Statuten, Zirkulare, Jahresberichte (1926–1966).

83 Vgl. Garamvölgyi, Internationale Vereinigung für gesetzlichen Arbeiterschutz, 633.

84 Vgl. Bericht über die Trauerfeier für Professor Reichesberg in Der Bund, Nr. 17, 11. 1. 1928.

85 Vgl. Congrès international pour la protection légale des travailleurs, tenu à Paris du 25 au 29 juillet 1900, compte rendu sommaire, p. 10, http://gallica.bnf.fr/ark:/12148/bpt6k5785637j.

86 Herren, Internationale Sozialpolitik vor dem Ersten Weltkrieg, 24, 29 f., 239. Jasmien Van Daele spricht von einer «select elite group of academics and public officials who organized regular debates on social issues across national boundaries». Van Daele, Engineering Social Peace, 444.

87 Vgl. Herren, Internationale Sozialpolitik vor dem Ersten Weltkrieg, 24–31, 51–82.

29. Juli 1900 angekündigt war, eine Schweizerische Vereinigung zur Förderung des internationalen Arbeiterschutzes ins Leben zu rufen. Nach einem einleitenden Referat von alt Bundesrat Emil Frey, in welchem dieser die Gründung einer solchen Vereinigung gemäss Sitzungsprotokoll wärmstens empfahl, beschloss die Versammlung mit den anwesenden «Herren Milliet [Direktor der eidg. Alkoholverwaltung], Kummer [Direktor des eidg. Versicherungsamtes], Prof. Lotmar, Oberst Gutzwyller [Sekretär des eidg. Militärdepartements], Nationalrat Wullschleger, Redacteur Furrer, Prof. Oncken, Prof. Vogt und [dem evangelischen] Arbeitersekretär Mann» einstimmig die Gründung einer Schweizerischen Vereinigung zur Förderung des internationalen Arbeiterschutzes. Direktor Kummer hatte sich zu Beginn noch skeptisch gezeigt gegenüber einer solchen Vereinigung. Er liess sich aber offenbar überzeugen. Der vorgelegte Statutenentwurf wurde jedoch zurückgewiesen, weil er sich im Zweckartikel auf eine Internationale Vereinigung für gesetzlichen Arbeiterschutz bezog, die es zu diesem Zeitpunkt noch nicht gab. Die Versammlung beauftragte deshalb eine Kommission bestehend aus Reichesberg, Lotmar, Mann, Oncken und Vogt, neue Statuten auszuarbeiten.[88]

Die Statuten der Schweizerischen Vereinigung zur Förderung des internationalen Arbeiterschutzes (SViA) wurden an der ersten Vereinsversammlung vom 10. Juli 1900 genehmigt. Gemäss diesen hatte die Vereinigung den Zweck, «den Gedanken des internationalen Arbeiterschutzes in weitere Kreise zu tragen und seine Verwirklichung zu fördern» (Art. 1). Dies wollte sie erreichen «durch Wort und Schrift», indem sie Versammlungen und Vorträge veranstaltete, relevante Unterlagen und Studien sammelte und zur Verfügung stellte, durch eigene Publikationen sowie durch Eingaben an die Behörden (Art. 2). Die Vereinigung behielt sich zudem vor, Delegierte an internationale Konferenzen zu entsenden oder Organisationen beizutreten, die ähnliche Ziele verfolgten (Art. 3). Mitglieder konnten alle «Schweizer oder Ausländer ohne Unterschied des Geschlechts»[89] sowie Verbände werden, welche die Ziele der Vereinigung teilten und einen Mitgliederbeitrag von fünf Franken pro Jahr entrichteten. Verbände erhielten wie Einzelpersonen eine Stimme (Art. 4). Die SViA wurde gemäss Statuten von einem sogenannten Vorort geleitet, der jährlich anlässlich der Generalversammlung bezeichnet wurde. Der Vorort, der einer der lokalen Sektionen entsprach, wählte die Mitglieder des Vorstandes, der aus einem Präsidenten, einem Vizepräsidenten, einem Sekretär-Kassier und zwei Beisitzern bestand (Art. 5).[90]

---

88 SozArch Ar 42.10.2: Schweizerische Vereinigung zur Förderung des internationalen Arbeiterschutzes, Protokolle (27. 6. 1900–2. 7. 1920), Constituierende Versammlung vom 27. Juni 1900.

89 Spätestens seit 1913 sass eine Frau im Vorstand der Schweizerischen Vereinigung zur Förderung des internationalen Arbeiterschutzes. Mit der Reorganisation von 1923 wurde den Frauen gar explizit eine Vertretung im Vorstand zugestanden. SozArch Ar 42.10.7: Schweizerische Vereinigung zur Förderung des internationalen Arbeiterschutzes, Protokolle, Einladungen, Zirkulare, Statuten, Mitgliederkontrolle (1900–1926), Mappe 3, Schreiben vom 22. Oktober 1923 an die Mitglieder betr. Ablösung der Vorortssektion durch eine Zentralkommission.

90 Ar 42.10.7: Schweizerische Vereinigung zur Förderung des internationalen Arbeiterschutzes, Protokolle, Einladungen, Zirkulare, Statuten, Mitgliederkontrolle (1900–1926), Mappe 3, Sta-

An der ersten Versammlung wurde Bern zum Vorort bestimmt und der Vorstand gewählt: Bundesrat Emil Frey als Präsident, Regierungsrat Theodor Curti (SG) als Vizepräsident, Naum Reichesberg als Kassier und Sekretär, Professor August Oncken und Regierungsrat Johannes Ritschard (BE) als Beisitzer. Mit dem Berner Stadt- und Grossrat Carl Vital Moor und dem russisch-jüdischen Emigranten Chaim Žitlovskij waren an diesem 10. Juli 1900 auch zwei sozialistische Aktivisten anwesend.[91] Ansonsten war die Vereinigung eher von Universitätsdozenten, Rechtsanwälten, Amtsdirektoren und Journalisten geprägt.[92] Viele der Gründungsmitglieder der SViA waren bereits an der Redaktionskommission beteiligt gewesen, welche 1895 die Herausgabe der «Schweizerischen Blätter für Wirtschafts- und Sozialpolitik» übernommen hatte.[93]

Um die neu gegründete Vereinigung weiteren Kreisen bekannt zu machen, beschloss der Vorstand, in der Presse einen Aufruf zu platzieren und eine Einladung zum Beitritt an die Mitglieder des Bundesrates und der Bundesversammlung, an die Kantonsregierungen, die Industrie-, Gewerbe-, Handels-, Arbeiter- und Grütlivereine sowie an Einzelpersonen zu senden.[94] Im Gegensatz zur kurze Zeit später gegründeten Internationalen Vereinigung für gesetzlichen Arbeiterschutz hatte die Schweizer Sektion also keine Berührungsängste. Im Gegenteil: Gemäss Aufruf vom 16. Juli 1900 wünschte man «eine zahlreiche Beteiligung aus allen Schichten unserer Bevölkerung».[95] Sowohl die Unternehmerseite wie auch die Arbeiterschaft wurden aufgefordert, sich in der Vereinigung zu engagieren. Hier zeigt sich wohl der Einfluss Naum Reichesbergs. Auch alt Bundesrat Emil Frey ist eher zu den unerschrockenen Verfechtern einer aktiven Rolle der IVgA und eines Einbezugs aller Interessengruppen zu zählen.[96]

---

tuten vom 10. Juli 1900. Vgl. auch Internationaler Arbeiterschutz, Handwörterbuch, 149. Den Vorort hatte grundsätzlich die Berner Sektion inne, die auch die grösste und aktivste Sektion war. 1900 existierte nur die Berner Sektion. Anfang 1903 kamen mit Basel, Zürich und Schaffhausen drei weitere kantonale Sektionen hinzu.

91 Carl Vital Moor (1852–1932) wurde in Freiburg i. Ü. geboren und zog als Kind nach Österreich und Deutschland. 1881 wurde er als Sozialist aus Deutschland ausgewiesen. Ab 1889 engagierte sich Moor in der Berner Arbeiterbewegung und war bis 1906 Redaktor der «Berner Tagwacht». Von 1897 bis 1920 beziehungsweise 1922 war er Berner Stadt- und Grossrat. 1908 wurde Carl Moor Schweizer Vertreter im Internationalen Sozialistischen Büro in Brüssel. Moor gilt als Anhänger Lenins. Vgl. «Moor, Carl Vital», HLS, www.hls-dhs-dss.ch/textes/d/D13257.php. Siehe Kapitel 7 zu den Beziehungen zwischen Naum Reichesberg und Carl Vital Moor. Chaim Žitlovskij wurde bereits in Kapitel 5 erwähnt. Ein Abschnitt zu seiner Verbindung zu Naum Reichesberg findet sich in Kapitel 7.

92 SozArch Ar 42.10.2: Schweizerische Vereinigung zur Förderung des internationalen Arbeiterschutzes, Protokolle (27. 6. 1900–2. 7. 1920), Vereins-Versammlung vom 10. Juli 1900.

93 Siehe Kapitel 5.1.

94 SozArch Ar 42.10.2: Schweizerische Vereinigung zur Förderung des internationalen Arbeiterschutzes, Protokolle (27. 6. 1900–2. 7. 1920), Vorstandssitzung vom 16. Juli 1900.

95 SozArch Ar 42.10.7: Schweizerische Vereinigung zur Förderung des internationalen Arbeiterschutzes, Protokolle, Einladungen, Zirkulare, Statuten, Mitgliederkontrolle (1900–1926), Mappe 3, Aufruf vom 16. Juli 1900.

96 Bundesrat Emil Frey unterstützte auch das aktive Engagement des Direktors des Internatio-

Die erste Generalversammlung der Schweizerischen Vereinigung zur Förderung des internationalen Arbeiterschutzes fand – mit einer stattlichen Anzahl Teilnehmenden, wie es im Protokoll heisst – am 18. Dezember 1900 in Bern statt. Dort wurde einstimmig beschlossen, der anlässlich des Pariser Kongresses vom Juli 1900 gegründeten Internationalen Vereinigung für gesetzlichen Arbeiterschutz als Landessektion mit einem Beitrag von 1000 Franken beizutreten. Als Vorort wurde wiederum Bern bestimmt. Zudem konnte darüber informiert werden, dass der Bundesrat die SViA gemäss Antrag des Vorstandes mit einem Jahresbeitrag von 1000 Franken subventionierte. Die Aktivitäten der Vereinigung stiessen offenbar nicht nur beim Bundesrat auf Interesse, sondern entsprachen einem grundsätzlichen Bedürfnis staatlicher und privater Akteure in der Schweiz: Nach dem ersten Vereinsjahr zählte die Schweizerische Vereinigung für gesetzlichen Arbeiterschutz bereits zahlreiche Mitglieder: 12 Kantonsregierungen und 19 Gemeindeverwaltungen waren ihr beigetreten, 17 Vereine, darunter der Schweizerische Grütliverein und verschiedene lokale Arbeiterunionen, die Schweizerischen Maschinenindustriellen, die Schweizerischen Eisenbahn- und Dampfschiffangestellten und der Schweizerische Typographenbund, daneben 12 Fabrikfirmen und 178 Einzelpersonen.[97]

Thematisch standen in den Jahren bis zum Ersten Weltkrieg die Revision des eidgenössischen Fabrikgesetzes und die Forderung nach einem eidgenössischen sozialstatistischen Amt im Zentrum der Tätigkeiten der SViA.[98] Zudem forderte sie die Wiederaufnahme der Diskussion über die gesetzliche Kranken- und Unfallversicherung und eine breite Diskussion über deren Form und Umfang, eine Diskussion über den Arbeiterschutz im Submissionswesen sowie über die Einrichtung von Einigungsämtern zur Schlichtung von Streitigkeiten zwischen Unternehmen und Arbeitern.[99] Es handelte sich bei den Schwerpunktthemen der SViA also vornehmlich um nationale Anliegen. Bereits im Juni 1903 hatte die Berner Sektion nach mehreren Referaten über die Revision des Fabrikgesetzes debattiert.[100] Mit dem Arbeitsprogramm von 1906 wurde eine umfassende Diskussion in der Schweizerischen Vereinigung angestossen. Es ist anzunehmen, dass die SViA auch formell, mindestens aber informell über ihre Vertreter in den eidgenössischen Räten versuchte, auf die Erarbeitung des Gesetzesentwurfs und später auf die parlamentarischen Beratungen Einfluss zu nehmen. An der Gene-

nalen Arbeitsamtes, Stephan Bauer, und dessen Eintreten für eine internationale Sozialstatistik. Vgl. Garamvölgyi, Internationale Vereinigung für gesetzlichen Arbeiterschutz, 633.

97 SozArch Ar 42.10.2: Schweizerische Vereinigung zur Förderung des internationalen Arbeiterschutzes, Protokolle (27. 6. 1900–2. 7. 1920), Generalversammlung vom 18. Dezember 1900. Vgl. auch Internationaler Arbeiterschutz, Handwörterbuch, 149.

98 Siehe zu diesen Themen Kapitel 6.1.

99 SozArch Ar 42.10.7: Schweizerische Vereinigung zur Förderung des internationalen Arbeiterschutzes, Protokolle, Einladungen, Zirkulare, Statuten, Mitgliederkontrolle (1900–1926), Mappe 3, Arbeitsprogramm vom 22. Mai 1906.

100 Vgl. «Verhandlungen der Sektion Bern über die Revision des eidgen. Fabrikgesetzes vom 11. Juni 1903», Veröffentlichungen der Schweizerischen Vereinigung zur Förderung des internationalen Arbeiterschutzes, Heft 8, 1904.

ralversammlung vom Juni 1913 informierte Nationalrat Herman Greulich über den Stand der Revision des Fabrikgesetzes. Aus Sicht einer Vereinigung, die sich für einen umfassenden gesetzlichen Arbeiterschutz einsetzte, konnte der vorliegende Gesetzesentwurf als Kompromissvorlage natürlich nicht genügen. Greulich wertete ihn denn auch als bescheidenen Fortschritt, zumal viele Anliegen der Arbeiterschaft nicht aufgenommen worden waren.[101]

Der Ausbruch des Ersten Weltkrieges bedeutete auch für die SViA eine Zäsur. Während des Krieges wurde die Arbeit der Vereinigung auf ein Minimum reduziert. Im Dezember 1914 fand noch eine Generalversammlung statt, danach sind nur Sitzungen des Vorstandes und der kantonalen Sektionen dokumentiert. Nach dem Krieg erwachte die Vereinigung nur langsam wieder aus dem Tiefschlaf. Insbesondere der Tod ihres langjährigen Präsidenten und Förderers, alt Bundesrat Emil Frey, im Jahr 1922 war ein schwerer Schlag. Die SViA verlor mit ihm eine wichtige Führungsfigur. Schliesslich blieben auch die Entwicklungen auf internationaler Ebene nicht ohne Auswirkungen. 1919 war als ständige Einrichtung des Völkerbundes die Internationale Arbeitsorganisation mit Sitz in Genf gegründet und das Arbeitsamt in Basel aufgelöst worden. Es existierte nun eine offizielle, zwischenstaatliche Organisation für die internationale Koordination der Arbeiterschutzgesetzgebung. Die Internationale Vereinigung für gesetzlichen Arbeiterschutz als privater Verein verlor damit in gewisser Weise ihre Daseinsberechtigung – und die staatliche Finanzierung.[102] Die schwierige Lage der IVgA stellte auch die Schweizer «Vereinigung vor die Frage, ob sie ihre Tätigkeit wieder aufnehmen, bzw. falls dies gerechtfertigt erschiene, welchen Aufgaben sie sich in Zukunft widmen solle.»[103] An ihrer Generalversammlung vom 13. Juni 1923 führte die SViA eine Grundsatzdiskussion über die eigene Zukunft.[104]

Naum Reichesberg hatte anlässlich der vorbereitenden Sitzung der Vorort-Sektion Bern vom 13. Februar 1923 in einem einleitenden Referat dargelegt, aus welchen Gründen der Fortbestand der Schweizerischen Vereinigung zur Förderung des internationalen Arbeiterschutzes wünschenswert beziehungsweise not-

---

101 SozArch Ar 42.10.7: Schweizerische Vereinigung zur Förderung des internationalen Arbeiterschutzes, Protokolle, Einladungen, Zirkulare, Statuten, Mitgliederkontrolle (1900–1926), Mappe 2, Bericht des Vorstandes über die Tätigkeit des Vereins im Jahre 1902/1903 und Bericht des Vorstandes über die Tätigkeit des Vereins im Jahre 1913.

102 Vgl. Reichesberg, Aufrechterhaltung der Schweizerischen Vereinigung zur Förderung des internationalen Arbeiterschutzes, 13 f., und Garamvölgyi, Internationale Vereinigung für gesetzlichen Arbeiterschutz, 643.

103 SozArch Ar 42.10.7: Schweizerische Vereinigung zur Förderung des internationalen Arbeiterschutzes, Protokolle, Einladungen, Zirkulare, Statuten, Mitgliederkontrolle (1900–1926), Mappe 2, Geschäftsbericht vom Juni 1923 bis Juni 1924.

104 Die Frage, was die Nachkriegsverhältnisse für die IVgA und ihre Schweizer Sektion bedeuten könnten, war bereits an der ersten Generalversammlung nach dem Krieg am 19. Juni 1918 aufgenommen worden, noch bevor die Internationale Arbeitsorganisation gegründet und die Überflüssigkeit der IVgA gewissermassen besiegelt worden war. Vgl. SozArch Ar 42.10.7: Schweizerische Vereinigung zur Förderung des internationalen Arbeiterschutzes, Protokolle, Einladungen, Zirkulare, Statuten, Mitgliederkontrolle (1900–1926), Mappe 2, Bericht des Vorstandes über die Tätigkeit des Vereins in den Jahren 1914 bis 1919.

wendig sei. Er zeigte sich überzeugt, dass durch die Gründung der Internationalen Arbeitsorganisation weder die Internationale Vereinigung für gesetzlichen Arbeiterschutz noch ihre Schweizer Sektion ihre Existenzberechtigung verloren hätten, sondern dass diese im Gegenteil die neue internationale Organisation mit ihrer Tätigkeit ergänzten. Die zentrale Aufgabe der IVgA und der SViA sah Reichesberg darin, «die öffentliche Meinung auf die aktuellen Arbeiterschutzfragen aufmerksam zu machen und sie für eine fortschrittliche Lösung derselben einzunehmen, damit sie ihrerseits die Arbeiterschutzorganisation des Völkerbundes sowie die Staatsregierungen in gleicher Richtung beeinflusse».[105] Die Struktur der Internationalen Arbeitsorganisation, in dessen Gremien Regierungsvertreter, Arbeitgebervertreter und Arbeitnehmervertreter sassen, berge die Gefahr, dass sich durch die unterschiedlichen Interessen Blockaden einstellen und gar keine Resultate erzielt würden. Es brauche deshalb dringend eine neutrale, private Organisation, welche den Druck via öffentliche Meinung aufrechterhalte. Der Schweizerischen Vereinigung kam nach Ansicht Reichesbergs eine besonders wichtige Aufgabe zu, zumal die Schweiz eine Pionierin auf dem Gebiet der Arbeiterschutzgesetzgebung sei und hier «dem Gedanken der Förderung der Arbeiterschutzgesetzgebung durch internationale Vertragsschliessungen stets mit aufrichtiger Sympathie begegnet wurde».[106] Schliesslich hob er auch die Bedeutung einer fortschrittlichen Arbeiterschutzgesetzgebung für die Volkswirtschaft hervor. Gute Arbeits- und Lebensbedingungen würden die Grundlage bilden für eine gut qualifizierte und leistungsfähige Arbeiterschaft – und damit für eine starke Volkswirtschaft.[107]

Die Anwesenden stimmten der Argumentation Reichesbergs mehrheitlich zu. Insbesondere die Öffentlichkeitsarbeit wurde als notwendige und wertvolle Aufgabe hervorgehoben, wobei auch vermehrt das Interesse der eigenen Parlamentarier am Thema geweckt werden sollte. Ein privater Verein, der unabhängig von den Regierungen agiere, sei freier, Diskussionen anzustossen, und könne sich überzeugender für die Sache engagieren.[108] Auch die Generalversammlung vom 13. Juni 1923 teilte die Überzeugung, dass die Schweizerische Vereinigung zur Förderung des internationalen Arbeiterschutzes weiterhin existieren und ihre Tätigkeit gar intensivieren sollte. Der Tenor lautete allgemein, dass die SViA die internationale Politik vielleicht nicht beeinflussen könne, dass sie aber im eigenen Land unbedingt für eine fortschrittliche Sozialpolitik eintreten müsse. Der schweizerische Arbeitersekretär und SP-Nationalrat Herman Greulich, der sich – mit Naum Reichesberg und dem Basler Regierungsrat Eugen Wullschle-

105 Vgl. «Protokoll der Sitzung der Vorortsektion Bern vom 13. Februar 1923», Veröffentlichungen der Schweizerischen Vereinigung zur Förderung des internationalen Arbeiterschutzes, Heft 48, 1923, 8.

106 Reichesberg, Aufrechterhaltung der Schweizerischen Vereinigung zur Förderung des internationalen Arbeiterschutzes, 16.

107 Ebd., 17.

108 Vgl. «Protokoll der Sitzung der Vorortsektion Bern vom 13. Februar 1923», Veröffentlichungen der Schweizerischen Vereinigung zur Förderung des internationalen Arbeiterschutzes, Heft 48, 1923.

ger – als einer der wenigen Sozialdemokraten stark in der IVgA engagierte, betonte, die Schweizerische Vereinigung habe in der internationalen Zusammenarbeit im Bereich des Arbeiterschutzes wertvolle Dienste geleistet. Auch er war allerdings der Ansicht, dass die Ressourcen zum aktuellen Zeitpunkt in erster Linie dafür eingesetzt werden sollten, «im Lande selbst das Verständnis für die in den Betracht kommenden sozialpolitischen Fragen zu schärfen».[109]

Die Existenz einer Schweizerischen Vereinigung zur Förderung des internationalen Arbeiterschutzes war denn an der Generalversammlung von 1923 nicht infrage gestellt. Im Gegenteil: Der Antrag auf Fortbestehen wurde ohne Gegenstimme angenommen. Die Generalversammlung folgte dem Vorort allerdings in seinem Befund, dass die Vereinigung organisatorisch und inhaltlich den neuen Verhältnissen anzupassen sei. Namentlich sollte sich die SViA in ihrer Tätigkeit stärker auf das eigene Land konzentrieren und das Verhältnis zur Internationalen Vereinigung entsprechend etwas weniger eng gestalten. Zur Wiederbelebung und Stärkung der Vereinigung wurde eine Reorganisation vorgenommen: Anstelle des bisherigen Vorortssystems trat eine sogenannte Zentralkommission. Die laufenden Geschäfte wurden neu durch eine Geschäftsstelle geführt. Naum Reichesberg wurde zum Zentralsekretär gewählt und war *ex officio* Mitglied der dreiköpfigen Geschäftsstelle.[110] Die Reorganisation und die Fokussierung der Tätigkeiten auf die Beeinflussung der öffentlichen Meinung in der Schweiz wurden auch in den revidierten Statuten reflektiert.[111]

Die Wiederbelebung der SViA, die man sich nach der Reorganisation vom Sommer 1923 erhofft hatte, trat freilich nicht ein. Es scheint, dass die skeptischen Stimmen recht behielten, die bereits anlässlich der Sitzung der Vorort-Sektion Bern vom Februar 1923 auf den mangelnden Tatendrang der Mitglieder und Sektionen hingewiesen hatten.[112] Als 1924 die Pläne bekannt wurden, die Internationale Vereinigung für gesetzlichen Arbeiterschutz, die Internationale Vereinigung für Sozialversicherung und die Internationale Vereinigung zur Bekämpfung der Arbeitslosigkeit aufzulösen und einen einzigen Verein unter dem Namen «Internationale Vereinigung für Sozialpolitik» zu gründen, äusserte sich die SViA in einer ersten Reaktion skeptisch.[113] Naum Reichesberg setzte sich gegen ein solches

109 SozArch Ar 42.10.7: Schweizerische Vereinigung zur Förderung des internationalen Arbeiterschutzes, Protokolle, Einladungen, Zirkulare, Statuten, Mitgliederkontrolle (1900–1926), Mappe 1, Generalversammlung vom 13. Juni 1923.

110 SozArch Ar 42.10.7: Schweizerische Vereinigung zur Förderung des internationalen Arbeiterschutzes, Protokolle, Einladungen, Zirkulare, Statuten, Mitgliederkontrolle (1900–1926), Mappe 1, Generalversammlung vom 13. Juni 1923 und Mappe 2: Geschäftsbericht vom Juni 1923 bis Juni 1924.

111 SozArch Ar 42.10.7: Schweizerische Vereinigung zur Förderung des internationalen Arbeiterschutzes, Protokolle, Einladungen, Zirkulare, Statuten, Mitgliederkontrolle (1900–1926), Mappe 3, Statuten vom 1. Oktober 1923.

112 Vgl. «Protokoll der Sitzung der Vorortsektion Bern vom 13. Februar 1923», Veröffentlichungen der Schweizerischen Vereinigung zur Förderung des internationalen Arbeiterschutzes, Heft 48, 1923.

113 SozArch Ar 42.10.7: Schweizerische Vereinigung zur Förderung des internationalen Arbei-

Szenario besonders stark zur Wehr.[114] Zwei Jahre später kam man in einer Aussprache mit den Kantonalsektionen dann doch zum Schluss, dass eine Fusion mit zweckverwandten Vereinigungen anzustreben sei. Nachdem die IVgA kurz nach den Feierlichkeiten zum 25-Jahr-Jubiläum im Herbst 1925 ihre Auflösung zugunsten der Gründung einer Internationalen Vereinigung für sozialen Fortschritt beschlossen hatte, vollzog auch die SViA diesen Schritt nach.[115] Die ausserordentliche Generalversammlung vom 23. Juni 1926 bereinigte und genehmigte den Statutenentwurf der im Anschluss zu gründenden Schweizerischen Vereinigung für Sozialpolitik und stimmte damit der Fusion mit dem Schweizerischen Verein für Sozialversicherung zu. Unter dem Vorbehalt des definitiven Zustandekommens der Schweizerischen Vereinigung für Sozialpolitik wurde der Auflösung der seit 1900 bestehenden Schweizerischen Vereinigung zur Förderung des internationalen Arbeiterschutzes ohne Gegenstimme zugestimmt.[116] Die Mitglieder der ehemaligen SViA wurden automatisch Mitglieder der Schweizerischen Vereinigung für Sozialpolitik, sofern sie nicht explizit ihren Verzicht erklärten.[117]

Naum Reichesberg war auch in der neu gegründeten Schweizerischen Vereinigung für Sozialpolitik eine Schlüsselfigur. Er zeigte keinerlei Anzeichen von Ermüdung oder Ernüchterung, obwohl er seit über 25 Jahren für den Arbeiterschutz und eine aktive Sozialpolitik kämpfte, sondern engagierte sich weiterhin als Vorstandsmitglied in der Internationalen Vereinigung für sozialen Fortschritt sowie als Vorstandsmitglied der Schweizer Sektion und als Mitglied der Geschäftsstelle in Bern.[118] Diese Ämter behielt er bis zu seinem Tod am 7. Januar 1928. Reichesberg stand damit «vom Tag der Gründung bis [zu seinem Tod] an leitender Stellung […] sowohl in der Schweizerischen Vereinigung zur Förderung des internationalen Arbeiterschutzes und der daraus hervorgegangenen Schweizerischen Vereinigung für Sozialpolitik, als auch in der Internationalen Vereinigung für gesetzlichen Arbeiterschutz und ihrer Nachfolgerin, der Internationalen Vereinigung für sozialen Fortschritt», wie die Schweizerische Verei-

terschutzes, Protokolle, Einladungen, Zirkulare, Statuten, Mitgliederkontrolle (1900–1926), Mappe 1, Generalversammlung vom 18. Juni 1924.

114 SozArch Ar 42.12.1: Internationale Vereinigung für Sozialen Fortschritt, Gründung, Diverses, Mappe 1, Schreiben Naum Reichesberg an seine Vorstandskollegen vom 8. Juli 1924.

115 SozArch Ar 42.10.7: Schweizerische Vereinigung zur Förderung des internationalen Arbeiterschutzes, Protokolle, Einladungen, Zirkulare, Statuten, Mitgliederkontrolle (1900–1926), Mappe 2, Geschäftsbericht vom Juni 1924 bis Dezember 1925.

116 SozArch Ar 42.10.7: Schweizerische Vereinigung zur Förderung des internationalen Arbeiterschutzes, Protokolle, Einladungen, Zirkulare, Statuten, Mitgliederkontrolle (1900–1926), Mappe 1, Protokolle (1923–1926), a. o. Generalversammlung vom 23. Juni 1926.

117 SozArch Ar 42.16.1: Schweizerische Vereinigung für Sozialpolitik. Statuten, Zirkulare, Jahresberichte (1926–1966), Schreiben an die Mitglieder vom Juni 1926.

118 Es konnte nicht nachgewiesen werden, dass Naum Reichesberg bis zu seinem Tod im Vorstand der Internationalen Vereinigung für sozialen Fortschritt Einsitz nahm. Er war aber anlässlich der Generalversammlungen vom September 1926 in Montreux und vom September 1927 in Wien noch als Vorstandsmitglied aufgeführt (allerdings ohne spezifische Funktion). Siehe SozArch Ar 42.12.2: Internationale Vereinigung für Sozialen Fortschritt, Kongresse 1926–1929, und CH SWA Institute 401: International Association for Social Progress, Mappen 1926 und 1927.

nigung für Sozialpolitik verlauten liess. Er habe als einer von wenigen bereits «vor mehr als einem Vierteljahrhundert die Bedeutung der Sozialpolitik für das gegenwärtige Zeitalter [erkannt]».[119]

Die Bedeutung der Schweizerischen Vereinigung und die Rolle Reichesbergs

Markus Zürcher wagt die Behauptung, dass in der Schweizerischen Vereinigung zur Förderung des internationalen Arbeiterschutzes ein Grossteil der an Schweizer Universitäten lehrenden Sozialwissenschaftler und die «gesamte politische Elite des Landes» vertreten war.[120] Diese Aussage mag etwas übertrieben wirken. Allein die Liste der an der Gründungsversammlung vom 27. Juni 1900 anwesenden Herren bezeugt aber die Bedeutung, welche dem Arbeiterschutz in der Schweiz vonseiten der Wissenschaft, der Politik und der Verwaltung zugesprochen wurde. Neben Naum Reichesberg, der die Sitzung einberufen hatte, und alt Bundesrat Emil Frey, der das einleitende Referat hielt, waren aus dem wissenschaftlichen Bereich die Berner Professoren Philipp Lotmar, August Oncken und Adolf Vogt anwesend. Als Vertreter der Politik waren der Nationalrat und spätere Regierungsrat Eugen Wullschleger sowie der evangelische Arbeitersekretär Carl Mann dabei. Mit den Direktoren der eidgenössischen Alkoholverwaltung und des eidgenössischen Versicherungsamtes sowie dem Sekretär des eidgenössischen Militärdepartements waren ferner hohe Kader der Bundesverwaltung vertreten. Viele dieser Mitstreiter hatten bereits früher sozialpolitische oder sozialwissenschaftliche Initiativen mitgetragen, die teilweise von Naum Reichesberg angestossen wurden.[121]

Emil Frey war von Anfang an ein wichtiger Förderer der Bestrebungen für den internationalen Arbeiterschutz – sowohl in der Schweiz wie auch auf dem internationalen diplomatischen Parkett. Dass Reichesberg den kurz zuvor als Bundesrat zurückgetretenen Frey dafür gewinnen konnte, die Gründung einer Schweizerischen Vereinigung zur Förderung des gesetzlichen Arbeiterschutzes tatkräftig zu unterstützen, darf durchaus als Geniestreich bezeichnet werden. Durch das Patronat des alt Bundesrates erhielt die SViA einerseits die nötige moralische Unterstützung und Legitimation für ihre Forderungen und andererseits auch das politische Gewicht, um namentlich Vertreter der Industrie für eine Mitarbeit zu gewinnen. Die übrigen Gründungsmitglieder spiegeln das Beziehungsnetz Reichesbergs. Mit den Berner Kollegen Lotmar, Oncken und Vogt verband Reiches-

119 SozArch Ar 42.16.1: Schweizerische Vereinigung für Sozialpolitik. Statuten, Zirkulare, Jahresberichte (1926–1966), Bericht über das Geschäftsjahr 1927 zuhanden der Generalversammlung vom 15. März 1928.

120 Zürcher, Unterbrochene Tradition, 115.

121 Gemeint sind namentlich das Projekt der University Extension an der Universität Bern (Kapitel 4.1) und die Herausgabe der Schweizerischen Blätter für Wirtschafts- und Sozialpolitik (Kapitel 5.1).

berg bereits seit Beginn seiner Lehrtätigkeit in Bern ein gemeinsamer Einsatz für die Stärkung der Sozialwissenschaften und für die Bildung der Arbeiterinnen und Arbeiter. Eugen Wullschleger, Carl Mann und Herman Greulich, der seit 1887 als Sekretär des Schweizerischen Arbeitersekretariates amtete, dürfte Reichesberg von verschiedenen Engagements zugunsten der Arbeiterschaft und innerhalb der Sozialdemokratie gekannt haben. Dass mit den Herren Carl Moor und Chaim Žitlovskij gar zwei Sozialisten vom linken Flügel an der ersten Vereinsversammlung auftauchten, die gegenüber sozialreformerischen Ideen traditionell skeptisch waren, war mit Sicherheit den Überzeugungskünsten Reichesbergs zu verdanken.[122]

Bereits nach kurzer Zeit schlossen sich der SViA die Mehrheit der Kantonsregierungen, zahlreiche Gemeindebehörden, namentlich die grösseren Städte, die Spitze der Bundesverwaltung, einige Unternehmer sowie der Grossteil der schweizerischen Arbeitgeber- und Arbeitnehmerorganisationen an. Der Arbeiterschutz war in der Schweiz ein Politikfeld geworden, bei dem die politische und wirtschaftliche Elite nicht abseitsstehen konnte und das auch von der Diplomatie entdeckt worden war.[123] Naum Reichesberg kommt das Verdienst zu, das Interesse realisiert, den Moment genutzt und die einflussreichsten Personen in der Schweiz versammelt zu haben, um dem Arbeiterschutz national und international zum Durchbruch zu verhelfen.

Die SViA war eine der ersten und aktivsten Landessektionen der Internationalen Vereinigung für gesetzlichen Arbeiterschutz. Sie dürfte auch eine der radikalsten Sektionen gewesen sein, was ihre Ansichten über notwendige Massnahmen betraf. Die IVgA liess – wie Herman Greulich 1906 beklagte – eine übertriebene Vorsicht walten, «aus lauter Angst, etwa bei den Regierungsvertretern nicht ganz das gnädige Lächeln zu finden».[124] Wäre es nach den Schweizer Delegierten gegangen, hätte die IVgA wohl auch keine radikalen Forderungen gestellt, aber möglicherweise eine weniger ängstliche Haltung eingenommen. Die Schweizer Vertreter standen namentlich einer vom Arbeitsamt zu erarbeitenden internationalen Sozialstatistik deutlich positiver gegenüber als andere Delegationen, deren ablehnende Haltung das Vorhaben bereits kurz nach der Gründung der IVgA begrub. Dass Naum Reichesberg eine umfassende Sozialstatistik forderte, ist bereits mehrfach erwähnt worden. Aber auch alt Bundesrat Emil Frey dürfte die Prüfung einer solchen begrüsst haben. Immerhin lobte er ausdrücklich den ersten Auftritt des Direktors des Arbeitsamtes, Stephan Bauer, und sein ehrgeiziges sozialpolitisches Programm, dessen Kern die Erarbeitung einer umfassenden internationalen Sozialstatistik war.[125] Mit Naum Reichesberg, Herman Greulich und Eugen Wullschleger waren drei Schweizer Sozialdemokraten in der IVgA

122 SozArch Ar 42.10.2: Schweizerische Vereinigung zur Förderung des internationalen Arbeiterschutzes, Protokolle (27. 6. 1900–2. 7. 1920), Constituierende Versammlung vom 27. Juni 1900 und Vereinsversammlung vom 10. Juli 1900.

123 Vgl. Zürcher, Unterbrochene Tradition, 115.

124 Zitiert in Garamvölgyi, Internationale Vereinigung für gesetzlichen Arbeiterschutz, 642.

125 Vgl. Garamvölgyi, Internationale Vereinigung für gesetzlichen Arbeiterschutz, 632 f.

engagiert. Auch das Präsidium und das Vizepräsidium der IVgA wurden vorwiegend von Schweizer Sozialdemokraten besetzt.[126] Auch wenn die genannten Personen – mit Ausnahme Reichesbergs – eher eine reformistische Richtung innerhalb der Sozialdemokratie vertraten, ist es doch bemerkenswert, dass die Schweiz hauptsächlich mit Sozialdemokraten in einer Vereinigung vertreten war, von der die sozialdemokratische Arbeiterbewegung sonst eher Abstand nahm.

Die relativ starke Vertretung der Sozialdemokratie in der SViA ist weniger erstaunlich, wenn man deren Mitgliederstruktur betrachtet. Im Gegensatz zur IVgA, die zur sozialdemokratischen Arbeiterschaft stets ein gespanntes Verhältnis hatte und der die Gewerkschaften aufgrund ihrer Nähe zu den Regierungen bis zum Schluss ablehnend gegenüberstanden, war in der Schweizerischen Vereinigung das gesamte Spektrum der organisierten Arbeiterschaft vertreten, von den konfessionellen Arbeiterorganisationen über sozialdemokratische Arbeiterunionen bis hin zu landsmannschaftlichen Arbeitervereinen wie beispielsweise dem Partito Socialisti italiani in Lausanne. Die Arbeiterschaft arbeitete also gemeinsam mit den Arbeitgebervertretern in der Schweizerischen Vereinigung mit und brachte ihre Positionen ein. Sie fühlte sich als Akteurin und Partnerin ernst genommen. Damit war ein Mitwirken in der Vereinigung für Sozialdemokraten deutlich einfacher zu legitimieren als in der IVgA, wo eher *über* die Arbeiterschaft als *mit* ihr gesprochen wurde.[127] Wie viel Einfluss Naum Reichesbergs Person auf den kooperativen Geist in der SViA hatte, ist auf Basis von schriftlichen Unterlagen schwer zu bestimmen. Es ist aber anzunehmen, dass er als Gründungsmitglied und Sekretär die Strukturen und die Themen der Vereinigung massgebend prägte.

Interessanterweise liess die Schweizerische Vereinigung auch weniger übertriebene Vorsicht walten als die IVgA, obwohl viele Regierungsräte und Amtsdirektoren aktiv mitwirkten. Die thematischen Schwerpunkte und die inhaltlichen Auseinandersetzungen, namentlich die Diskussion zur Fabrikgesetzrevision, sowie die publizierten Schriften und die öffentlich geäusserten Forderungen der Schweizerischen Vereinigung zeigen, dass diese sich kritisch und pointiert in die politischen Debatten und die parlamentarischen Beratungen einbrachte. Im Hinblick auf den Prager Kongress für Sozialpolitik vom Oktober 1924 wurden die Schweizer Delegierten von der Generalversammlung instruiert, gegen die Frage einer «gesetzlichen Regelung des Mitspracherechts der Arbeiterschaft» keinen Widerspruch zu erheben.[128] Hinter dem Titel «gesetzliches Mitspracherecht der

126 Der St. Galler Regierungsrat Heinrich Scherrer wurde bereits früher erwähnt. In den 1920er-Jahren war zudem Herman Greulich Vizepräsident der IVgA. StABS Vereine und Gesellschaften H 19: Internationaler Kongress für Arbeiterschutz Zürich 1897, Internationale Vereinigung für Arbeiterschutz 1898–1923.

127 Eine aktive Mitarbeit der Arbeiterschaft scheint in den Landessektionen generell einfacher gewesen zu sein als in der internationalen Dachorganisation. Gemäss Reiner Tosstorff stellten die Gewerkschaften in verschiedenen nationalen Sektionen Vertretungen. Vgl. Tosstorff, The International Trade-Union Movement, 403.

128 SozArch Ar 42.10.7: Schweizerische Vereinigung zur Förderung des internationalen Arbei-

Arbeiterschaft» verbarg sich eine durchaus provokante Forderung, nämlich die Einsetzung von paritätisch besetzten Betriebsräten, mittels deren die Arbeiterschaft ihre Interessen im Unternehmen vertreten und Einfluss auf die Betriebsführung nehmen konnte.[129] Dass sich die Schweizer Sektion nicht *a priori* gegen eine gesetzliche Regelung wehrte, ist aufgrund ihrer Zusammensetzung und insbesondere der bedeutsamen Vertretung von Unternehmern und Arbeitgebervertretern in der Vereinigung bemerkenswert.

Die SViA wurde von der Arbeiterschaft als Partnerin und Mitstreiterin anerkannt und nicht einfach als staatsdevote, bürgerliche Organisation wahrgenommen. Das zeigt auch die Tatsache, dass die Vereinigung zur Konferenz vom 21. August 1914 im Zürcher Volkshaus eingeladen war, an der die «Zentrale Notstandskommission der schweizerischen Arbeiterschaft» gegründet wurde. Die Konferenz wurde von den Gewerkschaften einberufen, um ein gemeinsames Vorgehen in der vom Krieg ausgelösten Notsituation zu beraten und sicherzustellen, dass die Interessen der Arbeiterschaft gegenüber dem Bundesrat schlagkräftig vertreten wurden. An der Konferenz nahmen Vertreter des Schweizerischen Gewerkschaftsbundes, des Schweizerischen Arbeiterbundes, der Sozialdemokratischen Partei der Schweiz, des Verbandes Schweizerischer Konsumvereine und der Liga zur Verbilligung der Lebenshaltung teil. Als Vertreter der Schweizerischen Vereinigung zur Förderung des internationalen Arbeiterschutzes war Naum Reichesberg anwesend. Reichesberg gab zu Protokoll, er sei «nur ad referendum et audiendum» an die Sitzung beordert worden, womit er signalisierte, dass er sich in seiner Rolle als Sekretär der SViA nicht aktiv in der zu gründenden Notstandskommission einbringen konnte. Der Gewerkschaftsbund hatte der SViA allerdings auch vor allem die Rolle zugedacht, die Arbeiten der Notstandskommission mit Erhebungen über die Auswirkungen von bundesrätlichen Massnahmen auf die Arbeiterinnen und Arbeiter zu unterstützen und ihr bei der Formulierung von Eingaben an den Bundesrat zu helfen.[130] Wie aktiv Reichesberg diese Unterstützung in den Folgejahren leistete, kann nicht mehr nachvollzogen werden. Dass er überhaupt an der Sitzung teilnahm – auch wenn er seine neutrale Rolle sogleich klarstellte –, deutet aber darauf hin, dass er sich als Sekretär der SViA durchaus den Spielraum schuf, sich gemäss seiner persönlichen Überzeugung zu engagieren.

---

terschutzes, Protokolle, Einladungen, Zirkulare, Statuten, Mitgliederkontrolle (1900–1926), Mappe 1, Generalversammlung vom 18. Juni 1924 in Bern.

129 Vgl. Reichesberg, Auf dem Wege zur Wirtschaftsdemokratie, 30–42.

130 SGB G 190/5: Dokumente zur Notstandsaktion und zum Oltener Aktionskomitee (aus dem Nachlass von Robert Grimm) (1914–1919), Teil 1: Zentrale Notstandskommission (17. 8. 1914–2. 9. 1914), Anträge zuhanden der Vertrauensmännerkonferenz vom 21. August in Zürich und Protokoll der Sitzung vom 21. August 1914 in Zürich. Zur Notstandskommission und zu ihrer Rolle im Hinblick auf den Landesstreik von 1918 vgl. Schweizerische Arbeiterbewegung. Dokumente zu Lage, Organisation und Kämpfen der Arbeiter von der Frühindustrialisierung bis zur Gegenwart, 161 f., und die Website zum 100-Jahr-Jubiläum des Landesstreiks http://generalstreik.ch/chrono.

Der Sozialist Reichesberg als pragmatischer Reformer?

Die Schweizerische Vereinigung zur Förderung des internationalen Arbeiterschutzes und – noch deutlicher – die Internationale Vereinigung für gesetzlichen Arbeiterschutz verfolgten ein sozialreformerisches Programm. Ihr Ziel war, die Arbeitsbedingungen und die Lebensverhältnisse der Arbeiterklasse mittels gesetzgeberischer Massnahmen so zu verbessern, dass die sozialen Gegensätze verringert und die sozialen Konflikte entschärft würden. Der Staat sollte korrigierend eingreifen, um die negativen Auswirkungen der bestehenden, kapitalistischen Ordnung auszugleichen. Die freie Marktwirtschaft sollte also nicht abgeschafft, sondern mittels staatlicher Eingriffe in die richtigen Bahnen gelenkt werden. Die Bemühungen der IVgA und ihrer Landessektionen entsprechen dem kathedersozialistischen Programm, wie es in den 1870er-Jahren bereits vom Nationalökonomen Hans von Scheel postuliert worden war: Soziale Reform bestand für ihn «in der gesetzgeberischen Ausbildung von kompensatorischen Rechtsnormen» wie der Festsetzung eines maximalen Arbeitstages, der Einführung einer obligatorischen Alters- und Invalidenversicherung für Arbeiter und der Regelung beziehungsweise des Verbots von Frauen- und Kinderarbeit.[131] Es ist denn auch kein Zufall, dass die Gründung der IVgA massgeblich auf eine Gruppe von Kathedersozialisten zurückgeht.

Naum Reichesbergs Marxismus passt nicht wirklich mit dem sozialreformerischen Programm der Kathedersozialisten zusammen. Für ihn war das eigentliche Ziel nicht bloss die materielle und gesundheitliche Verbesserung der Lage der Arbeiterklasse im bestehenden kapitalistischen System, sondern die grundlegende Umgestaltung der Gesellschaftsordnung, die Aufhebung der Klassengesellschaft und die Vergesellschaftung aller Produktionsmittel.[132] Wie kommt es, dass der Sozialist Reichesberg sich stark für eine Bewegung engagierte, ja gar zu einer ihrer Schlüsselfiguren in der Schweiz wurde, welche seinen prinzipiellen Überzeugungen widersprach, indem sie die kapitalistische Gesellschaftsordnung zu verbessern suchte und ihr damit mindestens eine längere Lebensdauer verschaffte?

Wie bereits in Kapitel 4 angedeutet, war sich Reichesberg durchaus bewusst, dass eine staatliche Sozialpolitik, die damals hauptsächlich in der Arbeiterschutzgesetzgebung bestand, die Lage der Arbeiterklasse zwar im Moment verbessern, aber die Klassengesellschaft eben auch stabilisieren würde und damit dem eigentlichen Ziel des Sozialismus entgegenstand. Ebenso war der Staat für Reichesberg kein neutraler Akteur, wie er das in den Augen vieler Sozialreformer war, sondern im Gegenteil eine Organisation derjenigen Klasse, die am meisten Macht hatte. Und diese konnte die Produktionsmittel aufgrund ihrer eigenen Interessen niemals gerecht verteilen. Der moderne Staat war also nach Ansicht Reichesbergs

131 Caroni, Kathedersozialismus an der juristischen Fakultät, 209.

132 Zu den sozialistischen Überzeugungen Reichesbergs siehe den Abschnitt über Reichesbergs akademische Lehre in Kapitel 4.2 sowie Kapitel 7 zum politischen Engagement.

13. (und letzte) Delegiertenversammlung der Internationalen Vereinigung für gesetzlichen Arbeiterschutz vom 2. bis 24. September 1925 in Bern, Gruppenbild der Teilnehmenden. (Schweizerisches Sozialarchiv, Sign. F 5073-Fc-001. Foto: Photohaus Jansky, Bern.)

gar nicht in der Lage, die Arbeiterfrage tatsächlich zu lösen, er konnte nur die Situation der Arbeiterklasse vorübergehend verbessern. Die endgültige Lösung der Arbeiterfrage würde demnach die Aufhebung der bestehenden Staatsordnung bedeuten.[133] Diese Überzeugung hielt Reichesberg aber nicht davon ab, gemeinsam mit den Repräsentanten des modernen Staates und der herrschenden Klasse und allen anderen Akteuren, die eine fortschrittliche Arbeiterschutzgesetzgebung befürworteten, dafür zu sorgen, dass die Arbeitsbedingungen und die Lebensverhältnisse der arbeitenden Klasse im Hier und Jetzt so weit verbessert werden konnten, wie dies in den existierenden Verhältnissen möglich war.

Reichesberg legte seinen Standpunkt bereits 1897 in seinem programmatischen Aufsatz «Wesen und Ziele der modernen Arbeiterschutzgesetzgebung» dar: «[...] mag das Misstrauen, das wir dem modernen Staate überhaupt entgegenbringen, noch so berechtigt und begründet und mögen wir noch so sehr von der Unzulänglichkeit der bisherigen Leistungen auf dem Gebiete der Socialreform überzeugt sein, so dürfen wir doch nicht ausser acht lassen, dass eine befriedigende Lösung der Arbeiterfrage im Sinne und Geiste der socialdemo-

133 Vgl. Reichesberg, Wesen und Ziele der modernen Arbeiterschutzgesetzgebung, 10 f.

kratischen Partei nur successive herbeigeführt werden kann und dies namentlich unter gegebenen Umständen die socialreformatorische Thätigkeit auch von den Anhängern dieser Partei als das Hauptmittel zur allseitigen Hebung der Arbeiterklasse erachtet werden muss.»[134] Gerade aus Sicht der sozialdemokratischen Partei, die «im Vertrauen auf die Gesetze der wirtschaftlichen Entwicklung» fest an die Überwindung der kapitalistischen Ordnung glaube, so fuhr Reichesberg fort, könne «es nicht gleichgültig sein [...], ob die Arbeiterschaft jenen besseren Tagen, infolge des bis dahin auf ihr lastenden Drucks an Leib und Seele verkümmert, begegnen, oder ob sie, von der Last wenigstens teilweise befreit, als eine Generation freier, energievoller, selbstbewusster Persönlichkeiten in das verheissene und langersehnte Land eintreten würde».[135] Für Reichesberg waren Sozialdemokraten also geradezu verpflichtet, mit allen, die ihr die Hand reichten, gemeinsam für einen wirksamen Arbeiterschutz zu kämpfen. Auch wenn man unterschiedliche Ansichten haben möge über das endgültige Ziel, so gebe es «bis zu einem gewissen Punkte» trotzdem genug Gemeinsamkeiten, und «die Strecke ist immerhin noch eine ziemlich weite, die gemeinsam, Hand in Hand zurückzulegen ist».[136]

Naum Reichesberg rückte trotz seines Engagements für den Arbeiterschutz also keineswegs von seinen sozialistischen Überzeugungen ab. Das eigentliche Ziel blieb für ihn die Aufhebung der Klassengesellschaft. Gesetze, welche die Arbeiterschaft vor Ausbeutung schützen sollten, wären in einer solchen Gesellschaft nicht mehr nötig. Der Einsatz für einen wirksamen, gesetzlichen Arbeiterschutz stand für ihn aber auch nicht in Widerspruch zu einem Bekenntnis zum Sozialismus, sondern folgte einer klaren Logik: Jeder Schritt, jede Massnahme, die auch nur eine vorübergehende Verbesserung der Arbeiterklasse mit sich bringen würde, war zu begrüssen. Für Reichesberg war klar, dass eine möglichst umfassende Arbeiterschutzgesetzgebung in den aktuellen gesellschaftlichen und politischen Verhältnissen für die nahe Zukunft das einzig realistische Ziel war. Solange das endgültige Ziel nicht erreicht war, sollten die Kräfte also dahingehend eingesetzt werden, dass vom Staat eine möglichst fortschrittliche Sozialpolitik eingefordert werde. Die dringendsten staatlichen Massnahmen für den Arbeiterschutz mussten gemäss Reichesberg die folgenden sein: «Einmal Wahrung der Freiheit und der Gleichberechtigung des Arbeiters bei Abschluss des Arbeitsvertrages; zweitens Sorge für die physische und moralische Gesundheit und Entwicklungsfähigkeit der arbeitenden Klasse; drittens Sorge für den Unterhalt derer, die ohne eigenes Verschulden die nötigen Existenzmittel nicht erwerben können; viertens endlich Vorbeugung beziehungsweise Schlichtung von Streitigkeiten zwischen Arbeiter und Unternehmer.»[137]

134 Ebd., 12.
135 Ebd., 12 f.
136 Ebd., 13.
137 Ebd., 24.

7 Politik: Sozialdemokratie und russische Emigration

Naum Reichesberg war in der Sozialdemokratie gut vernetzt und pflegte sowohl zu russischen politischen Emigrantinnen und Emigranten wie auch zu Schweizer Sozialisten enge Kontakte. Sein Engagement für die Anliegen der Sozialdemokratie hinterliess Spuren, auch wenn er sich in der Öffentlichkeit eher vorsichtig äusserte und sein Handeln prinzipiell eine soziale Verpflichtung betonte. Die Informationen über die politischen Aktivitäten Naum Reichesbergs und über sein Umfeld verdanken wir zu einem grossen Teil der Beobachtung durch die schweizerische Politische Polizei und durch ausländische Geheimdienste und Behörden. Im ersten Teil des Kapitels werden zuerst die Tätigkeiten dieser Organe im relevanten Zeitraum dargelegt. Diese Einleitung hilft, die Entstehung der Polizeiakten über Reichesberg aus den Jahren 1895 und 1905 nachvollziehen zu können, die anschliessend beleuchtet werden. Der zweite Teil des Kapitels ist der Rolle Reichesbergs im Zusammenhang mit der Rückreise Lenins nach Russland im Jahr 1917 und seinen Aktivitäten und Kontakten während und nach dem Ersten Weltkrieg gewidmet. Schliesslich wird im dritten Teil eine Einschätzung zur politischen Verortung Naum Reichesbergs vorgenommen. Dabei sollen die Zuschreibungen der Politischen Polizei und anderer Behörden kritisch hinterfragt werden.

7.1 Die Akten der Politischen Polizei aus den Jahren 1894/95 und 1905

Die Schweizer Polizeibehörden sammelten erst dann Informationen über Naum Reichesberg, wenn sie dazu angestossen wurden, sei es, weil Reichesberg sich selbst bei einer Amtsstelle meldete oder weil eine ausländische Stelle intervenierte. So sind drei Momente auszumachen, in denen die Schweizer Behörden die Aktivitäten Reichesbergs aufmerksam verfolgten: 1894, nur kurz nach seiner Ankunft in Bern, bewarb sich Reichesberg um eine Niederlassungsbewilligung für sich und seine Frau. Dies veranlasste die kantonalen Behörden dazu, bei der städtischen Polizei Erkundigungen anzustellen, und rückte die politischen Überzeugungen Reichesbergs wohl zum ersten Mal in den Fokus. Kurze Zeit später meldete die zaristische Gesandtschaft dem Bundesrat ihre Bedenken gegenüber dem Privatdozenten Reichesberg. Die Politische Polizei des Bundes scheint das Interesse aber rasch verloren zu haben. Das Personaldossier, das damals angelegt wurde, geht nicht über das Jahr 1895 hinaus. Zum zweiten Mal ins Visier der Politischen Polizei gelangte Reichesberg 1905 im Zusammenhang mit Protestaktionen in Bern zu Beginn des Jahres und mit den Maifeiern, welche die damaligen Unruhen in Russland begleiteten. Die Behörden liessen lokale Beamte von allen möglichen Versammlungen und Aktionen berichten, an denen Russen beteiligt waren. So wurden auch die öffentlichen Auftritte Reichesbergs registriert. Bei den Akten aus dem Jahr 1905 handelt es sich allerdings nicht um ein persönliches Dossier über Reichesberg, sondern um Berichte und Notizen, die unter dem Titel «Russen in der Schweiz» und «Maifeiern 1905» abgelegt wurden. Schliesslich lieferte Reichesberg der Politischen Polizei mit seinem Bürgerrechtsbegehren Anfang der 1920er-Jahre noch einmal Grund für Nachforschungen. Diese Akten wurden in Kapitel 3.3 beleuchtet.

Die Politische Polizei des Bundes und die Überwachung von Ausländern

Seit den 1830er-Jahren hatten immer wieder politische Flüchtlinge aus umliegenden autoritären oder reaktionären Staaten in der Schweiz Zuflucht gesucht. Die meist radikalen Republikaner, die sich gegen eine überkommene europäische Ordnung wehrten, wurden in der liberalen Schweiz freundlich aufgenommen. Die Behörden zeigten grundsätzlich Sympathie für die politischen Ziele der Flüchtlinge und liessen diese gewähren, wenn sie versuchten, aus dem Exil auf das politische Geschehen in ihrer Heimat Einfluss zu nehmen. Als neutraler Staat hatte die Schweiz auch kein Interesse daran, sich in die Angelegenheiten anderer Staaten einzumischen. Der Bundesrat verteidigte die liberale Asylpolitik der Kantone daher lange gegenüber den Grossmächten.[1]

Im späten 19. Jahrhundert begann sich die Haltung der Schweizer Behörden zu ändern. Bei den Flüchtlingen, die vor politischer Verfolgung Schutz in der Schweiz suchten, handelte es sich nun nicht mehr vornehmlich um Liberale, sondern um Sozialisten und Anarchisten. Deren Überzeugungen wurden als politische Bedrohung für den schweizerischen Staat und die hiesige Gesellschaftsordnung wahrgenommen, auch wenn ihre Aktivitäten vor allem gegen die Zustände in ihren Herkunftsländern gerichtet waren. Gegen Ende des 19. Jahrhunderts begann sich nämlich auch in der Schweiz eine sozialistische Arbeiterbewegung zu bilden. 1888 wurde die Sozialdemokratische Partei der Schweiz (SPS) gegründet. Deutsche Arbeiter und Sozialdemokraten, die vor der Bismarck'schen Repression flohen, spielten in den Anfängen der Arbeiter- und Gewerkschaftsbewegung in der Schweiz eine wichtige Rolle. Sozialistische und anarchistische Flüchtlinge aus Italien gründeten unter ihren Landsleuten in der Schweiz ebenfalls gewerkschaftliche Zirkel. Und schliesslich waren auch die russischen Revolutionäre zahlreich. Indem die Behörden Ausländer, die sich in sozialistischen oder gewerkschaftlichen Organisationen engagierten, zu überwachen begannen und immer öfter auch auswiesen, konnten sie die sozialistische und gewerkschaftliche Bewegung in der Schweiz als das Werk ausländischer Agitatoren stigmatisieren. In diesem Sinne wurde in der öffentlichen Wahrnehmung

---

1 Vgl. Leutenegger und Sovilj, Der Stellenwert der Schweiz für die revolutionäre Emigration aus dem Zarenreich, 463, und Collmer, Die Schweiz und das Russische Reich, 292.

bereits lange vor dem Landesstreik von 1918 eine Verbindung zwischen der Linken und Ausländern geschaffen.[2]

Für die Überwachung der Ausländer war der Bund auf die kantonalen Polizeibehörden angewiesen, denn er hatte weder die Kompetenz noch die finanziellen Mittel für fremdenpolizeiliche Aufgaben. Der Bundesrat wählte gemäss Bundesgesetz über die Organisation der Rechtspflege von 1849 (Art. 43–46) zwar einen «Generalanwalt» (im Folgenden: Bundesanwalt), der im Fall von gröberen Verbrechen und Vergehen im Sinne von Artikel 70 BV Untersuchungen leiten konnte.[3] Die Stelle des Bundesanwalts war aber nicht ständig besetzt und blieb lange unbedeutend. Im Vergleich zu anderen europäischen Staaten erfolgte die Etablierung der Politischen Polizei auf Bundesebene sehr spät. Sowohl in der öffentlichen Meinung wie auch bei den lokalen Behörden stiess die Idee einer Politischen Polizei auf grossen Widerstand. Die politische Überwachung hielt man für ein Übel der Monarchien und autoritären Regime und damit eines liberalen Staates unwürdig. Es war schliesslich der deutsche Reichskanzler Fürst Otto von Bismarck, der dem Bundesrat den Anlass für den Vollausbau der Bundespolizei lieferte.[4]

Ende Januar 1888 enttarnte der sozialdemokratische Reichstagsabgeordnete Paul Singer zwei Lockspitzel der deutschen Polizei, die in Zürich deutsche Emigranten zum Verüben von Sprengstoffattentaten anzustacheln versuchten. Die Reichsregierung wurde von dieser Enthüllung öffentlich blamiert, hatte sie den Einsatz von Spitzeln gegen eigene Staatsbürger im Ausland doch stets bestritten. Bismarck schob die Schuld der Schweiz zu, indem er ihr vorwarf, solche Einsätze geradezu zu provozieren, weil sie die Sozialisten auf ihrem Staatsgebiet einfach gewähren lasse. Der Bundesrat wies als Antwort vier deutsche sozialdemokratische Publizisten aus. Im März 1888 beantragte er dem Parlament einen Kredit von 20000 Franken für eine Stärkung der Politischen Polizei. Die eidgenössischen Räte bewilligten ihn einstimmig. Der Protest der Sozialdemokraten, die im Parlament nicht vertreten waren, blieb wirkungslos.[5] Bereits im April 1889 folgte eine weitere Spitzelaffäre. In Rheinfelden wurde der deutsche Polizeiinspektor August Wohlgemuth verhaftet, als er sich mit einem von ihm als Spitzel angeworbenen deutschen Schneider treffen wollte, der in Tat und Wahrheit als «Lockvogel» der Sozialdemokraten agierte. Dieser Vorfall bestätigte, dass die deutsche Polizei systematisch versuchte, «agents provocateurs» unter die Deutschen in der Schweiz einzuschleusen. Diese erneute Blossstellung des Reichs-

2 Vgl. Arlettaz und Arlettaz, La Suisse et les étrangers, 37–39; Blanc, Fürst Bismarck verhalf uns zur Bundesanwaltschaft, 19 f., und Vuilleumier, La police politique en Suisse, 35. Hier wird grundsätzlich die männliche Form verwendet, da grossmehrheitlich Männer gemeint sind.

3 Art. 70 BV 1874 lautete: «Dem Bunde steht das Recht zu, Fremde, welche die innere oder äussere Sicherheit der Eidgenossenschaft gefährden, aus dem schweizerischen Gebiet wegzuweisen.»

4 Vgl. Vuilleumier, La police politique en Suisse, 36.

5 Vgl. Blanc, Fürst Bismarck verhalf uns zur Bundesanwaltschaft, 20–22, und Vuilleumier, La police politique en Suisse, 36–40.

kanzlers führte zu heftigen Drohungen gegen die Schweiz und zur Kündigung des deutsch-schweizerischen Niederlassungsvertrages. Auch das Zarenreich und die Donaumonarchie protestierten darauf beim Bundesrat scharf gegen die fehlende Kontrolle der subversiven Aktivitäten ihre Landsleute in der Schweiz.[6]

Am 28. Juni 1889 stimmte das Parlament – wiederum einstimmig – dem neuen Bundesgesetz über die Bundesanwaltschaft zu, mit dem das Amt eines ständigen Bundesanwaltes geschaffen wurde. Der Bundesanwalt hatte eine Doppelfunktion inne, die das Amt bis zum Ende des 20. Jahrhunderts prägen sollte: Einerseits fungierte er als staatlicher Ankläger, andererseits leitete er die von den kantonalen Polizeibehörden ausgeführten Massnahmen im Bereich der politischen Fremdenpolizei, die nun auch Schweizer Bürger erfassten. Das Wirken der vom Bundesanwalt dirigierten Politischen Polizei auf Bundesebene basierte also in grossem Masse auf personellen und finanziellen Mitteln der kantonalen Polizeibehörden, die verdächtige Personen beobachteten und Berichte lieferten.[7] Wie ein als geheim klassifiziertes (und der sozialdemokratischen Presse zugespieltes) Kreisschreiben des Bundesrates an die Kantone vom 11. Mai 1888 zeigte, wurden die kantonalen Polizeibehörden vom Bundesrat unverhohlen zum Spionieren aufgefordert: «[Sie] richten ihre Aufmerksamkeit auf die öffentlichen und geheimen Versammlungen, in welchen die Fragen unserer sozialen Organisation und der politischen oder sozialen Organisation anderer Staaten diskutiert werden. […] In betreff derjenigen Personen, welche an solchen Versammlungen teilnehmen, sammeln die kantonalen Polizeidirektionen alle Notizen über Namen, Herkunft, Beschäftigung, Subsistenzmittel und Antezedentien und übersenden diese regelmässig an unser Departement.»[8] Die Arbeiterbewegung erkannte sehr wohl, dass die staatliche Überwachung nicht nur gegen Ausländer gerichtet war, sondern dass auch Maifeiern, gewerkschaftliche Versammlungen und sozialistische Grossaufmärsche überwacht werden sollten, die mehrheitlich von Schweizern besucht wurden.

Dass die Politische Polizei «die Überwachung der schweizerischen Arbeiterschaft als ihre Aufgabe betrachtet», wie SP-Vertreter Herman Greulich anlässlich einer Debatte im Zürcher Kantonsrat 1905 feststellte, wurde durch eine erneute Spitzelaffäre im Jahr 1904 bestätigt: Die sozialdemokratische Zürcher Tageszeitung «Volksrecht» enthüllte, dass ein preussischer Staatsangehöriger und angeblicher Anarchist nicht nur für die deutsche, sondern auch für die Zürcher Polizei im Einsatz war – wobei er von letzterer sogar entlöhnt wurde. Diese erste Enttarnung von Spitzeln im Dienst einer Schweizer Polizeibehörde erregte viel Aufsehen. Der Zürcher Kantonsrat setzte eine Untersuchungskommission ein, deren Bericht von 1905 aufzeigte, wie stark die Kantonspolizei für die Überwachung

6 Vgl. Blanc, Fürst Bismarck verhalf uns zur Bundesanwaltschaft, 41 f., und Vuilleumier, La police politique en Suisse, 21 f.

7 Vgl. «Bundesanwaltschaft», HLS, www.hls-dhs-dss.ch/textes/d/D10352.php, und Vuilleumier, La police politique en Suisse, 21 f., 34, 36 f.

8 Zitiert in Blanc, Fürst Bismarck verhalf uns zur Bundesanwaltschaft, 21.

von Personen und Versammlungen von der Bundesanwaltschaft in Anspruch genommen wurde. Der Untersuchungsbericht machte deutlich, dass vom Bund oft Informationen verlangt wurden, die nur durch Spitzel zu erlangen waren. Ferner deckte der Bericht die enge Zusammenarbeit der Zürcher Kantonspolizei mit anderen Staaten auf. So wurden beispielsweise italienische Staatsbürger auf direkte Anweisung der italienischen Behörden beschattet und in einzelnen Fällen sogar der italienischen Polizei überstellt. Als grössten Skandal aber bezeichnete Kommissionsmitglied Herman Greulich die Tatsache, dass sogar Schweizer Staatsbürger auf Veranlassung deutscher Regierungen überwacht wurden.[9]

Das Gesetz von 1889 hatte der Bundesanwaltschaft zwar die Oberaufsicht über die Fremdenpolizei übertragen. Da der Bund aber selber über keine Polizeibeamten verfügte, war der Bundesanwalt weiterhin auf eine enge Zusammenarbeit mit den kantonalen Polizeibehörden angewiesen. Diese waren allerdings sehr unterschiedlich aufgestellt und viele konnten den Ansprüchen der Bundesanwaltschaft mit ihrem Personal kaum entsprechen. Die Sprachkenntnisse für die Überwachung von Ausländern, aber auch die Kenntnisse der verschiedenen linken Gruppierungen waren nicht unbedingt vorhanden. Oft fehlte in den Kantonen auch das Verständnis für die Anliegen der Bundesanwaltschaft, was mit einer betonten Passivität zum Ausdruck gebracht wurde. Dennoch begann sich in den 1890er-Jahren in den meisten Kantonen langsam eine systematische politische Überwachung zu etablieren, wie das Zürcher Beispiel illustriert.[10]

Beobachtung durch ausländische Geheimdienste

Der Einsatz von Spitzeln gegen die eigenen Landsleute auf Schweizer Staatsgebiet war keine deutsche Besonderheit. Auch andere ausländische Polizeien, namentlich die zaristische Geheimpolizei, setzten eigene Agenten auf ihre Untertanen im Ausland an. Es war aber nicht immer nötig, zu solchen Mitteln zu greifen. Die europäischen Mächte und das Zarenreich konnten sich durchaus auch auf den Kooperationswillen der Schweizer Behörden verlassen. Der aktive Informationsaustausch zwischen den kantonalen Polizeibehörden respektive der Bundesanwaltschaft und den ausländischen Behörden ist bemerkenswert, wenn man bedenkt, dass die Schweiz lange Zeit ein angespanntes Verhältnis zu den autoritären Grossmächten hatte. Es gab aber auch direktere Formen der Polizeikooperation. So überwachte die Politische Polizei im Auftrag anderer Staaten bestimmte Personen oder holte Informationen über sie ein, die wiederum den ausländischen Behörden weitergegeben wurden. In einzelnen Fällen kam es sogar zu Polizei-

---

9 Vgl. Blanc, Fürst Bismarck verhalf uns zur Bundesanwaltschaft, 22–27, und Vuilleumier, La police politique en Suisse, 42. Die Beschlüsse, die der Zürcher Kantonsrat aufgrund der Kommissionsempfehlungen fasste und mit denen er die willkürliche Überwachung von Vereinen und Versammlungen unterbinden wollte, hatten auf Bundesebene keine Auswirkungen.

10 Vgl. Vuilleumier, La police politique en Suisse, 43, 49.

aktionen auf Schweizer Boden, an denen Gesandtschaftsangehörige oder ausländische Polizeien direkt beteiligt waren. Die bereitwillige Informationserteilung durch die Bundesanwaltschaft ist auch im Fall von Naum Reichesberg dokumentiert. Die Schweiz bewegte sich mit solchen Polizeikooperationen politisch stets auf heiklem Terrain. Einerseits war der Druck der Grossmächte teilweise erheblich und man war auf gute Beziehungen angewiesen. Andererseits musste die Schweiz der Zusammenarbeit im Interesse ihrer Souveränität auch immer wieder Schranken setzen. Dies tat der Bundesrat vor allem dann, wenn er sie vor der Öffentlichkeit rechtfertigen musste. [11]

Die Politische Polizei unterhielt unter anderem gute Beziehungen zur zaristischen Geheimpolizei Ochrana. Die Ochrana war nach der Ermordung von Zar Alexander II. im Jahr 1881 von seinem Nachfolger Alexander III. geschaffen worden und diente vor allem dazu, die revolutionäre Bewegung zu überwachen und den politischen Terror zu bekämpfen. Aufgrund der wirksamen Repression seit den 1860er-Jahren hatten allerdings viele Revolutionäre das Russische Reich bereits verlassen und setzten ihre politischen Aktivitäten im Exil fort. Die Ochrana musste ihre Tätigkeit also ebenfalls ins Ausland verlagern. Zu diesem Zweck wurde eine Auslandsagentur ins Leben gerufen, deren Hauptquartier auf der Russischen Botschaft in Paris angesiedelt war. Weitere permanente Auslandsagenturen entstanden in Berlin und in Sofia.[12]

Bereits Mitte der 1880er-Jahre hatte die Ochrana in Paris ein Netz von Agenten (vor allem französischer Nationalität) und Informanten aufgebaut. Zum geografischen Zuständigkeitsbereich der Pariser Agentur gehörte auch die Schweiz. Seit 1885 wurden permanente Agenten in die Schweiz entsandt, um die dortige revolutionäre Szene zu beschatten. Die Schweiz war unterdessen zu einem beliebten und wichtigen Zielland für die russische politische Emigration geworden. Das lag an der zentralen europäischen Lage, der Neutralität der Eidgenossenschaft und der «zum Bestandteil nationaler Identität verklärten Asyltradition»,[13] aber auch an der Verfassung des jungen schweizerischen Bundesstaates, die jene zentralen Freiheitsrechte wie die Presse-, Vereins- und Versammlungsfreiheit garantierte, welche eine oppositionelle politische Tätigkeit überhaupt ermöglichten. Zur Überwachung der russischen Revolutionäre in der Schweiz schleuste die zaristische Geheimpolizei teilweise auch Agenten in revolutionäre Zirkel ein. So lebte ein Agent unter dem Pseudonym «Landesen»[14] offenbar inmitten der Gruppe «Narodnaja Volja» («Volkswille» oder «Volksfreiheit»), deren Mitglieder für die Ermordung von Zar Alexander II. im März 1881 verantwortlich ge-

11 Vgl. Collmer, Die Schweiz und das Russische Reich, 360–364.

12 Vgl. Ruud und Stepanov, Fontanka 16, 79 f., 90 f., und Richers, Bern als Zentrum von Geheimdiplomatie, 61.

13 Collmer, Die Schweiz und das Russische Reich, 292.

14 «Landesen» wird als Abraham Hackelman identifiziert. Später taucht derselbe Mann als Arkady Harting auf, der ab 1904 die Leitung der Auslandagentur der Ochrana in Paris übernahm. Siehe Kronenbitter, Paris Okhrana, 58–60.

zeichnet hatten, und erstattete regelmässig Bericht aus der Schweiz. Die Agenten der Ochrana beliessen es aber nicht nur beim Beobachten. Ende der 1880er-Jahre wurde die Druckerei der «Narodnaja Volja» in Genf zweimal innert kurzer Zeit vom zaristischen Agenten Henri Bint und seinen Gefährten verwüstet.[15] Obwohl die Leitung der Druckerei Klage einreichte und gegenüber den Schweizer Behörden den Verdacht äusserte, dass es sich um eine verdeckte Aktion der zaristischen Geheimpolizei gehandelt habe, blieb die Genfer Polizei passiv. Sie wollte ihre guten Beziehungen zur Ochrana nicht aufs Spiel setzen. Erst als die illegalen Bespitzelungen und Postdurchsuchungen des Franzosen Henri Bint 1903 durch ungeschicktes Verhalten seines Mitarbeiters ans Licht kamen, konnten die Behörden nicht mehr wegschauen. Der Bundesrat verwies Henri Bint und seinen Mitarbeiter des Landes, allerdings unter Geheimhaltung.[16]

Abgesehen von den Jahren 1887 bis 1890 waren die russischen Revolutionäre in der europäischen Emigration insbesondere zwischen 1902 und 1906 sehr aktiv.[17] Entsprechend geschäftig waren auch die Agenten der Ochrana. In der Schweiz konnte sich die Pariser Agentur wohl nicht nur in Genf auf lokale Beamte stützen. Schliesslich widmete die zaristische Geheimpolizei der Schweiz während des Ersten Weltkrieges noch einmal erhöhte Aufmerksamkeit, als sich viele Revolutionäre aus den umliegenden Ländern vorübergehend hier niederliessen.[18] Während der Kriegsjahre hatte die Ochrana offenbar auch ein waches Auge auf Naum und seinen Bruder Julian Reichesberg. Alfred Senn zitiert aus einem Bericht der zaristischen Geheimpolizei von Ende 1915, der Naum und Julian Reichesberg vorwirft, Beziehungen mit verschiedenen revolutionären Gruppen in der Schweiz zu unterhalten und für diese materielle Hilfe zu leisten. Offenbar wurden die beiden als nicht ungefährlich eingestuft, auch wenn sie keiner Partei zugeordnet werden konnten.[19] Die Vermutung liegt nahe, dass die Gebrüder Reichesberg bereits länger von der Ochrana beobachtet wurden. Jedenfalls bezog sich die zaristische Gesandtschaft in ihrer Warnung an den Bundesrat im November 1894 auf Informationen, die dem Innenministerium vorlagen. Die Ochrana war dem russischen Innenministerium unterstellt. Dass Naum Reichesberg unter Beobachtung der zaristischen Geheimdienste stand und offenbar nicht als völlig harmlos galt, hinderte die Russische Gesandtschaft in Bern aber nicht daran, die russischen Ausweisdokumente Reichesbergs Mitte der 1890er-

15 Vgl. Ruud und Stepanov, Fontanka 16, 79–100; Richers, Bern als Zentrum von Geheimdiplomatie, 61 f.; Leutenegger und Sovilj, Der Stellenwert der Schweiz für die revolutionäre Emigration aus dem Zarenreich, 473–477, und Kronenbitter, Paris Okhrana.

16 Vgl. Collmer, Die Schweiz und das Russische Reich, 363 f.

17 Vgl. Leutenegger und Sovilj, Der Stellenwert der Schweiz für die revolutionäre Emigration aus dem Zarenreich, 477.

18 Vgl. ebd., 473.

19 Vgl. Senn, Russian Revolution in Switzerland, 10.

Jahre zu bestätigen.[20] Damit sandte die zaristische Vertretung in Bern gegenüber den Schweizer Behörden widersprüchliche Signale aus.[21]

Die zaristische Geheimpolizei war nicht die einzige ausländische Behörde, die die Aktivitäten der russischen Emigrantinnen und Emigranten in der Schweiz beobachtete. Nach Ausbruch des Krieges im Sommer 1914 interessierten sich zunehmend auch der deutsche Gesandte in Bern, Gisbert Freiherr von Romberg, und der Militärattaché der Österreich-Ungarischen Monarchie, Oberst im Generalstab William von Einem für die russischen Revolutionäre. Ihr Interesse war demjenigen der zaristischen Behörden aber selbstverständlich diametral entgegengesetzt. Eine Revolution in Russland, so das Kalkül, würde zugunsten der Kriegsziele der Mittelmächte arbeiten. Sowohl die Deutschen wie auch die Österreicher versuchten, mittels Vertrauensleuten und Mittelsmännern Kontakt zu den russischen Revolutionären herzustellen.[22] Die Geheimdiplomatie des Freiherrn von Romberg spielte namentlich im Zusammenhang mit der Rückreise Lenins via Deutschland nach Petrograd (Sankt Petersburg) im April 1917 eine wichtige Rolle. Die Geschehnisse im Frühling 1917 und die Frage, warum auch Naum Reichesberg in den deutschen Akten auftaucht, werden später beleuchtet.[23]

Die revolutionären Kreise um Naum Reichesberg in der Berner Kolonie

Zu Beginn der 1890er-Jahre begann sich die zaristische Gesandtschaft in Bern ernsthaft Sorgen zu machen, dass sich die Bundesstadt zu einem neuen Zentrum der revolutionären Bewegung entwickeln würde. Seit den 1870er-Jahren hatten vor allem die Städte Genf und Zürich im Fokus der zaristischen Behörden gestanden. Die Rhonestadt war als Presse- und Druckereizentrum bereits früh zu einem wichtigen Ort für die russische Emigration geworden. Hier gründeten Georgij Plechanov und Pavel Aksel'rod 1883 die Gruppe «Befreiung der Arbeit», die wohl bedeutendste Vorläuferin der Sozialdemokratischen Arbeiterpartei Russlands (SDAPR).[24] Später wurde zeitweise auch die von Plechanov, Julij Martov und Vladimir Il'ič Ul'janov (besser bekannt als Lenin) gegründete Zeitung «Iskra», das Parteiorgan der SDAPR in Genf, gedruckt.[25] Lenin hielt sich zwischen 1895 und 1905 mehrheitlich in Genf auf. Als er sich während des Ersten

20 Vgl. Kapitel 3.1 und 3.2 über den Aufenthaltsstatus und die Ausweisschriften Reichesbergs.

21 Wie in Kapitel 3.2 erläutert wurde, gelangte nur in den Besitz eines russischen Auslandspasses, wer den zaristischen Behörden nicht als gefährlich bekannt, das heisst in subversive Aktivitäten verwickelt war. Das wussten auch die Schweizer Behörden. Indem die zaristische Gesandtschaft in Bern die Ausweisdokumente Reichesbergs bestätigte, signalisierte sie (möglicherweise unbewusst) den Berner Polizeibehörden, dass Reichesberg kein Revolutionär war.

22 Vgl. Richers, Bern als Zentrum von Geheimdiplomatie, 62 f.

23 Siehe Kapitel 7.2.

24 Vgl. Haumann, Geschichte Russlands, 272–276; Neumann, Studentinnen aus dem Russischen Reich, 34–37, und Richers, Osteuropäische Revolutionärinnen und Revolutionäre im Schweizer Exil, 44.

25 Vgl. Leutenegger und Sovilj, Der Stellenwert der Schweiz für die revolutionäre Emigration aus

Weltkrieges wieder in der Schweiz niederliess, lebte er zuerst in Bern und siedelte dann nach Zürich um.[26] Auch Zürich wurde früh zu einer wichtigen Stadt für die russische politische Emigration, wobei hier die Studentinnen aus dem Zarenreich den Anfang machten. Die gut ausgebaute Infrastruktur der ersten Russenkolonie zu Beginn der 1870er-Jahre zog rasch auch Revolutionäre an. Einige der russischen Studentinnen schlossen sich in Zürich radikalen Zirkeln an, so zum Beispiel Vera Figner (1852–1942), die später als führendes Mitglied von «Narodnaja Volja» verhaftet wurde. Zudem verkehrten viele Russen auch im Verein «Eintracht». Ursprünglich von Deutschen und Österreichern als Arbeiterbildungsverein gegründet, wurde der Verein «Eintracht» nach der Jahrhundertwende zu einem wichtigen Versammlungsort der Sozialdemokratischen Partei Zürichs. Für die russischen Emigranten war dies einer der wenigen Treffpunkte, der «ihre übliche Absonderung durchbrach».[27]

Die Furcht der zaristischen Behörden, dass sich nach Genf und Zürich nun auch Bern zu einem Zentrum der revolutionären Bewegung entwickeln könnte, war nicht ganz unbegründet. Die Zahl der Studentinnen und Studenten aus dem Zarenreich, die sich an der Universität Bern immatrikulierten, war seit Ende der 1880er-Jahre kontinuierlich gewachsen. Im Gegensatz zu Zürich, das als Studienort zweifellos immer noch beliebt war, stellten die Russinnen und Russen in Bern praktisch die einzigen Ausländer und fielen deshalb sofort auf.[28] Zudem war der Anteil Angehöriger von nationalen Minderheiten unter den «Russen» in Bern tendenziell höher als in Zürich. Angehörige von nationalen Minderheiten waren in der revolutionären Bewegung überproportional vertreten. Zeitgenossen stimmten der Einschätzung der zaristischen Behörden insofern zu, als sie die russische Kolonie in Bern in ihren Erinnerungen als deutlich bewegter und politischer beschrieben als diejenige in Zürich.[29] Tatsächlich zog es gegen die Jahrhundertwende auch immer mehr bekannte politische Emigranten nach Bern. Die Sozialrevolutionäre und die sozialistischen Fraktionen waren in Bern stark vertreten. Dies entging auch der zaristischen Regierung nicht.

Die russische Gesandtschaft wandte sich deshalb im November 1984 mit einem Schreiben an den Bundesrat, indem sie sich besorgt zeigte, dass sich die Stadt Bern seit 1892 zu einem Zentrum der russischen revolutionären Propaganda entwickelt habe. Aus Zürich und anderen Städten seien mehrere revolutionäre Emigranten nach Bern gekommen – namentlich genannt werden unter

dem Zarenreich, 460–473; Collmer, Die Schweiz und das Russische Reich, 349–351, 354, und Richers, Osteuropäische Revolutionärinnen und Revolutionäre im Schweizer Exil, 43–45.

26 Vgl. Gautschi, Lenin als Emigrant in der Schweiz, 19–65, 95–103, 176–184. Gautschi vermutet, dass es Lenin in Bern nicht gelungen war, unter den Schweizer Sozialdemokraten Unterstützung für sein politisches Programm zu finden, und dass er in Zürich mehr Anhänger hatte.

27 Leutenegger und Sovilj, Der Stellenwert der Schweiz für die revolutionäre Emigration aus dem Zarenreich, 471. Zur «Russenzeit» in der Eintracht siehe auch Huser, Bildungsort, Männerhort, politischer Kampfverein, 255–265.

28 Vgl. Masé, Student Migration of Jews from Tsarist Russia (2012), Anhänge 6 und 7.

29 Vgl. Farbstein, Aus meinem Leben, 198, und Weizmann, Trial and Error, 69.

anderen Chaim Žitlovskij, Mademoiselle Aksel'rod (gemäss späteren Berichten der Bundesanwaltschaft handelte es sich um Ljubov Aksel'rod) und ein gewisser Rappaport. Diese hätten in der Bundesstadt sofort damit begonnen, Sammlungen und Lesungen zu organisieren und mithilfe gewisser Professoren der örtlichen Universität die russischen Studentinnen und Studenten zu indoktrinieren. Als besonders gefährlich wurde der Privatdozent Naum Moïseff Reichesberg bezeichnet. Unter dem Deckmantel der Wissenschaft benütze er seine Vorlesungen zur Geschichte des Sozialismus, um seinen Zuhörerinnen und Zuhörern absolut schädliche sozialdemokratische Propaganda einzuflössen. Und dies – in den Augen der zaristischen Behörden – so erfolgreich, dass ein Grossteil der jungen Frauen und Männer aus Russland an allen möglichen revolutionären Veranstaltungen teilnahm.[30]

Der Bundesrat wies die Bundesanwaltschaft an, genauere Informationen über die von der zaristischen Gesandtschaft genannten Personen einzuholen. Die Bundesanwaltschaft wandte sich daraufhin mit der Bitte um Auskunft an die Polizeidirektion des Kantons Bern. Die Berichte der städtischen und kantonalen Polizeibeamten fokussierten in erster Linie auf die weiter unten charakterisierte Beziehung zwischen Naum Reichesberg und Nikolaus Wassilieff. Gemäss ihren Erhebungen verkehrte Naum Reichesberg zudem «öfter» mit dem Ehepaar Rapoport, mit der Sozialdemokratin Ljubov Aksel'rod,[31] einer Anhängerin Plechanows, sowie mit einem gewissen Selman Kritschewsky.[32] Diese seien zwar alle «als Nihilisten verdächtig», über ihr Verhalten war der Berner Polizei aber gemäss eigenen Angaben «nichts weiter bekannt». Das bedeutet wohl, dass ihre politischen Aktivitäten ausserhalb der russischen Kolonie nicht wahrgenommen wurden.[33] Die Kommissare scheinen nicht den Eindruck gehabt zu haben, dass die vermeintlichen «Nihilisten» weiter zu beobachten seien.

Chaim Žitlovskij wurde interessanterweise nicht direkt mit Naum Reichesberg in Verbindung gebracht. Aufgrund anderer Quellen wissen wir allerdings, dass die beiden gut bekannt waren. Naum Reichesberg hatte sich im Jahr 1900 vermutlich auf Empfehlung Žitlovskijs für eine Zusammenarbeit mit dem Verlag

30 BAR E21#1000/131#5000-8560*: Personaldossiers von Anarchisten, Kommunisten, Sozialisten, Nationalisten, Mitgliedern von Minderheitenbewegungen usw. A–Z: Dossier 7715: Raichesberg, Naoum Moiseeff, Privatdozent in Bern (1895), Légation Impériale de Russie près de la Confédération suisse au Conseil fédéral, 3./15. November 1894.

31 Ljubov Aksel'rod war eine der Führungsfiguren der sozialdemokratischen Partei Russlands (SDAPR) in der Berner Kolonie. Nach der Spaltung der SDAPR vertrat sie die Menschewisten. Vgl. auch Kapitel 2.2.

32 BAR E21#1000/131#5000-8560*: Personaldossiers von Anarchisten, Kommunisten, Sozialisten, Nationalisten, Mitgliedern von Minderheitenbewegungen usw. A–Z: Dossier 7715: Raichesberg, Naoum Moiseeff, Privatdozent in Bern (1895), Direktion der Polizei des Kantons Bern an den eidg. Generalanwalt, 5. Februar 1895.

33 BAR E21#1000/131#5000-8560*: Personaldossiers von Anarchisten, Kommunisten, Sozialisten, Nationalisten, Mitgliedern von Minderheitenbewegungen usw. A–Z: Dossier 7715: Raichesberg, Naoum Moiseeff, Privatdozent in Bern (1895), Bericht der Direktion der Polizei des Kantons Bern an den eidg. Generalanwalt vom 5. Februar 1895.

Dr. J. Edelheim & Cie. zur Publikation des «Handwörterbuches der Schweizerischen Volkswirtschaft, Sozialpolitik und Verwaltung» entschieden und später die Verlagsrechte am «Handwörterbuch» von ebendiesem erworben.[34] Zudem war Chaim Žitlovskij an der ersten Vereinsversammlung der Schweizerischen Vereinigung zur Förderung des internationalen Arbeiterschutzes anwesend, deren Gründung auf eine Initiative von Naum Reichesberg zurückgeht. Seine Teilnahme dürfte namentlich dem Einfluss Reichesbergs und allenfalls Carl Moors geschuldet gewesen sein.[35]

Chaim Žitlovskij war im Jahr 1890 von Zürich nach Bern gezogen, um bei Professor Ludwig Stein ein Philosophiestudium aufzunehmen. Er promovierte 1892 mit einer Arbeit über «Abraham Ibn Daud und der Anfang der aristotelischen Periode in der jüdischen Religionsphilosophie». Žitlovskij war aber auch ein äusserst aktiver politischer Denker, wobei er vor allem für seine Überlegungen zu einem selbstbewussten jüdischen Selbstverständnis im Rahmen eines revolutionären Sozialismus bekannt wurde. In der Berner Kolonie, die sehr stark von jüdischen Studierenden aus dem Zarenreich geprägt war, fielen seine theoretischen Überlegungen und seine Referate auf fruchtbaren Boden.[36] Ende 1893 gründete Žitlovskij zusammen mit seiner Frau Vera (geb. Lochow) und weiteren Personen in Bern den «Verband russischer Sozialrevolutionäre im Ausland».[37] Unter den Gründungsmitgliedern waren unter anderen Hanan Saul Rapoport (1865–1941) und seine Frau Fanja (geb. Ratner). Hanan Rapoport und seine Frau waren spätestens 1891 ebenfalls von Zürich nach Bern umgezogen. Der spätere Herausgeber der kommunistischen Parteizeitung «Humanité» Hanan Rapoport war einer der Mitverschwörer beim Attentat gegen Zar Alexander II. gewesen und floh nach der Entdeckung der Attentäter nach Paris. Im Exil entwickelte er sich zum Marxisten, freundete sich aber offenbar auch rasch mit Žitlovskij und seinen Ansichten an.[38]

Wie eng die Verbindung zwischen Naum Reichesberg und den übrigen genannten Personen, zu Hanan Saul Rapoport und seiner Frau Fanja, zu Ljubov Aksel'rod und Selman Kritschewsky, war, kann aufgrund der kurzen und oberflächlichen Berichte der Politischen Polizei und mangels weiterer Anhaltspunkte nicht beurteilt werden. Da das Ehepaar Rapoport und Ljubov Aksel'rod zu den bekannteren Persönlichkeiten in der Berner Kolonie zählten und Erstere nachweislich auch mit Chaim Žitlovskij in regem Austausch standen, ist davon auszugehen, dass auch Naum Reichesberg mit ihnen gut bekannt oder gar befreundet war.

34 Siehe Kapitel 5.2.
35 Siehe Kapitel 6.2.
36 Vgl. Charney, Barg arojf, 221.
37 Vgl. Schweigmann-Greve, Chaim Zhitlowsky, 85 f., und Weinberg, Between Tradition and Modernity, 85–144.
38 Vgl. Schweigmann-Greve, Chaim Zhitlowsky, 83–87.

Auch wenn die Polizeibehörden es als erwiesen anschauten, dass «Reichesberg [...] für die socialistischen Ideen eifrig agiert», fanden sie keine Anhaltspunkte dafür, dass er «etwa feindselige Unternehmen gegen Russland plane oder anarchistische Propaganda treibe», und sahen deshalb auch keinen Grund einzuschreiten.[39] Dies wurde der zaristischen Gesandtschaft mit Note vom 21. September 1895 mitgeteilt.[40] Für den Bund war die Sache damit erledigt und das Personaldossier zu Naum Reichesberg wurde geschlossen.

Nikolaus Wassilieff und die «Freie Schule»

Die kantonalen und städtischen Polizeibeamten brachten der Bundesanwaltschaft im Zusammenhang mit der Anfrage der zaristischen Gesandtschaft vom November 1894 insbesondere die Beziehung Naum Reichesbergs zu Nikolaus Wassilieff zur Kenntnis. Zu Beginn desselben Jahres hatte Reichesberg für sich und seine Ehefrau um die Erlangung der Niederlassungsbewilligung im Kanton Bern ersucht. Die städtische Polizeidirektion beantragte damals mit Verweis auf den engen Verkehr des Ehepaars Reichesberg mit Dr. Wassilieff und ihre agitatorischen Tätigkeiten die Verweigerung der Niederlassungsbewilligung und die Ausweisung aus dem bernischen Kantonsgebiet. Wie in Kapitel 3.2 ausgeführt wurde, folgte der Kanton diesem Antrag nicht, weil Naum Reichesberg einen von der russischen Gesandtschaft bestätigten Auslandspass besass und kein straffälliges Verhalten bekannt war. Damit bestand keine Grundlage für die polizeiliche Ausweisung. Wer war dieser Nikolaus Wassilieff und was machte ihn in den Augen der Berner Behörden so gefährlich? Und war Naum Reichesberg tatsächlich so eng mit ihm verbunden?

Nikolai Wassiljewitsch Wassiljew (1857–1920) – in der Schweiz als Nikolaus Wassilieff bekannt – wurde in St. Petersburg in eine angesehene Familie geboren. Bereits am Gymnasium soll er mit revolutionären Ideen in Kontakt gekommen sein. Nach seiner zweiten Verhaftung und Verbannung ins Gouvernement Archangelsk gelang ihm 1878 die Flucht über Deutschland nach Genf. Von dort zog Wassilieff nach Bern und absolvierte ein Medizinstudium, das er im Mai 1887 abschloss. Bis Ende der 1880er-Jahre führte Nikolaus Wassilieff, der sich in Muri bei Bern einbürgern liess, «in der Schweiz ein unauffälliges Leben».[41] 1890 gab

39 BAR E21#1000/131#5000-8560*: Personaldossiers von Anarchisten, Kommunisten, Sozialisten, Nationalisten, Mitgliedern von Minderheitenbewegungen usw. A–Z: Dossier 7715: Raichesberg, Naoum Moiseeff, Privatdozent in Bern (1895), Schreiben des Generalanwalts der schweizerischen Eidgenossenschaft an das Eidg. Justiz- und Polizeidepartement vom 4. Dezember 1894.

40 BAR Dossier E21#1000/131#5000-8560*: Personaldossiers von Anarchisten, Kommunisten, Sozialisten, Nationalisten, Mitgliedern von Minderheitenbewegungen usw. A–Z: Dossier 7715: Raichesberg, Naoum Moiseeff, Privatdozent in Bern (1895), Note à la Légation Impériale de Russie à Berne, 21. September 1895.

41 Degen, Nikolai Wassiljewitsch Wassiljew, 176.

er seine ärztliche Tätigkeit auf und wurde «Arbeitersekretär» für die neue Dachorganisation der Berner Arbeiterorganisationen, die «Arbeiterunion Bern».[42] Ihm lagen besonders die Arbeitslosenunterstützung und die Arbeiterbildung am Herzen. Die «Verbreitung des allgemeinen Wissens und speciell des Verständnisses des modernen ökonomischen und politischen Lebens und der weltbewegenden Idee der Sozialdemokratie» war ein zentrales Element im Programm des Arbeitersekretariates.[43] Zu diesem Zweck gründete Wassilieff die «Freie Schule», in deren Rahmen jährlich ein Zyklus von 20 bis 25 Vorträgen veranstaltet wurde. Diese Volksbildungskurse gerieten wegen ihrer naturwissenschaftlichen, atheistischen und sozialistischen Inhalte rasch ins Kreuzfeuer der konservativen Kräfte.[44]

Anlässlich des «Käfigturmkrawalls» kam für die reaktionären Kreise in Bern die Gelegenheit, dem eifrigen Arbeitersekretär einen Denkzettel zu verpassen. Am 19. Juni 1893 zogen rund 50 Bauhandlanger zu Baustellen in den Aussenquartieren, wo sie italienische Bauarbeiter verprügelten, denen sie Lohndumping vorwarfen. Die überforderte Polizei nahm 14 Männer fest und sperrte sie im Käfigturm ein – darunter auch Unbeteiligte. Am Abend verlangte dort eine aufgebrachte Arbeiterschaft die Entlassung der Gefangenen. Der Polizei gelang es nicht, die Lage zu beruhigen, und auch ein Vermittlungsversuch Wassilieffs scheiterte, weshalb der Stadtpräsident rechtswidrig Armeeeinheiten anforderte. Diese setzten dem Krawall nach Mitternacht ein Ende. Zwei Tage später wurde Nikolaus Wassilieff als angeblicher Drahtzieher verhaftet und für 80 Tage in Untersuchungshaft genommen. Obwohl er offensichtlich nichts mit dem Käfigturmkrawall zu tun hatte und keine stichhaltigen Beweise gegen ihn vorlagen, wurde Wassilieff am 7. Mai 1894 von einem Geschworenengericht zu einem Jahr Zuchthaus verurteilt. Weil die zweite Instanz die Strafe auf drei Monate verkürzte, hatte Wassilieff nur noch 10 Tage abzusitzen. Der Prozess wurde landesweit als Farce erkannt, auch in bürgerlichen Kreisen. Innerhalb der organisierten Arbeiterschaft wurde Nikolaus Wassilieff quasi zum Star. Er zog mithilfe der Stimmen der Arbeiter 1897 in den Berner Stadtrat ein, Mitte 1898 zusätzlich ins Kantonsparlament. Beide Mandate behielt er bis zu seinem Wechsel nach Basel im Sommer 1900.[45]

Die Vorwürfe der städtischen Berner Polizeidirektion an die Adresse Naum Reichesbergs bezogen sich einerseits auf den Gerichtsprozess gegen Nikolaus Wassilieff im Zusammenhang mit dem «Käfigturmkrawall», andererseits aber

42 Das Berner Arbeitersekretariat war die erste vollamtlich geführte Institution dieser Art in der Schweiz. Die Funktion des Arbeitersekretärs verschaffte Nikolaus Wassilieff eine Machtstellung innerhalb der organisierten Berner Arbeiterschaft. Vgl. Gruner, Arbeiterschaft und Wirtschaft in der Schweiz, Bd. 2, 779–181.

43 Ar SGB PE 604/2: Arbeiterunion Bern, Jahresberichte 1899–1915, Jahresbericht 1899.

44 Ar SGB PE 604/2: Arbeiterunion Bern, Jahresberichte 1899–1915, Jahresbericht 1899. Im Vortragszyklus 1899/1900 wurden zum Beispiel Vorträge über den Darwinismus gehalten. Vgl. auch Degen, Nikolai Wassiljewitsch Wassiljew, 175–177.

45 Vgl. Degen, Nikolai Wassiljewitsch Wassiljew, 177 f., und «Käfigturmkrawall», HLS, www.hls-dhs-dss.ch/textes/d/D17247.php.

auch auf die Mitwirkung Reichesbergs in der «Freien Schule». «Sowohl Herr als Frau Reichesberg stehen in täglichem Verkehr mit Dr. Wassilieff und huldigen dessen [...] Agitationen. Bei den beiden Assisenverhandlungen im Krawallprozess waren die Eheleute Reichesberg beständige Zuhörer und bezeugten dem Wassilieff durch Worte und Gebärden ihre Teilnahme. Mit Wassilieff ist Reichesberg auch Lehrer der sogenannten freien Schule und soll mit seinen [daherigen] Lehren in Wort und Schrift besonders tätig sein. An den Arbeiterfesten nehmen die Eheleute Reichesberg stets teil und stehen in intimstem Verkehr mit den Arbeiterführern; sie gelten als *gefährliche politische Agitatoren*.»[46]

Naum Reichesberg wird hier als enger Freund und Gesinnungsgenosse des Nikolaus Wassilieff beschrieben, der diesen sowohl persönlich als auch in seinen Tätigkeiten unterstützt. Diese Sicht wird auch in den Akten der Politischen Polizei von Ende 1894 wiedergegeben. Das ist nicht verwunderlich, stützte sie sich doch ausschliesslich auf die gleichen zwei Berichte städtischer Polizeibeamter von Mitte August 1894. Neue Erkenntnisse wurden durch die Erhebungen der Bundesanwaltschaft nicht zutage gefördert.[47]

In der Wahl der Ausdrücke und in ihrer Einschätzung wirken die Berichte der Polizeibeamten alarmistisch. In der Sache – aktive Mitarbeit Reichesbergs in der «Freien Schule» und enge Beziehungen zwischen Reichesberg und Wassilieff – trafen sie durchaus zu. Naum Reichesberg unterrichtete in den 1890er-Jahren regelmässig in der «Freien Schule» der Arbeiterunion Bern. Das taten allerdings auch andere Universitätsdozenten, Ärztinnen und Ärzte und Persönlichkeiten des öffentlichen Lebens. Die «Freie Schule» setzte die Schwerpunkte bei politisch-ökonomischen Fächern und bei den Naturwissenschaften. Im Kurszyklus von 1899/1900 wurden am Mittwochabend jeweils von acht bis neun Uhr Vorträge zu politisch-ökonomischen Themen und von neun bis zehn Uhr zu naturwissenschaftlichen (häufig medizinischen) Fragen gehalten. Für die einzelnen Fächer suchte Wassilieff von Beginn weg ausdrücklich Spezialisten.[48] Als Dozent für die politisch-ökonomischen Fächer war Naum Reichesberg prädestiniert. Von Mai 1899 bis Mai 1900 hielt er beispielsweise drei Vorträge zu den «Grundzügen der modernen Arbeiterbewegung» und sechs Vorträge zu den «Grundzügen der Volkswirtschaftslehre». Neben Reichesberg unterrichteten auch die Professoren Philipp Lotmar und Ludwig Stein sowie Nationalrat Theodor Curti zu ökonomischen und sozialpolitischen Themen.[49]

---

46 StAB BB 4.1.703: Akten der Polizeidirektion, Band 1894, 22. August 1894, Schreiben der städtischen Polizeidirektion Bern an die kantonale Polizeidirektion vom 18. August 1894. Hervorhebungen im Original.

47 BAR Dossier E21#1000/131#5000-8560*: Personaldossiers von Anarchisten, Kommunisten, Sozialisten, Nationalisten, Mitgliedern von Minderheitenbewegungen usw. A–Z: Dossier 7715: Raichesberg, Naoum Moiseeff, Privatdozent in Bern (1895).

48 Ar SGB PE 604/2: Arbeiterunion Bern, Jahresberichte 1899–1915, Jahresbericht 1899, 25 f.

49 Ar SGB PE 604/2: Arbeiterunion Bern, Jahresberichte 1899–1915, Jahresbericht 1899, Rückseite. Leider sind die Programme der früheren und folgenden Jahre unbekannt, da die Jahresberichte im Archivbestand zur Arbeiterunion Bern nicht mehr vorhanden sind. Es ist allerdings

Das Engagement Reichesbergs in der «Freien Schule» überrascht nicht. Wie Wassilieff war auch Reichesberg überzeugt von der emanzipatorischen Kraft der Bildung. Sein Bestreben, im Kanton Bern eine University Extension nach angelsächsischem Vorbild auf die Beine zu stellen, war ein Versuch, den Bevölkerungsschichten, die bisher kaum Zugang zu höheren Bildungsangeboten hatten, wissenschaftliche Erkenntnisse zugänglich zu machen.[50] Gleichzeitig hielt er an der Universität viele öffentliche Vorlesungen, damit nicht nur immatrikulierte und damit bezahlende Studierende von seinem Wissen profitieren konnten. Für die Zeit nach der Jahrhundertwende kann die Mitarbeit Reichesbergs in Arbeiterbildungsinstitutionen weniger gut nachgewiesen werden. Es gibt aber keine Gründe anzunehmen, dass er der Arbeiterbildung später eine weniger grosse Bedeutung zumass. Auf jeden Fall war Naum Reichesberg auch als Dozent am ersten Arbeiterferienkurs vom 30. Juli bis 12. August 1922 am Zürcher Polytechnikum beteiligt.[51]

Dass die Verbindung zwischen Naum Reichesberg und Nikolaus Wassilieff auch sonst eng war, darauf weisen Briefe Wassilieffs hin, die er aus der Untersuchungshaft im Sommer 1893 an den zuständigen Untersuchungsrichter sandte. In diesen Schreiben forderte er seine unverzügliche Entlassung aus der gesetzeswidrigen Haft sowie Zugang zu Professor Alexander Reichel und Grossrat Albert Steck. Zudem legte er einen Brief an seine Tochter Zina Wassilieff bei, die zu dieser Zeit bei Naum Reichesberg an der Gesellschaftsstrasse wohnte.[52] Zina Wassilieff war damals erst elf Jahre alt und lebte alleine mit ihrem Vater. Ihre Mutter Marie geb. Kleinmann war im April 1893 in jungen Jahren verstorben.[53] Die Reichesbergs kümmerten sich also während der Haft des Vaters vorübergehend um die Tochter. Damit ist auch verständlich, weshalb das Ehepaar Reichesberg den Prozess gegen Wassilieff genau verfolgte und sich bei den Verhandlungen gemäss Polizeiberichten lautstark für den Beschuldigten einsetzte.

Dass das Ehepaar Reichesberg die kleine Tochter von Nikolaus Wassilieff vorübergehend bei sich aufnahm, legt ein Vertrauensverhältnis zwischen Naum Reichesberg und Nikolaus Wassilieff nahe. Ein solches wäre – die Quellen geben sonst leider keine Hinweise über die Beziehung der beiden – nicht erstaunlich. Wassilieff und Reichesberg verfolgten sehr ähnliche Ziele. Beide legten viel Wert darauf, die Bedingungen der Arbeiterschaft möglichst rasch mit politischen Massnahmen zu verbessern und sie gleichzeitig durch Bildung zur Selbsthilfe zu ermächtigen. Sie wählten einen pragmatischen Ansatz in ihrem Einsatz für die Interessen der Arbeiterschaft und suchten mit ihrem Handeln auch den Kom-

---

anzunehmen, dass vorher ähnliche Themen gelesen wurden. Ob Reichesberg auch nach dem Wegzug Wassilieffs nach Basel in den Arbeiterbildungskursen der Arbeiterunion Bern unterrichtete, konnte nicht eruiert werden.

50 Zum Bestreben Reichesbergs, in Bern eine University Extension aufzubauen, siehe Kapitel 4.1.

51 Vgl. Sozialistische Bildungsarbeit, Nr. 3, März 1922 und Nr. 9/10, September/Oktober 1922.

52 Ar SGB G 36 III: Autographen-Sammlung, Gewerkschafter, Sozialdemokraten, Sozialdem. Nationalräte, Briefe N. Wassilieff an Untersuchungsrichter Ruegg vom 23. bis 25. Juni 1893.

53 Vgl. Degen, Einbürgerung mit Hindernissen, 156–161.

promiss mit den bürgerlichen Kräften, wo es möglich war. Ihr Weg war kein revolutionärer Weg, sondern eher ein Weg der steten Reformen, wie ihn das politische System der Schweiz in gewissem Masse vorgab.[54]

Die Zusammenarbeit von Reichesberg und Wassilieff wurde im Sommer 1900 unterbrochen, als Nikolaus Wassilieff aus Bern wegzog und Sekretär des Basler Arbeiterbundes wurde. In Basel sass er von 1902 bis 1905 ebenfalls im Kantonsparlament. 1906 verliess Wassilieff mit seiner zweiten Frau und der gemeinsamen Tochter die Schweiz und kehrte ins Zarenreich zurück.[55]

Erhöhte Wachsamkeit der Politischen Polizei im Jahr 1905

Am 9. Januar 1905 marschierten rund 150000 Arbeiter zum Petersburger Winterpalast, der Residenz des Zaren. Sie folgten dem Aufruf des Priesters Georgj Gapon und demonstrierten für menschenwürdige Arbeitsbedingungen und die Schaffung einer Volksvertretung. Der friedliche Protest wurde von Soldaten der russischen Armee aufgehalten, die ohne Provokation in die Menge schossen. Mindestens 130 Menschen starben und viele weitere wurden verletzt. Die blutige Niederschlagung der Demonstration wurde zum Auslöser landesweiter Unruhen. In den folgenden Monaten erhoben sich die organisierte sozialistische Arbeiterschaft und revolutionäre Bewegungen, aber auch bürgerliche und adlige Liberale sowie Bauern gegen die autoritäre Herrschaft des Zaren. Mit dem «Oktobermanifest» von 1905 reagierte Zar Nikolaus II. auf die Unruhen. Dem Volk wurden bürgerliche Freiheitsrechte und eine gesetzgebende Versammlung von gewählten Volksvertretern (*Duma*) versprochen. Die Duma hatte allerdings nicht wirklich ein Entscheidungsrecht. Zudem löste Zar Nikolaus II. die ersten beiden Versammlungen nach nur wenigen Monaten wieder auf, weil ihm die Zusammensetzung nicht beliebte. Nach der Auflösung der zweiten Staatsduma wurde ein neues Wahlrecht eingeführt, das die Vorherrschaft konservativer Kräfte sicherstellte. Damit wurden die mit dem «Oktobermanifest» versprochenen Reformen bereits im Juni 1907 wieder weitgehend umgestossen.[56]

Der «Petersburger Blutsonntag» vom Januar 1905, die blutige Niederschlagung eines unbewaffneten Protestes, führte weltweit zu Entsetzen. Wie das «Berner Tagblatt» am 8. Februar 1905 auf der Frontseite schrieb, war «die ausländische Presse [noch nie] so einmütig gewesen wie in der Verurteilung der blutigen Vorgänge in Petersburg». Die Solidarität mit den «Opfern der russischen Volksbewegung» war auch in der Schweiz gross. In vielen Städten kam es zu Solidaritätskundgebungen und Sammlungen, so auch in der Bundesstadt. Am 15. Fe-

54 Vgl. Degen, Nikolai Wassiljewitsch Wassiljew, 180. Zu Reichesberg und seinem pragmatischen Weg siehe insbesondere Kapitel 6.2 dieser Arbeit.

55 Vgl. Degen, Nikolai Wassiljewitsch Wassiljew, 178–180.

56 Vgl. Stadelmann, Der Fall der Monarchie, 35–37, und Handbuch der Geschichte Russlands, Bd. 3, 351–364.

bruar 1905 platzierte ein Komitee in den Berner Tageszeitungen, dem «Bund» und dem «Berner Tagblatt», einen Spendenaufruf zugunsten der Hinterbliebenen der Opfer. Das Komitee setzte sich aus Vertretern aller politischen Parteien und verschiedener philanthropischer Einrichtungen zusammen – namentlich genannt werden im Aufruf Redakteure, Fürsprecher, Ärzte, aber auch Gemeinderäte und sogar Regierungsrat Johannes Ritschard.[57]

Diese Sympathiekundgebung vonseiten öffentlicher Personen und das Geldsammeln auf öffentlichem Grund goutierte die zaristische Gesandtschaft in Bern gar nicht. Sie beschwerte sich in einem Schreiben an den Bundesrat vom 18. Februar 1905 über die seit drei Tagen anhaltenden Sammelaktionen «avec le concours moral et matériel des autorités de la ville, au profit des fauteurs de troubles en Russie». Da die Proteste gegen diesen «feindlichen Akt» bei der Stadt Bern und den kantonalen Behörden ungehört blieben, so der zeichnende Vertreter des Zaren, bitte man den Bundesrat darum, Massnahmen zu verfügen, um diesem «Skandal» ein Ende zu setzen und die Schriften und Urnen zu entfernen, die auf den Strassen der Bundesstadt verteilt seien und die öffentliche Meinung beeinflussten.[58] Der Bundesrat wies die Beschwerde der zaristischen Gesandtschaft zurück. An seiner Sitzung vom 20. Februar 1905 hielt er knapp fest, dass «die Sammlung nicht für die Meuterer, wie die Note besagt, sondern für deren Hinterlassene und von Privaten veranstaltet worden ist» und dass solche Sammlungen im Kanton Bern nicht bewilligungspflichtig seien.[59] Der freisinnige «Bund» zeigte sich beruhigt über diese besonnene Reaktion des Bundesrates. Natürlich würden denjenigen, die für Volksrechte demonstrierten, «in jedem Freistaat und konstitutionellen Lande die Herzen entgegenschlagen».[60]

Die russischen Behörden störten sich offensichtlich besonders an der Verwendung von Wahlurnen für die Kollekte zugunsten der Hinterbliebenen der Opfer des «Blutsonntages». Weil die Urnen Eigentum der Gemeinde waren, habe die Sammlung einen öffentlichen Charakter erhalten. Einzelne Zeitungen wie die «Revue» oder das «Oberländer Volksblatt» unterstützten die Vorwürfe. Die «Berner Tagwacht», das Parteiorgan der Berner Sozialdemokraten, entgegnete, die Sammlung *sollte* eine öffentliche sein. Die Sammelbüchsen wurden aufgestellt, damit jede und jeder an der Kollekte teilnehmen könne, auch diejenigen, die keine grossen Beträge auf Sammellisten setzen konnten. Die Verwendung von städtischen Stimmurnen sei zufällig. Dass sie von der Stadt als Gefässe für die Kollekte zur Verfügung gestellt wurden, ehre die Behörden. Die «Tagwacht» wies ferner zu Recht darauf hin, dass der Bundesrat keine Kompetenz besitze,

57 Berner Tagblatt, 8. 2. und 15. 2. 1905, Der Bund, 15. 2. 1905.

58 BAR E21#1000/131#14008-14020*: Russen in der Schweiz: Dossier 14016: Russen in Genf 1905, No. 10, Schreiben der Russischen Gesandtschaft in Bern an den Bundespräsidenten vom 18. Februar 1905.

59 BAR E21#1000/131#14008-14020*: Russen in der Schweiz: Dossier 14016: Russen in Genf 1905, No. 10, Auszug aus dem Protokoll der Sitzung des Schweizerischen Bundesrates vom 20. Februar 1905.

60 Der Bund, Freitag/Samstag, 24./25. 2. 1905.

um vorzuschreiben, «ob, wo, wann und wie lang wir in unserer Stadt Bern Sammel-Urnen aufstellen».[61] Das dürfte auch dem Bundesrat bewusst gewesen sein, weshalb er der Beschwerde der russischen Gesandtschaft nicht viel Aufmerksamkeit widmete.

Bereits am 25. Januar 1905 hatten die verschiedenen sozialistischen Parteien Russlands – nach Angabe der «Berner Tagwacht» waren die SDAPR (Menschewisten und Bolschewisten), die Sozialrevolutionäre, der Allgemeine Jüdische Arbeiterbund, die Polnischen Sozialdemokraten, die Lettischen Sozialdemokraten und die Litauischen Sozialdemokraten beteiligt – eine grosse Versammlung im Café des Alpes in Bern organisiert. Den Vorsitz der Versammlung hatte Julian Reichesberg inne, wobei ihn der vor Ort anwesende städtische Polizeibeamte in Zivil zuerst mit seinem Bruder Naum Reichesberg verwechselte. Laut der «Tagwacht» waren rund 600 Personen anwesend.[62] Diese Zahl wurde auch von der städtischen Polizei in ihrem Rapport an das kantonale Polizeiinspektorat bestätigt. Gegenüber der Bundesanwaltschaft sprach die kantonale Polizeidirektion dann von 700 bis 800 Personen beider Geschlechter – möglicherweise dachte man, der Versammlung dadurch ein grosses Gewicht zuzuschreiben.[63] Als Gastredner traten an der russischen Versammlung der Redaktor der «Berner Tagwacht» und Grossrat Carl Vital Moor sowie zwei italienische Sozialisten auf, die Grussworte überbrachten.[64]

Carl Vital Moor war wenig später auch einer der Hauptredner an der Versammlung vom 9. Februar 1905 im Berner Volkshaus, die von den Berner Sozialdemokraten zusammen mit italienischen Genossen organisiert wurde. Daneben sprachen der Neuenburger Kantonsrat Charles Naine (1874–1926)[65] und der italienische Genosse Emilio Giovanni Marzetto.[66] Die Versammlung wurde von Robert Grimm präsidiert.[67] Die laut Berichterstattung etwa 800 anwesenden Personen verabschiedeten zum Schluss der Versammlung eine Resolution, mit der sie gegen die Verbrechen des Zarismus protestierten und ihre Solidarität mit den Aufständischen in Russland ausdrückten. Die Autorenschaft der Reso-

61 Berner Tagwacht, 25. 2. 1905. Zur Geschichte der Tagwacht siehe «Tagwacht», HLS, www.hls-dhs-dss.ch/textes/d/D30565.php.

62 Berner Tagwacht, 28. 1. 1905.

63 BAR E21#1000/131#14008-14020*: Russen in der Schweiz: Dossier 14016: Russen in Genf 1905, No. 10, Rapport an das Polizei-Inspektorat des Kantons Bern vom 26. Januar 1905 und Schreiben der Direktion der Polizei des Kantons Bern an die Bundesanwaltschaft vom 2. Februar 1905.

64 Berner Tagwacht, 28. 1. 1905, und BAR E21#1000/131#14008-14020*: Russen in der Schweiz: Dossier 14016: Russen in Genf 1905, No. 10.

65 Der Westschweizer Charles Naine, Anwalt und Redaktor der sozialistischen Zeitschrift «La Sentinelle», war Militärdienstverweigerer und während des Ersten Weltkrieges einer der überzeugtesten Pazifisten. Bei Kriegsbeginn enthielt er sich – zusammen mit seinem Neuenburger Parteigenossen Ernest Paul Graber – bei der Vollmachtabstimmung im Nationalrat der Stimme. Vgl. Degen und Richers, Zimmerwald und Kiental, 135 f.

66 Gemäss der Stadtberner Polizei von Vincenza, Italien, geb. 1870, Bildhauer, wohnhaft in Lugano.

67 Zur Person Robert Grimms siehe Kapitel 2.2.

lution wurde vom «Berner Tagblatt» Naum Reichesberg zugeschrieben. Dieser widersprach in einem Brief an die Redaktion, der ebenfalls in der Zeitung abgedruckt wurde, der fehlerhaften Darstellung seiner Rolle. Vom Inhalt der Resolution habe er erst an der Versammlung selber erfahren.[68] Tatsächlich aber dankte Naum Reichesberg den Anwesenden am Ende der Veranstaltung im Namen des russischen Volkes für den Protest gegen die Gräueltaten des Zaren und für die dargebrachte moralische und finanzielle Unterstützung.[69] Gegenüber dem «Berner Tagblatt» betonte Reichesberg, dass seine Worte «bloss Worte des Dankes» waren, und versuchte den Eindruck zu entkräften, er habe zu einer sozialen Revolution aufgerufen: «An eine soziale Revolution denkt in diesem Moment kein Vernünftiger».[70]

Auch die Maifeiern des Jahres 1905 standen ganz im Lichte der Unruhen in Russland. An den Umzügen der Berner Arbeiterschaft trat die russische Kolonie dominant auf. Gemäss Berichten der Berner Polizei soll sich die russische Studentenschaft am Vormittag des 1. Mai 1905 «unter dem Präsidium von Professor Naum Reichesberg» im Café des Alpes versammelt haben, wobei Georgj Plechanow als Redner auftrat. Später hätten die russischen Studentinnen und Studenten den Festzug in Wabern angeführt, wie weiter berichtet wird. Namentlich erwähnt wird die Teilnahme der zwei Professoren «russisch-israelitischer Nationalität», Ludwig Stein und Naum Reichesberg. Als Redner an der Maifeier wird Carl Moor aufgeführt.[71] Erich Gruner vermutet, dass Naum Reichesberg das Bindeglied zwischen den Exponenten der russischen Sozialdemokratie und den Berner Sozialdemokraten war.[72] Damit käme Reichesberg eine entscheidende Rolle zu bei der Organisation der gemeinsamen Maifeiern. Die Polizeiberichte lassen vermuten, dass die zahlenmässig grosse Vertretung der russischen Emigrantinnen und Emigranten an den Maifeiern des Jahres 1905 augenfällig und nicht üblich war. Allerdings war es in Bern bereits an der Maifeier 1901 zu einer grossen Protestkundgebung gegen das zaristische Regime gekommen, nachdem im vorangehenden Winter viele Studierende aus dem Zarenreich vor einer neuen Repressionswelle in den Westen geflüchtet waren. Im Volkshaus versammelten sich am 1. Mai 1901 rund 1000 Personen, darunter neben der Schweizer Arbeiterbewegung auch Deutsche, Italiener und viele Russen. Plechanow war

68 Vgl. Berner Tagblatt, 13. 2. 1905, Zweites Blatt. Die Resolution wurde offenbar von einem Schweizer Sozialdemokraten und Journalisten der «Tagwacht» namens Egenter eingebracht. Vgl. Berner Tagwacht, 11. 2. 1905.

69 Vgl. Berner Tagwacht, 11. 2. 1905, und BAR E21#1000/131#14008-14020*: Russen in der Schweiz: Dossier 14016: Russen in Genf 1905, No. 10, Rapport an das Polizeiinspektorat des Kantons Bern vom 10. Februar 1905 und Rapport an das Polizei-Inspektorat des Kantons Bern vom 18. Februar 1905.

70 Berner Tagblatt, 13. 2. 1905, Zweites Blatt.

71 BAR E21#1000/131#14263-14291*: Maifeiern: Dossier 14277A: Maifeiern 1905, Bericht über die Maifeier der Russen vom 2. Mai 1905 und Bericht über den Verlauf der Maifeier in Wabern vom 5. Mai 1905.

72 Vgl. Gruner, Arbeiterschaft und Wirtschaft in der Schweiz, Bd. 3, 475 f.

bereits damals als Redner aufgetreten, ebenso wie ein Jahr zuvor.[73] Die russische Emigration war grundsätzlich gut vertreten anlässlich der 1.-Mai-Kundgebungen in Bern.[74] In den Akten der Politischen Polizei sticht für Bern aber die Berichterstattung im Jahr 1905 hervor.[75]

Politisches Engagement mit Bedacht

Da die Bundeshauptstadt eine verhältnismässig grosse und gut vernetzte russische Emigrantengemeinde beherbergte, erzielten die Ereignisse in Russland zu Beginn des Jahres 1905 hier eine entsprechend grosse Resonanz. Die Solidarität mit den Zielen der russischen Opposition war unter der hiesigen Arbeiterschaft gross. Sympathien mit den Aufständischen im Zarenreich gab es aber bis weit ins bürgerliche Lager hinein, wie der Positionsbezug der freisinnigen Presse belegt. Dass Naum Reichesberg in dieser Situation öffentlich auftrat und gegen den Despotismus des Zaren und die blutige Niederschlagung des Volksaufstandes demonstrierte, ist naheliegend. Die blutigen Ereignisse beschäftigten die ganze russische Kolonie in Bern, wie auch die grosse Zahl der Teilnehmenden an den russischen Versammlungen zeigt. Sogar Professor Ludwig Stein, der bestimmt kein sozialistischer Revolutionär war, marschierte an den Maifeiern von 1905 mit.[76] Das macht deutlich, wie breit die Unterstützung für den Wandel in Russland war und als wie wenig radikal das öffentliche Bekenntnis gegen den Zaren in diesem Moment wahrgenommen wurde. Trotzdem bemühte sich Reichesberg sichtlich, nicht den Eindruck zu erwecken, dass er eine wichtige Rolle in den Versammlungen und Demonstrationen gespielt hätte, und suchte jeglichen Anstrich von Radikalität abzuwehren. In diesem Sinne ist seine Intervention beim «Berner Tagblatt» zu verstehen. Er wollte sich nicht als Hauptfigur auf der sozialistischen Versammlung verstanden wissen, sondern lediglich als Gast, der von der Solidarität mit seinem Volk gerührt war.

Naum Reichesberg wurde von der Politischen Polizei im Jahr 1905 nicht gezielt beobachtet. In den Berichten zu den Maifeiern wurde er vor allem deshalb namentlich erwähnt, weil er sich – als Universitätsdozent und damit als Person

73 Vgl. Feller, Universität Bern, 445; Haas, Carl Vital Moor und Gruner, Arbeiterschaft und Wirtschaft in der Schweiz, Bd. 3, 578 f.

74 Erich Gruner hebt die Internationalität der Maifeiern in verschiedenen Schweizer Städten hervor. Die Italiener waren die am besten vertretene Gruppe von Ausländern, aber auch die Deutschen waren insbesondere in den 1890er-Jahren sehr präsent (vor allem in Zürich, Winterthur und Schaffhausen). In Bern waren die Russen besonders zahlreich, was sich auch an den Maifeiern zeigte. Vgl. Gruner, Arbeiterschaft und Wirtschaft in der Schweiz, Bd. 3, 578 f.

75 BAR E21#1000/131#14263-14291*: Maifeiern und E21#1000/131#14008-14020*: Russen in der Schweiz (1879–1909).

76 Professor Ludwig Stein lehnte es gemäss eigenen Angaben grundsätzlich ab, einer Partei oder politischen Bewegung beizutreten. Vgl. Stein, Aus dem Leben eines Optimisten, 90. Seine Positionen könnte man am rechten Rand der Sozialdemokratie oder nahe der Kathedersozialisten verorten. Vgl. auch Schweigmann-Greve, Chaim Zhitlowsky, 159–161.

des öffentlichen Lebens – an einer Versammlung, an der allbekannte Sozialisten und Anarchisten aus der Schweiz und dem Ausland auftraten, ans Publikum wandte. Sowohl 1905 wie auch 1895 war Naum Reichesberg der Politischen Polizei weniger aufgrund dessen verdächtig, was er sagte oder vertrat, sondern vor allem deshalb, weil er sich in einem Moment der erhöhten Wachsamkeit mit Personen vernetzte, die den Behörden nicht genehm waren. Es ist anzunehmen, dass Reichesberg auch in anderen Jahren politisch aktiv war und an Arbeiterfesten und Versammlungen der russischen Kolonie in Erscheinung trat. Die Politische Polizei kümmerte sich aber nicht darum, wenn kein spezifischer Hinweis einging oder das politische Geschehen keine besondere Aufmerksamkeit verlangte.

7.2 Rund um die Russischen Revolutionen von 1917

Mit der Februarrevolution von 1917 wurde die Herrschaft des Zaren in Russland beendet. Sofort nach der Revolution bildete sich der sogenannte Petrograder *Sowjet*, der Rat der Arbeiter- und Soldatendelegierten. Im Exekutivkomitee des Petrograder Sowjets hatten die Sozialisten die Mehrheit. Obwohl der Petrograder Sowjet faktisch über die politische Macht verfügte, wollte er die Regierung vordergründig der «Bourgeoisie» überlassen.[77] Dies entsprach dem Revolutionsverständnis der russischen Sozialdemokratie: Zuerst musste die zaristische Herrschaft durch eine bürgerliche Revolution beendet werden. Erst wenn eine bürgerliche Gesellschaft entstanden war, konnte in einer zweiten Phase die Revolution der Arbeiterschaft und damit der Übergang zum Sozialismus gelingen.[78] Die Übergabe der Regierungsgewalt an die «Bourgeoise» war also die logische Konsequenz des marxistischen Revolutionsverständnisses.[79] Allerdings dürfte beim Verzicht des Sowjets auf die Übernahme der Regierungsgeschäfte auch eine Rolle gespielt haben, dass weder Menschewisten noch Sozialrevolutionäre, die im Sowjet über eine Mehrheit verfügten, klare Antworten auf die beiden drängenden Fragen der Revolution – die Stellung zum Krieg und die Lösung der Landfrage – hatten. Vor diesem Hintergrund schien es klüger, die Regierungsgewalt einem bürgerlichen Kabinett zu überlassen und den Sowjet als Kontrollorgan zu installieren.[80]

77 Vgl. Schröder und Karuscheit, Das Revolutionsjahr 1917, 89–93.
78 Vgl. Hildermeier, Geschichte der Sowjetunion, 49 f.
79 Die Politik des Sowjets, die Regierungsgewalt an eine bürgerliche provisorische Regierung zu übertragen, wurde zu Beginn auch von den Bolschewisten mitgetragen. Lenins «Aprilthesen» von 1917, die einen direkten Übergang in die sozialistische Revolution forderten, führten in dieser Frage zu einem Bruch mit den übrigen sozialistischen Fraktionen. Vgl. Altrichter, Eine Partei neuen Typs, 78 f.
80 Vgl. Schröder und Karuscheit, Das Revolutionsjahr 1917, 91–95. Mit der «Landfrage» ist die Frage gemeint, wem der Boden gehören sollte. Zu den unterschiedlichen politischen Positionen der Menschewisten und Bolschewisten siehe weiter im Text sowie Kapitel 7.3. Die Geschehnisse zwischen der Februar- und der Oktoberrevolution 1917 und die Faktoren, die zur bolschewistischen Machtübernahme im Oktober 1917 führten, können hier nicht besprochen

Die provisorische Regierung umfasste mehrheitlich liberale und einzelne konservative Kräfte. Bindeglied zwischen der Regierung und dem Petrograder Sowjet war der den Sozialrevolutionären nahestehende Alexander Fëdorovič Kerenskij (1881–1970),[81] der zugleich als Justizminister in der Regierung sass (und dieser später auch vorstand) und Mitglied des Exekutivkomitees des Sowjets war. In dieser Doppelfunktion und aufgrund seiner Popularität im Volk war er «für die Handlungsfähigkeit der Regierung von immenser Wichtigkeit»,[82] zumal diese völlig abhängig war vom Wohlwollen des Sowjets. Die Beteiligung Kerenskijs an der provisorischen Regierung wurde vom Sowjet und namentlich von den Sozialrevolutionären zunächst skeptisch betrachtet. Später regierten Vertreter der Sozialrevolutionäre und auch Menschewisten mit.[83]

Das Regierungsprogramm beinhaltete neben der Wahl einer verfassungsgebenden Versammlung und der Rede-, Presse- und Versammlungsfreiheit auch eine Amnestie für politisch Verfolgte.[84] Für die vielen Männer und Frauen, die das Zarenreich seit den 1860er-Jahren aufgrund ihrer revolutionären Aktivitäten beziehungsweise politischen Ansichten verlassen hatten, war die Rückkehr nach Russland nun wieder möglich. Vor diesem Hintergrund gründeten die russischen politischen Emigrantinnen und Emigranten in der Schweiz ein «Zentralkomitee für die Heimreise russischer Emigranten». Dieses schloss Vertreterinnen und Vertreter der «Liga Schweizerischer Hilfsvereine für politische Gefangene und Verbannte Russlands»,[85] der russischen Kolonien verschiedener Schweizer Städte sowie aller revolutionären Parteien ein, die den Krieg ablehnten: die Sozialdemokratische Arbeiterpartei Russlands (menschewistische und bolschewistische Fraktion), die Partei der Sozialrevolutionäre, die Fraktion «Nasche Slowo» um Lev Trockij, die Fraktion «Vpered» um Anatoli Lunacarskij, die Lettischen und Polnischen Sozialdemokraten, die Polnische sozialistische Partei, den Allgemeinen Jüdischen Arbeiterbund in Litauen, Polen und Russland (Bund), die Jüdischen Sozialisten-Territorialisten, die Poale Zionisten, die Anarcho-Kommunisten sowie kleinere Splittergruppen.[86]

werden. Für diese Themen sei auf folgende neuere Analysen verwiesen: Schröder und Karuscheit, Das Revolutionsjahr 1917; Altrichter, 1917 Revolutionäres Russland, sowie Altieri und Jacob, Die Geschichte der Russischen Revolutionen.

81 Kerenskij war im engeren Sinne kein Sozialrevolutionär, sondern gehörte zu den Trudoviki («Partei des arbeitenden Volkes»). Wie die Sozialrevolutionäre kamen auch die Trudoviki aus der Tradition der agrarsozialistischen Bewegung. Vgl. Schafroth, Umwälzung der russischen Gesellschaft, 49.

82 Gößmann, Machtmensch, Versager oder Opfer der Umstände, 196.

83 Vgl. Gößmann, Machtmensch, Versager oder Opfer der Umstände, 190–212. Die Berner Polizeibeamten vermuteten, dass Naum Reichesberg ein Anhänger Kerenskijs war und auf einen Ministerposten in dessen Regierung gehofft hatte, wie im Zusammenhang mit Reichesbergs Bürgerrechtsbegehren in Kapitel 3.3 erörtert wurde.

84 Vgl. Schröder und Karuscheit, Das Revolutionsjahr 1917, 93–95.

85 Die verschiedenen schweizerischen Unterstützungsvereine für russische Emigranten schlossen sich im Sommer 1914 zur «Liga Schweizerischer Hilfsvereine für politische Gefangene und Verbannte Russlands» (kurz: Liga) zusammen.

86 Vgl. Senn, Russian Revolution in Switzerland, 223; Hahlweg, Lenins Rückkehr nach Russland

Verschiedene Hinweise sprechen dafür, dass Naum Reichesberg nicht nur Mitglied des Zentralkomitees für die Heimreise russischer Emigranten war, sondern innerhalb der Organisation auch eine zentrale Rolle spielte. Fritz Platten zitiert in seinen Erinnerungen an die Rückreise Lenins 1917 eine Depesche des Zentralkomitees vom 5. April 1917 an den Petrograder Sowjet und an Justizminister Kerenskij, die vom Exekutivausschuss des Zentralkomitees unterzeichnet war. Unter den Zeichnenden findet sich auch Professor Reichesberg.[87] Von den Deutschen wurde Naum Reichesberg zudem als geeignete Ansprechperson identifiziert, um dem Zentralkomitee Mitteilungen zukommen zu lassen.[88] Jedoch lässt sich, wenn der in den Dokumenten erwähnte Reichesberg nicht mit Vorname identifiziert wird, nicht immer mit Bestimmtheit sagen, ob es sich tatsächlich um Naum handelte. Denn auch der Name Julian Reichesberg taucht im Zusammenhang mit der Rückreise Lenins nach Russland häufig auf.[89] Allerdings spricht namentlich Fritz Platten in Bezug auf das Exekutivkomitee explizit von «Professor Reichesberg», während an anderer Stelle ein «Dr. Reichesberg» genannt wird. Die Gebrüder Reichesberg besassen beide einen Doktortitel, aber nur Naum Reichesberg war Professor. In diesem Sinne kann die Nennung des Professorentitels als Identifikationsmerkmal für Naum Reichesberg verstanden werden. Da die Gebrüder Reichesberg beide aktive Mitglieder der russischen Emigration waren und Julian Reichesberg später innerhalb des Zentralkomitees eine wichtige Funktion einnahm, ist davon auszugehen, dass sowohl Naum wie auch Julian von Anfang an aktive Mitglieder des Zentralkomitees waren. Es ist gut möglich, dass Naum Reichesberg und sein Bruder im Frühling 1917 auch selbst über eine Rückkehr nach Russland nachdachten. Davon gingen jedenfalls nicht nur die Berner Polizeibeamten aus, sondern auch die russischen Studierenden in Bern.[90]

Das Zentralkomitee für die Heimreise russischer Emigranten hatte keine leichte Aufgabe, denn die russischen Revolutionäre im Schweizer Exil standen vor grösseren Schwierigkeiten: Der Weg über England, Frankreich und Italien war blockiert. Die Alliierten des ehemaligen Zarenreiches hatten kein Interesse an der Rückkehr erklärter Kriegsgegner, und der Grossteil der russischen Emigranten in der Schweiz zählte sich zur Zimmerwalder Bewegung. Die Zimmerwalder

---

1917, 15–18, sowie Platten, Lenins Reise durch Deutschland, 26 f. Siehe auch die Liste der Teilnehmenden der Zimmerwalder Konferenz in Degen und Richers, Zimmerwald und Kiental, 103–106.

87 Vgl. Platten, Lenins Reise durch Deutschland, 28 f. Vgl. auch Senn, Russian Revolution in Switzerland, 223.

88 Vgl. Dokument Nr. 24 und Anmerkung 16 in Lenins Rückkehr nach Deutschland, Deutsche Akten, 70. Die deutschen Akten und die Verbindung zu Naum Reichesberg werden weiter im Text erläutert.

89 Dr. Julian Reichesberg war unter anderem Präsident der Untersuchungskommission des Zentralkomitees russischer Emigranten, das in der zweiten Jahreshälfte 1917 die Umstände der Rückreise Lenins nach Russland untersuchte. Vgl. Senn, New Documents on Lenin's Departure from Switzerland, 246, und Platten, Lenins Reise durch Deutschland, 54–59.

90 Siehe die Ausführungen zur Argumentation der Behörden in Kapitel 3.3.

Bewegung, welche «die in den verschiedenen Ländern bestehende Opposition gegen den Krieg vereinigte»,[91] geht auf die Zimmerwalder Konferenz von Anfang September 1915 zurück. Die von Robert Grimm einberufene, dreitägige Konferenz war ein Versuch, die internationale sozialistische Zusammenarbeit wiederherzustellen, die durch den Ausbruch des Ersten Weltkriegs unterbrochen worden war. Es nahmen 34 Männer und vier Frauen aus zehn Ländern teil, darunter einige aus dem Zarenreich.[92] An der Zimmerwalder Konferenz wurde ein Manifest verabschiedet, das zum Kampf gegen den Krieg und zur Aufkündigung des sogenannten Burgfriedens aufrief.[93]

Weil der Weg über die Gebiete der Entente-Staaten blockiert war, schlug der Menschewist Julij Martov an einem Treffen des Zentralkomitees vom 19. März 1917 in Bern vor, über das feindliche Deutschland zu reisen. Den Deutschen sollte im Gegenzug für die Erlaubnis der Durchreise russischer Emigranten die Freilassung deutscher Zivilisten in russischer Gefangenschaft angeboten werden. Der Schweizer Sozialdemokrat Robert Grimm wurde beauftragt, mit der (inoffiziellen) Unterstützung von Bundesrat Arthur Hoffmann bei der deutschen Gesandtschaft zu sondieren, ob Deutschland diesem Plan zustimmen könnte.[94] Die Deutschen gaben sofort ihr Einverständnis bekannt – sie wollten die russischen Emigrantinnen und Emigranten ohne Vorbedingungen, also auch ohne formelles Abkommen über Deutschland nach Russland reisen lassen, in der Hoffnung, dass die russischen Revolutionäre als Kriegsgegner in Russland zugunsten der deutschen Kriegsziele arbeiten würden.[95] Die Mehrheit der Parteienvertreter im

---

91 Degen, Von Zimmerwald bis Kiental, 117.

92 Unter den Vertretern aus dem Zarenreich waren zwei Menschewisten (Julij Martov, Pavel Aksel'rod), zwei Bolschewisten (Lenin, Zinov'ev), zwei Sozialrevolutionäre (Victor Černov, Mark Bobrov), ferner Lev Trockij und Jan A. Berzin als Vertreter der lettischen Sozialdemokraten. Daneben waren auch drei polnische Vertreter (unter anderen Karl Radek) und ein Vertreter des Allgemeinen Jüdischen Arbeiterbundes, Liebman Hersch (unter dem Namen Lemansky), anwesend. Die Schweizer Delegation setzte sich aus Robert Grimm, Carl Vital Moor, Charles Naine und Fritz Platten zusammen. Die Liste der Teilnehmenden der Zimmerwalder Konferenz ist abgedruckt in Degen und Richers, Zimmerwald und Kiental, 103–106.

93 In den Tagen nach Ausbruch des Ersten Weltkrieges stimmten die meisten sozialistischen Abgeordneten in den nationalen Parlamenten den Kriegskrediten ihrer Regierungen zu. In der Überzeugung, ihr Land führe einen «Verteidigungskrieg», stellten sie die innenpolitischen Konflikte zurück. Dieser «Waffenstillstand» zwischen der Sozialdemokratie und den bürgerlichen Parteien in den kriegführenden Staaten wird «Burgfrieden», «union sacrée» oder «truce policy» genannt. Er widersprach diametral den Ideen der Zweiten Internationale, die ideologisch und organisatorisch auseinanderbrach. Vgl. Bürgi, Die Zweite Internationale und der Krieg, 13–19, und Degen, Macht- und Orientierungslosigkeit im Sommer 1914, 21–28.

94 Arthur Hoffmann (1857–1927) war 1911–1917 freisinniger Bundesrat, in den letzten drei Amtsjahren stand er dem Politischen Departement vor. Hoffmann trat am 19. Juni 1917 zurück, nachdem bekannt geworden war, dass er Robert Grimm darin unterstützt hatte, einen Separatfrieden zwischen Deutschland und Russland zu vermitteln. Vgl. auch «Grimm-Hoffmann-Affäre», HLS, www.hls-dhs-dss.ch/textes/d/D17333.php.

95 Ein Vertrauensmann erläuterte das Interesse des Deutschen Reiches am 27. März 1917 zuhanden des Militärattachés der deutschen Gesandtschaft in Bern, Major von Bismarck, wie folgt: «Des Ferneren möchte ich noch einen mir zu Ohren gekommenen originellen Vorschlag hiermit zur Erwägung weiterleiten, die deutsche Regierung sollte den in der Schweiz befindlichen

Zentralkomitee wollte allerdings eine offizielle Erlaubnis der provisorischen Regierung in Russland abwarten, bevor mit den Deutschen ernsthaft verhandelt würde. Nicht aber Lenin: Er erklärte öffentlich, das deutsche Angebot anzunehmen und mit seinen Anhängern so bald als möglich nach Russland zu reisen.[96]

Die abweichende Haltung Lenins hing mit seinem theoretischen Revolutionsverständnis zusammen, das in den Jahren zuvor mehr und mehr vom Zwei-Phasen-Modell abgerückt war.[97] Er forderte von der russischen Sozialdemokratie, den Übergang von der «bürgerlichen» in die «proletarische» Phase der Revolution mithilfe einer Kaderorganisation aktiv zu erzwingen. Um die Gunst der Stunde zu nutzen, wollten die Bolschewisten möglichst rasch nach Russland zurückkehren. Die Menschewisten, die Sozialrevolutionäre und die übrigen Fraktionen, die im Zentralkomitee für die Heimreise russischer Emigranten vertreten waren, wollten zwar auch nach Russland zurückkehren. Für sie spielte aber keine Rolle, ob dies einen Monat früher oder später geschah. Die in Russland erfolgte Revolution war in ihren Augen eine bürgerliche, deren historische Aufgabe es war, die zaristische Autokratie zu beseitigen und ein rechtsstaatliches, parlamentarisches System zu schaffen. Eine proletarische Revolution und der Übergang zum Sozialismus würden zwangsläufig folgen, sobald die russische Gesellschaft dafür bereit war. In diesem Sinne akzeptierten sie auch die provisorische Regierung und wollten mit ihr kooperieren, um den Aufbau einer bürgerlichen Gesellschaft nicht zu gefährden.[98]

Weil Grimm sich vor dem Hintergrund der Uneinigkeit unter den russischen Emigrantinnen und Emigranten weigerte, für Lenin die Bedingungen der Rückreise mit den Deutschen auszuhandeln, bat dieser den ihm nahestehenden Schweizer Sozialdemokraten Fritz Platten um Übernahme der Vermittlung.[99]

---

russischen Emigranten, soweit sie militäruntauglich sind, freie Durchreise durch Deutschland gewähren [...]. Ich glaube diesen Vorschlag befürworten zu sollen, da wir bei der jetzigen Sachlage alles Interesse daran haben, dass die radikale Friedenspartei die Oberhand gewinne, und dazu gehören fast alle hier sitzenden Emigranten. Das scheinbare Entgegenkommen würde also nur nützen und zugleich eine wirksame Demonstration sein gegen die frühere uns feindliche Regierung und auch gegen die heute noch am Ruder sitzenden Kadetten, denen die Rückkehr der einflussreichen radikalen Elemente gar nicht erwünscht ist.» Vgl. Dokument Nr. 24 in: Lenins Rückkehr nach Deutschland, Deutsche Akten, 69.

96 Senn, New Documents on Lenin's Departure from Switzerland, 248.

97 Aus Sicht Lenins beziehungsweise der Bolschewisten konnte die bürgerliche Phase der gesellschaftlichen Entwicklung in Russland übersprungen werden. Das russische Bürgertum war in ihren Augen zu eng mit dem Zarismus verbunden. Hauptverbündete der Arbeiterklasse waren gemäss Lenins Verständnis die Bauern. Vgl. Schafroth, Umwälzung der russischen Gesellschaft, 49.

98 Vgl. Altrichter, Eine Partei neuen Typs, 76–80. Kaum war Lenin im Frühling 1917 nach Russland zurückgekehrt, proklamierte er seine «Aprilthesen», die einen direkten Übergang in die sozialistische Revolution forderten, und vollzog damit definitiv den Bruch mit den übrigen sozialistischen Fraktionen.

99 Fritz Platten (1883–1942) gehörte zum linken Flügel der SPS und war Teil der Zimmerwalder Linken um Lenin. Er stand Lenin und den Bolschewisten allgemein nahe. 1921 war er Mitbegründer der Kommunistischen Partei der Schweiz (KPS). Vgl. auch «Platten, Fritz», HLS, www.hls-dhs-dss.ch/textes/d/D3676.php.

Bereits am 9. April 1917 verliess Lenin Zürich, nachdem die offizielle Zusage aus Deutschland eingetroffen war. Begleitet wurde er von 32 namentlich bekannten Russinnen und Russen, die grösstenteils der bolschewistischen Fraktion zuzuordnen sind, sowie von Fritz Platten.[100]

Die Untersuchungen betreffend die Rückreise Lenins und die Position Reichesbergs

Das eigenmächtige Vorgehen Lenins und seiner Anhänger und die rasche Absprache mit den Deutschen führte unter den russischen Emigrantinnen und Emigranten in der Schweiz zum Verdacht, es hätten bereits vor der Februarrevolution geheime Kontakte zwischen Lenin und der deutschen Gesandtschaft bestanden. Diese Vorwürfe erwiesen sich als haltlos. Viel verdächtiger waren verschiedene Treffen zwischen Anhängern Lenins und deutschen Agenten, die kurz nach der Februarrevolution sowie Ende März 1917 stattgefunden hatten. Die Gerüchte, die Bolschewisten hätten mit den Deutschen geheime Absprachen getroffen und dabei sei womöglich auch Geld geflossen, hielten sich hartnäckig. Das Zentralkomitee für die Heimreise russischer Emigranten beschloss daher im Herbst 1917, eine Kommission einzusetzen, um die Vorgänge rund um Lenins Abreise zu untersuchen. Die Kommission setzte sich aus zwei Vertretern des Bundes sowie je einem Vertreter der Poale Zion, der Bolschewisten und der Menschewisten zusammen. Der Vertreter der Menschewisten und gewählte Präsident der Untersuchungskommission war Julian Reichesberg. Während eines Monats lud die Kommission Zeugen vor und wertete die Aussagen aus, Ende Oktober 1917 legte sie dem Zentralkomitee ihren Bericht vor. Die Machtübernahme der Bolschewisten nur wenige Tage später rückte aber andere Sorgen in den Vordergrund und die Resultate der Untersuchung gerieten in Vergessenheit. Das «Protokoll der Untersuchungskommission über die Umstände der Ausreise Lenins und Genossen aus der Schweiz und Deutschland im Frühling 1917» wurde in die Obhut des Schweizer Sozialdemokraten Otto Lang gegeben und gelangte nach dessen Tod ins Archiv der SPS.[101]

Die an Otto Lang übergebenen Unterlagen enthalten neben dem offiziellen Abschlussbericht der Untersuchungskommission unter anderem auch die protokollierten Aussagen der vorgeladenen Zeugen.[102] Auch Naum Reichesberg wurde von der Kommission am 9. Oktober 1917 vorgeladen. Er wurde dazu befragt, was er seinen russischen Studierenden geraten habe in Bezug auf eine

100 Vgl. Senn, New Documents on Lenin's Departure from Switzerland, 245–253, und Degen, Der Niedergang der Zimmerwalder Bewegung, 155 f.

101 Vgl. Senn, New Documents on Lenin's Departure from Switzerland, 245–253. Der Abschlussbericht der Untersuchungskommission und andere Unterlagen zur Rückreise Lenins 1917 liegen heute im International Institute of Social History in Amsterdam. Alfred Senn wertete die Protokolle und Zeugenaussagen in der zitierten Publikation erstmals aus. Zu Otto Lang siehe Kapitel 6.1.

102 Vgl. Senn, New Documents on Lenin's Departure from Switzerland, 247.

mögliche Heimreise über Deutschland und ob er von irgendwelchen Personen aus dem Kreis der Emigranten auf die Reise durch Deutschland angesprochen worden war.[103] Er habe sich mit allen Kräften bemüht, die Studierenden von der Reise durch Deutschland abzuhalten, versicherte Reichesberg gegenüber der Untersuchungskommission, wobei er sie auf ein Gespräch aufmerksam machte, das er mit einer der deutschen Gesandtschaft nahestehenden Person geführt hatte: Diese Person habe ihn gefragt, ob einzelne russische Emigranten in die Heimat zurückreisen möchten und wenn ja, welchen Weg sie wählen würden. En passant habe diese Person bemerkt, dass die deutsche Regierung wohl zu allen Formen der Zusammenarbeit Hand bieten würde. Deshalb habe er, so Reichesberg, seinen Studierenden klargemacht, dass die Deutschen einen Nutzen daraus ziehen würden, wenn eine solche Reise zustande käme. Den Namen der Person, mit der er das Gespräch geführt hatte, wollte Reichesberg nicht nennen, er wies allerdings darauf hin, dass es sich um eine Person mit Schweizer Bürgerrecht handelte. Ein konkretes Angebot habe diese Person aber nicht gemacht. Wenige Tage nach der Revolution hätten zudem Šklovskij und Zinov'ev bei ihm angefragt, ob es möglich wäre, die Schweizer Behörden zu bitten, eine Reise von russischen Emigranten durch Deutschland zu organisieren.[104] Er habe diesen Vorschlag abgelehnt, weil im Gegenzug deutsche Internierte in Russland freigelassen würden, was er persönlich nicht unterstützte.[105]

Neben Naum Reichesberg wurden viele andere russische Emigranten und einzelne Schweizer Sozialdemokraten als Zeugen vorgeladen, unter ihnen Robert Grimm und Sergej Bagockij, der 1917 als Sekretär und Präsident des Zentralkomitees für die Heimreise russischer Emigranten gewirkt hatte. Die Kommission konnte weder geheime Abmachungen zwischen den Deutschen und Lenin beziehungsweise seinen Anhängern belegen noch konkrete Angebote oder Geldzahlungen von deutscher Seite nachweisen. Die Gespräche zwischen den Anhängern Lenins und deutschen Agenten wurden zwar als suspekt und das eigenmächtige Vorgehen Lenins als unsolidarisch bewertet. Offenbar hielt es die Kommission aber nicht für angebracht, ein Urteil zu fällen.[106]

Es ist unbestritten, dass der deutsche Gesandte in Bern, Freiherr von Romberg, bereits 1914 erste Kontakte zu russischen Revolutionären in der Schweiz etabliert und diese zu Beginn des Jahres 1917 intensiviert hatte.[107] Die deutsche

103 Ich danke Carla Cordin für die sinngemässe Übersetzung des russischen Protokolls ins Deutsche.

104 Bei den beiden Besuchern handelte es sich um Anhänger Lenins. Zinov'ev vertrat an der Zimmerwalder Konferenz zusammen mit Lenin die bolschewistische Fraktion. Šklovskij war bereits kurz nach der Spaltung der Sozialdemokratischen Arbeiterpartei Russlands in zwei Fraktionen als bolschewistischer Wortführer in Bern aufgefallen (siehe Kapitel 2.2). Später war er wichtigster Mitarbeiter von Berzins Sowjetdelegation in Bern (siehe weiter unten in diesem Kapitel).

105 Vgl. Senn, New Documents on Lenin's Departure from Switzerland, 263 f.

106 Vgl. ebd., 253.

107 Werner Hahlweg hat mit einer kommentierten Herausgabe der Deutschen Akten im Zusammenhang mit der Rückkehr Lenins nach Russland 1917 die Rolle der deutschen Gesandtschaft

Regierung hatte durchaus ein Interesse daran, dass in Russland eine Partei an die Macht kam, die um jeden Preis Frieden schliessen wollte. Romberg war überzeugt, dass eine Revolution entlang der nationalen Linien im Zarenreich am schnellsten zu diesem Resultat führen würde. In diesem Sinne versuchte er, die russischen Revolutionäre in der Schweiz zu instrumentalisieren. Die Idee des «Zentralkomitees», eine Heimreise russischer Kriegsgegner über Deutschland zu verhandeln, beflügelte Rombergs Geheimdiplomatie.[108] Der deutsche Gesandte unterhielt selbst kaum direkte Kontakte zu russischen Emigranten. Er sammelte aber, so schreibt Alfred Senn, eine ganze Gruppe von «Abenteurern und Opportunisten», die ihn und seine Mitarbeiter mit Informationen aus dem Umfeld der russischen Revolutionäre bedienten.[109] Seine wichtigsten Vertrauensmänner waren der Este Alexander Kesküla, der Ukrainer Wolodimir Stepankowski sowie der Litauer Juozas Gabrys.[110]

Ein nicht identifizierter Vertrauensmann machte den Militärattaché der deutschen Gesandtschaft in Bern, Major von Bismarck, mit Bericht vom 27. März 1917 auf die Idee der russischen Revolutionäre in der Schweiz aufmerksam, die deutsche Regierung solle ihnen freie Durchreise durch Deutschland gewähren. Er hielt dieses Unternehmen für vorteilhaft für die deutsche Seite. Für die Übermittlung eines deutschen Angebotes, so führte der Vertrauensmann weiter aus, wäre «Professor Naum Reichesberg in Bern» sehr geeignet, «der seit langen Jahren Präsident der russischen Emigranten-Unterstützungskasse ist. Auf Wunsch könnte ich mit R. verhandeln, den ich seit Jahren gut kenne, und der mir wohl gesinnt ist.»[111]

Es ist eher unwahrscheinlich, dass es sich bei diesem Vertrauensmann um einen der drei oben genannten – Kesküla, Stepankowski oder Gabrys – handelte, auch wenn Kesküla sich im Oktober 1912 an der Universität Bern eingeschrieben und Vorlesungen bei Naum Reichesberg besucht hatte.[112] Die zitierte Nachricht war an den Militärattaché und nicht an Romberg gerichtet. Die Agenten Kesküla, Stepankowski und Gabrys waren Rombergs persönliches Netz, das er gemeinsam mit seinem Legationsrat Carl von Schubert auf die Beine gestellt hatte.[113] Dass diese direkt mit dem Militärattaché kommunizierten, darf bezweifelt werden.

---

in Bern und die Interessen des Deutschen Staates beleuchtet. Vgl. «Einleitung», in: Lenins Rückkehr nach Deutschland, Deutsche Akten, 3–36.

108 Vgl. Gautschi, Lenin als Emigrant in der Schweiz, 249–256, und Senn, Russian Revolution in Switzerland, 60–73.

109 Im englischen Original: «a group of enterprising adventurers and opportunists». Senn, Russian Revolution in Switzerland, 61.

110 Vgl. Senn, Russian Revolution in Switzerland, 61.

111 Dokument Nr. 24 in: Lenins Rückkehr nach Deutschland, Deutsche Akten, 70.

112 StAB BB IIIb 1165 Band IX: Album Universitatis Bernensis/Immatrikulationen, SS 1912–WS 1916/17, Keskülla Alexander, Matrikel-Nr. 17213, Wintersemester 1912/13.

113 Vgl. Senn, Russian Revolution in Switzerland, 61.

Möglicherweise war der Vertrauensmann des Majors von Bismarck identisch mit dem Schweizer Bürger beziehungsweise der Schweizer Bürgerin, der oder die im Gespräch mit Reichesberg indirekt für die Deutschen sondierte. Aus den deutschen Akten geht nicht hervor, welche Nationalität der Vertrauensmann hatte. Gemäss den Erinnerungen von Fritz Platten hatte Robert Grimm – bevor Fritz Platten selber für die Gruppe um Lenin vermittelte – einen Mittelsmann zwischen den russischen Emigranten und der deutschen Gesandtschaft eingesetzt, den er als bekannten Notar und Genossen in Bern beschrieb.[114] Auch Grimm nannte keinen Namen. Aus anderen Quellen geht allerdings hervor, dass der Berner Anwalt Karl Zgraggen (1861–1929), der 1895/96 die SPS präsidierte und ein prominenter Sozialist war, in der Berner Russenkolonie gut vernetzt gewesen sein soll.[115] Zgraggen würde auf die Beschreibung des Mittelmanns von Robert Grimm passen. Er dürfte Reichesberg ausserdem gut und bereits seit vielen Jahren gekannt haben: Zgraggen verteidigte nach dem Käfigturmkrawall 1893 Carl Vital Moor, während Reichesberg die Verhandlungen gegen Nikolaus Wassilieff eng begleitete. Zgraggen soll auch gut mit Šklovskij bekannt gewesen sein, der in den Tagen nach der Februarrevolution intensiv sondierte, ob eine Reise durch Deutschland möglich wäre, und wirkte ferner als Lenins juristischer Berater.[116] Es wäre denkbar, dass Karl Zgraggen Naum Reichesberg als geeignete Person aussuchte, um die allgemeine Stimmung unter den russischen Emigranten zu fühlen. Allerdings ist schwer vorstellbar, dass er der deutschen Gesandtschaft unbekümmert Berichte übermittelte oder für sie sondierte, geschweige denn in deren Diensten stand.

Ein anderer Schweizer Sozialdemokrat, der den Deutschen nachweislich seine Dienste zur Verfügung stellte, war Carl Vital Moor. Moor wurde von Historikern bereits mehrfach als möglicher Mittelsmann zwischen Lenin und den Deutschen ins Spiel gebracht. Alfred Senn lehnt diese These mit der Begründung ab, dass Moor erst nach der Abreise Lenins aus der Schweiz als Vertrauensmann für die Deutschen aktiv wurde.[117] Diese Annahme ist allerdings nicht korrekt. Leonhard Haas konnte in seiner 1970 erschienenen Biografie über Carl Moor aufzeigen, dass dieser nicht erst im Sommer 1917 Beziehungen mit der deutschen und der österreichischen Diplomatie aufnahm, sondern dass die Vertreter der Österreichisch-Ungarischen Monarchie und der deutschen Gesandtschaft in Bern bereits seit längerer Zeit mit dem Vertrauensmann «Baier» (Deckname Moors) in Kontakt standen.[118] Wobei der Autor sogar die Vermutung äussert, dass Moor schon an der von Robert Grimm einberufenen Zimmerwalder Kon-

114 Vgl. Senn, New Documents on Lenin's Departure from Switzerland, 271 f.
115 Vgl. Haas, Carl Vital Moor, 125.
116 Vgl. ebd. und «Zgraggen, Karl», HLS, www.hls-dhs-dss.ch/textes/d/D14787.php.
117 Vgl. Senn, New Documents on Lenin's Departure from Switzerland, 249, Anmerkung 2.
118 Vgl. Haas, Carl Vital Moor, 147–153.

ferenz im September 1915 als «Beobachter im Auftrag der deutschen Gesandtschaft in Bern» teilnahm.[119]

Verschiedene Hinweise legen nahe, dass Carl Vital Moor der Vertrauensmann war, der den Militärattaché der deutschen Gesandtschaft in Bern Ende März 1917 über die Idee der russischen Emigranten in Kenntnis setzte, mit der deutschen Regierung über eine freie Durchreise durch Deutschland zu verhandeln, und der Naum Reichesberg als Verhandlungspartner aufseiten der russischen Emigranten empfahl. Moor beziehungsweise «Baier» berichtete der deutschen Gesandtschaft später auch über die verschiedenen Sondertransporte russischer Revolutionäre über Deutschland.[120] Carl Moor kannte Reichesberg seit Beginn der 1890er-Jahre. Er wusste, wie gut Reichesberg in der russischen Kolonie vernetzt war, dass die russischen Emigrantinnen und Emigranten ihm viel Vertrauen entgegenbrachten und dass er mit allen politischen Parteien gute Beziehungen pflegte. Es ist naheliegend, dass er auf den beliebten Professor zurückgreifen wollte, um das deutsche Angebot ehrlich und ungefährlich erscheinen zu lassen. Diese Annahme wird durch ein verschlüsseltes Telegramm zweier enger Mitarbeiter des deutschen Gesandten Freiherr von Romberg, Carl von Schubert und Dietrich von Bethmann Hollweg gestützt, das Haas zitiert. Schubert und Bethmann Hollweg informierten ihren Chef, der sich gerade in der Reichshauptstadt aufhielt, am 13. August 1917 darüber, dass Baier «keine Bedenken [hegt] gegen die Heranziehung des Professors R. in der bewussten Angelegenheit». R. sei zwar Entente-freundlich, bei ihm überwiege aber die russisch-patriotische Gesinnung.[121] In welchem Zusammenhang das Telegramm steht, konnte Haas nicht rekonstruieren. Beim genannten Professor R. handelt es sich aber mit grosser Wahrscheinlichkeit um Naum Reichesberg. Ein anderer Berner Professor, auf den die Beschreibung und die Initiale des Nachnamens passen, ist nicht bekannt. Moor pries Reichesberg der deutschen Gesandtschaft hier eindeutig als vertrauenswürdige Kontaktperson an. Möglicherweise hatte er auch selbst mit Reichesberg über die Idee gesprochen. Es wäre also durchaus denkbar, dass Carl Moor der Gesprächspartner mit Schweizer Bürgerrecht war, den Reichesberg in seiner Zeugenaussage erwähnte.

Die Zeugenaussage Naum Reichesbergs vor dem Untersuchungskomitee verrät einiges über seine politische Position und seine Rolle innerhalb der rus-

---

119 Ebd., 141.

120 In den von Wener Hahlweg publizierten und kommentierten deutschen Akten zur Rückkehr russischer Revolutionäre über Deutschland im Jahr 1917 ist der Vertrauensmann «Baier» in einem Telegramm vom 11. Juli 1917 betreffend den letzten russischen Emigrantenzug namentlich erwähnt. Die vorherigen Berichte des nicht namentlich erwähnten Vertrauensmannes sind im selben Stil verfasst. Vgl. Dokument Nr. 100 in: Lenins Rückkehr nach Deutschland, Deutsche Akten, 134–136.

121 Haas, Carl Vital Moor, 337 f., Anmerkung 311. Dass es sich um Dietrich von Bethmann Hollweg handelte, ist eine Annahme der Autorin. Haas gibt nur den Nachnamen an. Dietrich von Bethmann Hollweg (1877–1933) war ein deutscher Diplomat. Ob er zu dieser Zeit tatsächlich in Bern stationiert war, konnte nicht eruiert werden.

sischen Emigration: Reichesberg betonte sein Misstrauen gegenüber den Deutschen und seine Ablehnung eines Handels, in dem die russischen Emigranten als Spielbälle der Grossmächte benutzt würden. Damit positionierte er sich klar gegen das Vorhaben Lenins und folglich auch klar gegen dessen politische Linie. Gleichzeitig wird aus seinen Ausführungen deutlich, dass Reichesberg von allen Parteien und sogar über die russische Kolonie hinaus als sehr vertrauenswürdiger Gesprächspartner und als Vermittler wahrgenommen wurde. Nur so ist zu erklären, dass sowohl Schweizer im Interesse der deutschen Gesandtschaft bei Reichesberg Einschätzungen einholten wie auch Vertreter der Bolschewisten in einer vertraulichen Angelegenheit an ihn herantraten. Beide zählten wohl auch darauf, dass Reichesberg diplomatisch agierte und wusste, welche Informationen er für sich behalten musste.

Bolschewismus-Vorwürfe

Anfang September 1920 wandte sich die italienische Gesandtschaft in Bern an den Bundesanwalt mit dem Hinweis auf einen gewissen «Bagodski», der sich zurzeit möglicherweise in Bern aufhalte und in die revolutionäre Bewegung in Italien involviert sei. Diesem Russen würden in der Schweiz mehrere «kommunistische Agenten» zu Diensten stehen, die für ihre Propaganda auch beträchtliche Geldsummen aus dem Ausland erhielten. Bei den «kommunistischen Agenten», zu denen die italienische Gesandtschaft Auskünfte verlangte, handelte es sich um Professor Reichesberg in Bern, Doktor Tschlenoff in Montreux und Doktor Dainow in Genf. Bereits eine Woche später erhielten die Italiener die gewünschten Angaben. Während Manuel Dainow den Schweizer Behörden offenbar als Anarchist bekannt war und verdächtigt wurde, den Bolschewisten nahezustehen, wurden die Vorwürfe gegen Boris (Benzion) Tschlenoff und Naum Reichesberg von der Bundesanwaltschaft als kaum zutreffend zurückgewiesen. Zu Naum Reichesberg heisst es knapp, er sei als Sozialist bekannt, mache aber nicht durch revolutionäre Aktivitäten auf sich aufmerksam.[122]

Die Bundesanwaltschaft hielt die Anschuldigungen der italienischen Gesandtschaft gegen Naum Reichesberg für grundlos. Sie kannte den Berner Professor als überzeugten «socialiste-démocrate», mit bolschewistischer Agitation sei er aber nie aufgefallen.[123] Es ist unklar, ob die Behörden mit Absicht die Bezeichnung «social*iste*-démocrate» verwendeten oder ob dieser Begriff hier als

122 BAR E21#1000/131#8561-9699*: Personalbogen von Anarchisten, Kommunisten, Sozialisten, Nationalisten, Mitgliedern von Minderheitenbewegungen usw., A–Z: Dossier 8597: Bagotzki Serge, 8. September 1920 No. 31 von Ital. Gesandtschaft 7.IX No. 3404, und 16. Sept. 1920 No. 31 an Ital. Gesandtschaft in Bern.

123 BAR E21#1000/131#8561-9699*: Personalbogen von Anarchisten, Kommunisten, Sozialisten, Nationalisten, Mitgliedern von Minderheitenbewegungen usw., A–Z: Dossier 8597: Bagotzki Serge, 16. Sept. 1920 No. 31 an Ital. Gesandtschaft in Bern.

Synonym für «social-démocrate» zu verstehen ist. Der Terminus «demokratischer Sozialismus» wird heute in erster Linie im Zusammenhang mit einer sozialistischen Strömung am linken Rand der Sozialdemokratie verwendet, die sich nach 1917 dem Leninismus beziehungsweise Bolschewismus widersetzte. Die demokratischen Sozialisten, zu denen auch Robert Grimm zählte, verfolgten einen Mittelweg zwischen dem Bolschewismus und dem Reformismus des rechten Flügels der Sozialdemokratie. Mit der Zeit wurde der Begriff «demokratischer Sozialismus» zum Synonym für «Sozialdemokratie». Dass die lokalen Polizeibeamten, auf deren Berichte sich die Einschätzungen der Politischen Polizei des Bundes stützten, die feinen ideologischen Unterschiede innerhalb der Sozialdemokratie genau kannten, ist unwahrscheinlich. Es ist eher davon auszugehen, dass «socialiste-democrate» und «social-democrate» für sie ein und dasselbe waren. In ihrer Antwort an die italienische Gesandtschaft wollte die Bundesanwaltschaft vor allem zum Ausdruck bringen, dass Naum Reichesberg zwar zweifellos als Sozialdemokrat einzuordnen sei, dass er aber weder als aufrührerisch noch als Bolschewist aufgefallen war.

Tatsächlich dürfte Reichesberg aber mit den beiden von der italienischen Gesandtschaft genannten Herren Bagockij und Tschlenoff gut bekannt gewesen sein. Verbindungen mit dem Arzt Manuel Dainow (1875–?) in Genf konnten hingegen keine nachgewiesen werden.[124] Boris (Benzion) Tschlenoff (1863–1952), geboren in Krementschug, studierte an der Universität Bern Medizin und schloss 1888 mit dem Staatsexamen ab. Ab 1900 lehrte er an der Universität Bern als Privatdozent Hydrotherapie, Balneotherapie und Heildiagnostik. Die Wahrscheinlichkeit ist gross, dass sich Reichesberg und Tschlenoff, die ungefähr zur selben Zeit aus den südlichen Provinzen des Ansiedlungsrayons für das Studium nach Bern kamen und später an der Universität lehrten, aus dem Umfeld der Berner Kolonie oder der Universität kannten. Thomas Bürgisser bezeichnet die beiden als «Bekannte».[125] Tschlenoff präsidierte ausserdem in den 1930er-Jahren zusammen mit Julian Reichesberg den «Verein des Russischen Volkssanatoriums» in Davos, der eine Pension mit dem Namen «Aurora» betrieb. Gemäss dem Justiz- und Polizeidepartement des Kantons Graubünden weilten auch Kommunisten zur Kur in der Pension Aurora.[126] Beatenberg, wo Tschlenoff bereits seit Beginn des Jahrhunderts eine Hydrotherapie-Klinik leitete, war bei der Politi-

124 Boris Tschlenoff heiratete 1939 offenbar Ernestine Daïnow-Dicker, die Witwe (oder Ex-Frau) von Manuel Dainow. Vgl. «Tschlenoff, Boris», HLS, www.hls-dhs-dss.ch/textes/d/D49696.php. Ernestine Dicker war die Schwester des russisch-stämmigen, sozialistischen Anwaltes und Genfer Politikers Jacques Dicker. Vgl. «Dicker, Jacques», HLS, www.hls-dhs-dss.ch/textes/d/D6260.php.

125 Vgl. Bürgisser, Boris Tschlenoff, 183 f. Auf welche Quellen sich Bürgisser in seiner Einschätzung stützt, konnte nicht nachvollzogen werden.

126 BAR E21#1000/131#8561-9699*: Personalbogen von Anarchisten, Kommunisten, Sozialisten, Nationalisten, Mitgliedern von Minderheitenbewegungen usw., A–Z: Dossier 8980: Horwitz Werner, Schreiben des Justiz- und Polizeidepartements des Kantons Graubünden vom 22. Juni 1935 an die schweiz. Bundesanwaltschaft.

schen Polizei in den 1920er-Jahren ebenfalls als «Bolschewistennest» bekannt – so auch Interlaken und Faulensee bei Spiez, wo Sergej Bagockij wohnhaft war. In diesen drei Orten soll sich zuweilen die gesamte Berner Sowjetmission versammelt haben.[127] Obwohl Boris Tschlenoff sowohl in Beatenberg wie auch in Davos Kliniken vorstand, die auch von Kommunisten besucht wurden, konnte ihm die Politische Polizei keine kommunistische Propagandatätigkeit nachweisen.[128] Möglicherweise waren die vielen Fragezeichen rund um seine politischen Ansichten aber mit ein Grund, dass der Kanton Waadt das Einbürgerungsgesuch von Boris Tschlenoff 1920 ablehnte. Tschlenoff konnte schliesslich doch noch Schweizer werden: Sein Gesuch in Bern wurde 1921 gutgeheissen – «dank Freunden in Politik und Verwaltung», wie Bürgisser schreibt.[129]

Sergej Bagockij (1879–1953) hatte sich während seiner Studienzeit der revolutionären Bewegung im Zarenreich angeschlossen. 1905 floh er aus der sibirischen Gefangenschaft nach Krakau, wo er sein Medizinstudium fortsetzte und offenbar auch Lenin bei der Niederlassung behilflich war. 1915 kam Bagockij als politischer Emigrant in die Schweiz, wo er als Assistenzarzt arbeitete und sich während des Krieges als Vorsteher der «Liga Schweizerischer Hilfsvereine für politische Gefangene und Verbannte Russlands» (kurz: Liga) für die Anliegen seiner Landsleute einsetzte.[130] 1917 wirkte er als Sekretär und (ab Juni) als Präsident des Zentralkomitees für die Heimreise russischer Emigranten.[131] Im Rahmen dieser beiden Engagements begegnete er auch Naum Reichesberg.

Reichesberg präsidierte im November 1914 ein Treffen zwischen Mitgliedern der Liga, Vertretern verschiedener russischer Kolonien in der Schweiz und der zaristischen Gesandtschaft in Bern. Ziel des Treffens war es, die Hilfstätigkeit für Russinnen und Russen in der Schweiz zu koordinieren. In welcher

---

127 BAR E21#1000/131#8561-9699*: Personalbogen von Anarchisten, Kommunisten, Sozialisten, Nationalisten, Mitgliedern von Minderheitenbewegungen usw., A–Z: Dossier 8597: Bagotzki Serge, Personalbogen I und II.

128 BAR E21#1000/131#8561-9699*: Personalbogen von Anarchisten, Kommunisten, Sozialisten, Nationalisten, Mitgliedern von Minderheitenbewegungen usw., A–Z: Dossier 9574: Tschlenoff Benzion Aronoff.

129 Bürgisser, Boris Tschlenoff, 181.

130 Im Schweizer Exil hatten russische Emigranten in vielen Schweizer Städten Unterstützungskassen gegründet, wobei die nationalen Minderheiten (Juden, Polen, Ukrainer etc.) und die politischen Parteien jeweils ihre eigenen Strukturen unterhielten. Gleichzeitig entstanden schweizerische Unterstützungsvereine, die für bedürftige russische Emigranten Geld sammelten. Die schweizerischen Unterstützungsvereine schlossen sich im Sommer 1914, kurz vor dem Ausbruch des Ersten Weltkrieges, zur «Liga Schweizerischer Hilfsvereine für politische Gefangene und Verbannte Russlands» zusammen. Trotz ihres Namens versuchte die Liga, alle bedürftigen Russinnen und Russen zu unterstützen. Gemäss Julia Richers handelte es sich um eine Gründung der schweizerischen Sozialdemokraten. Alfred Senn und Peter Collmer machen keine Angaben zum politischen Hintergrund der Liga. Senn weist aber darauf hin, dass diese die Räumlichkeiten des Arbeiterbildungsvereins Eintracht in Zürich als Zentrale nutzte, was auf eine Verankerung im sozialdemokratischen Milieu hindeutet. Vgl. Richers, Osteuropäische Revolutionärinnen und Revolutionäre im Schweizer Exil, 49; Collmer, Die Schweiz und das Russische Reich, 267–269, und Senn, Russian Revolution in Switzerland, 11.

131 Zur Person Bagockijs siehe Fayet, VOKS, 57–63.

Funktion Naum Reichesberg die Zusammenkunft präsidierte und ob er auch derjenige war, der sie einberufen hatte, bleibt unklar. Peter Collmer verweist darauf, dass Reichesberg eine «Unterstützungskasse für russische Emigranten» präsidierte.[132] Auch in den Akten des deutschen Geheimdienstes wird eine solche Unterstützungskasse erwähnt, die Reichesberg präsidiert haben soll.[133] Auf jeden Fall wurde Reichesberg zugetraut, als Gastgeber und Vermittler alle wichtigen Akteure an einen Tisch zu bringen. Anlässlich des Treffens vom November 1914 wurde ein neues Hilfskomitee gegründet, dem ebenfalls Naum Reichesberg vorstand. Die Kooperationsphase zwischen den russischen Emigranten und der zaristischen Gesandtschaft währte allerdings nur kurz: Bereits Anfang 1915 verstärkte die zaristische Gesandtschaft den Druck auf die Emigranten, als Militärpflichtige nach Russland zurückzukehren. Die Emigranten widersetzten sich der militärischen Rekrutierung und konnten dabei auf Rückendeckung durch die Schweizer Behörden zählen, die das Asylrecht vehement verteidigten.[134] Das im November 1914 neu gegründete «Comité central de secours aux Russes en Suisse» organisierte laut Thomas Bürgisser und Alfred Senn vor allem Hilfslieferungen zugunsten russischer Kriegsgefangener, wobei auch von einer Zeitung und der Einrichtung von Bibliotheken in den Gefangenenlagern die Rede war.[135]

Zeitzeugen zufolge war Reichesberg auch Zentralpräsident der «Union russischer Bürger in der Schweiz».[136] Ob er in dieser Funktion auch Anfragen um finanzielle Unterstützung durch die staatliche auswärtige Armenpflege für kranke oder bedürftige Russinnen und Russen einreichte oder ob es sich beim «Comité Central des Sociétés des Citoyens Russes en Suisse», das in den Akten der Fürsorgedirektion des Kantons Bern als Absender der Gesuche vermerkt ist, eher um das erwähnte, im November 1914 neu gegründete «Comité central de secours aux Russes en Suisse» handelte, ist unklar.[137] Möglicherweise ist auch die erwähnte «Unterstützungskasse für russische Emigranten», die Reichesberg präsidiert haben soll, identisch mit einer dieser Organisationen. Es ist schwierig, sich einen Überblick zu verschaffen, um wie viele Organisationen es sich tatsäch-

132 Vgl. Collmer, Die Schweiz und das Russische Reich, 269.

133 Vgl. Dokument Nr. 24: Bericht eines Vertrauensmannes an den Militârattaché der Gesandtschaft in Bern, Major von Bismarck, vom 27. 3. 1917, in: Lenins Rückkehr nach Deutschland, Deutsche Akten, 68–70. Hier heisst die Unterstützungskasse «russische Emigranten-Unterstützungskasse». Die Angaben konnten leider nicht verifiziert werden.

134 Vgl. Richers, Osteuropäische Revolutionärinnen und Revolutionäre im Schweizer Exil, 49; Collmer, Die Schweiz und das Russische Reich, 269, und Senn, Russian Revolution in Switzerland, 11–13, 135 f.

135 Vgl. Bürgisser, Unerwünschte Gäste, 54, und Senn, Russian Revolution in Switzerland, 135 f.

136 Vgl. Nachruf in den Basler Nachrichten, Nr. 17, 17. 1. 1928, Todesanzeige in der Berner Tagwacht, Nr. 6, 9. 1. 1928, und Dokument Nr. 24 und Anmerkung 16 in Lenins Rückkehr nach Deutschland, Deutsche Akten, 70.

137 StAB BB 13.1.431: Akten der Fürsorgedirektion, Diverse Akten / Unterstützung notleidender und kranker Russen. Julian Reichesberg wird in den Akten als Kassier des Comités ausgewiesen, das im Namen notleidender Russen um Unterstützung ersuchte. Auch der Name Naum Reichesberg taucht allerdings in den Akten auf.

lich handelte und wo allenfalls die Übersetzungen in verschiedene Sprachen zu Verwirrung führen.

Die verschiedenen sozialen Engagements Naum Reichesbergs für die russischen Emigrantinnen und Emigranten in der Schweiz zeigen vor allem eines: Reichesberg arbeitete mit allen politischen Lagern zusammen, wenn es der Sache und namentlich den betroffenen Frauen und Männern im Schweizer Exil diente. Er zog nicht nur mit Bolschewisten am selben Strick, sondern suchte auch die Zusammenarbeit mit der zaristischen Gesandtschaft, wenn das zweckmässig erschien. Während des Ersten Weltkrieges setzte er sich gemeinsam mit Sergeij Bagockij für russische Kriegsgefangene und andere notleidende Russinnen und Russen in der Schweiz ein. Nach der Februarrevolution 1917 bündelten alle sozialistischen Fraktionen der russischen Emigration ihre Kräfte, um eine Lösung für die Heimkehr nach Russland zu finden. Dass Bagockij und Reichesberg hier kooperierten, ist nicht überraschend und sagt wenig über die politischen Gemeinsamkeiten aus. Jedenfalls reichen diese Berührungspunkte kaum, Reichesberg als «kommunistischen Agenten» zu bezeichnen, wie dies die italienische Gesandtschaft tat.

Allerdings waren die Italiener nicht die Einzigen, die eine enge Verbindung zwischen Reichesberg und Bagockij vermuteten. Glaubt man dem Bericht des Berner Polizeikommandos vom 25. November 1920, sollen die Gebrüder Reichesberg Bagockij sogar massgeblich beeinflusst haben: «Bagotzki, vom russischen roten Kreuz steht im Dienste der Juden & zwar sollen es hauptsächlich Prof. Reichesberg & Dr. Reichesberg, beide in Bern, sein, welche ihn leiten. Die beiden R. sind total im Fahrwasser der 3ten Internationale.»[138] Diese Vorwürfe scheinen ziemlich aus der Luft gegriffen. Die Einordnung von Julian und Naum Reichesberg als Anhänger der Kommunistischen Internationale (Komintern) widersprechen allen früheren und späteren Einschätzungen der Politischen Polizei. Möglicherweise liess hier ein übereifriger Beamter seiner Abneigung gegen die «Judeo-Bolschewisten» freien Lauf und verdächtigte alle russischen Juden, die sozialistische Positionen vertraten, der bolschewistischen Agitation. Nach dem Landesstreik von 1918 war die Bolschewistenfurcht in der Schweiz gross,

138 BAR E21#1000/131#8561-9699*: Personalbogen von Anarchisten, Kommunisten, Sozialisten, Nationalisten, Mitgliedern von Minderheitenbewegungen usw., A–Z: Dossier 8597: Bagotzki Serge, 25. Novbr. 1920 No. 12 von Polizeikommando Bern 25.XI (Auszug eines Berichtes). Die Dritte Internationale ist besser bekannt als die Kommunistische Internationale (Komintern), gegründet 1919 in Moskau. Die Zweite Internationale, die zu Beginn des Ersten Weltkrieges auseinandergebrochen war, wurde 1920 wiedererrichtet, blieb aber bedeutungslos, weil sich die linkssozialistischen Parteien nicht anschlossen. Diese gründeten unter Führung der Sozialdemokratischen Arbeiterpartei Österreichs im Februar 1921 in Wien die Internationale Arbeitsgemeinschaft Sozialistischer Parteien (auch Zweieinhalbte oder Wiener Internationale), die eine Position zwischen Komintern und Zweiter Internationale einnahm. Im Mai 1923 kam es zur Vereinigung der Zweiten Internationale und der Internationalen Arbeitsgemeinschaft Sozialistischer Parteien in der Sozialistischen Arbeiter-Internationale. Vgl. «Internationale», HLS, www.hls-dhs-dss.ch/textes/d/D16482.php.

und nicht selten trat sie in Kombination mit stereotypen Vorurteilen gegen Ostjuden auf.[139]

Dass die Gebrüder Reichesberg auch nach dem Ersten Weltkrieg mitunter mit Sergej Bagockij zusammenarbeiteten, ist aber durchaus möglich. Bagockij war seit August 1918 als Vertreter des Russischen Roten Kreuzes beim Internationalen Komitee vom Roten Kreuz (IKRK) in der Schweiz, nachdem er für kurze Zeit nach Russland zurückgekehrt war. In dieser Funktion kümmerte er sich um die in der Schweiz internierten russischen Soldaten und Kriegsgefangenen sowie um die russischen Emigrantinnen und Emigranten, die gerne heimkehren wollten.[140] Die Russische Vertretung beim IKRK gab sich zwar offiziell als unabhängig, war aber sowohl logistisch wie personell – namentlich im Bereich der Repatriierung russischer Kriegsgefangener – eng mit der Sowjetmission von Jan A. Berzin verbunden.[141] Der lettische Revolutionär, der sich bereits früher als politischer Emigrant in der Schweiz aufgehalten und 1915 an der Zimmerwalder Konferenz teilgenommen hatte, kam im Mai 1918 mit einer Delegation von 12 Personen nach Bern und versuchte, sich nach der Machtübernahme der Bolschewisten als offizieller russischer Sowjet-Gesandter zu etablieren.[142] Der Berner Sowjetmission gelang es tatsächlich in kurzer Zeit, die alte russische Vertretung zu verdrängen und sich gegenüber den Schweizer Behörden als einzige Repräsentantin Russlands zu behaupten. Die Schweizer Behörden überwachten die Sowjetmission und Personen in ihrem Umfeld allerdings intensiv. Vereinzelt kam es auch zu Einreiseverboten oder gar Verhaftungen. Man verdächtigte die Sowjetmission der revolutionären Agitation und der finanziellen Unterstützung bolschewistischer Propaganda in der Schweiz. Am 6. November 1918 brach der Bundesrat deshalb die Beziehungen zur Sowjetmission ab. Am 12. November 1918, dem ersten Tag des Landesstreiks, wurde sie des Landes verwiesen. Man warf Berzins Delegation eine organisatorische Verwicklung in den Generalstreik vor. Dieser Vorwurf konnte in den nachfolgenden Untersuchungen nicht bestätigt werden. Die bolschewistische Agitation mag die Bereitschaft zu revolutionären Aktivitäten unter Schweizer Sozialisten diskursiv befördert haben. Heute geht die Geschichtswissenschaft aber davon

---

139 Vgl. Bürgisser, Unerwünschte Gäste, 74–77, und Gautschi, Landesstreik, 167–171.

140 Vgl. Fayet, VOKS, 75–83.

141 Vgl. Fayet, VOKS, 65 f.

142 Die Sowjetdelegation erhielt ein gewöhnliches Visum für die Schweiz und wurde als Gesprächspartnerin anerkannt. Damit machte der Bundesrat deutlich, dass er die Sowjetmission zwar als Repräsentation des «neuen Russland» duldete und mit ihr wenn nötig kooperieren werde, dass er sie aber nicht offiziell als diplomatische Vertretung anerkannte. Peter Collmer nimmt an, dass der Bundesrat Berzins Delegation aufgrund dessen faktischer Macht mit einem gewissen Pragmatismus begegnete und sie als legitime Vertretung duldete. Man fürchtete insbesondere Repressalien gegen Schweizerinnen und Schweizer in Russland. Vgl. Collmer, Die Schweiz und das Russische Reich, 437–439, 458 f. Ein wichtiger Mitarbeiter Berzins war «Legationsrat» Šklovskij, der in Bern studiert hatte und in der hiesigen Kolonie als Anführer der Bolschewisten auftrat.

aus, dass keine direkte Beteiligung der Sowjetmission an den Streikvorbereitungen stattgefunden hat.[143]

Sergej Bagockijs Büro wurde im Zusammenhang mit der Ausweisung der Sowjetmission ebenfalls durchsucht. Weil die Bundesanwaltschaft keine substanziellen Beweise für revolutionäre Propaganda fand, durfte er in der Schweiz bleiben.[144] Bagockijs Einsatz für seine bedürftigen Landsleute fand bei den Behörden offenbar ein gewisses Ansehen. Er konnte seine Funktion weiter ausüben, nachdem er versprochen hatte, sich politisch zurückzuhalten. Nach dem Abbruch der diplomatischen Beziehungen zwischen der Schweiz und der Sowjetunion 1923 wurde Bagockij gar halboffizieller Vertreter der sowjetischen Regierung in der Schweiz.[145]

7.3 Gefährlicher sozialistischer Agitator oder harmloser Sozialdemokrat?

Dass Reichesberg sozialistische Positionen vertrat und mit der revolutionären Bewegung im Zarenreich sympathisierte, war kein Geheimnis. Das wussten sowohl der Berner Regierungsrat, der ihn zum Professor an der Universität Bern beförderte und ihn mehrmals wiederwählte, wie auch seine Studierenden, die seinen Vorlesungen über die Geschichte der sozialen Bewegungen oder über kommunistische Theorien folgten. Reichesberg versteckte seine politischen Überzeugungen nicht, sie waren integraler Bestandteil seiner wissenschaftlichen Tätigkeit. Er pflegte zudem gute Kontakte mit russischen Revolutionären aller Parteien wie mit Schweizer Sozialdemokraten. Die Vorwürfe, Reichesberg sei ein gefährlicher Agitator oder gar ein bolschewistischer Agent gewesen, wirken aber doch weit hergeholt.

Dass die zaristische Geheimpolizei Naum Reichesberg in den 1890er-Jahren gegenüber dem Bundesrat als hoch gefährlich bezeichnete und vor einer Indoktrinierung der russischen Studierenden warnte, ist nachvollziehbar. Das zaristische Regime war besorgt wegen der vielen Studentinnen und Studenten in Bern, die von revolutionärer Propaganda überschwemmt wurden und sich in der Emigranten-Blase zu Regimegegnern zu entwickeln drohten. Etwas bizarr wirkt diese Einschätzung aber vor dem Hintergrund, dass die russische Gesandtschaft in Bern nur wenige Monate, bevor sie den Bundesrat vor Naum Reichesberg warnte, die Gültigkeit seines russischen Auslandpasses zuhanden der kantonalen

143 Vgl. Collmer, Die Schweiz und das Russische Reich, 460, und Gautschi, Landesstreik, 156–171, 216–224.

144 BAR E21#1000/131#8561-9699*: Personalbogen von Anarchisten, Kommunisten, Sozialisten, Nationalisten, Mitgliedern von Minderheitenbewegungen usw., A–Z: Dossier 8597: Bagotzki Serge, 8. Aug. 1919 No. 200 Polizeibericht und 16. Sept. 1920 No. 31 an Ital. Gesandtschaft in Bern.

145 Vgl. Collmer, Die Schweiz und das Russische Reich, 424, 453 f., 468 f., und «Bagocki, Sergius», HLS, www.hls-dhs-dss.ch/textes/d/D28429.php.

Polizeidirektion in Bern bestätigte und kein Wort über seine politischen Aktivitäten verlor.[146]

Die Beurteilungen der Bundesanwaltschaft hingegen waren erstaunlich besonnen. Mitte der 1890er-Jahre wurden Reichesberg und seine (erste) Ehefrau als Nihilisten und sozialistische Agitatoren bezeichnet – eine Begrifflichkeit, die unhinterfragt von den städtischen und kantonalen Polizeibeamten übernommen wurde. Dass ein Personaldossier zu Naum Reichesberg eröffnet wurde, deutet darauf hin, dass die Politische Polizei seine Aktivitäten zumindest zu Beginn als relevant erachtete. Vielleicht sollten die Vorwürfe der zaristischen Gesandtschaft aber auch einfach sorgfältig geprüft werden. Immerhin sah man keinen Anlass einzuschreiten und das Personaldossier wurde nach kurzer Zeit geschlossen. Als Reichesberg zu Beginn der 1920er-Jahre ein Einbürgerungsgesuch stellte, wurden seine Verbindungen zur russischen Sozialdemokratie und seine angebliche Hoffnung thematisiert, unter der Kerenskij-Regierung einen Ministerposten zu erhalten. Seine politischen Überzeugungen wurden aber nicht ernsthaft als Hindernis für eine Einbürgerung verstanden. Sogar kurz nach dem Landesstreik und mitten in einer Zeit der übertriebenen Bolschewismus-Furcht war es in der Schweiz offenbar weniger problematisch, bekennender Sozialist zu sein als Ostjude.[147] Vorwürfe von ausländischen Behörden an die Adresse Reichesbergs wurden von der Schweiz offiziell stets zurückgewiesen, wenn auch in einzelnen Fällen genauere Abklärungen der Polizeibehörden für die eigenen Akten folgten. So teilte der Bundesrat auch der italienischen Gesandtschaft, die Naum Reichesberg als bolschewistischen Agenten bezeichnet hatte, relativ kurz und trocken mit, es gebe keine Hinweise darauf, dass Reichesberg in revolutionäre Aktivitäten verstrickt sei.[148]

Im Gegensatz zu den unaufgeregten Einschätzungen der Bundesanwaltschaft wirken die Berichte der städtischen und kantonalen Polizeibehörden in Bern fast grotesk. 1894 stellten die städtischen Polizeibehörden den Antrag, die Eheleute Reichesberg aus dem bernischen Kantonsgebiet auszuweisen, weil diese «gefährliche politische Agitatoren» seien und «extrem socialistische Ideen» vertreten würden. Unterlegt wurde die Forderung mit den Verbindungen Reichesbergs zu Nikolaus Wassilieff und zu den lokalen Arbeiterorganisationen, für die Reichesberg auch Vorträge hielt. Zu Ausweisungen kam es in der Regel auf Verlangen ausländischer Mächte und im Fall von strafbarem Verhalten. Bei Reichesberg lag keine Straftat vor, wie die kantonalen Polizeibehörden zu Recht bemerkten. Er wurde deshalb nicht ausgewiesen.[149] Im November 1920 schliesslich meldete das kantonale Polizeikommando Bern die Gebrüder Reichesberg als

146 Siehe Kapitel 3.1 und 7.1.

147 Siehe Kapitel 3.3. Naum Reichesberg war gemäss der in Kapitel 1.2 eingeführten Definition eigentlich kein Ostjude. Von den Schweizer Behörden wurde er allerdings immer wieder mit stereotypen Vorurteilen gegen Ostjuden konfrontiert, insbesondere wenn ihm aufgrund seiner Herkunft grundsätzlich die «Assimilationsfähigkeit» abgesprochen oder wenn er Judeo-Bolschewist geschimpft wurde.

148 Siehe Kapitel 7.2.

149 Siehe Kapitel 3.1 und 7.1.

gefährliche Kommunisten an die Bundesanwaltschaft – und unterlegte die Aussage noch mit dem Hinweis auf die jüdische Religionszugehörigkeit. Hier wurde explizit das Stereotyp des Judeo-Bolschewisten bedient.[150]

Die Gebrüder Reichesberg waren bis 1918 mit Sicherheit keine Bolschewisten. Die Spaltung der SDAPR in Bolschewisten (unter Führung Lenins) und Menschewisten (unter Führung Martovs) erfolgte am Parteitag von 1903 aufgrund unterschiedlicher Vorstellungen über die Organisation und Struktur der Partei. Die späteren Menschewisten (Minderheitler) traten für eine demokratisch organisierte Arbeiterpartei nach dem Vorbild westeuropäischer sozialdemokratischer Parteien ein, während die künftigen Bolschewisten (Mehrheitler) eine zentralistisch organisierte Kaderpartei von Berufsrevolutionären forderten.[151] Beim Parteiprogramm herrschte damals noch Übereinstimmung. Beide Fraktionen gingen davon aus, dass der Übergang vom Zarismus zum Sozialismus in zwei Phasen erfolgen musste, dass also zuerst eine bürgerliche Revolution notwendig war und sich eine kapitalistische Gesellschaft entwickeln musste, bevor die Revolution der Arbeiterschaft den Kapitalismus überwinden konnte.[152] Lenins «Aprilthesen» von 1917, die einen direkten Übergang in die sozialistische Revolution forderten, führten auch in dieser Frage zu einem Bruch mit den übrigen sozialistischen Fraktionen.[153]

Im Zusammenhang mit seinem Einbürgerungsgesuch 1922 wurde Naum Reichesberg von den Schweizer Behörden als Anhänger Alexander Kerenskijs identifiziert. Reichesberg habe gehofft, dass er unter dessen Regierung einen Ministerposten erhalten würde, was nun durch die Machtübernahme der Bolschewisten vereitelt wurde.[154] Falls diese Vermutung zutrifft und Reichesberg sich tatsächlich eine Mitwirkung in der provisorischen Regierung vorstellen konnte, welche zwischen der Februar- und der Oktoberrevolution unter Duldung des Petrograder Sowjets die Amtsgeschäfte führte, hätte er eine parlamentarische Demokratie klar befürwortet. Während Menschewisten und Sozialrevolutionäre die provisorische Regierung als Ausdruck der bürgerlichen Machtübernahme bejahten und sich ab Mai 1917 auch an einer Koalitionsregierung beteiligten, lehnten sich die Bolschewisten im Laufe des Frühlings immer deutlicher gegen diese auf und arbeiteten auf eine sozialistische Revolution hin.[155] Reichesberg hätte

150 Siehe Kapitel 7.2.

151 Die Mehrheitsverhältnisse am Parteitag der SDAPR von 1903 waren nicht von Anfang an klar. Zu Beginn der Auseinandersetzung sah sich Lenin mit seinen Forderungen in der Minderheit. Nachdem allerdings die Vertreter des jüdischen Arbeiterbundes («Bund») die Versammlung verlassen hatten, da ihrer Organisation der Autonomiestatus verweigert wurde, waren die Anhänger Lenins in der Überzahl. So konnte sich der Lenin-Flügel künftig «Mehrheitler» (*Bolschewiki*) nennen. Vgl. Altrichter, Eine Partei neuen Typs, 77.

152 Vgl. Hildermeier, Geschichte der Sowjetunion, 49 f.

153 Vgl. Altrichter, Eine Partei neuen Typs, 78 f.

154 BAR E21#1000/131#23561-334*: Naturalisationen, Reich K. – Reichr, Dossier 980 (1922): Reichesberg, Naum (Nachmann), Police cantonale au poste de police, Berne, le 18 mai 1922.

155 Vgl. Altrichter, Eine Partei neuen Typs, 76–81, und Schröder und Karuscheit, Das Revolutionsjahr 1917, 89–123.

sich also klar gegen die Bolschewisten positioniert. Im Übrigen ging auch die deutsche Gesandtschaft in Bern davon aus, dass Naum Reichesberg ein Anhänger Kerenskijs war, konnte sich aber vorstellen, dass er auf die Lenin'sche Seite wechseln würde.[156] Worauf diese Annahme gründete, wird nicht ausgeführt.

Julian Reichesberg taucht in den Gremien der russischen Emigration stets als Vertreter der menschewistischen Fraktion auf.[157] So wurde er für die Menschewisten zum Präsidenten gewählt, als das Zentralkomitee für die Heimreise russischer Emigranten im Herbst 1917 eine Untersuchungskommission einsetzte, um die Gerüchte über eine deutsch-bolschewistische Konspiration im Zusammenhang mit der Rückreise Lenins im April 1917 zu untersuchen. Die Zeugenaussage Naum Reichesbergs im Rahmen der genannten Untersuchung ist ebenso klar als Positionsbezug gegen die Lenin'sche Fraktion zu verstehen. Jan Berzin, Chef der Berner Sowjetmission, hielt Naum Reichesberg offenbar für einen Partisanen der Februarrevolution und bezeichnete ihn in internen Dokumenten als der Sowjetmission feindlich gesinnt.[158] Auch in der Annahme, dass Berzin etwas übertrieb, was die Feindseligkeit Reichesbergs betrifft, macht seine Aussage klar, dass Reichesberg sicher kein Freund der Bolschewisten, geschweige denn ein bolschewistischer Agent war.

Zur Zeit der bolschewistischen Machtübernahme in Russland standen Julian und Naum Reichesberg also klar aufseiten der unterlegenen Parteien. Und es gibt keine Gründe anzunehmen, dass sie später die Seiten wechselten. Falls die Gebrüder Reichesberg sich den Bolschewisten angeschlossen hätten, wären sie wohl nach Russland zurückgekehrt. Beide blieben aber bis zu ihrem Tod in der Schweiz.

Ein sozialistisch-demokratischer Mittelweg

Den politischen Einordnungsversuchen der Schweizer Polizeibehörden sollte keine allzu grosse Bedeutung zugemessen werden. Die meisten lokalen Polizeibeamten kannten sich mit den verschiedenen Richtungen innerhalb der Linken kaum aus. Anarchisten, Nihilisten, Sozialisten und Bolschewisten klangen in ihren Augen alle gefährlich revolutionär, die Begriffe wurden oft synonym verwendet. Die Berichte der Sergents oder Wachtmeister zuhanden der städtischen und kantonalen Polizeibehörden verlieren sich teilweise in sehr ausführlichen Beschreibungen, wo Reichesberg mit wem gesehen wurde und was andere über ihn zu sagen wussten. Die Informationen bleiben aber oberflächlich, die Substanz mager, und die Schlussfolgerungen erscheinen oft recht gewagt. So schloss ein Wachtmeister beispielsweise einzig aus der Tatsache, dass Reichesberg seit

156 Lenins Rückkehr nach Deutschland, Deutsche Akten, 70, Anmerkung 16.
157 Vgl. auch Nachruf auf Julian Reichesberg in La Sentinelle, Nr. 69, 25. 3. 1941.
158 Vgl. Collmer, Die Schweiz und das Russische Reich, 456 f. Collmer zitiert aus einem Schreiben Berzins an das sowjetische Volkskommissariat für Auswärtiges (NKID) vom 15. 6. 1918.

längerer Zeit in der «Freien Schule» Wassilieffs unterrichtete, dass er auch dieselben Ideen vertrat und im Sinne Wassilieffs politische Agitation betrieb.[159]

Wo aber stand Naum Reichesberg wirklich? Unbestritten ist seine Zugehörigkeit zur Sozialdemokratie. Eine Mitgliedschaft in der SPS beziehungsweise in einer Stadtberner Sektion konnte zwar nicht mittels Mitgliederlisten nachgewiesen werden.[160] Die Hinweise sind aber deutlich genug. In den Nachrufen der «Berner Tagwacht» und der «Basler Nachrichten» wurde Naum Reichesberg als «Genosse» gedacht.[161] Ein blosser Sympathisant würde nicht mit dieser politischen Anredeform angesprochen. Anlässlich der Trauerfeier im Krematorium sprach zudem der sozialdemokratische Berner Gemeinderat Oskar Schneeberger im Namen der Sozialdemokratischen Partei und des Gewerkschaftsbundes.[162] Auch dies deutet darauf hin, dass ein Parteimitglied verabschiedet wurde. Im Nachruf der «Berner Tagwacht» auf Julian Reichesberg wurden die Brüder Reichesberg beide gar explizit als der bernischen Sozialdemokratie angehörig bezeichnet.[163] Schliesslich gab sich Naum Reichesberg auch selbst als Mitglied der Sozialdemokratischen Partei zu verstehen. Im Rahmen seines Vortrages gegen die «Freigeldlehre» an der Geschäftsleitungssitzung der SPS vom 11. Juni 1922 betonte er, dass die Idee der Freiwirtschaft «unserem Parteiprogramm» widerspreche.[164]

---

159 BAR E21#1000/131#5000-8560*: Personaldossiers von Anarchisten, Kommunisten, Sozialisten, Nationalisten, Mitgliedern von Minderheitenbewegungen usw. A–Z: Dossier 7715: Raichesberg, Naoum Moiseeff, Privatdozent in Bern (1895), Bericht an die Tit. städtische Polizei-Direktion Bern, 16. August 1894.

160 Die Archive der SP-Sektionen Bern-Nord, Altstadt-Kirchenfeld und Länggasse-Felsenau liegen im Berner Stadtarchiv. Die Bestände umfassen vor allem Protokollbücher und einzelne Mitgliederbüchlein. Der Name Naum Reichesbergs taucht in den Anwesenheitslisten der Vorstandsprotokolle zwischen 1892 und 1928 – falls Namenslisten existieren – nicht auf. Für die Mitgliederversammlungen wurden keine Präsenzlisten geführt. Das Archiv der Sozialdemokratischen Partei (SP) des Kantons Bern wurde 2015 dem Staatsarchiv des Kantons Bern (StAB) übergeben. Zum Zeitpunkt meiner Recherchen war der Bestand noch nicht erschlossen und geordnet. Ich durfte die Dokumente aus den frühen Jahren bis 1930 trotzdem einsehen. Bei den (wenigen) Unterlagen aus den frühen Jahren handelt es sich um Jahresberichte des Sozialdemokratischen Kreisverbands Bern-Mittelland zwischen 1910 und 1919, die Jahresberichte der Sozialdemokratischen Partei des Kantons Bern von 1922 und 1923 sowie die Protokolle der kantonalen Geschäftsleitung und des kantonalen Parteivorstandes von 1916 bis 1921. In den Jahresberichten und den Protokollen taucht der Name Naum Reichesberg nicht auf.

161 Vgl. Berner Tagwacht, Nr. 6, 9. 1. 1928, und Basler Nachrichten, Nr. 17, 17. 1. 1928.

162 Vgl. Der Bund, Nr. 17, 11. 1. 1928.

163 Nachruf auf Julian Reichesberg in der Berner Tagwacht, 10. 3. 1941. Wann Julian Reichesberg in die Partei eintrat und in welcher Sektion er aktiv war, bleibt ebenfalls unklar. Er soll aber bereits zur Zeit seiner Ehe mit Rosa geb. Schlain, also vor 1906, Parteimitglied gewesen sein. Vgl. Studer, Rosa Grimm (1982), 15. Die Informationen beruhen auf Aussagen der Tochter von Rosa und Robert Grimm, geboren 1910.

164 StAB Bestände Sozialdemokratische Partei des Kantons Bern [noch nicht indexiert], Protokolle Geschäftsleitung und Parteivorstand SPS, 1922, Sitzung des Parteivorstands vom 11. Juni 1922. Kernidee der Freigeldlehre von Silvio Gsell war einerseits, Konjunkturschwankungen und die Krisenanfälligkeit der Wirtschaft durch eine Regulierung der Geldmenge nach der Warenmenge und durch sogenanntes Freigeld, das periodisch an Wert verliert, zu beheben. Andererseits sollte Grundbesitz verstaatlicht und als Freiland verpachtet werden. Die Bodenrente sollte

Beweis für die Mitgliedschaft Naum Reichesbergs in der Sozialdemokratischen Partei ist überdies seine Teilnahme am Internationalen Sozialistenkongress vom 28. August bis 3. September 1910 in Kopenhagen.[165] Im Rahmen der Zweiten (Sozialistischen) Internationale, die zwischen 1889 und 1914 bestand, trafen sich die Delegierten der nationalen Parteien alle zwei bis vier Jahre zu internationalen Kongressen: 1889 in Paris, 1893 in Zürich, 1896 in London, 1900 in Paris, 1904 in Amsterdam, 1907 in Stuttgart, 1910 in Kopenhagen und 1912 in Basel.[166] Am Kongress in Kopenhagen vertrat Naum Reichesberg zusammen mit Carl Moor und Robert Grimm die Berner Kantonalpartei und gemäss Erich Gruner auch den marxistischen Flügel der Schweizer Sozialdemokratie.[167] Zusammen mit Carl Moor, Herman Greulich und Marie Walter vom Schweizerischen Gewerkschaftsbund sass Reichesberg für die Schweizer Delegation in der Vierten Kommission zur Arbeitslosenversicherung und Arbeiterschutzgesetzgebung. Es ist gut möglich, dass sich Naum Reichesberg eigens wegen dieser Thematik um eine Teilnahme am Kongress in Kopenhagen bemühte. Eine Teilnahme an anderen Internationalen Sozialistenkongressen ist für ihn nicht nachgewiesen. Gemäss Alfred Senn soll er den ausserordentlichen Sozialistenkongress vom 24. und 25. November 1912 in Basel («Friedenskongress»), an dem sich über 500 Sozialistinnen und Sozialisten aus 23 Ländern versammelten,[168] aber gemeinsam mit Studierenden als Zuschauer verfolgt haben. Diese Information, die auf einer mündlichen Aussage eines ehemaligen Studenten Reichesbergs basiert, konnte nicht verifiziert werden.[169] Sein Bruder Julian Reichesberg nahm auf jeden Fall als

---

nicht privaten Eigentümern, sondern der Allgemeinheit zugutekommen. Vgl. «Freiwirtschaftliche Bewegung», HLS, www.hls-dhs-dss.ch/textes/d/D17396.php. In seinem Vortrag lehnte Reichesberg die «Freigeldlehre» vehement ab. Sie widerspreche dem Sozialismus nicht nur in den grundsätzlichen Analysen des Übels des kapitalistischen Systems, sondern würde auch den Klassencharakter der Gesellschaft und das Lohnsystem unangetastet lassen. Der Parteivorstand positionierte sich an der betreffenden Sitzung nach Anhörung beider Seiten auf Antrag von Robert Grimm einstimmig und deutlich gegen die «Freigeld-Bewegung» und folgte damit dem Standpunkt Reichesbergs.

165 Library of the Labour Movement, Internationals, 1889–1914 – The Second International, Protokoll Internationaler Sozialisten-Kongress zu Kopenhagen, 28. August bis 3. September 1910, online verfügbar unter http://hdl.handle.net/10138/154633. Die Schweizer Delegation bestand aus Friedrich Adler, Max Bock, Moritz Fähndrich, Herman Greulich, Robert Grimm, August Huggler, Georg Käppler, Karl Moor, Naum Reichesberg, Jean Schifferstein, J. Stickel [konnte nicht identifiziert werden], Frau Marie Walter und Leo Wulfsohn-Stäubli.

166 1900 wurde mit dem Internationalen Sozialistischen Bureau (ISB) und dem Exekutivkomitee in Brüssel auch eine Informations- und Koordinationsstelle geschaffen. Vgl. Bürgi, Die Zweite Internationale und der Krieg, 13; Sozialdemokratische Partei der Schweiz, Einig aber nicht einheitlich, 100, und «Internationale», HLS, www.hls-dhs-dss.ch/textes/d/D16482.php.

167 Vgl. Gruner, Arbeiterschaft und Wirtschaft in der Schweiz, Bd. 3, 488.

168 Vgl. Mayoraz, Schenk und Mäder, Hundert Jahre Basler Friedenskongress, 7–9. Zum Basler Friedenskongress siehe auch Degen, Gegen den Krieg.

169 Vgl. Senn, Russian Revolution in Switzerland, 10 (Anmerkung 18). Senn bezieht sich auf seine Unterhaltung mit Pius Grigaitis, einem ehemaligen Studenten Reichesbergs, der später in die USA auswanderte – offenbar mit Geld, das er von seinem Professor Reichesberg geliehen hatte.

einer von 49 Schweizer Delegierten am Basler Kongress teil. Er war bereits 1907 an den Kongress von Stuttgart delegiert worden.[170]

Welcher der sozialistischen Parteien Naum Reichesberg im russischen Kontext Sympathie entgegenbrachte, kann nicht abschliessend beantwortet werden. Eine formale Zugehörigkeit zu einer bestimmten Partei konnte nicht nachgewiesen werden, ist aber auch wenig wahrscheinlich. Reichesberg wurde von verschiedener Seite als vermittelnde Person innerhalb der russischen Emigration bezeichnet und von Angehörigen aller Parteien als vertrauenswürdige Person wahrgenommen. Hätte er sich öffentlich klar zu einer Partei bekannt, hätte er kaum eine solche Vermittlerrolle spielen können. Ein Bolschewist, wie einzelne Polizeibeamten argwöhnten, war Reichesberg mit Sicherheit nicht. Berzin lag mit seiner Einschätzung sicher nicht falsch, dass Reichesberg ein Partisan der Februarrevolution war, den bolschewistischen Umsturz also ablehnte. Das zeigen nicht zuletzt Reichesbergs Aussage vor der Untersuchungskommission der russischen Emigranten 1917 sowie die Tatsache, dass er nach Oktober 1917 nicht nach Russland zurückkehrte. Hingegen ist durchaus vorstellbar, dass Naum Reichesberg die von Kerenskij geprägte provisorische Regierung zwischen Februar und Oktober 1917 unterstützte und sich vorstellen konnte, in dieser ein Amt zu übernehmen, wie die kantonalen Berner Polizeibeamten vermuteten. Der Grossteil der nichtbolschewistischen russischen Sozialisten befürwortete eine «bürgerliche» Regierung unter Duldung oder gar Beteiligung der Sozialisten. Es entsprach der Vorstellung der marxistisch geprägten russischen Sozialdemokratie, dass in Russland zuerst eine bürgerliche Revolution erfolgen musste, die den Zarismus beseitigen würde, bevor eine proletarische Revolution möglich war. Die Menschewisten blieben diesem Ansatz treu, während Lenin in seinen «Aprilthesen» den sofortigen Übergang von der «bürgerlichen» zur «sozialistischen» Phase der Revolution durch Führung einer Kaderpartei forderte.[171] Am ehesten stand Naum Reichesberg deshalb den Menschewisten nahe. Sein Bruder Julian und vermutlich auch Nikolaus Wassilieff waren Menschewisten. Diese beiden Personen gehörten zu Naum Reichesbergs engsten Weggefährten. Ein Anhänger der Sozialrevolutionäre war Reichesberg eher nicht. Er verstand sich eindeutig als Marxist und als Sozialdemokrat, wie bereits an verschiedenen Stellen ausgeführt wurde. Die Sozialrevolutionäre hingegen waren keine Marxisten.

In seinem theoretischen Verständnis und seinen ökonomischen Analysen war Naum Reichesberg zweifelsohne ein orthodoxer Marxist.[172] Betrachtet man seinen Einsatz für den gesetzlichen Arbeiterschutz, seine sozialpolitischen Schriften und seine Bildungsoffensive zugunsten der Arbeiterinnen und Arbeiter, dann erscheint Naum Reichesberg als pragmatischer Marxist, der innerhalb

---

170 Vgl. Congrès international extraordinaire: Bâle 24–25 novembre 1912; Conférence internationale socialiste de Stockholm 1917. Siehe auch Gruner, Arbeiterschaft und Wirtschaft in der Schweiz, Bd. 3, 488.

171 Vgl. Altrichter, Eine Partei neuen Typs, 78 f.

172 Siehe dazu insbesondere Kapitel 4.2.

des kapitalistischen Systems mit kleinen Schritten Verbesserungen für die Arbeiterklasse zu erreichen versuchte, weil er dies aufgrund der aktuellen Kräfteverhältnisse als einzig möglichen Weg sah. Dabei verlor er aber nie das eigentliche Ziel aus den Augen, welches er in all seinen Vorträgen und Schriften darlegte: Die Aufhebung der Klassengesellschaft, die Vergesellschaftung aller Produktionsmittel und die Abschaffung der Lohnarbeit, oder, wie er es selber einst formulierte, die Erlangung «einer Organisation der Volks- und Weltwirtschaft [...], welche die Ausbeutung unter den Menschen unmöglich machen würde».[173] Trotz seiner Unterstützung für sozialreformerische Pläne vertrat Reichesberg immer deutlich die Ansicht, dass die Lösung der Arbeiterfrage im Kapitalismus grundsätzlich nicht möglich war. Er war ganz im Sinne der Klassentheorie von Marx und Engels davon überzeugt, dass dem kapitalistischen System der Zusammenbruch vorausbestimmt war.

In Bezug auf Reichesbergs Verbindung von marxistischer Theorie und pragmatischer Realpolitik lassen sich durchaus Parallelen zu Robert Grimm erkennen.[174] Auch Grimm blieb zeitlebens überzeugter Marxist und hielt bis zu seinem Tod am Ziel der Errichtung der Gemeinwirtschaft fest. Und auch für Grimm war die marxistische Theorie ein Leitfaden für die politische Arbeit, aber auf keinen Fall ein Dogma. Er hielt die parlamentarische Arbeit und Reformen innerhalb des Systems für richtig und wichtig, wenn es damit gelang, die Lage der Arbeiterschaft zu verbessern. So sass Grimm jahrzehntelang in kantonalen Parlamenten und im Nationalrat und wurde 1938 erster sozialdemokratischer Regierungsrat des Kantons Bern. Ihm war aber stets bewusst, dass die Arbeiterbewegung «wirkliche Fortschritte [...] nur als soziale und kämpferische Bewegung» erreichen konnte.[175] Die konkrete Erfahrung im politischen, direktdemokratischen System der Schweiz dürfte die pragmatischen Ansätze von Grimm und Reichesberg nicht unwesentlich beeinflusst haben. Strategien und Prinzipien, die in einem autokratischen System erfolgreich waren, waren nur bedingt auf eine Demokratie übertragbar, in der alle Klassen formal politisch gleichberechtigt waren, die wirtschaftlichen Verhältnisse aber eine umso grössere Rolle spielten.[176]

Es sei hier die Schlussfolgerung gewagt, dass Naum Reichesberg weder dem Revisionismus (oder Reformismus) des rechten Flügels der Sozialdemokratie nahestand noch der radikalen Linken, sondern dass er – ähnlich wie Robert Grimm in der Schweiz oder die «Austromarxisten» um Otto Bauer in Österreich – für einen sozialistisch-demokratischen Mittelweg eintrat. Dieser wird häufig auch als «Zentrismus» oder (insbesondere im Zusammenhang mit dem «Austromar-

173 Reichesberg, Auf dem Wege zur Wirtschaftsdemokratie, 38.

174 Zur Person von Robert Grimm und zur Beziehung zwischen Reichesberg und Grimm siehe Kapitel 2, Abschnitt über Jovel Reichesberg, sowie Kapitel 7.1 und 7.3.

175 Vgl. Schäppi, Zur politischen Aktualität von Robert Grimm, 177.

176 Vgl. ebd., 173–179. Siehe auch Degen, Ein pragmatischer Schweizer Marxist, 187–201.

xismus») als «Dritter Weg» bezeichnet.[177] Die Zentristen suchten zwischen revolutionärer und reformerischer Politik zu vermitteln. Sie begrüssten zwar Reformen innerhalb der von der Arbeiterbewegung erkämpften demokratischen Institutionen, sahen diese aber nur als Zwischenschritt. Das Ziel blieb die Überwindung des kapitalistischen Systems.[178]

---

177 Zum Austromarxismus sei verwiesen auf Baier, Otto Bauer und der Austromarxismus und Leser, Zwischen Reformismus und Bolschewismus.

178 Gemeinsam mit den austromarxistischen Genossen gründete Robert Grimm 1920 die Internationale Arbeitsgemeinschaft Sozialistischer Parteien (IASP, auch bekannt als «Wiener Internationale»), die sich zwischen der kommunistischen Dritten Internationale (Komintern) und der wiederbelebten Zweiten Internationale positionierte. Vgl. «Robert Grimm», Zimmerwald und Kiental, 30–32; Degen, Schäppi und Zimmermann, Robert Grimm, 7–12; Jost, Robert Grimm, 13–25, und Müller, Sozialismus, 34–36.

8 «… was dein proletarisches Herz dir befahl!»[1] – Schlussbetrachtungen

Mit der vorliegenden Arbeit wurden fragmentarische Einblicke in das Leben und Wirken Naum Reichesbergs in Bern gewährt. Es ist – so die Hoffnung der Autorin – gelungen, aus vielen kleinen Mosaiksteinen, die Reichesberg in verschiedenen Situationen und Funktionen verorten, ein lebhaftes Bild dieser vielseitigen und aussergewöhnlichen Lebensgeschichte zu präsentieren und sie in ihrem sozio-historischen Kontext zu verorten. Dabei war es ein besonderes Anliegen, die Sicht der Behörden durch einen anderen Blick auf den Menschen Naum Reichesberg zu ergänzen, auf einen Menschen, der in seinen Lebenswelten und durch sein Wirken sichtbar wird. Die menschliche Güte Reichesbergs, die in Nachrufen von Freunden, Schülern und Weggefährten besonders hervorgehoben wird – seine Bescheidenheit, Toleranz, Grosszügigkeit und Hilfsbereitschaft –, ist in Verwaltungsakten, Sitzungsprotokollen und wissenschaftlichen Publikationen schwierig zu erkennen. Und doch ist sie wahrnehmbar in seinem Engagement: Das Lebenswerk Reichesbergs war der Kampf für eine Gesellschaftsordnung, in der alle Menschen gleichberechtigt am wirtschaftlichen, politischen und sozialen Leben teilhaben konnten. Alles, was Reichesberg tat, zielte schlussendlich darauf ab, die Lebensbedingungen der Schwächsten zu verbessern – der benachteiligten Arbeiterschaft, der unterdrückten Gesellschaftsschichten im Zarenreich, der mittellosen Russinnen und Russen in der Schweiz. Dafür nahm er auch in Kauf, dass ihm selbst nicht viel Geld zum Leben blieb.

Ein Wehmutstropfen bleibt, dass es nicht gelungen ist, mehr über das Privatleben Naum Reichesbergs und seine Beziehungen zu anderen Menschen in Erfahrung zu bringen. Namentlich seine beiden Ehefrauen Ida geb. Tartakowsky (1867–1895) und Anna geb. Zukier (1886–?) bleiben farblos. Gleichzeitig steht der Vorwurf eines Berner Polizeibeamten im Raum, dass Reichesberg sich in seiner Zeit als Witwer mit Frauen zweifelhaften Rufes abgegeben haben soll.[2]

Das Lebenswelt-Konzept, das die historische Person in ihrem sozialen und kulturellen Umfeld betrachtet, hat sich für diese Arbeit als fruchtbar erwiesen. Die Lebensgeschichte Naum Reichesbergs illustriert sehr schön, dass das Individuum und seine Handlungen getrennt von den politischen und gesellschaftlichen Strukturen, in denen es sich bewegt, und getrennt von seinem sozialen Umfeld und dem politischen Diskurs kaum verstanden werden kann. Reichesbergs Entscheid zur Auswanderung aus dem Zarenreich, seine Wahl der Universität Bern als neuer Wirkungsort, seine Faszination für die Sozialwissenschaften und die

1 Nachruf von Fritz Marbach in der Berner Tagwacht, Montag, 9. Januar 1928.
2 BAR E21#1000/131#23561-334*: Naturalisationen, Reich K. – Reichr, Dossier 980 (1922): Reichesberg, Naum (Nachmann), Police cantonale au poste de police, Berne, le 18 mai 1922.

Statistik, seine politischen Überzeugungen und sein «proletarisches Herz»[3] waren massgeblich beeinflusst von den politischen Rahmenbedingungen in seinem Herkunftsland, von Diskriminierungserfahrungen und von den Möglichkeiten, welche neue wissenschaftliche Disziplinen und die liberalen Schweizer Universitäten eröffneten. Sein Handlungsspielraum war – gerade in Bezug auf die Verbesserung der Situation der Arbeiterklasse – durch die politischen Machtverhältnisse und die gesellschaftlichen Realitäten deutlich eingeschränkt. Am Beispiel von Reichesbergs Engagement für den Arbeiterschutz lässt sich aber auch gut aufzeigen, dass das Individuum den Strukturen nicht machtlos ausgeliefert ist, sondern diese als Akteur mit seinem Verhalten prägen und möglicherweise verändern kann. Reichesberg gelang es mit viel Sinn für die wirtschaftlichen Realitäten und mit geschickter Netzwerkpflege, die internationale Dynamik in diesem Politikfeld zu nutzen und mit wissenschaftlichen Argumenten die politische und wirtschaftliche Elite der Schweiz von der Bedeutung eines wirksamen Arbeiterschutzes zu überzeugen.

Als Lehrer geliebt, als Wissenschaftler geachtet, als Schweizer unerwünscht

Die Migrationserfahrung von Nachmann (Naum) Moische Oiwidow Reichesberg, der 1867 im Südwesten des Russischen Reiches geboren wurde, reiht sich ein in zwei zusammenhängende Wanderungssysteme, die das Zarenreich und die Schweiz von der Mitte des 19. Jahrhunderts bis zum Ersten Weltkrieg in gewissem Masse miteinander verbunden haben: Die Schweizer Universitätsstädte waren wichtige Zielorte sowohl für die Bildungsmigration wie auch für die politische Emigration aus dem zaristischen Russland. Reichesberg verliess das Zarenreich, um in Westeuropa ein Universitätsstudium zu absolvieren. Möglicherweise war er Opfer des Numerus clausus für jüdische Studierende, der in den 1880er-Jahren an russischen Hochschulen eingeführt wurde. Wahrscheinlich spielten auch politische Motive eine Rolle für seine Entscheidung zur Auswanderung. Sicherlich war er damals noch nicht mit revolutionären Aktivitäten aufgefallen. Naum Reichesberg war bei seiner Anmeldung in Bern im Besitz eines russischen Auslandspasses. Wer durch unliebsame politische Tätigkeiten aufgefallen war, erhielt keine solche Ausreisegenehmigung des zaristischen Regimes.

Dass Naum Reichesberg nach dem Studium nicht in Wien blieb, sondern an der Universität Bern promovierte und sich dort 1892 um die Lehrberechtigung bewarb, war kein Zufall. In Bern studierten damals bereits einige Studentinnen und Studenten aus dem Zarenreich. Die Hochschule war bekannt für ihre liberalen Zulassungsbedingungen und die Offenheit gegenüber ausländischen Studierenden. Für Reichesberg dürfte auch eine Rolle gespielt haben, dass die russische

3 Rede von Fritz Marbach anlässlich der Totenfeier im Unionssaal, abgedruckt in der Beilage der Berner Tagwacht, Nr. 12, 16. 1. 1928.

Kolonie in Bern sich zu einem Zentrum der revolutionären Bewegung im Exil zu entwickeln begann. Entscheidender für seine Wahl Berns als Wirkungsort war wohl der Umstand, dass der radikal-liberale Erziehungsdirektor Albert Gobat für die Hochschule eine konsequente Modernisierungspolitik verfolgte und sich dabei insbesondere für neue Disziplinen wie die Wirtschafts- und Sozialwissenschaften erwärmte. Gobat unterstützte die Bemühungen August Onckens, diese Fächer innerhalb der Juristischen Fakultät zu stärken, und setzte auch die Berufung des Soziologen Ludwig Steins auf das Ordinariat für Philosophie durch. Naum Reichesberg konnte damit rechnen, seine sozialpolitische Lehre und Forschung unter dem Nationalökonomen August Oncken und mit dem Wohlwollen Albert Gobats ungehindert verfolgen zu können.

Reichesberg prägte massgeblich den Aufbau der Sozialwissenschaften und insbesondere der Statistik an der Universität Bern. 1898 wurde er, der unterdessen als Sozialist bekannt war, vom Berner Regierungsrat zum ausserordentlichen Professor befördert. Auf seine Initiative wurde 1901 an der Juristischen Fakultät ein Statistisches Seminar gegründet, dessen Leitung er übernahm. 1906 erhielt Reichesberg schliesslich eine ordentliche Professur für Nationalökonomie und Statistik. Diese wurde 1912 in die neu gegründete Abteilung für Handel, Verkehr und Verwaltung integriert, an der Studierende ein Doktorat der Staatswissenschaften erlangen konnten. Reichesbergs Vorlesungen und Seminare, die stets gut besucht waren, deckten alle möglichen Gebiete seiner Lehrfächer ab: Er lehrte Bevölkerungsstatistik, Theorie und Methodik der Statistik, Sozialpolitik und Arbeiterschutz, Finanzpolitik und Handelspolitik sowie – nach der Demission August Onckens – theoretische Nationalökonomie. Daneben legte er von Anfang an aber auch einen Schwerpunkt auf die soziale Frage, die Geschichte der sozialen Bewegungen und der Arbeiterbewegung und auf sozialistische und kommunistische Theorien. Vor allem diese Themen las er öffentlich und gratis, wobei seine Zuhörerschaft jeweils über 100 Personen zählte. Reichesberg war bestrebt, Wissen nicht nur den privilegierten Universitätsstudierenden zugänglich zu machen, sondern möglichst allen Bevölkerungsschichten – und verzichtete dabei öfter auf einen Lohn. Von diesem Grundsatz war auch sein Versuch Mitte der 1890er-Jahre geleitet, im Kanton Bern eine sogenannte University Extension nach angelsächsischem Modell zu etablieren und in lokalen Vereinen auf dem Land und in der Stadt Vortragszyklen zu aktuellen wissenschaftlichen Debatten zu organisieren. Dieses Projekt sollte namentlich mangels (finanzieller) Unterstützung durch den Staat nach kurzer Zeit scheitern. Reichesberg hielt aber auch sonst unermüdlich Einzelvorträge und Vortragszyklen in Arbeiterbildungsinstitutionen, Angestelltenverbänden und Fachgesellschaften. So unterrichtete er regelmässig in der «Freien Schule» des Berner Arbeitersekretärs Nikolaus Wassilieff.

Die Statistik lag Naum Reichesberg besonders am Herzen. Sie war für ihn der Schlüssel zum Verständnis gesellschaftlicher Zusammenhänge, weshalb er sie in verschiedenen Schriften als Grundlagenwissenschaft der Soziologie bestimmte. Mit seiner Überzeugung, dass gesellschaftliche Erscheinungen und Entwicklungen mit statistischen Methoden exakt und objektiv erfasst werden konnten, gehörte Reichesberg zu jener Gruppe von frühen Schweizer Sozialwissenschaftlern, welche die Soziologie als strenge Gesetzeswissenschaft verstanden. Die mithilfe der Statistik erlangte detaillierte Kenntnis der gesellschaftlichen Realitäten und der Lebensverhältnisse der einzelnen Bevölkerungsschichten wiederum war für Reichesberg eine unerlässliche Voraussetzung, um angemessene sozialpolitische Antworten auf die drängenden sozialen Probleme der Gegenwart zu definieren. Ohne umfassende und systematisch geführte Sozialstatistik konnten keine geeigneten Massnahmen beschlossen werden, um die Situation der Arbeiterschaft zu verbessern. Aus diesem Grund forderte er auch so vehement die Errichtung eines eidgenössischen sozialstatistischen Amtes. Reichesberg war überzeugt, dass nur eine staatliche Stelle, die über die entsprechenden Ressourcen und die nötige Legitimation verfügte, eine Sozialstatistik erstellen konnte, welche die Lebensbedingungen aller Gesellschaftsklassen berücksichtigte. Industrieverbände, Gewerkschaften und ähnliche Organisationen vertraten seiner Ansicht nach, ob bewusst oder unbewusst, immer Partikularinteressen.

Die soziale Frage, die gemäss Reichesberg seit der zweiten Hälfte des 19. Jahrhunderts im Grunde genommen zur Arbeiterfrage geworden war,[4] stand im Mittelpunkt seiner Lehrtätigkeit, aber auch seines öffentlichen Engagements. Theoretisch war die Lösung für den Marxisten Reichesberg offenkundig: Die soziale Ungleichheit war eine Folge der ungleich verteilten wirtschaftlichen Macht. Sie konnte folglich nur beseitigt werden, wenn die wirtschaftliche Macht gerecht auf alle Glieder der Gesellschaft verteilt würde. Dies bedingte eine grundlegende Umgestaltung der Gesellschaftsordnung. Denn der Staat agierte stets im Interesse derjenigen Klasse, die am meisten Macht hatte, und konnte die Produktionsmittel niemals gerecht verteilen. Der moderne Staat war also nach Ansicht Reichesbergs nicht in der Lage, die Arbeiterfrage wirklich zu lösen, er konnte die Situation der Arbeiterklasse nur mittels gesetzgeberischer Massnahmen vorübergehend verbessern. Trotzdem unterstützte er genau solche sozialreformerischen Bestrebungen zeitlebens tatkräftig. Denn Reichesberg war Realist genug. Er anerkannte, dass eine möglichst umfassende gesetzgeberische Regelung des Arbeiterschutzes und eine möglichst fortschrittliche Sozialpolitik in den derzeitigen gesellschaftlichen und politischen Verhältnissen die einzigen realistischen Ziele sein konnten.

Für die Verbesserung der materiellen und gesundheitlichen Lage der Arbeiterklasse in den existierenden Verhältnissen setzte Naum Reichesberg alle Kräfte ein. Er gehörte zu einem internationalen Kreis von Sozialwissenschaftlern, der die Etablierung der Internationalen Vereinigung für gesetzlichen Arbeiterschutz (IVgA) forcierte, und war treibende Kraft hinter der Gründung der Schweizerischen Vereinigung zur Förderung des internationalen Arbeiterschutzes im Sommer 1900. Zusammen mit alt Bundesrat Emil Frey, der bereits in den

4 Vgl. Reichesberg, Wesen und Ziele der modernen Arbeiterschutzgesetzgebung, 9 f.

1880er-Jahren die Bestrebungen für eine internationale Regelung des Arbeiterschutzes unterstützt hatte, konnte Reichesberg alle namhaften Sozialwissenschaftler, die an Schweizer Universitäten lehrten, praktisch die gesamte politische Elite der Schweiz und die wichtigsten Fabrikfirmen und Wirtschaftsverbände für ein Engagement in der Schweizerischen Vereinigung gewinnen. Bemerkenswert war auch die aktive Mitarbeit des gesamten Spektrums der organisierten Arbeiterschaft. Im Gegensatz zur IVgA, gegenüber der die sozialdemokratische Arbeiterschaft stets eine skeptische Haltung einnahm, brachten in der Schweizer Sektion sowohl Gewerkschaften wie auch Arbeitgebervertreter ihre Positionen ein. Dass die Arbeiterschaft die Schweizerische Vereinigung zur Förderung des internationalen Arbeiterschutzes als Partnerin im Kampf für die Verbesserung ihrer Situation achtete, lag zu einem grossen Teil an der Person Naum Reichesbergs, der die Vereinigung und ihre Nachfolgeorganisation, die Schweizerische Vereinigung für Sozialpolitik, während fast 30 Jahren als Sekretär prägte.

Der Schweizerische Gewerkschaftsbund und der Schweizerische Arbeiterbund zogen Reichesberg immer wieder als Experten zu sozialpolitischen Themen hinzu, so beispielsweise zur statistischen Erhebung der Arbeitslosigkeit vor dem Ersten Weltkrieg oder im Zusammenhang mit der Berechnung des Lebenskostenindexes zu Beginn der 1920er-Jahre. Im Sinne einer «Achtungsbezeugung» wollte der damalige SP-Nationalrat und frühere Sekretär des Schweizerischen Gewerkschaftsbundes, August Huggler, Naum Reichesberg auch als Gast zur Internationalen Gewerkschafts-Konferenz vom 1. bis 4. Oktober 1917 in Bern einladen.[5] Reichesberg war aber nicht nur bei den Gewerkschaften und in sozialdemokratischen Kreisen ein gern gesehener Gast. Seine Persönlichkeit und sein Engagement wurden auch von bürgerlichen Politikern und von Personen sehr geschätzt, die seinen Ansichten nicht folgen konnten. Die beeindruckende Liste der Mitstreiter in der Schweizerischen Vereinigung für internationalen Arbeiterschutz ist Beweis genug. Ehemalige Bundesräte, Mitglieder der eidgenössischen Räte und kantonaler Regierungen sowie Amtsdirektoren, Fabrikbesitzer und Industrievertreter arbeiteten Hand in Hand mit Reichesberg, um den Arbeiterschutz zu stärken. Ehemalige Schüler, keineswegs nur Sozialisten, lobten den wissenschaftlichen Sachverstand, die Sachlichkeit und die charmante Art, mit der Reichesberg seine Überzeugungen vertrat.[6] Auch in der Volkswirtschaftlichen Gesellschaft des Kantons Bern wurde Naum Reichesberg, wie Fritz Marbach betonte, «nicht nur als lieber Gast, sondern stets als Meister empfangen [...], bei denen selbst, die glaubten, seine Lehre

5 Ar SGB PE 1108: Intern. Gewerkschaftsbund, Berichte und Protokolle 1913–1919, Protokoll der Internationalen Gewerkschafts-Konferenz vom 1. bis 4. Oktober 1917 im Volkshaus in Bern. Ob Naum Reichesberg schliesslich als Gast an der Konferenz teilnahm oder nicht, konnte nicht in Erfahrung gebracht werden.

6 Vgl. Nachruf von Jakob Steiger in den Basler Nachrichten, Nr. 17, 17. 1. 1928, und Nachruf von Hans Freudiger in der Schweizerischen Zeitschrift für Volkswirtschaft, Betriebswirtschaft und Sozialpolitik, Jg. 34, 1928, Bd. 1, 33–37.

könne die ihrige nicht sein noch werden».[7] Dass der Marxist Reichesberg rundherum geschätzt und ernst genommen wurde, hatte viel mit seiner Kompetenz, aber auch mit seiner «sympathischen, immer verträglichen» Art zu tun.[8]

Von seinen Studierenden wurde Naum Reichesberg besonders geliebt. Er war «nicht nur ein Lehrer, sondern er war auch ein guter und selbstloser treuer Freund, der mit wahrhaft väterlicher Fürsorge und ausserordentlicher Liebenswürdigkeit seine Schüler behandelte».[9] Für die russischen Studentinnen und Studenten in Bern war Reichesberg eine besonders wichtige Bezugsperson. Er übersetzte für sie Dokumente ins Deutsche, half finanziell aus und war vor allem eine wertvolle emotionale Stütze in der Fremde. Nicht nur die Studierenden aus dem Zarenreich suchten seinen Rat und seine Unterstützung. Reichesberg war, wie es scheint, in der russischen Kolonie in Bern allgemein eine bedeutende Persönlichkeit. Er stand – wenn auch nicht alle eindeutig identifiziert werden können – verschiedenen Organisationen, namentlich Unterstützungskassen der russischen Emigration vor. Zu seinem 20-Jahr-Dienstjubiläum an der Universität Bern im Jahr 1912 gratulierten Plechanow und Lenin, «die Theorie und die Praxis der russischen Emigration» persönlich.[10] Reichesberg wurde von den verschiedenen Parteien der russischen Sozialdemokratie hoch geachtet und als Vermittler wahrgenommen, wie sich im Frühling 1917 im Zusammenhang mit der Rückreise Lenins nach Russland über deutsches Territorium zeigte, als verschiedene Seiten in vertraulicher Mission an ihn gelangten.

Tatsächlich war Naum Reichesberg, der den politischen Kampf mehr mit wissenschaftlichen Argumenten als mit parteipolitischem Engagement austrug, mit prominenten Sozialrevolutionären und Menschewisten wie Viktor Černov, Ljubov' Aksel'rod oder Georgj Plechanow, mit jüdisch-nationalen Denkern wie Chaim Žitlovskij, aber auch mit Bolschewisten wie Sergej Bagockij gut bekannt. Welcher Partei er selbst am meisten Sympathien entgegenbrachte, ist nicht eindeutig zu beantworten. Mit Sicherheit lässt sich sagen, dass Reichesberg kein Bolschewist war. Er hatte sich in verschiedenen Situationen gegen deren Ansichten gestellt. Am ehesten stand er den Menschewisten nahe. Der menschewistischen Fraktion gehörten zwei seiner engsten Wegbegleiter an: Sein Bruder Julian (Jovel) Reichesberg und (vermutlich) Nikolaus Wassilieff. Mit Letzterem verband ihn der Kampf für die Verbesserung der Situation der Arbeiterschaft durch kleine Schritte und der Glaube an die emanzipatorische Kraft der Bildung. Reichesberg unterrichtete in den 1890er-Jahren auch in Wassilieffs Arbeiterbildungsinstitution. Mit seinem Bruder Julian engagierte sich Naum Reichesberg grundsätzlich für dieselben Ziele. So setzten sie sich bei-

7 Rede von Fritz Marbach anlässlich der Totenfeier im Unionssaal, abgedruckt in der Beilage der Berner Tagwacht Nr. 12, 16. 1. 1928.

8 Nachruf von Jakob Steiger in den Basler Nachrichten, Nr. 17, 17. 1. 1928.

9 Nachruf von Hans Freudiger in der Schweizerischen Zeitschrift für Volkswirtschaft, Betriebswirtschaft und Sozialpolitik, Jg. 34, 1928, Bd. 1, 36.

10 Rede von Fritz Marbach anlässlich der Totenfeier im Unionssaal, abgedruckt in der Beilage der Berner Tagwacht, Nr. 12, 16. 1. 1928.

spielsweise während des Ersten Weltkrieges gemeinsam für die Unterstützung von kranken und bedürftigen Russen in der Schweiz ein. Beide blieben im Übrigen ihrer Herkunft zeitlebens sehr verbunden, beschäftigten sich aber auch intensiv mit den sozialpolitischen Realitäten in ihrer neuen Heimat. Das unterschied sie vom Grossteil der russischen Emigranten, deren politische Aktivitäten sich grundsätzlich auf die Verhältnisse in der Heimat bezogen. In gewisser Hinsicht waren Naum und Julian Reichesberg mehr *Im*migranten als *E*migranten in der Schweiz.

Naum Reichesberg hatte – bildlich gesprochen – je einen Fuss in der Lebenswelt der russischen Emigration und in jener der Schweizer Sozialdemokratie, zwischen denen es generell eine grosse Schnittmenge gab. Die Maifeiern des Jahres 1905 in Bern illustrieren die Internationalität der Sozialdemokratie und insbesondere die Prominenz der russischen Emigrantinnen und Emigranten an den Veranstaltungen der Berner Arbeiterbewegung. Glaubt man den Polizeiberichten, dann war in diesem Jahr praktisch die gesamte russische Kolonie in Bern an den Feiern und Veranstaltungen vertreten. Unter den Rednern waren Persönlichkeiten wie Carl Vital Moor, Charles Naine, Robert Grimm und Georgj Plechanow. Auch die Gebrüder Reichesberg waren als Redner oder Organisatoren aktiv. Sie wurden von den Polizeibeamten als Russen identifiziert, könnten aber genauso gut als Schweizer Sozialdemokraten bezeichnet werden. Zwar besassen sie nicht die Schweizer Staatsbürgerschaft. Sie nahmen aber beide als Schweizer Delegierte an verschiedenen Internationalen Sozialistenkongressen teil. So vertrat Naum Reichesberg gemeinsam mit Robert Grimm und Carl Moor am Kongress von Kopenhagen 1910 die Sozialdemokratische Partei des Kantons Bern. Alle drei gehörten dem marxistischen Flügel der Schweizer Sozialdemokratie an. Reichesberg pflegte aber namentlich im Rahmen seines Engagements für den Arbeiterschutz auch enge Kontakte zu Vertretern des reformistischen Flügels, darunter Herman Greulich und Eugen Wullschleger.

Die politischen Aktivitäten Reichesbergs entgingen auch den Behörden nicht. Die Politische Polizei des Bundes eröffnete 1895 ein Personaldossier zu Naum Reichesberg, nachdem die zaristische Gesandtschaft in Bern den Bundesrat auf die revolutionäre Gefahr aufmerksam gemacht hatte, die angeblich von ihm ausging. Da die vom Bundesanwalt geführte Politische Polizei auf Bundesebene weder über die entsprechenden Kompetenzen noch über finanzielle Mittel verfügte, war sie für die Beobachtung von verdächtigen Personen auf die kantonalen Polizeibehörden angewiesen. Die städtischen und kantonalen Berner Polizeibehörden lieferten der Bundesanwaltschaft die gewünschten Berichte über Naum Reichesberg. Dieser wurde zwar als sozialistischer Agitator identifiziert, aber nicht als gefährlich eingestuft. Aus Sicht der Politischen Polizei bestand deshalb kein Handlungsbedarf. Das Personaldossier zu Naum Reichesberg wurde rasch wieder geschlossen. Im Auge behielten ihn die Polizeibehörden dennoch. Zwischen Januar und Mai 1905, als der Petersburger Blutsonntag nicht nur die russischen Gemüter erhitzte, als es in Bern zu verschiedenen Solidaritätskundgebungen mit der russischen Bevölkerung kam und sich die Maifeiern zu Protestveranstaltungen gegen das zaristische Regime entwickelten, wurde die aktive Rolle Reichesbergs genau registriert. Seine Auftritte an den Versammlungen im Jahr 1905 waren aber nicht besonders verdächtig – das Entsetzen über die blutige Niederschlagung eines friedlichen Protests durch den zaristischen Staat reichte in der Schweiz bis weit ins bürgerliche Lager hinein. Die Polizeibehörden in allen Schweizer Städten waren im Zusammenhang mit den Maifeiern 1905 besonders wachsam, weil sie einen grösseren Aufmarsch von ausländischen und namentlich russischen Sozialisten und Anarchisten erwarteten. Im Zusammenhang mit Erkundigungen ausländischer Behörden und den Untersuchungen gegen die Sowjetmission nach dem Ersten Weltkrieg taucht Reichesberg noch einmal in den Akten der Politischen Polizei auf. Der geäusserte Verdacht, er sei ein kommunistischer Agent, wurde aber als haltlos zurückgewiesen.

In seinen öffentlichen politischen Auftritten war Naum Reichesberg zurückhaltend und wenig greifbar. Wurde ihm in der Presse eine aktive Rolle zugeschrieben – so geschehen im Februar 1905 im Zusammenhang mit einer im Berner Volkshaus verabschiedeten Resolution gegen die Verbrechen des Zarismus –, bemühte er sich, dieses Bild zu entkräften. Seine politischen Überzeugungen tat Reichesberg in Publikationen, in Vorträgen und in Konferenzen stets in einem sachlichen Ton und mit wissenschaftlichen Argumenten kund. Er wusste sehr genau, wie er sich als Professor äussern durfte, ohne seine Autorität als Wissenschaftler zu untergraben. Und wie er bürgerliche Politiker und Unternehmer von der Bedeutung eines stärkeren gesetzlichen Arbeiterschutzes überzeugen konnte. Ein Ruf als sozialistischer Agitator hätte seinen Zielen geschadet. Im Übrigen sollte nicht vergessen werden, dass Reichesberg als Ausländer mit politischen Tätigkeiten eher vorsichtig sein musste. Gegen Ende des 19. Jahrhunderts wies der Bundesrat vermehrt ausländische politische Aktivisten aus der Schweiz aus, nachdem die europäischen Grossmächte ihren Druck erhöht hatten. Nach dem Zusammenbruch des Zarenreiches war die Situation für Reichesberg noch heikler. Als *de facto* Staatenloser durfte er den Schweizer Behörden keinen Grund liefern, ihm die Aufenthaltsbewilligung zu entziehen. Als Jude, Russe und Sozialist musste er besonders vorsichtig sein. Nach dem Ersten Weltkrieg grassierte in der Schweiz eine geradezu paranoide Bolschewismusfurcht und die Ausländerpolitik des Bundes wurde von einer «Überfremdungsabwehr» bestimmt, die sich insbesondere gegen die Ostjuden richtete.

Als Naum Reichesberg in den 1890er-Jahren nach Bern kam, war es nicht besonders schwierig, als Ausländer eine Aufenthaltsbewilligung zu erhalten – vor allem, wenn man sich an der Universität einschreiben wollte. Die Behörden erlaubten Studierwilligen grundsätzlich den Aufenthalt in der Stadt, auch wenn sie, wie viele Studierende aus dem Zarenreich, keinen Pass oder keine anderen gültigen Identitätspapiere besassen. Rechtlich waren Untertanen des Zaren gemäss Niederlassungs- und Handelsvertrag zwischen der Schweiz und Russland von 1872 kantonsfremden Schweizer Bürgern gleichgestellt. Ein russischer Staatsbürger konnte im Grunde nur aufgrund strafrechtlichen Verhaltens aus der

Schweiz ausgewiesen werden. Für das Ehepaar Reichesberg-Tartakowsky wurde diese Bestimmung im Jahr 1894 unerwartet wichtig. Als sich Naum Reichesberg in Bern um eine Niederlassungsbewilligung für sich und seine Ehefrau bewarb, stellte die städtische Polizeidirektion den Antrag, das Ehepaar Reichesberg aufgrund seiner agitatorischen Tätigkeiten aus dem Kantonsgebiet auszuweisen. Aus Sicht der kantonalen Polizeibehörden waren die Voraussetzungen für eine polizeiliche Ausweisung allerdings nicht erfüllt. Überdies hatte die zaristische Gesandtschaft die Gültigkeit von Reichesbergs russischem Auslandspass bestätigt – und damit gegenüber den Berner Behörden just den Vorwurf entkräftet, dieser würde gefährliche Propaganda gegen das Zarenreich betreiben, den sie wenige Monate später selbst erhob. Seit 1894 war Naum Reichesberg also im Besitz einer Niederlassungsbewilligung für die Stadt Bern.

Reichesbergs russischer Pass, der von den zaristischen Behörden ausgestellt worden war, verlor seine Gültigkeit mit dem bolschewistischen Umsturz 1917. Einen sowjetischen Pass beantragte er nicht. Dieser hätte ihm auch wenig gebracht, zumal die Schweiz die Sowjetunion lange nicht offiziell anerkannte. Naum Reichesberg und seine zweite Ehefrau Anna geb. Zukier waren ab 1920 Träger eines sogenannten Efremovpasses, der von einem halboffiziellen Vertreter des nichtbolschewistischen Russland ausgestellt wurde. Dieser Pass signalisierte den Schweizer Behörden, dass der Träger kein Bolschewist war, er war aber kein offizielles Identitätspapier. *De facto* war Reichesberg nach dem Ersten Weltkrieg staatenlos. Für ihn war dieser Status in erster Linie ein Problem, weil er Unsicherheit schaffte und seine Mobilität einschränkte. Eine Ausweisung musste er als Universitätsprofessor eher weniger fürchten. Reichesberg und seine Ehefrau erhielten von den Behörden schliesslich einen (Schweizer) Ausländerpass beziehungsweise einen Nansenpass, der jedes Jahr erneuert werden musste. Damit konnten sie immerhin Auslandsreisen unternehmen.

Für Naum Reichesberg war diese Situation sicher nicht angenehm. Er war Bürger eines Staates, den es nicht mehr gab, wurde aber in seiner neuen Heimat, in der er bereits über 30 Jahre lebte, als Russe behandelt. Im April 1922 beantragte er die Schweizer Staatsbürgerschaft. Das Bürgerrechtsbegehren gehört zu den merkwürdigeren Episoden in Reichesbergs Lebensgeschichte. Sein Gesuch um die bundesrätliche Einbürgerungsbewilligung wurde nie beantwortet. Reichesberg hatte es aber auch nie zurückgezogen. Laut dem damaligen Chef der Polizeiabteilung des Eidgenössischen Justiz- und Polizeidepartements (EJPD), Ernst Delaquis, war der Bundesrat nicht auf das Gesuch eingetreten. Im Bürgerrechtsdossier ist mit Handschrift ein Nichteintretensbeschluss vom 4. Dezember 1922 notiert. Im Beschlussprotokoll der entsprechenden Bundesratssitzung ist das Bürgerrechtsbegehren Reichesbergs allerdings nicht einmal erwähnt. Das Eidgenössische Politische Departement (EPD) hatte mit Verweis auf die Position Reichesbergs und seine wissenschaftlichen Leistungen für die Schweiz die Erteilung der Einbürgerungsbewilligung beantragt. Der Gesamtbundesrat folgte aber offensichtlich nicht – aus Angst vor dem erwarteten negativen Entscheid des

Kantons Bern, der in der Öffentlichkeit nicht verstanden würde. Aus demselben Grund wollte der Bundesrat die Bewilligung auch nicht verweigern. Also tat man lieber gar nichts und vereinbarte mit dem Bewerber Stillschweigen über die Angelegenheit. Das Kalkül ging auf. Der gescheiterte Einbürgerungsversuch kam erst nach Reichesbergs Tod ans Licht.

Von den kantonalen Polizeibeamten wurden Reichesberg vordergründig seine Schulden und Betreibungen zur Last gelegt. Dass er mit Geld nicht gut umgehen konnte, bestätigten auch Freunde. Die Berichte der Beamten konzentrierten sich aber in verräterischer Deutlichkeit auf Reichesbergs Herkunft und Religion. Seine «Denkart [sei] zu russisch und zu jüdisch», als dass er je ein «richtiger Schweizer» werden könnte.[11] Gegen seine Ehefrau wurde gar der Spionageverdacht in den Raum gestellt. Reichesbergs wichtige Rolle innerhalb der russischen Emigration wurde zwar betont und mögliche Kontakte zu Bolschewisten wurden hervorgehoben. Die politischen Überzeugungen an sich schienen für die Polizeibeamten aber nicht ausschlaggebend gewesen zu sein. Stärker ins Gewicht fiel der Vorwurf des Opportunismus: Reichesberg wollte nach Ansicht der Beamten erst Schweizer werden, nachdem er seine Hoffnungen auf einen Ministerposten in der Regierung Kerenskij im neuen Russland hatte begraben müssen. Vielleicht hatte Naum Reichesberg mit seinem Einbürgerungsgesuch tatsächlich zu lange zugewartet. Unter dem Eindruck des Ersten Weltkrieges hatte sich in der Schweiz ein restriktives, zentralistisches Migrationsregime herausgebildet und eine ethno-rassische Vorstellung der schweizerischen Nation durchgesetzt. Die Einbürgerung war zu einem zentralen Element der «Überfremdungsbekämpfung» geworden. Eingebürgert wurde nur noch, wer bereits assimiliert oder immerhin an die «schweizerische Mentalität» assimilierbar war. Gewissen ethnischen Gruppen wie den (Ost-)Juden wurde diese Fähigkeit grundsätzlich abgesprochen. Vor ihnen musste der Schweizer «Volkskörper» geschützt werden. Ob das Bürgerrechtsbegehren Naum Reichesbergs positiv beantwortet worden wäre, wenn er sich wie Nikolaus Wassilieff bereits vor der Jahrhundertwende oder immerhin vor dem Ersten Weltkrieg um die Staatsbürgerschaft seiner neuen Heimat bemüht hätte, bleibt offen. Damals hatte er aber schlicht keinen Grund dazu: Er musste sich vor dem zaristischen Regime nicht ernsthaft fürchten, besass legale russische Papiere und war in Bern einem kantonsfremden Schweizer Bürger rechtlich gleichgestellt.

Das EPD konnte offenkundig nicht nachvollziehen, dass der Kanton Bern Naum Reichesberg seit 30 Jahren als Hochschullehrer engagierte, der sich ausserdem intensiv mit der schweizerischen Volkswirtschaft beschäftigte, ihn aber der Schweizer Staatsbürgerschaft nicht würdig befand. Diese Inkonsequenz ist tatsächlich schwer zu verstehen. Naum Reichesberg war zu Beginn des 20. Jahrhunderts einer der bedeutendsten Sozialwissenschaftler der Schweiz und so-

11 BAR, E21, Dossier E21#1000/131#23561-334*: Naturalisationen, Reich K. – Reichr, Dossier Nr. 980 (1922): Reichesberg, Naum (Nachmann), Polizei-Kommando des Kantons Bern an die Polizeidirektion Bern, 14. August 1922.

wohl national wie international bekannt und angesehen. Er war Herausgeber des «Handbuchs der Schweizerischen Volkswirtschaft, Sozialpolitik und Verwaltung», eines vom Bundesrat finanziell unterstützten dreibändigen Referenzwerks, an dem namhafte Expertinnen und Experten der behandelten Gebiete mitgearbeitet hatten. Fast 30 Jahre lang amtete er als Redaktor der «Schweizerischen Zeitschrift für Volkswirtschaft und Sozialpolitik», in der zentrale wissenschaftliche und insbesondere sozialpolitische Diskussionen ausgetragen wurden. Mit der Schweizerischen Handelspolitik, der hiesigen Arbeiterschutzgesetzgebung und Arbeitslosenversicherung und vielen weiteren Themen, welche die schweizerische Volkswirtschaft betrafen, setzte er sich in unzähligen Schriften und Vorträgen auseinander. Und er prägte eine ganze Generation von Nationalökonomen und Soziologen, die bei ihm studierten und später teilweise wichtige Funktionen in Wissenschaft und Verwaltung innehatten.[12] Der Berner Regierungsrat hatte Naum Reichesberg 1898 als Extraordinarius gewählt, später zum Ordinarius befördert und ihn immer wieder in dieser Funktion bestätigt, zuletzt 1924. Die politischen Ansichten Reichesbergs waren der Regierung spätestens 1894 bekannt, als die städtische Polizeidirektion sich gegen die Niederlassungsbewilligung für das Ehepaar Reichesberg-Tartakowsky aussprach. Das war lange bevor der Regierungsrat Reichesberg eine Professur übertrug. Auch unter dem Eindruck der Abschottungstendenzen in der Zwischenkriegszeit und einer konservativen Periode an der Universität Bern wurde Reichesberg als Ausländer, Jude und Sozialist in seiner Funktion als Hochschullehrer nicht hinterfragt. Seine Leistungen für die Schweiz wurden anerkannt und wurden gerne in Anspruch genommen. Als Schweizer akzeptierte man ihn trotzdem nicht.

Jüdische Identität zwischen Fremdbestimmung und Selbstwahrnehmung

In dieser Arbeit wurde an verschiedenen Stellen auf die jüdische Herkunft Naum Reichesbergs Bezug genommen. Seine Religionszugehörigkeit spielte in unterschiedlichen Situationen eine Rolle, manchmal eine ausschlaggebende. Hätte er das Zarenreich für ein Universitätsstudium verlassen, wenn er nicht als Jude in seinen Bildungschancen benachteiligt gewesen wäre? Hätte er sich der sozialistischen Bewegung angeschlossen, wenn er nicht einer diskriminierten Bevölkerungsgruppe angehört hätte? Hätte er sich als Akademiker so stark mit dem Schicksal der Arbeiterklasse identifiziert, wenn er selber nicht die Erfahrung von Ausgrenzung und Chancenungleichheit gemacht hätte? Und wäre er als ethnischer Russe vielleicht Schweizer geworden? Gleichzeitig scheint die jüdische Religion für Reichesberg in seinem Alltag kaum eine Rolle gespielt zu haben. Was bedeutet das? Wie ist damit umzugehen, dass der Lebenslauf Naum Reichesbergs

12 Beispiele von Personen, die im Rahmen dieser Arbeit namentlich erwähnt wurden, sind Fritz Marbach, 1931–1962 Professor für Nationalökonomie an der Universität Bern, und Hans Freudiger, der von 1918 bis 1951 dem Statistischen Amt der Stadt Bern vorstand.

und seine Sicht auf die Welt durch seine jüdische Herkunft geprägt waren, dass aber sein Jüdischsein für ihn persönlich möglicherweise kaum Bedeutung hatte? Dürfen wir ihn als Juden bezeichnen?

Nach dem jüdischen Religionsgesetz, der *Halacha*, ist Jude oder Jüdin, wer eine jüdische Mutter hat. Es gibt zwar keine schriftliche Aufzeichnung, die belegen würde, dass die Mutter von Jovel und Naum Reichesberg jüdisch war. Ihr lediger Name (Barback) ist nicht eindeutig als jüdisch identifizierbar. Er beinhaltet allerdings das Akronym BR (ausgesprochen «bar», für *ben ravi*). Die Bildung von jüdischen Nachnamen auf Basis von Akronymen bedeutender jüdischer Gelehrter war im Zarenreich ein bekanntes Schema. Namen, die mit dem Akronym BR begannen, waren zudem meist zweisilbig.[13] Es wäre im Zarenreich der 1860er-Jahre auch höchst ungewöhnlich gewesen, dass ein Jude, wie es der Vater der beiden aufgrund seines Vor- und Nachnamens zweifellos war, eine Nichtjüdin geheiratet hätte. Dies umso mehr in einer stark jüdisch geprägten Gegend wie dem Ansiedlungsrayon. Aus der Perspektive des orthodoxen Judentums wäre die Antwort also eindeutig. Das Kriterium der matrilinearen Abstammung ist entscheidend, unabhängig davon, ob sich jemand an die religiösen Gebote und Verbote hält. Gemäss diesem Verständnis ist es auch nicht möglich, aus dem Judentum als Gemeinschaft «auszutreten». In dieser Beziehung unterscheidet sich die halachische Definition von «Jude» gar nicht so gross von derjenigen der Berner Behörden. Auch die Definition der Behörden beruhte nicht auf der Glaubenspraxis oder der religiösen Überzeugung, sondern auf Abstammung. Bestimmend war für sie nicht, wie sich die betreffende Person selber identifizierte und was sie glaubte, sondern in welche Familie sie hineingeboren wurde und welcher ethnischen Gruppe sie zuzuordnen war.[14] Mit der (ethnischen) Herkunft wurden ihr zugleich unveränderliche Eigenschaften zugeschrieben. Die Religionszugehörigkeit wurde für die Behörden – dies gilt für die Schweiz als Ganzes, nicht nur für Bern – allerdings erst im 20. Jahrhundert ein wichtiges Merkmal. In den Fremdenkontrollen der Stadt Bern wurde bis in die 1920er-Jahre keine Religionszugehörigkeit vermerkt, es existierte auch keine entsprechende Rubrik. Erst später wurde die Konfession explizit im Register abgefragt. Bei Naum Reichesberg wurde «Jis.» für «Israelitisch» eingetragen.

Auch die Polizei interessierte sich lange nicht dafür, welcher Religion Reichesberg angehörte. Die Berichte der Politischen Polizei des Bundes und der städtischen und kantonalen Polizeibehörden konzentrierten sich vielmehr auf dessen politische, «agitatorische» Tätigkeiten. Erst 1905 stellte ein Berner Polizeibeamter zum ersten Mal die Religionszugehörigkeit Naum Reichesbergs fest:

---

13 Vgl. Dictionary of Jewish Surnames, 57–59.

14 Die Zuschreibung von religiöser Identität auf Basis der Abstammung ist bis heute verbreitet. Siehe dazu die Studie von Riem Spielhaus über Muslime in Deutschland, insbesondere Kapitel 3.2 zur Definition von Muslimsein durch die staatlichen Behörden: Spielhaus, Riem: Wer ist Muslim? Die Entwicklung eines islamischen Bewusstseins in Deutschland zwischen Selbstidentifikation und Fremdzuschreibung, Würzburg 2011 (Muslimische Welten, Bd. 3).

In seinem Bericht zu den Maifeiern in Wabern bemerkte er, es hätten auch «zwei bernische Professoren russ.-israelitischer Nationalität (Lud. Stein und Naum Reichesberg)» teilgenommen.[15] Es wird nicht ganz klar, ob die Verbindung von Russe und Israelit für den Verfasser einer Betonung bedurfte oder ob es für ihn im Gegenteil ganz selbstverständlich war, dass die Russen in Bern eben auch Israeliten waren. Jedenfalls bleibt die Feststellung sachlich. Eindeutig negativ konnotiert ist die Religionszugehörigkeit Reichesbergs in einem Bericht des Berner Polizeikommandos von Ende 1920 im Rahmen der Untersuchungen gegen Sergej Bagockij. Dieser, so heisst es im Bericht, stehe «im Dienste der Juden» Gebrüder Reichesberg. Im Zusammenhang mit dem Einbürgerungsgesuch Reichesbergs wurde seine Religion schliesslich zu einem wichtigen Argument gegen ihn. Wobei die kantonale Polizei festgehalten hatte, dass Reichesberg «prob. juive», also vermutlich jüdisch sei. Dies deutet darauf hin, dass man ihm sein Jüdischsein erstens nicht ansehen konnte, weil er keine Kopfbedeckung oder ein anderes sichtbares Merkmal seiner Religionszugehörigkeit trug, und dass die Behörden zweitens die Konfession des Bewerbers bisher kaum interessiert hatte und man deshalb auch nicht über Unterlagen verfügte, auf die man sich beziehen konnte.

Von den Behörden wurde Naum Reichesberg also mindestens in den Jahren nach dem Ersten Weltkrieg klar als jüdisch wahrgenommen, wobei dies in den meisten Fällen kein positives Merkmal war. In Nachrufen und Erinnerungen hingegen, die Reichesberg wohlgesinnt waren, wird kaum auf seine Religionszugehörigkeit Bezug genommen. Die Charakterisierung Reichesbergs als «sympathischer Israelit» in den «Basler Nachrichten» vom 17. Januar 1928 war eine Ausnahme. Die Sozialdemokraten erinnerten sich an einen Freund der Arbeiterklasse und an einen russischen Emigranten, die Studierenden an einen grossartigen Lehrer. Es ist auffallend, dass Reichesberg in der Fremdzuschreibung vor allem dann Jude war, wenn eine negative Eigenschaft betont oder ein Argument gegen ihn gefunden werden musste. Das mag damit zusammenhängen, dass sich diese Arbeit hauptsächlich auf Polizeiakten stützt. Die Polizei legt in der Tendenz dann Akten an, wenn sich unübliche Vorgänge abzeichnen, wenn sie auf Unstimmigkeiten aufmerksam gemacht wird oder wenn sich Kontrollen aufdrängen. Normalität interessiert weniger. Es ist aber auch ein bekanntes Muster, dass Minderheiten und Gesellschaftsgruppen, die einer erhöhten Beobachtung ausgesetzt sind, insbesondere dann als solche identifiziert werden, wenn sie Probleme machen.

Ist Naum Reichesberg also Jude, weil er als solcher wahrgenommen wurde? Liegt die Definitionsmacht, wer er ist und wie er sich zu identifizieren hat, tatsächlich bei «den anderen» und namentlich bei den Behörden? Ja und nein. Einerseits kann eine Fremdzuschreibung durch das Individuum akzeptiert oder aber zurückgewiesen und zu einem gewissen Grad korrigiert werden. Andererseits ist

15 BAR E21#1000/131#14263-14291*: Maifeiern, Dossier 14277A: Maifeiern 1905, Rapport an das Polizeiinspektorat des Kantons Bern vom 5. Mai 1905.

es nie möglich, die persönliche Identität beziehungsweise die Selbstidentifizierung ganz von einer Zuschreibung, einer «Etikettierung» von aussen zu lösen.[16] Auch eine Zurückweisung der Fremdzuschreibung nimmt Bezug auf ebendiese. Das Bezugssystem kann nicht «abgeschüttelt» werden. In Nazideutschland und den von den Nationalsozialisten besetzten Gebieten wurde dies auf drastische Weise bestätigt. Egal, ob das Jüdischsein für jemanden vorher keine Rolle gespielt hatte – die Nazis machten diesen Aspekt seiner Identität zum wichtigsten und entscheidenden. Der Fall von Naum Reichesberg ist weniger dramatisch. Aber auch hier wird die performative Kraft und die Macht der Behördenakten bestätigt: Die Fremdzuschreibung durch die Polizeibehörden wurde Reichesberg schlussendlich zum Verhängnis, als er Schweizer werden wollte. Die Definition seiner religiösen Zugehörigkeit durch die Behörden erwies sich als mitentscheidend, ob er sich selbst verbunden fühlte oder nicht.

Es gibt nur ganz wenige Hinweise, die Aufschluss darüber geben können, welchen Bezug Naum Reichesberg zu seiner jüdischen Herkunft hatte. Könnte eine Mitgliedschaft in einer jüdischen Gemeinde nachgewiesen werden, so wäre die Frage einfach zu beantworten, weil er selber das Band zum Judentum als Religionsgemeinschaft bestätigt hätte. Dafür gibt es aber keinen Hinweis. Zur Jüdischen Gemeinde Bern hatte Naum Reichesberg keine Verbindung. Das ist nicht weiter überraschend und würde einen Bezug zur institutionalisierten Religion per se nicht ausschliessen. Die Berührungspunkte zwischen den Lebenswelten der ostjüdischen Migrantinnen und Migranten, den russisch-jüdischen Studierenden und der etablierten Jüdischen Gemeinde in Bern waren damals sehr gering. Die Ostjuden gründeten eigene Betvereine und feierten Gottesdienste nach dem ihnen bekannten Ritus. Ein gemeinsames religiöses Gemeindeleben zwischen Ost- und Westjuden war erst Mitte des 20. Jahrhunderts möglich.[17] Naum Reichesberg schloss sich auch kaum einem ostjüdischen Betlokal an. Er hatte seine Kindheit zwar in einer ostjüdischen Lebenswelt verbracht, sein Elternhaus und sein späteres Umfeld in Bern waren aber eher von einer kulturellen Jiddischkeit geprägt als von einer religiösen. Wäre Reichesberg etwas an jüdischen Traditionen oder religiösen Ritualen gelegen, hätte er sich wenigstens frühzeitig um einen Grabplatz auf dem Jüdischen Friedhof in Bern bemüht.[18] Weder die Kremation noch finanzielle Gründe oder die fehlende Verbindung zur Jüdischen Gemeinde Bern waren echte Hindernisse für ein jüdisches Begräbnis. Wie bereits in Kapitel 2 festgestellt, wurde die Urne Naum Reichesbergs aber vermutlich auf dem städtischen Bremgartenfriedhof beigesetzt.

Der Sprachgebrauch von ostjüdischen Migrantinnen und Migranten wird oft als Hinweis dafür gesehen, ob jemand eher eine religiöse oder eine weltliche

---

16 Montefiore, A Philosophical Retrospective, 62, 66, 70.

17 Vgl. Bhend, Verbürgerlichung und Konfessionalisierung, 151–153.

18 Auch Flüchtlinge und ostjüdische Migrantinnen und Migranten, die nicht Mitglied der Jüdischen Gemeinde Bern waren und in Bern verstarben, wurden gemäss Auskunft der Jüdischen Gemeinde Bern prinzipiell immer auf dem Jüdischen Friedhof in Bern bestattet.

Bildung erfahren hatte.[19] Jiddisch war die *mameloshn*, die Muttersprache der meisten Juden aus Osteuropa. Es ist davon auszugehen, dass Naum Reichesberg mit Jiddisch aufgewachsen war. Hebräisch war die Sprache der religiösen Bildung. Ob Reichesberg Hebräisch las oder sprach, wissen wir nicht. Hingegen ist klar, dass er sowohl Russisch wie auch Deutsch gut beherrschte. Mit seinen russischen Studierenden sprach er Russisch, die Vorlesungen hielt er auf Deutsch und auch seine Publikationen waren deutschsprachig.[20] Russisch war die *lingua franca* des Russischen Reiches, die Verwaltungssprache, und Deutsch war die Kultursprache. Diese beiden Sprachen beherrschten in Russland nur die akademisch gebildeten Juden beziehungsweise solche, die Unterricht an staatlichen Schulen genossen hatten. Naum Reichesberg hatte nachweislich eine säkulare, akademische Bildung genossen. Ob er als Kind auch eine religiöse Primarschule besucht hatte und ob diese ihn prägte, ist nicht bekannt. Die Sprachkenntnisse helfen also kaum weiter.

Auch das Umfeld, persönliche Beziehungen und Kontakte zu Organisationen könnten Hinweise auf die Verbindung Reichesbergs zu seiner jüdischen Herkunft liefern. Wie stand Naum Reichesberg zu jüdisch-nationalen Ideen und Parteien? In den sozialistisch geprägten Organisationen der russischen Emigration in Bern sassen immer auch jüdisch-nationale sozialistische Parteien mit am Tisch, so die Bundisten, die Jüdischen Sozialisten-Territorialisten oder die Poale Zionisten. Es wurde bereits festgestellt, dass Naum Reichesberg mit den Menschewisten sympathisierte. Es ist aber nicht auszuschliessen, dass er sich auch mit jüdisch-nationalen Ideen auseinandersetzte und verbunden fühlte. Leider ist auch hier aufgrund fehlender Quellen keine abschliessende Aussage möglich. Auf jeden Fall war Naum Reichesberg mit Chaim Žitlovskij gut bekannt, der sich intensiv mit Ideen einer staatlichen Autonomie für die jüdische Nation oder einem jüdischen Parlament innerhalb des Russischen Reiches beschäftigte. Es ist anzunehmen, dass Reichesberg solche Ideen mit ihm erörterte. Was er davon hielt, bleibt offen.

Der einzige persönliche Kontakt, der nachgewiesen werden kann und mit grosser Wahrscheinlichkeit über eine Verbundenheit Reichesbergs mit seinem religiös-kulturellen Hintergrund funktionierte – und nicht über eine familiäre oder parteipolitische Verbindung –, war jener zu Sholem Aleichem. In einem Brief an einen gewissen Herrn Berkowitsch vom Januar 1913 zählte Sholem Aleichem die Menschen auf, die ihn während seines Aufenthalts in einem Berner Spital aufsuchten. Neben dem Jiddischisten Niger und einem gewissen «Rev Ze'ir» kam offenbar auch Naum Reichesberg zu Besuch.[21] Sholem Aleichem war einer der bedeutendsten jiddischsprachigen Schriftsteller. In seinen Werken beschrieb er die Welt des osteuropäischen Judentums um die Jahrhundertwende. Nachdem

---

19 Vgl. Dohrn, Transit und Transformation, 19 f.

20 Dass Naum Reichesberg mit seinen russischen Studierenden Russisch sprach, wissen wir nicht zuletzt dank eines ehemaligen Studenten. Vgl. Mukdoyni, Oysland, 162.

21 Vgl. Brief vom 18. Januar 1913 in Sholem Aleykhem, Dos Sholem-Aleykhem-bukh, 110 f.

Scholem Aleichem anfangs noch auf Hebräisch publiziert hatte, entschied er sich sehr bald bewusst für Jiddisch als Sprache des einfachen Volkes. Dass Naum Reichesberg Sholem Aleichem im Spital besuchte, ist interessant, weil dieser nicht zum politischen oder akademischen Umfeld gehörte, in dem sich Reichesberg sonst bewegte. Es ist gut möglich, dass sich in diesem Kontakt auch ein wenig die Verbundenheit Naum Reichesbergs mit der ostjüdischen Herkunft und Lebenswelt spiegelt.

Ein jüdisches Selbstverständnis muss sich nicht zwingend darin äussern, dass die Religion praktiziert wird oder dass eine Verbindung zu religiösen Ritualen und Institutionen besteht. Das Judentum bietet auch andere, «säkulare» identitätsstiftende Elemente. So können das kulturelle Erbe, familiäre Traditionen oder die Idee einer jüdischen Nation ein Zugehörigkeitsgefühl zur jüdischen «Gemeinschaft» erzeugen. Gerade die jüdisch-nationalen Bewegungen, die Ende des 19. Jahrhunderts entstanden, bauten meist auf ein säkulares Verständnis der jüdischen Identität.[22] Für Religion interessierten sich weder die Bundisten noch der Grossteil der zionistischen Strömungen. Auch die jüdischen Studentinnen und Studenten und Revolutionäre aus dem Zarenreich, die sich in der russischen Kolonie in Bern bewegten, hatten sich grösstenteils losgesagt von religiösen Banden und Traditionen. Trotzdem war die Lebenswelt der Berner Kolonie von «Jiddischkeit» geprägt. Reichesberg bewegte sich hier in einer russisch-jüdischen Lebenswelt, wie er sie von seiner Heimatstadt kannte. Vielleicht war es für ihn also schlicht nicht nötig, über seine Herkunft nachzudenken, weil sein Umfeld mehrheitlich aus denselben Verhältnissen kam.

Vielleicht waren für Reichesberg die sozialistischen Überzeugungen im Grunde auch ein Ausdruck seiner jüdischen Identität. Einerseits war die «jüdische Frage» im Zarenreich eng verknüpft mit der «sozialen Frage» und der Opposition gegen den Zaren. Die Emanzipation der jüdischen Bevölkerung wie auch anderer benachteiligter Gruppen ging für die revolutionären Kräfte Hand in Hand mit dem Ende der zaristischen Herrschaft und dessen Diskriminierungspolitik. Andererseits versprach der Sozialismus eine Gesellschaftsordnung, die frei von Diskriminierung war. Diese Aussicht war für Jüdinnen und Juden besonders attraktiv. Die soziale Frage war im Übrigen auch für die Entwicklung der Sozialwissenschaften in der zweiten Hälfte des 19. Jahrhunderts bestimmend gewesen. Die meisten frühen Sozialwissenschaftler standen für die politische und soziale Emanzipation der Arbeiterschaft, der jüdischen Bevölkerung und der Frauen ein. Diese Forderungen waren für sie untrennbar verknüpft. Es ist durchaus vorstellbar, dass auch die wissenschaftliche Tätigkeit Reichesbergs und sein Interesse an den Sozialwissenschaften ein Stück weit durch seine jüdische Herkunft und seine Diskriminierungserfahrung beeinflusst waren.

Oder vielleicht spielte die jüdische Identität für ihn tatsächlich eine völlig untergeordnete Rolle im Vergleich zu anderen Aspekten der Zugehörigkeit

22 Siehe entsprechende Ausführungen in Kapitel 2.

wie politischer Überzeugung, geografischer Herkunft, Sprache, Geschlecht und akademischer Bildung. Es ist nicht möglich, diese Frage abschliessend zu beantworten. Falsch wäre, Naum Reichesberg auf das Jüdischsein zu reduzieren. Er war Jude. Aber auch Sozialist, Sozialwissenschaftler, Kämpfer für den Arbeiterschutz, Lehrer, Ehemann und vieles mehr. Über die Jahre hinweg stand vielleicht einmal diese und einmal jene Zugehörigkeit im Vordergrund, wurden einzelne Lebenswelten je nach Rahmenbedingungen oder sozialen Kontakten wichtiger und andere weniger wichtig. Konstant blieb sein Kampf gegen Ausbeutung und für eine Gesellschaft, in der alle die gleichen Möglichkeiten haben.

Abkürzungsverzeichnis

BV	Bundesverfassung
EJ	Encyclopaedia Judaica
EJPD	Eidgenössisches Justiz- und Polizeidepartement
EME	Enzyklopädie Migration in Europa
EPD	Eidgenössisches Politisches Departement (heute Eidgenössisches Departement für auswärtige Angelegenheiten EDA)
HLS	Historisches Lexikon der Schweiz
IKRK	Internationales Komitee vom Roten Kreuz
ILO	Internationale Arbeitsorganisation (International Labour Organization)
IVgA	Internationale Vereinigung für gesetzlichen Arbeiterschutz
NDB	Neue Deutsche Biographie
SGB	Schweizerischer Gewerkschaftsbund
SDAPR	Sozialdemokratische Arbeiterpartei Russlands (1903 Spaltung in Bolschewisten und Menschewisten)
SP(S)	Sozialdemokratische Partei (der Schweiz)
SViA	Schweizerische Vereinigung zur Förderung des internationalen Arbeiterschutzes
VWG	Volkswirtschaftliche Gesellschaft des Kantons Bern
YIVO	Yidisher visnshaftlekher institut (YIVO Institute for Jewish Research)
ZGB	Schweizerisches Zivilgesetzbuch

Verzeichnis der Schriften und Vorträge Naum Reichesbergs

Publikationen[1]

Friedrich Albert Lange als Nationalökonom, Bern: K. J. Wyss, 1892 (Heft 4 der *Berner Beiträge zur Geschichte der Nationalökonomie,* hg. von August Oncken).
Adolf Quetelet als Moralstatistiker, Bern: Stämpfli, 1893 (Antrittsvorlesung).
Die Statistik und die Gesellschaftswissenschaft, Stuttgart: F. Enke, 1893.
Die soziale Frage, ihr Wesen und ihr Werden [gemäss Reichesberg, StAB BB IIIb 541; Publikation nicht nachgewiesen].
Zur Bevölkerungsfrage der Gegenwart. Akademischer Vortrag, gehalten zu Bern am 15. Dezember 1893, Basel: H. Müller, 1894.
Sozialismus und Anarchismus, Bern/Leipzig: August Siebert, 1895 (2 Auflagen; basierend auf einem öffentlichen Vortrag vom 17. Januar 1895 im grossen Museumssaal in Bern).
Der berühmte Statistiker Adolf Quételet. Sein Leben und sein Wirken. Eine biographische Skizze, Bern: Stämpfli, 1896.
Die Arbeiterfrage einst und jetzt. Ein akademischer Vortrag, Leipzig: Wigand, 1897.
«Wesen und Ziele der modernen Arbeiterschutzgesetzgebung», *Zeitschrift für Schweizerische Statistik,* Jg. 33 (1897), Heft 1. Zusätzlich erschienen 1897 als Separatdruck im Stämpfli Verlag in Bern und 1899 im Verlag C. Sturzenegger in Bern.
Was ist Statistik?, Bern: Stämpfli, 1897.
«Das Hausieren in der Deutschen Schweiz», in: *Untersuchungen über die Lage des Hausiergewerbes in Schweden, Italien, Grossbritannien und der Schweiz* (Schriften des Vereins für Socialpolitik, Band 83): Leipzig: Duncker & Humblot 1899.
Die Sociologie, die sociale Frage und der sogenannte Rechtssocialismus. Eine Auseinandersetzung mit Herrn Prof. Dr. Ludwig Stein, Verfasser des Buches: «Die soziale Frage im Lichte der Philosophie», Bern: Steiger, 1899.
«Sociologie, Socialphilosophie und Socialpolitik», *Schweizerische Blätter für Wirtschafts- und Socialpolitik,* Jg. 7 (1899).[2]
Der Kampf gegen die Arbeitslosigkeit in der Schweiz, Bern: V. Steiger, 1899.
Internationale Vereinigung für gesetzlichen Arbeiterschutz, Bern: C. Sturzenegger, 1901.
Die Anwendung des eidgenössischen Fabrikgesetzes, Bern: C. Sturzenegger, 1901.
«Der Kampf gegen den Alkoholismus und die Socialpolitik. Bericht», *Schweizerische Blätter für Wirtschafts- und Socialpolitik,* Jg. 9 (1901).

1 Nach Datum geordnet (aufsteigend). Hier werden nur die in deutscher Sprache erschienenen Werke berücksichtigt. Einzelne Schriften Reichesbergs erschienen auch in russischer Übersetzung.
2 Naum Reichesberg war von 1900 bis 1928 Herausgeber und Redaktor der «Schweizerischen Blätter für Wirtschafts- und Socialpolitik» (ab 1916: «Schweizerische Zeitschrift für Volkswirtschaft, Sozialpolitik und Verwaltung»). Er publizierte darin auch selber viele kürzere und längere Artikel, wovon hier längst nicht alle aufgeführt sind.

«Die Anwendung des eidgenössischen Fabrikgesetzes», *Schweizerische Blätter für Wirtschafts- und Socialpolitik,* Jg. 9 (1901).
Handwörterbuch der Schweizerischen Volkswirtschaft, Sozialpolitik und Verwaltung, 3 Bände, Bern: Verlag Encyklopädie, 1903–1911.
Die Arbeitslosenversicherung in der Schweiz, Bern: Scheitlin, Spring & Cie., 1906.
Ergebnisse der Arbeitslosenversicherung in der Schweiz, Wien: [Verlag unbekannt] 1906.
Das Recht auf Arbeit in der Schweiz, Bern: Scheitlin, Spring & Cie., 1907.
Die Diplomatenkonferenz für Arbeiterschutz. Bern, 17.–26. September 1906, Bern: Scheitlin, Spring & Cie., 1907.
Zur Errichtung eines eidgenössischen sozialstatistischen Amtes. Eine Antikritik, Bern: Scheitlin, Spring & Cie., 1908.
Die Einkommenssteuer in der Schweiz, Jena: Gustav Fischer, 1909.
Die amtliche Statistik in der Schweiz. Geschichte und Organisation, Bern: Scheitlin, Spring & Cie., 1910.
Der internationale Arbeiterschutz in den letzten zwölf Jahren (aus Anlass der 7. Delegiertenversammlung der Internationalen Vereinigung für gesetzlich. Arbeiterschutz), Bern: M. Drechsel, 1913.
Wesen und Bedeutung des Malthusianismus. Aus einem Vortragscyclus, Bern: Scheitlin & Co., 1915.
Die Entstehung der modernen Verkehrswirtschaft, Bern: M. Drechsel, 1916.
Entwicklung der volkswirtschaftlichen Anschauungen im Rahmen des modernen Kapitalismus und Grundtatsachen des gegenwärtigen Geld- und Kreditwesens. Vorträge gehalten in Zürich im Frühjahr 1917 im Verein der Angestellten sozialdemokratischer Organisationen (Vaso), Zürich 1917.
«Die bevorstehende gesellschaftliche Neugestaltung und die Aufgabe der Statistik», *Zeitschrift für Schweizerische Statistik und Volkswirtschaft,* Jahrgang 54 (1918), Heft 4.
Betrachtungen über die schweizerische Handelspolitik in Vergangenheit und Zukunft, Bern: A. Francke, 1918.
Die Meistbegünstigung in den künftigen Handelsverträgen, Bern: A. Francke, 1918 (basierend auf einem Vortrag vom 14. Dezember 1917 im Rahmen der Volkswirtschaftlichen Gesellschaft des Kantons Bern).
Adam Smith und die gegenwärtige Volkswirtschaft, Bern: A. Francke, 1927.

Veröffentlichungen der Schweizerischen Vereinigung zur Förderung des internationalen Arbeiterschutzes[3]

Der internationale Arbeiterschutzkongress in Paris, Heft 2, 1900.
Bestrebungen und Erfolge der Internationalen Vereinigung für den gesetzlichen Arbeiterschutz und des Internationalen Arbeitsamtes, Heft 11, 1905.
Die IV. Delegiertenversammlung der Internationalen Vereinigung für gesetzlichen Arbeiterschutz (Genf, 27.–29. September 1906), Heft 18, 1907.

3 Die in dieser Reihe veröffentlichten Schriften wurden grösstenteils beim Verlag Scheitlin, Spring & Cie. in Bern gedruckt.

Soziale Gesetzgebung und Statistik. Ein Beitrag zur Frage der Errichtung eines Eidgenössischen Sozialstatistischen Amtes, Heft 24, 1908.

Die internationale Regelung des Arbeiterschutzes und die 8. Delegiertenversammlung der Internationalen Vereinigung fuer den gesetzlichen Arbeiterschutz, Heft 45, 1920.

Die Fragen der Fortdauer und die Aufgaben der Vereinigung zur Förderung des internationalen Arbeiterschutzes [Aus welchen Gründen erscheint die Aufrechterhaltung der Schweizerischen Vereinigung zur Förderung des internationalen Arbeiterschutzes wünschenswert bzw. notwendig?], Heft 48, 1923.

Auf dem Wege zur Wirtschaftsdemokratie (anlässlich des Prager Internationalen Kongresses für Sozialpolitik), Heft 49, 1925.

Nicht publizierte Vorträge[4]

Vortrag über die «Freigeldlehre» anlässlich der Geschäftsleitungssitzung der Sozialdemokratischen Partei der Schweiz vom 11. Juni 1922

Vortrag über «Schweizerische Volkswirtschaftsprobleme» im Rahmen des ersten Arbeiterferienkurses vom 30. Juli bis 12. August 1922 im Polytechnikum in Zürich

Vortrag über «Marxismus und Bolschewismus» vom 13. Februar 1924 im Rahmen der Volkswirtschaftlichen Gesellschaft des Kantons Bern

Diverse Vorträge im Rahmen der University Extension (1895–1900)

Diverse Vorträge in der Schweizerischen Vereinigung zur Förderung des internationalen Arbeiterschutzes

4 Es besteht kein Anspruch auf Vollständigkeit. Die hier aufgeführten Vorträge sind schriftlich dokumentiert. Viele weitere Auftritte und Lehrtätigkeiten Reichesbergs sind nicht dokumentiert, so beispielsweise alle Vorträge im Rahmen der «Freien Schule» und in Arbeitervereinen.

Quellen- und Literaturverzeichnis

Archive, Institute

Bundesarchiv (BAR)

E21: Polizeiwesen

E21#1000/131#5000-8560*: Personaldossiers von Anarchisten, Kommunisten, Sozialisten, Nationalisten, Mitgliedern von Minderheitenbewegungen usw. A–Z
– Dossier Nr. 7715: Raichesberg, Naoum Moiseeff, Privatdozent in Bern. (1895)
– Dossier Nr. 8597: Bagotzki Serge
– Dossier Nr. 8980: Horwitz Werner
– Dossier Nr. 9574: Tschlenoff Benzion Aronoff
E21#1000/131#10418-10485*: Personal der Sowjetmission, des Russischen Roten Kreuzes, der Russischen Telegrafenagentur, der «Russischen Nachrichten», vor allem Untersuchungen, Aufenthalte, Ausweisungen (Einzeldossiers), Dossier Nr. 10462: Kahan, Adam, 1881
E21#1000/131#14008-14020*: Russen in der Schweiz (1879–1909)
E21#1000/131#14263-14291*: Maifeiern, Dossier Nr. 14277A: Maifeiern 1905
E21#1000/131#16042*: Passverordnung vom 10. 12. 1928
E21#1000/131#23561-334*: Naturalisationen 1921–1929, Reich K. – Reichr, Dossier Nr. 980 (1922): Reichesberg, Naum (Nachmann)

E81: Förderung und Unterstützung der Kunst

E81#1000/1134#42*: N. Reichesberg «Handwörterbuch der schweizerischen Volkswirtschaft, Sozialpolitik und Verwaltung»: zunächst Ablehnung einer Bundessubvention an die Herausgabe, später Bewilligung einer Bundessubvention in Raten (1900–1909)

E1001: Departemente

E1001#1000/6#46*: Anträge des Eidg. Politischen Departementes 1922
E1001#1000/6#197*: Anträge des Justiz- und Polizeidepartementes 1922

E2001B: Abteilung für Auswärtiges, Auswärtige Politik: Ausländer und ausländische Interessen in der Schweiz

E2001B#1000/1502#1161*: Ausweisschriften für Russen ohne offizielle Vertretung (1921)
E2001B#1000/1503#1322*: Russische Pässe zaristischen Regimes; Russische Ausweisschriften (1922)

E4264#P: Eidgenössische Polizeiabteilung, Personenregistratur: Ausweisschriften für Ausländer, Passangelegenheiten etc.

E4264#1988/2#1486*: REICHESBERG, ANNA, 18xx (1929–1931)

E4264#1988/2#1487*: REICHESBERG, JULIAN, 13. 9. 1863 (1929–1941)
E6303A: Eidgenössische Steuerverwaltung, Militärpflichtersatz: Behördenorganisation, Auslandvertretungen, Politisches Departement
E6303A#1983/58#452*: Konsularreglement und andere Rechtsgrundlagen (1919–1955), Dossier Nr. 429

International Institute of Social History, Amsterdam, Niederlande (IISH)

Eduard Bernstein Papers
D. Briefe an Eduard Bernstein. D 568. Reichesberg, N. (Bern), 1896

Karl Kautsky Papers
D. Briefe an Karl Kautsky. D XIX 116–117. Reichesberg, N. (Schweizerische Blätter für Wirtschafts- u. Sozialpolitik, Bern). 1895–1896.

Karl Marx / Friedrich Engels Papers
L. Briefe an Friedrich Engels. L 5386. Reichesberg, Naum (Schweizerische Blätter für Wirtschafts- und Sozialpolitik). 1895.

Archiv des Schweizerischen Gewerkschaftsbundes (Ar SGB)

Bestand Arbeiterunion Bern
G 22: Mappe Arbeiterunion Bern: Bulletins, Rechnungen etc. (1891–1894)
PE 604/2: Arbeiterunion Bern, Jahresberichte 1899–1915

Bestand Internationaler Gewerkschaftsbund
PE 1108: Intern. Gewerkschaftsbund, Berichte und Protokolle 1913–1919

Bestand Schweizerischer Gewerkschaftsbund (Organe)
PE 438: Protokolle des Bundeskomitees
PE 439: Protokolle Gewerkschaftsausschuss 1909–1979

Varia
G 36 III: Autographen-Sammlung, Gewerkschafter, Sozialdemokraten, Sozialdemokratische Nationalräte
G 190/5: Dokumente zur Notstandsaktion und zum Oltener Aktionskomitee (aus dem Nachlass von Robert Grimm), Teil I: Zentrale Notstandskommission (17. 8. 1914–2. 9. 1914)
G 286/5: Arbeitslosenversicherung (1914–1934)

Schweizerisches Sozialarchiv (SozArch)

Schweizerische Vereinigung für Sozialpolitik, Association suisse de politique sociale
Ar 42.10.1–36: Schweizerische Vereinigung zur Förderung des internationalen Arbeiterschutzes (1900–1926)
Ar 42.11.1–2: Internationale Vereinigung für gesetzlichen Arbeiterschutz
Ar 42.12.1–4: Internationale Vereinigung für sozialen Fortschritt
Ar 42.16.1: Schweizerische Vereinigung für Sozialpolitik. Statuten, Zirkulare, Jahresberichte
Ar 42.20.2: Schweizerische Vereinigung für Sozialpolitik. Vorstand, Protokolle

Lang, Otto (1863–1936)
Ar 102.3: Briefe an Otto Lang, 1895

Studer, Fritz (1873–1945)
Ar 114.6: Revision Fabrikgesetz

Staatsarchiv des Kantons Basel-Stadt (StABS)

Privatarchive
PA 485a D XI 292: Archiv der Familie Frey, Briefe an Bundesrat Emil Frey, Reichesberg, Naum, Dr. iur., Prof. der Nationalökonomie u. Statistik an der Uni Bern

Älteres Hauptarchiv, Vereine und Gesellschaften
Vereine und Gesellschaften H 19: Internationaler Kongress für Arbeiterschutz Zürich 1897, Internationale Vereinigung für Arbeiterschutz 1898–1923

Staatsarchiv des Kantons Bern (StAB)

Altes Kanzleiarchiv, Protokolle und Akten der Räte
A II 1403–1451 (1880–1894): Manuale (Protokolle) des Regierungsrats
A II 1452–1522 (1895–1933): Regierungsratsprotokolle mit Beilagen

Verwaltungsarchive ab 1831
a Niederlassungswesen
BB XIIIa 34 Band IV (1877–1900): Register über die Toleranzscheine

b Schulwesen, Hochschule
BB III b 196–200: Zirkulare, Drucksachen, Entscheide
BB III b 463: Gesetze und Reglemente (1871–1925)
BB III b 466–468: Akten der Erziehungsdirektion, Semesterberichte 1860–1933
BB III b 471–477: Akten Erziehungsdirektion, Akten Hochschule, 1871–1930
BB III b 495: Akten der Erziehungsdirektion, Professorenbesoldungen, Titelanerkennungen, Russenfrage, Militärisches (1900–1914)

BB III b 496: Akten der Erziehungsdirektion, Erweiterungsbauten. Gassparmassnahmen. Nationale Vereinigung Schweiz. Hochschuldozenten. Besoldungen. Russenfrage (1917–1922)
BB III b 540: Juristische Fakultät, Professoren und Dozenten J – O (1847–1944)
BB III b 541: Juristische Fakultät, Professoren und Dozenten P – Snell (1835–1931)
BB III b 927: Gesetze, Reglemente, Studienpläne
BB III b 938: Reglemente nach Fakultäten II (1877–1949)
BB III b 949: Protokollbücher des akademischen Senats der Universität Bern, Band IV (1892–1909) und V (1909–1928)
BB III b 981–1002: Rektorats- und Senatsakten, Band XIV–XXXV, 1883–1918
BB III b 1003: Immatrikulation/Zulassung
BB III b 1030–1030c: Flores Academici, diverse Zeitungsausschnitte (1875–1915)
BB III b 1160-1165: Album Universitatis Bernensis/Immatrikulationen, Band IV–IX (SS 1887–WS 1916/17)
BB III b 1179–1182: Verzeichnisse der Behörden, Lehrer, Studienanstalten und Studierenden, WS 1890/91-SS 1928 (Bd. IV–VII)
BB III b 1189: Auskultanten, Einschreibelisten (1910–1930)
BB III b 1266–1276: Akten der Juristischen Fakultät, Band I–XI (1868–1920)
BB III b 1277: Akten Dekanat Reichesberg (1921/22)

Verwaltungsarchive bis 1992
a Polizeidirektion
BB 4.1.47: Geschäftskontrollen der Polizeidirektion, Band C 1894, 2. Semester
BB 4.1.161: Geschäftskontrollen der Polizeidirektion, Band C 1922, 1. Semester
BB 4.1.572: Missiven der Polizeidirektion, Band 1894 / III. Quartal
BB 4.1.573: Missiven der Polizeidirektion, Band 1894 / IV. Quartal
BB 4.1.703: Akten der Polizeidirektion, Band 1894: 16. August–15. Oktober
BB 4.1.705: Akten der Polizeidirektion, Band 1894: 21. November–Dezember
BB 4.1.1223: Geschäftsakten der Polizeidirektion, Band 1922: Nr. 2041–2280

b Fürsorgedirektion
BB 13.1.431: Akten der Fürsorgedirektion, Diverse Akten / Unterstützung notleidender und kranker Russen
Bezirksarchiv Bern
Bez Bern B 832: Geschäftskontrolle Serie 2, Band 1894

Spezialarchive
a Vereine, Gesellschaften, Parteien
Archiv der Sozialdemokratischen Partei des Kantons Bern Jahresberichte und Protokolle der Geschäftsleitung und des Parteivorstandes (1910–1922)[1]
VWG 1–6: Archiv der Volkswirtschaftlichen Gesellschaft des Kantons Bern, Akten der Gesellschaft (1920–1962)
V JGB Archiv der Jüdischen Gemeinde Bern

1 Das Archiv der Sozialdemokratischen Partei Bern war zum Zeitpunkt des Abschlusses dieser Arbeit noch nicht geordnet. Eine Indexierung fehlt deshalb.

– Nr. 5: Protokollband Vorstand und Generalversammlung
– Nr. 91: Friedhof- und Gebührenreglemente

b Firmenarchive
FI Francke 126: Archiv Verlag und Buchhandlung Francke AG, Bern, Autorendossier Reichesberg

c Genealogische und biographische Materialien
GEN 305: Genealogische und biographische Materialien, Albert Gobat
GEN 2175: Genealogische und biographische Materialien, Reichesberg (1917–1928)

d Dokumentationen (Alte Bibliothek)
Bibliothek L34: Aufenthalt, Niederlassung, Bürgerrecht (2) (1858–1936)
Bibliothek W1 5, H–J: Bernischer Hochschulverein (1884–1898), Bernische Kommission für gemeinverständliche Hochschulvorträge / öffentliche wissenschaftliche Vorträge (1895–1901)
Bibliothek W1 9, S-St: Statistisch-Volkswirtschaftliche Gesellschaft des Kantons Bern
Bibliothek X49: Volkszählungen im Kanton Bern (1836–1930)

Staatsarchiv des Kantons Zürich (StAZH)

MM 3.11 RRB 1897/2149 Hochschule (1897.11.11), Protokoll des Regierungsrates, Beschluss betreffend Ernennung der Nachfolge von Prof. Dr. Julius Wolf.

Stadtarchiv Bern (SAB)

Stadtgemeinde Bern, Behördenarchiv
SAB_1016_1_1: Protokolle der Einbürgerungskommission, 1919–1928
SAB_SR_1_33–36: Protokolle und Berichte des Stadtrates (1920–1923)
SAB_1092_1: Verzeichnis der Beamten und Chefbeamten der Einwohnergemeinde Bern

Stadtgemeinde Bern, Verwaltungsarchiv
E 2.2.1.9: Bestattungskontrolle, Band 245, 1928
SAB_1117_3: Polizeikommission, Sitzungsprotokolle 1907–1926
SAB_1278_1_5: Fremden Einwohnerregister, Niedergelassene (1894)
SAB_1278_2_6: Schriftenkontrolle Landesfremde Aufenthalter (1891–1895)
SAB_1278_2_10: Schriftenkontrolle Landesfremde Aufenthalter (1905–1906)
SAB_1278_0_6 und SAB_1278_0_7: Schriftenkontrolle Russen (1907–1928)

Sammlung Reglemente
Einbürgerungsreglement der Stadt Bern vom 4. Dezember 1921
Gebührentarif für das Bestattungswesen vom 27. Dezember 1916 und Nachtrag vom 11. September 1918

Polizeireglement betreffend das Aufenthalts- und Niederlassungswesen in der Gemeinde Bern vom 15. April 1863
Polizeireglement für die Ortspolizei der Hauptstadt vom 8. Juni 1849
Reglement der Einwohnergemeinde Bern über das Niederlassungs- und Aufenthaltswesen vom 19. Januar 1900 und Abänderung von Art. 26 des Reglements vom 19. Januar 1900 vom 8. März 1916
Verordnung über das Bestattungswesen vom 15. Juli 1908

Sozialdemokratische Partei
1178: SP Länggasse-Felsenau, Mitgliederbüchlein
1180: SP Bern Nord, Protokollbücher 1882–1930
1238 SP Altstadt-Kirchenfeld, Protokollbücher bis 1908–1917

Einwohnerdienste, Migration und Fremdenpolizei (EMF) der Stadt Bern

Fremden Kontrollregister (F. K. R.), Karteikarte Naum Reichesberg

Schweizerisches Wirtschaftsarchiv (SWA)

CH SWA Biogr.: Dossier Reichesberg, Naum (1867–1928)
CH SWA Institute 173: Dossier Volkswirtschaftliche Gesellschaft des Kantons Bern (1915–)
CH SWA Institute 401: International Association for Social Progress
CH SWA HS 417: Nachlass Stephan Bauer
D: Tätigkeit im Dienste der Internationalen Vereinigung für gesetzlichen Arbeiterschutz, der Internationalen Vereinigung für sozialen Fortschritt, sowie der «Zukunft der Arbeit» (1901–1934), 6 Mappen
E 15: Briefe und Karten an Stephan Bauer, hauptsächlich von Gelehrten und Gesinnungsfreunden, sowie von Kontaktpersonen der verschiedenen Institutionen (Sekretariate) (1900)
CH SWA HS 798: Schweizerische Gesellschaft für Statistik und Volkswirtschaft

Gedruckte Quellen

Schweizerische Eidgenossenschaft

Amtliche Sammlung der eidgenössischen Gesetze und Verordnungen, 1848–1934, hg. Bundeskanzlei, Bern.
– Bundesbeschluss betreffend Massnahmen zum Schutze des Landes und zur Aufrechterhaltung der Neutralität vom 3. August 1914
– Bundesgesetz betreffend die Erwerbung des Schweizerbürgerrechts und den Verzicht auf dasselbe vom 25. Juni 1903

– Bundesgesetz betreffend die civilrechtlichen Verhältnisse der Niedergelassenen und Aufenthalter vom 25. Juni 1891
– Bundesgesetz betreffend die Ertheilung des Schweizerbürgerrechtes und den Verzicht auf dasselbe vom 3. Juli 1876
– Konsularreglement vom 16. Dezember 1919
– Passverordnung vom 10. Dezember 1928
– Schweizerisches Konsularreglement vom 26. Oktober 1921 (1. Januar 1924)
– Verordnung über die Kontrolle der Ausländer vom 29. November 1921
– Verordnung über die Kontrolle der Ausländer vom 17. November 1919
– Verordnung betreffend die Grenzpolizei und die Kontrolle der Ausländer vom 21. November 1917
– Verordnung betreffend Verwendung eines einheitlichen Passformulars vom 27. November 1915

Bundesblatt, Online-Amtsdruckschriften, 1848–1928, www.amtsdruckschriften.bar.admin.ch/start.do
– Botschaft des Bundesrates an die Bundesversammlung zu einem Gesetzesentwurf über Aufenthalt und Niederlassung der Ausländer vom 17. Juni 1929
– Botschaft des Bundesrates an die Bundesversammlung über die bundesrechtliche Regelung von Aufenthalt und Niederlassung der Ausländer vom 2. Juni 1924
– Botschaft des Bundesrates an die Bundesversammlung betreffend Revision des Art. 44 der Bundesverfassung (Massnahmen gegen die Überfremdung) vom 24. November 1920
– Botschaft des Bundesrathes an die hohe Bundesversammlung, betreffend die Genehmigung eines Niederlassungs- und Handelsvertrags mit Russland vom 10. Juli 1873 und Niederlassungs- und Handelsvertrag zwischen der Schweiz und Russland vom 14./26. Dezember 1873
– Kreisschreiben des Bundesrates an die Regierungen der Kantone betreffend die Prüfung der Eignung von Personen, die sich um das Schweizerbürgerrecht bewerben, vom 2. Dezember 1921

Bundesverfassung der Schweizerischen Eidgenossenschaft vom 29. Mai 1874 (Totalrevision, ersetzt am 22. Februar 1866 revidierte Version der Verfassung von 1848), in: Kölz, A. (ed.), Quellenbuch zur neueren schweizerischen Verfassungsgeschichte, Bd. 2, Bern 1996, 151–186.

Protokolle des Bundesrates, Online-Amtsdruckschriften, 1848–1933, www.amtsdruckschriften.bar.admin.ch/showHome.do.

Kanton Bern (inklusive Republik Bern)

Gesetze, Dekrete und Verordnungen der Republik und des Kantons Bern, 1805–1993, Bern, http://retro.seals.ch/digbib/vollist?UID=gdv-001&id=&id2=&id3.
– Beschluss in Betreff des Aufenthaltes der fremden Professoren, Docenten und Studirenden an der Hochschule vom Januar 1835
– Dekret über die Hülfskasse für die Beamten, Angestellten und Arbeiter der Staatsverwaltung vom 9. November 1920

– Dekret betreffend Erteilung des Gemeinde- und Kantonsbürgerrechts und die Entlassung aus demselben vom 10. Dezember 1918
– Gesetz über das Gemeindewesen vom 9. Dezember 1917
– Gesetz über Aufenthalt und Niederlassung der Kantonsbürger vom 14. April 1858
– Gesetz über das höhere Gymnasium und die Hochschule vom 14. März 1834
– Verordnung betreffend die Niederlassung und den Aufenthalt der ausserkantonalen Schweizerbürger und Ausländer vom 15. Dezember 1922
– Verordnung betreffend Arbeitslosenunterstützung vom 8. März 1921
– Verordnung betreffend Bekämpfung der Miet- und Wohnungsnot vom 14. September 1920
– Verordnung vom 5. Juli 1858 betreffend die Ausführung des Gesetzes über Aufenthalt und Niederlassung der Kantonsbürger vom 14. April 1858
– Verordnung über den Aufenthalt, die Verehelichung und die übrigen polizeilichen Verhältnisse der Fremden vom 21. Dezember 1816
– Verfügung der Polizeidirektion des Kantons Bern über die Ausführung der Verordnung betreffend die Niederlassung und den Aufenthalt der ausserkantonalen Schweizerbürger und Ausländer vom 15. März 1923
Tagblatt des Grossen Rates des Kantons Bern, ab 1846
Staatsverfassung des Kantons Bern vom 4. Juni 1893
Staatsverfassung des Kantons Bern vom 31. Juli 1846

Verschiedene

Adressbücher der Stadt Bern 1890–1928 (bis 1900 online zugänglich unter www.digibern.ch/adressbuecher/index.html).

Bericht und Rechnung pro 1923, Schweizerischer Eisenbahnerverband (S. E. V.), Zürich 1924.

BERNHIST. Historisch-statistische Datenbank des Kantons Bern, hg. von Pfister, Christian, Bern 1994–2006, http://bernhist.ch/d/index.html.

Congrès international extraordinaire: Bâle 24–25 novembre 1912; Conférence internationale socialiste de Stockholm 1917, hg. von Georges Haupt, Genève 1980.

«Congrès international de législation du travail, tenu à Bruxelles les 27, 28, 29 et 30 septembre 1897», *Revue d'économie politique*, Vol. 11, Nr. 12 (1897), 1053–1065.

Congrès international pour la protection légale des travailleurs, tenu à Paris du 25 au 29 juillet 1900, compte rendu sommaire, http://gallica.bnf.fr/ark:/12148/bpt6k5785637j.

Der Internationale Kongress für Arbeiterschutz in Zürich vom 23. bis 28. August 1897. Amtlicher Bericht des Organisationskomitees, hg. vom Kommissionsverlag der Buchhandlung des Schweizerischen Grütlivereins, Zürich 1898.

Dozenten der Universität Bern 1528–1984, www.digibern.ch/dozenten/index.html.

«Eidgenössische Volkszählungen» 1850–1950, *Statistisches Lexikon der Schweiz*, hg. vom Bundesamt für Statistik BFS, www.bfs.admin.ch/bfs/portal/de/index/infothek/lexikon/lex/2.topic.3.html#resultstart.

«Fläche und Bevölkerung der Städte mit mehr als 30000 Einwohnern», *Statistisches Lexikon der Schweiz,* hg. vom Bundesamt für Statistik BFS, www.bfs.admin.ch/bfs/portal/de/index/themen/01/22/lexi.html [15. 12. 2011].

«Liste der Delegierten und Teilnehmer am Ersten Zionistenkongress in Basel 29., 30. und 31. August 1897», in: *Theodor Herzl Jahrbuch,* ed. T. Nussenblatt, Wien 1937, 214–217.

Protokoll des 1. Zionistenkongresses in Basel vom 29. bis 31. August 1897, neu herausgegeben von der jüdisch-nationalen akad.-techn. Verbindung «Barissia», Prag 1911.

Schiffer, Sinai: *Die Feuerbestattung vom Standpunkte der Halacha.* Besprochen am 27. Nov. 1911 in der Generalversammlung des Verbandes orthodoxer Rabbiner Deutschlands zu Frankfurt a. M., Frankfurt a. M. 1912. [Freimann-Sammlung der Universitätsbibliothek, Goethe Universität Frankfurt a. M. Online-Ausgabe: http://sammlungen.ub.uni-frankfurt.de/freimann/urn/urn:nbn:de:hebis:30:1-110206]

Schweizerischer Gewerkschaftsbund (Hg.): «Index und Löhne», *Gewerkschaftliche Schriften* Nr. 15, Zürich 1942.

Sholem Aleykhem: *Dos Sholem-Aleykhem-bukh. oyṭobyografishe fartseykhenungen,* Nyu-Yorḳ 1958, https://archive.org/details/nybc214416.

Statistisches Jahrbuch der Schweiz, hg. vom Bundesamt für Statistik, Zürich, Jg. 1 (1891) – Jg. 44 (1935).

Stenographisches Protokoll der Verhandlungen des II. Zionisten-Congresses gehalten zu Basel vom 28. bis 31. August 1898, Wien 1898.

Verzeichnis der Behörden, Lehrer, Studienanstalten und Studierenden der Universität Bern, Sommersemester 1865 – Sommersemester 1919.

Verzeichnis der Behörden, Lehrer, Anstalten und Studierenden der Hochschule Zürich, Sommersemester 1869 – Sommersemester 1919.

Vorlesungsverzeichnisse der Universität Bern, 1847 – 1968

Zeitungen und Zeitschriften

Basler Nachrichten

Berner Bund

Berner Tagwacht

Gewerkschaftliche Rundschau

La Sentinelle

Schweizerische Blätter für Wirtschafts- und Sozialpolitik (1916–1928: Schweizerische Zeitschrift für Volkswirtschaft und Sozialpolitik; ab 1928: Schweizerische Zeitschrift für Volkswirtschaft, Betriebswirtschaft und Sozialpolitik)

Sozialistische Bildungsarbeit (ab 1929: Bildungsarbeit)

Zeitschrift für Schweizerische Statistik, 1865–1915 (1916–1944: Zeitschrift für Schweizerische Statistik und Volkswirtschaft)

Nachschlagewerke und Dokumentationen

A Dictionary of Jewish Surnames from the Russian Empire, hg. von Alexander Beider, Teaneck NJ 1993.

Biographisches Lexikon zur Geschichte der deutschen Sozialpolitik 1871 bis 1945. Sozialpolitiker im Deutschen Kaiserreich 1871 bis 1918, Bd. 1, hg. von Eckhard Hansen und Florian Tennstedt, Kassel 2010.

Centro Studi Ludwig Stein, Vicenza IT, www.ludwigstein.org/index.asp.

Deutsche Biographie, www.deutsche-biographie.de/home.

DigiBern, Universitätsbibliothek Bern, www.digibern.ch/index.html.

Encyclopaedia Judaica, 2nd ed., 22 vols., Detroit 2007. (EJ)

Enzyklopädie Migration in Europa. Vom 17. Jahrhundert bis zur Gegenwart, hg. von Klaus J. Bade et al., Zürich 2007 (EME).

Geschichte der Sozialen Sicherheit in der Schweiz, Bundesamt für Sozialversicherungen BSV, 2013, www.geschichtedersozialensicherheit.ch/home.

Grundbegriffe der Soziologie, hg. von Bernhard Schäfers, 8., überarb. Auflage, Opladen 2003.

Handbuch der Geschichte Russlands, 6 Bände, hg. von Manfred Hellmann et al., Stuttgart, 1981–2004.

Handbuch des Antisemitismus. Judenfeindschaft in Geschichte und Gegenwart, 8 Bände, hg. von Wolfgang Benz et al., Berlin 2008–2015.

Handwörterbuch der Schweizerischen Volkswirtschaft, Sozialpolitik und Verwaltung (Handwörterbuch), 3 Bände, Bern: Verlag Encyklopädie, 1903–1911.

Historisch-biographisches Lexikon der Schweiz, 7 Bände, Neuchâtel 1921–1934.

Historisches Lexikon der Schweiz (HLS), https://hls-dhs-dss.xwiki.com.

History of Zionism. A Handbook and Dictionary, hg. von Hershel und Abraham. J. Edelheit, Boulder CO 2000.

Langenscheidt Grosses Schulwörterbuch Russisch, hg. von Edmund Daum und Werner Schenk, 10. Ausgabe, Berlin 2002.

Library of the Labour Movement, Helsinki, Finland, https://helda.helsinki.fi/handle/10138/139700.

Neue Deutsche Biographie (NDB), www.deutsche-biographie.de.

Schweizerische Arbeiterbewegung. Dokumente zu Lage, Organisation und Kämpfen der Arbeiter von der Frühindustrialisierung bis zur Gegenwart, hg. von Arbeitsgruppe für Geschichte der Arbeiterbewegung Zürich, 3., erw. Auflage, Zürich 1980.

Statistisches Lexikon der Schweiz, Historische Kollektion, hg. von Bundesamt für Statistik BFS, www.bfs.admin.ch/bfs/portal/de/index/infothek/lexikon/lex/2.html.

The YIVO Encyclopedia of Jews in Eastern Europe, www.yivoencyclopedia.org.

Literatur

Aeschbach, Helga N.: «Die Entwicklung der Fremden- und Asylrechtlichen Grundlagen seit dem Ersten Weltkrieg», in: Goehrke, Carsten und Werner G. Zimmermann (Hg.), *Zuflucht Schweiz. Der Umgang mit Asylproblemen im 19. und 20. Jahrhundert*, Zürich 1994, 219–255.

Altermatt, Urs und Franziska Metzger: «Milieu, Teilmilieus und Netzwerke. Das Beispiel des Schweizer Katholizismus», in: Altermatt, Urs (Hg.), *Katholische Denk- und Lebenswelten. Beiträge zur Kultur- und Sozialgeschichte des Schweizer Katholizismus im 20. Jahrhundert*, Freiburg i. Ü. 2003, 15–36.

Altermatt, Urs: *Katholizismus und Moderne. Zur Sozial- und Mentalitätsgeschichte der Schweizer Katholiken im 19. und 20. Jahrhundert*, Zürich 1989.

Alston, Patrick L.: *Education and the State in Tsarist Russia*, Stanford 1969.

Altieri, Riccardo und Frank Jacob (Hg.): *Die Geschichte der Russischen Revolutionen – Erhoffte Veränderung, erfahrene Enttäuschung, gewaltsame Anpassung*, Bonn 2015.

Altrichter, Helmut: «Eine Partei neuen Typs. Alle Macht den Bolschewiki», in: ders. et al., *1917. Revolutionäres Russland*, Darmstadt 2016, 75–86.

Arbeitsgemeinschaft «Mitenand»: *Die Ausländer in der Schweiz. Weissbuch*, 1981 [1978/79].

Argast, Regula et al.: «Wer gehört dazu? Bürgerrechtsakten in der Schweiz als Instrumente von Ein- und Ausschluss», in: Kaufmann, Claudia und Walter Leimgruber (Hg.), *Was Akten bewirken können. Integrations- und Ausschlussprozesse eines Verwaltungsvorgangs*, Zürich 2008, 104–115.

Argast, Regula: *Staatsbürgerschaft und Nation. Ausschliessung und Integration in der Schweiz 1848–1933*, Göttingen 2007.

Argast, Regula: «Kontrolle, Integration, Abwehr. Das Schweizer Bürgerrecht als Sicherheitsdispositiv (1876–1926)», in: Opitz, Claudia, Brigitte Studer und Jakob Tanner (Hg.), *Kriminalisieren – Entkriminalisieren – Normalisieren*, Zürich 2006, 227–241.

Arlettaz, Silvia: «Immigration et présence étrangère en Suisse: un champ historique en développement», *Traverse* 18 (2011), Heft 1, 193–216.

Arlettaz, Gérald und Silvia Arlettaz: *La Suisse et les étrangers. Immigration et formation nationale 1848–1933*, Lausanne 2004.

Arlettaz, Gérald: «Introduction. L'Etat fédéral et la pratique du droit d'asile», in: *Das Asyl in der Schweiz nach den Revolutionen von 1848. Zeitschrift des Schweizerischen Bundesarchivs 25*, Bern 1999.

Arni, Caroline: «Der Sozi-Mann. Ehen und Lieben eines Arbeiterführers», in: Degen, Bernard, Hans Schäppi und Adrian Zimmermann (Hg.), *Robert Grimm. Marxist, Kämpfer, Politiker*, Zürich 2012, 39–49.

Arni, Caroline: *Entzweiungen. Die Krise der Ehe um 1900*, Köln/Weimar/Wien 2004.

Avrutin, Eugene M.: *Jews and the Imperial State. Identification Politics in Tsarist Russia*, Ithaca NY 2011.

Baberowski, Jörg: «Rechtsanwälte in Russland, 1866–1914», in: McClelland, Charles et al. (Hg.), *Professionen im modernen Osteuropa*, Berlin 1995, 29–59.

Bade, Klaus J.: *Sozialhistorische Migrationsforschung*, Göttingen 2004.

Bade, Klaus J.: *Europa in Bewegung. Migration vom späten 18. Jahrhundert bis zur Gegenwart*, München 2000.

Baier, Walter et al. (Hg.): *Otto Bauer und der Austromarxismus*, Berlin 2008.
Bankowski, Monika et al. (Hg.): *Asyl und Aufenthalt. Die Schweiz als Zuflucht und Wirkungsstätte von Slaven im 19. und 20. Jahrhundert*, Basel 1994.
Bankowski, Monika: «Russischer Alltag im Plattenquartier», *Uni Zürich* 3, 1986, 10–12.
Bartal, Israel: *The Jews of Eastern Europe 1772–1881*, Philadelphia 2005.
Bergier, Jean-François: *Die Wirtschaftsgeschichte der Schweiz. Von den Anfängen bis zur Gegenwart*, aktualisierte 2. Auflage, Zürich 1990.
Beuret, Michel: Naum Reichesberg (1867–1928). Un statisticien ukrainien au service d'une nouvelle législation sociale en Suisse, Lausanne 1998 [unveröffentlichte Lizenziatsarbeit an der Universität Lausanne].
Bhend, Angela: «Verbürgerlichung und Konfessionalisierung. Jüdische Lebenswelt in der Gründerzeit, 1848–1914», in: Bloch, René und Jacques Picard (Hg.), *Wie über Wolken. Jüdische Lebens- und Denkwelten in Stadt und Region Bern 1200–2000*, Zürich 2014, 105–171.
Blanc, Jean-Daniel: «Fürst Bismarck verhalf uns zur Bundesanwaltschaft. Seit hundert Jahren im Kampf gegen AusländerInnen und Linke», in: Frischknecht, Jürg und Liliane Studer (Hg.), *Schnüffelstaat Schweiz. Hundert Jahre sind genug*, Zürich 1990, 19–27.
Bloch, René und Jacques Picard (Hg.): *Wie über Wolken. Jüdische Lebens- und Denkwelten in Stadt und Region Bern 1200–2000*, Zürich 2014.
Bödeker, Hans E. (Hg.): *Biographie schreiben*, Göttingen 2003.
Borchard, Beatrix: «Lücken schreiben. Oder: Montage als biographisches Verfahren», in: Bödeker, Hans E. (Hg.), *Biographie schreiben*, Göttingen 2003, 211–241.
Bourdieu, Pierre: «Die biographische Illusion» [1986], in: Fetz, Bernhard und Wilhelm Hemecker, *Theorie der Biographie. Grundlagentexte und Kommentar*, Berlin 2011, 303–310. (Der Aufsatz erschien erstmals 1986 im französischen Original unter dem Titel «L'illusion biographique».)
Brenner, Michael: *Kleine jüdische Geschichte*, München 2008.
Brenner, Michael: *Geschichte des Zionismus*, München 2002.
Brochmann, Grete: «The Mechanisms of Control», in: Brochmann, Grete und Tomas Hammar (Hg.), *Mechanisms of Immigration Control. A Comparative Analysis of European Regulation Policies*, Oxford 1999, 1–27.
Brunschwig, Annette: *Heimat Biel. Geschichte der Juden in einer Schweizer Stadt vom Spätmittelalter bis 1945*, Zürich 2011.
Burckhardt, Walther: «Die Einbürgerung der Ausländer», *Politisches Jahrbuch der Schweiz* 27, 1913, 1–114.
Bürgi, Markus: «Die Zweite Internationale und der Krieg», in: Degen, Bernard und Julia Richers (Hg.), *Zimmerwald und Kiental. Weltgeschichte auf dem Dorfe*, Zürich 2015, 13–19.
Bürgisser, Thomas: *«Unerwünschte Gäste». Russische Soldaten in der Schweiz 1915–1920*, Zürich 2010.
Bürgisser, Thomas: «Boris Tschlenoff: Kurarzt und ‹Zaddik›», in: Maeder, Eva und Peter Niederhäuser (Hg.), *Käser, Künstler, Kommunisten. Vierzig russisch-schweizerische Lebensgeschichten aus vier Jahrhunderten*, Zürich 2009, 181–185.
Caroni, Martina, Tobias D. Meyer und Lisa Ott: *Migrationsrecht*, 2. Auflage, Bern 2011.

Caroni, Pio: «Kathedersozialismus an der juristischen Fakultät (1870–1910)», in: Regierungsrat des Kantons Bern (Hg.), *Hochschulgeschichte Berns 1528–1984*, Bern 1984, 202–237.
Charney, Daniel: *Barg aroyf. Bleter fun a lebn*, Varshe 1935.
Collmer, Peter: *Die Schweiz und das Russische Reich 1848–1919*, Zürich 2004.
Corbin, Alain: *Auf den Spuren eines Unbekannten. Ein Historiker rekonstruiert ein ganz gewöhnliches Leben*, Frankfurt a. M./New York 1999.
Degen, Bernard: «Von Zimmerwald bis Kiental», in: ders. und Julia Richers (Hg.), *Zimmerwald und Kiental. Weltgeschichte auf dem Dorfe*, Zürich 2015, 117–126.
Degen, Bernard: «Macht- und Orientierungslosigkeit im Sommer 1914», in: ders. und Julia Richers (Hg.), *Zimmerwald und Kiental. Weltgeschichte auf dem Dorfe*, Zürich 2015, 21–28.
Degen, Bernard: «Der Niedergang der Zimmerwalder Bewegung», in: ders. und Julia Richers (Hg.), *Zimmerwald und Kiental. Weltgeschichte auf dem Dorfe*, Zürich 2015, 155–162.
Degen, Bernard und Julia Richers (Hg.): *Zimmerwald und Kiental. Weltgeschichte auf dem Dorfe*, Zürich 2015.
Degen, Bernard: «Die Basler Arbeiterbewegung organisierte den eindrücklichsten internationalen Sozialisten-Kongress», in: Mayoraz, Sandrine, Frithjof Benjamin Schenk und Ueli Mäder (Hg.), *Hundert Jahre Basler Friedenskongress (1912–2012). Die erhoffte «Verbrüderung der Völker»*, Basel/Zürich 2015, 13–23.
Degen, Bernard et al. (Hg.): *Gegen den Krieg. Der Basler Friedenskongress 1912 und seine Aktualität*, Basel 2012.
Degen, Bernard, Hans Schäppi und Adrian Zimmermann (Hg.): *Robert Grimm. Marxist, Kämpfer, Politiker*, Zürich 2012.
Degen, Bernard: «Einbürgerung mit Hindernissen. Nikolai Wassiljewitsch Wassiljew, Muri bei Bern 1888», *Traverse* 17 (2010), 153–167.
Degen, Bernard: «Nikolai Wassiljewitsch Wassiljew: Arbeitersekretär», in: Maeder, Eva und Peter Niederhäuser (Hg.), *Käser, Künstler, Kommunisten. Vierzig russisch-schweizerische Lebensgeschichten aus vier Jahrhunderten*, Zürich 2009, 175–180.
Degen, Bernard: «Robert Grimm (1881–1958). Ein pragmatischer Schweizer Marxist», in: Dankelmann, Otfried (Hg.), *Lebensbilder europäischer Sozialdemokraten des 20. Jahrhunderts*, Wien 1995, 187–201.
Degen, Bernard: *Sozialdemokratie. Gegenmacht? Opposition? Bundesratspartei? Die Geschichte der Regierungsbeteiligung der Sozialdemokraten*, Zürich 1993.
Dohrn, Verena und Gertrud Pickhan (Hg.): *Transit und Transformation. Osteuropäisch-jüdische Migranten in Berlin 1918–1939*, Göttingen 2010.
Doomernik, Jeroen und Michael Jandl: «Introduction», in: dies. (Hg.), *Modes of Migration Regulation and Control in Europe*, Amsterdam 2008, 19–26.
Dreifuss, Emil: *Juden in Bern. Ein Gang durch die Jahrhunderte*, Bern 1983.
Eidgenössische Kommission gegen Rassismus (EKR): *Antisemitismus in der Schweiz. Ein Bericht zu historischen und aktuellen Erscheinungsformen mit Empfehlungen für Gegenmassnahmen*, November 1998.
Eisner, Georg und Rupert Moser (Hg.): *Reiz und Fremde jüdischer Kultur. 150 Jahre jüdische Gemeinden im Kanton Bern*, Bern 2000.

Engeler, Urs Paul: *Grosser Bruder Schweiz. Wie aus wilden Demokraten überwachte Bürger wurden. Die Geschichte der Politischen Polizei*, Zürich 1990.
Ettinger, Shmuel: «Vom 17. Jahrhundert bis zur Gegenwart. Die Neuzeit», in: Ben-Sasson, Haim Hillel (Hg.), *Geschichte des jüdischen Volkes. Von den Anfängen bis zur Gegenwart*, Bd. 3, 5. Auflage, München 2007, 887–1348.
Etzemüller Thomas: *Biographien. Lesen – erforschen – erzählen*, Frankfurt a. M. 2012.
Fahrmeir, Andreas, Olivier Faron und Patrick Weil (Hg.): *Migration Control in the North Atlantic World. The Evolution of State Practices in Europe and the United States from the French Revolution to the Inter-War Period*, New York 2005.
Farbstein, David: «Aus meinem Leben», in: Schweizerischer Israelitischer Gemeindebund (Hg.), *Schweizerischer Israelitischer Gemeindebund 1904–1954. Festschrift zum 50-jährigen Bestehen*, Zürich 1954, 197–224.
Fayet, Jean-François: *VOKS – Le laboratoire helvétique. Histoire de la diplomatie culturelle soviétique durant l'entre-deux-guerres*, Chêne-Bourg 2014.
Feller, Richard: *Die Universität Bern 1834–1934*, Bern 1935.
Frankel, Jonathan: *Crisis, Revolution, and Russian Jews*, Cambridge 2009.
Frankel, Jonathan: *Prophecy and Politics. Socialism, Nationalism, and the Russian Jews, 1862–1917*, Cambridge 1981.
Freudiger, Hans: *50 Jahre Volkswirtschaftliche Gesellschaft des Kantons Bern 1915–1965*, Bern 1966.
Freudiger, Hans: «Professor Dr. Naum Reichesberg. Nachruf», *Schweizerische Zeitschrift für Volkswirtschaft, Betriebswirtschaft und Sozialpolitik*, Jg. 34 (1928), Bd. 1, 33–37.
Frings, Paul: *Das internationale Flüchtlingsproblem 1919–1950*, Frankfurt a. M. 1951.
Garamvölgyi, Judit: «Die internationale Vereinigung für gesetzlichen Arbeiterschutz», in: Bernard, Nicolai und Quirinus Reichen (Hg.), *Gesellschaft und Gesellschaften. Festschrift zum 65. Geburtstag von Professor Dr. Ulrich Im Hof*, Bern 1982, 626–646.
Garrido, Angela: *Le début de la politique fédérale à l'égard des étrangers*, Lausanne 1987.
Gast, Uriel: *Von der Kontrolle zur Abwehr. Die eidgenössische Fremdenpolizei im Spannungsfeld von Politik und Wirtschaft 1915–1933*, Zürich 1997.
Gautschi, Willi: *Der Landesstreik 1918*, Zürich 1988.
Gautschi, Willi: *Lenin als Emigrant in der Schweiz*, Zürich 1973.
Glahn, Wiltrud von: *Der Kompetenzwandel internationaler Flüchtlingshilfsorganisationen – vom Völkerbund bis zu den Vereinten Nationen*, Baden-Baden 1992.
Goehrke, Carsten: «‹Zuflucht Schweiz› - einige Vorbemerkungen», in: Goehrke, Carsten und Werner G. Zimmermann (Hg.), *Zuflucht Schweiz. Der Umgang mit Asylproblemen im 19. und 20. Jahrhundert*, Zürich 1994, 7–14.
Goehrke, Carsten und Werner G. Zimmermann (Hg.): *Zuflucht Schweiz. Der Umgang mit Asylproblemen im 19. und 20. Jahrhundert*, Zürich 1994.
Godfrind, Vinciane: «Les Etudiantes commes Migrantes? L'Exemple des Russes à l'Université Libre de Bruxelles de 1905 à 1914», *Revue belge d'histoire contemporaine* XXXVII, 3–4, 2007, 325–336.
Gosewinkel, Dieter: *Schutz und Freiheit? Staatsbürgerschaft in Europa im 20. und 21. Jahrhundert*, Berlin 2016.
Gößmann, Thomas: «Machtmensch, Versager oder Opfer der Umstände? Alexander Kerenski und die provisorische Regierung», in: Altieri, Riccardo und Frank Jacob

(Hg.), *Die Geschichte der Russischen Revolutionen – Erhoffte Veränderung, erfahrene Enttäuschung, gewaltsame Anpassung*, Bonn 2015, 190–212.

Graetz, Michael: «Die russisch-jüdischen Studenten an den Universitäten in Deutschland und der Schweiz. Eine ‹Subkultur› um die Jahrhundertwende», in: Graetz, Michael and Aram Mattioli (Hg.), *Krisenwahrnehmungen im Fin de siècle. Jüdische und katholische Bildungseliten in Deutschland und der Schweiz*, Zürich 1997, 139–151.

Gruner, Erich (Hg.): *Arbeiterschaft und Wirtschaft in der Schweiz, 1880–1914. Soziale Lage, Organisation und Kämpfe von Arbeitern und Unternehmern, politische Organisation und Sozialpolitik*, 4 Bände, Zürich 1987–1988.

Guesnet, François: «Juden aus dem östlichen Europa in Mittel- und Westeuropa», in: Kotowski, Elke-Vera, Julius H. Schoeps und Hiltrud Wallenborn (Hg.), *Handbuch zur Geschichte der Juden in Europa*, Bd. 2, Darmstadt 2001, 69–78.

Guggenheim, Willy (Hg.): *Juden in der Schweiz. Glaube – Geschichte – Gegenwart*, Küsnacht 1982.

Guth, Hans: «Die Juden in der Schweiz im Spiegel der Bevölkerungsstatistik», in: Schweizerischer Israelitischer Gemeindebund (Hg.), *Schweizerischer Israelitischer Gemeindebund 1904–1954. Festschrift zum 50-jährigen Bestehen*, Basel 1954, 85–106.

Haas, Leonhard: *Carl Vital Moor, 1852–1932. Ein Leben für Marx und Lenin*, Zürich 1970.

Hahlweg, Werner (Hg.): *Lenins Rückkehr nach Russland 1917. Die deutschen Akten*, Leiden 1957.

Hahn, Sylvia: *Historische Migrationsforschung*, Frankfurt a. M./New York 2012.

Han, Petrus: *Soziologie der Migration. Erklärungsmodell, Fakten, politische Konsequenzen, Perspektiven*, 3. aktualisierte Auflage, Stuttgart 2010.

Harzig, Christiane und Dirk Hoerder: *What is Migration History?*, Cambridge 2009.

Haug, Werner: *«... und es kamen Menschen». Ausländerpolitik und Fremdarbeit in der Schweiz 1914–1980*, Basel 1980.

Haumann, Heiko (Hg.): *Die Russische Revolution 1917*, Köln/Weimar/Wien 2016.

Haumann, Heiko: *Lebenswelten und Geschichte. Zur Theorie und Praxis der Forschung*, Wien 2012.

Haumann, Heiko: *Geschichte Russlands*, 2. Auflage, Zürich 2010.

Haumann, Heiko: *Geschichte der Ostjuden*, München 2008.

Haumann, Heiko (Hg.): *Der erste Zionistenkongress von 1897. Ursachen, Bedeutung, Aktualität*, Basel 1997.

Hausmann, Guido: «Der Numerus clausus für jüdische Studenten im Zarenreich», *Jahrbücher für Geschichte Osteuropas* 41, 1993, 509–531.

Heidborn, Tina: Russländische Studierende an der Berliner Friedrich-Wilhelms-Universität und der Technischen Hochschule Berlin 1880–1914, Bonn 2009 [Dissertation an der Universität Bonn]. Frei zugänglich unter http://hss.ulb.uni-bonn.de/2009/1641/1641.htm.

Herren, Madeleine: *Internationale Sozialpolitik vor dem Ersten Weltkrieg. Die Anfänge europäischer Kooperation aus der Sicht Frankreichs*, Berlin 1993.

Herzl, Theodor: *Der Judenstaat. Versuch einer modernen Lösung der Judenfrage*, Zürich 1988 [Leipzig/Wien 1896].

Hildermeier, Manfred: *Geschichte der Sowjetunion 1917–1991*, 2. Auflage, München 2017.

Historischer Verein des Kantons Glarus (Hg.): *Das Glarner Fabrikgesetz und der Arbeiterschutz im 19. Jahrhundert*, Näfels 2015.

Hoerder, Dirk, Jan Lucassen und Leo Lucassen: «Terminologien und Konzepte in der Migrationsforschung», in: Bade, Klaus J. et al. (Hg.), *Enzyklopädie Migration in Europa. Vom 17. Jahrhundert bis zur Gegenwart*, Zürich 2007, 28–53.

Hoffmann, Christoph: *Stadtpolizei Bern 1810–2007. Vom Polizeydienercorps zur modernen Polizeiorganisation*, Bern 2008.

Holenstein, André, Patrick Kury und Kristina Schulz: *Schweizer Migrationsgeschichte. Von den Anfängen bis zur Gegenwart*, Baden 2018.

Honegger, Claudia et al.: *Konkurrierende Deutungen des Sozialen. Geschichts-, Sozial- und Wirtschaftswissenschaften im Spannungsfeld von Politik und Wissenschaft*, Zürich 2007.

Huser, Karin: «Juden unter Vorbehalt. Der lange Weg bis zur «Emanzipation»», in: Bloch, René und Jacques Picard (Hg.), *Wie über Wolken. Jüdische Lebens- und Denkwelten in Stadt und Region Bern 1200–2000*, Zürich 2014, 89–104.

Huser, Karin: *Bildungsort, Männerhort, politischer Kampfverein. Der deutsche Arbeiterverein «Eintracht Zürich» (1840–1916)*, Zürich 2012.

Huser Bugmann, Karin: *Shtetl an der Sihl. Einwanderung, Leben und Alltag der Ostjuden in Zürich 1880–1939*, Zürich 1998.

Im Hof, Ulrich: «Hohe Schule – Akademie – Universität», in: Regierungsrat des Kantons Bern (Hg.), *Hochschulgeschichte Berns 1528–1984*, Bern 1984, 23–127.

Im Hof, Ulrich: «1528–1834: Die Berner Hohe Schule», in: Ringeling, Hermann und Maja Svilar (Hg.), *Die Universität Bern – Geschichte und Entwicklung*, Bern 1984, 27–39.

Israelitische Kultusgemeinde Bern (Hg.): *Ein Rückblick auf die Geschichte der Juden in der Stadt Bern seit dem Jahre 1191. Festschrift zur Jahrhundertfeier der Israelitischen Kultusgemeinde Bern 1848–1948*, Bern 1948.

Ivanov, Anatolij Evgenevic: «Die russländische Studentenschaft an den deutschen Hochschulen Ende des 19. und zu Beginn des 20. Jahrhunderts. Kulturhistorische Fragestellungen», in: Peter, Hartmut R. (Hg.), *Schnorrer, Verschwörer, Bombenwerfer? Studenten aus dem Russischen Reich an deutschen Hochschulen vor dem 1. Weltkrieg*, Frankfurt a. M. 2001, 33–49.

Jost, Hans Ulrich: *Von Zahlen, Politik und Macht. Geschichte der schweizerischen Statistik*, Zürich 2016.

Jost, Hans Ulrich: «Robert Grimm. Persönlichkeit, Leitbilder, Politik», in: Degen, Schäppi und Zimmermann (Hg.), *Robert Grimm. Marxist, Kämpfer, Politiker*, Zürich 2012, 13–25.

Jost, Hans Ulrich: «Sozialwissenschaften und Staat im 19. und frühen 20. Jahrhundert», in: Honegger, Claudia et al., *Konkurrierende Deutungen des Sozialen. Geschichts-, Sozial- und Wirtschaftswissenschaften im Spannungsfeld von Politik und Wissenschaft*, Zürich 2007, 43–80.

Jost, Hans Ulrich: *Linksradikalismus in der deutschen Schweiz 1914–1918*, Bern 1973.

Jünke, Christoph: *Streifzüge durch das rote 20. Jahrhundert*, Hamburg 2014.

Junker, Beat: *Geschichte des Kantons Bern seit 1798, Bd. 3: Tradition und Aufbruch 1881–1995*, Bern 1996, www.digibern.ch/katalog/geschichte-des-kantons-bern-seit-1798.

Junker, Beat: «1834: Bern zur Zeit der Universitätsgründung», in: Ringeling, Hermann und Maja Svilar (Hg.): *Die Universität Bern. Geschichte und Entwicklung*, Bern 1984, 41–52.

Jurt, Pascal: «Die Nationalökonomie bis 1945», in: Honegger, Claudia et al., *Konkurrierende Deutungen des Sozialen. Geschichts-, Sozial- und Wirtschaftswissenschaften im Spannungsfeld von Politik und Wissenschaft*, Zürich 2007, 187–210.

Kamis-Müller, Aaron: *Antisemitismus in der Schweiz 1900–1930*, Zürich 2000.

Karady, Victor: «Les logiques des échanges inégaux. Contraintes et stratégies à l'œuvre dans les migrations d'étudiants en Europe avant les années 1930», in: Peter, Hartmut R. und Natalia Tikhonov (Hg.), *Universitäten als Brücken in Europa. Studien zur Geschichte der studentischen Migration*, Frankfurt a. M. 2003, 17–33.

Kaufmann, Claudia und Walter Leimgruber (Hg.): *Was Akten bewirken können. Integrations- und Ausschlussprozesse eines Verwaltungsvorgangs*, Zürich 2008.

Kaufmann, Uri R.: «Die Schweiz», in: Kotowski, Elke-Vera, Julius H. Schoeps und Hiltrud Wallenborn (Hg.), *Handbuch zur Geschichte der Juden in Europa*, Bd. 1, Darmstadt 2001, 90–100.

Kellerhals, Andreas: «Akte/n im Archiv: (Ab-)Bilder einer Realität?», in: Kaufmann, Claudia und Walter Leimgruber (Hg.), *Was Akten bewirken können. Integrations- und Ausschlussprozesse eines Verwaltungsvorgangs*, Zürich 2008, 29–38.

Klein, Christian (Hg.): *Handbuch Biographie. Methoden, Traditionen, Theorien*, Stuttgart 2009.

Kleinschmidt, Harald: *Menschen in Bewegung. Inhalte und Ziele historischer Migrationsforschung*, Göttingen 2002.

Klier, John D.: «Pale of Settlement», *YIVO Encyclopedia of Jews in Eastern Europe*, www.yivoencyclopedia.org/article.aspx/Pale_of_Settlement.

Klier, John D.: *Imperial Russia's Jewish Question 1855–1881*, Cambridge 1995.

Kreis, Georg: «Schweiz», *Handbuch des Antisemitismus. Judenfeindschaft in Geschichte und Gegenwart*, hg. von Wolfgang Benz, Bd. 1 (Länder und Regionen), Berlin 2008, 317–323.

Kreis, Georg und Patrick Kury: *Die schweizerischen Einbürgerungsnormen im Wandel der Zeiten*, Bern 1996.

Kronenbitter, Rita T.: «Paris Okhrana 1885–1905», *CIA Historical Review Program*, www.cia.gov/library/center-for-the-study-of-intelligence/kent-csi/vol10no3/html/v10i3a06p_0001.htm.

Kuhnen, Corinna: Fremder Tod. Zur Ausgestaltung und Institutionalisierung muslimischer, jüdischer, buddhistischer, hinduistischer und yezidischer Bestattungsrituale in Deutschland unter dem Aspekt institutioneller Problemlagen und gesellschaftlicher Integration, Dissertation an der Universität Bremen, 2009. Frei zugänglich unter: https://elib.suub.uni-bremen.de/edocs/00101108-1.pdf.

Kull, Walter: «Die Entwicklung der Sozialstatistik in der Schweiz», Separatabdruck aus der *Volkswirtschaft* (Wirtschaftliche und sozialstatistische Mitteilungen), hg. vom Eidg. Volkswirtschaftsdepartement, Dezember 1979, www.bfs.admin.ch/bfsstatic/dam/assets/308593/master.

Kury, Patrick: «Von der Epoche des Liberalismus ins Zeitalter der Katastrophen, 1914–1945», in: Bloch, René und Jacques Picard (Hg.), *Wie über Wolken. Jüdi-*

sche Lebens- und Denkwelten in Stadt und Region Bern 1200–2000, Zürich 2014, 339–397.

Kury, Patrick: «Die Gründung des Grenzsanitätsdienstes im Jahr 1920 und die Pathologisierung des ‹Ostens›», in: Opitz, Claudia, Brigitte Studer und Jakob Tanner (Hg.), *Kriminalisieren – Entkriminalisieren – Normalisieren*, Zürich 2006, 243–259.

Kury, Patrick, Barbara Lüthi und Simon Erlanger: *Grenzen setzen. Vom Umgang mit Fremden in der Schweiz und den USA (1890–1950)*, Köln 2005.

Kury, Patrick: «Jüdische Lebenswelten in einer Zeit raschen Wandels. Ostjuden, Zionistenkongresse, Überfremdungsängste um 1900 – Meinungsvielfalt am Ersten Zionistenkongress 1897 in Basel», in: Haumann, Heiko (Hg.), *Acht Jahrhunderte Juden in Basel*, Basel 2005, 140–161.

Kury, Patrick: *Über Fremde reden. Überfremdungsdiskurs und Ausgrenzung in der Schweiz 1900–1945*, Zürich 2003.

Kury, Patrick: «‹Die Spielverderber, die Juden aus Galizien, Polen, Ungarn und Russland, überhaupt die Juden.› Ostjudenfeindschaft und die Erstarkung des Antisemitismus», in: Mattioli, Aram (Hg.), *Antisemitismus in der Schweiz 1848–1960*, Zürich 1998: S. 423–443.

Kury, Patrick: *«Man akzeptierte uns nicht, man tolerierte uns!». Ostjudenmigration nach Basel 1890–1930*, Basel 1998.

Lauterbach, Albert: «Sozialismus und Sozialdemokratie, I.», *Profil*, Vol. 57 (1978), 193–199.

Leimgruber, Walter: «Einleitung: Akten. Die gesellschaftliche Kraft eines Verwaltungsinstruments», in: Kaufmann, Claudia und Walter Leimgruber (Hg.), *Was Akten bewirken können. Integrations- und Ausschlussprozesse eines Verwaltungsvorgangs*, Zürich 2008, 7–17.

Leptien, Kai: «Switzerland: Decentralisation and the Power of the People», in: Dietrich Thränhardt (Hg.): *Immigration and Federalism in Europe. Federal, State and Local Regulatory Competencies in Austria, Belgium, Germany, Italy, Russia, Spain and Switzerland*, IMIS Beiträge 43/2013, Osnabrück 2013, 99–107.

Leser, Norbert: *Zwischen Reformismus und Bolschewismus. Der Austromarxismus als Theorie und Praxis*, Wien 1985.

Leutenegger, Eliane und Slavica Sovilj: «Der Stellenwert der Schweiz für die revolutionäre Emigration aus dem Zarenreich im internationalen Vergleich», in: Goehrke, Carsten und Werner G. Zimmermann (Hg.), *Zuflucht Schweiz. Der Umgang mit Asylproblemen im 19. und 20. Jahrhundert*, Zürich 1994, 459–504.

Levin, Vladimir: «Jewish Political Emigration from Imperial Russia: Mapping the World in a Different Way», in: Lewinksy, Tamar und Sandrine Mayoraz (Hg.), *East European Jews in Switzerland*, Berlin 2013, 35–53.

Lewinsky, Tamar und Sandrine Mayoraz (Hg.): *East European Jews in Switzerland*, Berlin 2013 (= New Perspectives on Modern Jewish History, Vol. 5).

Löwe, Heinz-Dietrich: *The Tsars and the Jews. Reform, Reaction and Anti-Semitism in Imperial Russia 1772–1917*, Chur 1993.

Lucassen, Jan and Leo Lucassen: «Migration, Migration History, History. Old Paradigms and New Perspectives», in: dies. (Hg.), *Migration, Migration History, History. Old Paradigms and New Perspectives*, Bern 1997, 9–38.

Luce, Erika: Nicht erfolgreich verlaufene Einbürgerungen von ausländischen Staatsangehörigen in der Stadt Bern während der Zwischenkriegszeit (1919–1939), Bern 2002 [unveröffentlichte Lizenziatsarbeit an der Universität Bern].

Mächler, Stefan: «Kampf gegen das Chaos – die antisemitische Bevölkerungspolitik der eidgenössischen Fremdenpolizei und Polizeiabteilung 1917–1954», in: Mattioli, Aram (Hg.), *Antisemitismus in der Schweiz 1848–1960*, Zürich 1998, 357–421.

Maeder, Eva und Peter Niederhäuser (Hg.): *Käser, Künstler, Kommunisten. Vierzig russisch-schweizerische Lebensgeschichten aus vier Jahrhunderten*, Zürich 2009.

Mahnig, Hans (Hg.): *Histoire de la politique de migration, d'asile et d'intégration en Suisse depuis 1948*, Zürich 2005.

Marti, Hugo: *Die Universität Bern*, Küsnacht a. R. 1932.

Martig, Peter et al. (Hg.): *Berns moderne Zeit. Das 19. und 20. Jahrhundert neu entdeckt*, Bern 2011.

Masé, Aline: «Student Migration of Jews from Tsarist Russia to the Universities of Bern and Zürich 1865–1914», in: Lewinsky, Tamar und Sandrine Mayoraz (Hg.), *East European Jews in Switzerland*, Berlin 2013, 99–121.

Masé, Aline: Student Migration of Jews from Tsarist Russia to the Universities of Bern and Zürich 1865–1914, Utrecht 2012 [Masterarbeit an der Universität Utrecht NL]. Frei zugänglich unter http://dspace.library.uu.nl/handle/1874/231450.

Mattioli, Aram (Hg.): *Antisemitismus in der Schweiz 1848–1960*, Zürich 1998.

Mattioli, Aram: «Antisemitismus in der Geschichte der modernen Schweiz – Begriffserklärungen und Thesen», in: ders. (Hg.), *Antisemitismus in der Schweiz 1848–1960*, Zürich 1998, 3–22.

Mattioli, Aram: «Die Schweiz und die jüdische Emanzipation 1798–1874», in: ders. (Hg.), *Antisemitismus in der Schweiz 1848–1960*, Zürich 1998, 61–82.

Mayoraz, Sandrine, Frithjof Benjamin Schenk und Ueli Mäder (Hg.): *Hundert Jahre Basler Friedenskongress (1912–2012). Die erhoffte «Verbrüderung der Völker»*, Basel/Zürich 2015.

Mayoraz, Sandrine: Der jüdische Arbeiterbund in der Schweiz, von den Anfängen bis 1914, Basel 2010 [unveröffentlichte Masterarbeit an der Universität Basel].

McCarthy, Adolf: *Robert Grimm. Der schweizerische Revolutionär*, Bern/Stuttgart 1989.

Medem, Gina: *A lebensveg. Oytobyografishe notitsn*, Nyu York 1950.

Medem, Vladimir: *Fun mayn lebn*, 2 Bände, Nyu York 1923.

Medem, Vladimir: *Vladimir Medem. The Life and Soul of a Legendary Jewish Socialist*, hg. und übersetzt von Samuel A. Portnoy, New York 1979.

Meier Quenet, Gabriela: Dir bot die Schweiz ein gastlich Asyl. Einbürgerungen von Berner Ostjuden zwischen 1880–1920, Bern 2014 [unveröffentlichte Bachelorarbeit an der Universität Bern].

Meier, Thomas: «Aktenführung und Stigmatisierung am Beispiel des «Hilfswerks für die Kinder der Landstrasse»», in: Kaufmann, Claudia und Walter Leimgruber (Hg.), *Was Akten bewirken können. Integrations- und Ausschlussprozesse eines Verwaltungsvorgangs*, Zürich 2008, 50–65.

Meijer, Jan Marinus: *Knowledge and Revolution. The Russian Colony in Zurich 1870–1873: A Contribution to the Study of Russian Populism*, Assen 1955.

Mendelsohn, Ezra: *On Modern Jewish Politics*, New York 1993.

Mesmer, Beatrix: «Die Berner und ihre Universität», in: Regierungsrat des Kantons Bern (Hg.), *Hochschulgeschichte Berns 1528–1984*, Bern 1984, 131–168.

Miller, Martin A.: *The Russian Revolutionary Emigrés 1825–1870*, Baltimore/London 1986.

Molik, Witold: «Richtungen und Methoden der Forschung zu polnischen Studenten an deutschen Hochschulen im 19. und zu Beginn des 20. Jahrhunderts», in: Peter, Hartmut R. (Hg.), *Schnorrer, Verschwörer, Bombenwerfer? Studenten aus dem Russischen Reich an deutschen Hochschulen vor dem 1. Weltkrieg*, Frankfurt a. M. 2001, 51–69.

Montefiore, Alan: *A Philosophical Retrospective: Facts, Values and Jewish Identity*, New York 2010.

Mukdoyni, Aleksander: *Oysland*, Buenos Aires 1951.

Müller, Jost: *Sozialismus*, Hamburg 2000.

Mysyrowicz, Ladislas: «Université et révolution. Les étudiants d'Europe orientale à Genève en temps de Plékhanov et de Lénine», *Schweizer Zeitschrift für Geschichte*, Vol. 25 (1975), 514–562.

Neumann, Daniela: *Studentinnen aus dem Russischen Reich in der Schweiz 1867–1914*, Zürich 1987.

Nolte, Hans-Heinrich: *Kleine Geschichte Russlands*, Stuttgart 2003.

Oltmer, Jochen: *Migration im 19. und 20. Jahrhundert*, München 2010 (= Enzyklopädie Deutscher Geschichte, Bd. 86).

Oltmer, Jochen; «Begrenzung und Abwehr: De-Globalisierung und protektionistische Migrationspolitik nach dem Ersten Weltkrieg in Deutschland und Europa», in: Huget, Holger, Chryssoula Kambas und Wolfgang Klein (Hg.), *Grenzüberschreitungen. Differenz und Identität im Europa der Gegenwart*, Wiesbaden 2005, 153–172.

Oltmer, Jochen: «Einführung: Steuerung und Verwaltung von Migration in Deutschland seit dem späten 19. Jahrhundert», in: ders. (Hg.), *Migration steuern und verwalten. Deutschland vom späten 19. Jahrhundert bis zur Gegenwart*, Göttingen 2003, 9–56.

Oltmer, Jochen: «‹Schutz des nationalen Arbeitsmarkts›: transnationale Arbeitswanderungen und protektionistische Zuwanderungspolitik in der Weimarer Republik», in: ders. (Hg.), *Migration steuern und verwalten. Deutschland vom späten 19. Jahrhundert bis zur Gegenwart*, Göttingen 2003, 85–122.

Oltmer, Jochen (Hg.): *Migration steuern und verwalten. Deutschland vom späten 19. Jahrhundert bis zur Gegenwart*, Göttingen 2003.

«Die Ostjuden», *Süddeutsche Monatshefte (Kriegshefte)*, Februar 1916.

Pelinka, Anton: «Sozialdemokratie», *Rote Revue*, Vol. 60 (1981), 12–18.

Peter, Hartmut R. and Natalia Tikhonov (Hg.): *Universitäten als Brücken in Europa. Studien zur Geschichte der studentischen Migration*, Frankfurt a. M. 2003.

Peter, Hartmut R. (Hg.): *Schnorrer, Verschwörer, Bombenwerfer? Studenten aus dem Russischen Reich an deutschen Hochschulen vor dem 1. Weltkrieg*, Frankfurt a. M. 2001.

Peter, Hartmut R.: «‹Schnorrer, Verschwörer, Bombenwerfer›? Zeitgenössische Wahrnehmungsmuster und Stereotype der Betrachtung der Studenten aus Russland in der Forschung», in: ders. (Hg.), *Schnorrer, Verschwörer, Bombenwerfer? Studenten aus dem Russischen Reich an deutschen Hochschulen vor dem 1. Weltkrieg*, Frankfurt a. M. 2001, 11–32.

Platten, Fritz: *Lenins Reise durch Deutschland im plombierten Wagen*, 1924, kommentierte Ausgabe des isp-Verlags, Frankfurt a. M. 1985.
Platzer, Peter: *Jüdische Verbindungen in der Schweiz*, Bern 1988.
Polexe, Laura: *Netzwerke und Freundschaft. Sozialdemokraten in Rumänien, Russland und der Schweiz an der Schwelle zum 20. Jahrhundert*, Göttingen 2011.
Polonsky, Antony: *The Jews in Poland and Russia*, 2 Bände, Oxford 2010.
Pfister, Christian und Hans-Rudolf Egli (Hg.): *Historisch-statistischer Atlas des Kantons Bern 1750–1995. Umwelt, Bevölkerung, Wirtschaft, Politik*, Bern 1998.
Pfister, Christian: *Geschichte des Kantons Bern seit 1798, Bd. 4: Im Strom der Modernisierung. Bevölkerung, Wirtschaft und Umwelt 1700–1914*, Bern 1995, www.hvbe.ch/gkb/iv/index.html.
Pyta, Wolfram: «Geschichtswissenschaft», in: Klein, Christian (Hg.), *Handbuch Biographie. Methoden, Traditionen, Theorien*, Stuttgart 2009, 331–338.
Regierungsrat des Kantons Bern (Hg.): *Hochschulgeschichte Berns 1528–1984. Zur 150-Jahr-Feier der Universität Bern 1984*, Bern 1984.
Reichel, Alexander: «Bestrebungen für Ausbreitung des Hochschulunterrichts (university extension) im Kanton Bern», *Schweizerische Blätter für Wirtschafts- und Sozialpolitik*, 3. Jg., 1896, 331–335.
Reinecke, Christiane: *Grenzen der Freizügigkeit. Migrationskontrolle in Grossbritannien und Deutschland 1880–1930*, München 2010.
Richers, Julia: «Osteuropäische Revolutionärinnen und Revolutionäre im Schweizer Exil», in: Degen und Richers (Hg.), *Zimmerwald und Kiental. Weltgeschichte auf dem Dorfe*, Zürich 2015, 43–49.
Richers, Julia: «Bern als Zentrum von Geheimdiplomatie, Spionage und Konferenzen», in: Degen und Richers (Hg.), *Zimmerwald und Kiental. Weltgeschichte auf dem Dorfe*, Zürich 2015, 61–66.
Ringeling, Hermann und Maja Svilar (Hg.): *Die Universität Bern. Geschichte und Entwicklung*, Bern 1984 (= Berner Universitätsschriften, Heft 32).
Rogger, Franziska: «Jüdische Lernende und Lehrende an der Berner Hochschule, 1848–1945», in: Bloch, René und Jacques Picard (Hg.): *Wie über Wolken. Jüdische Lebens- und Denkwelten in Stadt und Region Bern 1200–2000*, Zürich 2014, 295–337.
Rogger, Franziska und Monika Bankowski: *Ganz Europa blickt auf uns! Das schweizerische Frauenstudium und seine russischen Pionierinnen*, Baden 2010.
Rogger, Franziska: *Der Doktorhut im Besenschrank. Das abenteuerliche Leben der ersten Studentinnen am Beispiel der Universität Bern*, 2., erw. Auflage, Bern 2002.
Rogger, Franziska: «Jüdisches Universitätsleben in Bern: Zwischen Sozialismus und Zionismus, Antisemitismus und Nationalsozialismus», in: Eisner, Georg und Rupert Moser (Hg.), *Reiz und Fremde jüdischer Kultur. 150 Jahre jüdische Gemeinden im Kanton Bern*, Bern 2000, 143–180.
Rohr, August: «Warum Glarus zum Pionier in Sachen Arbeitnehmerschutz wurde», in: Historischer Verein des Kantons Glarus (Hg.), *Das Glarner Fabrikgesetz und der Arbeiterschutz im 19. Jahrhundert*, Näfels 2015, 23–51.
Rosenstein, Gabrielle et al. (Hg.): *Jüdische Lebenswelt Schweiz. 100 Jahre Schweizerischer Israelitischer Gemeindebund (SIG)*, Zürich 2004.
Runge, Anita: «Wissenschaftliche Biographik», in: Klein, Christian (Hg.), *Handbuch Biographie. Methoden, Traditionen, Theorien*, Stuttgart 2009, 113–121.

Ruppin, Arthur: «Russische Studenten an westeuropäischen Universitäten», *Zeitschrift für Demographie und Statistik der Juden*, Nr. 11, November 1905, 9–11.

Ruspini, Paolo: «Report from Switzerland», in: Doomernik, Jeroen und Michael Jandl (Hg.), *Modes of Migration Regulation and Control in Europe*, Amsterdam 2008, 171–185.

Ruud, Charles A. and Sergei A. Stepanov: *Fontanka 16. The Tsars' Secret Police*, Montreal 1999.

Saß, Anne-Christin: *Berliner Luftmenschen. Osteuropäisch-jüdische Migranten in der Weimarer Republik*, Göttingen 2012.

Schafroth, Anina: «Alternative Entwürfe zu einer Umwälzung der russischen Gesellschaft», in: Haumann, Heiko (Hg.), *Die Russische Revolution 1917*, Köln/Weimar/Wien 2016, 41–53.

Schäppi, Hans: «Zur politischen Aktualität von Robert Grimm», in: Degen, Bernard, Hans Schäppi und Adrian Zimmermann (Hg.), *Robert Grimm. Marxist, Kämpfer, Politiker*, Zürich 2012, 173–183.

Schläpfer, Rudolf: *Die Ausländerfrage in der Schweiz vor dem Ersten Weltkrieg*, Zürich 1969.

Schmid, Carl Alfred: *Unsere Fremdenfrage*, Zürich 1900.

Scholla, Peter: *Untersuchungen zur Rechtsstellung der Fremden in der Schweiz des 19. Jahrhunderts*, Freiburg 1986.

Schramm, Gottfried: «Truppen und Kriegsflotten des Zarenreiches», in: *Handbuch der Geschichte Russlands*, Band III: 1856–1945. Von den Autokratischen Reformen zum Sowjetstaat, Stuttgart 1992, 1664–1680.

Schröder, Alfred und Heiner Karuscheit: *Das Revolutionsjahr 1917. Bolschewiki, Bauern und die proletarische Revolution*, Hamburg 2017.

Schulz, Kristina: «Exilforschung und Migrationsgeschichte: Berührungspunkte und Perspektiven», in: Gillabert, Matthieu und Tiphaine Robert (Hg.), *Zuflucht suchen. Phasen des Exils aus Osteuropa im Kalten Krieg*, Basel 2017, 21–47 (= Itinera 42).

Schütz, Alfred und Thomas Luckmann: *Strukturen der Lebenswelt*, Konstanz 2003.

Schwager, Nicole: «Der Fingerabdruck als kriminalisierendes Zeichen. Die behördliche Diskussion über die Einführung von Fingerabdrücken im Schweizer Pass 1911–1926», in: Opitz, Claudia, Brigitte Studer und Jakob Tanner (Hg.), *Kriminalisieren – Entkriminalisieren – Normalisieren*, Zürich 2006, 261–278.

Schweigmann-Greve, Kay: *Chaim Zhitlowsky: Philosoph, Sozialrevolutionär und Theoretiker einer säkularen nationaljüdischen Identität*, [Hannover] 2012.

Schwinges, Rainer Christoph: «Zwischen Privileg und Gewalt. Juden in Bern, 1200–1800», in: Bloch, René und Jacques Picard (Hg.), *Wie über Wolken. Jüdische Lebens- und Denkwelten in Stadt und Region Bern 1200–2000*, Zürich 2014, 21–53.

Senn, Alfred E.: «New Documents on Lenin's Departure from Switzerland, 1917», *International Review of Social History*, Vol. 19 (1974), No. 2, 245–276.

Senn, Alfred E.: *The Russian Revolution in Switzerland*, Madison 1971.

Simmel, Georg: *Soziologie. Untersuchungen über die Formen der Vergesellschaftung*, Berlin 1908 (1. Auflage), Kapitel VI: Die Kreuzung sozialer Kreise, 305–344.

Siouti, Irini: *Transnationale Biographien. Eine biographieanalytische Studie über Transmigrationsprozesse bei der Nachfolgegeneration griechischer Arbeitsmigranten*, Bielefeld 2013.

Skenderovic, Damir: «Vom Gegenstand zum Akteur: Perspektivenwechsel in der Migrationsgeschichte der Schweiz», *Schweizerische Zeitschrift für Geschichte*, Vol. 65 (2015), 1–14.

Sozialdemokratische Partei der Schweiz (Hg.): *Einig – aber nicht einheitlich. 125 Jahre Sozialdemokratische Partei der Schweiz*, Zürich 2013.

Stadelmann, Matthias: «Befreier ohne Draht zum Volk», in: Altrichter, Helmut et al., *1917. Revolutionäres Russland*, Darmstadt 2016, 27–34.

Stadelmann, Matthias: «Der Fall der Monarchie», in: Altrichter, Helmut et al., *1917. Revolutionäres Russland*, Darmstadt 2016, 35–50.

Stanislawski, Michael: «Russian Empire», YIVO Encyclopedia of Jews in Eastern Europe, www.yivoencyclopedia.org/article.aspx/Russia/Russian_Empire.

Stein, Ludwig: *Aus dem Leben eines Optimisten*, Berlin 1930.

Studer, Brigitte: «Biographische Erfassungslogiken: Personenakten im Verwaltungsstaat und in der Geschichtsschreibung», in: Kaufmann, Claudia und Walter Leimgruber (Hg.), *Was Akten bewirken können. Integrations- und Ausschlussprozesse eines Verwaltungsvorgangs*, Zürich 2008, 139–149.

Studer, Brigitte, Gérald Arlettaz und Regula Argast: *Das Schweizer Bürgerrecht. Erwerb, Verlust, Entzug von 1848 bis zur Gegenwart*, Zürich 2008.

Studer, Brigitte: «Rosa G. (1875–1955)», in: Arbeitsgruppe Frauengeschichte Basel (Hg.), *Auf den Spuren weiblicher Vergangenheit. Beiträge der 4. Schweizerischen Historikerinnentagung*, Zürich 1988, 183–198.

Studer, Brigitte und François Vallotton (Hg.): *Histoire sociale et mouvement ouvrier. Un bilan historiographique 1848–1998*, Lausanne/Zürich 1997.

Studer, Brigitte: Rosa Grimm. Ein Leben in der Schweizerischen Arbeiterbewegung, Fribourg 1982 [unveröffentlichte Lizenziatsarbeit an der Universität Freiburg i. Üe.].

Tanner, Jakob: «Akteure, Akten und Archive», in: Kaufmann, Claudia und Walter Leimgruber (Hg.), *Was Akten bewirken können. Integrations- und Ausschlussprozesse eines Verwaltungsvorgangs*, Zürich 2008, 150–160.

Tanner, Jakob: «Der Tatsachenblick auf die ‹reale Wirklichkeit›. Zur Entwicklung der Sozial- und Konsumstatistik in der Schweiz», *Schweizerische Zeitschrift für Geschichte* 45 (1995), 94–108.

Thränhardt, Dietrich: «Immigration and Integration in European Federal Countries: A Comparative Evaluation», in: ders. (Hg.), *Immigration and Federalism in Europe. Federal, State and Local Regulatory Competencies in Austria, Belgium, Germany, Italy, Russia, Spain and Switzerland*, IMIS Beiträge 43/2013, Osnabrück 2013, 7–20.

Tikhonov, Natalia: «Migrations des étudiants et féminisation de quelques universités européennes. A la recherche d'une convergence», in: Peter, Hartmut R. und Natalia Tikhonov (Hg.), *Universitäten als Brücken in Europa. Studien zur Geschichte der studentischen Migration*, Frankfurt a. M. 2003, 43–53.

Tikhonov, Natalia: «Zwischen Öffnung und Rückzug. Die Universitäten der Schweiz und Deutschlands angesichts des Studentinnenstroms aus dem Russischen Reich», in: Peter, Hartmut R. und Natalia Tikhonov (Hg.), *Universitäten als Brücken in Europa. Studien zur Geschichte der studentischen Migration*, Frankfurt a. M. 2003, 157–174.

Tögel, Bettina: *Die Stadtverwaltung Berns. Der Wandel ihrer Organisation und Aufgaben von 1832 bis zum Beginn der 1920er Jahre*, Zürich 2004.

Torpey, John: «Passports and the Development of Immigration Controls in the North Atlantic World During the Long Nineteenth Century», in: Fahrmeir, Andreas, Olivier Faron und Patrick Weil (Hg.), *Migration Control in the North Atlantic World. The Evolution of State Practices in Europe and the United States from the French Revolution to the Inter-War Period*, New York 2005, 73–91.
Tosstorff, Reiner: «The International Trade-Union Movement and the Founding of the International Labour Organization», *International Review of Social History* (IRSH) 50 (2005), 399–433.
Tschudi, Hans Peter: *Geschichte des schweizerischen Arbeitsrechts*, Basel 1987.
Van Daele, Jasmien: «Writing ILO Histories. A State of the Art», in: dies. et al. (Hg.), *ILO Histories. Essays on the International Labour Organization and Its Impact on the World During the Twentieth Century*, Bern 2010, 13–40.
Van Daele, Jasmien: «Engineering Social Peace. Networks, Ideas and the Founding of the International Labour Organization», *International Review of Social History* (IRSH) 50 (2005), 435–466.
Vierhaus, Rudolf: «Die Rekonstruktion historischer Lebenswelten. Probleme moderner Kulturgeschichtsschreibung», in: Lehmann, Hartmut (Hg.), *Wege zu einer neuen Kulturgeschichte*, Göttingen 1995, 7–28.
Vuilleumier, Marc: «La police politique en Suisse 1889–1914», in: Jost, Hans Ulrich et al. (Hg.), *Cent ans de police politique en Suisse (1889–1989)*, Lausanne 1992, 31–62.
Vuilleumier, Marc and Margrit von Dach: *Flüchtlinge und Immigranten in der Schweiz. Ein historischer Überblick*, Zürich 1989.
Weber, Emil: *Pioniere der Freiheit. Hundert Lebensbilder bedeutsamer Vorkämpfer für Freiheit, Recht und Kultur*, Bern 1943, 152 f.
Wecker, Regina: «Frauen und Frauenschutz in der Fabrikgesetzgebung. Zwischen Gleichstellung, Gefährdung und Sicherheit», in: Historischer Verein des Kantons Glarus (Hg.), *Das Glarner Fabrikgesetz und der Arbeiterschutz im 19. Jahrhundert*, Näfels 2015, 131–146.
Weill, Claudie: *Etudiants russes en Allemagne 1900–1914. Quand la Russie frappait aux portes de l'Europe*, Paris 1996.
Weinberg, David H.: *Between Tradition and Modernity. Haim Zhitlowski, Simon Dubnow, Ahad Ha-Am, and the Shaping of Modern Jewish Identity*, New York 1996.
Weizmann, Chaim: *Trial and Error*, London 1949.
Wertheimer, Jack: «The ‹Ausländerfrage› at Institutions of Higher Learning. Controversies over Russian-Jewish Students in Imperial Germany», *Leo Baeck Institute Yearbook* XXVII, London 1982, 187–215.
Wottreng, Willi: *Ein einzig Volk von Immigranten. Die Geschichte der Einwanderung in die Schweiz*, Zürich 2000.
Zhitlowski, Chaim: *Zikhroynes fun mayn lebn*, 3 Bände, Nyu York 1935.
Zürcher, Markus: *Unterbrochene Tradition. Die Anfänge der Soziologie in der Schweiz*, Zürich 1995.
Zweig-Strauss, Hanna: *David Farbstein (1868–1953). Jüdischer Sozialist – sozialistischer Jude*, Zürich 2002.

Anhang

Vorlesungen von Naum Reichesberg an der Universität Bern

Wintersemester 1892/93
Moral- und Bevölkerungsstatistik[1]

Sommersemester 1893
Bevölkerungslehre und Bevölkerungsstatistik (publice)
Die sogen. Staatsromane (soziale Utopien) (publice)

Wintersemester 1893/94
Geschichte und Theorie der Statistik (publice)
Die sozialen Bewegungen im XIX. Jahrhundert (publice)

Sommersemester 1894
Das Geldwesen, der Kredit und das Bankenwesen
Bevölkerungslehre und Bevölkerungsstatistik (publice)
Die sozialen Bewegungen im XIX. Jahrhundert (Fortsetzung) (publice)

Wintersemester 1894/95
Gewerbe- und Handelspolitik der europäischen Staaten in der 2. Hälfte des XIX. Jahrhunderts mit besonderer Berücksichtigung der Schweiz
Allgemeine Verwaltungslehre und Verwaltungsstatistik (publice)
Die socialistischen und communistischen Theorien seit der grossen französischen Revolution (publice)

Sommersemester 1895
Die soziale Gesetzgebung der wichtigsten Kulturstaaten in den letzten Jahrzehnten
Die Schweiz in volkswirtschaftlich-statistischer Beziehung
Die Arbeiterfrage sonst und jetzt (publice)

Wintersemester 1895/96
Geld-, Kredit-, Bank- und Börsenwesen
Geschichte, Theorie und Technik der Statistik
Geschichte der sozialen Bewegungen in England und Deutschland seit Anfang dieses Jahrhunderts (publice)

Sommersemester 1896
Sozialpolitische Gesetzgebung der wichtigsten Kulturstaaten in der 2. Hälfte des XIX. Jahrhunderts

---

1 Diese Vorlesung taucht nicht im offiziellen Vorlesungsverzeichnis der Universität Bern für das Wintersemester 1892/93 auf. Naum Reichesberg gibt in seiner Aufstellung zuhanden des Regierungsrates vom 2. September 1897 aber an, dass er diese Vorlesung vor 32 Zuhörern gehalten habe. StAB BB III b 541: Juristische Fakultät, Professoren und Dozenten P – Snell (1835–1931).

Bevölkerungslehre und Bevölkerungsstatistik
Die sozialistischen und kommunistischen Theorien seit der grossen französischen Revolution (publice)

Wintersemester 1896/97
Das Versicherungswesen mit besonderer Berücksichtigung der Sozialversicherung
Die Schweiz in volkswirtschaftlich-statistischer Beziehung
Die soziale Frage und ihre Geschichte (publice)

Sommersemester 1897
Geschichte und Theorie der Statistik
Die sozialökonomischen Theorien seit den Merkantilisten
Entwicklungsgeschichte des Eigentums (publice)

Wintersemester 1897/98
Geld-, Kredit-, Bank- und Börsenwesen
Allgemeine Verwaltungslehre und Verwaltungsstatistik
Die Hauptprobleme des Arbeiterschutzes (publice)

Sommersemester 1898
Geschichte der nationalökonomischen Theorien seit dem Merkantilsystem
Bevölkerungslehre und Bevölkerungsstatistik
Die Arbeiterbewegung in England und Deutschland (publice)

Wintersemester 1898/99
Sozialpolitik
Geschichte, Theorie und Technik der Statistik
Die sozialistischen und kommunistischen Theorien seit der grossen französischen Revolution (publice)

Sommersemester 1899
Geschichte der Nationalökonomie (Repetitorium)
Einleitung in die Statistik mit Übungen
Die Arbeiterfrage und -bewegung einst und jetzt (publice)

Wintersemester 1899/1900
Geld-, Kredit-, Bank- und Börsenwesen
Bevölkerungslehre und Bevölkerungsstatistik
Wesen und Ziele der modernen Arbeiterschutzgesetzgebung
Die soziale Bewegung in England und Deutschland seit Beginn dieses Jahrhunderts (publice)

Sommersemester 1900
Gewerbe- und Handelspolitik
Einleitung in die Verwaltungsstatistik
Sozialpolitische Zeit- und Streitfragen (publice)

Wintersemester 1900/01
Repetitorium der Geschichte der Nationalökonomie
Geschichte, Theorie und Technik der Statistik
Sozialismus und Kommunismus im XIX. Jahrhundert (publice)

Sommersemester 1901
Geld-, Bank-, Kredit- und Börsenwesen
Bevölkerungslehre und Bevölkerungsstatistik
Die Arbeiterfrage und -bewegung einst und jetzt (publice)

Wintersemester 1901/02
Handels- und Gewerbepolitik
Einleitung in die allgemeine Statistik (gratis)
Grundfragen der Sozialpolitik (publice und gratis)

Sommersemester 1902
Geld-, Kredit-, Bank- und Börsenwesen
Bevölkerungsstatistik mit besonderer Berücksichtigung der Schweiz
Statistisches Seminar: Die Arbeitsstatistik in den wichtigsten Staaten (gratis)
Der Sozialismus im XIX. Jahrhundert (publice und gratis)

Wintersemester 1902/03
Einführung in die Volkswirtschaftspolitik
Verwaltungsstatistik
Statistisches Seminar: Einführung in die Technik d. Statistik, Vornahme einer Enquête (gratis)
Die Arbeiterbewegung in England, Deutschland und der Schweiz (publice und gratis)

Sommersemester 1903
Geld-, Kredit-, Bank- und Börsenwesen
Statistisches Seminar: Bevölkerungsstatistik mit Demonstrationen und Übungen (gratis)

Wintersemester 1903/04
Gewerbe- und Handelspolitik
Verwaltungsstatistik
Statistisches Seminar: Einführung in die Sozialstatistik. Besprechung sozialstatistischer Arbeiten (gratis)
Sozialpolitische Zeit- und Streitfragen (publice und gratis)

Sommersemester 1904
Geld-, Kredit-, Bank- und Börsenwesen
Statistisches Seminar: Allgemeine Statistik mit besonderer Berücksichtigung schweizerischer Verhältnisse (gratis)

Wintersemester 1904/05
Einführung in die Volkswirtschaftspolitik
Arbeiterschutz
Wirtschaftsstatistik mit besonderer Berücksichtigung schweizerischer Verhältnisse
Statistisches Seminar: Einführung in die Praxis der Statistik (für Anfänger) (gratis)
Der Sozialismus im XIX. Jahrhundert (publice und gratis)

Sommersemester 1905
Geld-, Kredit-, Bank- und Börsenwesen
Statistisches Seminar: Wirtschaftsstatistik (gratis)

Wintersemester 1905/06
Volkswirtschaftspolitik
Allgemeine Statistik der Schweiz
Statistisches Seminar: Bevölkerungsstatistik (gratis)
Geschichte und Theorie des Marxismus (publice und gratis)

Sommersemester 1906
Geld-, Kredit-, Bank- und Börsenwesen
Statistisches Seminar: Einführung in die Statistik (für Anfänger) (gratis)

Wintersemester 1906/07
Volkswirtschaftspolitik
Bevölkerungslehre und Bevölkerungsstatistik
Statistisches Seminar: Anleitung zu statistischen Arbeiten (gratis)
Liberalismus, Sozialismus, Anarchismus (publice und gratis)

Sommersemester 1907
Geld-, Kredit-, Bank- und Börsenwesen
Der moderne Arbeiterschutz
Verwaltungsstatistik
Statistisches Seminar Besprechung wirtschafts- und sozialstatistischer Arbeiten (gratis)

Wintersemester 1907/08
Volkswirtschaftspolitik
Die moderne Arbeiterbewegung (publice und gratis)
Allgemeine Statistik
Statistisches Seminar: Anleitung zu statistischen Arbeiten (gratis)

Sommersemester 1908
Geld-, Kredit-, Bank- und Börsenwesen
Der moderne Arbeiterschutz
Repetitorium der Volkswirtschaftspolitik
Allgemeine Statistik der Schweiz
Statistisches Seminar: Einführung in die Praxis der Statistik (gratis)

Wintersemester 1908/09
Volkswirtschaftspolitik (Handels-, Gewerbe-, Agrar- und Arbeiterpolitik)
Bevölkerungslehre und Bevölkerungsstatistik
Soziale Versicherung
Die Weltanschauung des Marxismus (publice und gratis)
Statistisches Seminar: Anleitung zu statistischen Arbeiten (gratis)

Sommersemester 1909
Geld-, Kredit-, Bank- und Börsenwesen
Repetitorium der Geschichte der Nationalökonomie
Einführung in die Statistik
Statistisches Seminar: Anleitung zu statistischen Arbeiten (gratis)

Wintersemester 1909/10
Geschichte der Nationalökonomie
Repetitorium der Volkswirtschaftspolitik
Grundzüge der Wirtschafts- und Sozialstatistik
Statistisches Seminar: Wirtschaftsstatistische Übungen (gratis)
Sozialpolitische Zeit- und Streitfragen (publice und gratis)

Sommersemester 1910
Theoretische Nationalökonomie
Geld-, Kredit-, Bank- und Börsenwesen
Finanzwissenschaft
Geschichte, Theorie und Technik der Statistik
Volkswirtschaftliches Seminar: Fragen der theoretischen Nationalökonomie und der Volkswirtschaftspolitik mit Vortragsübungen (unentgeltlich)

Wintersemester 1910/11
Geschichte der Nationalökonomie
Praktische Nationalökonomie (Volkswirtschaftspolitik) mit besonderer Berücksichtigung schweizerischer Verhältnisse
Die Arbeiterbewegung in Vergangenheit und Gegenwart (öffentlich und unentgeltlich)
Volkswirtschaftl. Seminar: Fragen der theoretischen Nationalökonomie und der Volkswirtschaftspolitik, mit Vortragsübungen (unentgeltlich)
Statistisches Seminar: Anleitung zu statistischen Arbeiten (unentgeltlich)

Sommersemester 1911
Theoretische Nationalökonomie
Geld-, Kredit-, Bank- und Börsenwesen
Finanzwissenschaft
Geschichte, Theorie und Technik der Statistik
Volkswirtschaftl. Seminar: Fragen der theoretischen Nationalökonomie und der Volkswirtschaftspolitik, mit Vortragsübungen (unentgeltlich)

Wintersemester 1911/12
Praktische Nationalökonomie mit besonderer Berücksichtigung schweizerischer Verhältnisse
Geschichte der Nationalökonomie
Volkswirtschaftliches Seminar: Fragen der theoretischen und praktischen Nationalökonomie, mit Vortragsübungen (unentgeltlich)
Statistisches Seminar: Einführung in die Theorie und Technik der Statistik (unentgeltlich)

Sommersemester 1912
Theoretische Nationalökonomie
Geld-, Kredit-, Bank- und Börsenwesen, mit besonderer Berücksichtigung schweizerischer Verhältnisse
Finanzwissenschaft
Volkswirtschaftliches Seminar: Fragen der theoretischen und praktischen Nationalökonomie, mit Vortragsübungen (unentgeltlich)

Wintersemester 1912/13
Praktische Nationalökonomie (Volkswirtschaftspolitik) mit besonderer Berücksichtigung schweizerischer Verhältnisse
Geschichte der Nationalökonomie
Geschichte, Theorie und Technik der Statistik
Volkswirtschaftliches Seminar: Fragen der theoretischen und praktischen Nationalökonomie, mit Vortragsübungen (unentgeltlich)

Sommersemester 1913
Theoretische Nationalökonomie (allgemeine Volkswirtschaftslehre)
Geld-, Kredit-, Bank- und Börsenwesen, mit besonderer Berücksichtigung schweizerischer Verhältnisse
Finanzwissenschaft
Volkswirtschaftliches Seminar: Fragen der theoretischen und praktischen Nationalökonomie, mit Vortragsübungen (unentgeltlich)

Wintersemester 1913/14
Praktische Nationalökonomie (Volkswirtschaftspolitik), mit besonderer Berücksichtigung schweizerischer Verhältnisse
Geschichte der Nationalökonomie
Die Schweiz im Lichte der Statistik
Volkswirtschaftliches Seminar: Fragen der theoretischen und praktischen Nationalökonomie, mit Vortragsübungen (unentgeltlich)

Sommersemester 1914
Finanzwissenschaft und Finanzpolitik
Geld- und Kreditwesen mit besonderer Berücksichtigung schweizerischer Verhältnisse
Bank- und Börsenwesen mit besonderer Berücksichtigung schweizerischer Verhältnisse
Geschichte des Sozialismus und Anarchismus seit der grossen französischen Revolution
Volkswirtschaftliches Seminar: Fragen der theoretischen und praktischen Nationalökonomie, mit Vortragsübungen (unentgeltlich)

Wintersemester 1914/15
Praktische Nationalökonomie, mit besonderer Berücksichtigung schweizerischer Verhältnisse
Geschichte der Nationalökonomie
Schweizerische Statistik
Volkswirtschaftliches Seminar: Fragen der theoretischen und praktischen Nationalökonomie, mit Vortragsübungen (öffentlich und unentgeltlich)

Sommersemester 1915
Finanzwissenschaft und Finanzpolitik
Geld- und Kreditwesen mit besonderer Berücksichtigung schweizerischer Verhältnisse
Bank- und Börsenwesen mit besonderer Berücksichtigung schweizerischer Verhältnisse
Geschichte des Sozialismus
Volkswirtschaftliches Seminar: Fragen der theoretischen und praktischen Nationalökonomie, mit Vortragsübungen (unentgeltlich)

Wintersemester 1915/16
Praktische Nationalökonomie (Volkswirtschaftspolitik) mit besonderer Berücksichtigung schweizerischer Verhältnisse
Geschichte der Nationalökonomie
Schweizerische Wirtschaftsstatistik
Volkswirtschaftliches Seminar: Fragen der theoretischen und praktischen Nationalökonomie, mit Vortragsübungen (unentgeltlich)

Sommersemester 1916
Theoretische Nationalökonomie (Allg. Volkswirtschaftslehre)
Finanzwissenschaft und Finanzpolitik
Geld- und Kreditwesen, mit besonderer Berücksichtigung schweizerischer Verhältnisse
Volkswirtschaftliches Seminar: Fragen der theoretischen und praktischen Nationalökonomie, mit Vortragsübungen (unentgeltlich)

Wintersemester 1916/17
Praktische Nationalökonomie (Volkswirtschaftspolitik)
Geschichte der Nationalökonomie
Die Schweizerische Volkswirtschaft in Zahlen
Volkswirtschaftliches Seminar: Fragen der theoretischen Nationalökonomie und der Volkswirtschaftspolitik, mit Vortragsübungen (unentgeltlich)

Sommersemester 1917
Allgemeine Volkswirtschaftslehre (Theoretische Nationalökonomie)
Finanzwissenschaft und Finanzpolitik
Geld und Kredit, mit besonderer Berücksichtigung schweizerischer Verhältnisse
Volkswirtschaftliches Seminar: Fragen der theoretischen und der praktischen Volkswirtschaftslehre, mit Vortragsübungen (unentgeltlich)

Wintersemester 1917/18
Praktische Nationalökonomie (Volkswirtschaftspolitik)
Geschichte der Volkswirtschaftslehre
Geschichte, Theorie und Technik der Statistik, mit besonderer Berücksichtigung der Bevölkerungs- und der Wirtschaftsstatistik
Volkswirtschaftliches Seminar: Fragen der theoretischen und der praktischen Volkswirtschaftslehre, mit Vortragsübungen (unentgeltlich)

Sommersemester 1918
Theoretische Nationalökonomie (allgemeine Volkswirtschaftslehre)
Finanzwissenschaft
Geld- und Kreditwesen
Volkswirtschaftliches und Statistisches Seminar (unentgeltlich)

Wintersemester 1918/19
Praktische Nationalökonomie (Volkswirtschaftspolitik)
Geschichte der Nationalökonomie
Geschichte, Theorie und Technik der Statistik, mit besonderer Berücksichtigung der Bevölkerungs- und Wirtschaftsstatistik
Volkswirtschaftliches und Statistisches Seminar (unentgeltlich)

Sommersemester 1919
Theoretische Nationalökonomie (allgemeine Volkswirtschaftslehre)
Finanzwissenschaft und Finanzpolitik
Geld und Kredit, mit besonderer Berücksichtigung schweizerischer Verhältnisse
Volkswirtschaftliches und Statistisches Seminar (unentgeltlich)

Wintersemester 1919/20
Praktische Nationalökonomie (Volkswirtschaftspolitik)
Geschichte der Nationalökonomie
Geschichte, Theorie und Technik der Statistik, mit besonderer Berücksichtigung der Wirtschafts- und Sozialstatistik
Volkswirtschaftliches und Statistisches Seminar (unentgeltlich)

Sommersemester 1920
Theoretische Nationalökonomie (allgemeine Volkswirtschaftslehre)
Finanzwissenschaft
Geld und Kredit, mit besonderer Berücksichtigung schweizerischer Verhältnisse
Volkswirtschaftliches und Statistisches Seminar (unentgeltlich)

Wintersemester 1920/21
Praktische Nationalökonomie (Volkswirtschaftspolitik)
Geschichte der Nationalökonomie
Geschichte, Theorie und Technik der Statistik, mit besonderer Berücksichtigung der Wirtschafts- und Sozialstatistik
Volkswirtschaftliches und Statistisches Seminar

Sommersemester 1921
Theoretische Nationalökonomie (allgemeine Volkswirtschaftslehre)
Finanzwissenschaft
Geld und Kredit, mit besonderer Berücksichtigung schweizerischer Verhältnisse
Volkswirtschaftliches und Statistisches Seminar

Wintersemester 1921/22
Praktische Nationalökonomie (Volkswirtschaftspolitik)
Geschichte der Nationalökonomie
Geschichte, Theorie und Technik der Statistik, mit besonderer Berücksichtigung der Wirtschafts- und Sozialstatistik
Volkswirtschaftliches und Statistisches Seminar

Sommersemester 1922
Theoretische Nationalökonomie (allgemeine Volkswirtschaftslehre)
Finanzwissenschaft
Geld und Kredit, mit besonderer Berücksichtigung schweizerischer Verhältnisse
Volkswirtschaftliches und Statistisches Seminar

Wintersemester 1922/23
Praktische Nationalökonomie (Volkswirtschaftspolitik)
Geschichte der Nationalökonomie
Geschichte, Theorie und Technik der Statistik, mit besonderer Berücksichtigung der Wirtschafts- und Sozialstatistik
Volkswirtschaftliches und Statistisches Seminar

Sommersemester 1923
Theoretische Nationalökonomie (allgemeine Volkswirtschaftslehre)
Finanzwissenschaft
Geld und Kredit, mit besonderer Berücksichtigung schweizerischer Verhältnisse
Der moderne Sozialismus
Volkswirtschaftliches und Statistisches Seminar

Wintersemester 1923/24
Praktische Nationalökonomie (Volkswirtschaftspolitik)
Geschichte der Nationalökonomie
Geschichte, Theorie und Technik der Statistik, mit besonderer Berücksichtigung der Wirtschafts- und Sozialstatistik
Volkswirtschaftliches und Statistisches Seminar

Sommersemester 1924
Theoretische Nationalökonomie (allgemeine Volkswirtschaftslehre)
Finanzwissenschaft und Finanzpolitik
Geld und Kredit, mit besonderer Berücksichtigung schweizerischer Verhältnisse
Die moderne Arbeiterbewegung und der Sozialismus
Volkswirtschaftliches und Statistisches Seminar

Wintersemester 1924/25
Praktische Nationalökonomie (Volkswirtschaftspolitik)
Geschichte der Nationalökonomie
Geschichte, Theorie und Technik der Statistik, mit besonderer Berücksichtigung der Wirtschafts- und Sozialstatistik
Volkswirtschaftliches und Statistisches Seminar

Sommersemester 1925
Theoretische Nationalökonomie (allgemeine Volkswirtschaftslehre)
Finanzwissenschaft und Finanzpolitik
Geld und Kredit, mit besonderer Berücksichtigung schweizerischer Verhältnisse
Der moderne Sozialismus
Volkswirtschaftliches und Statistisches Seminar

Wintersemester 1925/26
Praktische Nationalökonomie (Volkswirtschaftspolitik)
Geschichte der Nationalökonomie
Geschichte, Theorie und Technik der Statistik, mit besonderer Berücksichtigung der Wirtschafts- und Sozialstatistik
Volkswirtschaftliches und Statistisches Seminar

Sommersemester 1926
Theoretische Nationalökonomie (allgemeine Volkswirtschaftslehre)
Finanzwissenschaft und Finanzpolitik
Geld und Kredit, mit besonderer Berücksichtigung schweizerischer Verhältnisse
Die moderne Arbeiterbewegung und der Sozialismus
Volkswirtschaftliches und Statistisches Seminar

Wintersemester 1926/27
Praktische Nationalökonomie (Volkswirtschaftspolitik)
Geschichte der Nationalökonomie
Geschichte, Theorie und Technik der Statistik, mit besonderer Berücksichtigung der Wirtschafts- und Sozialstatistik
Volkswirtschaftliches und Statistisches Seminar

Sommersemester 1927
Theoretische Nationalökonomie (allgemeine Volkswirtschaftslehre)
Finanzwissenschaft und Finanzpolitik
Geld und Kredit, mit besonderer Berücksichtigung schweizerischer Verhältnisse
Geschichte der sozialistischen Theorien
Volkswirtschaftliches und Statistisches Seminar

Wintersemester 1927/28
Praktische Nationalökonomie (Volkswirtschaftspolitik)
Geschichte der Nationalökonomie

Geschichte, Theorie und Technik der Statistik, mit besonderer Berücksichtigung der Wirtschafts- und Sozialstatistik
Volkswirtschaftliches und Statistisches Seminar

Quellen
StAB BB III b 541: Juristische Fakultät, Professoren und Dozenten P – Snell (1835–1931), Schreiben Dr. N. Reichesberg an den Regierungsrat vom 2. 9. 1897.
Vorlesungsverzeichnisse der Universität Bern 1847–1968